근대 동아시아 조약과 개항장

• 이 책은 동북아역사재단 기획연구 수행 결과물임(NAHF-2022-기획연구-09, NAHF-2023-기획연구-06).

동북아역사재단
연구총서 146

근대 동아시아 조약과 개항장

김현철 편

동북아역사재단

| 책머리에 |

　근대 동북아 지역의 커다란 흐름을 보여 주는 것 중에는 오랫동안 쇄국 상태에서 탈피하여 외국에 개방한 항구와 지역에 외국 사람과 문물이 건너오면서 발생하는 역사적 변화를 들 수 있다. 이러한 외부의 요구와 압력, 위협 등에 '조약'으로 불리는 일련의 국제법 규정과 규칙, 외교 관례를 어떻게 규정하고, 제한·관리할 것인가는 각국이 직면한 현안이었다.

　19세기 후반부터 20세기 초까지 한국·중국·일본이 체결한 여러 조약의 내용 중 상당 부분은 거주, 이동, 경제, 통상 등에 관한 부분이 많았으며, 이것에 적용되는 지역은 가장 먼저 문호를 개방한 항구, 즉 '개항장'이었다. 한중일의 주요 항구에 외국 상선 또는 군함이 드나들고, 외국인들이 이동·거주하기 시작하면서 이를 관리하고 규정하는 세부적 사항에 관한 조약과 규칙들이 필요하게 되었다.

　개항장에 관한 조약, 규칙 등의 교섭 및 체결 과정을 돌이켜 보면, 내용상 영토 및 주권 침해나 경제적으로 불평등한 측면이 많았다. 서구의 국가가 동아시아 국가에 강요한 경우뿐만 아니라 같은 동아시아 지역 국가들 사이에서도 먼저 개항을 경험한 중국과 일본이 조선 등 주변 국가에 불평등한 조약을 강요하여 체결하였다. 중국과 조선이 19세기에 개항한 이후부터 서구와 러시아 및 일본 등 주변 열강에게 간섭받고, 영토와 주권, 이권 등을 빼앗겼던 역사를 돌이켜 볼 때, 이들 국가들과 체결한 조약들이 영토와 주권 침탈의 주된 요소 또는 압박을 가하는 요인으로 크게 작용하였다.

반면, 19세기 일본의 경우 미국, 영국 등 서구와 체결한 화친통상조약이 관세 조항, 영사재판권, 치외법권, 최혜국 대우 규정 등 불평등 조약이었으나, 이후 조약 개정 교섭을 통해 불평등한 관계를 해소해나갔다. 또한 개항장으로 건너오는 외국인들과 교류와 통상이 증대하면서, 이들과 같은 지역에서 살아가는 모습이 일상이 되었다.

이러한 개항장의 다양한 모습을 국가별·시기별로 비교·분석하기 위하여 동북아역사재단에서는 2022~2023년 공동 연구를 기획하였다. 한국, 중국, 일본 및 러시아의 역사와 동아시아 지역 국가들의 관계 전공자들은 2022년도에 '근대 한일 조약과 개항 과정 비교 연구', 2023년도에 '근대 한중, 한러 조약과 동북아의 개항 과정'을 연구하여 결과를 보고서로 제출하고, 이를 수정 보완하여 등재 학술지에 게재한 논문들을 모아 책으로 엮었다.

이 책에서는 중국, 일본, 한국, 러시아 순으로 해당 국가의 개항장에서 외국인 거류지, 치외법권, 영사재판권, 조계지 운영 등 이슈가 되었던 현안들의 배경과 전개 과정, 그리고 해당 국가 간 교섭 과정을 사례별로 살펴보았다. 개항장의 변화를 공간적으로 설명하는 과정에서는, 관련 조약과 규칙의 체결 과정을 중심으로 분석함으로써 개항과 개방 확대를 요구하는 서구 등 외국의 주장과 이해관계를 알아보고, 다른 한편으로는 이에 대응하여 저항 내지 반대하는 한중일의 입장과 조정 과정을 대비시켜 보았다. 또 개항장의 변화를 시간적으로 설명하는 과정에서는, 개항장 내 외국인 거류지 또는 조계지로 불리는 거주 지역과 활동 범위를 중국, 일본, 조선의 항구 순으로 내려오면서 관련 제도의 계보와 기원, 파급 효과와 연계시켜 파악하였다.

　이 책에 실린 각 장의 주요 내용을 요약하면 다음과 같다.

　제1장 박준형 서울시립대 국사학과 교수의 「동아시아 근대 외국인 거류 제도의 계보와 그 기원 – 중국 '조계' 모델의 탄생을 중심으로」에서는 일국의 경계를 넘어서는 동아시아 외국인 거류 제도의 계보 작성을 목적으로 그 원점인 중국의 사례들까지 거슬러 올라가 '조계' 모델 탄생의 의미를 다시 물었다.

　동아시아 '조계' 모델은 근대 조약의 체결과 동시에 완성된 것이 아니었다. 영국의 해외 입식지들과 달리 선행 도시계획 모델의 부재 속에서 이를 규정하기 위해서는 우선 조약상의 근거가 마련되어야 했다. 그런데 '조계'에 앞서 '조약항' 자체가 항구만 지칭하는지 도시 지역도 포함하는지 명확하지 않았으며, '조계' 설정 이후에는 '조약항'과 '조계' 사이의 관계가 문제시 되었다. 또한 '조계'는 언제나 '조계' 밖 공간인 '내지'와의 상관관계 속에서만 규정될 수 있었다. '내지'는 조약 체제하에서 그 중심성을 잃어가고 있었지만, 청은 '속국구하기'를 위해 그러한 공간 구조의 외적 확대 적용을 시도하기도 했다.

　한편 조약상 각 공간들의 관계는 최종적으로는 광저우, 상하이와 같은 조약항의 구체적인 사례들 속에서 조율되었다. 전쟁 경험으로 인한 원한과 전통적인 화이사상에 기반한 배외주의가 강하게 표출되고 있던 광저우에서는 외국인의 입성이 다른 조약항에 비해 지체되었다. 결국 이 문제는 또 다른 전쟁을 통한 군사적 점령을 통해서야 해결될 수 있었는데, 그로 인해 광저우 조계는 청국인의 차지도 청국정부의 간여도 일절 금지되었으며 강과 운하로 둘러싸여 고립된 형태로 남았다. 상대적으로 중요도가 떨어졌던 상하이의 경우 현성 내에서 비교적 순조롭게 '화양잡거'가 이루어졌다. 그러나 잡거로 인한 불편으로 인해 상하이 현성 밖에 처음 '조계'가 설치되었다. 이후 소도회 반란을 배경으로 청국인 인구가 '조계' 내로 유입되어 재개된 두 번째 '화양잡거'는 거주국 국민의 잡거를 허용하면서도 치외법권적 성격을 강화해 갔다.

동아시아 '조계' 모델의 탄생은 이와 같은 과정의 산물이었다. 그 기로에서 선택지로 남은 수많은 가능성은 이후 중국 국내는 물론 일본과 조선으로 전파되는 과정에서 다양한 변주를 야기했다. 그리고 그 과정은 당시 패권국가였던 영국을 매개로 하고 있어 영국의 동아시아 외교를 추적한다면 동아시아 외국인 거류 제도의 계보에도 접근 가능할 것이다.

제2장 조병식 한림대학교 인문학부 교수의 「20세기 초 톈진(天津)의 '치외법권(治外法權)' - 혼합재판소(混合裁判所) 설립을 둘러싼 중외의 논쟁을 중심으로」에서는 다양한 요인들이 결합하여 톈진에 혼합재판소가 설치되지 않은 것을 즈리성(直隷省) 당국자들의 능동적·적극적 대응이 적중한 결과라고 보았다. 이는 근대 중국을 치외법권의 무기력한 피해자로 보았던 기존의 시각에 재고가 필요함을 의미한다.

20세기 초부터 톈진 주재 영사들은 중외 교섭안건을 전담 처리하는 혼합재판소 설치를 끈질기게 요구하였다. 당시 톈진은 수도 베이징의 관문으로 정치적·외교적으로 중요한 위치에 있었을 뿐만 아니라 1860년 개항 이래 북중국 최대의 통상 항구로 급성장하고 있었다. 이들은 톈진에 혼합재판소를 세워 기득권을 유지하고자 했던 것이다. 더욱이 1900년 의화단사건 당시 8개국 연합군에 의해 세워졌던 톈진도통아문(天津都統衙門)의 통치는 상하이 회심공해가 탄생했던 상황과 유사한 환경을 조성하였다.

그렇지만 청조가 멸망할 때까지 텐진에는 혼합재판소가 설치되지 않았다. 여기에는 몇 가지 요인이 작용하였다. 첫째, 즈리 총독을 비롯한 즈리성 당국자들은 혼합재판소를 '상하이식 회심'으로 보고, 사법주권 침해 가능성을 우려하면서 각종 조약을 근거로 적극 대응하였다. 나아가 조약의 새로운 해석을 통해 외국인들의 재판 간여 자체를 축소하려고 노력하였다. 당시 텐진에는 즈리 총독이 주재하였기 때문에 영사들의 요구에 신속하고 즉각적인 대응이 가능했다는 점도 긍정적으로 작용하였다.

둘째, 혼합재판소 제도 자체에 문제가 있었다. '상하이식 회심'은 1850~1860년대 상하이의 특수한 상황 속에서 상하이 도대와 외국인 영사 간 타협의 산물로 조약으로 보장된 게 아니었다. 하지만 중국 측의 핵심적인 반대 논리인 상호적 관심(觀審)은 옌타이조약 이래로 조약에 의해 반복적으로 확인되고 보장된 제도로서 외국인들이 주장하는 혼합재판소에 비해 강력한 근거가 있었다.

셋째는 텐진의 경험이다. 텐진에서는 중요 교섭안건에 대한 상호적 관심이 실행되고 있었기 때문에 즈리성 당국은 혼합재판소를 통한 외국인의 일방적인 재판 간여를 허용하기보다는 기존의 방식을 유지하는 편이 사법주권과 현실적 이익 보호라는 면에서 유리하였다.

제3장 조국 성신여대 사학과 교수의 「거류 제도-요코하마에서의 청국인·일본인 간 소송 사례를 중심으로」에서는 요코하마가 근대 일본의 개항장 가운데 최대 규모로 성장한 곳이며, 그곳에 재류하던 외국인의 과반 이상은 청국인이었음에 주목하여, 당시 일본이 체결한 조약의 구체적인 운용 실태로서 재류 청국인을 둘러싼 일본의 사법권 행사와 청의 영사재판권 문제를 검토하고 있다.

막부 말기~메이지 초기에 일본이 서구 열강과 체결한 일련의 조약들은 기본적으로 '불평등조약'이었으며, 그 대표적 요소는 치외법권까지 확대 적용된 '편무적 영사재판권'에 있었다. 하지만 이러한 인식에 기반하면 조약의 불평등성은 그 대상이 서구 열강으로 한정될 수밖에 없다. 그러나 청의 영사재판권 행사 또한 조약에 따른 일본의 사법권이 침해된 사정을 보여 주고 있다. 청과의 조약에서 '형식적 대등성'은 결국 사법권 침해와 제한이라는 점에서 서구 열강에 의한 '불평등'조약과 유사한 효과를 발휘했던 것이다. 더군다나 청의 전근대적 재판제도 시행은 조약 개정과 함께 사법 근대화를 추구하던 일본에 이중의 난관이 되었다.

일본은 불평등조약의 개정을 추진하는 한편, 현행 조약의 운영 과정에서 외국인에 대한 일본의 사법권 행사를 최대한 확대하고자 했다. 청일수호조규 체결 이전 시기나 청의 영사 파견 공백기·과도기에 청국인에 대한 일본법 적용·처벌이 시도되고 일정 부분 관철되었다. 나아가 청의 영사재판 행사 시기에도 청의 근대적 사법제도 미비를 이용해 청국인에 대한 사법권 행사가 시도되기도 했다. 그러나 영사재판이 규정된 이상 이러한 시도는 명확한 한계가 존재했다. 또한 재류 청국인은 일본의 근대적 사법제도를 십분 활용하면서 동시에 영사재판을 통해 일본인과의 분쟁 속에서 유리한 입지를 차지하는 적극적인 행동을 취하기도 했다. '청일수호조규' 시행은 일본이 '불평등조약' 문제를 자각하고, 나아가 동아시아에서 일본 우위의 불평등조약을 추동하는 하나의 요인이 되었다.

제4장 조국 성신여대 사학과 교수의 「불평등조약하의 치외법권 문제-도쿄 재판소에서의 내외인 소송을 중심으로-」에서는 개항 이후 일본에서의 치외법권 사례를 특히 일본인-외국인 사이, 즉 내외인 소송을 중

심으로 검토하고 있다. 내외인 소송이란 외국인을 피고로 하는 영사재판과 달리 일본인을 피고로 일본 관할의 재판소에서 판결이 내려진 소송 사건을 뜻한다. 일반적으로 불평등조약하에서 외국인의 법적 지위에 대해서는 영사재판권 혹은 치외법권이라는 용어를 통해 설명해 왔다. 그러나 당시 외국인이 일본 국내법과 행정규칙의 적용 대상에서 제외된 존재라는 인식은 적어도 내외인 소송의 재판 결과에 따르면 일정 부분 재고가 필요하다. 물론 당시 일본의 국내법은 완비되지 않았으며, 이 같은 법률 미정비 상황에서 민사재판 판결의 근거를 무엇으로 할 것인가는 사건 처리 과정에서 중요한 문제였다. 이 장의 검토 사례에서 해당 국내법이 부재한 경우 증거에 따른 판단이나 인정·조리에 따른 판결이 이뤄졌음을 판결문에도 명시하고 있음이 확인된다.

한편, 외국법 적용 문제에 관해서도 선행 연구의 지적과는 다른 사례가 확인된다. 즉 선행 연구에서는 판결에 외국법 존중이 이뤄졌음을 지적하고 있으나 이는 반드시 모든 재판에서 관철되거나 우선되었던 것은 아니다. 사안에 따라 외국인 원고가 주장하는 영미의 관습 등은 때로는 인정되지 않았다. 그러나 메이지 초기의 내외인 소송 사건은 일본이 근대 사법제도의 '형성 과정'에 놓여 있음을 여실히 보여 주고 있다. 이는 전문적으로 훈련된 판사가 배출되기 이전 시기의 '미정형화'된 판결문이 다양한 양식과 표현 속에서 나타나고 있기 때문이다.

제5장 박준형 서울시립대 국사학과 교수는 「19세기 후반 동아시아 불평등조약 체제하 외국인 거류 제도의 계보-일본 모델의 한국 전파 과정을 중심으로」에서는 일본에서 한국으로 외국인 거류 제도가 전파되는 과정에서의 계승과 단절을 고찰함으로써 동아시아 국가들이 경험한 근대의

다원성을 드러내고자 하였다.

　한국과 일본에는 각각 왜관과 데지마라는 외국인 거류 제도가 일찍부터 존재했다. 그러나 그것의 근대적 전환 과정은 차이가 있었다. 일본의 경우 200년 넘게 데지마를 독점해 온 네덜란드가 아닌 태평양을 건너 온 미국에 의해 개항이 이루어졌다. 미일수호통상조약 체결 시 개시장과 개항장을 구분해 놓았는데, 그것은 종래의 제도를 고집한 일본과 새로운 관계 수립을 요구한 미국 간 타협의 산물이었다. 그러나 시간의 경과와 함께 개시와 개항의 구분은 점차 사라졌다. 그 과정에서 개시장은 그대로 사라진 것이 아니라 특이한 변형태를 남겨 놓았다. 즉 본래 조약상 차지권은 개항장의 거류지에서만 인정되고 개시장의 잡거지에서는 건물 임차만 가능했지만, 차지권이 인정되는 잡거지가 새롭게 등장했던 것이다. 그리고 '차지하는 잡거지'의 대표적인 장소가 바로 개항장 고베였다.

　고베는 일본 개항 후 10년 후에 개방되었다. 그 사이 요코하마 거류지회는 재원 부족을 이유로 스스로 자치 폐지를 선언했다. 그러나 1868년 메이지유신 이후 신정부와 새롭게 체결된 거류지 약정에서는 거류지의 재원을 다양화하고 그를 운영할 주체로서 다시금 거류지회를 세우도록 했다. 이러한 신 거류지 모델은 조선의 개항장인 인천으로 전파되었다. 1882년 이후 조선 외교의 다각화를 배경으로 기존 왜관 모델을 벗어나 새로운 조계 형태가 요구되고 있을 때, 고베 거류지의 지소 경매 방식이 인천의 일본 전관 조계에 도입되었다. 그뿐만 아니라 고베 주재 영국영사 애스턴이 인천의 각국 공동 조계를 기초함에 따라 고베 거류지 모델을 그대로 이식하기에 이른다. 더구나 고베의 '차지하는 잡거지'는 조영조약 체결 시 '조계 밖 10리 이내'라는 조약상의 잡거 공간으로 정규화되었다.

　이와 같이 외국인 거류 제도는 아직 형성 과정에 있었고 그 때문에 가

변적이었다. 일단 선례가 확립되면 불완전한 형태임에도 불구하고 그것은 곧 모범이 되어 곳곳으로 퍼져 나갔다. 외국인 거류 제도의 확산은 각 지역이나 국가의 사정에 따라 변화를 가져왔으며, 그 변화가 중첩된 결과는 대체로 '불평등'의 심화로 나타났다. 조선은 청이나 일본에 비해 불평등조약 체결이 늦었는데, 결과적으로 조선은 동아시아 외국인 거류 제도 전파의 종착지이자 가장 정교화된 외국인 거류 제도의 탄생지가 되었다.

제6장 김현철 동북아역사재단 명예연구위원의 「19세기 후반 니가타의 개항과 외국인 거류지」에서는 19세기 후반 니가타(新潟)항과 그 보조항인 에비스(夷)항의 개항 과정을 서구와 체결한 조약들의 내용, 니가타에 외국인들이 건너온 현황과 니가타-사도섬(佐渡島) 간 여객선 항로 개설 과정, 그리고 외국인 거주로 인한 토지 임차 문제의 대두와 처리 과정을 중심으로 살펴보고 있다.

막부가 미국, 영국, 오스트리아-헝가리와 체결한 수호통상조약에 의해 개항한 니가타는 늦게 개항되었으나, 근처 사도섬의 에비스항이 보조항으로 개항하였다. 개항 이후 니가타와 에비스항에서는 별도의 외국인 거류지를 설치하지 않고, 일본인과 잡거하게 되었다. 니가타항에 온 외국인들은 매우 적은 규모지만 주로 선교사, 외교관, 무역상, 교육자들이었다. 니가타에 온 서구 광산 및 선박 기술자들이 사도섬의 광산 개발과 니가타-에비스항 간 증기선 건조와 운항에 영향을 끼쳤다. 조선인들이 사도광산학교에 입학했다는 기록이 있어서 니가타의 외국인 거류지와 에비스항의 개항은 개항장 내 외국인 및 한국인의 이동과 교류 및 거주를 역사적으로 재조명하는 사례가 될 수 있다.

개항 이후 니가타항은 불리한 입지 조건에도 불구하고 항만 확장과

정기항로 개설을 통해 20세기 전반기에 일본에서 한반도를 거쳐 중국으로 진출하는 기항지가 되었다. 개항 이후 니가타항 내 외국인의 주택 및 토지 구입 허가 과정에서 갈등 및 분쟁이 발생하였다. 외국인의 토지 임차 규정에 대한 영일 양국 간 및 일본 중앙정부와 니가타 지방현 간의 입장 차이로 해결이 어렵게 되자, 역으로 외국인이 토지 임차 대신 가옥 임대라는 방법을 통해 사실상 거주 공간을 확보하는 형태로 전개되었다.

제7장 이정희 인천대 중국학술원 교수의 「인천 청국 조계의 설정 과정 연구-인천구화상지계장정 체결 과정을 중심으로」에서는 인천 청국 조계 개설의 법적 근거가 되는 「인천구화상지계장정」이 조선과 청국 간에 어떠한 경위와 교섭 과정을 거쳐 체결되었는지 『화안』과 『주한사관보존당안』 사료를 활용하여 검토하고 있다. 조선과 청국 간 청국 조계 개설 교섭은 원래 부산 일본 조계에서 발생한 덕흥호사건을 계기로 시작되었지만, 실제로 청국 조계의 후보지 선택과 조약 체결은 인천 청국 조계 쪽이 부산 청국 조계보다 빨리 진행됐다.

청국 측은 인천이 수도 서울에 가까운 지리적 이점과 인천항 개항에 따른 화상 인구의 증가와 산둥성과 인천 및 마포를 왕복하는 무역선 증가를 고려해 인천 청국 조계 개설을 먼저 조선 측에 요구하면서 양자 간의 교섭은 시작되었다. 민영목(閔泳穆) 통리교섭통상사무아문독판과 천슈탕(陳樹棠) 총판상무위원은 1884년 1월 21일 조약 체결을 위한 첫 회담을 개최하고, 회담 개최 후 40여 일이 지난 3월 4일 천슈탕이 장정의 '초고'를 보내 조선 측의 수정과 청국 측의 재수정 과정을 거쳐 4월 2일 최종 체결됐다.

양측이 장정 체결 과정에서 가장 첨예하게 대립한 것은 청국 측이 처음부터 제시한 두 가지 조건, 즉 장정의 내용과 형식에서 각국과 차별을 둬 청국을 상위에 둘 것과 북양대신이 최종 재가한다는 점이었다. 청국 측은 두 조건을 '초고' 서문에 포함하면서 조선 측을 압박하고, 조선 측은 '수정본'에서 서문을 삭제하는 것으로 맞섰다. 조선 측은 1883년 9월 30일 일본과 체결한 「조선국인천구조계약서」에 기반하여 삭제했다고 밝히면서, '약서'와 같은 근대적 조약을 지향하고 있음을 간접적으로 드러냈다. 그 외에도 조선 측은 정지 작업 청국 측 감독과 적립금 관리 등에서 자주성을 확보하려고 했다.

하지만, 조선 측의 이러한 시도는 부분적으로만 관철되었다. 청국 측은 서문 삭제에 대해 제11조 조문 뒤에 리훙장(李鴻章) 북양대신의 재가를 받아야 시행할 수 있다는 문구를 삽입, 양국 간의 전통적 '종번관계'를 담아내려 했다. 조선 측은 이에 대해 더이상 이의를 제기하지 않고 청국 측의 요구를 받아들였다.

그럼에도 임오군란 발발 후 체결한 '조청상민수륙무역장정'의 서문에 조선을 '속방'으로 규정하고 타국과 이익을 균점할 수 없다는 점을 넣은 것과 비교해 보면 약간의 진전이 이뤄졌다고 볼 수 있다. 하지만 '인천구화상지계장정'의 조인은 조청상민수륙무역장정과 같이 양측 대표가 참가하여 공식 행사로 이뤄지지 않았는데, 이것도 청국 측이 서로 대등한 주권국가 사이에 체결한 근대적 국제조약과 구분하려는 의도적인 조치였다.

제8장 김현철 동북아역사재단 명예연구위원의 「근대 인천의 개항과 일본 조계지의 확대 과정」에서는 인천의 개항 과정과 일본 조계지 설치에 관련된 조약들을 분석하여 당시 일본 정부의 조선, 특히 인천에 대한 의도와 정책을 구체적으로 살펴보고 있다. 근대 일본이 조선을 침탈하면서

어느 항구를 개항시키고, 일본인 거주 지역을 설치하는 과정은 한반도에 대한 일본의 주요 이해관계를 반영하는 과정이었다. 조선의 입장에서는 각 항구의 지정학적 중요성을 고려하면서 주권과 영토를 지키기 위해 대응해 간 과정이었다.

근대 인천은 서구 근대 국제법이 적용되고, 조일 간 외교협상이 진행되어 온 역사적 현장이었다. 조선 정부는 인천의 지리적 입지와 군사적 중요성을 고려하여 일본의 개항 요구에 반대하였다. 그러나 일본은 조선 해안을 측량하여 제물포를 지정하고 협상에서 관철하여 인천이 개항장으로 선정되었다. 1876년 '조일수호조규' 체결 과정에서 일본 정부는 개항 이후 거류지 설치를 염두에 두었으며, 조선 정부도 일본인 거류지의 경계 설정에 대해 우려하였다. 1876년 '조일통상장정' 협상 시 개항장 내 일본인 거류 지역과 활동 범위가 쟁점이 되었다. 1882년 '조일수호조규속약'에서는 개항장 내 유보 범위가 10리에서 100리로 늘어났다. 1883년 '인천 일본 조계에 관한 조약'에서 외국인 조계지 중 일정 부분을 일본인 전관 조계지로 설정하였다.

일련의 조약 체결 과정에서 조선 정부가 인천에 대한 개항장 선정과 개항장 내 일본인들의 거주 및 통상과 관련된 일본의 요구를 받아들이지 않을 수 없었던 것은 일본의 압력과 강요가 있었기 때문이다. 이후 진행된 인천 내 일본인 조계지 범위 확장 및 구체적 운영 방식과 관련된 논의는 1897년 '일본 거류지 확장에 관한 주한 각국 사신 의정서'에 반영되었다. 그 체결 과정은 조선 정부의 반대와 관여에 의해 지연되었으며, 청일전쟁 이후 인천 내 조계지를 갖고 있는 각국의 이해관계에 의해 조정되는 양상을 띠게 되었다.

제9장 박한민 동북아역사재단 연구위원의 「일본의 동해안 정탐 활동

과 원산 개항」에서는 일본 군함의 조선 북부 연안 측량과 정탐 활동, 이에 대한 조선 지방민의 대응, 부산 주재 일본 상인들의 현지 시찰과 대응 양상 등을 다각적으로 검토하면서 원산 개항 과정을 살펴보고 있다.

원산은 1876년 조선이 조일수호조규를 체결하고 나서 부산에 이어 두 번째로 개항한 함경도 동해 연안의 지역이다. 이 지역은 1875년 6월 운요함(雲揚艦)이 1차 도한 당시 동해안 연안을 타고 올라가면서 정탐 활동을 벌이고, 지역민들과 접촉한 곳이었다. 운요함의 항해일지에는 영흥만 일대 환경에 대한 조사와 지역민에 대하여 갖고 있던 멸시관, 지역민과 접촉한 모습 등이 잘 드러나 있다.

미야모토 오카즈(宮本小一)도 조선에 건너온 경험과 류조함(龍驤艦) 승선 장교의 이야기에 입각하여 원산진을 개항장으로 삼아야 한다고 판단하였다. 1877년부터 대리공사로 조선에 파견되었던 하나부사 요시모토(花房義質)는 군함을 타고 조선 연안을 왕래하면서 저탄소(貯炭所)와 개항장이 필요한 지역을 조선 관리와 교섭하였다. 함경도 연안을 측량하는 작업은 1878년 조선에 파견된 아마기함(天城艦)을 통해 상세하게 이루어졌다. 당시 조선 지방민과 관리가 일본인들의 활동에 대하여 갖고 있던 인식과 대응 양상은 아마기함 관련 자료를 통해 확인할 수 있다. 원산 개항과 기본 인프라 구축에는 해군에서 파견한 군함의 지속적인 측량 활동과 육군 장교의 정보 수집이 토대가 되었다. 일본 상인들도 원산 현지를 시찰하면서 자신들이 입주할 공간을 먼저 정하고, 거류지 운영 방침을 결정하였다.

제10장 최성환 국립목포대 사학과·도서문화연구원 교수의 「목포 개항장 각국 조계의 운영 양상과 특징」에서는 목포 개항장 각국 조계의 운

영 양상과 일본이 장악해가는 과정을 살펴보고 있다. 기존 개항지와 달리 목포항에는 일본 전관 조계 없이 각국 조계 하나만 설치되었다. 그러나 개항 이후 일본의 전관 조계화 양상이 나타났다. 각국 조계의 행정을 담당하는 '조계사무공사'에 막강한 권한이 주어졌는데, 그 실권을 일본 영사가 장악했기 때문이다. 조계사무공사는 식수 마련, 해벽 공사, 도로 개설 등 목포 개항장의 주요 업무에 관여했다. 개항 후 목포 각국 조계 내 거주 외국인은 일본인이 절대다수였다. 이를 기반으로 가장 많은 택지 확보, 유리한 위치에 영사관 건물 신축, 경찰서 업무 독점 등을 통해 목포 각국 조계 내의 실권을 일본이 장악해 갔다.

목포 각국 조계의 운영 양상을 통해 일제의 침탈성도 확인했다. 크게 세 가지 사례를 살펴봤는데, 첫째, 상업 지구인 목포 각국 조계 내 비밀리에 일본 육군성 용지를 매입하여 관리해온 점이다. 둘째, 개항 후 발생한 목포 부두노동운동을 진압하는 과정에서 일본 군함까지 동원한 점이다. 셋째, 1903년에 발생한 한국인 노동자 김인배 사건과 무안(務安) 감리서 습격 사건에서 자국의 이익만을 옹호하는 일본 영사의 태도다. 이 장에서는 목포항이 어떻게 일본의 전관 조계나 다름없는 곳으로 변모하는지를 구체적으로 살폈다. 그러한 과정에는 개항 후 체결한 '목포각국 조계장정'이 많은 영향을 주었다는 점과 일제의 침탈성이 작동했다는 사실을 확인하였다.

제11장, 이재훈 조선대 학술연구교수의 「러시아의 조선 정책과 1888년 '조러육로통상장정'-조용한 침투의 초석」에서는 1885년 러시아 외무성이 황제의 재가를 받아 조선에 부임하는 초대 총영사 베베르에게 하달한 훈령과 조러 양국 간의 육로통상 교섭 시 베베르의 협상안에 내재한 의도와

방침을 분석·고찰함으로써 당시 러시아 외무성이 베베르에게 하달한 훈령에 표방하였던 조선에 대한 '지배적 영향력 공고화'와 '배타적 지위 확보'의 본의를 규명하고 있다.

1880년대 중반까지 러시아의 조선 정책은 관망을 통한 현상 유지였다. 당시 동아시아 지역에 확고한 군사적·경제적 기반이 없던 러시아는 무력과 강제를 동반한 다른 제국들의 적극적인 침투 및 팽창과는 달리 해당 지역에서 자신의 이해관계를 보호하는 데 외교적 방책에 의존할 수밖에 없었으며, 이러한 동아시아 정책은 조선에도 그대로 반영되어 관망을 통한 소극적인 현상 유지 정책으로 구현되었다.

하지만 강화도조약 체결 이후 상당 기간 지속되었던 러시아의 조선에 대한 소극적 현상 유지 정책 기조는 서구 제국이 조선과의 공식 관계 수립에 나서면서 서서히 변화하게 된다. 조선에서 러시아에 적대적인 국가들의 영향력이 강화되는 것을 우려해왔던 러시아로서는 조선과 서구 제국의 조약 체결이 현실화된 상황에서 기존의 정책을 고수할 수 없었다. 러시아의 현상 유지 정책은 이후 신중하고 조심스럽지만 상대적으로 적극적인 개입과 이를 바탕으로 한 세력균형을 통한 현상 유지 정책으로 바뀌었고, 1885년 러시아 외무성이 베베르에게 하달한 훈령은 바로 이러한 적극적인 개입을 지시하는 지침서였다.

이상 각 장의 내용 중 몇 가지 시사점을 주는 부분을 들면 다음과 같다. 제1장과 제5장에서는 중국, 일본, 조선(한국)의 개항장의 조계지(또는 외국인 거류지)의 획정 과정을 비교할 때, 그 모델의 구성과 전파에 영국의 영향이 컸다고 보고 있다. 특히 일본 고베(神戶)와 조선 인천 간 관련성을 언급하고 있어서, 시간적 간격을 두고 형성된 한중일 내 개항장들에 대해 향후 좀 더 심층적인 비교 연구의 필요성을 제기하고 있다.

중국 내 많은 개항장을 다룰 수 없어서 제2장에서 상하이와 톈진의 사례에 국한하여 설명하면서 개항장과 조계지 내 치외법권 행사에 대해 외국인들의 요구가 일방적으로 관철되기보다는 중국의 적극적인 대응이 가능하였던 부분이 있었음을 언급한 것도 주목할 만하다. 일본의 경우에도 개항장 내 미국인, 영국인 등 서구 국가뿐만 아니라 중국(청)인이 많이 거류하면서 이들 외국인, 특히 청국인과 일본인 간의 소송 및 재판 과정에서 치외법권 문제가 커다란 이슈였음을 보여 주고 있다. 제3장과 제4장에서는 일본이 개항 과정에서 불평등조약에 어떻게 대처하였는지를 요코하마와 도쿄재판소의 사례를 중심으로 소개하고 있다. 그리고 제6장 니가타의 사례에서는 일본의 개항장내 외국인의 이주, 거주, 교류, 통상 등이 시작되면서 나타난 다양한 측면들을 보여 주고 있다.

이렇게 개항 초기 서구 국가들과 체결한 조약의 불평등성과 주권 등 여러 이익의 침탈성을 경험한 중국과 일본이 조선(한국) 내 개항장에서는 불평등성과 침탈을 강요하고 확대하는 양상을 보여 주었다. 중국(청)과 일본이 외국인과의 소송이나 교섭 과정에서 보여 준 적극적인 태도나 타협의 양상들이 조선 개항장의 경우에는 찾아보기 힘들었음을 제7장과 제8장의 인천, 제9장 원산항 및 제10장 목포의 사례를 통해 알 수 있다. 러시아 역시 교류와 통상의 필요성 및 군사적, 외교적 이해관계에서 조선내 진출 거점지역을 확보하려고 했으며, 제11장에서 조러육러통상장정이 앞서 살펴본 개항 관련 조약들의 주요 내용을 포함하고 있음을 보여 주고 있다. 이상 한중일 3국이 경험한 개항과 동아시아 국가 간 조약 체결 및 외국인 이주의 역사에서 드러난 상호 간 인식, 제도 및 운영 방식의 차이와 커다란 간극은 아직도 좀 더 자세히 밝혀져야 할 분야라고 하겠다.

이 책에서는 '조약, 재판, 치외법권'이라는 국제법의 어렵고 생소한 분야와 '개항장 항구 도시'의 역사적 변천이라는 광범위하고 기존 연구가 어느 정도 진행된 분야를 연계하여 접근하였다. 근대 이후 개항장의 역사를 좀더 장기간에 걸친 시각에서 바라보고, 19세기 후반 이후 '침탈과 지배, 저항'이라는 측면뿐만 아니라, 20세기부터 현재까지 '이주와 교류, 개발'의 측면, 그리고 향후 동아시아 지역의 전망과 '네트워크, 협력'의 측면까지 포괄하여 다양한 모습과 그 안에서 살아온 사람들의 이야기를 자세히 드러낼 필요가 있다.

끝으로 이 책이 나오기까지 많은 관심을 갖고 참여한 재단 내외의 연구자들께 감사드린다. 2년이라는 짧은 연구 기간 동안 19세기 후반의 한중일 내 많은 개항장과 그곳에서 벌어진 사건, 이슈들을 충분히 살펴보지 못하였다. 그럼에도 이 책이 최근 학계의 주요 연구 성과를 소개하고, 동아시아 개항장과 도시 내 외국인의 이주, 교류 및 거주에 따른 변화를 종합적으로 이해하고 참조하는 데 도움이 되기를 바란다.

집필자를 대표하여
김현철

차례

책머리에 • 4

제1장　**동아시아 근대 외국인 거류 제도의 계보와 그 기원-
중국 '조계' 모델의 탄생을 중심으로_박준형**

　1. 머리말 • 26
　2. 난징조약 체결 이후 조약 체제하 공간 구조의 형성과 그 적용 문제 • 30
　3. 외국인 거류 구역의 설정과 '조계' 모델의 탄생 • 43
　4. 맺음말 • 58

제2장　**20세기 초 톈진(天津)의 '치외법권(治外法權)'-
혼합재판소(混合裁判所) 설립을 둘러싼 중외의 논쟁을
중심으로_조병식**

　1. 머리말 • 68
　2. '상하이식 회심'과 관심 • 75
　3. 교섭 안건의 관할권과 처리 방식 • 88
　4. 혼합재판소 설립을 둘러싼 중·외의 갈등 • 103
　5. 맺음말 • 117

제3장　**일본의 사법 근대화와 청국의 영사재판권 행사 문제-
요코하마에서의 청국인·일본인 간 소송 사례를 중심으로_조국**

　1. 머리말 • 122
　2. 요코하마 개항과 영사재판 • 126

3. 청일수호조규 체결 이전 시기 청국인에 대한 재판 • 139
4. 청국의 영사 파견(1878) 이전: 일본 관할하의 재류 청국인 • 143
5. 영사재판권을 행사하는 청국 • 151
6. 맺음말 • 164

제4장 **불평등조약하의 치외법권 문제-
도쿄 재판소에서의 내외인 소송을 중심으로_조국**

1. 머리말 • 168
2. 조약상 규정과 재판 자료 • 170
3. 내외인 소송의 실태-『내외인교섭』의 개별 사례들 • 186
4. 맺음말 • 195

제5장 **19세기 후반 동아시아 불평등조약 체제하 외국인 거류 제도의
계보-일본 모델의 한국 전파 과정을 중심으로_박준형**

1. 머리말 • 238
2. 외국인 거류 제도의 기원과 근대적 재편 • 242
3. 일본식 근대 외국인 거류 제도의 성립과 전개 • 253
4. 고베에서 인천으로, 모델의 전파와 변용 • 262
5. 맺음말 • 272

제6장 **19세기 후반 니가타의 개항과 외국인 거류지_김현철**

1. 머리말 • 278
2. 근대 일본의 개항과 외국인 거류지 관련 규칙의 제정 • 280

3. 개항 이후 니가타항의 변화와 외국인 거류 현황 • 290
4. 니가타항내 외국인 거류와 토지·가옥 임차 문제 • 304
5. 맺음말 • 310

제7장 인천 청국 조계의 설정 과정 연구 – 인천구화상지계장정 체결 과정을 중심으로_이정희

1. 머리말 • 314
2. 인천 청국 조계 설정의 배경 • 319
3. 인천구화상지계장정 체결 교섭 과정과 장정 내용 • 327
4. 맺음말 • 343

제8장 근대 인천의 개항과 일본 조계지의 확대 과정_김현철

1. 머리말 • 348
2. 인천의 개항장 지정을 둘러싼 조일 간 대립과 조약 체결 • 353
3. 개항 이후 인천 내 일본 조계지 확장과 변화 • 362
4. 맺음말 • 374

제9장 일본의 동해안 정탐 활동과 원산 개항_박한민

1. 머리말 • 378
2. 1870년대 일본 군함의 함경도 지역 정탐·측량과 조선 현지의 대응 • 382
3. 1879년 대리공사의 조선 파견과 원산 개항장 설정 • 402
4. 맺음말 • 418

제10장 **목포 개항장 각국 조계의 운영 양상과 특징**_최성환

1. 머리말 • 424
2. 「잠정합동조관」 체결과 목포 개항 과정 • 427
3. 목포 각국 조계의 설치와 일본 전관 조계화 양상 • 438
4. 일본의 목포 각국 조계 장악 과정과 특징 • 452
5. 맺음말 • 474

제11장 **러시아의 조선 정책과 1888년 '조러육로통상장정' – 조용한 침투의 초석**_이재훈

1. 머리말 • 478
2. 러시아의 동아시아 대외 환경과 육로장정 체결 이전의 조선 정책 – 관망을 통한 현상 유지 • 481
3. 1885년 외무성 훈령 – 세력균형을 통한 현상 유지 • 492
4. 외무성 훈령 속의 육로통상장정 – 조용한 침투의 초석 • 498
5. 맺음말 • 505

참고문헌 • 536
찾아보기 • 560

제1장
동아시아 근대 외국인 거류 제도의 계보와 그 기원
- 중국 '조계' 모델의 탄생을 중심으로

| 박준형 / 서울시립대 국사학과 교수 |

1. 머리말
2. 난징조약 체결 이후 조약 체제하 공간 구조의 형성과 그 적용 문제
3. 외국인 거류 구역의 설정과 '조계' 모델의 탄생
4. 맺음말

1. 머리말

손정목의 『한국 개항기 도시 변화 과정 연구: 개항장·개시장·조계·거류지』(1982)는 한국의 개항장 연구와 관련해서 현재까지도 필수적으로 인용되고 있는 저서이다. 이 책에서 그는 기존 연구들이 주로 인천, 부산 등 개항장에 집중한 것을 지적하면서 한성, 평양 등 개시장까지 연구 범위를 확대했다. 그뿐만 아니라 조계와 더불어 조계 밖 공간인 조계 밖 10리 이내나 내지도 주목하여 개념 정리를 시도했다. 이 과정에서 중국이나 일본의 조약들과 비교해서 한국적 특색으로 들었던 것이 다름 아닌 조계 밖 10리 이내 공간이다. 이에 대해 손정목은 다음과 같이 서술했다.

> 1883년 조선에 와서 조영조약을 체결한 주청 영국 공사 파크스는 중국에 있어서의 이금과세구역 문제, 일본(고베)에 있어서의 거류지 밖 잡거지 등 자신이 현지에서 몸소 겪은 체험을 살려 조선에 있어서는 "조계 밖 10리 범위 내에서는 영국인이 토지를 구입·임차하여 거주할 수 있음"을 명문으로 규정함으로써 개항장·개시장을 둘러싼 논란의 대상을 미리부터 해결해 버린 것이다.[1]

즉 조계 밖 10리 이내 공간은 조영수호통상조약의 영국 측 체결 당사자인 주청 영국 공사 해리 파크스(Harry Parkes)가 중국과 일본에서 당면했던 여러 문제점을 해결하기 위해 만들었다는 설명이다. 이것은 조계 밖

---

1   孫禎睦, 1982, 『韓國開港期 都市變化過程硏究: 開港場·開市場·租界·居留地』, 一志社, 65쪽.

10리 이내 공간 창출에 있어서 파크스의 역할을 강조하는 동시에 해당 규정의 완결성을 부각하고자 한 것으로 이해할 수 있다. 이 글에서는 손정목의 관점을 계승하면서도 한발 더 나아가 파크스가 중국 및 일본에서 어떤 경험을 축적했는가에 보다 초점을 맞추고자 한다. 왜냐하면 어떤 경험들이 조계 밖 10리 이내라는 조약상의 잡거 공간을 만들어 냈는지 파악할 수 있다면, 앞서말한 한국적 특색을 보다 명확히 하는 데 일조할 수 있다고 생각하기 때문이다.

또 한 가지 주목할 것은 일본의 개국 및 개항에 선도적 역할을 한 것은 미국이지만, 그에 앞서 중국의 문호를 열고 조계 모델을 창출했을 뿐만 아니라 메이지유신 전후 정치적 격변 속에서 일본 거류지의 신모델을 만들어 낸 것은 영국이라는 사실이다. 조선의 개항도 일본에 의해 이루어지기는 했으나, 조선 외교의 다각화 이후 일본 거류지 신모델을 조선에 이식함으로써 조계 모델의 표준을 만든 것 또한 영국이었다. 따라서 영국의 동아시아 외교를 따라가면 중→일→한으로 이어지는 외국인 거류 제도의 계보 작성이 가능해지며,[2] 그것은 결국 조계 제도의 기원인 중국에서의 외국인 거류 제도 성립까지 거슬러 올라가는 작업을 통해 실현될 수 있다.

이상과 같은 문제의식으로부터 선행 연구를 검토하면, 중국의 외국인 거류 제도 연구는 이미 1930년대부터 우에다 도시오(植田捷雄)에 의해 본격적으로 이루어졌다.[3] 다만 이것은 제국 일본의 중국 침략이라는 상황을

---

[2] 필자는 2022년도 동북아연구재단 기획연구 사업의 일환으로 일본의 조계 모델이 한국에 전파되는 과정을 검토한 바 있다. 연구 결과는 전체적으로 수정·보완하여 「19세기 후반 동아시아 불평등조약 체제하 외국인 거류 제도의 계보-일본 모델의 한국 전파 과정을 중심으로」라는 제목으로 『한국문화』 101호(2023.3)에 발표했다. 이 글은 이 연구의 후속편에 해당하며, 이 책 제5장에 일부 수정 후 재수록했다.

[3] 植田捷雄, 1934, 『支那租界論』, 嚴松堂書店; 1941, 『支那に於ける租界の研究』, 嚴松堂

배경으로 한 것이었기 때문에 1945년 제국 패망 이후에는 동일한 문제의식과 방법론으로 연구를 계속할 수는 없었다. 이후 일본에서는 중국 근대 외교사라는 범주 안에서 중국의 개항 및 조계에 대한 연구들이 부분적으로 이루어졌다.[4] 그에 반해 중국에서는 중국의 근대 조약 체제는 물론,[5] 조계[혹은 통상구안(通商口岸), 곧 개항장] 역사 일반 또는 특정 도시의 조계 연구까지 찾아볼 수 있다.[6] 최근에는 일본에서도 중국 개항도시는 물론 중국에 있던 일본 조계를 중심으로 조계사 연구가 계속되고 있으며,[7] 중국과 일본의 대표적 개항 도시인 상하이와 요코하마를 대상으로 한 비교

書店, 등.

[4] 植田捷雄, 1969, 『東洋外交史』, 東京大學出版會; 坂野正高, 1970, 『近代中國外交史研究』, 岩波書店; 坂野正高, 1973, 『近代中國政治外交史』, 東京大學出版會; 岡本隆司, 1999, 『近代中國と海關』, 名古屋大學出版會; 川島眞, 2004, 『中國近代外交の形成』, 名古屋大學出版會 등.

[5] 吳義雄, 2009, 『條約口岸體制的醞釀: 19世紀30年代中英關係研究』, 中華書局; 李育民, 2010, 『近代中國的條約制度』, 湖南人民出版社; 胡門祥, 2010, 『晚清中英條約關係研究』, 湖南人民出版社 등.

[6] 費成康, 1991, 『中國租界史』, 上海社會科學院出版社; 張洪祥, 1993, 『近代中國通商口岸與租界』, 天津人民出版社; 楊天宏, 2002, 『口岸開放與社會變革: 近代中國自開埠頭研究』, 中華書局; 廖樂柏(Robert Nield) 著·李筱, 2010, 『中國通商口岸: 貿易與最早的條約港』, 東方出版中心; 馬長林·黎霞·石磊 等, 2011, 『上海公共租界城市管理研究』, 中西西局; Robert Nield, 2015, China's Foreign Places: The Foreign Presence in China in the Treaty Port Era, 1840-1943, Honkong University Press; 王汗吾·吳明堂, 2017, 『漢口五國租界』, 武漢出版社 등.

[7] 吉澤誠一郎, 2002, 『天津の近代: 清末都市における政治文化と社會統合』, 名古屋大學出版會; 大里浩秋·孫安石 編著, 2006, 『中國における日本租界: 重慶·漢口·杭州·上海』, 御茶の水書房; 大里浩秋·貴志俊彦·孫安石 編著, 2010, 『中國·朝鮮における租界の歷史と建築遺産』, 御茶の水書房; 大里浩秋·内田靑藏·孫安石 編著, 2020, 『東アジアにおける租界研究: その成立と展開』, 東方書店 등.

연구도 시도되고 있다.⁸

다만 이상의 연구들은 대체로 일국의 단위를 벗어나지는 못한 것으로 보인다. 또한 비교 연구라 해도 국가의 경계를 선험적으로 상정하고 있다는 점에서는 사정이 크게 다르지 않다. 이 글의 목적은 국가의 경계를 넘어선 동아시아 외국인 거류 제도의 계보 작성이다. 이를 위해 문제의식의 뿌리는 한국에 둔 채로 동아시아 근대 외국인 거류 제도의 원점인 중국의 사례들까지 거슬러 올라가고자 한다.

1842년 난징조약을 통해 상하이를 비롯한 5개 항구의 개방이 결정되기는 했으나, 외국인 거류 제도로서 조계는 조약 체결 이후 오랜 시간에 걸쳐 형성되었다. 그렇다면 어느 시점에서, 어떤 내용의 제도가 모델로서 성립했는지를 확인할 필요가 있다.

이 글에서 주된 검토 대상으로 삼은 시기는 난징조약 체결 이후부터 재류 외국인에게 일종의 '마그나카르타'로 기능한 1858년 톈진조약⁹ 체결 때까지다. 아울러 구성은 우선 제2장에서 조약상의 외국인 거류 구역 관련 규정들이 어떻게 변화해 갔는지를 살피되, 항상 조계 밖 공간, 곧 내지와의 상관성 속에서 검토하고자 한다. 이어서 제3장에서는 조약 규정에 의한 제한들과 다양한 변수들 속에서 최초의 조계 모델이 어떻게 탄생¹⁰했는지를 5개 조약항 중 광저우와 상하이의 사례 비교를 통해 확인해 볼 것이다.

---

8 共同編輯委員會編, 1995, 『橫濱と上海』, 橫濱開港資料館.
9 岡本隆司, 2012, 『ラザフォード・オルコック』, ウェッジ, 112쪽.
10 이 글에서 조계 모델의 탄생이라고 할 때 조계란 오카모토 다카시의 표현을 빌려 말하자면 "중국 정부 권력이 간섭할 수 없는 공간, 소수 외국인이 권력을 장악하고 대다수 화인(華人)은 보호를 받으면서도 열위에 놓이는 사회, 외국의 중국 진출 교두보이자 서양 문화 유입의 창구"와 같은 공간을 말한다(岡本隆司, 2012, 앞의 책, 79쪽).

2. 난징조약 체결 이후 조약 체제하 공간 구조의 형성과 그 적용 문제

1) 조약상 외국인 거류 구역 규정의 변화와 내지와의 경계

1842년 제1차 아편전쟁 이후 청국과 영국 간 난징조약 체결은 시기적으로 영국의 입식지(入植地) 도시계획 모델로 수립된 '그랜드 모델'의 적용이 종언을 고하는 때와 무역을 통한 이익을 우선시하여 무계획 상태에 있던 열대의 항만도시가 도시 개조를 위해 막대한 투자를 시작하는 때의 사이에 위치한다. 난징조약에 의해 개방된 5개 조약항(광저우·푸저우·아모이·닝보·상하이)은 당연히 입식지가 아니라 항만도시의 계보 위에서 검토되어야 했지만, 이 시기는 항만도시의 성격 자체가 변화하고 있었다는 사실에 주의할 필요가 있다. 이것은 조약항들이 모범으로 삼을 만한 선행 도시계획 모델의 부재를 말해 주는 동시에, '자유방임' 상태로부터 탈각이라는 시대적 방향성을 암시해 주기 때문이다.[11]

실제로 우에다 도시오가 "조계의 기원"으로 평가한 바 있는 난징조약 제2조의 내용은 다음과 같다. "지금 이후로 대황제는 영국 인민이 어떤 장애도 없이 가족을 데리고 연해의 광저우·푸저우·아모이·닝보·상하이 5개 항구에서 기거하고, 무역 통상하는 것을 은혜로이 허락한다"[12]라

---

11 영국의 식민 도시 형성 과정에 대해서는 ロバート·ホーム 著/布野修司·安藤正雄 監譯, アジア都市建築研究會 譯, 2001, 『植えつけられた都市 : 英國植民都市の形成』, 京都大學學術出版會 참고.

12 이 글에서 인용하는 조약문은 1차로 『근대 조약과 동아시아 영토 침탈 관련 자료 선집』 I (동북아역사재단 편, 2021)을 참고했으며, 여기에 실려 있지 않은 경우 『舊條約彙纂』 제1권 제1부(外務省條約局, 1930), 『淸朝條約全集』 제1권(黑龍江人民出版社,

고 했는데, 여기에서는 외국인 거주 및 무역권을 인정하면서도 그를 행할 거주 구역 및 방법 등에 대해서는 언급하지 않았다.[13] 이를 볼 때 위 조문은 5개 조약항의 공간 구성에 대한 고려가 전혀 없었다고 할 수 있으며, 무계획적 항만도시의 계보 위에 자리매김할 수 있는 하나의 단서가 된다.

그러나 이듬해 난징조약의 후속 조약으로 체결된 후먼조약 제7조에서는 외국인 거류 제도와 관련하여 보다 상세한 규정을 볼 수 있다. 즉 "중화 지방관은 반드시 영국 감독관(管事官)과 각 지방 민정을 살펴 어느 지방의 어느 방옥(房屋)을 사용할 것인지 논의해서 정해야 한다"라고 규정했다. 더불어 위 조문에서는 임대차 과정이나 임대료 책정 시 공정성 확보를 주문했고, 영국 감독관은 영국인 거류 상황을 청국 지방관에게 통보하도록 했다. 이후 청국은 미국·프랑스와도 차례로 왕샤조약과 황푸조약을 체결했는데, 이들 조약에서도 외국인 거류 구역 설정과 관련한 규정들은 반복되었고 상세함을 더해 갔다.[14]

1999), 『中外舊約章彙編』(三聯書店, 1957) 등에서 확인했다. 다만 조약문 번역은 위 선집을 참고해서 필자가 다시 시도했다. 또한 번역 시에는 한문본을 기본으로 하고 영문본을 비교 대상으로 삼았다. 이하에서 조약문 출처는 생략하되 조약문 원문은 글 말미의 〈부록〉에 별도로 수합·정리해 두었다.

13　植田捷雄, 1934, 앞의 책, 11~15쪽.

14　먼저 왕샤조약 제3조에서는 5개 조약항에서 가족들과 함께 거주 및 무역을 할 수 있다고 명시했다. 그리고 미국인의 거주에 대해서는 별도 조항인 제17조에서 상세히 규정했는데, 후먼조약과 같이 양국 지방 당국자들이 협의하여 거류 구역을 정하고 임대료 설정 시 공정성을 확보하는 데 그치지 않고, 임차 목적을 거주나 무역은 물론 병원, 예배당, 묘지 등의 건설까지 확대했다. 황푸조약에서도 프랑스인의 거주 및 무역권은 제2조에서 적시한 후 거류 구역 설정에 관한 규정은 제22조로 양보했다. 대체의 내용은 왕샤조약 제17조와 비슷하다고 할 수 있으나, 임차 목적으로 병원, 예배당, 묘지 등에 더해 구급 시설, 학교 건설까지 추가했으며, 나아가 "5개 항구 지방에서 프랑스인의 건물 칸 수, 대지 면적 등에 대해서는 제한을 두지 않아 프랑스인들의 이익을 보호할 수 있도록 한다"는 내용 등이 새롭게 추가되었다. 조계 범주의 제한을 없앤 이

이처럼 후먼조약 이래 외국인 거류 구역 설정에 관한 규정을 신설함에 따라 조약상의 서로 다른 근거로부터 조약항과 거류 구역(향후 조계로 명명될 공간)이라는 두 개의 공간이 등장하게 되었다.

그런데 문제는 조약 체결 당사국들이 양자 사이의 관계를 서로 다르게 이해한 점에 있었다. 청국 측은 조약항이 곧 거류 구역이라는 설을 고집했고, 체약국들은 거류 구역은 조약항 내 일부라고 주장했다. 전자는 조약항과 거류 구역을 일치시킴으로써 거류 구역 설정 시 조약항의 범주를 조계 내로 한정 지을 수 있다는 점에서, 후자는 조약항 내에서는 거류 구역 안팎을 불문하고 조약상의 권리를 주장할 수 있다는 점에서 각각의 유리함이 있었다. 우에다는 청국 측이 근거로 내세운 ① 항저우 성내 미국인 거주 금지 사건, ② '즈푸조약' 제3조 제1항의 이금면제구역(釐金免除區域) 설정 규정, ③ 1907년 가오칭탕(高慶堂) 사건, ④ 국제지역(國際地役)설 등을 차례로 검토한 후 하나하나 반박하는 식으로 자신의 논지를 전개했다.[15] 여기에서는 시기적으로 가장 앞서면서 손정목이 파크스의 중국 경험으로 언급했던 '②'만을 간단하게 정리해두자.

1876년에 청국과 영국 사이에 체결된 즈푸조약 제3조 제1항은 "현재 시행 중인 조약에 따라 개항장에서 외국 상품에 대해 이금을 징수할 수 없는 지역과 관련하여, 토머스 웨이드 경은 그의 정부를 설득하여 각 항구에서 외국인들에게 임대된 땅(이른바 'concession')을 이금면제구역으로 간주하는 데 동의한다"라고 되어 있다. 여기에서 '이금'이란 태평천국 진

조문은 향후 조계 확장의 실마리를 제공하게 된다(費成康, 1991, 앞의 책, 55쪽).
15   植田捷雄, 1934, 앞의 책, 57~62쪽.

압 경비 마련을 목적으로 1853년에 신설된 내지 통행세를 말한다.[16] 위 조문은 이금의 면제구역을 조계와 일치시키기로 합의했다는 것으로, 중국 측은 이를 근거로 내지 통행세, 다시 말해서 내지를 대상으로 하는 이금의 면제구역이 조계이므로 조계는 내지가 아닌 장소, 곧 '조약항'에 해당한다고 주장할 수 있던 것이다.[17]

이에 대해 우에다는 "오해를 낳기 쉬운 조항"을 체결한 것은 영국 측의 '실책'이라고 논평하면서도 청국 측 주장을 받아들일 수는 없다고 단언했다. 즉 즈푸조약 체결 후 위 조항으로 인해 거센 비판을 받은 영국은 1885년에 추가 조약을 체결하여 시행 날짜 확정을 장래 협의 사항으로 유예함으로써 해당 규정을 사문화했다는 것이다. 설령 위 조항의 효력을 인정하더라도 이금면제구역을 조약항 일부로 해석할 수도 있기 때문에 조약항 내 나머지 부분에서 이루어지는 징세는 결국 국세로 취급해야 하며, 그 징세 지역을 내지로 간주할 수 없다는 것이 우에다의 주장이다.[18]

여기에서 우에다는 '조약항'과 조계의 관계를 문제 삼았지만,[19] 그것은 동시에 조계(혹은 '조약항')와 내지의 경계를 묻는 것이기도 했다. 이와 관련

---

16 '이금'은 본래 재정 상황이 호전되면 폐지되어야 하는 임시세의 성격을 띠고 있었으나, 태평천국 진압 후인 청조 후기와 심지어는 민국 시기까지도 줄곧 재정상 중요한 위치를 차지했다. 영국 등 각국은 1858년 톈진조약 단계에서 이미 해관에 2.5%의 자구반세(子口半稅)를 납입하면 수입 외국 상품과 수출 청국 상품에 대한 이금면제를 규정한 바 있었다(飯島涉, 1993, 「裁釐加稅」問題と淸末中國財政: 1920年中英マッケイ條約交涉の歷史的地位」, 『史學雜誌』 102(11), 1916~1917쪽).

17 植田捷雄, 1934, 앞의 책, 60쪽.

18 植田捷雄, 1934, 위의 책, 66~68쪽.

19 우에다는 저서에서 '조약항'이 아니라 '개시장(開市場)'이라는 용어를 사용했다. 이 글에서는 '개시장'과 '개항장'을 구분하고, 또 조약에 의해 개방된 항구만을 다루고 있다는 점에서 '조약항'이라는 용어를 쓰기로 한다.

하여 이동욱은 최근 연구에서 흥미로운 문제를 제기한다. 그는 난징조약 체결부터 톈진조약 체결까지를 '난징조약체제'로 명명한 후, 이 시기에 청국은 서양 세력과 이른바 불평등조약을 체결하기는 했으나 다른 한편으로는 같은 조약을 통해 서양인들의 행동을 구속하기도 했음을 강조했다. 그러한 사례 중 하나로 후먼조약 제4조를 들었다.[20] 앞서 인용한 후먼조약 제7조는 영국인의 거주 및 무역권을 보장하는 내용인데 반해, 제4조는 5개 항구 이외 '다른 항구(他處港口)'에서 통상을 금지하고, 이를 위반할 경우 그에 대한 제재 방법까지 명시해 놓았다는 점에서 분명하게 대비된다.

그런데 청국은 이러한 규정의 적용 범위를 '속국'까지 확대하고자 했다. 이동욱에 따르면, 1845년 영국 군함 사마랑호가 조선 해역에 출몰하자 조선 정부가 청 예부에 중재를 요구했는데, 청은 조약상의 '다른 항구'에 '속국'인 조선까지 포함된다면서 영국 측에 조약 위반이라고 항의했다는 것이다. 이는 임기응변적 대응이기는 했으나 사실상 청이 조선에 대한 종주권을 선언한 것으로 볼 수 있었다. 이후 영국 측의 이의 제기가 없자 청국은 '속국' 문제를 조약의 확대 적용을 통해 해결하려는 시도를 반복했다.[21]

후먼조약 제6조는 조약을 통해 영국인의 행동을 제약하는 또 다른 사례다. 이 조항에서는 아래 인용과 같이 '다른 항구'가 아니라 내지에서의 여행 및 무역을 금지했다. 그리고 위의 제4조와 마찬가지로 조약 위반 시 체포 및 처벌 규정까지 두었다.

광저우 등 5개 항구에서 영국 상인은 장기 거주를 하든 일시 내왕을

---

20 이동욱, 2019, 「조약 체제 속에서 '천조'의 '속국' 지키기:『南京條約』체제에서『天津條約』체제로」,『동양사학회 학술대회 발표논문집』2019년 4호, 175쪽.
21 이동욱, 2019, 위의 논문, 175~179쪽.

하든 모두 멋대로 향간(鄕間)에 들어가 임의로 여행할 수 없으며, 또 **내지(內地) 깊숙이 들어가 무역을 할 수도 없다.** 중화 지방관은 응당 영국 감독관과 함께 각 지방 민정 및 지세를 살피어 계지(界址, 경계: 인용자)를 의논하여 정하고, 그를 넘어가지 못하게 함으로써 영구히 피차간의 평안을 기약한다. 무릇 수부 및 선상인 등은 감독관과 지방관이 먼저 금약(禁約)을 정한 후에야 바야흐로 상륙할 수 있다. **만약 영국인 중 이 금약을 위반하여 멋대로 내지 깊숙이 들어가는 자가 있을 경우에는 어떤 품급(品級)인지를 막론하고 곧 해당 지방 인민이 체포해서 넘기면 영국 감독관이 적절히 조치하도록 한다.** 다만 해당 인민 등은 함부로 구타하여 화호(和好)를 해쳐서는 안 된다.

난징조약만 해도 내지라는 말은 등장하지 않았다. 그러나 외국인 거류 구역 설정에 관한 규정이 새롭게 등장한 후먼조약에서는 '조계(혹은 조약항)'와 경계를 맞댄 내지에 대한 규정 또한 동시에 이루어지고 있음을 확인할 수 있다. 이때 내지란 들어가서는 안 되는 땅, 곧 '금단의 땅'이었다.

위 조항은 이후 조약들에서도 계승되었다. 앞서 언급한 왕샤조약 제17조에서는 "내지 향촌으로 깊숙이 들어가 임의로 여행할 수 없다"라고 했으며, 황푸조약 제23조에서도 "영사관과 지방관이 의논해서 정한 경계를 넘어 장사를 할 수 없으며, 상선이 정박한 경우에도 해당 수부 등은 또한 경계를 넘어 여행할 수 없다"라고 규정했다.

여기에서 한 가지 주의할 것은 그 금지 사항이 그냥 내지가 아니라 '내지 깊숙이' 들어가는 행위에 대한 것이라는 점이다. 바꾸어 말하면 이는 조계를 벗어나더라도 근방에서의 활동은 제한적이나마 보장되고 있었음을 말해 준다. 후먼조약 제6조 이래로 외국인 거류 구역을 설정하는 것과는 별도로 외국 영사와 청국 지방관이 경계를 정해서 그를 넘지 못하도록 했을 때 그 경계는 조계의 경계가 아니라 조계 밖 근방, 곧 내지에 그어져야 하는 것이었다. 황푸조약 제23조에서 내지에서 무역 및 여행을 금지한 조문의 전제가 된 것은 바로 "프랑스인이 5개 항구 지방에서 거주하거나 왕래할 때 부근 처소에서 산책을 할 수 있게 하여 그 일상 행동이 내지민인(內地民人)과 다름이 없게 해야 한다"라는 '유보 구역'의 존재였다.

이처럼 조계 밖 '유보 구역' 설정은 어디까지나 외국 영사와 청국 지방관의 협의 사항이었다. 그러나 1858년에 체결된 톈진조약에서는 일정한 거리로 제도화되었다. 먼저 제11조에서는 광저우 등 5개 항구와 더불어 뉴좡, 덩저우, 타이완, 차오저우, 충저우 등을 추가 개항한다고 명시했다. 거류 구역 설정과 관련해서는 기존 5개 항구와 다름이 없다고 했다. 이어서 제12조에서는 기존 조약들과 마찬가지로 임대료를 정할 때 공평하게 처리해야 한다고 강조했다. 이상의 두 조항이 '조계(혹은 조약항)'에 대한 것이라면 제9조는 내지와 관련된다. 전술한 바와 같이 조계 근방에서의 왕래를 허용했음에도 불구하고 내지는 기본적으로 '금단의 땅'이었다. 그러나 동 조약에서는 영사관으로부터 집조(執照, 통행증)를 발급받으면 자유롭게 여행할 수 있다고 했다. 이른바 '내지여행권'의 성립이다. 또한 거리는 항구로부터 100리, 시일은 3~5일 이내면 집조도 필요로 하지 않다고 했다. 이로써 내지는 제한적인 개방이 이루어졌다고 할 수 있으나, 그렇다고 내지가 조계와 같은 공간이 되었던 것은 아니다. 내지는 여전히 외국인이 아니라 '내지 민인'들을 위한 거주 장소였다. 원칙적으로는 조계와 내지의 경계는 여전히 유지되고 있었으며, 그 점에서는 오히려 조약상의 공간들이 체계화되어 점차 세분된 하나의 체제를 형성해 가고 있었다고 해야 할 것이다.

그런데 톈진조약 체결 이후 내지 개방이라는 상황은 다시금 청과 속국 사이의 관계에도 영향을 미쳤다. 다시 이동욱에 따르면, 1860년대에 들어 "조선은 청의 속국이지만 내치와 외교는 자주"라고 하는 '속국자주론'을 제기하게 된다. 조선을 청과 하나의 조약 아래 두고자 했던 이전 주장과는 모순되는 것이었지만, 서양인의 내지 여행을 허용한 톈진조약 체결은 더 이상 조약의 확대 적용을 불가능하게 만들었다. 만약 톈진조약을 조선에도 확대 적용할 수 있다고 하면, 열강에게 조선 진출의 길을 활짝 열어주는 셈이 되기 때문이다. 따라서 이제는 내지 분리를 통한 '속국구하기'가 요구되었다. 다시 말해서 '난징조약체제'에서는 '속국'의 측면을 강조함으로써, 그리고 '톈진조약체제'에서는 '자주'의 측면을 강조함으로써 '속국구하기'라는 동일한 목표를 실현하고자 했다. 그러나 1870년대 청일수호조규 체결 이후부터는 다시 '속국'의 측면을 강조하기 시작해서 1880년대가 되면 조선에 대한 종주권 강화 정책을 실시하게 된다.[22] '속국구하기'는 더 이상 임기응변적 언사에 그치지 않고 하나의 정책으로 자리 잡았다. 그 과정에서 다시 문제가 되었던 것이 바로 조선산 물품에 대한 이금 부과 문제였으며, 그 핵심은 조선을 중국의 내지로 볼 수 있는가 여부였다.

2) 내지 통행세 부과 문제와 내지의 범위

청국에서 관세율은 애로호 전쟁기에 체결된 제 조약·협정에 의해 수출입 모두 종가 5%로 정해졌고(차와 견직물의 수출세와 아편의 수입세는 제외), 또 2.5%의 자구반세(子口半稅)를 지불하면 이금 등의 내지 통행세를

---

22   이동욱, 2019, 앞의 논문, 189쪽.

면제받을 수 있었다. 그런데 1889년 6월, 톈진해관도(天津海關道)는 조선산 종이를 톈진에서 통저우로 운반하기 위해 자구반세를 납부하고 내지 통행권 발급을 청구한 독일 상사 세창양행에 대해 통행권 발급을 거부했다. 조선은 청의 속국이기 때문에 조선산 종이를 양화(洋貨)와 똑같이 취급할 수 없다는 게 이유였다.[23] 양화와 토화(土貨) 취급 차이에 대해서는 후술하겠지만, 어쨌든 이 조치에 대해 독일 공사관은 조선이 청의 속국이라면 왜 오늘에서야 그 문제를 제기하는지 따져 물었다. 그리고 이 사안은 조선의 체약국으로서 도저히 묵과하기 어려운 문제라며 총리각국사무아문(總理各國事務衙門, 이하 '總署')에 항의했다.[24]

총서는 북양대신 리훙장(李鴻章)에게 조사를 지시했다. 10월 14일 총서가 독일 공사관에 보낸 조회문[25]에는 리훙장의 보고 내용이 인용되어 있는데, 그 내용 중에는 관세 부과에 있어서 '양화변법(洋貨辨法)'과 '토화변법(土貨辨法)'의 차이가 다음과 같이 서술되어 있다. 즉 양화의 경우 전술한 바와 같이 수입세와 자구반세를 납입하면 수입품을 내지에 운반하는 것이 허용된다. 이에 반해 토화를 청국 내 한 항구에서 다른 항구로 운반하는 경우(復進口例) 수입세는 반감되지만 만약 그 토화를 내지로 운반해서 판매할 계획이라면 외국 상인이라 해도 청국인과 같이 일체의 이금을 납입해야 한다는 것이다. 보고의 서두에서 "조선 화물을 중국의 각 항구로 운반할 경우 응당 토화를 국내 다른 항구로 운반하는 예(復進口例)에 비추어 처리해야지 각국 양화와 같이 해서는 안 된다"라고 강조한 것처

---

23 「朝鮮土貨ニ對シ淸國ニ於テ輸入稅半減一件」(일본외무성외교사료관소장, 3문14류3항 36호)(이하 「輸入稅半減一件」), 明治22년 9월 28일, 機密信 제10호.
24 「輸入稅半減一件」, 明治22년 10월 18일, 機密信 제13호.
25 「輸入稅半減一件」, 明治22년 11월 29일, 機密信 제15호의 별지.

럼, '조선 화물=청국 토화'라는 등식을 인정한다면 세창양행이 운반해 온 조선산 종이는 수입세 반감의 대상이 되는 동시에 내지 통행세 면제 대상에서 제외되어야 했다. 결국 톈진해관이 정세로 징수한 수입세의 반을 환급하고, 또 세창양행이 조선산 종이를 내지가 아니라 개항장인 톈진에서 판매함으로써 이 사건은 일단락되는 듯 보였다.[26] 그러나 일찍이 독일 공사관이 제기했던 조선의 자주국 지위를 구명하는 문제는 미해결 상태로 남아 있었다.

청국 입장에서 조선 토화에 대한 수입세 반감은 조선에 대한 '번속무육(藩屬撫育)'의 취지였고, 그 의미에서는 '희생'을 감수한 조치였다고 할 수 있다.[27] 그런데 실제로는 그 조치를 통해 경제적 이익을 얻은 것은 조선인이 아니라 일본인이었다. 톈진 주재 일본 영사 쓰루하라 사다키치(鶴原定吉)는 이 조치가 일본인에게 미칠 영향을 다음과 같이 분석했다. 즉 조선으로부터 톈진에 수입된 주요 품목은 종이, 해삼, 고래지느러미 3개 정도인데, "지금 조선산 해산물에 대해 수입세를 반감하더라도 일본산 해산물 수입이 감소될 정도는 아닙니다. 또 조선산 해산물은 주로 우리 상인이 수입하는 것이기 때문에 세금 반감으로 이익을 얻는 자 역시 우리 상인입니다. 지금 이곳 구미 상인 중에는 세창양행을 제외하고 조선 화물을 수입하는 자가 없습니다"[28]라고 지적했다. 위의 조치는 애당초 정략적인 고려로 이루어진 것이기 때문에 순수하게 청국 정부에 동의를 표할 수 없다고 강조했다. 오히려 톈진과 즈푸의 일본 영사들은 청국의 조치를

---

26 「輸入稅半減一件」, 明治22년 9월 28일, 機密信 제10호.
27 「輸入稅半減一件」, 明治22년 12월 20일, 機密 제7호.
28 「輸入稅半減一件」, 明治22년 9월 28일, 機密信 제10호.

"외교상의 대문제"[29] 혹은 "양국 외교상 묵인하기 어려운 문제"[30]로 간주하여 본국 정부에 주의를 호소했다.

그러나 주청 일본 공사 오토리 게이스케(大鳥圭介)는 청국과 외교 문제를 일으키기보다는 일본인의 경제적 이익을 중시해서 설령 독일이 복구를 요구하더라도 그에 따르지 않을 생각이라고 본국에 보고했다.[31] 이에 대해 외무대신 대리 외무차관 아오키 슈조(青木周蔵)는 독일과 그 외 공사가 조선산 수입세 반감에 이의를 제출할 때는 "연횡의 책"으로 동맹하는 것이 마땅하나 조선을 '속국'으로 간주하는 것에는 일본이 이니셔티브를 취하지 않도록 하라고 지시했다.[32]

다른 한편으로 청국의 조치는 조선에도 적지 않은 반향을 일으켰다. 전술한 리훙장의 보고 중에는 다음과 같은 사후 조치가 요구되고 있었다. 즉 서양 상인이 조선 토화(홍삼 및 별도의 규정이 있는 품목은 제외)를 청국 각 항으로 운반할 때는 해당 세무사가 수출세를 징수한 후 빙단(憑單, 증명서)을 발급하도록 하고, 그를 근거로 청국에 입항할 때 수입세 반감이 이루어지도록 조선 측에도 통지해 둘 필요가 있다는 것이었다.[33] '총리교섭통상사의(總理交涉通商事宜)'라는 명의로 조선에 주재하고 있던 위안스카이(袁世凱)는 리훙장으로부터 위와 같은 내용의 서간을 받고서 각 항에 파견되어 있는 청국 상무위원과 조선 정부에 통지했다. 위안스카이는 조선 토화 수입세 반감 조치는 청국이 '속국'을 우대하기 위한 것이며, 그에 따라

---

29 「輸入稅半減一件」, 明治22년 9월 28일, 機密信 제10호.
30 「輸入稅半減一件」, 明治22년 10월 5일, 機密 제39호.
31 「輸入稅半減一件」, 明治22년 11월 29일, 機密信 제15호.
32 「輸入稅半減一件」, 明治22년 12월 16일, 機密送 제819호.
33 「輸入稅半減一件」, 明治22년 11월 29일, 機密信 제15호의 별지.

상속(上屬)의 명분은 더욱 분명해질 것이라고 평가했다.[34]

그의 보고에 따르면, 11월경까지는 조선 정부로부터도 관련 기관이나 각 항 세무사에게 상기 통지의 준수를 지시했다는 회신이 왔다. 그런데 1890년 1월에 들어서자 조선 정부는 돌연 그 회신의 철회를 요구했다. 그 즈음 위안스카이를 방문한 통리교섭통상사무아문(統理交涉通商事務衙門) 독판(督辦) 민종묵(閔種黙)은 조선 토화에 대한 징세는 서양 상인의 예에 비추어 처리해야 한다고 주장하는 동시에, 협의도 없이 조청상민수륙무역장정에 없는 새로운 규정을 만들어 낸 것에 항의했다. 위안스카이는 청국이 '속국'을 우대하는 취지를 재차 강조하면서 위의 요구를 물리쳤다. 위안스카이는 조선 측의 태도 변화를 조선 정부의 외국인 고문 데니(Denny)와 총세무사 쉐니케(Schönicke)가 수작한 결과라고 판단했다. 즉 그들은 이번 청국의 조치가 조선의 자주체면에 크게 해를 끼치는 것으로 간주하여 조선 측을 선동한 결과 일찍부터 조선의 자주를 꾀하고 있던 고종을 움직이게 했다는 것이다.[35]

오시마 공사는 1890년 6월 6일 아오키 외무대신에게 보낸 보고서에서 다음과 같이 말했다. 즉 재차 독일 공사와 면회해서 그때까지 경위를 물어보니, 세창양행은 청국인에게 명의를 빌려주었을 뿐 직접적으로는 관계가 없어서 본 건과 관련해서 청국 정부와 논의할 생각은 없다고 답했다는 것이다. 사건 당사자인 독일이 이미 이와 같은 입장이고, 또 그 외 각국은 사건의 유무조차 제대로 파악하지 못하고 있기 때문에 일본이 나서서 이의를 제기할 필요는 없다고 보았으며, 결과적으로 조선 토화 수입

---

34 『淸季中日韓關係史料』 제5권, 1508번.
35 『淸季中日韓關係史料』 제5권, 1508번.

세 반감 조치는 당분간 청국이 조치한 대로 이행될 것이라고 예상했다.[36]

요컨대 1880년대 이후 청국이 조선에 대한 종주권 강화 정책을 전개하는 과정에서 즈푸조약 체결 후 이금면제구역을 둘러싼 논쟁과 유사한 형태의 외교 문제가 재현되었다. 다만 청국에서 그것이 '조계(혹은 조약항)'와 내지 사이의 관계를 규정하기 위함이었다고 한다면, 조선산 물품에 이금을 부과하려는 조치는 조약상의 내지를 '속국'인 조선까지 확대하려는 시도였다. 전술한 바와 같이 조약상의 내지 확대를 통한 '속국구하기'는 이미 톈진조약 체결과 함께 중단된 바 있었다. 그러나 1880년대에 들어 조선은 영국 등과의 조약 체결을 시작으로 이미 '톈진조약체제'와 다름없이 내지여행권이 보장된 상태였다. 따라서 청국 입장에서는 조선으로 내지를 확대하는 일에 주저할 이유가 없었다.

이처럼 청은 국내 조약 체제하 공간 구조의 형성과 함께 그것의 외적 확대를 시도했으나, 다른 한편으로는 청국 영토의 내적 공간 분할 또한 진전되어 갔다. '조약항', 조계, 내지 등 조약상에 규정된 공간들은 후술하는 바와 같이 구체적인 사례들 속에서 각각의 관계들을 조율해가며 새로운 공간 모델을 형성해갔다.

---

36 「輸入稅半減一件」, 明治23년 6월 6일, 機密信 제14호.

3. 외국인 거류 구역의 설정과 '조계' 모델의 탄생

1) 광저우: 성벽의 안과 밖

전근대 시기 외국과의 무역을 특정 지역에 한하여 허용하는 제도는 동아시아 국가들에서 모두 확인할 수 있다. 일본 나가사키의 데지마, 중국 광저우의 광둥상관, 한국 부산의 초량왜관이 그에 해당한다. 그런데 이른바 근대적인 조약 체제로 편입해 가는 과정에서 기존의 외국인 거류 제도는 서로 다른 운명을 맞이했다.[37] 중국의 경우를 보면, 난징조약 제5조에서 "무릇 영국 상민이 광둥에서 행하는 무역은 관례적으로 모두 공행(公行)이라 칭하는 특허 상인들이 도맡아 처리해 왔는데, 지금 대황제는 앞으로 관례에 따를 필요가 없음을 허락한다. 무릇 영국 상민 등 각 해당 항구에서 무역을 하려는 자가 있다면 어느 상인과 교역을 하든 상관없이 모두 그 편의를 봐 준다"라고 함으로써 기존 광둥무역체제의 최종적인 해체를 선언했다. 동시에 광둥상관이 있던 광저우는 난징조약에 의해 개방된 5개 조약항 중 하나로 재차 개방되었다. 다만 전술한 바와 같이 난징조약에서는 조약항의 개방을 규정하고 있을 뿐 외국인들이 거주할 곳이나 그 구역을 정하는 방법에 대해서는 언급이 없었다.

또 한 가지 문제는 개방의 범위였다. 앞서 인용한 난징조약의 영문본 제2조에서는 5개 조약항의 "도시들과 마을들(cities and towns)"을 개방한다고 했지만, 한문본에서는 해당 부분을 "항구(港口)"라고 표기했을 뿐이다.

---

37 박준형, 2023, 「19세기 후반 동아시아 불평등조약 체제하 외국인 거류 제도의 계보: 일본 모델의 한국 전파 과정을 중심으로」, 『한국문화』 101 참고.

따라서 청국 측은 외국인이 항구에 거주하는 것은 인정했지만 시가에 들어오는 것을 허락한 적은 없다고 주장할 수 있었다.[38]

사실 한 조약의 두 판본 사이의 표현 차이는 보다 근본적인 문제를 안고 있었다. 다시 위 조약의 제2조를 가지고 말하자면, 5개 항구의 개방에 대해 영문본에서는 청국 황제가 "동의한다(agree)"라고 표현한 데 반해, 한문본에서는 대황제가 "은혜로이 허락한다(恩准)"라고 썼다. 일반적으로 난징조약 체결을 통해 중국이 근대적인 조약 체제에 편입되었다고 말하지만, 후자는 분명 오랑캐를 '기미(羈縻)'한다는 전통적인 중화세계 논리의 연장선상에 있었다. 따라서 조약문 해석에서 청국과 영국 사이에는 명백한 간극이 존재할 수밖에 없었으며,[39] 이와같은 상황이 야기한 문제 중 하나가 바로 외국인의 광저우 성내 진출을 둘러싼 대립, 이른바 '광둥입성문제(廣東入城問題)'였다.

이 문제를 최종 결정짓는 데 커다란 역할을 했던 인물이 다름 아닌 해리 파크스였다. 파크스가 광저우의 통역관으로 임명된 것은 1851년 말이었다.[40] 당시 청국에서 서구 열강과의 외교 창구는 광둥흠차대신(廣東欽差大臣)으로 단일화되어 있었다. 본래 이 자리는 광둥(廣東)·광시(廣西) 두 개 성을 다스리는 양광총독(兩廣總督)이 대외교섭의 필요에 따라 임시로 맡았던 것이지만 1844년 이후로는 거의 상설화되었다. 1859년 흠차대신을 상하이의 양강총독(兩江總督)이 겸임하기 전까지 광저우는 대서양(對西洋) 외교의 중심지였다.[41]

---

38 坂野正高, 1973, 앞의 책, 206쪽.
39 모테기 도시오 지음·박준형 옮김, 2018, 『중화세계 붕괴사』, 와이즈플랜, 57~58쪽.
40 Stanley Lane-Poole, 1901, *Sir Harry Parkes in China*, METHUEN & CO., p.105.
41 坂野正高, 1973, 위의 책, 202~203쪽.

그러나 그러한 광저우의 개방은 다른 곳들과 달리 오랜 시간 실현되지 못했다. 스탠리 랜-풀(Stanley Lane-Poole)이 쓴 파크스 평전 *Sir Harry Parkes in China*(1901)에서는 광저우의 당시 상황을 다음과 같이 묘사했다.

대중관계(對中關係)의 중심지인 광둥(Canton)은 모든 조약항 중에서 가장 강고하게 배타적이었다. (중략) 다른 4개 항구에서는 영사가 도시 내에 거주했지만 광둥에서는 영사나 다른 어떤 외국인, 심지어는 전권대신조차도 성문 안으로 들어오는 것을 허락하지 않았다. 외국 '상관'들은 성 밖 강둑 위에 있었고, 유럽인 커뮤니티는 건물들 앞 정원의 매우 협소한 경계로 제한되었다. (중략) 중국 당국은 아모이, 푸저우, 닝보, 상하이에서 그랬던 것처럼 우리가 광둥성 내에 영사관을 설치하는 것에 반박하지는 않았지만, 광둥 사람들의 외국인에 대한 뿌리 깊은 적대감과 그에 따른 폭동과 살인 가능성의 위험을 이유로 조약문 집행을 연기하려고 최선을 다했다.[42]

그뿐만 아니라 파크스는 친구에게 쓴 편지에서 광저우 외국인들이 겪을 수 있는 일들에 대해 다음과 같이 묘사했다. 즉 "우리는 이 혼잡한 도시에서 벗어나 시골로 여행하며 신선한 공기를 마실 수 있는 완벽한 권리가 있음에도 그렇게 함으로써 발생할 수 있는 위험 때문에 그를 시도하는 사람은 거의 없습니다. 왜냐하면 마을 사람들이 공격을 하거나 돌을 던지고, 총을 쏘는 일이 드물지 않기 때문입니다. 아니 교외의 거리에서조차 (도시는 우리의 접근이 허용되지 않습니다) 우리는 걸핏하면 모욕을 당하거나 침

42　Stanley Lane-Poole, op.cit., pp.108-109.

세례를 받습니다. 사실은 지난 세기 콘스탄티노플에서 프랑크족이 당했던 것과 정확하게 똑같은 취급을 받고 있습니다. 일반적인 학대 방식으로 '외국인 악마'라는 말이 '기독교 개들'을 대신했을 뿐입니다."[43] 파크스는 이러한 중국인들의 적대 행위가 조약상의 권리를 거부할 능력이 없음을 아는 중국 정부가 광저우 주민들을 선동한 결과라고 간주했다.[44] 평전의 저자 또한 "만다린들의 정치적 목적을 위해 대중의 적대감이 획책되었음은 의심할 여지가 없다"라고 단언했다.[45]

 도시를 둘러싼 성벽이 광저우 주민들에게는 독립과 자존의 보루였던 반면, 영국인들에게는 저항의 상징으로 간주되었다.[46] 성벽을 사이에 둔 양측의 공방은 이미 파크스가 광저우에 부임하기 전부터 반복되고 있었다. 다만 파크스가 재임한 1852년에서 1854년까지는 비교적 평온한 시기였다. 1856년 6월 광저우에 다시 부임한 파크스는 부재중인 러더포드 알콕(Rutherford Alcock)을 대신하여 영사직을 대리했다. 그런데 영국에서는 그보다 앞서 대청 강경노선의 파머스톤(H. Palmerston)이 1855년 1월 수상으로 취임하고, 이듬해 3월에는 파리강화조약 체결로 영국의 발목을 잡았던 크림전쟁이 종결되었다. 이제 영국 정가가 중국과 전쟁의 구실만을 기다리고 있던 차에 동년 10월 애로호사건이 일어났다. 이를 빌미로 영국군은 주강 연안 포대에 포화를 열었다. 그리고 1857년 12월에는 프랑스군과 함께 광저우 포격을 개시하여 하루 만에 점령했다.[47] 1858년

---

43 ibid., pp.112-113에서 재인용.
44 ibid., p.112.
45 ibid., p.116.
46 Robert Nield, op.cit., p.40.
47 국제 정세 속 영국의 톈진조약 체결 경위는 橫濱開港資料館編, 2021, 『圖說 日英關係

1월 양광총독 예밍천(葉名琛)이 영국군에 체포되어 캘커타로 이송되었다. 연합군은 광둥순무 바이구이(柏貴)를 내세워 신정부를 세웠으나, 신임 총독은 3명의 외국인 위원들의 감독하에 놓았다. 그중 한 명이 파크스였다. 그는 중국어가 가능하고, 중국 사정에 정통한 유일한 인물이었기 때문에 사실상 광둥 총독과 같은 역할을 했다고 한다.[48]

이처럼 '광둥입성문제'는 파크스의 큰 활약 속에 점령의 형태로 종결되었다. 그 과정에서 흥미로운 점은 입성이 가능해졌음에도 불구하고 정작 외국인 거류 구역, 곧 조계는 성밖에 조성되었다는 것이다.[49] 1858년 3월 영국 해군이 조계 후보지로 조사한 곳은 모두 성 밖에 있었다. 첫 번째는 옛 상관 부지 하류의 성벽과 강 사이 지역, 두 번째는 강 상류 반대편 강둑, 마지막 세 번째는 사몐(沙面)이라는 곳이었다. 파크스가 최종 선택한 곳은 사몐이었다. 사몐은 이름과 달리 모래보다는 갯벌에 가까운 상태였기 때문에 부지 조성에 어려움이 예상되었지만, 청국 거상의 점포 및 주택이 밀집해 있는 광저우 서쪽 지역에 근접해 있었고, 지형상 기후가 좋을 뿐만 아니라 정박지로도 좋은 조건에 있었다.[50]

1861년 9월 조성 부지에 대한 경매 실시와 동시에 중국과 영국 사이에 조계 설정에 관한 협정이 체결되었다. 협정에서는 "종래 영국 정부가 광둥에서 보유하고 있던 지역은 거주 영국인을 수용하기에 불충분하다"라고 전제한 후, 새로운 거류 구역에 대해서는 "영국 정부가 매년 지체 없이 총액 39만 6천 문의 지조를 지불하고, 또 해당 땅의 평정한 보유(undis

---

史 1600~1868』, 原書房, 88~91쪽 참고.
48 植田捷雄, 1941, 앞의 책, 355~357쪽.
49 Robert Nield, op.cit., p.40.
50 植田捷雄, 1941, 위의 책, 359쪽.

turbed possession)를 유지하는 한 중국 정부는 일체의 권한을 방기한다"라고 명시했다.[51] 다시 말해서 이 협정은 일정의 지조 납입을 조건으로 청국 측이 그 땅에 대한 일체의 권한을 포기한다는 것으로, 우에다의 지적처럼 다른 조계에서는 볼 수 없는 영토 할양에 근사한 내용이었다. 또한 다른 체약국 국민들과 달리 중국인들은 사몐에서 차지가 허용되지 않았다.[52] 우리에게 『조선과 그 이웃 나라들(Korea and Her Neighbors)』로 잘 알려진 영국인 여행가 이사벨라 버드(Isabella Bird)는 1879년에 사몐을 방문한 후 "고립되고 배타적인 이 거류지는 문 앞의 붐비는 중국 도시(광저우: 인용자)에 대해서는 거의 듣지도 알지도 못한다"라고 평했다.[53] 로버트 닐드(Robert Nield)의 표현을 빌자면 광저우 조계는 '고요한 오아시스'처럼 고립되어 있었다.[54]

그렇다면 광저우의 영국인들은 왜 고립을 자처했을까. 로버트 홈은 "인종은 언제나 식민지주의와 식민지 도시 경관의 일부"를 이룬다고 강조했다.[55] 그리고 "백인종 우성 이론과 결합하여 방위와 공중위생 문제는 백인 식민지 사회의 격리를 정당화하는 데 사용되었다"라고 지적했다. 예를 들어 세포이 항쟁 이후 델리에서 민간과 군대의 배치가 뒤바뀌는 일이 발생한 사실을 들었는데, 그 이전까지만 하더라도 영국인 관리는 성벽 안

---

51 植田捷雄, 1941, 앞의 책, 360~361쪽.

52 Robert Nield, op.cit., p.43.

53 Isabella L. Bird, The Golden Chersonese and the Way Thither, Jone Murray, 1883; Robert Nield, op.cit., p.44에서 재인용.

54 Robert Nield, op.cit., p.44.

55 ロバート・ホーム 著/布野修司・安藤正雄 監譯, アジア都市建築研究會 譯, 2001, 앞의 책, 187쪽.

에서 인도인들과 이웃해 살았으나 반란에 대한 공포와 전염병에 대한 우려로 인해 유럽 군대는 성벽 안에, 영국인들의 거주지는 도시 북부에 배치되었다는 것이다.[56] 광저우의 경우 입성 자체가 불가능했기에 델리와 같이 배치의 역전 현상이 일어날 수는 없었지만, 연합군의 무력에 의한 광둥 점령 이후 성 밖에 조성된 거류 구역의 고립은 방위와 위생, 두 가지 문제를 해결하기 위한 필수조건이었다고 할 수 있다.

이를 볼 때 '광둥입성문제'는 앞서 인용한 파크스 평전 저자의 논평과 반대로 영국 측의 정치적 목적을 달성하기 위해 쟁점화된 것이었다고 해야 할 것이다. 그리고 바로 그것이 광저우에서 조계 모델이 제시되지 못한 이유라고 생각한다. 광저우가 입성 문제로 지체를 보이는 사이 중국 최초의 조계 모델은 상하이에서 부상했다.

2) 상하이: 잡거와 분거, 전관과 공동의 기로

광저우에서는 불가능했던 조계 모델의 탄생이 왜 상하이에서는 가능했을까. 오카모토 다카시(岡本隆司)는 그 이유에 대해 다음과 같이 설명했다. 즉 난징조약에 의해 개방된 5개 조약항 중 광저우와 푸저우는 각각 광둥성(廣東省)과 푸젠성(福建省)의 성도였던 만큼 청국 정부에게도 매우 중요한 곳이었고, 광저우·아모이·닝보는 조약 체결 이전에 이미 해외무역 경험이 있어서 그 나름의 관행들로 인해 서양인들의 접근이 쉽지 않았던 데 반해, 상하이는 그때까지 서양과 특별한 접점이 없었기 때문에 관

---

56 ロバート・ホーム 著/布野修司・安藤正雄 監譯, アジア都市建築研究會 譯, 2001, 앞의 책, 193~195쪽.

민 모두 서양인의 내항이나 거류에 대해 상대적으로 저항감이 크지 않았다는 것이다. 그만큼 조약 체결에 따른 후속 조치 또한 상대적으로 순조롭게 진행되어 영사관도 1843년 11월 성내에 있는 대저택을 임차하여 개설할 수 있었다.[57]

반복해서 말하지만 난징조약에서는 영국인의 거주 및 무역권을 명시했지만 거류 구역이나 그를 정하는 방법에 대해서는 일절 언급이 없었던 까닭에 개항 후 상하이에서는 성내에서 청국인과 외국인의 잡거, 이른바 '화양잡거(華洋雜居)'가 이루어졌다. 청국 측 입장에서 외국인의 거주 및 무역권은 어디까지나 은혜적 조치에 지나지 않았다. 따라서 청국 관헌은 외국인에 대한 토지 매각을 국법이 금하는 바라며 허락하지 않을 수 있었으며, 그로 인해 외국인은 청국인 명의로 토지를 임차하거나 비밀리에 구입할 수밖에 없었다. 동시에 외국인들 또한 청국인들과의 관습 차이와 성내의 비위생적 환경으로 인해 '화양잡거'의 어려움을 토로하고 있었다. 결국 상하이 주재 영국 영사 발포어(George Balfour)와 상하이 도대(上海道臺) 궁무주(宮慕久)는 상호 이해가 일치하는 속에서 1845년에 제1차 토지장정을 공포했다. 이에 따라 중국 최초의 조계가 황푸강 서안 일각에 세워지게 되었는데, 이때 궁무주가 염두에 두었던 것은 다름 아닌 광둥상관이었다.[58]

토지장정 내용에 대해서는 이미 우에다 도시오가 상세하게 분석한 바 있다.[59] 여기에서는 그를 반복할 필요가 없으므로 조계 분류 기준에 따라

---

57 岡本隆司, 2012, 앞의 책, 58~59쪽.

58 植田捷雄, 1941, 앞의 책, 66~71쪽.

59 植田捷雄, 1941, 위의 책, 70쪽. 손정목 또한 제1차 토지장정의 내용을 요약 정리했으나(孫禎睦, 1982, 앞의 책, 20쪽) 이것은 우에다가 정리한 내용을 거의 그대로 옮겨 놓

제1차 토지장정에 의해 만들어진 최초의 조계가 어떤 성격이었는지만을 검토해 보자.

조계의 분류와 관련해서는 우에다가 행정권 소속 국가의 수를 기준으로 일국 전관 조계와 열국 공동 조계로 구분하고, 또 조계 내 토지 취득 방법에 따라 'Concession'과 'Settlement'로 구분한 바 있다. 'Concession'은 외국 정부에 일정 구역의 양도가 이루어지면 외국 정부가 자국 영사를 통해 해당 구역을 분할하여 개인에게 불하하는 방식이고 'Settlement'는 개개인이 원소유자와 직접 교섭을 통해 토지를 취득하는 방식이다.

한편 손정목은 'Concession'과 'Settlement'를 나누는 기준으로 행정권의 소속 상태를 추가하여 내외국인 사이에 토지 취득이 이루어졌다고 하더라도 조계 내 행정권이 외국에 완전히 넘어간 경우는 침략성이 강하기 때문에 'Settlement'가 아니라 'Concession'이라 해야 한다고 수정을 가했으며, 페이청캉(費成康)은 토지 취득 방식에 민조(民租)와 국조(國租), 다시 말해서 'Settlement'와 'Concession'만이 아니라 부분국조(部分國租, 외국 정부가 조계 내 토지 일부만을 조차하는 방식)와 민향국조(民向國租, 조계 획정 후 일단 중국 정부가 모든 토지를 수용한 후 외국인들이 다시 중국 정부로부터 토지를 취득하는 방식) 방식을 추가해야 한다고 제의했다.[60] 이와 같은 다양한 논의에도 불구하고 조계를 분류하는 공통의 기준으로는 행정권 소속 국가 수와 토지 취득 방식이 공통적으로 제시되고 있음을 확인할 수 있다. 그

은 것이다. 동 장정의 특기 사항도 이어서 서술했으나(孫禎睦, 1982, 앞의 책, 21~22쪽) 이 또한 대부분 우에다의 분석 내용을 요약 발췌한 것이기 때문에 이하에서는 우에다의 분석 내용을 주로 참고했다.

60　박준형, 2014, 「日本專管租界 내 잡거 문제와 공간 재편 논의의 전개」, 『도시연구』 12, 8~9쪽.

러므로 위의 두 개 기준 중 먼저 행정권 소속 국가 수와 관련된 제1차 토지장정의 조항을 살펴보자.

> 제14조 타국 상인으로서 영국 상인의 승조(承租)를 위해 획정해 둔 양징빈(洋涇濱) 경계 내에서 땅을 빌려 집을 짓거나, 혹은 집을 빌려 거주하거나 화물을 저장하고자 하는 자는 <u>응당 우선 영국 영사관에 신청하여 허가 여부를 확인받아 오해가 없도록 한다.</u>
> 제21조 타국인으로서 영국 상인의 승조를 위해 획정해 놓은 양징빈 북쪽 끝 경계 내에서 땅을 빌려 집을 짓거나 주택을 빌리거나 창고를 빌리거나 잠시 머물려는 자는 <u>응당 영국인들과 마찬가지로 일체의 장정을 준수함으로써 화평과 안녕을 유지하도록 한다.</u>
> 제23조 이후 상술한 장정을 어긴 자를 발견하여 상민으로부터 신고가 있거나 지방 관원이 통고해 올 경우 <u>영국 영사관은 응당 곧 장정 위반 사항과 처벌 여부를 조사하여 조약·장정의 위반 구분 없이 일률적으로 판결하여 처벌한다.</u>

전관의 행사 여부는 중국과 영국을 제외한 제3자에 대한 입장을 통해 확인할 수 있다. 위의 제14조에서는 타국 상인, 곧 제3국인의 경우 조계 내에서 땅을 빌려 건물을 짓거나 할 때 영국 영사에게 허가를 받도록 했다. 그리고 제21조에서는 타국인이라 할지라도 조계 내에서는 영국인들과 마찬가지로 장정을 준수해야 할 의무가 있다고 명시했으며, 제23조에서는 만약 장정을 위반한 자가 있을 경우 그에 대한 처벌권 또한 영국 영사관에 있다고 밝혔다. 다시 말해서 조계라는 공간 내에서는 영국 영사의 행정적 지배 아래 영국이 만든 룰을 따라야 할 뿐만 아니라 그를 위반했을 시 처벌의 권한 또한 영국 영사에게 있다는 것이었다. 이를 보면 제1차 토지장정에 의해 성립한 최초의 조계는 영국의 '일국 전관 조계'에 가까웠다고 할 수 있다.[61]

다음으로 토지 취득 방식과 관련해서는 먼저 제1조에서 "상인들이 임차할 땅은 지방 관헌과 영사관이 회동해서 경계를 획정한다"라고 명시한 후, "화민(華民)들은 분순쑤쑹타이병비도(分巡蘇松太兵備道), 상하이지현(上海知縣), 해방동지아문(海防同知衙門)에 신고하여 상급 관헌에 보고하게 하고, 양상(洋商)은 응당 영사관에 등록을 요청해야 한다"라고 규정했다. 조계 부지가 영국 영사와 지방 관헌의 협의를 통해 정해지기만 하면 토지·가옥의 거래는 기본적으로 개개인들에게 맡겨졌다. 그 점에서 이 시기 조계는 우에다 도시오의 기준에 따른다면 'Concession'이 아니라 'Settlement'였음을 알 수 있다.

그런데 여기에서 더욱 주목되는 것은 다음과 같은 부대조건들이다. 즉 제15조에서는 조계 내 원주민들이 원주민 상호 간이나 청국 상인과 거래하는 것을 금지했고, 제16조에서는 외국인이 청국인들에게 건물 임대하는 것을 금지했다. 이와 같은 규정의 의도는 청국인들의 조계 내 신규 유입을 막는 동시에, 조계 내 원주민들도 외국인들과의 거래를 통해 점차

---

61 제1차 토지장정 공포 전 해인 1844년에 차례로 중국과 조약을 체결하여 영국과 같은 권리를 획득한 미국과 프랑스 입장에서 보자면 조계에서 영국이 행사하는 독점적 지위는 조약에 위배되는 것이었다. 그렇다면 미국과 프랑스가 취할 수 있는 선택지는 조계 내에 거주하며 영국의 지배를 따를 것이냐 아니면 별도의 조계를 설정할 것이냐 두 가지였는데, 전자를 취한 것이 미국, 후자를 취한 것이 프랑스였다(植田捷雄, 1941, 앞의 책, 76~83쪽).

그 숫자를 감소시키는 데 있다고 할 것이다. 이를 통한 조계의 최종 형태는 외국인 전용 거주지였을 것이다. 따라서 우에다 도시오 또한 "사실 당시 조계 내에 지나인(청국인: 인용자) 주민은 원칙적으로 없었다. 다만 외국인에게 필수품을 공급하는 소매상인 및 외국인 고용인들이 예외적으로 거주하고 있었다"[62]라고 말했던 것으로 보인다. 그러나 신설된 조계는 기본적으로 토지 취득이 개개인 사이에서 이루어지는 'Settlement'의 성격을 띠고 있었을 뿐만 아니라, 예외적으로 거주가 허용된 청국인들을 제외하더라도 위 조항들에 따르면 외국인 전용 거주지, 곧 '화양분거'를 완전히 실현하기에는 상당한 시간이 필요했을 것으로 추측된다.

이 같은 상황에서 주지하다시피 1853년 소도회(小刀會)의 봉기는 상하이 조계 발전에 하나의 전기를 마련했다. 소도회가 상하이 현성을 점령하자 성내 청국인들은 안정을 찾아 조계 내로 몰려 들어왔다. 게다가 태평천국 지배하에 있었던 지역으로부터도 가난한 난민뿐만 아니라 부유층 청국인들도 다수 유입되었다. 조계 측은 청국인의 유입을 자력으로 저지할 수 없는 현실과 난민에 대한 인도적 책임 혹은 단순한 돈벌이를 위해 청국인의 조계 내 거주를 용인했다. 이후 이러한 현상을 제2차 토지장정을 통해 공인했으며, 이때부터 상하이에서는 '화양잡거(華洋雜居)' 시대가 다시 열렸다. 오카모토 다카시는 "우리가 조계라고 부르며 떠올리는 실체는 여기에서 처음 갖추어졌다"라고 하면서 영국 영사 알콕을 "상하이 조계의 건설자"라고 강조했다.[63] 페이청캉 또한 조계제도를 처음 만든 사람

---

62 植田捷雄, 1941, 앞의 책, 74쪽.
63 岡本隆司, 2012, 앞의 책, 9쪽.

으로 알콕을 지목했다.64 제1차 토지장정 공포와 함께 조계가 처음 만들어졌음에도 불구하고, 이처럼 장정 체결 이후인 1846년에서야 상하이에 부임한 알콕을 '조계의 건설자'로 칭한 것은 조계 모델이 제1차 토지장정이 아니라 알콕에 의해 주도된 제2차 토지장정을 통해 만들어졌기 때문이다.

제2차 토지장정의 내용 또한 제1차 때와 같은 기준을 가지고 살펴보도록 하자. 먼저 행정권 소속 국가 수이다. 영국 전관에 대한 후속 체약국들의 반발로 인해 알콕은 1853년 5월 "영국 정부는 더는 배타적 관할권을 주장할 의사가 없다"라면서 미국 영사에게 신장정의 초안을 제시했다. 그리고 1854년 7월 영국 영사관에서 열린 조지인회의(租地人會議)에서 "수많은 외국인과 중국인이 점거한 이 세계적 조계의 복잡한 요소를 통일해야 할 어떤 권력이 필요하다"라는 내용의 일장 연설을 했다. 이 자리에서 승인된 신장정 서문에서는 "구 장정을 대신해서 조계 내에 거주하는 모든 외국인에 대해 평등한 구속력을 갖는 신장정을 제정하는 것이 전 거류민의 평화·쾌적·행복을 위해 편리하고 또 필요하기도 하다"라고 선언함으로써 결과적으로 영국의 배타적 관할권, 곧 전관을 방기했다.65 구체적으로는 "무릇 화인(華人)에게 건물을 구매하거나 땅을 빌리고자 하는 자는 모름지기 해당 땅의 지도를 작성하고 사방 경계와 면적을 기입해서 해당국 영사에게 신고"하도록 했으며(제2조), 장정 위범자에 대해서도 "영사가 곧 소환하여 신문한 후 엄히 처벌한다. 만약 그 사람의 소속 영사가 없을 경우에는 도대에게 넘겨 대신 처벌하도록 한다"라고 하여 처벌권이

---

64 費成康, 1991, 앞의 책, 205쪽.
65 植田捷雄, 1941, 앞의 책, 93~94쪽.

기본적으로는 해당국 영사에게 있음을 분명히 했다(제13조). 이처럼 제2차 토지장정은 영국·미국·프랑스 3국 영사의 공동 명의로 제정되었을 뿐만 아니라, 행정적 지배와 처벌도 소속국 영사가 자국민에 대한 관할권을 갖는 것으로 규정했다. 이를 통해 상하이 조계의 성격은 '일국 전관 조계'에서 '각국 공동 조계'로 전환되었다.

다음으로 토지 취득은 앞서 언급한 제2조에서 볼 수 있듯이 개개인의 거래를 통해 이루어졌기 때문에 조계의 성격은 변함없이 'Settlement'라고 할 수 있었다. 그런데 구 장정의 제15조와 제16조와 같이 청국인과의 거래를 금지한 조항들은 모두 사라졌다. 다만 청국인들이 토지·가옥을 임차 또는 구매할 수 있는 절차를 언급한 조항 또한 없었다. 이처럼 규정상으로는 청국인의 잡거 허용 여부가 명확하지 않은 상황에서 영국·미국 영사는 청국인과의 잡거로 인한 혼란을 우려하여 청국 도대로 하여금 청국인의 잡거금지령을 발하게 하는 한편 시참사회(市參事會)에도 청국인 유입을 저지하도록 지시했다. 그럼에도 청국인 이주의 대세를 거스를 수는 없었기 때문에 결국 영국·미국 영사는 1855년 2월 도대와 다시 협의하여 「상하이화민주거조계내조례(上海華民住居租界內條例)」를 도대 명의로 공포했다.[66] 이 조례에서는 중국인이 조계 내에서 토지나 가옥을 취득할 수 있는 절차를 규정했다. 이때 영국·미국·프랑스 3국 영사의 승인과 지방 관헌의 관인이 찍힌 허가증이 필요했는데, 그 허가를 위해서는 지주가 외국인일 경우 그 소속 영사에게, 중국인일 경우 지방 관헌에게 신청하도록 했다. 이를 여러 차례 위반했을 경우 그 허가를 취소할 수도 있음을 경고했고, 마지막으로 토지장정 엄수와 부과금 납부 의무까지 명시했다.

---

66 植田捷雄, 1941, 앞의 책, 96쪽.

요컨대 난징조약 체결 후 '화양잡거'로 시작한 상하이 외국인 거류 제도는 제1차 토지장정 공포를 통해 '화양분거'로 전환되었다. 이에 근거해서 외국인 전용을 상정한 최초의 조계가 설치되었으나, 그것은 예외적 상황을 만들면서 어디까지나 원칙적으로만 존재했던 것으로 보인다. 소도회 봉기 후 조계 내 중국인의 대거 유입을 배경으로 제2차 토지장정이 체결됨에 따라 '화양잡거'는 공인되었다. 다만 이때의 잡거는 상하이 현성 내부가 아니라 바깥에서의 잡거였으며, 잡거지가 된 조계의 행정권은 점차 중국 관할에서 이탈되어 갔다. 결국 일반적으로 조계라고 할 때 떠올리게 되는 내외국인 잡거, 각국 공동 관할의 조계 모델은 이러한 과정을 통해 탄생했다고 말할 수 있다.

흥미로운 점은 '분거'에서 '잡거'로 회귀하는 과정과 유사한 국면을 한국에서도 볼 수 있다는 것이다. 1876년 조일수호조규 체결과 함께 일본은 '전관·전용의 단독 조계'를 설치했다. 이것은 일정의 지조 납입을 조건으로 한국 측이 그 땅에 대한 일체의 권한을 거의 포기했다는 점에서 광저우 조계와 유사했다. 그런데 1880년대에 들어 조선이 미국을 시작으로 청국, 영국, 독일 등과 차례로 조약 및 장정을 체결하게 되면서 조선의 외교 지형은 다각화의 길을 걷게 되었고, 그에 따라 개항장에서의 일본의 독점적 지위도 흔들리게 되었다. 이에 상하이에서 영국이 조계에 대한 배타적 관할권을 포기했던 것처럼 일본 또한 '전관·전용의 단독 조계'라는 기존 조계의 성격에 대해 재검토를 실시했다. 이때 이슈가 되었던 것 또한 타국인의 잡거를 허용할 것인가 여부였다.[67]

상하이에서의 결론은 위에서 말했듯이 거주국 국민의 잡거를 허용한

---

67 박준형, 2014, 앞의 논문 참고.

각국 공동 조계였다. 그러나 일본은 영국과 달리 서구 열강들과 불평등조약을 해소하지 못한 상태였던 까닭에 한국인은커녕 다른 외국인과의 잡거도 허용하지 않았다. 결과적으로 '전관·전용의 단독 조계'는 그대로 유지하되, 부산과 원산의 뒤를 이어 새롭게 개방된 인천에 한해서만 'Concession'에서 'Settlement'로의 전환이 이루어졌다. 또한 영국은 각국 공동 조계 모델을 인천에 이식했는데, 일본을 경유해 들어온 그것은 거주국 국민, 곧 조선인과의 잡거를 허용하지 않는 것이었다. 다만 이 책 제5장에서 서술한 바와 같이 일본에서 새롭게 등장한 '차지(借地)하는 잡거지'를 조약상의 공간 구조 속에 편입시킴으로써 조계 밖 10리 이내에 한해서는 조선 지방관의 행정하에 외국인과 조선인의 잡거를 허용했다.[68]

4. 맺음말

1842년 영·청 간 난징조약 체결로 5개 '조약항'이 영국인의 거주 및 무역을 위한 장소로 개방되었으나, 그 공간에 대한 이해는 양측이 달랐다. 즉 조약항이 항구만을 지칭하는지 아니면 도시 지역도 포함하는지부터가 명확하지 않았다. 더구나 난징조약의 후속 조약으로 체결된 후먼조약부터는 외국인을 위한 거류 구역 설정 절차를 규정해 놓음으로써 조계라는 공간이 새롭게 창출되었다. 그러나 그와 동시에 조약항과 조계의 관계가 문제시되었다. 그것은 또한 조계(혹은 조약항) 밖 공간, 곧 내지와의 경계에 대한 질문과 연동하고 있었다. 내지는 조약 체제하에서 그 중심성을

---

68   일본 조계 모델의 조선 전파 과정에 대해서는 박준형, 2023, 앞의 논문, 참고.

잃고 상대화되어 갔으나, 청은 역설적이게도 그러한 공간 구조의 외적 확대를 시도했다. 다시 말해서 조약상의 공간 구조 준수를 통해 '속국구하기'를 시도했던 것인데, 1858년 톈진조약 체결로 청과 조선 사이에 공간 구조의 차이가 발생했을 때는 불가능해졌던 일이, 1883년 조영수호통상조약 체결로 그 차이가 해소됨에 따라 내지를 동일시하려는 시도는 재개될 수 있었다.

다른 한편으로는 청국 영토의 내적 공간 분할 또한 진전되어 갔다. '조약항', 조계, 내지 등 조약상에 규정된 공간들은 구체적인 사례들 속에서 각각의 관계들이 조율되며 하나의 공간 구조를 만들어 갔다. 먼저 광둥상관이 있던 광저우에서는 전쟁 경험으로 인한 원한과 전통적인 화이사상에 기반한 배외주의가 매우 강하게 표출되고 있었다. 따라서 다른 조약항들과 달리 외국인 입성이 오랜 시간 지체되었으며, 결국에 그것은 제2차 아편전쟁 시 군사적 점령을 통해서야 실현될 수 있었다. 그러나 정작 광저우 조계는 성내가 아니라 성 밖에 조성되었다. 이는 입성 문제가 실제적 필요보다는 정치적 이슈였음을 말해 준다. 청국인의 차지(借地)도, 청국 정부의 간여도 일절 금지된 광저우 조계는 강과 운하에 둘러싸여 '고요한 오아시스'처럼 고립되었다.

한편, 상대적 중요도가 떨어졌던 상하이의 개방은 오히려 순조롭게 진행되어 성내에서 '화양잡거'가 이루어졌다. 잡거로 인한 불편으로 인해 1845년 제1차 토지장정이 공포되었고, 그에 따라 외국인 거류 구역으로 조계가 처음 등장했다. 이때의 조계는 영국의 일국 전관 조계이면서 개개인이 원소유자와 직접 교섭을 통해 토지를 취득하는 'Settlement'의 성격을 띠고 있었다. 그러나 영국의 뒤를 이어 청과 조약을 체결한 미국과 프랑스가 영국의 독점적 지위에 반발하고 나서고, 또 소도회의 반란으로 인해 청국인 인구가 조계에 대거 유입됨에 따라, 1854년에 체결된 제2차 토지장정에서는 영국이 전관 포기를 선언하는 한편, 후속적인 조례 공포를 통해 청국인의 잡거 또한 허용했다. 결과적으로 거주국 국민의 잡거를 허용한 각국 공동 조계가 탄생하게 되었다.

위 조계 모델은 이후 청국 각지에 전파되었으며, 1883년 조영수호통상조약 체결 이후 조선 인천에도 이식되었다. 상하이 조계 모델은 영국 영사로 재임하던 알콕의 작품으로 일컬어지는데, 그것을 일본과 조선에 이식하는 데에는 알콕의 부하로서 경험을 쌓은 파크스의 역할 또한 컸다.[69] 다만 일본을 경유해서 들어온 그것은 거주국 국민의 잡거를 허용하지 않았다. 그 대신 일본의 '차지하는 잡거지'를 조계 밖 10리 이내라는 형태로 조약상의 공간 구조 속에 편입시켰다.

한편 조선 외교의 다각화는 기존 일본 조계의 재검토를 야기했으나, 결국 일본 조계의 '전관 전용의 단독 조계'라는 특성은 이후에도 계속 유지되었다. 그것은 상하이보다는 광저우 조계에 가까운 것이었는데, 다만 광저우 조계와 같이 '고요한 오아시스'에 머물지는 않았다. 1904년에 출판된 『조선이주안내』의 서문 격에 해당하는 다음 인용문이 보여 주듯이 일본인에게 있어서 한반도는 항구적 거주를 목표로 한 입식지였으며, 그에 따라 잡거는 조계가 아니라 내지에서 우선적으로 진행되어 갔다.

<u>부원이 있는 곳, 자유가 있는 곳, 이곳이 나의 고향이라는 것은 영국 민족의 이상이다.</u> 따라서 저들은 미련을 가지고 부모의 유산에 기대

---

69 조영조약 체결 전후 시기부터 조선에서 활동한 영국 외교관들에 대해서는 한승훈, 2010, 「조선의 불평등조약 체제 편입에 관여한 영국 외교관의 활동과 그 의의 (1882~1884)」, 『한국근대사연구』 2010년 봄호 제52집에 상세하다.

는 것과 같은 일은 남자가 가장 부끄러워해야 할 일로 간주하며, 천만 리 밖 어떤 곳이라 해도 만약 부원을 개발할 수 있는 토지가 있다면 자진해서 이주하기를 주저하지 않는다. (중략) <u>일본 내지에서 몸 둘 바를 몰라 생활난, 직업난을 한탄하기를 그만두고, 하루라도 빨리 조선으로 이주해서 이 호기회를 이용하기를 주저하지 말지어다. 청산이 발 닿는 곳마다 있고, 부원이 존재하는 곳, 자유가 있는 곳, 이곳이 나의 고향이다.</u>[70]

---

70 山本庫太郎, 1904, 『朝鮮移住案內』, 民友社, 1~13쪽.

[부록 1] 난징조약 체결 이후 외국인 거류 제도 관련 조약 규정 모음

조약명	조항	조문
난징조약 (청·영) (1842.8)	제2조	(한문) 自今以後, 大皇帝恩准英國人民帶回所屬家眷, 寄居沿海之廣州·福州·廈門·寧波·上海等五處港口, 貿易通商無礙; 英國君主派設領事·管事等官, 住該五處城邑, 專理商賈事宜, 與各該地方官公文往來; 令英人按照下條開敘之例, 清楚交納貨稅·鈔餉等費. (영문) His Majesty, the Emperor of China agrees, that British subjects, with their families and establishments, shall be allowed to reside, for the purpose of carrying on their mercantile pursuits, without molestation or restraint, at the cities and towns of Canton, Amoy, Fuchow, Ningpo and Shanghai; And Her Majesty the Queen of Great Britain, etc. will appoint Superintendents, or Consular Officers, to reside at each of the above named cities or towns, to be the medium of communication between the Chinese Authorities and the said Merchants, and to see that the just duties and other dues of the Chinese Government, as hereafter provided for, are duly discharged by Her Britannic Majesty's subjects.
	제5조	(한문) 凡英國商民在粵貿易, 向例全歸額設行商, 亦稱公行者承辦, 今大皇帝准其嗣後不必仍照向例, 凡有英商等赴各該口貿易者, 勿論與何商交易, 均聽其便. (영문) The Government of China having compelled the British merchants trading at Canton to deal exclusively with certain Chinese merchants, called Hong merchants(or Cohong), who had been licensed by the Chinese Government for that purpose, the Emperor of China agrees to abolish that practice in future at all ports where British merchants may reside, and to permit them to carry on their mercantile transactions with whatever persons they please.
후먼조약 (청·영) (1843.10)	제4조	(한문) 廣州·福州·廈門·寧派·上海五港口開關之後, 其英商貿易處所, 只准在五港口, 不准赴他港口內, 亦不許華民在他處港口, 串同私相貿易. 將來英國公使, 有諭示明不許他往, 而英國如或背約不服禁令, 及將公使告示置若罔聞, 擅往他處港口, 遊奕販賣, 任憑中國員弁, 連船連貨, 一併抄取入官, 英官不得爭論, 倘華民在他處港口, 與英商私串貿易, 則國法具在應照例辦理. (영문) After the Five Ports of Canton, Fuchow, Amoy, Ningpo and Shanghai shall be thrown open, English Merchants shall be allowed to trade only at those Five Ports, Neither shall they repair to any other Ports or Places, nor will the Chinese people at any other Ports or Places, be permitted to trade with them. If English Merchant Vessels shall, in contravention of this Agreement, and of a Proclamation to the same purport to be issued by the British Plenipotentiary, repair to any other Ports or Places, the Chinese Government Officers shall be at liberty to seize and confiscate both Vessels and Cargoes, and should Chinese People be discovered clandestinely dealing with English Merchants. at filly other Ports or Placese, they shall be punished by the Chinese Government in such Manner as the Law may direct.

조약명	조항	조문
후먼조약 (청·영) (1843.10)	제6조	(한문) 廣州等五港口, 英商或常川居住, 或不時來往, 均不可妄到鄕間, 任意遊行, 更不可遠入內地貿易. 中華地方官, 應與英國管事官, 各就地方民情地勢, 議定界址, 不許踰越, 以期永久彼此相安. 凡係水夫及船上人等, 俟管事官與地方官, 先行立定禁約之後, 方准上岸. 倘有英人違背此條禁約, 擅到內地遠遊者, 不論係何品級, 卽聽該地方人民捉拿交, 英國管事官依情處罪. 但該人民等, 不得擅自毆打傷害, 致傷和好.
		(영문) It is agreed, that English merchants and others residing at or resorting to the Five Ports to be opened shall not go into the surrounding Country beyond certain short distances to be named by the local authorities, in concert with the British Consul, and on no Pretence for purposes of traffic, Seamen and person belonging to the ships shall only be allowed to land under authority and rules which will be fixed by the Consul, in communication with the local officers and should any persons whatever infringe the stipulations of this Article and wander away into the Country, they shall be seized and handed over to the British Consul for suitable punishment.
	제7조	(한문) 在萬年和約內言明, 允准英人攜眷, 赴廣州·福州·廈門·寧波·上海五港口居住, 不相欺侮, 不加拘制. 但中華地方官, 必須與英國管事官, 各就地方民情, 議定於何地方用何房屋, 或基地係准英人租賃. 其租價, 必照五港口之現在所値高低, 爲准務求平允, 華民不許勒索, 英商不許强租. 英國管事官, 每年以英人, 或建屋若干間, 或租屋若干所, 通報地方官轉報立案. 惟房屋之增減, 視乎商人之多寡, 而商人之多寡, 視乎貿易之衰旺, 難以預定額數.
		(영문) The Treaty of perpetual Peace and Friendship provides for British subjects and their Families residing at the Cities and Towns of Canton, Fuchow, Amoy, Ningpo and Shanghai without molestation or restraint. It is accordingly determined that ground and houses; the rent or price of which is to be fairly and equitably arranged for, according to the rates prevailing amongst the people, without exaction on either side; shall be set apart by the local officers, in communication with the Consul, and the number of houses built or rented, will be reported annually to the said local Officer by the Consul for the information of their respective Viceroys and Governors, but he number cannot be limited, seeing that it will be greater or less according to the resort of Merchants.

조약명	조항	조문
왕샤조약 (청·미) (1844.7)	제3조	(한문) 嗣後, 合衆國民人, 俱准其挈帶家眷, 赴廣州·福州·廈門·寧波·上海共五港口居住貿易, 其五港口之船隻, 裝載貨物, 互相往來, 俱聽其便. 但五港口外, 不得有一船駛入別港, 擅自遊奕, 又不得與沿海奸民, 私相交易. 如有違犯此條禁令者, 應按現定條例, 將船隻貨物, 俱歸中國入官. (영문) The citizen of the United States are permitted to frequent the five ports of Quangchow, Amoy, Fuchow, Ningpo, and Shanghai, and to reside with families and trade there, and to proceed at pleasure with their vessels and merchandise to or from ay foreign port and either of the five ports, and from either of said five ports to any other of them; but said vessels shall not unlawfully enter the other ports of China, nor carry on a clandestine and fraudulent trade along the coasts thereof; and any vessel belonging to a citizen of the United States which violates this provision shall, with her cargo, be subject to confiscation to the Chinese Government.
	제17조	(한문) 合衆國民人, 在五港口貿易, 或久居或暫住, 均准其租任民房, 或租地自行建樓, 並設立醫館禮拜堂及殯葬之處, 必須由中國地方官, 會同領事等官, 察民情擇定地基, 聽合衆國人與內民, 公平議定租息, 內民不得擦價揩勒, 遠人勿許强利硬占, 務要各出情願以昭公允, 倘墳墓或被中國民人毁掘, 中國地方官嚴拏照例治罪, 其合衆國人泊船寄居處所, 商民水夫人等止, 准在近地行走, 不准遠赴內地鄉村, 任意開遊. 尤不得赴市鎭, 私行貿易. 應由五港口地方官, 各就民情地勢, 與領事官議定界址, 不許逾越, 以期永久彼此相安. (영문) Citizens of the United States residing or sojourning at any of the ports open to Foreign commerce shall enjoy all proper accommodation in obtaining houses and places of business, or in hiring sites from the inhabitants on which to construct houses and places of business, and also hospitals, churches, and cemeteries. The local authorities of the two Governments shall selest in concert the sites for the foregoing objects, having due regard to the feelings of the people in the location thereof; and the parties interested will fix the rent b mutual agreement, the proriretors in the one hand not demanding any exorbitant price, nor the merchants on the other unreasonably insisting on particular spots, but each conducting with justice and moderation; and any desecration of said cemeteries by subjects of China shall be severely punishes according to law.
황푸조약 (청·프) (1844.12)	제2조	(한문) 自今以後, 凡佛蘭西人家眷, 可帶往中國之廣州·廈門·福州·寧波·上海五口市埠地方居住貿易, 平安無礙. 常川不輟. 所有佛蘭西船, 在五口停泊, 貿易往來, 均聽其便. 惟明禁不得進中國別口貿易, 亦不得在沿海各岸各貨私買私賣. 如有犯此款者, 除於第三十款內載明外, 其船內貨物聽憑入官. 但中國地方官查拏此等貨物, 於未定入官之先, 宜速知會附近駐口之佛蘭西領事.

조약명	조항	조문
황푸조약 (청·프) (1844.12)	제22조	(한문) 凡佛蘭西人按照第二款至五口地方居住, 無論人數多寡, 聽其租賃房屋及行棧貯貨, 或租地自行建屋建行. 佛蘭西人亦一體可以建造禮拜堂·醫人院·周急院·學房·墳地各項, 地方官會同領事官, 酌議定佛蘭西人宜居住, 宜建造之地. 凡地租房間多寡之處, 彼此在事人務, 須按照地方價值定議. 中國官阻止內地民人高擡租值, 佛蘭西領事官亦謹防本國人強壓迫受租值. 在五口地方, 凡佛蘭西人房屋間數, 地段寬廣不必議立限制, 俾佛蘭西人相宜獲益. 倘有中國人將佛蘭西禮拜堂墳地, 觸犯毀壞, 地方官照例嚴拘重懲.
	제23조	(한문) 凡佛蘭西人在五口地方居住或往來經游, 聽憑在附近處所散步, 其日中動作一如內地民人無異, 但不得越領事官與地方官議定界址, 以爲營謀之事. 至商船停泊, 該水手人等亦不得越界游行. 如時當登岸, 須遵約束規條; 所有應行規條, 領事官議定照會地方官查照, 以防該水手與內地民人滋事爭端. 佛蘭西無論何人, 如有犯此例禁, 或越界或遠入內地, 聽憑中國官查拿, 但應解送近口佛蘭西領事官收管; 中國官民均不得毆打, 傷害, 虐待所獲佛蘭西人, 以傷兩國和好.
톈진조약 (청·영) (1858.6)	제9조	(한문) 英國民人准聽持照前往內地各處遊歷通商, 執照由領事官發給, 由地方官蓋印. 經過地方, 如飭交出執照, 應可隨時呈驗, 無訛放行; 雇船·僱人·裝運行李·貨物, 不得攔阻. 如其無照, 其中或有訛誤, 以及有不法情事, 就近送交領事官懲辦, 沿途止可拘禁, 不可陵虐. 如通商各口有出外遊玩者, 地在百里, 期在三五日內, 毋庸請照. 惟水手船上人等, 不在此列, 應由地方官會同領事官, 另定章程, 妥爲彈壓. 惟於江寧等處, 有賊處所, 候城池克複之後, 再行給照.
		(영문) British subjects are hereby authorized to travel, for their pleasure or for purposes of trade, to all parts of the interior, under passports which will be issued by their Consuls, and countersigned by the local authorities. These passports, if demanded, must be produced for examination in the localities passed through, If the passport be not irregular, the bearer will be allowed to proceed, and no opposition shall be offered to his hiring persons or hiring vessels for the carriage of his Baggage or Merchandise. If he be without a passport, or if he commit any offence against the law, he shall be handed over to the nearest Consul for punishment; but he must not be subjected to any ill-usage in excess of necessary restraint. No passport need be allied for by persons going on excursions from the ports open to trade to a distance not exceeding one hundred li, and for a period not exceeding days. The provision of this Article do not apply to crews of ships, for the due restraint of whom regulations will be drawn up by the Consul and the local authorities. To Nanking, and other cities disturbed by persons in arms against the Government, no pass shall be given, until they shall have been recaptured.

조약명	조항	조문
	제11조	(한문) 廣州・福州・廈門・寧波・上海五處, 已有江寧條約舊准通商外, 即在牛庄・登州・臺灣・潮州・瓊州等府城口, 嗣後皆准英商辦可任意與無論何人買賣, 船貨隨時往來. 至於聽便居住・賃房・買屋・租地起造禮拜堂・醫院・墳墓等事, 並另有取益防損諸節, 悉照已通商五口無異.
		(영문) In addition to the cities and towns of Canton, Amoy, Fuchow, Ningpo, and Shanhai, opened by the Treaty of Nanking, it is agreed that British subjects may frequent the cities and ports of Newchwang, Tăngchow, Taiwan[Formosa], Chawchow[Swatow], and Kiungchow[Hainan]. They are permitted to carry on trade with whomsoever they please, and to proceed to and fro at pleasure with their Vessels and Merchandise. They shall enjoy the same privileges, advantages, and immunities, at the said towns and Ports, as they enjoy at the Ports already opened to trade, including the right of residence, of buying or renting houses, of leasing Land therein, and of building Churches, Hoslitals, and Cemeteries.
	제12조	(한문) 英國民人, 在各口並各地方, 意欲租地蓋屋, 設立棧房・禮拜堂・醫院・墳塋, 均按民價照給, 公平定議, 不得互相勒揞.
		(영문) British subjects, whether at the Ports or at other places, desiring to build or open Houses, Warehouses, Churches, Hospitals, or Burial-grounds, shall make their agreement for the land or buildings they require, as the rates prevailing among the people, equitably, and without exactions on either side.
즈푸조약 (청・영) (1876.9)	제3조 제1항	(한문) 所有現在通商各口岸, 按前定各條約, 有不應抽收洋貨釐金之界, 玆由威大臣議請本國, 准以各口租界, 作爲免收洋貨釐金之處, 俾免漫無限制. (후략)
		(영문) With reference to the area within which, according to the treaties in force, likin(釐金: 인용자) ought not to be collected in foreign goods at the open ports. Sir Thomas Wade agrees to move his Government to allow the ground rented by foreigners(the so-called concessions) at the different ports, to be regarded as the area of exemption from likin. (후략)
	제3조 제4항	(한문) (전략) 至通商善後章程第七款, 載明洋貨運入內地及內地置買土貨等語, 係指沿海・沿江・沿河・及陸路各處不通商口岸, 皆屬內地. (후략)
		(영문) (전략) The words, nei ti, inland, in the clause of Article Ⅶ of the Rules appended to the Tariff, regarding carriage of imports inland, and of native produce purchased inland, apply as much to places on the sea coasts and river shores, as to places in the interior not open to foreign trade. (후략)

제2장
20세기 초 톈진〔天津〕의 '치외법권〔治外法權〕'
- 혼합재판소〔混合裁判所〕 설립을 둘러싼 중외의 논쟁을 중심으로

| 조병식 / 한림대학교 인문학부 사학전공 교수 |

1. 머리말
2. '상하이식 회심'과 관심
3. 교섭 안건의 관할권과 처리 방식
4. 혼합재판소 설립을 둘러싼 중·외의 갈등
5. 맺음말

1. 머리말

근대 비서구 국가에 대한 서구의 정복과 지배는 '전근대 사회의 낙후성'이라는 담론으로 정당화되었다. 특히 비서구 국가의 전통적 사법제도를 '야만', '낙후', '잔혹' 등으로 특징짓고, 서구의 사법제도와 선명하게 대비하면서 이를 서구인에게 적용할 수 없다는 논리를 들어 불평등조약을 통해 각종 사법적 특권을 획득하였다.[1]

서구인들이 중국으로부터 획득한 사법적 특권은 일반적으로 '치외법권(extraterritoriality 또는 extrality)'으로 통칭한다.[2] 이러한 '치외법권'은 속지주의적 제도와 속인주의적 제도로 대분되며 전자는 조차지(租借地)의

---

1 전통 중국의 법률과 형벌, 고문에 대한 서구인들의 부정적 인식이 형성·확산하는 과정에 대해서는 티모시 브룩 외 지음, 박소현 옮김, 2010, 『능지처참 – 중국의 잔혹성과 서구의 시선』, 너머북스; Li Chen, 2016, *Chinese Law in Imperial Eyes*, Columbia University Press 참조. 중국과 서구의 전통적 법 관념과 그로부터 기인한 제도적 차이에 대해서는 滋賀秀三, 2009, 『續清代中國の法と裁判』, 創文社, 3~11쪽; Thomas B. Stephens, 1992, *Order and Discipline in China-The Shanghai Mixed Court 1911-1927*, University of Washington Press, pp.3-15.

2 근대 국제관계에서 국가 원수나 외교관 등 특정한 부류의 외국인에 대해 국가의 행정권·재정권·사법권이 적용되지 않는 외교적 특권으로서의 치외법권이 존재하였으며(岡田朝太郞 等 口述, 1905, 『法政速成科講義錄』法政大學, pp.43~58), 이는 현재도 동일하다. 그러나 이 글에서 말하는 치외법권은 대등한 국제 관계에서 상호주의적 외교 특권을 의미하는 것이 아니라, 투란 카야올루가 말하는 "제국주의 침략 수단으로서의 법(Turan Kayaolu, 2010, *Legal Imperialism Sovereignty and Extraterritoriality in Japan, the Ottoman Empire, and China*, Cambridge University Press, pp.1-3)", 그리고 康大壽의 "특수한 역사적 개념으로서 영사재판권을 위주로 하는 불법적 침략 특권(康大壽, 2000-2, 「近代外人在華"治外法權"釋義」, 『社會科學研究』, 109~110쪽)"과 같이 19세기 중반 이래 서구와 일본이 각종 조약, 협약, 관례 등을 통해 중국으로부터 획득한 편면적 사법 특권을 지칭한다. 이를 외교 특권으로서의 치외법권과 구분 짓고자 '치외법권'으로 표기하였다.

사법제도를 통해서, 후자는 영사재판(領事裁判)을 통해 작동하였다.[3] 그중 조차지의 속지적 사법권은 그곳에 거주하는 외국인뿐 아니라 중국인에게도 일괄 적용된다는 점에서 중국의 사법주권에 직접적인 위협이었고, 근대 중국이 반식민지로 규정되는 원인 중 하나였다.[4]

그런데 속인주의 제도인 영사재판[5]은 피고인의 국적에 따라 소속 국가의 관원이 해당 안건을 처리한다는 원칙에 기반하고 있었다. 외국인[6]이 피고인 경우는 소속 국가 영사관에 설치된 영사법정 혹은 중국 내에 설치

---

3 일반적으로 근대 중국의 '치외법권'은 영사재판권과 연동되어 속인주의적 속성이 강조되지만 속지주의적인 형태로도 발현되었다. 이러한 시각은 왕충후이(王寵惠)가 1926년 조사법권위원회(調査法權委員會)에 제출한 「中國委員會對於在中國治外法權現在實行狀況之意見書」에서 '치외법권'의 사례로써 영사재판권, 회심공당(會審公堂)과 함께 조차지, 베이징(北京) 공사관 구역, 철로부속지(鐵路附屬地) 등 권역 안에서 권리국의 사법제도가 일괄 적용되는 특별구역을 언급한 것에서도 확인된다[「調査法權委員會報告書(選錄)」, 章伯鋒 主編, 1990, 『北洋軍閥(1912~1928)』 武漢出版社, 131~133쪽].

4 조병식, 2022, 「關東州 중국인의 사법권을 둘러싼 중·일의 각축-개평사건(1907~1908)을 중심으로」, 『東洋史學研究』 161, 346~347쪽.

5 근대 중국에서 치외법권은 기본적으로 영사재판권과 호환 사용되었지만(李啓成, 2004, 『晚淸各級審判廳研究』, 北京大學出版社, 32쪽), 민국 시기부터 치외법권은 "국제법의 원칙에 기초하여 외교관 및 원수가 향유하는 절대적 豁免權"으로, 영사재판권은 조약에 기초하여 영사가 향유하는 사법관할권으로 정의되며 양자가 현격히 다르다는 인식이 나타났다[李洋, 2013-6, 「治外法權, 還是領事裁判權?-從民國以來學者論爭的焦点切入」, 『歷史敎學問題』, 114쪽].

6 근대 중국의 외국인들은 그들의 법적 지위에 따라 조약 체결국 외국인과 조약 미체결국 외국인으로 대분된다. 영사재판을 포함한 각종 사법 특권은 조약에 근거하기 때문에 '치외법권'의 주체는 조약 체결국 외국인에 한정된다. 반면, 조약 미체결국 외국인은 조약상 근거가 부재하므로 이들에 대한 사법권은 기본적으로 중국 측에 귀속되었다[「無約國人民游歷辦法」(光34.10.12/1908.11.5), 『順天時報』 時事要聞]. 이 글은 근대 중국에서의 '치외법권'을 다루는 만큼 이 글에서 언급하는 외국인은 별도의 언급이 없는 이상 조약 체결국 외국인을 지칭한다.

된 자국의 법원에서 재판을 진행하였다. 그리고 중국인이 피고인 경우는 응당 관할 지방관에게 재판권이 귀속되었다. 따라서 영사재판이 특수한 제도임에는 분명하지만 청조의 전통적인 피고주의 원칙을 감안한다면[7] 처음부터 외국인에게 주어진 일방적 특권으로 보기는 어렵다.

또한 외국인과 중국인이 하나의 사건에 연루된 경우에는 기본적으로 피고 측 국가가 재판권을 행사하지만 재판의 공정성을 기하기 위해 원고 측 국가의 관원들이 함께 재판에 참여할 수 있었다. 이는 당시 사료에서 '회동심판(會同審判)' 또는 '회심(會審)'으로 표현된다. 원래 영사재판이나 회심은 본래 당사자들의 국적에 따라 일방적으로 규정되는 것이 아니라 사안 가운데 당사자가 어떤 위치에 있느냐에 따라 결정되는 상호적 제도였다.

그렇지만 '치외법권'의 대표적 사례로써 영사재판과 회심이 언급되는 것처럼 근대 중국이라는 시공간 속에서 이러한 상호성은 나타나지 않았다. 외국인들은 전통 중국의 사법제도가 자신들의 생명, 재산, 안전을 보장해주지 못한다는 이유를 들어 영사재판과 회심을 일방적인 사법 특권으로 변질시키게 된다.

그런데 영사재판과 그로부터 파생된 회심은 외국인 보호라는 목적은 같았지만 결정적인 차이점이 있었다. 영사재판은 외국인들을 중국의 재판으로부터 면제시키는 제도인 반면, 회심은 외국인들이 중국의 사법권

---

[7] 근대 중국과 일본의 치외법권을 상세하게 비교 검토한 카셀은 일본에 비해 중국의 '치외법권'이 오랫동안 지속될 수 있었던 원인 중 하나로 정복왕조 청의 법적 다원성(legal pluralism) 전통, 즉 장기간 종족에 따른 속인적 사법권을 인정했던 전통을 꼽고 있다(Par Kristoffer Cassel, 2012, *Grounds of Judgment: Extraterritoriality and Imperial Power in Nineteenth-Century China and Japan*, Oxford University Press, pp.15-29).

에 적극적으로 개입하는 제도로서[8] 전자는 '소극적 치외법권', 후자는 '적극적 치외법권'으로 구분할 수 있다. 그러므로 중국인들은 영사재판뿐 아니라 회심 또한 노골적으로 사법주권을 침해하는 행위로 받아들였고, 부강한 국민국가를 건설하여 국제사회의 일원이 되기 위해 반드시 선결해야 할 과제라고 생각하였다.[9]

근대 중국의 '치외법권'과 관련하여 이미 상당한 연구 성과가 축적되어 있는데, 이 글의 주제인 회심과 관련된 연구를 일별하면 한 가지 특징이 두드러진다. 그것은 바로 대다수의 연구가 상하이 회심공해(上海 會審公廨)를 연구 대상으로 설정하고 있다는 점이다.[10] 이들 연구를 통해 상하

---

8 植田捷雄, 1939, 『增補支那租界論』, 巖松堂書店, 123~124쪽.

9 XiaoQun Xu, 2008, *Trial of Modernity : Judicial Reform in Early Twentieth-Century China, 1901-1937*, Stanford University Press, p.2. 호로비츠의 연구에 따르면, 일반적으로 '치외법권'에 대한 저항과 반대가 1910년대 후반이 되어서야 본격적으로 전개된 것으로 이해되지만 청 관료들은 1860~1870년대부터 教案과 외국 상인들의 내지 활동 문제를 처리하면서 이미 '치외법권'이 청 정부의 권위를 잠식하는 제도라는 점을 인식하고 있었다(Richard S. Horowitz, "Protege problems: Qing officials, extraterritoriality, and global integration in nineteenth-century China", Daniel S. Margolies, Umut Özsu, Maïa Pal, and Ntina Tzouvala, eds., 2019, *The Extraterritoriality of Law History, Theory, Politics*, Routledge, pp.104-118).

10 상하이 회심공해에 주요한 연구 성과만을 꼽자면 楊湘勻, 2006, 『帝國之鞭與 寡頭之鏈-上海會審公廨權力關係變遷硏究』, 北京大學出版社; 洪佳期, 2018, 『上海會審公廨審判硏究』, 上海人民出版社; Anatol. M. Kotenev, 1925, *Shanghai: Its Mixed Court and Council*, North-China Daily News & Herald, Limited; Thomas B. Stephens(1992); 이화승, 2006, 「19세기 上海 會審公廨의 탄생과 中西상업분쟁」, 『中國史硏究』 44; 徐小松, 1990-4, 「會審公廨的收回及其歷史意義」, 『民國檔案』; 胡震, 2006-4, 「清末民初上海公共租界會審公廨法權之變遷(1911~1912)」, 『史學月刊』; 侯慶斌, 2017, 「晚清上海法租界會審公廨硏究」, 華東師範大學 博士學位論文; 李嚴成·趙睿, 2018, 「捍衛司法主權的鬪爭: 上海律師公會與領事觀審制度的廢除」, 『湖北大學學報(哲學社會科學版)』 45-4; 郭まいか, 2019, 「中華民國期上海共同租界會審公廨の硏究」, 京都大學 博士學位論文; Robert T. Bryant, Jr., 1926, "Extraterritoriality and the Mixed Court in

이에서 최초로 회심공해가 탄생할 수 있었던 배경, 그 조직과 재판의 특징, 권력관계의 구조와 변화, 회심공해 폐지 교섭 등 상하이 회심공해의 전반에 대해 상세하게 규명되었다. 이렇게 연구자들의 시각이 집중된 이유는 당시 상하이라는 도시가 갖는 정치적·경제적 위상과 더불어 회심의 현실적인 시행 방식으로써 회심공해가 명확하게 작동했기 때문이었다.[11]

그러나 회심공해는 상하이뿐 아니라 한커우(漢口)와 샤먼(厦門)에서도 운영되었으며,[12] 회심공해가 설치되지 않았더라도 각 조계의 영사들이 상하이 회심공해와 같은 혼합재판소 설치를 요구하였다. 비록 상하이 회심공해가 현실에서 회심의 작동 방식을 가장 극명하게 보여 주는 사례이지만 이는 상하이의 역사적 특수성에 기인한 것이었고, 회심이라는 문제는 상하이라는 지역에 국한된 문제가 아니라 전국에 산재한 개항장 모두에 해당하는 문제였다. 따라서 근대 중국에서 회심 문제의 실상을 총체적으

China", Virginia Law Review 13-1; Eiichi Motono, "Reorganization of the mixed court system in Shanghai, 1906-1913", A. J. H. Latham, Heita Kawakatsu eds., 2018, *Asia and the History of the International Economy*, Taylor & Francis Group, pp.136-153 등이 있다.

11 이와 더불어 반드시 지적해 두어야 할 점은 상하이에서 발간된 주간 영자지 North China Herald(華北捷報)의 존재이다. 해당 신문에는 매일 빠짐없이 회심공해에서 진행된 주요한 재판 소식을 전하고 있고, 조직 개편이나 인사 변동 등의 내용들을 실시간으로 보도하고 있어서 회심공해와 재판에 대한 상세한 정보를 얻을 수 있다. 각주 10에서 소개했던 연구 성과 가운데 가장 대표적인 Kotenev의 연구서가 North China Herald의 보도 자료를 기반으로 하고 있다.

12 19~20세기 중국의 회심 제도를 본격적으로 검토한 대부분의 연구에서는 한커우와 샤먼에도 회심공해가 설치되었다는 사실을 간략하게 언급하는 정도에 그친다. 관견에 한해 한커우 또는 샤먼 회심공해를 전문적으로 다룬 연구는 章育良, 許峯, 2007-1, 「厦門鼓浪嶼公共租界會審公堂論要」, 『求索』에 불과하다. 또한 한커우 조계 연구를 집대성한 漢口租界志編纂委員會 編, 2003, 『漢口租界志』, 武漢出版社에도 회심공당에 관한 서술은 한 페이지에 그친다.

로 이해하기 위해서는 상하이 이외 지역의 상황을 검토할 필요가 있다.

이러한 문제의식하에 이 글에서는 근대 중국의 '치외법권' 문제를 20세기 초 톈진에서 전개된 혼합재판소 설립을 둘러싼 중외의 갈등을 중심으로 재조명해 보고자 한다. 당시 톈진은 수도 베이징(北京)과 인접한 정치적·외교적 중심지이자 북중국 최대의 통상 항구였다. 이에 따라 톈진에는 제2차 중영전쟁 이후 체결된 '베이징조약'(北京條約, 1860)에 의거하여 1861년부터 영국·미국·프랑스 조계가 설치된 이래 20세기 초까지 총 8개 국가의 조계가 운영되었다.

그러나 톈진에는 상하이와 달리 회심공해가 설치되지 않았다. 회심이 중국 사법제도에 대한 외국인들의 불신으로 인해 그들의 생명과 재산을 보호하기 위해 중국 재판에 적극적으로 개입하는 제도적 장치라고 한다면, 톈진과 같은 정치적·경제적 중심지에 회심공해가 설치되지 않은 이유가 선뜻 이해되지 않는다. 그렇다고 해서 외국인들의 혼합재판소 설치 시도가 없었던 것도 아니었다. 톈진 영사단은 20세기 초 수차례에 걸쳐 상하이 회심공해를 모델로 하는 혼합재판소 설립을 강력히 요청하였으나 즈리 총독(直隷總督)을 비롯한 즈리성(直隷省) 당국은 외교적·사법적 방법을 동원하여 적극 대응함으로써 영사단의 요구에 저항하였다. 그 결과로 톈진에서는 혼합재판소가 등장하지 못했다.

톈진 조계의 설치 경과와 운영상의 특징에 대해서는 이미 다수의 연구가 진행되었다. 기존 연구 성과는 8국 조계의 설치 연혁, 동사회(董事會), 공부국(工部局), 경찰 등 조계 운영 기구의 기능과 통치 체제 등을 규명하거나[13] 또는 조계의 서구식 시정(市政) 건설과 톈진의 도시 발전을 연결 짓는

---

13 天津市地方誌編修委員會 編, 1996, 『天津通誌 附志 租界』, 天津社會科學院出版社; 南

시각[14]이 주류를 이루었다.

반면 이 글에서 주목하는 조계의 사법권과 관련된 검토는 충분히 이루어졌다고 보기는 어렵다. 일례로 톈진 조계에 대한 가장 포괄적 · 체계적 성과라고 할 수 있는 『天津通誌 附志 租界』의 2장 '조계의 관리 기구' 중 '사법 기구'에는 "톈진 각국 조계에는 … 중국 법률의 속박을 받지 않는 사법 기구들이 잇따라 설립되었다"[15]라고 서술하면서도 경찰 기구만을 소개하고 있을 뿐 정작 핵심적인 사법 기구인 영사 법정이나 혼합재판소 설치를 둘러싼 중외의 갈등 등에 대해서는 일절 언급하고 있지 않다.

이 글에서는 20세기 초 신해혁명(辛亥革命) 전후, 톈진의 혼합재판소 설립을 둘러싸고 전개된 영사단과 즈리성 당국의 갈등을 외교적 공방을 중

開大學政治學會, 1926, 『天津租界及特區』, 商務印書館; 來新夏 主編, 2004, 『天津的九國租界』, 天津古籍出版社; 雷穆森(O.D.Rasmussen), 2009, 『天津租界史』, 天津人民出版社; 天津地域史硏究會, 1999, 『天津史−再生する都市のトポロジー』, 東方書店, 135~158쪽; 손재현, 2004, 「프랑스 조계 확장에 대한 天津 시민의 대응−1916년 老西開 사건을 중심으로」, 『大邱史學』 76; 劉海岩, 1995-1, 「天津的開埠與英租界的形成」, 『天津史志』, 2009, 『天津史硏究論文選輯(下)』, 天津古籍出版社, 1083~1087쪽; 劉一辰, 2015, 「中國天津における租界の開発に關する硏究 : 英租界を中心に」, 筑波大學 博士學位論文; Maurizio Marinelli, 2009, "Making concessions in Tianjin: heterotopia and Italian colonialism in mainland China", *Urban History* 36-3; Robert Nield, 2015, *China's Foreign Places-The Foreign Presence in China in the Treaty Port era, 1840-1943*, Hongkong University press, pp.235-250.

14 劉海岩, 2006-3, 「租界, 社會變革與近代天津城市空間的演變」, 『天津師範大學學報(社會科學版)』; 劉海岩, 2007-4, 「近代天津城市邊緣區的形成及其結構特徵」, 『天津師範大學學報(社會科學版)』; Liu Haiyan, 2011, "Water supply and the reconstruction of urban space in early twentieth-century Tianjin", *Urban History* 38-3; Zhang Chang and Liu Yue, "International Concessions and the Modernization of Tianjin", Laura Victoir eds., 2013, *Harbin to Hanoi: The colonial built environment in Asia, 1840 to 1940*, Hongkong university press.

15 天津市地方誌編修委員會編, 1996, 앞의 책, 107~113쪽.

심으로 규명하고자 한다. 양측의 대립을 간단하게 정리하면 영사단에서는 상하이 회심공해를 모델로 하는 혼합재판소 설립을 요구하고, 즈리성 당국에서는 '옌타이조약(煙臺條約)'과 '중미속증조약(中美續增條約)'에 규정된 관심(觀審)을 가지고 대응하는 양상이었다. 이에 2절에서는 회심과 관심의 조약 원문을 비교 검토하여 양자의 논리를 이해하는 바탕을 마련하고, 3절에서는 톈진이라는 공간 속에서 전개된 교섭 안건 처리 현황을 검토한 뒤, 4절에서는 20세기 초 톈진 영사단의 혼합재판소 설치 요구와 그에 대한 청 정부와 즈리성 당국 간의 갈등을 구체적으로 살펴보고자 한다.

이러한 작업은 근대 중국 개항장의 회심 제도, 더 나아가서는 '치외법권'의 실상을 규명하는 데 도움이 될 수 있을 것이다. 아울러 외국 영사들의 혼합재판소 설립에 대한 중국인들의 대응 방식과 그 논리를 고찰함으로써 근대 중국을 '치외법권'의 수동적·일방적 피해자로 보는 그간의 인식을 재고하는 계기가 마련되기를 기대한다.

2. '상하이식 회심'과 관심

교섭 안건이란 관할권이 다른 두 당사자가 하나의 사건에 함께 연루되는 경우를 말하며, 기·민(旗·民) 교섭, 교·민(敎·民) 교섭 등이 그 전형적인 사례다. 교섭 안건이 발생하면 해당 안건 처리의 권한은 피고의 소속 기관에 귀속되며, 당시의 표현을 빌리자면 "이원취피(以原就被)"가 교섭 소송의 정례였다.[16] 재판에서 피고주의 원칙은 중·외 교섭 사건에서도

---

16 「刑律訴訟」, 『欽定(光緖)大淸會典事例』, 2002, 『續修四庫全書』 史部 政書類817, 上海

그대로 적용되었고, 도광 23년(1843)에 제정된 '오구통상장정: 해관세칙 (五口通商章程: 海關細則)'에서 명문화되었다. 해당 조약 제13조에서는 영국인의 죄는 영국 영사가 영국의 법률에 따라, 중국인의 죄는 중국의 법에 따라 처벌한다고 규정하였다. 이와 동시에 영국 영사가 교섭 안건을 재판할 때는 중국 관원에게 청하여 '함께 조사하여 밝히도록(公同查明)' 하였다.[17] 그 반대의 경우에 대해서는 명시된 바 없지만 속인적 피고주의를 상호 간 인정한 상황을 고려했을 때 크게 다르지 않았을 것이다. 그렇다면 '공동사명(公同查明)'은 중·외를 막론하고 피고주의 원칙에 따라 관할을 결정하되 원고 측 관원에게 부여되는 권한으로 이해된다. 다만 이는 하나의 원칙을 선언한 것으로써 '공동사명'의 적용 대상, 범위, 구체적인 시행 방식 등에 대해서는 합의한 바가 없었다.

'공동사명'이 현실의 제도로서 최초로 등장했던 곳은 상하이였다.[18] 함풍 3년(1853) 소도회봉기(小刀會蜂起)에 의해 상하이 현성(縣城)이 함락되면서 중국인 피난민이 대거 조계로 유입되자, 각국 영사들은 질서 유지를 명목으로 중국인 난민들에 대한 재판권을 행사하였다. 그런데 함풍 5년

古籍出版社, 41쪽.

17 「五口通商章程:海關細則」(道23.8.15/1843.10.8), 王鐵崖編, 1957, 『中外舊約章彙編』 1, 三聯書店, 42쪽. 「五口通商章程」에서 도입된 영사재판권은 왕샤조약에서 보다 분명하게 규정되었다. 제21조에서 "이후 중국 민인과 합중국 민인 사이에 쟁투(爭鬪), 사송(詞訟), 교섭 안건이 있을 때 중국 민인은 중국 지방관이 체포하고 심리하여 중국 例에 따라 치죄하고, 합중국 민인은 영사 등 관원이 체포하고 심리하여 본국 예에 따라 치죄한다(「五口貿易章程:海關細則」(道24.5.18/1844.7.3), 王鐵崖, 1957, 54~55쪽]."

18 청 정부와 영국 정부가 역사상 최초로 '공동사명'한 사례는 1800년 2월에 발생한 프로비던스호 사건 재판으로 당시 중국 측 재판에 영국인 관원이 참석하는 형태로 이루어졌다(Li Chen, 2016, *Chinese Law in Imperial Eyes- Sovereignty, Justice & Transcultural Politics*, Columbia University Press, pp.79-80).

(1856) 소도회가 진압되고, 청조의 상하이 통치가 회복되었음에도 영사들은 조계 중국인에 대한 재판권을 고수하려 했기 때문에 재판권을 회수하려던 상하이 도대(上海道)와 장기간 갈등을 빚었다. 이때 영국 영사 파크스가 조계 내에 중국 관원이 주관하는 사법 기관을 설치하여 조계 거주 중국인들이 피고인 안건을 처리하도록 하는 타협안을 제안하면서 함풍 14년(1864) 양징방이사공해(洋涇濱理事公廨)가 설립되고, 5년 뒤 회심공해라는 명칭으로 변경되었다.[19]

파크스가 타협안을 제시했을 때 근거가 되었던 것은 함풍 8년(1858) 체결된 '중영톈진조약(中英天津條約)' 제16조였다.

> 영국 민인들이 죄를 저지르면 모두 영국에서 처벌한다. 중국인이 영국인을 속이거나 해를 입히면 모두 중국 지방관이 스스로 처벌한다. 양국 교섭 사건은 피차 반드시 함께 공평하게 재판하여(會同公平審斷) 타당하도록 해야 한다.[20]

위의 조항에 따르면 중국인과 영국인의 형사 사건은 피고의 소속 관원에 귀속되며, 양측이 결부된 교섭 안건에서는 "함께 공평하게 재판"하도록 하였다. 이 내용은 앞서 언급한 '공동사명'의 의미를 한층 구체화한 것이라 할 수 있겠지만, 여전히 현실에서 어떻게 구현할지에 대한 상세한 방식이 없다는 점에서는 같다. 해당 부분의 영문본에서도 "재판은 양측에서 동등하고 공정하게 집행되어야 한다(Justice shall be equitably and

---

19   安國勝, 2012, 『西風落日-領事裁判權在近代中國的確立』, 法律出版社, 253~264쪽.
20   王鐵崖, 1957, 「中英天津條約」(咸8.5.16/1858.6.26), 98쪽.

impartially administered on both sides)"²¹라는 원칙적 선언에 가깝다. 구체적인 방안의 부재는 역으로 조약 해석의 여지를 넓혔고, 이는 소도회봉기와 태평천국(太平天國)이라는 1850~1860년대 상하이의 특수한 상황과 결합하면서 상하이 회심공해가 탄생할 수 있었다.

상하이 회심공해의 운영 규칙은 1869년에 제정된『상하이양징방설관회심장정(上海洋涇濱設官會審章程, Rules for the Mixed Court of Shanghai)』으로 명문화되었다. 이 규정은 상하이 회심 제도의 근거이자 이후 각 조계의 영사들이 혼합재판소²² 설치를 요구할 때 전범이 되었던 바, '상하이식 회심'²³의 기본 골격을 구성한다.

---

21 海關總署中外舊約章大全編纂委員會 編, 2004,「中英天津條約」(咸8.5.16/1858.6.26),『中外舊約章大全』上, 中國海關出版社, 300쪽. 회심공해 설립 당초의 관할권은 형사 안건에만 한정되어 있었으나 곧 외국인이 원고인 민사 안건까지 범위가 확대되었다 (Kotenev, 1925, pp.55-57).

22 당시 사료에서는 상설 회심 기구를 지칭하는 용어로 혼합재판소(Mixed Court)가 사용되었다. 여기서 말하는 혼합재판소란 상하이 회심공해를 지칭하는 것이지만, 당시 통용되던 혼합재판소와 다소 차이가 있다. 혼합재판소를 언급할 때가 가장 빈번하게 언급되는 사례는 이집트 혼합재판소인데, 이집트 혼합재판소는 1875년에 설립되어 1949년까지 외국인과 관련된 民事・商事・일부 刑事 사건에 대한 재판권을 행사하였다. 혼합재판소라는 명칭은 공식적인 재판관이 이집트인과 외국인으로 구성되어 있었기 때문이었다[出川英里, 2022,「エジプト混合裁判所の制度的特質-裁判所設立にむける國際交涉(1867~75)における議論に着目して」,『人文公共學研究論集』34). 이집트인과 외국인 간의 혼합 사건을 처리한다는 점에서 흡사 상하이 회심공해와 유사하지만, 이집트의 경우 이집트인과 무관한 사건일지라도 외국인이 포함된 사건을 처리한 반면, 상하이에서는 중국인이 피고인 경우만을 처리했다는 점에서 차이점을 보인다(今井嘉幸, 1916,『支那國際法論 第1卷 外國裁判權と外國行政地域』, 丸善, 457쪽).

23 이마이 요시유키(今井嘉幸)는 당시 중국에서 시행되던 회심 제도를 '상하이식', '철도(부속지)식', '하얼빈식'으로 구분하고, '상해식 회심'이 각 조계를 단위로 하는 회심의 모델이 되었다고 하였다.(今井嘉幸, 1916, p.426)

1. 동지(同知) 한 사람을 선발하여 양징방에 주재시키면서 각국 조계 내의 전채(錢債), 투구(鬪毆), 절도(竊盜), 사송(詞訟) 안건을 관리하게 하고, 공관 한 곳을 세워 가(枷), 장(杖) 이하의 형구를 구비하며, 반헐(飯歇)을 병설한다. 중국인이 중국인을 고소하고, 외국인 상인이 중국인을 고소하는 경우 전채나 교역 등의 사안을 막론하고 모두 소환하여 심문하고 판결한다. 또한 중국의 상례에 따라 재판하며, 중국인에 대해 형신(刑訊), 관압(管押), 가장(枷杖) 이하의 처벌로 처리할 수 있다.

2. 사안이 외국인과 관계되어 반드시 그를 소환해야 하는 경우는 반드시 영사관이 위원(委員)과 함께 심문하거나 혹은 외국인 관원을 파견하여 회심한다(須領事官會同委員審問, 或派洋官會審). 가령 사안이 단지 중국인과 관련이 있고 외국인과 무관하면 중국 위원이 자체적으로 심문·판결하고, 각국 영사는 간여할 필요가 없다(無庸干預).

3. 외국인을 위해 복무하거나 외국인이 초빙한 중국인이 만일 소송에 연루되면 먼저 위원이 해당인의 범죄 사실을 영사에게 알리고 즉시 심문해야 할 사람을 소환하되 비호하거나 은닉할 수 없다. 심리 시 해당 영사나 혹은 그 사람이 파견한 관원이 법정에 와서 청송(聽訟) 할 수 있다. 만일 사안이 외국인과 무관한 경우는 간여할 수 없다.

4. 중국인이 중대 범죄를 저질러 혹 사죄(死罪)나 군류도(軍流徒) 이상인 경우, 중국의 예에서는 지방관이 안찰사(按察司)에게 심전(審轉)할 것을 요청하고, 독무(督撫)가 상황을 파악해 주자(奏咨)하니, 응당 이전처럼 상하이현에서 재판하고 처리한다. 만일 명안(命案)이라면 상하이지현이 검험(檢驗)을 담당하며 위원은 멋대로 처리할 수 없다.

(5. 생략)

6. 중국인과 외국인 간 상호 고소 안건에서 재판은 반드시 공평해야 하고, 조약에 따라 처리하며 각자 의견을 가져서는 안 된다. 만일 영사의 통제를 받는 외국인은 그대로 조약에 따라 처리해야 하고, 영사의 통제를 받지 않는 외국인은 위원(委員)이 스스로 재판하되 1명의 외국 관원을 초빙하여 배심(陪審)하도록 하고, 한편으로 상하이 도대에 보고하여 검토하도록 한다. 만일 양측 가운데 위원의 판결에 불복하는 자가 있으면 상하이 도대 및 영사에게 상공(上控)하여 복심(覆審)하도록 한다.[24]

상기 장정은 다음과 같이 요약할 수 있다. 첫째, 회심공해는 상하이 도대가 파견한 위원인 회심공해 동지(會審公廨同知)가 주심(主審)인 중국의 재판 기관이었다(제1조).[25] 둘째, 회심공해는 조계에 거주하는 중국인이 피고인 민사 및 태장(笞杖)에 해당하는 형사 안건에 대한 심리와 판결을 담당하지만(제1·4조) 외국인과 관련된 사안이라면 담당 영사 내지는 그가 파견한 관원과 함께 재판한다. 또한 순수 중국인 간의 안건은 회심공해 동지가 독자적으로 처리한다(제2조). 셋째, 외국인과 관계된 중국인이

---

24 「上海洋涇濱設官會審章程」(1868.12.28./同 7.11.15), 王鐵崖, 1957, 269~270쪽. 해당 장정의 초안, 수정안 등 제정 경과에 대해서는 Kotenev, 1925, 69~72쪽; 陳同, 2017-6, 「上海公共租界會審章程的制定及其實際作用-基於英國國家檔案館檔案的硏究」, 『士林』 참조.

25 상하이 회심공해의 성격을 어떻게 이해해야 할지를 두고 연구자들의 시각은 크게 두 가지로 구분된다. 먼저 조계에 설치된 청 정부의 공식 사법 기관으로서 '조계 내 외국인에 대한 중국의 치외법권 기구'로 보는 시각(Par Kristoffer Cassel, 2012, pp.82-83)과 상하이 조계의 자치성을 강조하면서 서방의 강한 영향력하에서 중국의 심판 기관과는 별도의 체계로 운영되는 조계 자체의 재판 기구로 보는 시각이 그것이다(王立民, 2016, 『中國租界法制初探』, 法律出版社, 110~115쪽).

피고인 안건은 외국인 소속 영사에게 통보하고, 영사 또는 관원이 재판을 방청한다(제3조). 넷째, 무조약국 외국인이 피고인 사안은 동지가 재판을 주관하며, 외국 관원이 배심한다(제6조).

해당 장정은 외국인 또는 외국인과 관련된 중국인이 원고인 안건에 대해서 외국인 배심을 인정하지만 재판권이 민사 또는 태장형 이하의 형사 안건에 한정되어 중대 안건에 대한 재판은 종전처럼 상하이 지현에 귀속시켰기 때문에 여전히 조계 내 중국인 안건에 대한 중국 측의 재판권 행사가 가능하였다. 때문에 각국 영사들은 회심공해 설립 초기부터 장정의 개정을 추진하는 한편, 현실에서의 재판을 통해 지속적으로 회심의 적용 범위를 넓혀갔다.

〈표 1〉 상하이에서 중외의 재판권

원고 \ 피고	화계 거주 중국인	조계 거주 중국인	외국인
중국인	상하이 지현	회심공해/ 도형 이상 상하이 지현	관할 영사
조계 거주 중국인			
외국인			

예를 들면 회심공해의 재판은 사안의 종류에 따라 3가지 종류로 구분되었다. 오전에 열리는 조당(早堂)에서는 형사 안건, 오후의 회당(會堂)에서는 외국인이 원고인 민사 안건, 야간 만당(晚堂)에서는 중국인 간의 민사 안건을 재판하였다. 상기 장정 제2조에 따르면 부영사(副領事) 또는 통역(通譯)이 충당되었던 외국인 배심관(陪審官, assessor)[26]은 회당에만 참여

---

26 당시 상하이에는 공공조계(公共租界)와 프랑스 조계 두 곳의 조계가 운영되었으며, 두

해야 했지만 실제로는 조당까지 입회하였고, 신해혁명 이후에는 만당까지 확대되었다. 또한 장정에서는 회심공해의 형사 재판권이 장형(杖刑) 이하로 한정되었지만 실제로는 2년 이상의 감금(監禁)이나 도형까지 부과되었으며, 중대한 안건에 대해서도 회심공해의 예심(預審)을 거치도록 하였다. 그리고 그 재판에서는 외국인 배심관이 사실상 주심처럼 행세하였다. 게다가 회심공해 운영과 관련된 각종 행정 업무에도 각국 영사들이 개입하여 심지어 상하이 도대가 주관하는 회심공해 동지의 선발과 임명까지 간섭하였다.[27]

이처럼 상하이 회심공해는 설립 당초의 취지와 달리 점차 외국인들이 영사재판권이 적용되지 않는 교섭 안건 처리에 자신들의 입장을 반영하는 수단으로 활용하였다. 따라서 상하이 회심공해 설립 이후 외국인들은 여타 조계에도 '상하이식 회심' 기구의 설립을 추진하였다. 그러나 샤먼과 한커우를 제외하고 모두 실패하였다. 이는 회심공해의 운영 경험이 축적되면서 중국인들이 이 제도가 교섭 안건의 '회동공평심단(會同公平審斷)'이라는 본래의 취지를 상실하고 점차 외국인 배심관들의 독단으로 변질

곳 모두 회심공해가 설치되어 있었다. 회심공해의 운영에는 두 조계가 기반하고 있는 사법체계가 영향을 미쳤으며, 公共조계는 영미식의 보통법 체계가, 프랑스 조계에는 대륙법 체계가 운영되었다고 한다. 대표적으로 陪審官으로 번역하는 assessor는 보통법 체계에서는 전문 지식을 가지고 법관의 재판을 지원하되 판결권이 없는 법정 고문을 의미하지만 대륙법 체계의 assesseur는 복수의 법관들이 안건을 심리할 때 1명의 재판장을 제외한 나머지 법관들을 뜻하였다.(侯庆斌, 2017, 「晚清中外會審制度中華洋法官的法律素養與審判風格」, 『學術月刊』 49, 166~169쪽) 이 때문에 공공조계와 달리 프랑스 조계 회심공해의 陪審官 권한이 상당히 막강하여 회심공해 동지와 거의 대등한 수준이었다고 한다(安國勝, 2012, 272쪽).

[27] 「上海會審公廨概述」(1923.10.25), 『東方雜志』 20-20, 124~126쪽; 「列强在上海侵奪我國司法勸의 史實」, 列强在中國的租界編輯委員會 編, 1992, 『列强在中國的租界』, 中國文史出版社, 32~34쪽; 楊湘勻, 2006, 54~55쪽.

되는 현실을 자각하게 된 까닭이지만,[28] 상하이와 같은 특수한 역사적 경험이 없었기 때문이기도 하였다.

한편, '상하이식 회심'과 유사하면서도 다른 관심이라는 제도도 등장하였다.[29] 마가리사건의 사후 처리 결과로 1876년 9월 중국과 영국 사이에 체결된 옌타이조약에는 다음과 같은 조항이 있다.

① 내지의 각성 지방이나 개항장(通商口岸)에서 영국인과 관계된 명도(命盜) 안건에 대해서 영국 대신이 관원을 보내 해당 지역에서 관심하도록 한다. … ② 중국 각 개항장에서 교섭 안건을 처리하는데 양국의 법률이 다르므로 단지 피고가 어떤 나라 사람인가를 보고 해당 국가 관원에게 가서 고소할 수 있다. 원고가 어떤 나라 사람이라면 그 나라 관원이 재판 관원의 아문에 가서 관심할 수 있다. 만일 관심하는 인원이 처리가 적절하지 않다고 여길 경우 일일이 변론할 수 있다.[30] (번호는 인용자, 이하 동일)

상기 조항에서는 교섭 안건 처리와 관련하여 새로운 방식인 관심이 나

---

28 「奏滬會審公廨情形黑暗請定章程片」(光29.6.4/1903.7.27), 丁賢俊, 喩作鳳, 1993, 『伍廷芳集』, 中華書局, 229~230쪽.

29 관심, 청심 등은 중국뿐 아니라 일본, 조선에서도 나타나는 동아시아적인 현상이었다. 동아시아 각국에서 관심, 청심의 시행 경과와 의미에 대해서는 조국, 2021, 「19세기 말~20세기 초 한중일 간 영사재판권 행사 문제-내외국인 혼합 사건에서의 觀審·聽審 시행을 중심으로」, 『일본역사연구』 55 참조.

30 「煙臺條約」(光2.7.26/1876.9.13), 王鐵崖編, 1957, 348쪽. 옌타이조약의 영문본과 한글 번역문은 동북아역사재단 편, 2021, 『근대 조약과 동아시아 영토 침탈 관련 자료선집 Ⅰ』, 동북아역사재단, 469~480쪽에서 찾아볼 수 있는데, 중문본과 축자 비교를 했을 때 표현 방식에서 약간의 차이가 있지만 전체적인 의미는 다르지 않다.

타난다. 그런데 이 조항을 세심히 검토해 보면 ①과 ②의 내용에 차이가 있다. ①은 지역적으로 개항장 여부를 불문하고 영국인의 생명과 재산을 침해한 중국인의 중대 범죄에 대해 영국 공사(公使)가 범죄 발생 지역에 관원을 보내 관심하도록 하는 내용이고, ②는 개항장에 한정하여 교섭 안건에서는 피고주의 원칙에 따라 재판 관할을 결정하되 원고 측 관원에게 관심을 허용하는 내용이다. 그 의미를 풀어보면, ①은 마가리사건의 직접적인 결과로서 중죄에 한하여 관심의 권한이 일방적으로 영국 측에 부여되고, 그 권한이 조계를 넘어 내지(內地)까지 확장된다는 뜻인 반면, ②는 개항장에서 발생한 교섭 안건에서 중외의 구분 없이 원고 측 관원이 피고 측 재판에 관심할 수 있다는 뜻이다. ①에 착목한다면 관심의 적용 범위가 중국 내지까지 확대되고, 그 권한이 영국 관원에게 일방적으로 부여되었으므로 영사재판의 강화 내지는 확장으로 볼 수 있지만[31] ②에서는 명확하게 상호적 관심을 규정하고 있었다.[32] 이러한 상호성은 1880년 11월에 중국과 미국이 체결한 중미속증조약의 부관(附款) 제4조에서 명확하게 나타난다.

> 중국인과 미국인 간에 분쟁이 생기면 … 피고가 어떤 나라 사람인지에 따라 본국 관원에게 귀속시켜 재판한다. 원고 측 관원은 재판 시 법정에 가서 관심할 수 있으며, 재판관은 관심의 예에 따라 대우해야 한다.

---

31 許克明, 2022-2, 「從"會訊"到"觀審" : 英國在華治外法權的再擴張―以中英《天津條約》的兩次修約爲視角」, 『英國研究』, 83~85쪽.

32 옌타이조약 체결 직후 총리아문(總理衙門)에서 각성 독무들에게 발송한 자문(咨文)을 보면, 영국 웨이드 공사는 ①을, 총리아문에서는 ②를 강조하고 있다는 점이 흥미롭다.[「前准威使照稱遇有命案觀審一節自應轉行照辦由」(光3.3.6/1877.4.19), 中央研究院 近代史研究所 檔案館 01-21-032-02-054.].

ⓐ 원고 측 관원이 만일 목격자를 추가로 소환하거나 이미 증언한 증인을 심문, 반대 심문하고자 할 때는 재차 (증인을) 소환할 수 있다. ⓑ 만일 관심하는 관원이 재판이 불공정하다고 판단되면 또한 하나하나 변론하고 상사에게 보고할 수 있다. 모든 안건은 재판을 주재하는 관원이 각기 본국의 율법에 따라 처리한다.[33]

상기 조항에서는 옌타이조약의 ①에 대한 언급이 사라지고 ②의 내용을 한층 상세하게 부연하고 있다. 피고주의 원칙에 따라 재판권을 결정하며 원고 측 관원에게 관심권(觀審權)을 부여하고 있는데, 소위 관심권이란 심리가 진행 중인 가운데 원고 측 관심관(觀審官)에게 부여된 권한으로 증인 소환권과 심문권, 변론권으로 요약된다. 해당 조항의 영문본에서 ⓐ는 "증인을 출석, 심문, 반대 심문하는 권리(the right to be present and to examine and to cross-examine witnesses)"로 되어 있고, ⓑ는 불만족스러운 재판에 대해 "그것에 반대하는 논의가 허용되는(be permitted to against them in debate)" 권리로 규정되었다.[34] 여기에서도 중외를 막론하고 관심관은 피고 측 재판에서 관심권을 행사할 수 있었다.

이러한 권리는 상호적인 것이었지만, 실제로는 중국의 재판에 원고 측 외국 관원이 관심하는 경우가 상당수였다. 예를 들면, 푸저우(福州)의 일본 전관 조계 설치 및 운영에 관해 1899년 체결된 「푸저우구일본전용조계조관(福州口日本專用租界條款)」의 제8조에서는 "만일 양국 교섭 사건이 발생하면 이전처럼 조약에 따라 처리한다. 회심공당은 중국이 어느 때건

---

33 王鐵崖 編, 1957, 「續約附款」(光6.10.15/1880.11.17), 380~381쪽.
34 今井嘉幸, 1916, 앞의 책, 446쪽에서 재인용.

건설할 수 있으며, 공당 설립 이전의 모든 사안은 … 영사가 기한을 정하여 지방관 아문에 가서 관심한다"라고 규정되어 있었다.[35] 여기에서 관심은 회심공당이라는 상설 혼합재판소가 설치되기 전 단계에서 외국인이 관계된 안건에 대해 지방관의 재판에 개입하는 수단으로 묘사되었다. 때문에 여러 학자는 관심을 영사재판권과 '상하이식 회심'의 특정한 형식 내지는 확장으로 간주하였다.[36]

그럼에도 '상하이식 회심'과 관심 간에는 여러 가지 차이점이 존재했다. 우선 발생 빈도가 달랐다. '상하이식 회심'은 혼합재판소와 같은 상설 기구를 설치하여 요건에 해당하는 사안에 대해 정기적으로 회심이 시행되는 데 반해, 관심은 사안의 중대성에 따라서 간헐적으로 이루어졌다.[37]

또한 재판에 참석한 외국인의 권한과 지위에 차이가 있었다. 회심은 중국 관원과 영사 또는 그가 파견한 관원이 공동으로 재판을 주재하지만 관심은 영사나 관원이 재판에서 발언권을 갖되 중국 관원과 대등한 지위를 갖지 못한다.[38] 이는 재판정의 좌석 배치에서 확인할 수 있는데, 상하이 회심공해에서는 회심공해 동지와 배심관의 좌석이 병렬로 배치되었으나[39] 관심에서는 중국 관원이 중앙에 위치하고 외국 관원은 "옆자리에 앉

35　王鐵崖 編, 1957,「福州口日本專用租界條款」(光25.3.19/1899.4.28), 896쪽.

36　韓秀桃, 2003,『司法獨立與近代中國』, 清華大學出版社, 78쪽; 植田捷雄, 1939, 126~127쪽; 王浩, 2005,「清末訴訟模式的演進」, 華東政法大學 博士學位論文, 17~18쪽; 李育民, 2009-1,「晚清改進收回領事裁判權的謀劃及努力」,『近代史研究』, 40쪽.

37　甘厚慈 輯, 羅澍偉 點校, 2013,「天津商務總會請免立發審公堂稟並批」(光33.4.26/1907.6.6),『北洋公牘類纂正續編』4, 天津古籍出版社, 162~163쪽.

38　楊湘鈞, 2006, 앞의 책, 53쪽.

39　今井嘉幸, 1916, 앞의 책, 430~432쪽.

아서 승심원과 팔을 맞대거나 어깨를 견줄 수 없었다."[40]

　마지막으로 사법권 개입의 방향이 달랐다. 회심공해는 명확하게 중국의 법정으로서 외국인 배심의 설치와 재판 참여는 회심공해 동지로 대표되는 중국의 재판권에 대한 일방적 간여였다. 쌍방향의 개입이 되려면 영사 법정 또는 외국 법원에서 원고가 중국인인 재판에 중국 관원이 배심으로서 재판권 행사에 개입해야 하지만 전통 중국 사법제도의 이질성과 그에 대한 외국인들의 불신을 고려한다면 이런 일은 발생할 가능성이 없었다. 반면 관심은 중·외를 막론하고 피고주의 원칙에 따라 재판권의 귀속을 결정하고, 원고 측 관원이 피고 측 재판에 참석하는 대칭적인 제도였다. 즉 중국인이 원고, 외국인이 피고인 안건에서 중국 측 관원이 외국인의 주도로 진행되는 재판에 얼마든지 관심할 수 있었다.[41] 그리고 후술하는 것처럼 중국인에 대한 외국인의 중대 범죄 재판에 중국 측 관원이 관심하는 경우가 실제로 종종 있었다.

　이처럼 '상하이식 회심'과 관심은 사법 주권에 대한 침해 행위라는 공통점을 가지면서도 그 침해의 정도에서는 차이가 있었다. 중국의 입장에서 본다면 속지주의적 사법권을 확립하여 '상하이식 회심'과 관심 모두를 폐지하는 편이 가장 이상적일 테지만, 당장의 현실에서는 실현 불가능한 기대였다. 이러한 상황에서 중국 측이 현상 유지의 방법이자 최악의 '상하이식 회심'보다 차악의 관심을 선택하는 편이 자연스럽다. 이 같은 사실

40　甘厚慈 輯, 2013,「天津府胡守遠燦天津縣胡令商彝稟陳變通天津審判廳章程八條請核示文竝批」, 1103~1105쪽.

41　鄧鳳瑤는 이러한 상호성과 달리 중국 측이 관심의 권리를 사실상 방기하여 중국 관원들이 외국 영사 법정이나 법원에 가서 관심하는 일이 없었다고 주장하였다(鄧鳳瑤, 2014,「試述近代中國的觀審制度」,『許昌學院學報』33-1, 91쪽).

은 후술하는 톈진 영사단의 혼합재판소 설치 요구에 대한 법부(法部)의 다음과 같은 입장에서도 확인된다. 비록 관심에서 변론권, 심문권 등을 인정하고 있지만 "상하이 회심공해가 주권을 더욱 심각하게 손상하는 제도로서 이를 만회하기 위해 노력한 결과 … 회심을 관심으로 바꾸었다(上海會審公廨章程尤屬損失主權, 故當時外交諸公有鑑於此, 力求挽回....易會審爲觀審)"라고 하면서 톈진뿐 아니라 각지 영사들의 혼합재판소 설립 요구에 대해 옌타이조약과 중미속증조약의 관심 조항을 근거로 반박할 것을 지시하였다.[42]

이에 이하 서술과 같이 톈진 영사단의 '상하이식 회심' 혼합재판소 설립 요구에 관심으로 대응하게 된다.

3. 교섭 안건의 관할권과 처리 방식

톈진 조계의 설립은 3단계로 구분되는데, 이는 청 정부가 치렀던 대외 전쟁과 관계가 깊다. 첫 번째 단계는 제2차 중영전쟁이었다. 중영전쟁 후 체결한 베이징조약에 의해 톈진이 개항되고, 1860년 영국이 톈진현성(天津縣城) 동남쪽의 습지인 쯔주린(紫竹林)[43] 일대에 조계를 처음으로 설정하

---

42 上海商務印書館編譯所 編, 2011, 「法部通咨各省維係審判廳法權文」, 『大淸新法令』9, 商務印書館, 89쪽.

43 영국이 습지인 쯔주린 일대를 조계로 설정한 이유는 쯔주린에서부터 해하가 넓어지면서 대규모 선박이 운용 가능하고, 건너편에 위치한 대즈구(大直沽)가 대운하의 결절점이었다는 점을 고려한 결과였다. 즉 쯔주린은 운하와 하천이 합류하는 곳으로서 무역에 상당히 유리한 지리적 조건을 갖추고 있었다(Zhang Chang and Liu Yue, 2013, pp. 84-85).

였고, 이듬해까지 영국 조계 남북으로 미국과 프랑스 조계가 설치되었다. 두 번째 단계는 청일전쟁으로 독일과 일본이 각각 1895년과 1898년에 조계를 획득하였다. 마지막 단계는 의화단운동과 팔국연군(八國聯軍)의 파병으로 이때 러시아(1900), 이탈리아(1901), 오스트리아-헝가리(1901), 벨기에(1902)가 조계를 건설하였다.[44] 이로써 톈진에는 총 9개 국가의 조계가 설치되어 중국에서 가장 많은 조계 설치 지역이 되었으며,[45] 그 면적 또한 톈진 현성의 8배가 될 정도로 광대하였다.

톈진에서는 상하이와 마찬가지로 조계에 중국인과 외국인이 함께 거주하였기 때문에 중·외가 얽힌 각종 분쟁과 범죄가 발생하였다. 전술한 것처럼 상하이에서 교섭 안건의 관할권은 중국인의 조계 거주 여부와 사안의 중대성에 따라 〈표 1〉과 같이 결정되었다.

〈표 2〉 톈진에서 중외의 재판권

원고 \ 피고	중국인	조계 거주 중국인	외국인
중국인	톈진 지현(天津知縣)	톈진 지현	관할 영사
조계 거주 중국인			
외국인			

---

44 列强在中國的租界編輯委員會 編, 1992, 「天津九國租界槪述」, 113~119쪽. 8개 국가 가운데 오스트리아-헝가리, 벨기에, 이탈리아는 중국에서 오직 톈진에만 조계를 설치·운영하였다(Maurizio Marinelli, 2009, p.400).

45 톈진의 각국 조계는 일반적으로 '구국조계(九國租界)'로 표현된다. 하지만 미국 조계가 1902년 영국 조계에 편입되기 때문에 1902년 이후에는 8개 국가 명의의 조계가 운영되었다(天津市地方誌編修委員會編, 1996, 39쪽). 다만 톈진이 중국 최다의 조계 설치 지역이라는 것은 전관 조계(專管租界)를 기준으로 했을 때를 말하며, 각국 영사관의 숫자를 기준으로 한다면 총 20여 개 국가의 영사관이 설치되어 있던 상하이 공공조계를 최대 조계 구역으로 볼 수 있다.

그러나 톈진의 상황은 달랐다. 〈표 2〉에서 보이듯 톈진의 교섭 안건에서도 피고주의 원칙이 기본이었다. 우선 톈진 조계의 각국 영사관에는 영사 법정이 설치되어 자국민이 피고인 안건에 대해 영사재판을 시행하였고, 그 재판 과정에서는 해당 국가의 법률과 절차가 적용되었으며, 변호사의 변론이 허용되고 재판이 공개되는 등 서구식 재판 제도가 시행되었다.[46] 아울러 각국 조계에 설치된 독자적인 경찰 조직은 소속 영사의 통제하에서 치안 유지 이외에 피의자 소환이나 체포, 영장 전달 등 영사 사법을 실현하기 위한 사법경찰의 업무도 담당하였다.[47]

또한 조계를 포함한 톈진 경내의 중국인이 피고인 안건에 대한 일체의 사법권은 중국 사법기관에 귀속되었다. 교섭 안건의 중국 측 최고 책임자는 진해관도(津海關道)로서[48] 그는 영사와 톈진 지현, 1907년 이후에는 톈진 심판청(天津審判廳) 간 문서 및 당사자의 왕복을 매개하는 역할을 담당하였고,[49] 당사자 및 증인 소환, 심리, 증거 조사, 판결 등 실제 재판 업무는 모두 중국 측 사법기관의 책임하에 진행되었다.[50]

---

46 王立民, 2016, 앞의 책, 31~32쪽.

47 天津地域史硏究會, 1999, 앞의 책, 192쪽.

48 顧廷龍, 戴逸, 2008, 「酌擬津海關道章程摺」(同9.11.6/1870.12.27), 『李鴻章全集』 4, 奏議 4, 문서번호 T9-11-001, 安徽教育出版社, 173~174쪽. 진해관도의 기본적인 직능은 대외 교섭, 해관(海關) 관리, 해방(海防) 등이었는데, 후에 양무(洋務) 참여, 사회 공익사업까지 영역이 확장되었다. 특히 대외 교섭 업무는 1898년 톈진 양무국(天津洋務局)이 설립되면서 축소되었다(譚春玲, 2018, 『晩淸津海關道硏究』, 中國社會科學出版社, 57~58쪽).

49 甘厚慈 輯, 2013, 「天津商務總會請免立發審公堂稟竝批」(光33.4.26/1907.6.6), 162~163쪽.

50 조계 밖의 중국인이 조계 거주 중국인을 톈진현(天津縣)에 고소하는 경우 소환 절차는 다음과 같았다. 지현이 소환 영장(印票)을 진해관도에게 제출하면 진해관도가 날인 후 관할 영사에게 보내 서명을 받으면, 지현이 보낸 차역이 조계 순포와 함께 소환

그럼 교섭 안건의 피고를 소속별로 검토해 보자. 첫째, 조계에 거주하는 중국인이 피고인 경우다. 상하이와 비교했을 때 톈진의 가장 큰 차이점은 조계 거주 중국인에 대한 사법권이 중국 사법기관에 일괄 귀속되었다는 점이다. 이러한 상황은 아래의 사례에서 단적으로 나타난다.

광서 34년 4월 29일(1908.5.28), 이탈리아 조계의 경찰 후스(胡四)라는 자가 조계 내 추(儲)씨의 집에 들어가 추씨 부인을 강간하려다가 미수에 그치는 사건이 발생하였다. 다음 날 추씨 부부는 이탈리아 공부국에 후스를 강간 미수로 고소하였고, 공부국에서는 진해관도에 이첩하였다.[51] 그때 후스는 이미 경찰 복장을 벗고 잠적한 상태였다.

이 사건은 이탈리아 조계 중국인들의 공분을 사게 되어 40여 명의 신상(紳商)과 주민들이 연명으로 톈진 심판청에 청원서를 제출하여 후스에 대한 엄격한 처벌을 요구하였다.[52] 5월 2일(6.2) 톈진 경찰이 이탈리아 공부국과 함께 후스를 체포하였고 체포된 후스는 톈진 심판청으로 이송되었다. 그리고 당시 추씨 집 근처에 있었던 허씨와 야경꾼(更夫) 이씨가 증인으로 소환되었다.[53] 5월 6일(6.4) 본격적인 심문이 진행되었다. 야경꾼은 후스와 추씨 부인 간의 격투를 목격하였다고 진술하였지만 후스는 이를 허위 진술이라고 주장하였다.[54] 5월 10일(6.8) 심판청에서 청원서를 올린 조계 신상들을 소환하여 심문하였는데, 이들 모두 후스의 강간 미수가

영장을 전달하였다(「『天津審判廳稟嗣後傳訊租界人證請逕歸廳局直接發標送各該領事畫押協傳文竝批」(光33.3.15/1907.4.27), 『北洋官報』 1343, 4~5쪽]).

51 「目無法紀」(光34.5.2/1908.5.31), 『大公報』 時事-本埠.
52 「再紀義捕被控案」(光34.5.3/1908.6.1), 『大公報』 時事-本埠.
53 「三紀義捕被控案」(光34.5.4/1908.6.2), 『大公報』 時事-本埠.
54 「四紀義捕被控案」(光34.5.7/1908.6.5), 『大公報』 時事-本埠.

사실이며 야경꾼의 증언 또한 사실이라고 진술하였다. 얼마 후 후스는 결국 범행을 자백하였다. 이에 승심관은 후스에 대한 강간 미수죄 적용을 검토하고 이 사실을 진해관도에게 보고하였다.[55] 최종적으로 후스는 강제노역(苦工) 5년 형을 받고[56] 톈진 죄범습예소(天津罪犯習藝所)에서 복역한 뒤 1911년 12월 보석으로 출소하였다.[57]

이 안건에서 피고인 후스는 이탈리아 조계의 중국인 경찰(華捕)이었다. '상하이식 회심'이라면 그는 외국인에게 고용된 중국인에 해당하여 회심의 대상이 될 터였다. 하지만 이 사건의 처리와 재판 과정에서 이탈리아 측의 반응은 보이지 않는다. 비록 추씨 부부가 이탈리아 공부국에 후스를 고소하기는 했지만 사안은 곧장 진해관도를 통해 중국 측으로 넘겨졌고 체포, 용의자와 증인의 소환과 심리는 모두 톈진 경찰과 톈진 심판청의 주도하에 이루어졌다. 게다가 후스에 대한 엄벌을 요구하는 조계 주민들의 청원서는 이탈리아 공부국이 아닌 톈진 심판청에 제출되었다. 이 같은 사실을 종합해 보면 강간 미수 사건의 조사와 재판은 온전히 중국 측 사법기관의 주도로 이루어졌음을 알 수 있다. 물론 이탈리아 영사가 톈진 심판청에서 열린 재판에 관심했을 가능성도 있지만 현재까지 검토한 자료에서는 그러한 사실은 확인되지 않는다. 이처럼 후스와 같이 외국인에게 고용된 중국인조차 톈진 심판청의 재판에 그대로 귀속되었다는 사실은 조계에 거주하는 일반 중국인의 재판권 역시 중국 측에 귀속되었음을 유추케 한다.

---

55 「六紀義捕被控案」(光34.5.12/1908.6.10), 『大公報』 時事-本埠.
56 「劣捕判罰」(光34.9.21/1908.10.15), 『大公報』 時事-本埠.
57 「押犯保釋」(1911.12.17), 『大公報』 時事-本埠.

조계의 중국인이 피고인 안건이 중국 측의 재판에 귀속된다는 점은 각국 조계의 운영 규칙에서도 확인할 수 있다. 영국 조계의 관리 규칙에 따르면 조계 내 범죄자의 처벌권은 범죄자의 국적에 따라 결정되었다. 영국인은 영사가, 영국인 이외의 외국인은 관할 영사가, 영사가 없는 외국인은 중국 관원이 재판을 주관하되 반드시 영사관 관원과 회심하도록 하였다.[58] 이는 러시아 조계에서도 마찬가지여서 러시아인, 조약국 외국인, 무조약국 외국인을 구분하고, 피고주의 원칙에 따라 재판권의 소재를 달리하였다.[59] 양자 모두 조계에서 압도적 다수를 이루는 중국인의 사법권에 대한 특별한 언급은 보이지 않는다. 이는 조계 중국인에 대한 관할권이 중국 측에 귀속된다는 점을 영사들도 이미 충분히 인식하여 별도의 언급이 불필요했기 때문일 것으로 생각된다.

두 번째로 톈진현 소속 중국인이 피고, 외국인이 원고인 경우다. 위에서 검토하였듯이 조계의 중국인들까지 중국 측 사법기관 관할에 귀속되었으므로 톈진의 모든 중국인은 거주 구역과 관계없이 법률적으로 동등한 지위였다. 따라서 조계와 화계 중국인의 재판권이 이원화되었던 상하이와 달리 톈진에서는 조계 거주 여부를 구분할 필요는 없다.

『다궁바오(大公報)』나 『슌텐시바오(順天時報)』 등의 신문 자료에서 확인되는 중외 교섭 안건의 대부분은 상업과 관련된 분쟁이었다. 이러한 분쟁은 특히 의화단(義和團) 이후에 급증했으며, 중국인 상인들의 계약 또는

---

58 天津檔案館, 南開大學分校檔案系 編, 1979, 「英國租界現行規則」(1887), 『天津租界檔案選編』, 天津人民出版社, 64쪽; 「英國租界現行規則」 1910.11.2.(宣 2.10.1), 『直隸警察雜誌』 4, 「譯件」, 1~4쪽.

59 「俄國新訂管理天津租界章程 三 査辦犯案章程」, 『外交報』(1903.4.2./光29.3.5), 6~7쪽; 「天津俄國租界現行法律」(宣2.11.16/1910.12.17), 『直隸警察雜誌』 7, 「譯件」, 1~6쪽.

채무 불이행에 대해 외국인 상인들이 관할 영사에게 고소하여 시작되는 사안이 상당수였다. 각국 영사에게 제출된 고소장은 진해관도를 통해 톈진 지현으로 전달되어 조사와 심리, 판결이 이루어졌다. 이러한 중국 측의 재판에 대해 원고 측 영사는 옌타이조약에 따라 부영사 또는 통역관을 파견하여 관심하도록 하였지만, 모든 재판에 참여한 것이 아니라 사안의 경중을 구분하여 중대한 사안, 특히 외국인의 생명과 재산에 대한 심각한 침해인 경우에 관심을 실시하였다.[60]

이러한 상황은 중국 최초의 서구식 법원인 톈진 심판청이 설립되어 새로운 소송, 재판 제도가 도입된 후에도 크게 변화가 없었다.[61] 톈진 심판청에서는 설립 당초부터 이전과 같이 중국인이 피고인 민·형사 교섭 안건 일체에 대해 재판권을 행사하였고, 중대한 사안인 경우에도 여전히 원고 측 영사관 인원이 파견되는 관심이 시행되었다.[62] 일례로 다음과 같은 사건이 있었다. 광서 33년 5월 7일(1907.6.17), 탕구(塘沽) 기차역 부근에서 장창(張倉)이라는 중국인이 일본인들을 강도·살해한 사건이 발생하였다.[63] 그는 전날 톈진에서 일본인 마쓰다 쿠니조(松田國三) 등을 보고 탕구까지 따라갔다가 마쓰다 일행이 철도 부근 노지에서 잠든 것을 확인한

60　甘厚慈 輯, 2013,「天津府胡守遠燦天津縣胡令商彜稟陳變通天津審判廳章程八條請核示文竝批」, 1103~1104쪽. 현재까지 검토한 교섭 안건 자료 가운데 화양 간 채무 소송에서 외국 영사가 중국 측 재판 기관에 와서 관심한 경우는 1건만 확인된다(「勒限償債」(光32.7.2/1906.8.22),『大公報』時事-本埠].

61　톈진 심판청의 설립 배경과 구체적인 경과에 대해서는 조병식, 2021a,「淸末 新政期 天津審判廳의 설립과 운영-사법'근대화'의 실험」,『東洋史學研究』155 참조.

62　「日商控債」(光.33.4.4/1907.5.15),『大公報』時事-本埠;「新政紀聞: 外交: 洋員赴審判廳聽審」(光33.4.23/1907.6.3),『北洋官報』, 1380, 9~10쪽.

63　「匪傷斃日兵」(光33.5.8/1907.6.18),『大公報』時事-本埠.

후 마쓰다를 돌로 쳐서 살해하고, 그 일행에게 중상을 입힌 후 그들이 소지했던 가방을 가지고 도주하였다. 그때 그의 행적을 수상히 여겼던 순경에 의해 체포되어 조사받던 중 권총 한 자루가 발견되었다. 장창은 관할 순경국(巡警局)으로 압송되었고, 결국 범죄 사실 일체를 자백하였다. 순경은 범죄 현장을 확인한 뒤 톈진으로 호송하였다.[64] 톈진 심판청에서는 장창을 넘겨받아 심리한 결과 모든 진술이 사실임을 확인하고 그 결과를 즈리 총독 위안스카이(袁世凱)에게 보고하였다.[65] 동시에 진해관도를 통해 일본 영사에게 해당 사실을 알리자 일본 영사가 톈진 심판청에 직접 와서 관심하였다.[66] 심판청의 재판 결과 장창에게 교수형이 선고되었고, 광서 33년 11월 10일(1907.12.14) 일본 영사가 파견한 관원이 지켜보는 가운데 형이 집행되었다.[67]

이 안건에서 피고 장창의 체포와 심리, 판결은 모두 중국 측 기관인 톈진 경찰과 톈진 심판청에서 담당하였다. 그리고 일본인이 피해자였으므로 위안스카이는 진해관도를 통해 재판 일정을 일본 측에 통보하였고, 이에 따라 일본 영사는 재판과 형 집행을 참관하였다. 일본 영사가 재판정에서 어느 정도의 관심권을 행사했는지는 자료의 부족으로 확인할 수 없지만, 피고의 자백과 권총 등의 증거가 확실하여 범죄 사실에 다툼의 여지가 없었으며, 중국 측에서 교수형을 선고, 집행한 데 대해 일본 영사가 특별히 이의를 제기할 이유가 없었다는 점에서 적극적으로 재판에 개입

---

64 「匪傷斃人續誌」(光33.5.9/1907.6.19), 『大公報』時事-本埠.
65 「匪審實候詳」(光33.5.13/1907.6.23), 『大公報』時事-本埠.
66 「會審傷斃日人匪犯」(光33.5.26/1907.7.6), 『大公報』時事-本埠.
67 「絞犯誌○」(光33.11.10/1907.12.14), 『大公報』時事-本埠; 「絞犯續聞」(光33.11.11/1907.12.15), 『大公報』時事-本埠.

했을 가능성은 높지 않다.

세 번째는 외국인이 피고인 경우다. 전술한 옌타이조약의 관심 조항 중 '②'에서는 피고인의 소속에 따라 재판권이 결정되며, 원고 측 관원들의 관심을 상호 인정한 바 있었다. 따라서 중국인 피고에 대한 재판에 해당 영사 또는 그 대리인이 관심하였다면 그 반대의 경우도 이론상 가능하였다. 그리고 톈진에서는 실제 외국인 피고에 대한 영사 법정 또는 본국 법원에서의 재판에 중국 관원들이 원고 측 관원으로서 관심하는 사례가 있었다.[68] 이러한 사실은 아래의 사건에서 확인된다.

광서 32년 8월 14일(1906.10.1) 22세의 루위안전포(瑞源錢鋪) 직원 장푸자이(張璞齋)가 모 회사의 태환(兌換) 요청에 응해 은표(銀票) 2,000원을 가지고 갔다가 잠적하는 사건이 발생하였다. 이 사건의 여파로 해당 전포는 도산하고, 사장 리루이린(李瑞麟)은 그 충격으로 사망하였다. 약 두 달이 지난 10월 26일(12.11) 일본 조계 내 황무지에서 시신 한 구가 발견되었다.[69] 일본 영사는 곧바로 톈진 지현 창스청(章師程)에게 이 사실을 통보하였고, 창스청이 사람을 보내 검시를 진행한 결과[70] 사망자는 잠적했던 장푸자이였다. 그리고 그의 목에는 교살 흔적이 발견되었다. 이에 창스청

---

68 이러한 사례는 1860년대 상하이에서도 있었다. 1869년 영국인 파수꾼이 중국인을 살해하는 사건이 발생하자 상하이의 영국 최고법원에서 진행된 재판에 상하이 지현이 참석하여 청심하였다고 한다(Par Kristoffer Cassel, 2012, pp.73-75).
69 「因財斃命」(光32.10.27/1906.12.12), 『大公報』 時事-本埠.
70 톈진에서는 조계에서 중국인 사망자가 발생할 경우 해당 조계의 공부국이나 영사가 진해관도를 통하거나 직접 톈진 지현 또는 톈진 심판청에 통보하면 관원을 파견해 검시를 진행하였다[「委員相驗」(光33.2.25/1907.4.7), 『大公報』 時事-本埠; 「命案請驗」(光34.2.29/1908.3.31), 『大公報』 時事-本埠; 「函請驗屍」(光34.8.12/1908.9.7), 『大公報』 時事-本埠].

은 루위안전포 측 인사 및 장푸자이의 가족 등을 소환해 조사하였다. 이들의 진술에 따르면 사건 발생 하루 전인 8월 13일(1906.9.30) 일본 이바라키양행(茨木洋行)이라는 회사에서 루위안전포에 전화를 걸어 은표 2,000원을 태환하려는 의사를 표명하였다. 이에 사장 리루이린이 이튿날 아침 장푸자이를 보냈는데 그가 돌연 종적을 감추었다. 그래서 따로 사람을 보내 알아보니 이바라키양행에서는 은표를 태환한 사실이 없었다. 이러한 진술을 바탕으로 장스청은 어떤 일본인이 재물을 노리고 허위 거래를 유도한 뒤 장푸자이를 교살한 것이라 예상하였다.

창스청은 추가 조사를 진행하여 다음과 같은 사실을 밝혀냈다. 8월 13일, 이바라키양행 소속 노동자 이시쓰키 우키치(石附宇吉)의 계획하에 회계원(主計官) 다지리 후쿠노스케(田尻福之助), 다나베 요노스케(田邊與之助)가 공모하여 루위안전포에 전화를 걸었고, 은표 2,000원을 가져온 장푸자이를 함께 폭행한 뒤 목을 졸라 살해하였다. 이시쓰키가 1,000원, 다지리와 다나베가 각각 500원씩 나눠 가진 뒤 이시쓰키는 일본으로 도주하고 나머지 두 명은 계속 이바라키양행에서 근무하였다.

이 소식을 들은 루위안전포 측에서 이바라키양행에 사실을 고지하자 이바라키양행에서 신고하였고, 헌병대에 체포된 다지리와 다나베가 범행 사실 일체를 자백하였다. 이에 창스청은 일본으로 도주한 이시쓰키를 체포하여 톈진으로 데려와 나머지 두 명과 함께 일본 영사가 엄벌에 처하도록 해 줄 것을 위안스카이에게 요청하였다.[71]

그렇지만 실제 재판은 창스청의 바람대로 진행되지 않았다. 그 이유는

---

71 天津市檔案館 等編, 1998, 「天津縣正堂章師程稟陳我同胞張璞齋財物被劫生命被殘害之經過」(光32.10.29/1906.12.14), 『天津商會檔案匯 編(1903~1911)』下, 天津人民出版社, 1820~1822쪽.

이 사건의 성격이 중국인에 대한 일본인의 "모재해명(謀財害命)" 사건, 즉 강도살인 사건으로 일본 영사재판 관할이 아니라 일본 나가사키(長崎) 지방재판소에서 처리해야 할 중대 범죄였기 때문이었다.[72] 따라서 톈진 주재 일본 총영사 가토 모토시로오(加藤本四郞)는 일단 강도 범죄에 대한 예심을 진행하고, 강도살인으로 의율(擬律)하여[73] 나가사키 재판소로 이첩하였다.

이 소식은 언론을 통해 실시간으로 톈진 전역에 알려지는데, 일본인에 의한 "모재해명"은 톈진인들의 공분을 사게 된다.[74] 그중에서 가장 민감하게 반응했던 것은 중국인 상인들이었다. 중국인 상인 73명은 연명으로 톈진상회(天津商會)에 청원서를 제출하여 범죄자 3명을 톈진으로 데려와 엄벌할 것을 요구하였다. 창스청은 상회의 청원서에 대해 1896년의 통상행선조약(通商行船條約)[75]과 옌타이조약을 들어 일본 측에서 일본 법률에 따라 재판을 진행하지만 중국 측에서 관원을 보내 관심할 것이라 답변하였다.[76]

---

72 「日界命案錄聞」(光32.12.18/1906.12.18), 『大公報』 時事-本埠.

73 「日犯擬加重辟」(光32.11.15/1906.12.30), 『大公報』 時事-本埠. 도쿄(東京)로 도주했던 이시쓰키도 체포되어 나가사키로 이송되었다「日犯將解回國」(光32.11.12/1906.12.27), 『大公報』 時事-本埠].

74 天津市檔案館 等編, 1998, 「廣西留日學生林達朝爲迫使日方交出兇手立當中斷日中商務函及王賢賓批語」(光32.11.2/1906.12.17), 1825~1827쪽.

75 王鐵崖編, 1957, 「通商行船條約」(光22.6.11/1896.7.21), 666쪽. 해당 조약 제22조에서 "일본 신민이 중국에서 법을 어겨 피소되면 일본 관원에게 귀속시켜 심리한다. 만일 심리하여 죄를 발견하면 일본 법률에 따라 처벌한다. 중국 신민이 중국에 있는 일본인에 의해 범죄를 고발당하면 중국 관원에게 귀속시켜 심리한다. 만일 심리하여 죄를 발견하면 중국 법률에 따라 처벌한다"라고 하여 피고주의 원칙에 의거하여 관할권을 구분하였다.

76 天津市檔案館 等編, 1998, 「津郡各行商董鄭桐勳等七十三人爲在我境處治殺人兇手事

즈리 총독 위안스카이는 진해관도 량둔옌(梁敦彦)에게 지시를 내려 관원을 보내 일본 총영사관에서 진행되는 예심에도 참석하도록 하였지만, 가토 총영사는 일본 국내법상 예심에는 관심이 허용되지 않으므로 계속 관심을 원한다면 나가사키 지방재판소의 재판에 관심할 것을 제안하였다.[77] 이에 위안스카이는 주일본 공사 양루(楊儒)에게 자문을 보내 관심관 파견을 요청하는 한편,[78] 자신은 후보도(候補道) 셰지아요우(謝嘉祐)를 나가사키로 보내 관심하도록 하였다.[79]

나가사키 지방재판소에서 진행된 재판의 구체적 경과는 자료 부족으로 확인할 수 없다. 따라서 중국 관원들이 관심이 어떻게 이루어졌는지 알 수 없다. 그러나 양루가 광서 33년 2월 28일(1907.4.10) 재판 결과, 즉 주범 이시쓰키는 사형, 다지리는 무기징역(無期徒刑), 다나베는 징역 12년이라는 소식을 전해온[80] 사실에 비추어 본다면 중국 측 관원의 관심이 실제로 이루어졌을 것으로 생각된다. 이시쓰키는 6월 3일 사형이 집행되었다.

이 사건의 재판은 일본 총영사관에서 진행된 예심과 나가사키 지방재판소에서 진행된 본심, 두 단계로 구분된다. 이는 1899년 발포된 법률 제70호「領事館ノ職務ニ關スル件制定清國並朝鮮國駐在領事裁判規則廢止」의 제8조 "영사관(領事官)은 중죄의 공판을 할 수 없다"와 제9조 "영사

聯名稟商會文」(光32.11.3 · 10/1906.12.18, 25), 1828~1830쪽.

77 天津市檔案館 等編, 1998, 「天津府縣爲日領事覆稱殺人兇手石附等必須在日本國審判事照會津商會」(光32.11.28/1907.1.12), 1831~1832쪽.

78 駱寶善 主編, 2013, 「批寶坻縣商民張有義等稟」(光32.12.3/1907.1.16), 『袁世凱全集』 15, 문서번호 15-763, 河南大學出版社, 549쪽.

79 「中外交涉彙誌」(光33.4.25/1907.6.5), 『東方雜志』 4-4 外交, 34쪽.

80 天津市檔案館 等編, 1998, 「天津縣正堂章程爲張璞齋被害案處理結果事致津商會函」(光33.2.30/1907.4.12), 1832쪽.

관이 예심을 하는 중죄의 공판은 나가사키 지방재판소가 관할한다"[81]는 규정에 따른 것이었다. 즈리 총독 위안스카이와 톈진 지현 창스청은 이러한 관할권을 인정하는 위에 일본 총영사 측에 관심을 위한 관원 파견 의사를 지속적으로 타진하였다. 이러한 요구에 대해 가토 총영사는 특별한 거부 의사를 밝히지 않고 일본 국내법에 따라 관심이 불가능한 예심이 아니라 나가사키 지방재판소의 본심에 관심할 것을 제안하였다. 그리고 위안스카이는 주일 공사 양루에게 관심원 파견을 요청하는 한편 직접 관원을 보내 관심하도록 함으로써 옌타이조약과 중미속증조약에서 부여된 원고 측의 관심권을 행사하였다.

이 사건뿐만이 아니었다. 광서 33년 1월 15일(1907.2.27), 톈진 기차역 부근에서 영국인 한 명과 중국인 한 명이 폭약과 탄환을 소지한 혐의로 톈진 경찰 탐방국(探訪局)에 체포되었다.[82] 이들 중 영국인은 진해관도 아문으로 호송되어 구금된 채 진해관도 및 영국 영사가 보낸 관원에 의한 심문이 이루어진 후[83] 영국 영사관으로 이첩되었다.[84] 조사 결과 해당 영국인의 성명은 콜린스(高林蘇)로 체포 당일 관(關)씨 성을 가진 중국인과 함께 베이징행 기차를 타던 중 그들의 행적을 의심스러워하던 순경에 의해 체포되어 수색 결과 폭약과 탄환이 발견된 것이었다.[85] 이로부터 약 한

---

81 「御署名原本・明治三十二年・法律第七十號・領事官ノ職務ニ關スル件制定淸國並朝鮮國駐在領事裁判規則廢止」(明32.3.18/1899.3.18), 國立公文書館 청구기호 御03700100(アジア歴史資料センター).

82 「炸藥被査」(光33.1.16/1907.2.28), 『大公報』時事-本埠.

83 「炸藥續聞」(光33.1.17/1907.3.1), 『大公報』時事-本埠.

84 「炸藥紀祥」(光33.1.19/1907.3.3), 『大公報』時事-本埠.

85 「炸藥案之詳情」(光33.1.22/1907.3.6), 『大公報』要聞.

달이 지난 후 콜린스에 대한 영국 측의 재판이 영사관에서 진행되었다. 이 재판의 주심관은 '영국얼사(英國臬司)'로 불리던 프레데릭 본(Frederick Samuel Augustus Bourne, 鮑恩)이었고, 영국인 배심원 5명이 있었다. 이 재판에서 주심관 왼편에 마련된 별도의 좌석에 진해관도에서 보낸 중국인 관원이 좌정하여 '청심'하였다.[86] 그리고 재판 결과 콜린스는 감금 1년 및 노역형에 처해졌다.[87] 이상의 사례에서 확인할 수 있듯이 톈진에서는 외국인의 중국인 살인, 무기 소지와 같이 중대 범죄에 대해서는 외국인의 소속 영사에게 재판권이 귀속되는 한편 즈리 총독과 진해관도를 중심으로 즈리성 당국에서 관원을 파견하여 재판에 참여시키는 관심이 시행되었다. 물론 중국 관원의 관심이 옌타이조약에서 부여한 각종 권리의 행사를 수반했는지 의문이지만 상기 안건 처리 과정에서 중국 측은 분명히 관심을 하나의 권리로 간주하고 행사하였다. 또한 외국인들도 중국 측의 관심 요구에 특별히 저항하지 않았다.

이처럼 조계의 숫자나 규모, 경제적 위상에서 상하이의 뒤를 잇는 톈진에서는 교섭 안건이 발생했을 때 중국인이 피고인 안건은 톈진현과 톈진 심판청에서, 외국인이 피고인 경우는 영사 법정 또는 자국 법원에서 재판을 시행하였고, 원고 측에서는 관원을 보내 상호 관심하였을 뿐 별도의 '상하이식 회심' 기관은 설치되지 않았다.[88]

그렇다고 해서 외국 영사들의 '상하이식 회심' 시행 요구가 없었던 것도 아니었다. 20세기 초부터 톈진 영사단에서는 즈리성 당국에 상하이 회

---

86 「車站炸藥案」(光33.3.1/1907.4.13), 『順天時報』 天津通信.
87 「判定高林斯炸藥案」(光33.3.7/1907.4.19), 『順天時報』 時事要聞.
88 天津地域史研究會, 1999, 154~155쪽.

심공해를 모델로 하는 혼합재판소 설치를 끈질기게 요구하였다. 게다가 이 시기 톈진에서는 후술하는 것처럼 회심공해가 등장했던 1850~1860년대의 상하이와 상당히 유사한 상황이 나타났다. 그래서 톈진에 회심공해가 건설되지 않았던 이유가 더욱 궁금해진다.

정확한 해답을 찾을 수 없지만 그와 같은 상황을 조성하는 데 영향을 주었을 것으로 생각되는 몇 가지 요인이 있다. 우선 상하이 회심공해, 즉 '상하이식 회심'에 대한 청 정부의 인식과 관계가 있다. 1890년대 이후 청 정부에서는 상하이 회심공해를 중국의 사법 주권을 행사하는 기관이 아닌 외국인들에 의해 좌우되어 주권을 심각하게 침해하는 기관으로 간주하고, 각 조계에서 혼합재판소의 확대를 최대한 억제하고자 했다.[89] 그러므로 경사(京師)의 문호(門戶)로서의 위상을 가진 톈진에서 혼합재판소 설치를 용인할 가능성은 거의 없었다.

아울러 인구 구성도 고려할 만하다. 〈표 3〉에서 확인하듯이 20세기 초 톈진 조계에는 약 5만 명 정도의 인구가 거주하고 있었다. 이중 외국인은 12~13%를 차지하고 있었고, 중국인은 약 4만 명 내외였다. 상하이와 비교해 보면 전체 인구수나 외국인과 중국인의 숫자가 상당히 적다. 따라서 상대적으로 적은 조계 인구로 인해 톈진의 혼합재판소 설치에 대한 현실적 수요가 높지 않았을 것처럼 생각하기 쉽다. 하지만 톈진보다 더 적은 인구를 가진 한커우 조계에 혼합재판소가 설립되었던 점을 고려한다면 인구 규모는 혼합재판소 설치의 결정적인 조건은 아니었다. 또한 혼합재판소가 외국인들의 이해관계를 교섭 재판에 투영하는 수단이라는 점을 감안하면 인구 규모와 관계없이 경제상 이익이 예상되는 지역에 혼합재판소 설치를

---

89 費成康, 1991, 『中國租界史』, 上海社會科學院出版社, 140~141쪽.

요구하지 않을 이유는 없었다.

〈표 3〉 1895~1911년 상하이·톈진 조계 인구

연도	상하이*				합계	톈진				합계
	외국인		중국인			외국인		중국인		
	인구수	비율	인구수	비율		인구수	비율	인구수	비율	
1895*	5,114	1.7	292,753	98.2	297,867					
1905*	12,328	2.2	542,848	97.7	555,176					
1906※						5,902	13.1	39,108	86.8	45,010
1910*	15,012	2.4	602,475	97.5	617,487					
1911※※						6,304	12.5	43,742	97.4	50,046

출처: * 鄒依仁, 1980『舊上海人口變遷的硏究』, 上海人民出版社. ※ 中國駐屯軍司令部 編, 1909,『天津誌』, 博文館. ※※ 天津檔案館, 南開大學分校檔案系 編, 1979,『天津租界檔案選編』, 天津人民出版社.

마지막으로 1902년부터 시작된 톈진 영사단의 끈질긴 혼합재판소 설립 요구에 대한 즈리성 당국의 적극적 저항이 있었다. 이에 대해서는 이하에서 살펴보도록 하자.

4. 혼합재판소 설립을 둘러싼 중·외의 갈등

전술했듯이 톈진에는 별도의 혼합재판소가 설치되지 않았고, 피고가 중국인일 경우 조계 거주와 관계없이 톈진 지현이 처리하되 관심이 가능하였다. 그리고 외국인일 경우 진해관도 내지는 즈리 총독이 파견한 관원들이 영사 법정이나 본국 재판소에서 관심하였다.

그런데 광서 28년(1902) 톈진 영사들은 기존 체제의 변경을 시도하였다. 그 핵심은 혼합재판소 설립이었다. 환언하면 중외의 상호적 관심에서 상설 기구 설치를 통한 '상하이식 회심'으로 전환을 기도한 것이다.

이 시점에서 영사단이 혼합재판소 설립을 추진한 데에는 결정적인 사건이 영향을 주었다.[90] 근본적으로 중국 사법 체제에 대한 불신이 여전한 상황에서 1900년 7월 14일 의화단 진압을 위해 파견된 팔국연군에 의해 톈진성(天津城)이 함락되고, 이튿날 임시 통치기구인 톈진도통아문(天津都統衙門)이 설립되었다. 톈진도통아문은 조계를 제외한 톈진 전체를 직접 통치하고, 별도의 사법기관을 두어 중국인들에 대해 속지적 재판권을 행사하였으며, 조계의 중국인들은 해당 국가의 영사재판에 귀속되었다.[91] 즉 톈진성의 함락과 함께 톈진 전역의 중국인들이 일거에 외국인들의 사법권에 복속되는 상황이 나타났다.

1902년 8월, 톈진 반환과 함께 기존 톈진의 사법 체제가 복구되었다. 이는 곧 화계의 중국인뿐 아니라 조계의 중국인들까지 톈진 지현의 재판권에 귀속될 것임을 의미하였다. 그리고 위안스카이는 톈진의 통치 체제 재구축에 나섰으며, 그 일환으로 기존 사법 체제의 재편을 추진하게 된다.

그런데 이러한 과정은 흡사 회심공해가 탄생하게 되는 1850~1860년대 상하이와 상당히 유사하다. 비록 상하이에서는 조계라는 공간에 한정된 반면, 톈진은 조계와 화계를 아우른다는 점에서 다르지만 중국인들에

---

90 1896년 11월 13일 North China Daily News의 기사에서는 당시 톈진에서 상하이 회심공해를 모델로 하는 혼합재판소가 건설 중이라는 소식을 전하고 있지만["Latest Intelligence"(1896.11.13), North China Daily News] 이를 뒷받침할 만한 다른 증거들이 부재하기 때문에 있는 그대로 믿기는 어렵다.

91 톈진도통아문의 사법제도와 재판의 실상에 대해서는 조병식, 2021b, 「天津都統衙門(1900~1902)의 사법권과 재판」, 『中國學報』 95 참조.

대한 외국인들의 속지적 재판권 행사, 중국 측의 통치권 회복과 재판권 회수라는 전개 과정은 크게 다르지 않다. 상하이에서는 재판권 회수 과정에서 조계에서 속지적 재판권을 유지하려는 외국인과 일괄 회수하려는 중국과의 타협책으로 '상하이식 회심'이 탄생하였다. 그렇다면 넓게는 톈진 전체에 대한 사법권을, 좁게는 톈진 조계에 대한 속지적 사법권을 상실하게 된 외국인들이 상하이와 같은 타협책을 모색했을 것이라 짐작할 수 있다.

이에 톈진 영사단에서는 톈진 회수 직후인 1902년부터 혼합재판소 설립을 추진하였다. 이 작업을 주도했던 국가는 영국으로, 영국 조계 공부국에서는 특별위원회를 조직하여 혼합재판소 설치와 운영에 관한 구체적인 방안을 마련하였다.

1. 재판 집행 방법은 상하이 혼합재판소에서 집행하는 방법에 즉해야 한다.
2. 재판소는 각국 조계로부터 멀지 않은 곳에 있어야 한다.
3. 재판관은 지부(知府)의 품급이어야 하고, 봉급은 윤택해야 한다.
4. 다음의 사건을 재판한다.
    甲: 외국인의 중국인(支那人)에 관한 사건
    乙: 중국인(支那人)의 중국인(支那人)에 관한 사건
5. 외국인에 관계한 사건 및 조계 경찰과 관련된 사건의 재판에는 반드시 외국인 배심관을 입회시킨다.
(6, 7 생략)
8. 민사에 관해서는 양측 모두 영사 또는 도대에게 고소할 수 있다. 단 소송 금액 1,000냥 이상인 경우, 또는 형사 안건으로 금고 2년 이상의 선고를 요하는 경우 동일한 방식으로 고소할 수 있다.

9. 재판소는 톈진 영사 관할 구역 내에 일어나는 중국인(淸國人)과 외국인 간의 민·형사, 거류지(居留地) 및 조계 내에 일어난 중국인(淸國人)의 형사 소송을 재판하는 권리를 가진다.
10. 무조약국 신민에 관한 재판은 혼합재판소에서 다룬다.[92]

상기 계획에 따르면 톈진 혼합재판소는 상하이 회심공해를 그대로 모방한 기구였다. 톈진 조계에서 발생한 중국인이 피고인 안건, 무조약국인 안건에 대한 관할권을 보유하며[93](제4·9·10조), 외국인과 관계된 안건에는 외국인 배심관을 입회시키고(제5조), 민·형사 안건의 판결에 불복할 경우 각각 영사와 진해관도에 상소(上訴)를 허용하는(제8조) 등의 내용은 '상하이식 회심'의 주요한 특징이다.

그렇지만 상하이 회심공해와는 다른 내용도 있다. 제2조에서 혼합재판소는 조계가 아닌 조계 부근 지역에 설치한다는 조항은 상하이와 다른 톈진의 현실을 반영하고 있다. 상하이 회심공해는 영사들이 행사하던 조계 내 중국인들의 관할권을 장쑤성(江蘇省) 당국이 회수하는 과정에서 타협안으로 탄생한 것이라면 톈진 반환과 함께 조계의 중국인에 대한 사법권이 이미 중국 측에 이전된 상황에서 영사들이 조계 운영의 편의를 위해 즈리성 당국에 혼합재판소 설립을 요청하는 상황이었다. 따라서 혼합재판소 설치의 최종 결정권이 중국 측에 귀속된 상황이었으므로 영사단은

---

92 「情報付錄第3號の進達通知(2)」(明36.3.2/1903.3.2)[陸軍騎兵中尉池上八十二, 參謀本部-雜-M36-8-111(アジア歷史資料センター)]
93 이 계획안에서 혼합재판소의 지역적 관할 범위를 명시하지 않았지만, 응당 톈진 지현에게 귀속되어야 할 중국인과 중국인 간의 사안을 혼합재판소에서 관할한다는 점에서 그 범위가 조계라는 사실을 유추해 낼 수 있다.

조계가 아닌 화계를 선택한 것으로 생각된다.

또한 제3조에서 재판관이 지부에 상당하는 관원이어야 한다는 조항도 상하이 회심공해와 다르다. 상하이 회심공해의 중국 측 재판관인 회심공해 동지(海防同知)는 상하이 도대의 부관(副官)으로서 규정상 정5품(正五品)의 관원이었으나 실제 재판에서는 주현자리(州縣自理) 정도에 해당하는 재판권만을 보유하였고 군류도(軍流徒) 이상의 안건은 상하이 지현을 통해 안찰사(按察使)까지 보고하여 처리했다. 이는 중죄 안건에 대한 외국인의 영향력 확대를 방지하기 위한 조치였으나, 상하이 영사단에서는 오히려 이것이 회심공해의 완결성을 저해하는 것으로 보고, 청 정부에 회심동지의 품급을 올리고 일체의 과형권(科刑權)을 요구했었으나 무산된 바 있었다.[94] 이러한 경험을 바탕으로 톈진 영사단은 혼합재판소 재판관의 품급을 처음부터 지부로 올려 혼합재판소의 독립성을 강화하려고 했다.[95] 이 계획서가 실제 진해관도를 통해 즈리 총독에게 전달되었는지를 보여주는 자료를 확인할 수 없지만, 광서 30년(1904) 중반을 전후하여 영사단에서 혼합재판소에 대한 논의가 다시 제기되었던 것을 보면 결과적으로 당시의 계획은 무산된 것으로 판단된다.

그러나 설령 영사단의 혼합재판소 설립 계획안이 위안스카이에게 전달되었다고 하더라도 그가 과연 이 요구를 수용했을지는 의문이다. 위안

---

94 Par Kristoffer Cassel, 2012, pp.72-73, 77-78.
95 물론 청조의 재판 제도를 고려했을 때 회심공해 동지의 품급을 지부와 동급으로 하는 것이 재판상 실질적 효과를 거둘 가능성은 낮다. 기존의 필요적복심제(必要的覆審制)에서 판결권을 행사하는 주체는 지현(태장), 독무(인명 무관 도형), 형부(인명 유관 도형 및 유형), 황제(사형)로서, 지부는 지현과 상사들을 매개하는 역할을 담당했을 뿐 판결권이 주어지지 않았기 때문이었다(滋賀秀三, 2009, 『續淸代中國の法と裁判』, 創文社, 11~16쪽).

스카이는 이전부터 상하이 회심공해가 원래 상하이 도대의 업무를 줄이기 위해 세워진 기구로서 영사들이 그 재판에 간여하는 상황은 정례에 부합하지 않으므로 "마땅히 영사들이 공거(公擧)하는 한 명의 외국인 관원이 아문에 가서 청심하는 제도로 바꾸어 (그들이) 재판권을 조종하지 못하도록 해야 한다"[96]라고 주장한 바 있었다. 즉 '상하이식 회심'이 중국의 재판권을 손상하는 제도로 명확하게 인식하고, 외국인의 참여를 인정하되 그 방식은 관심이어야 한다고 여기고 있었다.

그리고 위안스카이는 교섭 안건을 처리하는 기준으로 조약을 강조하였다. 그가 산둥 순무(山東巡撫) 재직 당시 교안(敎案) 처리를 보고한 주접에서 교안을 근본적으로 해결하기 위한 방법 중 하나로 지방관들에게 조약을 배부하여 엄격히 준수하도록 하는 한편, 선교사들에게도 조약의 준수를 요구해야 한다고 제안한 바 있었다.[97] 또한 즈리 총독 재임 중에는 수월한 교섭 안건 처리를 위해 과거 사례에서 생산된 각종 문서 및 관련 조약문 등을 모아 『약장성안회람(約章成案匯覽)』을 간행토록 하였으며,[98] 선교사나 외국인 상인들의 조약 위배 행위가 발생하면 관할 영사에게 "검토 결과 조약과 부합하지 않는다(核與約章未符)"라고 항의하고, 조약의 준수를 요구하기도 하였다.[99] 그러므로 위안스카이가 조약상 아무런 근거가

---

[96] 駱寶善 主編, 2013, 「致外務部兩江總督劉坤一湖廣總督張之洞會辦商務大臣盛宣懷電」(光27.12.16/1902.1.25), 문서번호 10-101, 74쪽.

[97] 駱寶善 主編, 2013, 「覆陳辦理民敎情形摺」(光25.12.13/1900.1.13), 문서번호 5-165, 59~61쪽.

[98] 駱寶善 主編, 2013, 「約章成案匯覽序」(光31.6/1905.7), 문서번호 13-1130, 613쪽.

[99] 駱寶善 主編, 2013, 「咨盛京將軍增祺文」(光30.5.15/1904.6.28), 문서번호 12-532, 244쪽.

없을 뿐 아니라[100] 중국 측에 결코 유리할 것이 없는 '상하이식 회심'을 수용했을 가능성은 거의 없다.

하지만 영사단에서는 포기하지 않고 1904년 재차 혼합재판소 설치를 요구하였다. 당시의 요구는 이전에 비해 현실적인 문제에 초점을 두었다. 영사단의 논리는 "진해관도, 톈진 지현 등의 교섭 안건 처리가 지체되어 상인들의 활동에 막대한 지장을 초래하므로 각국의 상업적 이익 확대를 위해서는 중국의 모든 개항장(商埠)에 혼합재판소가 설립되어야 하며, 특히 톈진과 같은 요충지에는 반드시 설치되어야 한다"라는 것이다. 그리고 계획을 구체화하고자 미국·독일·네덜란드 영사로 구성된 특별위원회를 만들어 혼합재판소 건립과 운영에 필요한 세부 내용들을 마련하였다.[101]

그 결과로 작성된 「톈진회심재판소설립안(天津會審裁判設立案)」에는 혼합재판소의 관할, 조직이 상세하게 규정되어 있었다. 먼저 혼합재판소에서는 ① 외국 조계에 거주하는 중국인, ② 톈진 지현의 관할 구역 또는 기타 그의 관할권 내에 거주하는 중국인이 피고인 안건 가운데 외국인의 이해에 관계되는 경우, ③ 영사의 보호를 받지 못하는 외국인에 대한 민·형사 안건에 대한 관할권을 보유하도록 하였다. 재판소는 동등한 권한을 보유한 중국인 주심과 외국인 배심으로 구성하며, 관할 안건을 위경죄(違警罪), 경미한 범죄 및 250원 이하의 민사 안건, 그 이상의 안건으로 구분하고 앞의 두 가지는 톈진 지현 대리인 및 상임 배심관이, 뒤의 한 가지는 톈진 지현 및 이해 관계국 영사가 함께 재판하도록 하였다.[102]

100　Thomas B. Stephens, 1992, p.44.
101　"A Mixed Court for Tientsin"(1904.6.17), *North China Herald 1923*.
102　今井嘉幸, 1916, 447~449쪽.

그런데 이때의 계획안을 1902년의 그것과 비교해 보면 양자 간의 차이가 발견된다. 1902년의 혼합재판소는 상하이 회심공해처럼 조계 내 중국인 관련 안건 처리를 위한 기구로서 그 관할 범위가 조계로 한정된 데 반해, 1904년의 혼합재판소는 비단 조계뿐 아니라 톈진 지현의 재판 관할, 즉 톈진현 전역이 그 대상으로 포함된 것이었다. 환언하면 조계 거주 여부와 관계없이 톈진에서 발생한 중국인이 피고인 중외 교섭 안건 일체를 혼합재판소로 귀속시킨다는 구상이었다. 이는 사실상 '상하이식 회심'을 톈진 전체에 확대·적용한다는 의미로 해석된다.

영사단의 상기 계획안을 전달받은 즈리성 당국은 숙고할 시간이 필요하다고 회답하였을 뿐이었다.[103] 즈리성 당국의 입장에서 본다면 조계 내의 중국인을 대상으로 하는 혼합재판소조차 허용하지 않는 상황에서 관할 범위를 톈진 전역까지 확대한 혼합재판소는 도저히 수용할 수 없는 요구였다. 당시 중국 측 관원들의 입장이나 논의 과정을 보여 주는 상세한 자료는 없지만, 위안스카이가 여전히 즈리 총독으로 재임하고, 톈진의 사법 개혁을 본격적으로 추진하고 있었다는 점에서 1902년의 입장과 크게 다르지 않았을 것으로 생각된다.

한편으로 즈리성 당국은 혼합재판소 설치 요구를 거부하는 데 그치지 않고 보다 적극적인 조치를 취하기도 하였다. 1906년 진해관도 양둔옌은 위안스카이에게 진해관도아문에 발심공당(發審公堂)이라는 특별 기구를 설치하여 교섭 안건을 전담 처리할 것을 제안하였다. 중국인이 피고인 교섭 안건을 톈진 지현이 처리하던 기존 제도가 업무 과중으로 인해 원활하게 작동하지 않는다는 이유였다. 발심공당을 통해 영사단의 혼합재판소

---

103 今井嘉幸, 1916, 449쪽.

요구의 명분을 근본적으로 제거하려는 계획이었다. 교섭 안건을 전담한다는 면에서 발심공당은 톈진 영사단에서 요구하는 혼합재판소와 유사한 기구로 보일 수도 있지만, 진해관도의 주관하에 진행되는 교섭 재판에 외국 관원들의 관심만을 허용한다는 점에서 양자는 달랐다.[104] 즉 발심공당은 '상하이식 회심'이 아닌 교섭 안건의 신속한 처리를 위해 즈리성 당국의 주도하에 설립될 기관으로 외국인들의 재판 참여는 여전히 제한적이었다. 그렇지만 1907년 초 톈진 심판청이 설립되면서 발심공당 설립은 중단되고, 교섭 안건은 모두 톈진 심판청 관할에 귀속되었다.

그 후 중외의 갈등은 잠시 소강상태에 머물다가 1909년 후반에 다시 등장하였다. 당시 영사들은 일본 총영사관에 모여 즈리성 당국에 '상하이식 회심'의 시행을 재청하기로 결의하였다.[105] 그러던 중 1909년 12월 톈진 심판청에서 진행된 교섭 재판에서 영국 측 관심관이 재판정에서 적절한 좌석이 제공되지 않았다는 이유로 관심을 거부하는 사건이 발생하였다. 이에 영국 영사는 관련 조약과 상하이, 한커우 등의 사례를 인용한 서신을 통해 즈리 총독 첸쿠이룽(陳夔龍)에게 항의하였다. 이에 대해 첸은 '중영톈진조약' 제16조에서 말하는 "회동"이란 중외 양측이 함께 재판을 진행하는 것(會審)이 아니라 재판을 단순히 지켜보는 것이므로 관심관에 대한 부당한 대우가 아니라고 답변하였다. 영사단에서는 재차 중미속증조약에 의해 관심관에게는 심문권이 부여되었다고 반박하며 상하이의 사례에 따를 것을 재차 요구하였다. 이에 대해 중국 측에서는 '상하이식 회

104　甘厚慈 輯, 2013,「天津商務總會請免立發審公堂稟竝批」(光33.4.26/1907.6.6), 162~163쪽.
105　「擬擧洋員會審」(宣1.10.7/1909.11.19),『順天時報』天津通信.

심'이 그 지역의 특수한 상황에서 비롯된 것으로 톈진에서는 시행할 수 없다고 반박하면서 동시에 조약상 관심에 대한 색다른 해석을 시도하였다. 그 해석이란 중미속증조약에서 부여된 증인소환권, 변론권 등은 관심관에게 주어진 권리이지만 반드시 법정에서 행사해야 하는 것은 아니며, 그 권한을 행사하는 경우 반드시 중국 재판관을 통해 행사해야 한다는 것이었다. 또한 관심관의 좌석에 대해서도 조약상 명문 규정이 없고, 여타 나라의 사례를 비추어 보더라도 재판관과 관심관의 좌석이 병렬로 배치될 수 없다고 주장하였다.[106]

이상의 논쟁에서 영국 영사는 조약으로 보장된 관심권이 톈진 심판청에서 제대로 보장되지 않음을 지적하여 중국 측의 관심 고수 입장을 반박하면서 '상하이식 회심'의 필요성을 끈질기게 요구하였다. 반면 첸쿠이룽은 전례와 다른 조약 해석을 시도하여 외국인의 관심권을 그대로 인정하되 이를 중국 관원을 통해 실행하고, 재판정에서 재판관과 관심관의 위치를 구분함으로써 재판 현장에서 외국인의 영향력을 축소하고자 하였다. 이처럼 1909년의 논쟁에서는 1902년과 1904년의 교섭에도 불구하고 양측의 입장이 타협에 이르기는커녕 차이가 더욱 확대되는 양상이 나타났다.

톈진 영사단과 즈리성 당국 간 의견 차이가 심화하면서 영사단에서는 직접 협상과 더불어 베이징의 공사들을 통해 외무부(外務部)에 압력을 가해 톈진의 혼합재판소 설립을 관철하는 방안을 추진하였다. 이 소식을 들은 첸쿠이룽 역시 외무부에 전보를 발송하여 공사단의 요구에 거부할 것을 요청하였으며,[107] 외무부에서도 이에 호응하여 외국인들의 지속적인

---

106 今井嘉幸, 1916, 452~454쪽에서 재인용.
107 「外人要求天津會審公堂」(宣2.5.18/1910.6.24), 『大公報』要聞.

혼합재판소 설립 요구를 근절하기 위해서 구실을 청산할 필요가 있다고 보고 법부와 첸에게 톈진 심판청의 개량을 착실히 진행하도록 요구하였다.[108]

톈진 영사단은 혼합재판소 설립과 관련하여 첸쿠이룽을 지속적으로 압박한 것으로 보인다.[109] 이러한 상황에서 그는 외무부, 법부 등과의 협의를 통해 해결 방안을 모색하고자 하였다.[110] 이에 대해 법부와 외무부 모두 조약상 관심으로 대응할 것을 주문하였다. 특히 외무부는 관심을 시행하더라도 관심관이 재판에서 직접 심문하거나 재판관과 나란히 앉는 상황을 결코 용인해서는 안 된다는 강경한 입장을 표명하였다.[111] 법부 역시도 현재는 관심으로 대응하지만 장래 전국적인 심판청 체제가 구축되어 사법제도가 일신되면 중·외의 구분 없이 일괄적으로 심판청의 재판권에 복속시키고, 회심은 물론 관심조차도 폐지할 것이라고 천명하였다.[112]

청 정부로부터 이 같은 답변을 받은 첸쿠이룽은 혼합재판소와 관심에 대한 기존의 입장을 그대로 유지하는 한편, 전국 독무(督撫)들에게 전보를 발송하여 톈진에서 발생했던 혼합재판소를 둘러싼 중·외 간 갈등의 경과를 설명하고, 관심에 대한 자신의 입장을 표명하며 그들의 호응을 유도하였다.[113]

---

108 「部議整頓天津審判廳」(宣2.6.10/1910.7.16),『大公報』要聞.
109 「拒駁會審公堂之議」(宣2.5.16/1910.6.22),『順天時報』天津通信.
110 "Court Reform"(1910.7.29), *North China Herald 2242*;「中國時事彙錄」(宣2.6.25/1910.7.31),『東方雜誌』7-6 記載第三, 129~130쪽.
111 「注重觀審辦法」(宣2.12.7/1911.1.7),『順天時報』天津通信.
112 「法部通咨各省維係審判廳法權文」,『大淸新法令』9, 87~89쪽.
113 「注重觀審辦法」(宣2.12.7/1911.1.7),『順天時報』天津通信.

청 정부의 이 같은 입장은 외교적 교섭을 통해 혼합재판소 설립을 관철하려는 톈진 영사단의 시도가 실패한 것임을 의미하였다. 이에 톈진 영사단에서는 별도의 혼합재판소를 설치하는 대신 교섭 안건에 대한 톈진 심판청의 관할권을 인정하되 외국인 배심관을 임명하여 회심을 시행하는 방안으로의 전환을 시도했던 것으로 보인다.[114] 물론 이 방안 역시 즈리성 당국에서 수용할 가능성은 없었다. 결국 톈진의 혼합재판소 설립을 둘러싼 중외의 팽팽한 대립은 전혀 해소되지 않은 상태로 머무르게 되었다.

하지만 이러한 대립은 신해혁명으로 청조가 붕괴되면서 다소간 변화가 발생한다. 1912년 10월 4일, 즈리성 교섭사(直隷省交涉使)가 외교부(外交部)에 '톈진중외중재회·공소(天津中外仲裁會·公所)'라는 기구 설치를 보고하고 이 기구의 설립 및 운영 규칙을 송부하였다.

1. 지금 톈진에 중외중재회·공소 1곳을 세워 중국인과 외국인 간의 상업, 민사 분쟁을 해결한다. 이 두 사안과 관계된 분쟁은 해당 기관과 처리할 수 있다.
2. 해당 기관은 결코 현재 모든 사법기관의 지위를 대체하는 것이 아니다. 원고와 피고는 모두 사법기관의 심리를 청구할 수 있다.
3. 해당 기관에서 판결한 후 관할 관원은 마땅히 즉시 집행해야 한다. 만일 원고가 외국인이라면 응당 관할 영사가 (피고의) 관할 관원에게 알려 판결을 준수하도록 한다. 원고가 중국인이라면 응당 교섭사(交涉司)에서 지방관에게 알려 준수하도록 한다. 피차는 책임을 미뤄서는 안 된다.

---

114 "Chinese News"(1910.12.4), *North China Herald 2208*.

5. 해당 기관에는 재판원 2명, 협리(協理) 2명을 설치하며 중국인 재판원, 협리와 외국인 재판원, 협리를 각각 1명씩 둔다.
6. 중국인 재판원은 교섭사 또는 교섭사의 위원이 담당하고, 외국인 재판원은 원고 또는 피고 측 외국인의 영사 또는 영사의 위원이 담당한다.[115]

상기 장정에 따르면 해당 회·공소의 목적은 중국인과 외국인 간의 상업, 민사 분쟁을 처리하기 위한 것이었다. 또한 사법기관이 아닌 중재기관이라는 점을 분명히 밝혔지만, 중재를 위해 중국인과 외국인 각 '재판원', '협리원' 1명씩을 설치하고, 그 '판결' 결과는 외국인의 경우 영사를 통해, 중국인의 경우 지방관을 통해 관철하도록 한 점에서 민사 교섭 안건의 회심 기관과 다름이 없다.

따라서 해당 초안을 검토한 사법부(司法部)에서는 이를 "회심의 변종"으로서 사실상의 혼합재판소로 보고 절대 반대 입장을 외교부에 통보하였다.[116] 외교부 역시 이에 동조하여 즈리 교섭사에게 장정의 변경을 요구하였고, 그 결과 그는 해당 공소의 명칭을 '톈진화양상무조처회(天津華洋商務調處會)'로 변경하여 일반 민사 분쟁을 제외한 상업 교섭 분쟁에 대한 중재로 범위를 한정하고, 그 재판원 역시 서기(書記)로 개칭하여 재판 기관 색채를 상당 부분 희석한 뒤 외교부에 보고하였다.[117] 이러한 경과를 거

---

115 「面交天津中外仲裁會公所草章」(1912.10.4), 臺灣中央研究院近代史研究所 所藏檔案, 03-34-001-01-002.

116 「修改會議天津中外仲裁會兩項辦法」(1912.10.8), 臺灣中央研究院近代史研究所 所藏檔案, 03-34-001-01-004.

117 「天津華洋商務調處會草案」(1912.11.1), 臺灣中央研究院近代史研究所 所藏檔案, 03-

쳐 사법부의 동의하에 '톈진화양상무조처회'가 설립될 수 있었다.

그렇지만 톈진 영사들은 조처회가 설립된 후 그 관할 안건을 외국인 상인이 중국인 상인을 고소한 안건, 즉 중국인 상인이 피고인 경우로 한정하여 실질적인 혼합재판소로 운영할 것을 요구하였다.[118] 이에 사법부에서는 재차 외교부를 통해 해당 요구에 대한 거부 의사를 즈리 교섭사에게 전달하는 한편, 부득이한 경우 해당 조처회의 관할 범위를 톈진 조계로 한정하고, 그 중재 결과에 불복할 경우 톈진 심판청에 소송을 제기하도록 하여 그 기능을 중재로 한정할 것을 요구하였다.[119]

그 이후의 사정을 전하는 자료는 찾을 수 없어서 조처회의 향방은 확인하기 어렵지만 톈진 영사단의 혼합재판소 설립 요구가 중화민국 시기에 접어들었음에도 여전했다는 사실을 알 수 있다. 자료에는 즈리 교섭사 단계의 입장만이 확인될 뿐 톈진 영사단과의 협상 과정은 전혀 나타나지 않는다. 비록 그 영역이 상업 분쟁에 한정되었을지라도 영사단이 요구했던 바는 다름 아닌 혼합재판소의 설치였다. 신해혁명 전까지 즈리 총독을 필두로 영사단의 혼합재판소 설치 요구를 끝까지 거부하였으나 청조의 멸망으로 기존의 권력 균형에 변동이 발생하면서 영사단이 즈리 교섭사를 통해 혼합재판소 설치를 시도하고 일부 실현하는 단계까지 이르렀던 것으로 보인다.

34-001-01-005.

118 「天津華洋商務調處會事辦理情形陳請察奪」(1912.11.22), 臺灣中央研究院近代史研究所 所藏檔案 03-34-001-01-007.

119 「修改天津華洋商務調處會草案送請核辦見復」(1912.12.13), 臺灣中央研究院近代史研究所 所藏檔案, 03-34-001-01-008.

5. 맺음말

 본론에서 서술한 내용에 따르면 일견 회심과 관심은 대립적인 제도로 보인다. 톈진 조계의 영사단은 회심 시행을 위한 혼합재판소 설치를 즈리성 당국에 끊임없이 요구하였고, 즈리성 당국은 그에 대해 관심의 고수로 대응하였기 때문이다. 그렇지만 톈진조약·옌타이조약을 세심히 읽어보면 관심과 회심은 결코 대립적인 제도가 아니었다. 회심이 교섭 재판의 공정성을 담보하기 위한 하나의 원칙이라고 한다면 관심은 회심을 시행하는 방법론으로 양자는 오히려 상보관계에 가깝다. 게다가 외국인에게 일방적으로 부여되는 특권이 아니라 중외 양측 모두에게 허용된 권한이라는 공통점도 있었다.
 하지만 회심의 상호성은 상하이 회심공해라는 '상하이식 회심'의 등장으로 중국 재판에 대한 외국인의 일방적 간여라는 형태로 변질되었다. 상하이 회심공해는 1850~1860년대 상하이의 특수한 역사적 상황 속에서 탄생한 존재로 현실에서의 소송과 재판을 통해 초창기 '회동심판'의 취지가 점차 상실되고, 외국인들의 입장을 관철하는 통로가 되었다. 때문에 외국인들은 상하이와 같은 특수한 조건을 구비하지 않은 여타 개항장의 조계에서도 '상하이식 회심' 제도를 구축하고자 했던 것이다.
 외국인들의 혼합재판소 설치 시도는 20세기 초 톈진에서 강렬하게 전개되었다. 이는 톈진이 수도 베이징의 '인후중지(咽喉重地)'로서 갖는 정치적·외교적 중요성과 더불어 1860년 개항 이래 급격한 경제 발전의 결과 화북 최대의 통상 항구로 성장했기 때문이었다. 게다가 1900년부터 시작된 2년간의 도통아문 통치로 인해 회심공해가 탄생하던 상하이와 상당히 유사한 상황이 조성된 것이 결정적이었다.

그렇지만 결과적으로 청조가 붕괴하기 전까지 톈진에는 혼합재판소가 설치되지 않았다. 여기에는 여러 가지 요인이 작동하였다. 우선 즈리 총독들의 혼합재판소에 대한 인식을 꼽을 수 있다. 1901년부터 즈리 총독으로 재임한 위안스카이는 교섭 안건의 처리에 있어서 '상하이식 회심'에 부정적인 입장이었으며, 조약에 따른 상호적인 관심 시행을 추구하였다. 또한 1909년 부임한 첸쿠이롱은 톈진 영사단의 혼합재판소 설립 요구에 대해 조약의 새로운 해석을 통해 관심을 재해석하여 외국 관심관들의 재판 개입도를 축소하고자 시도하였고, 법부와 외무부 등의 유관 기관과 협조하여 관철하려고 하였다.

또한 영사단의 혼합재판소 설립 요구에 대해 즈리 총독이 즉각적·직접적으로 대응할 수 있었던 톈진만의 특성도 있었다. 그것은 바로 즈리총독아문이 톈진에 위치한다는 점이었다. 원래 즈리성의 성도(省都)는 바오딩(保定)이지만 1870년 즈리 총독이 톈진에 주재하기 시작한 이래 톈진이 실질적인 성도 역할을 하였다.[120] 따라서 톈진 영사단의 각종 요구에 즈리 총독이 직접 나서서 즉각 대응할 수 있었을 뿐 아니라 보다 적극적인 입장을 취할 수 있었다.

두 번째는 혼합재판소와 관심 제도 자체의 문제였다. '상하이식 회심'은 상하이의 특수한 상황에 따라 상하이 도대와 영국 영사의 타협으로 탄생한 산물이었을 뿐 조약에 바탕을 둔 제도가 전혀 아니었다. 이에 반해 관심은 옌타이조약 이래 후속 조약들에 의해 반복적으로 재확인된 제도였으므로 혼합재판소와 관심의 대립에서 후자의 근거와 설득력이 좀 더 강력하였다.

120　董叢林, 2015, 「淸末直隷"雙省會制"及其對天津保定的影響」, 『河北師範大學學報』38-1.

세 번째는 여타 지역에서 일반적으로 관심이 외국인의 주도하에 편면적으로 시행된 데 반해 톈진에서는 상호 관심이 실행되었던 점이다. 전술한 장푸자이 피살 사건이나 콜린스 사건에서 즈리 총독과 진해관도는 나가사키 지방법원이나 영국 영사관 재판에 관원을 파견하여 관심을 시행하였다. 그러므로 즈리성 당국의 입장에서 혼합재판소를 설립하여 외국 배심원의 일방적인 재판 참여를 허용하기보다는 상호적인 관심을 유지하는 편이 사법 주권을 보호한다는 명분이나 현실적 이익에 부합하였다. 다만 이 글에서 제시한 사례들은 죄의 정도가 중대하고 여론의 주목도가 높은 사건이었기 때문에 즈리성 당국이 보다 적극적으로 대응했을 가능성도 있다. 모든 안건에 대해 상호적 관심이 일반적으로 시행되었는지를 명확하게 판단하기 위해서는 좀 더 다양한 사례를 발굴할 필요가 있다.

상기 요인들이 복합적으로 작용함으로써 톈진에서는 청조가 멸망하기 전까지 혼합재판소가 등장하지 않았다. 이는 곧 외국인에게는 '치외법권' 확대의 실패를, 중국인에게는 그에 대한 성공적 저항을 의미한다. 아울러 그 과정에서 중국인들이 외국인들의 공세에 결코 무기력하거나 소극적 입장을 취했던 것이 아니라 조약과 톈진의 현실을 활용하여 적극적으로 대응하였음을 발견할 수 있다. 이러한 모습은 근대 중국을 '치외법권'의 일방적인 피해자로 보는 그간의 인식에 재고가 필요함을 보여 준다.

제3장
일본의 사법 근대화와 청국의 영사재판권 행사 문제
- 요코하마에서의 청국인·일본인 간 소송 사례를 중심으로

| 조국 / 성신여자대학교 사학과 조교수 |

1. 머리말

2. 요코하마 개항과 영사재판

3. 청일수호조규 체결 이전 시기 청국인에 대한 재판

4. 청국의 영사 파견(1878) 이전: 일본 관할하의 재류 청국인

5. 영사재판권을 행사하는 청국

6. 맺음말

* 이 글은 「거류 제도-요코하마에서의 청국인·일본인 간 소송 사례를 중심으로」, 『일본역사연구』 59, 2022를 수정·보완한 것이다.

1. 머리말

일본의 사법 근대화가 막부 말기~메이지 초기에 체결된 이른바 '불평등조약'의 개정 과정과 밀접히 연관되었음은 주지의 사실이다.[1] '문명국'의 법제가 시행되지 않고 있음을 구실 삼아 열강들의 영사재판권 행사가 이뤄졌다는 점에서 사법 근대화는 조약 개정을 달성하기 위한 필수 과제였다. 그러므로 일본의 사법 근대화는 전통적 법 관념, 제도와의 충돌·변용 속에서 이뤄진 서구 법 체제의 수용 과정으로 논의되어 왔다.[2]

그런데 일본의 사법 근대화 과정에 관한 이 같은 서술은 당시 일본의 복잡하고 다양한 대외 관계를 충분히 반영하지 못하고 있다. 일본 개항장에서의 영사재판권은 서구 열강뿐 아니라 청국 또한 '청일수호조규'(1871년 체결, 1873년 비준)를 바탕으로 이를 행사하고 있었기 때문이다. 즉 서구 열강의 영사재판권 행사가 서구적 법체제 적용이라는 전제에서 이뤄진 반면, 청의 그것은 사법권 침해라는 문제에 더하여 청에 의한 전근대적 법체제 적용이라는 점에서 당시 일본이 추구하는 사법 근대화 방향에 역행하는 것이었다.[3] 더군다나 개항장 외국인의 과반을 차지하는 존재가 청국인이었다는 점을 고려하면, 청의 영사재판권 행사가 야기한 다양한 문제들에 대한 일본의 인식과 대응 또한 일본의 사법 근대화 과정 속에서 논

---

1 五百旗頭薫, 2010, 『條約改正史』, 有斐閣, 4쪽; 利谷信義, 1976, 「近代法体系の成立」(『岩波講座 日本歷史 16 近代 3』, 岩波書店 등.
2 법제사적 측면에서의 연구사 정리는 大庭裕介, 2020, 『司法省と近代國家の形成』, 同成社, 4~9쪽을 참조.
3 조국, 2019a, 「근대 일본의 개항장 나가사키에서 청국의 영사재판권 행사 문제 – 아시아 간 개항 실태에 대한 사례 연구」, 『한일관계사연구』 63, 117~118쪽.

의되어야 한다.

'영사재판권을 행사하는 청국'에 관해서는 서구 열강에 의한 일방적 시행이 아닌, 동아시아 각국이 상호 간에 행사한 영사재판권이라는 관점에서 연구가 진행되었다.[4] 이를 통해 조약의 구체적 운용 실태에 관한 규명과 불평등조약의 역사적 의미에 대한 재검토가 이루어지고 있다.

이 글은 선행 연구들과 문제의식을 공유하는 한편, 일본의 사법 근대화라는 관점에서 청국인이 관여한 재판 사례를 분석하고자 한다. 이를 위해 시기적으로는 일본 재류 청국인의 법적 지위 변천에 따라 청일수호조규 시행 이전 시기와 실질적인 청의 영사 파견이 이뤄지기까지의 과도기, 청의 영사재판이 본격적으로 이뤄지던 시기로 구분하여 각각의 사례를 검토한다.

검토 대상이 되는 구체적인 장소는 근대 일본의 개항장 가운데 가장 큰 규모로 형성·발전해 나간 요코하마(橫濱)로 설정했다. 개항장 요코하마의 성립과 발전 과정에 관해서는 방대한 연구가 축적되었다고 할 수 있다. 우선 지방사 차원의 연구를 통해 개항기 요코하마의 역사적 전개, 관련 사료 수집 및 정리가 이루어졌으며, 이는 근대 도시 형성사(도시사)의 맥락과도 이어져 연구되었다.[5] 『요코하마시사』, 『가나가와현사(神奈川

---

4 이와 관련한 연구사 정리는 조국, 2019a, 앞의 논문, 2021, 「19세기 말~20세기 초 한중일 간 영사재판권 행사 문제-내외국인 혼합 사건에서의 관심·청심 시행을 중심으로」, 『일본역사연구』 55 등을 참조. 여기에서는 대표적 연구로 青山治世, 2014, 『近代中國の在外領事とアジア』, 名古屋大學出版會를 언급해 두고자 한다. 또한 본론에서 다루는 사례와 관련해 川口ひとみ, 2019, 「日淸修好條規と領事裁判 : 逆訴, 控訴, 上告の仕組み」, 『社會學雜誌』, 35/36도 주목할 만한 연구로, 이에 대해서는 후술하겠다.

5 도시 형성사의 관점에서 이들 선행 연구의 정리에 관해서는 현재열·김나영, 2018, 「제3장 개항장 도시에서 제국 해항 도시로」(『근대 일본 해항 도시의 공간 형성 과정 연구 : 비교 도시계획 연구의 관점에서』), 선인, 각주 4를 참고. 또한 요코하마개항자료관에서는

縣史)』 근현대편의 상당 부분이 개항 과정을 비롯해 개항 이후의 개항장 상황 및 외국과의 교섭이나 외국인 - 일본인의 상호 관계에 관한 내용에 할애되었다. 또한 외국인 거류지의 형성과 대외 무역의 기점이라는 점에서 대외관계사, 경제사 관점에서 이뤄진 연구도 활발히 진행되었다.[6] 한편, 이 글에서 집중적으로 고찰하고자 하는 재류 청국인과 관련한, 이른바 화교 연구의 측면에서도 이들의 무역 활동이나 법적 지위에 관한 연구가 이루어졌다.[7]

이상의 연구들은 다양한 분야의 관점에서 비롯되었기에 하나의 일관된 특징이나 방법으로 정리할 수는 없다. 다만 요코하마 개항 문제를 불평등조약에 의한 영토 침탈이나 주권 침해라는 시각에서 다루는 경향은 적다고 할 수 있다.[8] 그 이유는 거류지에서의 외국인 자치행정이 비교적 단기간에 종식된 점, 규모 면에서 일본의 다른 개항장보다 거대했으나 일본

『요코하마개항자료관기요』(『기요』)를 1983년부터 현재(2024년 제39호)까지 꾸준히 발행하며 요코하마를 중심으로 개항과 대외 관계, 도시사 등 다양한 측면의 연구 성과를 소개, 공유하고 있다. 『기요』의 전체 목차는 홈페이지를 통해 확인이 가능하다. http://www.kaikou.city.yokohama.jp/books-gifts/content-y_01.html (2024.5.22. 확인)

6 西川武臣, 1997, 『幕末·明治の國際市場と日本 生絲貿易と橫濱』, 雄山閣出版; 鷲崎俊太郎, 2007, 「明治初期の橫濱居留地市場と內外商間取引」, 『三田學會雜誌』 99-4 등.

7 개항 초기 재류 중국인에 대한 연구는 요코하마뿐 아니라 에도시대 당인관 무역 등을 통해 전근대 시기부터 재류 중국인이 거주했던 나가사키나, 아시아 무역의 거점이 되었던 고베 등을 중심으로 한 연구도 활발히 이루어졌다. 개항 이래 요코하마의 재류 중국인에 관해서는 伊藤泉美의 일련의 연구가 있으며, 그 집대성으로 2018년에 『橫濱華僑社會の形成と發展』(山川出版社)이 출판되었다.

8 물론 불평등조약으로 인한 사법권 침해, 치외법권적 상황을 다루고 있지 않은 것은 아니다. 뿐만 아니라 막말~메이지 초기(1863~1765)에 걸쳐 요코하마 거류지에 외국인 거류민 보호를 명목으로 영국과 프랑스 군대가 주둔한 사실도 국가의 위신을 떨어뜨리는 문제로 메이지 정부가 인식하고 있었음도 지적되고 있다. 石塚裕道, 2011, 『明治維新と橫濱居留地-英佛駐屯軍をめぐる國際關係』, 吉川弘文館.

인-외국인 잡거지가 설정되지 않고 외국인 거류지를 명확히 구획해 성장이 제한되었던 점, 요코하마에만 국한된 것은 아니나 일본의 조약 개정 성공이 비교적 이른 시기에 성사됨으로써 거류지 제도 역시 이와 함께 철폐되었기 때문으로 보인다.9 이 글에서도 조약의 '불평등성'에 초점을 맞추기보다 조약의 구체적 운용 실태라는 측면에서 개항장 요코하마를 검토하고자 한다.

또한 이 글에서 다루는 사례는 '영사재판'뿐만 아니라 '청국인이 관여한 재판', 즉 일본인을 피고로 한 일본인-청국인 사이의 민·형사 사건[일본이 재판을 관할한 내외인 소송사건, 섭외사건(涉外事件)]을 포함한다. 본론에서 구체적으로 다루겠으나 영사재판의 운용과 절차는 섭외사건과 밀접히 연동되어 있었다. 즉 영사재판에 국한되지 않는 내외국인이 얽힌 소송을 종합적으로 검토해야 당시 조약의 구체적 운용 실태를 파악할 수 있다.10 이를 통해 앞서 언급한 불평등조약과 사법 근대화 문제의 재검토에 기여함은 물론, 국경을 넘은 사법 공조, 사인(私人) 간의 분쟁이 확대되고 일상화되고 있는 현대 사회에도 시사점을 제공할 수 있으리라 본다.

9　이러한 맥락에서 오야마 아즈사(大山梓)는 요코하마를 포함한 일본의 개항장 거류지가 중국과 달리 '나라 안의 소외국(小外國)' 형성을 저지했다고 평가한다. 大山梓, 1967, 『舊條約下に於ける開市開港の研究-日本に於ける外國人居留地』, 鳳書房, 285쪽.

10　섭외사건, 혹은 내외인 소송은 그동안 영사재판을 다룬 연구에서는 크게 주목받지 못하다 최근 그 중요성이 강조되며 영사재판과의 비교 검토가 조금씩 이뤄지고 있다. 이에 관해서는 이 책 제4장을 참조.

2. 요코하마 개항과 영사재판

1) 요코하마의 개항 과정[11]

18~19세기에 이르기까지 요코하마는 100호가 되지 않는 반농반어의 작은 촌락에 불과했다. 요코하마가 국제무대로 등장한 것은 1853년 미 동인도함대 사령관 페리가 우라가(浦賀) 앞바다에 나타나 미 대통령의 국서를 전달하고, 이듬해 본격적인 조약 체결을 위한 교섭 장소로 정해지면서부터였다.[12] 당초 막부는 가마쿠라(鎌倉)를 교섭 장소로 잡았으나 페리가 이를 거부하고 대안으로 제시된 우라가 또한 거부하면서 에도와 보다 가까운 요코하마가 교섭 장소로 결정되었다.[13]

그러나 교섭 결과 일본이 서구와 최초로 맺은 미일화친조약에서 규정된 개항장은 요코하마가 아닌 시모다(下田)와 하코다테(函館)였다('미일화친조약' 제2조). 이후 미 총영사 해리스와의 통상조약 체결 과정에서 시모다를 대신해 가나가와가 개항장으로 제시되었다. 이에 따라 1858년 7월 체결된 '미일수호통상조약'에서 가나가와 개항은 조약 체결 이후 15개월 이내(1859.7)에 이루어질 것이 규정되었다.[14] 다만 실제 개항 과정에서는 조약상의 '가나가와'를 어디로 지칭할 것인지의 해석 문제가 대두되었다. 당시 막부는 가나가와가 도카이도의 주요 역참이자 에도와 가까

---

11 현재열·김나영, 2018, 88~109쪽; 大山梓, 1967, 83~106쪽; 村田明久, 1995, 『開港7都市の都市計劃に關する硏究』(早稻田大學博士論文), 20~21쪽 등에 의함.
12 三谷博, 2003, 『ペリー來航』, 吉川弘文館, 168~169쪽.
13 三谷博, 2003, 위의 책, 168~169쪽.
14 이와 더불어 시모다항 폐쇄가 규정되었다(미일수호통상조약 제3조).

운 곳이었기에 요코하마 역시 가나가와의 일부라는 논리를 내세워 구체적인 개항 장소로 요코하마를 특정하였다. 결국 열강의 항의에도 불구하고 막부는 외국인과 일본인과의 접촉을 최소화하기 위해 요코하마 개항을 기정사실로 강행하며 개항장 정비를 추진하였다.

막부는 개항에 앞서 세관(운상소)과 부두를 설치하고, 주거지 터를 마련하며 본격적인 개항 준비에 착수했다. 운상소를 중심으로 서쪽에는 일본인 거주지, 동쪽에는 외국인 거류지를 설정하며 1859년 7월 1일, 외국인들의 요코하마 이주가 시작되었다. 거류지 1번 관에 영국의 자딘·매디슨 상관(Jardin, Matheson & Co)을 비롯, 이듬 해인 1860년까지 외국 상인 수는 44명으로 증가했다. 각국 영사들의 반대 속에서도 요코하마는 천연의 입지 조건을 갖춘 양항이었기에 외국 상인의 이주가 자연스럽게 시작된 것이다. 결국 요코하마 개항에 불만을 표하던 외국 영사들도 1860년 3월에 요코하마 거류지에 대한 정식 승인을 하게 된다. 이렇게 형성된 요코하마 최초의 거류지가 현재 구 거류지(original settlement)라 불리는 지역에 해당한다.

외국인 인구 유입 증가와 더불어 거류지 확대 또한 빠르게 진행되었다. 구 거류지 대지에 대한 대차가 모두 이뤄지면서 분큐(文久) 연간(1861~1864)에 추가로 매립지가 확충되었다(구 매립 거류지, old swamp settlement). 이러한 거류지 확대 사업은 막부 멸망 후 메이지 신정부가 수립된 이후에도 한동안 지속되었다. 메이지 원년(1868)부터 새롭게 매립 사업을 통한 거류지(new swamp settlement)가 설정되었고, 더불어 구 거류지 서측 야마테(山手) 지역으로 거류지 확대가 이뤄졌다. 요코하마 거류지 면적의 추이는 〈표 1〉과 같으며, 총 평수는 34만여 평으로 일본 개항장 가운데 최대 면적이었다.

〈표 1〉 요코하마 거류지 면적

	구획수	지번 번호	면적(평)	대차년
구 거류지	110	1~110	67,080	1862년 대차 완료
구 매립 거류지	65	111~192	27,400	1863년 대차 완료
신매립 거류지	82	174~277	22,260	1868~1880년
야마테 거류지	244		228,536	1874년 대차 완료
합계	501		345,276	

비고: 村田明久, 1995, 『開港7都市の都市計劃に關する硏究』(早稻田大學博士論文), 110쪽의 표를 참조하여 작성함.

    요코하마는 외국인 인구, 외국인 거류지 면적, 교역량 등에서 당시 일본 최대의 무역항으로 성장하였다. 개항장 요코하마가 가진 특징으로는 개항을 통해 이뤄진 계획도시였다는 점, 외국인 거류지와 일본인 거류지에 명확한 구분 원칙이 규정되어 고베 등 다른 개항장에서 보이는 '잡거지'가 설정되지 않았다는 점을 들 수 있다.

    요코하마의 외국인 거류지 설정과 관련한 제도적 정비 과정을 살펴보면 다음과 같다. 1860년 8월 이른바 제1회 지소 규칙이라 불리는 가나가와 지소 규칙이 체결되었다. 총 12개 조목으로 이루어진 외국인들의 자치 문제에 관한 규정이자 영국·미국·네덜란드 세 나라의 협의로 이뤄진 공동거류지 제도였으나 막부는 참여하지 않았다. 즉 "일본에 법적 구속력을 가진 결정이라고는 상호 생각하지 않은" 한계가 있었다.[15] 막부도 참여하여 서명한 제2회 지소 규칙은 1864년 12월 19일에 체결되었다. 이보다

---

15   大山梓, 1967, 앞의 책, 84쪽.

앞서 같은 달 3일, 영·미·란에 더하여 전관(專管) 거류지 설정을 고수하던 프랑스가 이를 포기하고 공동거류지에 합류하여 네 나라의 각국 대표가 요코하마를 포함한 나가사키, 하코다테 등에 공통으로 적용될 거류지 분배 규칙안을 조인하였다. 그런데 이 규칙안에 대해 막부가 거부 의사를 표하면서 제2회 지소 규칙이 수립된 것이다.[16] 이는 요코하마 거류지 각서로 불리며 일종의 도시 정비 사업의 성격을 띠었다. 즉 각국의 군사 훈련소 설치와 외국인 묘지 확장, 매립 사업을 통한 거류지 확대, 위락 시설(경마장) 설치 등이 규정되었다. 또한 이를 통해 요코하마 거류지회 조직과 자치행정도 공식적으로 시행되기 시작했다. 같은 해 12월 29일에는 '요코하마 거류지 개조 및 경마장·묘지 등 약서(제3회 지소 규칙)'가 체결되어 제2 지소 규칙의 거류지 계획에 보다 상세한 규정이 마련되었다. 이를 통해 방화 도로, 가로수, 공원 등 근대 도시계획 사상이 반영된 거류지 정비가 이루어지게 되었다.

개항 초기 외국인 인구를 보여 주는 자료는 미비하나 1876년 이후의 외국인 인구 추이를 살펴보면 일본 내 개항장 외국인 전체에서 요코하마의 외국인 인구가 절반 내외를 차지하고 있음을 알 수 있다(〈표 2〉 참고). 또한 외국인 수에서 주목되는 것은 절반에 가까운 수를 청국인이 차지하고 있었던 것이다. 후술하듯, 이들 청국인은 청과 일본 사이의 공식적인 외교관계가 수립되기 이전부터 서양인과 함께(서양인의 시종, 사용인), 혹은 독자적으로 일본에 건너오기 시작했다. 개항장의 실태를 파악하기 위해서는 외국인 가운데 다수를 차지한 청국인의 존재 양상과 조약 규정상의 관계 등을 함께 검토해야 함을 보여 주고 있다.

---

16   大山梓, 1967, 앞의 책, 85~86쪽.

〈표 2〉 개항 이후 외국인 인구 추이(1876~1899/ 단위: 명)

연도	외국인 총수	청국인 수	청국인 비율	요코하마 총수	요코하마 청국인	고베 총수	고베 청국인	나가사키 총수	나가사키 청국인
1876	4,972	2,449	49.25	2,727	1,231	335	-	862	616
1877	5,071	2,393	47.19	2,404	1,142	607	-	799	561
1878	5,600	2,996	53.5	3,085	1,851	809	619	711	579
1879	6,022	3,521	58.47	3,626	2,245	872	617	779	480
1880	6,026	3,620	60.07	3,937	2,505	889	517	771	568
1881	6,187	3,571	57.71	3,773	2,334	929	547	836	550
1882	6,335	3,746	59.13	3,512	2,154	963	692	829	605
1883	7,616	4,983	65.43	4,642	3,363	986	594	906	659
1884	7,117	4,143	58.21	3,688	2,471	913	505	864	647
1885	6,807	4,071	59.81	3,753	2,499	-	630	866	644
1886	7,046	4,130	58.61	3,904	2,573	1,000	630	952	692
1887	7,560	4,209	56.75	3,837	2,359	1,139	597	1,005	722
1888	8,614	4,805	55.78	4,494	2,981	1,236	732	1,005	699
1889	9,062	4,975	54.9	4,562	3,010	1,441	887	1,054	701
1890	9,707	5,498	56.64	4,601	3,004	1,521	1,433	993	692
1891	9,550	5,344	55.96	4,933	3,347	1,537	913	1,003	674
1892	9,803	5,574	56.86	4,929	3,339	1,572	1,133	917	620
1893	9,633	5,343	55.47	4,946	3,325	1,655	1,004	960	610
1894	5,875	1,576	26.83	2,804	1,174	1,194	455	663	283
1895	8,246	3,642	44.17	3,532	1,808	1,807	988	1,041	543
1896	9,238	4,533	49.07	4,100	2,268	2,024	1,121	1,296	706
1897	10,531	5,206	49.44	4,728	2,743	2,042	1,250	1,314	711
1898	11,589	6,130	52.9	5,369	3,284	-	1,548	1,388	824
1899	11,561	6,359	55	5,088	3,003	-	1,587	1,711	1,146

출처: 조국, 2019a, 앞의 논문, 91~92쪽 표

2) 영사재판에 관한 조약 규정

일본이 미일화친조약 이래 서구 열강들과 맺은 조약은 편무적 최혜국 대우, 편무적 영사재판권, 협정관세 등이 규정되어 관세 자주권·사법 주권을 침해받은 불평등조약의 성격을 띠고 있었다. 이 가운데 영사재판권은 특히 치외법권으로 확대되며 국가 주권의 심각한 침해 요소로 지적되었다.[17] 요코하마에서의 외국인에 대한 사법 처리 문제를 검토하기에 앞서, 조약상 영사재판권 규정이 어떻게 마련되어 있었는지를 살펴보자.

막부 말기 서구 열강과 체결한 조약은 크게 화친조약과 통상조약으로 구분된다. 화친조약은 이른바 '안세이(安政) 5개국 조약(1858년, 미국·러시아·영국·네덜란드·프랑스)'으로 대표되는 통상조약과 달리 명확한 자유 통상 규정이 없는, 상대국과의 공식적인 국교 수립의 의미가 강했다.[18]

그런데 같이 통상조약 체결 이전에 맺어진 화친조약들에도 편무적 최혜국 대우 조항을 비롯해 영사재판과 관련한 중요한 내용들이 포함되어

---

17 영사재판권과 치외법권은 역사적 실태와 연구사적 검토 양면에서 모두 혼용되는 경우가 많았다. 치외법권의 경우 한정된 의미로는 국가 원수나 외교사절의 면책 특권을 지칭하지만 폭넓게는 행정규칙이나 법률의 적용을 받지 않는 의미로도 사용되었다. 조약상 영사재판권 조항은 이러한 치외법권을 규정했다기보다는 외국 영사가 자국민이 얽힌 민·형사상의 문제에 관여·대처하기 위한 성격이 강했다.

18 도쿠가와 막부가 서구 열강과 최초로 맺은 근대적 조약인 미일화친조약(1854.3.31)은 개항장에서 미국인의 필수품 거래를 보장하고 있었으나 어디까지나 '상품'의 구매가 아닌 '화물' 교환의 일시적 허용이었으며, 일본 정부의 통제 속에서 이루어졌다. 즉 필수품 거래는 일본 측 관리가 취급하며(제8조), 마음에 내키지 않는 물품은 반환이 가능하도록 규정(제7조)하여 '통상'에 의미 부여를 최소화하고, 통상조약의 필요성을 이후에 남겨놓게 된 것이다. 본문에서 인용하는 미일화친조약 조문과 의미에 관해서는 동북아역사재단 편, 2021, 『근대 조약과 동아시아 영토 침탈 관련 자료 선집 Ⅱ』, 동북아역사재단, 119~142쪽을 참조.

있었다. 이들 조약이 체결된 순서에 따라 살펴보면 다음과 같다.

우선 막부 말기 서구 열강과 체결한 최초의 조약인 미일화친조약(1854.3.31)에는 치외법권 혹은 영사재판권과 관련한 규정은 없었다. 다만 "표착 혹은 도래한 인민의 취급에 관해서는 타국과 같이 온화하게 대우하며 속박당하지 않게 한다. 올바른 법도에는 복종해야 한다"(제4조)고 하여 미국인에 대한 대우 문제가 언급되었다. 미국인에게 일본법이 아닌 '올바른 법도(just laws)'를 적용한다고 한 것이다. 미일화친조약 부록(1854.6.18)에서는 제1조에서 일본법을 위반한 미국인에 관해 일본의 체포권을 규정하면서도 체포한 미국인을 소속된 함선으로 인도하기로 하여 일본의 재판·처벌권은 부정했다. 이와 유사한 규정은 같은 해 10월 14일 체결된 영일약정에서도 확인된다. 영일약정 제4조에서 영국 선박은 일본법에 따라야 하며 선내의 고관 또는 지휘관이 이를 위반할 경우 항구를 쇄항할 것을 규정하면서도 하급자의 경우는 소속선의 지휘관에 인도하여 처벌하기로 되어 있었다. '일본 법'에 따라야 한다는 의미에서는 이후 체결되는 조약들의 '영사재판권' 규정에 비해 법권의 침해 여부가 상대적으로 부각되지는 않았지만, 한편으로 그 처벌이 일본이 아닌 소속국에 의해 이뤄짐을 명시하고 있어 '영사재판권의 맹아'가 확인되는 조약으로 평가되기도 한다.[19]

영사재판권이 구체적으로 명시된 조약은 1855년 2월 7일 러시아와 체결한 화친조약(통호조약)에서 찾을 수 있다. 제8조에서 "러시아인이 일본국에 있을 때, 일본인이 러시아국에 있을 때 이들을 온화하게 대우하여

---

19 加藤英明, 1980a, 「領事裁判の研究―日本における(1)」, 『名古屋大學法政論集』 84, 325쪽.

금고에 처하는 일이 없어야 한다. 그러나 만일 법을 어기는 자가 있다면 이를 붙잡아 처치함에 각각 그 법도에 따라야 한다"라고 하여 본국법에 따른 처치(속인주의)가 규정되었다.[20]

한편 러일화친조약에는 흥미롭게도 이후 다른 서구 열강과의 조약에서 보이지 않는 영사재판권의 '상호주의'가 확인된다. 이는 사할린(가라후토)에 대한 양국의 경계가 획정되지 않고, 양국의 공동관리(양 국민의 잡거)가 이루어졌기 때문으로 보인다. 다만 막부가 붕괴한 뒤 메이지 정부하에 '가라후토-지시마 교환 조약'(1875.4.25)이 성립되며 양국의 국경이 획정되었고, 한편으로 영사재판이 정비되어 가면서 이 같은 영사재판의 '상호주의'가 실제로 적용·운용된 사례는 거의 확인되지 않는다.[21]

1855년 11월 9일 네덜란드와 체결한 '화친가(假)조약'은 제2조에서 형사사건에 관한 영사재판을 규정했다. 이 조약은 일본에 재주하는 외국인의 관할권, 적용법, 처벌권이 외국 측에 속함을 명문화한 점에서 주목된다. 이와 유사한 조약으로 1857년에 미국과 체결한 '시모다·하코다테 거주 미국인의 거주권 등에 관한 조약'에서 미국인 범죄자에 대해 영사·

---

[20] 본 조문의 러시아본 번역은 다음과 같다["일본의 러시아인과 러시아의 일본인은 항상 자유로우며 어떠한 제약도 받지 않는다. 범죄자는 체포될 수 있지만, 자국의 법률에 의해서만 재판을 받는다"(동북아역사재단 편, 2021, 앞의 책, 31쪽에 의함)]. 본문에 인용한 일본어본과는 체포권, 재판·처벌권을 분명히 구분한 점에서 차이가 있지만 속인주의적 처벌이라는 기본적인 방침은 같다.

[21] 가라후토-지시마 교환 조약 체결 이후 일시적으로 가라후토(사할린) 거주 일본인에 대한 일본 영사의 재판이 이뤄지기도 했으나 최혜국 조관에 따라 다른 열강에게 부여한 '치외법권'이 러시아에도 균점되어야 한다는 주장에 따라 일본의 치외법권 행사는 정지되었다. 小風秀雅, 2011, 「法權と外交條約の相互關係—不平等條約体制下における日露間の領事裁判權問題と樺太千島交換條約の締結」(貴志俊彦編, 『近代アジアの自劃像と他者—地域社會と「外國人」問題』), 京都大學學術出版會, 167쪽.

총영사에게 미국법에 의한 형벌권을 부여한 사례가 확인된다. 같은 해 10월 16일 네덜란드와 체결한 추가 조약에서는 외국인 사이의 분쟁에 일본 관헌이 가입할 수 없음을 규정(제36조)하고, 제37조에서 네덜란드-일본인 사이의 '말 다툼(口論), 소송(訴訟), 폭행(打擲), 도적(盜賊), 방화(火付)' 등의 사건이 발생한 경우 쌍방 관헌이 협의해 처치하도록 하였다.

이상과 같이 통상조약 체결 이전 단계에도 영사재판과 관련한 규정들이 마련되기 시작한 것을 확인할 수 있다. 그리고 이후 통상조약 체결 단계에 들어가면서 이들 규정은 더욱 체계화되었다. 최초의 통상조약이라 할 미일수호통상조약(1858.7.29)은 제6조에서 관련 내용을 규정하고 있는데 "일본인에 대해 법을 어긴 미국인은 미국 영사재판소(コンシュル裁斷所)에서 조사한 후 미국의 법도로 벌할 것이다. 미국인에 대해 법을 어긴 일본인은 일본 관리가 조사 후에 일본의 법도로 벌할 것이다"라고 하여[22] 명확히 영사재판을 언급하고 있다.

나아가 같은 해 8월 26일 체결된 '영일수호통상조약'에서는 재판권에 대한 보다 상세한 규정(제4조~제7조)이 마련되었다. 우선 제4조는 "일본 재류 영국 신민 사이에 일어나는 다툼은 영국 관리가 재단"할 것을 명기하였고, 제5조는 형사사건(악행을 저지르는 영국 신민)에서 일본인, 혹은 외국인(제삼국인)에 대한 영국인 범죄자의 영국 관헌에 의한 심리와 처벌이 규정되었다. 이는 영국인 간, 영국인-일본인 사이의 사안뿐 아니라 제삼국인이 관여한 사건에 대해서도 영사재판이 명시적으로 규정된 조항으로 주목된다. 제6조는 영국 영사의 조정 절차와 소송 처리에 관해 규정하고 있다. 즉, "영국인이 일본인에 대해 소를 제기할 일이 있다면 영사관에 그 뜻을

---

22   동북아역사재단 편, 2021, 앞의 책, 166, 175쪽.

고하고, 영사의 조사 후에 실의(實意)로 처치해야 한다. 만일 일본인이 영국인에 대해 영사관에서 소송을 할 일이 있어도 또한 영사가 실의(實意)로 처치할 것이다. 만약 영사가 이를 처치하기 어려울 경우 일본 관리에 신청하여 함께 조사하고 당연한 처단을 내릴 것이다"라고 하여 영사의 조정 절차를 거쳐 영사재판이 이루어질 것과 함께 공동 심리(俱に吟味/ together examine)도 규정되어 있었다. 공동 심리 규정은 혼합재판(mixed courts)과 같은 명확한 형식과 제도로 이루어진 것은 아니었고, 민·형사 구분(민사에 국한되는지 여부) 또한 애매한 상태로 남겨졌다. 제7조는 금전 채무 문제에서 영국인 채무자의 채무 이행에 대한 영사의 관할이 규정되었다.

일본에서 서구 열강의 영사재판에 관한 규정이 집대성된 것은 메이지 시대 이후에 체결된 '오(오스트리아-헝가리)일수호통상항해조약'(1869.10.18)이었다. 이 조약은 막부 말기 이래 서구 열강과 맺은 조약들을 수정·보완한 '불평등조약의 집대성'으로 평가받기도 한다. 영사재판과 관련된 조약은 제5·6조에 해당하는데, 우선 제5조는 '영일통상조약'의 제4조와 제6·7조의 규정을 합친 조항으로, 민사 사건 전반에 걸친 영사재판권 규약이 정리되었다. 영일통상조약에서 규정되었던 공동 심리가 삭제되고, 일본인이 관여하지 않은 외국인 간 분쟁에 대해서는 일본 측 관헌의 '개입 배제'를 명기하며, 치외법권적 요소가 강화된 것을 확인할 수 있다. 한편 형사사건에 관한 영사재판 규정인 제6조를 비롯해 영사재판의 '피고주의' 원칙은 앞선 조약들의 규정과 크게 다르지 않았다.

마지막으로 이들 영사재판과 규정상의 차이는 크지 않지만 주목할 조약이 바로 청과 1871년 체결한 청일수호조규이다. 조약의 구체적인 규정에 관해서는 후술하겠으나, 양국 최초의 자발적이고 대등한 조약이면서 동시에 상호 영사재판권을 규정한 특징이 있었다는 점만을 여기에서는

언급해 두고자 한다.[23]

　이상과 같이 조약상 규정된 영사재판의 불평등성에 대해 메이지 정부는 수립 초기부터 문제시하며 조약 개정과 법권 회복을 중요한 외교적 과제로 삼았다. 주지하듯, 이와쿠라 사절단 파견 당시(1871) 주요 목적 중 하나가 조약 개정을 위한 예비 교섭이었다. 다만 이와쿠라(岩倉) 사절단은 교섭을 위한 준비가 부족했기에 이렇다 할 성과를 달성하지 못했고, 데라지마(寺島) 외무경 시기의 관세 자주권 회복을 위한 조약 개정 교섭의 좌절을 거쳐 이노우에(井上) 외무경(외무대신) 시대부터 본격적인 법권 회복(영사재판권 철폐) 논의가 이루어지기 시작했다. 이노우에는 열강과의 조약 개정 회의에서 영사재판권 철폐를 조건으로 외국인에 대한 내지 개방(내지 잡거)을 선언함과 동시에 적극적인 서구화 정책(구화 정책)을 추구하며 서구적 법전 편찬 작업을 본격화했다. 즉 일본의 조약 개정 과정은 근대적 법전 편찬과 궤를 함께 한 것이다.

　이러한 점에서 볼 때 청국의 영사재판권 행사는 다양한 차원에서 문제를 야기할 소지가 컸다. 앞서 지적한 것처럼 청의 영사재판권 행사는 개항장 과반을 차지하는 청국인에게 청의 전근대적인 법 체제가 적용된다는 문제를 품고 있었기 때문이다.[24] 다만 청국인 사이, 혹은 청국인과 외국인 사이의 민사 분쟁이 실제로 청의 영사재판으로 이어지는 경우는 다른 외국인에 비해 상대적으로 적었다. 그럼에도 절대적 다수를 차지하는 청국인의 존재는 영사재판 사례에서 결코 무시할 수 있는 비율은 아니었다. 가토 히데아키(加藤英明)의 통계 분석에 따르면 1878~1898년의 국

23　藤村道生, 1995, 『日清戰爭前後のアジア政策』, 岩波書店, 65쪽.
24　조국, 2019a, 앞의 논문, 117~118쪽.

가별 소송 건수에서 청국은 민·형사 각각 전체 건수의 22.05%, 42.99%를 차지함을 확인할 수 있다(〈표 3〉 참조).

〈표3〉 국가별 소송 건수(1878~1898)[25]

	영국	청국	미국	독일	프랑스	포르투갈	러시아	네덜란드	기타	계	청국인 비율
민사 (延건수)	1,294	838	625	326	255	104	94	67	198	3,801	22.05%
형사 (延건수)	739	1,306	326	150	143	41	259	36	68	3,038	42.99%

또한 영사재판과는 직접 관련이 있지는 않으나, 외국인 원고–일본인 피고의 내외인 소송이라는 측면에서도 청국인의 존재가 부각된다. 내외인 소송은 피고주의에 입각하여 일본 재판소에서 재판이 이뤄진 것으로 그동안 영사재판을 다룬 연구에서는 크게 주목받지 못했다. 그러나 영사재판이 시행되던 시기 일본의 외국인에 대한 재판권 문제라는 측면에서 영사재판과 함께 비교 검토가 이뤄질 필요가 있다. 모리타 도모코의 연구에 따르면 민사사건의 내외 소송에서 청국인은 1878~1903년 동안 총 2,696건 가운데 671건(28%)으로 가장 높은 비율을 차지하고 있다.[26] 즉 영사재판과 내외인 소송 모두에서 청국인의 비율은 거류지 외국인의 국적별 비율에 상응하여 나타났다고 할 수 있다. 이는 달리 말하면 재류 청국인도 다른 서양 조약국과 마찬가지로 당시 일본에서 시행·적용되던 법

---

25 加藤英明, 1980b, 앞의 논문, 124쪽.
26 森田朋子, 2012, 앞의 논문, 8쪽.

체제를 십분 활용하고 있었던 것이다.

한편, 개항장 요코하마는 앞서 언급한 것처럼 일본 개항장 가운데 가장 규모가 컸던 만큼, 영사재판 소송 건수에서도 가장 큰 비중을 차지했다. 1878~1898년 요코하마에서 소송 건수는 민·형사 각각 개항·개시장 전체 소송 건수의 약 63%와 40%를 차지했다(〈표 4〉 참조).

이하에서는 구체적인 사례 제시와 함께 개항장 요코하마에서 재류 청국인의 법적 지위의 변화와 영사재판권 적용 실태를 검토해 보고자 한다.

〈표4〉 개항·개시장 소송 건수(1878~1898)[27]

	요코하마	고베	나가사키	오사카	도쿄	하코다테	니가타	계	요코하마 비율
민사 (延건수)	2,401	810	418	89	57	18	8	3,801	63.17%
형사 (新受)	709	580	419	38	10	4	1	1,761	40.26%

---

27 加藤英明, 1980b, 앞의 논문, 120쪽. 사법성 통계 자료의 산정 방식 차이에 따라 민사는 연 건수의 합, 형사는 매년 신(新)건수의 합에 따른 수치다.

3. 청일수호조규 체결 이전 시기 청국인에 대한 재판

1) 재류 청국인의 법적 지위

청일수호조규 체결 이전 시기, 재류 청국인은 일본 거주와 상업활동에 대한 법적 근거(조약에 따른)가 없는 존재였다. 하지만 일본이 서구 열강과의 조약 체결로 개항한 이래, 청국인은 서구 조약국 국민의 피고용인(시종·매판)으로, 혹은 자력으로 일본 개항장에 도래했다. 이들에 대한 최초의 명문화된 규정은 1860년 7월 8일 나가사키에서 제정된 나가사키 항만 규칙이다. 이에 따르면 '조약국인에 부속한 청국인'에 한해 일본으로 도항이 허가되며, 관리 주체는 해당 조약국 영사로 규정되었다.[28]

요코하마의 경우, 개항 초기에는 나가사키 항만 규칙에 따라 청국인 관리가 이루어지다가 1867년 11월에 '요코하마 외국인 거류지 단속 규칙'이 제정되면서 청국인을 비롯한 조약 미체결국 인민에 대한 관리가 명문화되었다. 단속 규칙 제4조에서 "요코하마 거류 중국인 혹은 조약 미체결 외국인 단속 및 형법은 가나가와 행정관(부교)이 단속관의 의사를 묻고, 또한 외국 영사와 상담해 처리할 것"이라 하여 청국인을 포함한 미체결국 인민에 대한 관할을 기본적으로 일본 정부(가나가와 부교하의 단속관. 단, 단속관은 일본인이 아닌 조약 체결국 인민이 임명됨)로 하되 단속과 처벌은 외국 영사와 협의가 필요함을 명시했다.[29]

한편, 위의 제4조 규정은 이후 마리아 루즈(Maria Luz)호 사건 처리를

28　菱谷武平, 1988, 『長崎外國人居留地の硏究』, 九州大學出版會, 734쪽.
29　伊藤泉美, 2018, 『橫濱華僑社會の形成と発展』, 山川出版社, 57~58쪽.

거치며 개정된다. 이 사건은 1872년 요코하마에 기항한 페루 선적 마리아 루즈호에 승선해 있던 중국인 노동자(쿨리)들이 노예와 같은 상황에서 벗어나고자 탈출하며 발생했다. 페루인 선장에 대해 불법 노예무역 행위로 재판이 열리게 되는데, 당시 일본은 페루와 조약을 맺지 않은 상태였기 때문에 제4조 규정에 따라 일본의 관할 속에서 재판은 진행되었다. 이 과정에서 외국 영사의 간여가 배제된 일본 전속의 사법권이 관철되었고, 이 사건 이후 제4조 규정의 개정까지 이루어졌다. 즉, 제4조에서 일본 정부가 가나가와현에 파견한 "사법성의 관리는 가나가와현 내에 거류하는 조약 미체결국 인민의 재판권을 시행한다"라고 하여 거류지 단속관이나 외국 영사의 개입 여지를 완전히 차단한 것이다.[30] 마리아 루즈호 사건이 발생했을 때 일본은 이미 청과의 공식적인 조약을 체결한 후였으나, 후술하듯 청 영사의 파견이 이루어지기 전까지 실질적으로 재류 청국인은 조약 미체결국 인민에 준하는 취급을 받았다. 이를 고려하면 제4조의 개정은 재류 청국인에 대한 일본의 전면적인 재판권 행사를 뜻하는 것이기도 했다.

2) 재류 청국인 처벌과 관련한 구체적 사례:
1870년 5월 요코하마에서 발생한 위조지폐(贋札) 사건

당시 요코하마 재류 청국인에 대한 사례로 1870년 5월 발생한 위조지폐 사건을 살펴보자. 이는 청국인 죽계(竹溪)[31]가 일본인 금속 세공 직인 등 2명과 함께 위조지폐 건으로 체포되어 메이지 3년(1870) 11월에 참수

---

30 森田朋子, 2005, 『開國と治外法權』, 吉川弘文館, 252쪽.
31 본문에 등장하는 중국인 인명에 관해서는 편의상 한자 독음을 그대로 사용했다.

당한 사건으로, 메이지 초기 발생한 각종 위조지폐 사건 가운데 가장 정치적 쟁점이 되었던 사례로 선행 연구에서도 언급되고 있다.[32] 이 사건에 조약 미체결국 인민인 청국인이 포함되어 있었고, 처분 과정에서 외국과의 외교적 교섭이 이루어졌기 때문이다. 앞서 언급한 외국인 거류지 단속 규칙에 따라 '죽계의 재판에는 영사의 입회가 필요'했다. 다만 외국인 거류지 단속 규칙에 의하면 조약 미체결국 인민에 대한 최종 관할권은 일본에 속해 있기 때문에 죽계의 재판은 일본 국내법에 따라 이루어질 수 있었다. 그런데 이때에도 일본 정부는 형 집행에 앞서 청국 정부의 양해를 구하는 조치를 취하게 된다.[33] 구체적인 사건 경과를 살펴보면 다음과 같다.

청국인 죽계는 사건 당시 30세로 광둥 향산에서 태어나 요코하마 거류지에서 목욕탕을 개업한 인물이었다. 같이 체포되었던 일본인 칠공직 젠키치(善吉, 당시 34세)[34]의 진술에 따르면, 1870년(明治 2) 12월 중순 죽계의 집에 고용되었고, 그곳에서 만난 금속 세공직 미네키치(峯吉, 당시 25세)와 함께 위조지폐 발행을 모의했다고 한다. 처음에는 죽계의 집 2층에서 위조지폐를 제작했으나 이듬해 4월 중순경, 영국 공사관 사용인으로 죽계와 동향인 아복(亞福, 당시 25세)을 통해 공사관 2층의 공간을 빌릴 수 있었고, 이곳으로 장소를 옮겨 4월 18일에서 24일까지 위조지폐를 계속 만들었다. 체포 경위는 불분명하나 이들은 4월 29일에 주범, 5월 1일에 종범으로 각각 체포·투옥되었다.

---

32 我妻栄編, 1968, 『日本政治裁判史録明治·前』, 第一法規, 134~159쪽에 의함.
33 我妻栄編, 1968, 위의 책, 134쪽.
34 일본인 인명은 확정할 수 없을 경우, 일반적으로 불리는 방식에 따라 표기했다.

이처럼 청국인 죽계가 위조지폐를 만들어 냈던 배경에는 메이지 신정부의 화폐제도가 정돈되지 않은 상황이 있었다. 하코다테 전쟁(구 막부군 추종 세력과의 전쟁)이 종결되기 전까지 위폐에 관해서는 일체 불문에 붙인다는 태정관령 포고가 발포될 정도로 당시 일본에는 위조지폐 문제가 만연해 있었다. 이 같은 상황에서 "특히 외국인 거류지는 이른바 치외법권과 유사한 지대로 무법 의식의 청국인이 관계해 위조지폐 사건이 발생하기 쉬운 조건이 마련되어 있었다"라고 할 수 있다.[35] 죽계를 체포한 이후의 사법 처리 과정을 살펴보면 다음과 같다.

죽계의 재판은 외국인이 얽힌 외교적으로 중대한 사건이었기 때문에 가나가와현 단독이 아니라 중앙 정부, 특히 외무성과 형부성이 깊이 관여해 재판이나 판결에 관한 물밑 교섭과 지령이 빈번히 이뤄졌다. 만약 일본 국내법을 그대로 적용한다면 위조범인 죽계는 효수에 처해질 터였다. 재판은 제4조의 규정대로 각국 영사의 입회 속에서 진행되었다. 5월 26일 벨기에·네덜란드·프랑스·영국·프러시아·포르투갈·이탈리아·덴마크·스위스 각 영사의 입회가 확인된다.

가나가와현이 태정관과 형부성에 제출·심의한 결과 주범인 죽계에 대해서는 참수, 종범 아복에 대해서는 도(徒) 3년 형이 확정된다(6.27). 이에 9개국 영사가 연명하여 의견서를 제출하는데 주범인 죽계 및 일본인 주범들에 대한 감형을 희망한다는 내용이었다. 또한 당시 거류지 감독관 벤슨(Benson)도 의견을 제출하여 '문명 개화국에서 이루어지는 관전'에

---

35 我妻栄編, 1968, 앞의 책, 137쪽. 위폐 제작에 대한 처벌은 신정부 수립 직후의 혼란을 감안해 비교적 관대하게 처리했으나 점차 엄격해져 위 사건 당시에는 1870년(明治 3) 제정된 위조보화율(僞造宝貨律)에 따라 통화를 위조·사용한 주모자는 효수형에 처하도록 규정되었다. 佐伯仁志, 2004, 「通貨偽造罪の研究」, 『金融研究』 8, 122~123쪽.

준해 처형할 것을 희망했고, 중화회의소의 감형 탄원도 이루어졌다.

이 사건은 외무성에서도 높은 관심을 기울였는데, 그 이유는 1870년 6월 야나기와라 사키미쓰(柳原前光)를 베이징 특사로 파견해 청일 간 조약 체결을 위한 교섭이 이뤄지고 있는 상황이었기 때문이었다. 재류 청국인에 대한 처형이 조약 교섭에 영향을 미칠 것을 우려한 외무성은 청국 정부와 직접 교섭해 청국인 처형에 대한 양해를 구했다.

이 같은 외무성의 조치는 비단 청국과의 관계에서만 비롯된 것은 아니었다. 죽계 처형에 대해 각국 영사가 감형을 희망했던 이유는 조약 미체결국 인민 중에는 청국인뿐 아니라 소수이기는 하나 서양인 또한 존재했기 때문이다. 일본 측은 서양인 조약 미체결국 인민에 대한 일본의 재판 및 처벌 과정에서 발생할 수 있는 영사들의 문제 제기에 대항하기 위해 죽계의 처분을 강행한 것이다. 결과적으로 죽계에 대한 형 집행이 실제로 이뤄지면서 일본은 제한적이나마 사법권 확보 시도에 성공하였다.

4. 청국의 영사 파견(1878) 이전: 일본 관할하의 재류 청국인

청일수호조규 체결로 일본 재류 청국인에 대한 조약국 인민의 법적 근거가 마련되었다. 청일수호조규는 양국 최초의 자발적이고 대등한 조약이었는데, 상호 영사재판권을 규정한 점이 특징이었다.[36] 청일수호조규의 영사재판권 관련 규정을 살펴보면 우선 민사상의 소송 규정은 영일통상조약 규정과 유사하게 마련되었다. 즉 제8조에서 양국 간의 소송에 관

---

36 藤村道生, 1995, 『日淸戰爭前後のアジア政策』, 岩波書店, 65쪽.

해 "이사관은 우선 조정을 통해 가능한 한 소송에 이르지 않도록 한다. 일이 잘 되지 않을 경우는 지방관과 협의하여 쌍방이 함께 공평하게 재단한다. 다만 도적, 도피 등의 사건은 양국 지방관이 체포하여 조사·처리할 뿐으로 정부가 보상하지는 않는다"하여 양 국민 사이의 분쟁 조정을 우선하는 한편, 소송에 이를 경우의 처리 방침 등이 규정되었다.[37] 양 국민 사이의 소송에서 이사관과 지방관이 '협의'한다는 내용은 제9·12·13조에도 규정되었다. 제9조는 이사관이 설치되지 않은 지역의 경우를 상정한 조항이었고, 제12조는 범죄를 저지르고 상대국으로 도피한 경우의 처리와 관련한 규정이었다. 제13조는 형사사건과 관련한 것이었는데, 다음과 같이 상당히 구체적인 사안을 상정한 조항이기도 했다.

> 양국 인민이 만일 개항장에서 흉도(兇徒)와 일을 꾸려 도적·악행을 저지르거나 내지에 잠입해 불을 붙이고, 사람을 살해·겁탈하는 자가 있다면 각 개항장에서는 지방관이 엄격히 붙잡아 곧바로 그 사정을 이사관에 알려야 한다. 만일 흉기를 사용해 저항할 경우 격살(挌殺)해도 불문에 붙인다. 그러나 이를 살해한 사정은 이사관과 만나 함께 사험(查驗)해야 한다. 만일 사건이 내지에서 발생해 이사관이 스스로 가서 사험하기 여의치 않을 경우, 그 지방관으로부터 실재 사정을 이사관에게 조회하여 조사[查照]하게 한다. 다만, 포박한 죄인은 각 항구에서 지방관과 이사관이 만나 조사하고, 내지에서는 지방관 단독으로

---

[37] 이 조항의 연원은 1858년 중영 톈진조약으로 거슬러 올라간다. 지방관과 영사관의 '회동 심판'이 규정된 톈진조약 내용이 이후 영일 간 조약과 청일 간 조약에도 원용된 것이라 하겠다. 이하 청일수호조규의 번역문은 동북아역사재단 편, 2021의 475~476쪽을 바탕으로 약간의 수정을 가했다.

조사하여 그 사정을 이사관에게 조회하고 조사하게 한다. 만일 이 나라의 인민이 저 나라에서 소요를 일으키는 도당을 꾀하여 10인 이상에 이르고, 저 나라 인민을 끌어들여 공모하고 지방에 해악을 끼치는 일이 있다면 저 나라의 관리가 신속히 조사하고 붙잡으며, 각 항구에서는 이사관과 협의하여 회심(會審)하고, 내지에서는 지방관이 이사관에 조회하여 조사하게 하고, 모든 범죄를 저지른 지방에서 법을 바르게 한다.[38]

제13조는 광범위한 형사사건을 상정한 규정이 아니라 특수한 사건(내란 도모·공모)에 관해 회심을 규정한 조항이었다.[39] 앞선 조항들의 '협의'가 회심이라는 용어로 구체화하여 나타나고 있지만, 한편으로는 형사사건 일반에 대한 규정이 아니었기에 형사사건에 대한 영사재판권을 어떻게 처리할지에 대한 문제가 남아 있는 조항이기도 했다.

---

38 마지막 문장인 '법을 바르게 한다'는 조약의 일본어본(法を正すへし)에 따른 것이다. 이에 대해, 중국 근현대사 연구자 조병식 선생으로부터 해당 부분의 한문본은 '均在犯事地方正法'이며, 여기서 정법(正法)은 '처형한다'는 의미라는 가르침을 받았다. 이는 각각의 영문 해석(청일수호조규의 공식 영문본은 없다)에서도 한문본 영역(captial punishment)과 일본어 영역(the trial)의 차이를 통해서도 분명히 나타난다. 이 같은 차이가 사법제도의 전근대성을 회피하기 위한 일본어본의 '의도된 오역'인지는 차후 면밀한 검토가 필요하나 흥미로운 지점이라 할 수 있다. 한편 청일수호조규에서 한문 사용이라는 언어문자적 측면에서 양국 관계의 수립을 고찰한 연구로는 옌리 지음(최정섭 옮김), 2021, 『청 말 중국의 대일정책과 일본어 인식 – 조공과 조약 사이에서』, 산지니 참고.

39 이 조항의 설정에 관해, 청조 측은 일본은 '호용빈자(好勇貧者)'가 많기 때문이라는 이유를 들고 있다. '왜구'의 존재와 임진전쟁 경험 등에서 비롯된 전근대 시기 일본에 대한 인식이 반영된 것이라고도 할 수 있다. 森田吉彦, 2019, 「日淸關係の転換と日淸修好條規」(岡本隆司·川島真編, 『中國近代外交の胎動』), 東京大學出版會, 61쪽.

이상의 조항들은 청과 일본이 각각 서구 열강과 체결한 조약에서 영사재판권 규정을 원용하면서도 차이점이 엿보인다. 일련의 불평등조약에서 시기적으로 뒤늦게 체결된 오(오스트리아-헝가리)일수호통상항해조약(1869.10.18)은 영일통상조약에서 규정되었던 공동 심리(혹은 회심)가 삭제되고, 일본인이 관여하지 않은 외국인 간 분쟁에 대해서는 일본 측 관헌의 '개입 배제'를 명기하며 치외법권적 요소가 강화된 것을 확인할 수 있다. 이에 비해 청일수호조규에서는 공동 심리에 해당하는 '협의'나 '회심' 등이 명기되어 있다. 또한 '민사'와 '형사'가 명확히 정의되지 않은 채 맥락에 따라 구분된다는 점에서는 여타의 영사재판 규정과 유사하나 형사의 경우 포괄적인 규정이 아닌 특수 사건에 대한 구체적인 규정이 마련되었던 것도 청일수호조규의 특징이다. 결국 영사재판권 규정은 마련되었으나 민·형사사건 구분을 비롯한 구체적인 재판 절차나 형식, 세부 규정이 미비한 상태였기에 실제 운영 과정에서 실무 차원의 협의나 관행 혹은 마찰이 발생할 여지가 컸다.

그런데 청일수호조규가 체결·비준된 이후에도 이상의 영사재판권 규정이 실제 적용되기에는 조금 더 시간이 필요했다. 청국이 실제 영사를 파견한 것은 1878년으로, 한동안 영사 부재기가 존재했다. 이 시기 청국인 관리를 위해 '재류청국인민적패규칙(在留淸國人民籍牌規則, 1874.4.10, 이하 적패규칙)'이 제정되었다.[40] 적패규칙은 이름 그대로 청국인에 대해 적패라는 일종의 외국인등록증을 발급해 재류 청국인의 거주·이동 상태를 파악하기 위한 목적에 한정되었다. 그렇지만 실질적으로 영사 부재 시기

---

40 적패규칙의 제정과 실제 운용에 관해서는 조국, 2019b, 「메이지 초기 수도 도쿄의 청국인 관리」, 『인천학연구』 31을 참조.

영사재판이 이뤄질 수 없었기에 이 시기 청국인에 대해서는 일본 재판소에서 재판이 이뤄진 것을 확인할 수 있다.

이와 관련해 영사 주재 전후로 청국인에 대한 재판이 이어진 사건을 검토해 청의 영사재판 시행 과도기의 실태를 밝혀보고자 한다. 요코하마 거류 청국인 조자강(趙子康)·임영재(林潁齊)의 재판과 관련해 사건의 경과를 1876년 8월 18일 가나가와현이 외무성에 보낸 문서를 통해 정리해 보면 다음과 같다.[41]

> 해당 사건은 조자강이 소유한 동부사(同孚社)라고 하는 환전 상점을 자강의 고용인 오인화라는 자에게 담당·영업하게 했는데, 임영재가 멋대로 조자강의 재산을 압류했기에 (조자강은) 영재를 피고로 본년 (1876) 5월 12일에 고소장을 제출했습니다. 이에 관계 경부가 원피고를 조사하였습니다.
> 피고 영재의 주장에 따르면, 임신년(1872) 중 하코다테항에서 복강(福康)이라 하는 회사를 설립했고, 당시 조자강은 그 회사의 사장(司帳)이었습니다. 그런데 장부에 부정 혐의가 많아 현재 조사 중으로 자강의 소유금은 부정한 것으로 간주해 압류했다는 취지입니다.
> 이상에 대해 (임영재에게) 자강의 부정 혐의가 있는 장부를 소지하고 있는지 물은바, 가지고 있지 않다고 답하였습니다. 때문에 장부상 부정 혐의가 있다면 이를 상각하는 것은 그쪽(하코다테) 담당에 출소해

---

41   神奈川縣權令 今野村靖→外務卿寺島宗則代理外務大輔 鮫島尚信,「警第1751號」, 외무성기록 4-1-3-111『橫濱居留淸國人趙子康ヨリ同國人林潁齊ニ係ル橫濱裁判所判定ニ対シ被告不服大審院へ上告一件』(『上告一件』으로 약칭함). 이하 직접 인용된 내용은 위 사료에 의함.

야 하며, 이번에 자강의 재산을 멋대로 압류하는 것은 부조리하다고 통고하고, 자강에게 돈을 돌려주어야 하는 것은 당연하다 설명했지만 듣지 않고 자신의 뜻을 주장했습니다. 또한 임영재가 사적으로 자강의 재산을 압류함은 조리에 맞지 않고 도저히 법에 위배된다 생각해 담당 경부가 사법 경찰 가규칙 제22조에 의해 처분해 5월 29일에 해당 재판소 규문계에 서류를 교부, 그 후 규문이 끝나 별지와 같이 통지가 있었습니다.

이 사건은 임영재가 조자강의 회계 부정을 문제 삼아 조자강의 재산을 사적으로 압류한 일에 대해 조자강이 일본 재판소(요코하마재판소)에 고소하며 시작되었다. 결국 조자강의 승소로 재판 결과가 나왔지만 이에 대해 1877년(明治 10) 5월 23일, 임영재가 판결에 불복하며 대심원에 상고를 했다.

그런데 문제는 이 사건이 처음 재판에 부쳐졌을 때와는 달리 상고가 진행 중에 청국 영사가 부임한 것이다. 청일수호조규에 따라 청은 일본에서 영사재판권을 행사할 수 있었고, 실제 이 사건에 대해 청 영사청은 청국인 상호 간의 분쟁으로 보고 별도의 재판을 진행하였다. 청 영사의 이 같은 조치를 둘러싸고 일본 사법성과 외무성 사이에 여러 차례 조회가 오가게 되었다. 1878년 5월 22일 사법성에서 외무성으로 보낸 아래의 조회문을 통해 당시 논점을 엿볼 수 있다.[42]

'청국인 임영재·조자강 사건은 차차 협의 끝에 동국인(同國人) 상호

---

42 司法卿 大木喬任 → 外務卿 寺島宗則, 「第2214號」(『上告一件』).

사건으로, 영사재판에 따르는 이상은 달리 방법이 없으므로 상고장을 각하하고 영치금을 인도해야 한다'는 외무성의 회답이 있었습니다. 그런데 이에 대해 이전 협의에서 영사청 개설 이전의 사범(事犯)은 모두 우리 재판소에 재단할 것이라는 뜻을 확실히 회답함에 따라 사법성은 이미 각 항(港) 재판소에 지령해 둔 바입니다. 이번에 전달받은 취지는 앞뒤가 모순되므로 이후 재판상 어떠한 지장이 생길지 알 수 없습니다. 때문에 최초 회답대로 영사 개청 이전의 사건은 모두 우리 재판소에서 처분하는 것이 좋다는 뜻을 청국 공사와 협의해 관철하길 바랍니다.

위의 내용을 통해 청의 영사 파견 이전 청국인에 대한 재판은 일본의 관할에 놓여 있었다는 점, 영사 파견이 이뤄진 후에도 영사 파견 이전부터 진행 중인 사건에 대해서는 일본 재판소가 계속해서 재판을 할 것 등이 사전에 협의되었음을 확인할 수 있다. 사법성은 이번 청 영사의 조치에 대해 외무성이 이전과 모순된 태도를 보이고 있다고 문제를 제기하며 청 영사와의 외교적 협의를 촉구한 것이다. 이에 외무성은 이전의 협의 사항은 형사사건에만 국한된 것이며, 이번과 같은 민사사건에는 적합하지 않다는 뜻을 밝힌다. 그러나 사법경은 재차 문제를 제기했다(5월 24일).[43]

위 임영재 건은 최초 민사로 일어났으나 함부로 타인의 재산을 차압한 죄로 불응위율을 과하여 속죄금을 내도록 한 것을 부당하다고 대심원에 상고한 것입니다. 결국 순연한 형사사건으로 귀결한 것입니다.

---

43 司法卿 大木喬任→外務卿 寺島宗則,「第2274號」(『上告一件』).

본래 민사 상고에 관한 것은 초심(1심) 재판소의 재판을 부당하다고 하면 우선 상등 재판소에 항소하고, 그 복심을 부당하다고 할 때 비로소 대심원에 상고할 수 있습니다. 그러나 형사에 관한 것은 초심 재판을 부당하다고 하면 항소를 기다리지 않고 곧바로 대심원에 상고할 수 있습니다. 이는 민사와 형사 상고의 차이입니다. 즉, 임영재 사건의 경우 율의 당부, 즉 형사에 관한 건으로서 대심원에 상고한 것이므로 결코 민사는 아닙니다.

이상의 내용에서 우선 당시 일본 사법제도의 미비가 드러난 점을 확인할 수 있다. 일본에서 형법과 형사소송법이 제정된 것은 1880년[시행은 1882년. 형사소송법은 치죄법(治罪法)라 불림]이었다. 민법의 경우 이보다 더 늦어져 1890년 제정된 민법은 이른바 '민법전논쟁' 속에서 폐지되고, 새롭게 제정·공포된 것은 1896년에 이르러서였다(시행은 1898년. 민사소송법은 1890년에 제정·시행). 즉, 위 사건이 발생한 당시 일본은 민·형사사건, 재판에 대한 법전 편찬이 미비한 상태였다. 형법의 경우 제정과 시행 이전에는 신율강령(新律綱領, 1871.2.16)과 그 추가법인 개정율례(改定律例, 1873.6.13)가 시행되고 있었다. 이 사건도 신율강령·개정율례가 적용된 형사재판으로 진행되었다.[44]

이후 청 영사와 외무성의 협의 과정은 불분명하다. 다만 실제 상고심이 정상적으로 이뤄지고, 같은 해 6월 17일 대심원 판결이 내려진 것을

44　패소한 임영재에게 적용된 '불응위율'이란 조문은 없지만 사리나 관습에 맞지 않는 행위를 처벌하기 위한 규정이었다. 신율강령에 "무릇 율령에 정조가 없어도 정리(情理)에 마땅하지 않은 일을 한 자는 태(笞) 30, 사안이 중대한 경우 장(杖) 70"이라 하였다.

통해 청과 협의가 이뤄져 이 사건은 일본 측의 사법적 판단에 맡겨진 것으로 보인다. 대심원에서는 요코하마 재판소의 판결을 번복해 임영재에 무죄 선고가 내려졌다.[45] 이후의 처리는 예치금을 청국 영사청에 교부하면서 청 측에 맡겨졌다.

이 사건은 형법(구 형법)이 제정되기 이전 일본의 형사사건의 사례이자, 청의 영사재판 시행을 전후로 한 재판 관할 문제가 뒤얽힌 사례였다. 이를 통해 청 영사가 파견된 이후에도 재류 청국인에 대해 진행 중인 재판에 관해서는 일본의 사법권이 관철된 것을 확인할 수 있다.

5. 영사재판권을 행사하는 청국

앞의 사례와 같은 과도기를 거쳐 재류 청국인도 여타 서구의 조약 체결국과 같이 영사재판하에 놓이게 된다.[46] 구체적인 사례로, 외무성 기록 가운데 『神奈川縣平民山口富造ヨリ清國人鮑昭ニ係ル賃金支払方請求訴訟同國領事裁判不当ニ付取消方同國公使ニ照會一件』(4-1-3-121, 이하 『照會一件』으로 약칭함)이라는 긴 건명으로 편철된 자료를 통해 일본인과 청국인 사이에 벌어진 내외인 소송이 원·피고가 뒤바뀌며 일본 재판소와 청의 영사재판이 복잡하게 진행된 사건을 분석해 보고자 한다.[47]

---

45 6월 21일 渡辺驤 司法大書記官→塩田三郎 外務大書記官 서한 별지(『上告一件』).
46 일본에서 청이 행사한 영사재판권에 관해서는 靑山治世, 2014가 포괄적으로 정리하고 있다.
47 이하에 인용된 사료 내용은 위의 자료에 의함. 이 사료는 앞서 언급한 川口ひとみ(2019)의 연구에서도 중요한 분석 자료로 인용되고 있다. 이를 통해 사건의 개괄적인

요코하마에 거주하는 야마구치 도미조[山口富造(藏)][48]가 운송금 559불을 미지불한 건으로 청국인 포소(鮑昭)[49]에 소를 제기했다. 야마구치는 1882년 10월 23일, 가나가와 현령 앞으로 청국인 포소가 최근 운송비 지불을 제대로 하고 있지 않다며 상기 금액 청구를 청국 영사에 신청했다.[50] 이듬해 2월 1일, 청국 영사는 이상의 청구 금액 가운데 241불에 관해서는 포소의 미지불을 인정했다. 그러나 포소가 야마구치로부터 받아야 할 돈이 있다며 이를 상계(相計)하면 오히려 자신이 돈을 받아야 한다고 주장함에 따라, 이와 관련해서는 일본 재판소에서 다투라는 판결을 내렸다.[51]

이후 포소가 사망함에 따라 친자인 포만(鮑滿)[52]이 소송을 이었고, 청

흐름이 정리되고 개개인 간의 문제가 가나가와 현령과 요코하마 이사관 사이의 지방 문제로, 나아가 일본 외무경과 청국 공사 사이의 국가적 외교 문제로 확대되어 가는 상황이 규명되었다. 다만, 핵심 사안인 '역소'를 둘러싼 일본 측의 인식 변화나 양면성, 청국인의 적극적인 활동 등 이 사건에 대한 입체적인 분석이 결여되어 있다.

48 요코하마구(橫濱區) 모토마치(元町) 5초메(丁目) 202번지(番地) 거주 평민. 사료에 따라 '造'와 '藏'이 혼용되고 있다. 외무성 기록에는 주로 '造'로 표기되어 있으나 민사 판결 원문 데이터베이스에는 '藏'으로 표기되어 있다. 이 글에서는 인용 자료의 표기에 따른다.

49 요코하마구 외국인 거류지 1번지 고용인 청국인. 당시 외국인 거류지 1번지는 영국의 자딘·매디슨 상관(Jardin, Matheson & Co)이 있었고, 판결문 등의 사료에도 차 보관소[茶倉] 등이 언급되는 것으로 보아 포소는 일종의 중개 관리인 역할을 한 것으로 보인다. 한편, 인명 표기와 관련해서는 포소, 포아소(鮑阿昭) 등이 혼용되고 있다. 본문에서는 혼돈을 피하기 위해 포소로 통일했다.

50 당시 외국인에 대한 재판은 개인이 직접 해당 국가 영사관에 청구하는 것이 아닌, 일본의 관청을 경유한 신청 절차를 거쳤다.

51 이상의 정리·개요는 1885.2.3. 神奈川縣令 沖守固→外務卿 井上馨, 「外第58號」(『照會一件』).

52 자료에 따라 포만, 포아만(鮑阿滿) 등이 혼용되고 있으나 혼돈을 피하기 위해 본문에서는 포만으로 표기를 통일했다.

국 영사의 판결대로 요코하마 시심재판소(始審裁判所)에서 포만을 원고, 야마구치를 피고로 한 재판이 진행되어 1883년 3월 31일 판결이 내려졌다.[53]

이에 따르면 포소가 피고로부터 받아야 할 금액은 300불과 98엔인 가운데, 피고인 야마구치는 98엔의 차용 사실만을 인정하고 300불은 차용 사실이 없다고 주장했으나 시심재판소는 원고가 주장한 300불 및 98엔을 인정했다. 하지만 야마구치는 판결에 불복하여 항소[控訴]를 제기, 12월 28일 도쿄 항소 재판소에서 승소 판결을 받았다. 즉, 항소 재판에서는 1심에서 인정한 증거와 증언이 피항소자의 주장을 입증하기에 불충분하다고 본 것이다.

한편, 항소심 판결문에는 "1883년(明治 16) 9월 6일 요코하마 경죄 재판소에서 증서 편취 건에 관해 증거 불충분으로 원고에 대해 면소를 선고"하였다는 구절이 있다.[54] 즉 야마구치가 항소한 이후 포만이 야마구치에 대해 차용증 증서를 편취했다며 민사소송과는 별도로 형사 고소를 했던 것이다. 포만의 이 같은 행동은 일본의 사법제도를 십분 활용해 재판에 유리한 상황을 만들고자 한 것으로 볼 수 있다.

어찌 되었든 항소심에서 야마구치가 승소한 뒤, 포만의 상고가 없었기에 위 재판은 이로써 판결이 확정되었다. 이에 야마구치는 애초 제기했던 포소에 대한 운임금 미지불액 559불에 대한 청구를 재차 가나가와현을 거쳐 청국 영사에 제출했다. 이에 대해 청국 영사는 최초에 내린 판결에 따르지 않으면 재판 집행을 하기 어렵다는 취지의 답변을 하였다. 즉 야

---

53 위 사료(「外第58號」)의 별지 3호.
54 위 사료 별지 5호.

마구치가 청구한 559불이 아닌, 241불에 대한 변상만을 요구할 수 있다는 것이었다. 결국 야마구치는 최초의 청구를 변경하여 청국 영사가 지불 미지급액이라 판정한 241불의 변상을 얻는 것으로 재판을 청구했다.[55]

그런데 청국 영사는 1884년 12월 17일, 앞서 포만이 요코하마 시심재판소에서 청구한 300불의 차용금도 야마구치가 지불해야 한다는 판결을 내리면서 사건은 다시금 복잡해졌다. 1심 판결에서도 300불의 차용금 존재를 인정했지만 이는 야마구치의 항소로 2심에서 뒤집혔고, 그대로 확정판결이 된 상황이었다. 즉 청국 영사의 판결은 일본의 재판 결과와 상반된 결론을 내린 셈이다.

이에 대해 대응을 모색한 일본 정부는 당시 일본 외무성에서 근무하고 있던 스티븐스[56]에게 의견을 구했다. 스티븐스는 청 영사가 당초 진행된 재판(야마구치가 제기한 소송)에서 포소의 주장과 관련된 사안을 요코하마 시심재판소에서 다루도록 한 것을 문제로 보았다. 즉 "청국 영사는 역소(逆訴)에 대한 재판권을 포기해 우리 재판권으로 귀착하게 했음은 명백"하다는 것이다.[57] 역소는 민사소송의 반소(反訴)에 해당하는 의미로 사용한 것으로 보이는데, 이는 피고가 구두변론 종결 전에 원고를 상대로 본소에 병합해 제기하는 소송이다. 현재 일본의 민사소송법에서는 그 청구가 다른 재판소의 전속 관할에 속하지 않고 본소의 청구나 이에 대한

---

55 1884년 4월 15일. 가나가와 현청에 이상의 내용을 청국 영사에 조회해 달라고 출원함.
56 더럼 화이트 스티븐스(Durham White Stevens): 미 공사관 서기관으로 1883년 7월까지 근무하고 귀국 후에 주미 일본 공사관 영어 서기관 등으로 일하였다. 1884년부터는 일본으로 돌아가 일본 외무성에서 근무하며 갑신정변 당시 한일 간 외교 교섭에 동행하여 활약하기도 했다. 제1차 한일협약 이후 대한제국 외부 고문으로 임명되어 일본의 대한제국 통치를 정당화하는데 앞장선 결과 1908년 3월 암살당한 인물이다.
57 1885.2.16.「スチーブンス氏意見」(『照會一件』).

방어 방법에 관련된 것에 한해 반소할 수 있다고 규정되어 있다.[58] 1890년 민사소송법 211조에도 '원고는 소 제기의 확장에 의해, 피고는 반소에 의해' 소송이 진행 중인 사건에서 다툼이 있는 권리 관계에 대한 판결을 신청할 수 있도록 규정했다. 다만, 이 당시는 아직 민사소송법이 규정되기 전이었고, 반소의 개념이나 제도적 정비 또한 이루어지지 않은 시기였다. 스티브스는 이상과 같은 문제점을 지적한 뒤, 일본의 항소 재판 결과를 뒤집은 청 영사의 판결이 "매우 부적절"함을 비판했다.

그러나 한편으로는 "청국 영사의 재판도 공공연히 취소할 방도가 없다고 생각합니다. 그러므로 이 사건에 관해서는 청국 공사와 담판을 열어 협의한 후 야마구치에 대한 불법 재판을 취소하여 우리 국민의 권리를 신장하고, 다른 한편으로는 우리 종심 재판의 존엄을 유지하도록 온당한 처분이 내려지길 바랍니다"라고 조언하였다.[59] 청의 영사재판 권한이 양국의 조약에 따라 인정되고 있는 현실을 감안해, 이를 사법적 문제로 논쟁하기보다 외교적 담판을 통해 조정하길 권한 것이다.

외무대신 이노우에 가오루(井上馨)는 스티브스의 의견을 참고하여 청 공사 서승조(徐承祖)에게 1885년 3월 17일 조회문을 보냈다. 조회문에서 이노우에는 현재까지의 재판 경위를 밝히고, 청 영사가 역소에 대한 재판권을 포기한 것임을 설명하며 다음과 같이 주장했다.[60]

야마구치 도미조가 우리 항소 절차를 따라 항소할지 여부는 본인의

---

58 "はんそ【反訴】", 法律用語辞典 第5版, JapanKnowledge, https://japanknowledge.com(2022-09-16 검색).

59 앞의 사료(「スチーブンス氏意見」).

60 井上馨→公使徐承祖, 「公第11號」(『照會一件』).

자유로 달리 간섭을 받을 일이 아닙니다. 도미조가 성규의 절차를 거쳐 항소하여 종심 재판을 받은 이상은 포만의 양은(洋銀) 300불 청구는 성립하지 않고, 다만 98엔의 변제를 받을 권리가 있다고 확정된 것이며, 그 재판의 효력은 귀국 영사도 승인해야 한다고 생각합니다.

그러나 야마구치 도미조는 귀국 영사청의 재판에 복종해 241불 변제를 청구함에 귀국 영사가 일단 우리 재판소로 넘긴 포만 청구 사건에 관해 재차 위와 같이 판결함은 우리 종심 재판소의 주지에 저촉될 뿐만 아니라 야마구치 도미조가 우리 재판소에서 신장해 얻은 권리를 귀국 영사청의 재판에 의해 감쇄시키는 모습이 되어 매우 부적절합니다. 위 귀국 영사의 재차 재판 중 포만의 역소에 관계된 분, 즉 '양은 300불[을 빌려준 사실] 또한 믿을 만하며, 거짓됨[虛假]이 없다'라는 판결을 삭제해 주길 바랍니다.

일본의 이 같은 요구에 대해 청 영사는 무대응의 입장을 취한 것으로 보인다. 같은 해 6월 11일에는 야마구치 도미조가 청 영사의 판결 취소를 요구하는 탄원서를 제출했고, 9월 11일에는 재차 이노우에 가오루 외무대신이 청 공사에 회답을 재촉하는 조회를 보냈기 때문이다.

야마구치의 탄원서에는 청국 영사의 판결을 '부당한 재판'이라 항의하며 7개 조항에 이르는 탄원 이유서를 첨부하였다. 이유서에는 야마구치가 일본의 항소심에서 승리한 이후의 정황에 대해 조금 더 상세히 기술되어 있다. 이유서에 따르면 1883년 2월에 포만이 변호인 야노 스케요시(矢野祐義)를 통해 요코하마 시심재판소에 재판 집행을 출원했다. 항소심에서 300불 차용은 인정되지 않았지만, 세 차례에 걸쳐 총 98엔을 차용한 사실은 인정되었기에 그 반환을 명한 판결에 의거해 집행을 신청했던 것이다. 이에 야마구치는 자신 또한 포만에게 받을 돈이 있으므로 이를 차감하겠다는 취지로 당시 청국 영사청에 조회를 출원했다. 그런데 청 영사가 본 안건은 이미 재판이 이뤄진 이상 재차 재판을 열지 않겠다고 하자 야마구치는 부득이 요코하마 시심재판소의 집행에 응해 98엔을 야노 스케요시에게 건넨 것이다.

이후 야마구치가 청국 영사재판 판결에 따라 미지급금을 241불로 변경해 출원하였는데 이에 대해 청 영사는 오히려 야마구치가 포만에게 300불을 추가로 갚아야 한다는 판결을 내렸음은 앞서 설명하였다. 청 영사의 이 같은 판결에 대해 야마구치는 "곡비(曲庇, 도리에 어긋나게 비호함)의 재판"이라 비판하며 이유서의 마지막 제7조를 다음과 같이 마무리하였다.[61]

> 종래 아국인이 외국인과 관계된 기소를 할 때는 관리 영사의 재허(裁許)를 받으며, 외국인이 아국인을 대상으로 할 때는 아국 법관의 심리를 받고 이를 따르는 것을 성규(成規)로 하고 있습니다. 때문에 본 건도 청국 영사가 최초 피고의 답변 중 '원고는 자신에게 양은(洋銀) 300매의 대여금이 있다'는 주장에 의거해 요코하마 시심재판소로 회송하였고, 피고 또한 이를 받아들여 이미 종심 재판을 끝내고 다시 시심재판소에 집행을 요구했습니다.
> 그럼에도 이번에 제가 청구한 재판에서는 앞서 말한 300불에 관해 청국 영사가 또다시 대심(對審)을 열었을 뿐만 아니라 아국인에 대한 건을 청국 영사가 전단(專斷)해 판결을 내림은 오로지 본 건 외에 들어본 적이 없습니다. 특히 저와 같이 원래 각 외국 인민과 접해 영업하는 자

---

61 1885.6.11. 山口富造→沖守固, 「歎願書」의 부속 이유서(『照會一件』).

에게는 실로 향후의 수칙[心得]이 되리라 생각하므로 이를 확실히 해두고, 만일 본 건만 특별히 청국 영사가 멋대로 재단한 것이라면 상세히 그 원인을 규명해 이처럼 불완전한 판결을 논박하고 철저히 본 안을 청구하길 재촉합니다.

야마구치의 이유서에서 우선 주목할 점은 청국인 포만의 행동이다. 앞서 본 것처럼 포만은 야마구치의 항소에 대응해 야마구치가 대여 증서를 편취했다고 고소하며 항소심 재판 중지를 끌어내기도 했다. 그리고 포만이 주장한 대여금 300불과 98엔 중 300불의 대여 사실은 인정받지 못했지만, 98엔의 대여 사실을 기반으로 재판 집행을 신청해 대여금을 받아냈다. 야마구치의 이유서에 따르면 이 재판 집행 신청에는 지금까지 포만의 대언인(代言人, 소송대리인)으로 활동한 다케토미 호조(武富棒造)와는 또 다른 인물로 야노 스케요시가 등장한다.

야노 스케요시는 에히메현 사족 출신으로 1876년 상경해 법률학사에 들어가 1879년부터 대언인으로 활동한 인물이다.[62] 민사 판결 원본 데이터베이스[63]에서 야노 스케요시로 검색하면 총 57건의 재판 사례가 확인되는데, 그 가운데 13건(중복 문서 제외)이 외국인을 대리한 변호였다.[64] 야

---

62 『人事興信録』 제4판(1915). https://jahis.law.nagoya-u.ac.jp/who/docs/who4-8093. 이후 야노 스케요시는 1891년에 요코하마 변호사조합회 회장을 거쳐 요코하마시회 의원 등으로 활약했다.

63 국제일본문화연구센터에서는 메이지 원년(1868)~메이지 23년(1890)의 민사 판결 원본 전문을 온라인 공개하고 있다(별도의 이용 신청을 통해 접속 아이디 및 비밀번호 발급 후 열람 가능). 현재 55만여 건에 달하는 당시 판결 원문을 확인할 수 있다. https://www.nichibun.ac.jp/ja/db/category/minji/

64 야노가 의뢰를 맡은 외국인의 국적은 미국, 독일, 스위스, 영국 등으로 청국인의 존재

노가 외국인을 대상으로 한 변호와 법률 자문, 대리를 맡은 변호인이었음을 추측할 수 있다.[65] 특히 13건 가운데 절반에 가까운 6건은 포만이 야노에게 의뢰한 시점(1883)인 1879~1883년에 집중되어 있다.[66] 포만이 당시 이 같은 야노의 이력을 알고 의뢰를 했는지는 불분명하나 적어도 일본의 사법 현실과 제도를 적극적으로 활용한 것을 알 수 있다. 포만은 일본의 사법제도에 따라 이권을 챙기며, 동시에 영사재판권 지위를 이용하여 영사재판에서도 유리한 판결을 받아냈다.

두 번째로는 청국 영사가 첫 판결에서 내린 결정(요코하마 시심재판소로 재판 송부 결정)을 둘러싼 '성규'와 '역소[反訴]' 문제다. 야마구치는 영사재판의 일반적 원리인 피고주의에 따른 재판을 '성규'로 주장하였다. 즉 피고의 국적에 따라 소속국 국가의 관할과 법률하에서 재판이 이뤄지는 것이 당시 일본에서 이뤄지는 외국인-일본인의 소송 절차라고 본 것이다. 이 같은 원리에 입각하면 빌려준 돈의 상환 문제를 다투는 소송은 포만이 원고, 야마구치가 피고가 되어 요코하마 시심재판소로의 회송은 자연스러운 논리적 귀결이라 하겠다. 그러나 한편으로 제도화된 역소의 측면에서 보면 앞서 설명한 것처럼 이는 '역소'에 대한 청 측의 몰이해, 무자각에 따른 '재판권의 방기'로도 해석될 수 있었다.[67] 달리 말하면 야마구치의

는 확인되지 않는다. 다만 이상의 검색 결과는 재판 판결문에 의한 것으로 포만과 같이 집행 신청과 관련된 법률 대리 행위에 대한 기록은 찾을 수 없었다.

65 한편, 포만의 주 대리인인 다케토미 호조에 관해서는 이 사건과 관련된 기록 외에는 대언인으로 활동한 사례를 찾을 수 없었다.

66 1879년 1건, 1882년 1건, 1883년 4건.

67 영사재판에서 반소의 재판 관할 문제에 관한 법리적인 논의는 이 글에서 다루지 못하나, 일반적인 반소의 기본 원리는 앞서 언급한 것처럼 본 소와의 관련성이 요구된다는 점에 있다고 할 수 있다. 현재 국내 민사재판에서는 "본 소 청구에 관한 방어 방법이

논리는 청 측의 결론과 상반되지만 '역소'에 대한 제도적 몰이해, 무자각이라는 점에서 동일선상에 있었다.

야마구치의 탄원서와 일본 측의 반복된 회답 요구에 청 공사가 답변한 것은 1885년 9월 29일(광서 11년 8월 21일)이었다. 이에 따르면 청 공사는 야마구치의 요구에 응해 재판을 다시 연 것일 뿐이라며 다음과 같이 입장을 밝혔다.[68]

> 야마구치 도미조는 이미 귀국 항소 재판소의 재판에 복종하면서도 어찌 재차 우리 이사청의 대질심문을 받았는지요. 또한 이후 우리 이사부에서 재판을 열어 복심(覆審, 覆訊)함에 야마구치 도미조가 출정해 심문을 받고 또한 별도의 이견도 없음은 전적으로 야마구치가 우리 이사관의 심문을 받아들여 우리 이사의 판결을 청한 것입니다. 이에 우리 이사관이 재판을 한 것은 본래 그의 바람을 이룬 것 바, 이번에 재차 이 판결이 귀국 항소 재판소의 재판과 어긋나는 바가 있어 취소를 희망한다 하여도 우리 이사로는 이를 꾀하기 어려움이 있습니다. 참으로 유감스럽습니다.

여기에서 청 공사 서승조는 재판 관할 문제에 대한 언급을 회피하며

적힌 반소장이 변론 기일에 진술되면 별도로 본 소에 관한 준비서면을 제출하지 않아도, 본 소 청구에 관한 방어 방법으로 역할을 하게 된다"라고 보고 있다. 이러한 관점에서 보면 이 사건에 대해 청 영사는 '방어 방법'의 판단을 일본 재판소로 넘겨버린 셈이다(박광서·송백현·최종원, 2021, 『민사기록의 이해』, 박영사. 54쪽). 민사소송법이 부재한 시기 '반소'에 대한 영사재판·섭외재판 처리는 구체적 사례를 통해 규명해야 할 문제로, 향후의 과제로 삼고자 한다.

68 1885.9.29.(光緒11年8月21日), 徐承祖→井上馨, (『照會一件』).

온전히 영사재판권 행사라는 측면에 초점을 맞춰 주장하고 있다. 즉 피고 포만에 대한 원고 야마구치의 청구에 재차 심문, 재판을 열고 이에 따라 판결한 것에 불과하다는 것이었다. 이에 대해 11월 13일 이노우에 외무대신은 다음과 같이 반박했다.[69]

> 역소의 건에 관해서는 피고인이 우리 일본 국민이기에 귀국 영사의 재판 관할 바깥에 걸쳐 있어 우리 재판소로 넘긴 일은 지당한 판결이라 생각합니다. (중략) 원고 포만이 만일 위 판결에 불복한다면 우리 법률에서 정한 기한 내에 대심원에 상고해야 함에도 그가 상고하지 않았을 뿐만 아니라 재판을 받아들여 피고로부터 98원을 수령한 것으로 보건대 우리 항소 재판소의 판결은 완전히 확정된 것이며, 포만이 재차 이에 대해 이의를 제기할 수 없습니다. (중략) 야마구치 도미조가 귀국 영사청에 출정, 심문을 받은 것은 역소 건에 관한 심판을 청원함이 아니고, 단순히 첫 번째 논점인 운조 임금에 관한 판결 실행만을 청구한 것임에도 귀국 영사가 다른 건을 판결한 것이므로, 이상의 이유를 잘 추고한 후에 귀국 영사의 판결을 속히 취소해 주시도록 부탁드립니다.

여기에서 이노우에는 청 영사의 역소에 관한 판단을 '지당한 판결'이라 평가하였다. 앞서 언급한 야마구치의 탄원 이유서에서 보이는 논리와 같은 맥락이라 할 수 있다. 그리고 야마구치의 포만에 대한 소송 건(청의 영사재판)과 역소 건을 완전히 분리하여 청 영사가 '완전히 다른 건을 판

---

69   1885.11.13. 井上馨→公使徐承祖,「公第44號」(『照會一件』).

결'한 것이라 지적하였다. 역소 재판권의 방기라는 측면에서 보자면 타당한 논리라 하겠다.

그런데 앞서 스티븐스의 의견서와 그에 기반해 1885년 3월 청에 보낸 조회문은 '재판권의 방기'를 문제 삼고 있는 점에서 '지당한 판결'이라는 위의 표현과는 뉘앙스의 차이가 보인다. 즉 역소가 본 소송에 부속되어 이루어지는 재판이라 한다면, 역소에 대한 재판은 본래 청 영사에 의해 이뤄지는 것이 마땅하다고 볼 수 있기 때문이다.

청 공사의 앞선 답변이 스스로 재판을 요코하마 시심재판소로 넘긴 문제에 대해 언급을 회피한 궁색한 논리로도 보이지만, 역소의 본래 의미에 따르면 청 영사의 재판이 '완전히 다른 건을 판결'한 것이라고만 볼 수는 없는 것이다. 이 사건은 역소의 재판 관할과 영사재판권의 적용 범위를 어디까지 둘 것인가라는, 내외국민 사이의 소송으로 이뤄진 영사재판의 복잡한 문제가 얽혀 있음을 보여 주는 사례였다.

이후 한동안 청 측의 대응은 보이지 않는다. 1885년 12월 3일과 이듬해인 1886년 1월 16일, 두 차례에 걸쳐 이노우에 외무대신은 서 공사에게 "목하 여전히 미결인 상황", "아직 어떠한 회답도 없으니 속히 회답을 주시길 바랍니다"라며 이 사건에 대한 해결을 촉구했다. 서 공사가 이노우에 외무대신에게 회답을 보낸 것은 1월 22일에 이르러서였다.[70]

> 본래 하료(下僚)의 심판이 불공평할 때는 우리 율례에도 또한 그 굴자(屈者, 패소자)로 하여금 상고할 것을 허가하고 있습니다. 본래 하료의 재판 시비를 살펴 실로 불공평할 경우 상사가 이를 밝혀 개정하거나

---

70 光緒11年12月18日[1886.1.22.同日訳了], 徐承祖→井上馨(『照會一件』).

하료의 판결에 조금도 증거가 없으면 상사가 증거를 찾아내 평반(平反, 잘못된 판결을 다시 심사하여 시정함, 공평히 평가함)해야 합니다.

사실 항소 문제는 초대 청국 공사 하여장(何如璋)이 부임한 이래 논의가 시작된 바 있다.[71] 하여장은 1878년 2월 1일, "지방관과 이사관(영사관)이 왕복하여 협의를 거친 후에 의결한다면 소송을 제기한 인민은 자연히 청단(聽斷, 판결)에 복종하지 않을 이유가 없을 것"이라 하여 애초부터 원고의 항소에 대해 부정적인 입장을 취하였다. 다만 "이사관과 지방관이 안건을 접하고 피차 의견이 부합하지 않아 판결을 내리기 어려운" 경우, 공사가 영사에게 명하거나, 관원을 파견하여 판결을 내리는 방침을 전하고 있다.[72] 즉 근대적인 항소 절차가 아닌 전통적인 법 체제하에서의 상급자(공사)에 의한 재판결을 상정한 것이었다. 이 같은 청 측의 기본적 인식이 이 사건에서도 나타난 것이다.

이노우에는 청의 답변에 대해 이해 2월 8일 답신을 통해 재차 상고 절차를 강조하며 재판이 완결된 사안을 청이 영사재판을 통해 부정하고 있음을 문제 삼았다.[73] 그러나 그 뒤로도 이노우에와 청 공사 사이의 논의는 계속 평행선을 달렸다. 3월 27일 재차 영사 판결 취소를 요구하는 서한을 이노우에가, 같은 달 29일에는 요구를 들어주기 어렵다는 서 공사의 답신이, 4월 8일에는 도쿄 항소 재판이 "판결은 확정되어 움직일 수 없는 것"

---

71 조국, 2019a, 113~114쪽. 이때 재심은 1심 이후의 상급심 등을 포함한 의미로 사용된 것으로 보인다.

72 「第四類 民事訴訟未定稿 第一三號」(橫濱市編, 1977, 『橫濱市史 資料編』 17권, 橫濱市, 281~282쪽); 조국, 2019a, 위의 논문.

73 井上馨→公使徐承祖, 「公第5號」(『照會一件』).

임을 강조하며, 또다시 영사의 판결 취소를 요청하는 이노우에의 서신이 오갔다.

이 사건의 종결이 어떻게 이루어졌는지를 보여 주는 자료는 확인되지 않는다. 다만, 청일 양측이 서로의 입장을 고수하며 합의에 이르지 못했을 가능성이 높다. 일본으로서는 이미 확정된 판결에 대해 새로운 조치를 취하기는 어려웠을 것이며, 이는 청도 마찬가지로 청 영사가 이미 내린 판결을 일본의 요구에 따라 일방적으로 취소할 수는 없는 입장이었을 것이다. 이러한 상황에서 야마구치가 할 수 있는 일은 자신이 청구했던 금액을 포기하되 동시에 청 영사가 내린, 오히려 야마구치가 포만에게 역으로 빌린 돈을 지급해야 한다는 판결에도 응하지 않는 것이었다. 그 결과 애초 사건의 발단이 되었던 미납금 문제가 해소됨으로써 영사재판과 일본 사법권의 충돌은 유야무야되어 명확한 자료가 남아 있지 않게 된 것은 아닐까.

6. 맺음말

막부 말기~메이지 초기에 걸쳐 일본이 서구 열강과 체결한 일련의 조약들은 기본적으로 불평등한 요소를 다분히 포함하고 있었다는 점에서 '불평등조약'임을 부정할 수 없다. 그리고 그 대표적인 요소가 치외법권으로까지 확대 해석되고, 적용된 '편무적 영사재판권'에 있었다는 것 또한 사실이다. 이러한 인식에 기반하면 조약의 불평등성은 서구 열강으로 대상이 한정되어 논해질 수밖에 없다.

그런데 이 글에서 다룬 청의 영사재판 행사 또한 조약에 따른 일본의 법권이 침해된 사정을 다분히 보여 주고 있다. 청과의 조약은 대등한 원리에 입각하면서도 '상호' 영사재판권을 규정한 점에서 기묘한 대등성을 보여 주고 있음은 선행 연구에서도 지적되고 있으나, 그 '기묘함'은 결국 사법권 침해와 제한이라는 점에서 서구 열강에 의한 '불평등' 조약과 유사한 효과를 발휘했다고 할 수 있다. 당시 일본이 체결한 조약의 불평등성에 대해서는 조약의 운용 실태와 더불어 청국과의 조약 관계를 시야에 넣어 일본의 '주권국가'로서의 확립 과정이라는 맥락에서 검토할 필요가 있는 것이다.

한편으로 이러한 조약 관계 속에서 일본의 대응 또한 주목된다. 영사재판의 적용·시행이 결국 주권국가의 사법권 침해, 제한이라는 문제로 나타나는 점을 메이지 일본은 초기 단계부터 자각하고 이를 극복하고자 했다. 국내외의 많은 난관 속에서도 지속된 조약 개정 교섭 시도와 성공이 이를 단적으로 보여 준다. 이 글에서 다룬 사례들은 이 같은 조약 자체의 개정과는 별도로 이뤄진, 현행 조약의 운영 과정에서 외국인에 대한 일본의 사법권 행사 시도로 볼 수 있다. 그 대상은 재류 청국인에 초점이 맞춰졌으나, 청과의 조약 체결 이전 시기나 과도기에 청국인에 대한 일본법 적용·처벌이 시도되고 일정 부분 관철되었던 것이다. 나아가 청의 영사재판 행사 시기에도 청의 근대적 사법제도 미비를 이용해 청국인에 대한 사법권 행사가 시도되기도 했다.

그러나 영사재판이 규정된 이상 그 같은 시도는 명확한 한계가 존재했으며, 이 같은 상황을 적극적으로 이용한 외국인(청국인)이 일본인과의 분쟁 속에서 유리한 입지를 차지하는 결과로 이어졌다. 이는 불평등조약 관계가 역으로 성립하면 자국민에게 유리한 조건을 만든다는 의미이기도 했다. 이러한 불평등성의 자각이 조선에 대해, 나아가서는 청에 대해 일본

우위의 불평등조약을 추동하는 하나의 요인이 되었다.

　마지막으로 이 글에서 다룬 사례가 청국인-청국인 사이의 영사재판, 혹은 청국인-일본인 사이의 영사재판뿐 아니라 청국인-일본인 사이의 섭외 사건(일본 재판소에서의 재판)을 다루었음을 지적하고자 한다. 일본 재판소에서 재판이 이뤄지더라도 당사자에 외국인이 포함될 경우 사안의 복잡성은 당연히 증대되었다. 절차상의 차이와 번잡함뿐만 아니라 반소·항소가 진행되며, 외교적 교섭이 요구되는 경우가 발생하는 등 다양한 문제가 나타날 수 있기 때문이다. 이 글에서는 요코하마의 재류 청국인을 대상으로 극히 일부 사례를 제시한 것에 그쳤으나, '불평등조약'의 운영 실태를 파악하기 위해서는 영사재판 사례에 더하여 각 개항장에서 이루어진 각국의 다양한 섭외 사건의 비교·검토 또한 필요하다. 이는 향후의 과제로 삼고자 한다.

제4장
불평등조약하의 치외법권 문제
- 도쿄 재판소에서의 내외인 소송을 중심으로

| 조국 / 성신여자대학교 사학과 조교수 |

1. 머리말

2. 조약상 규정과 재판 자료

3. 내외인 소송의 실태 - 『내외인교섭』의 개별 사례들

4. 맺음말

* 이 글은 「불평등조약하의 치외법권 문제-도쿄 재판소에서의 내외인 소송을 중심으로」, 『이화사학연구』 68, 2024를 수정·보완한 것이다.

1. 머리말

사법제도의 근대화는 일본의 근대국가를 향한 대내외 정책의 중추를 이루었다. 서구 열강에 의해 강제적으로 개항을 맞이한 일본은 열강의 이권 침탈 및 식민지 위협에서 벗어나 스스로 서구 열강과 어깨를 나란히 하는 문명국가로의 편입을 목표로 삼았다. 이를 위해서는 에도막부 말기~메이지 초기에 걸쳐 열강들과 체결한 이른바 '불평등조약'을 개정해 상호 대등한 조약 관계를 수립하는 것이 중요했다. 이에 따라 대외적으로는 서구 열강과의 조약 개정 교섭이, 대내적으로는 조약 개정을 위한 근대적 법전과 재판제도의 형성이 요구되었다. 불평등조약의 주요 요소인 영사재판권(치외법권)을 철폐하기 위해서는 열강들의 영사재판권 설정 근거, 즉 문명국으로서의 사법제도가 갖추어지지 않았다는 논리를 극복해야 했기 때문이다.

그동안 치외법권 문제는 직접적인 재판권 침해, 즉 영사재판 시행이나 이를 확대·적용해 외국인에게는 일본 국내의 행정·법률이 적용되지 않는 사례 등을 중심으로 논의되었다. 이 글에서는 이와 다소 성격이 다른, 일본 관할하에 이뤄진 내외인 소송 사건에 주목하고자 한다. 내외인 소송 사건(내외국인 교섭 사건, 섭외 사건)은 엄밀한 의미의 영사재판, 즉 외국인이 피고일 경우 시행되는 영사재판과는 구분된다.[1] '외국인 원고 – 일본인

---

1 '섭외소송'의 사전적 의미는 원피고의 구분 없이 내국인과 외국인이 얽힌 소송 사건을 뜻한다. 다만 영사재판이 규정, 운영되던 당시에는 '외국인 피고-내국인(일본인) 원고'로 이뤄진 재판을 영사재판으로, 일본 관할하의 재판 가운데 외국인이 얽힌 사건에 대해서는 내외인교섭소송(內外人交涉訴訟)으로 지칭하는 경우가 많았다. 이에 따라 선행연구에서는 '내외(인) 소송', '(내)외국인 교섭 사건'을 영사재판과 구별해 '외국인 원고 – 일본인 피고'를 상정한 표현으로 사용한 경향이 보인다. 이 글에서도 이같은 관행에 따라 영사재판과 구별되는 의미로 이상의 용어를 사용하고자 한다.

피고'로 이뤄진 사건은 재판 관할권이 외국에 있지 않고 일본 재판소에서 일본 국내법에 따라 판결이 내려지기 때문이다. 다만, 외국인이 관계되었다는 점에서 재판 과정이나 판결에는 외국의 간섭을 배제할 수 없었고, 이러한 점에서 치외법권의 한 양상으로도 이해할 수 있을 것이다.

이는 '불평등조약'하에서도 내외국인 사이의 재판이 반드시 외국 영사에 의해서만(영사재판으로만) 이뤄지지 않았음을 보여 준다. 하지만 그동안의 연구는 영사재판에 초점이 맞춰져 그 제도사적 검토와 개별 사례, 혹은 통계적 분석을 중심으로 이뤄진 경향이 있다.[2] 내외국인 교섭 사건에 대한 연구는 국내에서는 거의 이뤄지지 않은 실정이며,[3] 일본에서도

---

2   국내에서는 조일수호조규 이래 외국과의 조약 관계 속에서 영사재판권을 검토하는 연구가 주로 이뤄졌으며 나아가 청과 조선(대한제국) 사이의 영사재판 문제, 한중일 상호 영사재판 시행 문제 등까지 폭넓게 이뤄져 왔다. 권선홍, 1994·1995·1996,「동아시아 개항기 불평등조약의 한 내용(1)·(2)·(3): 영사재판권」,『국제문제논총』6·7·8; 한철호, 2005,「개항기 일본의 치외법권 적용 논리와 한국의 대응」,『한국사학보』21; 정구선, 2006,「개항 후(1876~1894) 일본의 치외법권 행사와 한국의 대응」,『한국근현대사연구』39; 이영록, 2005,「개항기 한국에 있어 영사재판권」,『법사학연구』32; 2006,「근대 한국에서의 일본 영사재판권에 관한 연구」,『한국동북아논총』39; 이은자, 2009,「청일전쟁 이전과 이후 재한 한중간 '소송' 안건 비교 분석」,『아시아문화연구』17; 2010,「19世紀末 在朝鮮 未開口岸의 淸商 密貿易 관련 領事裁判案件 硏究」,『동양사학연구』111; 구범진, 2006,「'한청통상조약' 일부조문의 해석을 둘러싼 한-청의 외교 분쟁」,『대구사학』83; 정태섭·한성민, 2007,「開港 後(1882~1894) 淸國의 治外法權 행사와 朝鮮의 대응」,『한국근현대사연구』43; 2008,「乙未條約 이후 韓·淸 간 治外法權 연구(1906~1910)」,『한국근현대사연구』46; 조병식, 2022,「關東州 중국인의 사법권을 둘러싼 중·일의 각축 – 개평사건(1907~1908)을 중심으로-」,『동양사학연구』161; 2023,「20세기 초 天津의 '治外法權'-混合裁判所 설립을 둘러싼 중외의 논쟁을 중심으로-」,『동양사학연구』165등.

3   이와 관련해서는 국내 영사재판 연구의 현황과 과제를 언급한 이영록, 2011,「한말 외국인 대상 민사재판의 구조와 실태: 한성(부) 재판소의 민사판결을 중심으로」,『법과사회』41을 참조. 또한 영사재판권에 더하여 섭외사건 연구의 의미와 필요성을 설득력 있게 제시하고 있는 문준영, 2010,『법원과 검찰의 탄생 – 사법의 역사로 읽는 대한

아직 본격적인 연구가 진행되지 않고 있다. 근년에 이르러 섭외 사건의 중요성을 언급하고 영사재판과의 개괄적인 비교·검토를 하거나 일부 사례를 소개한 연구가 나오는 데 그치고 있다.[4]

그러나 근대적 법체제의 미비 속에서 외국인이 관여된 분쟁·사건을 해결하는 과정 자체가 전통적 사법 체제의 변용을 불가피하게 요구했다는 점을 상기하면 섭외 사건의 다양한 사례 발굴과 추가 분석이 이뤄질 필요가 있다. 이를 통해 '불평등조약' 하에서 내외국인 관계나 불평등성의 의미를 재고하고, 동시에 일본에서의 근대 법체제 형성의 일면을 엿볼 수 있을 것이다.

2. 조약상 규정과 재판 자료

1) 섭외 사건에 관한 조약상의 규정

막부 말기부터 메이지 초기에 걸쳐 일본이 서구 열강과 체결한 조약은 영사재판권이 규정된 불평등조약이었다. 이는 처음으로 체결한 '미일화친조약'(1854.3.31 체결. 이하 조약 일자는 모두 체결 일자를 의미함)에서부터 시작해 막부 붕괴 후 메이지 초기에 맺은 서구와의 조약에 이르기까지 나

민국』, 역사비평사 참조.

[4] 長沼秀明, 2000a,「內外訴訟からみた日本の裁判權問題」,『歷史評論』604; 2000b,「寺島宗則外務卿時代における領事裁判權撤廢問題についての研究」,『明治大學人文科學研究所紀要』47; 藤原明久, 2003,「明治初年の涉外裁判三例」(林屋礼二 編,『明治前期の法と裁判』), 信山社出版; 森田朋子, 2012,「明治期における外國人關係裁判(一)-統計分析を中心に」,『人文學部研究論集』27 등.

타나고 있다. 일본에서의 대(對)서구 불평등조약의 집대성이라 할 만한 '오(오스트리아-헝가리)일수호통상항해조약'(1872.1.12)의 관련 조항을 살펴보면 아래와 같다.⁵

제5조

일본에 재류하는 오스트리아-헝가리 인민 사이에 신상, 소지품을 둘러싼 쟁론이 발생한다면 오스트리아-헝가리 관리의 재단에 맡길 것이다. 일본 관헌은 오스트리아-헝가리 인민과 다른 조약 체결국 인민 사이에 일어난 쟁론에 관계하지 않을 것이다. 만일 <u>오스트리아-헝가리 인민이 일본 인민에게 소송을 제기한다면 일본 관헌이 그 사건을 재단할 것이다.</u> 만일 일본인이 오스트리아 헝가리인에게 소송을 제기하면 <u>오스트리아-헝가리 관리가 이를 재단할 것이다.</u> (하략)

제6조

일본 인민 혹은 타국의 인민에게 악행을 저지른 <u>오스트리아-헝가리 인민은 오스트리아-헝가리 관리에 의해 오스트리아-헝가리 법도로 벌을 받을 것이다.</u> <u>오스트리아-헝가리 인민에게 악행을 행한 일본 인민은 일본 관헌에 의해 일본의 법도로 벌을 받을 것이다.</u>

제5조는 민사사건, 제6조는 형사사건에서 영사재판을 규정한 것으로, 특히 외국인간(오스트리아-헝가리 인민/일본과 조약을 체결한 외국인) 사건에

---

5 조문의 내용은 동북아역사재단 편, 2021, 『근대 조약과 동아시아 영토 침탈 관련 자료 선집 Ⅱ』, 동북아역사재단, 240~267쪽의 조약문을 바탕으로 일부 수정하였다. 또한 영사재판 관련 조약 규정에 대한 보다 구체적인 내용은 이 책의 제3장의 내용을 참조.

일본의 간섭을 명확히 배제한 점에서 영사재판 규정이 갖는 법권 침해를 보여 준다. 하지만 동시에 밑줄 친 내용처럼 영사재판의 피고주의 원칙 또한 명확히 규정되어 있음을 확인할 수 있다. 즉 일본인이 피고가 될 경우 그 관할은 일본에 있음을 규정한 것이다.

이러한 영사재판 조항은 비단 서구 열강과의 조약에만 규정된 것은 아니다. 청과 일본 사이 최초의 근대적 조약인 '청일수호조규'(1871.9.13)는 서로 영사재판을 행사할 수 있도록 규정한 기이한 형태의 상호 대등 원칙에 따라 수립되었다.

그렇다면 청일수호조규에서는 서구 열강과의 조약에서 나타나는 피고주의 원칙이 어떻게 규정되어 있었을까?

청일수호조규의 경우 형사사건은 특수한 경우(내란 도모·공모)에 한정되어 있어 여기에서는 민사사건에 해당하는 규정만을 살펴보고자 한다.[6]

제8조
양국의 개항장에는 피차 모두 이사관을 두고 자국 상민을 단속한다. 무릇 가재·산업·공사 소송에 관계한 사건은 모두 재판에 부치고 자국의 율례(律例)를 살펴 규명한다. 양국 상민의 상호 소송에는 모두 원서체(願書體)를 사용하고, 이사관은 우선 가능한 한 소송에 이르지 않도록 한다. 일이 잘 되지 않을 경우 지방관과 협의하여 쌍방이 함께 공평하게 재단한다. 다만 도적, 도피 등의 사건은 양국 지방관이 체포하여 조사·처리할 뿐이며, 관에서 보상하지는 않는다.

---

6 청일수호조규의 형사사건에 관한 관할 및 처리 규정은 제13조이며, 이에 대한 설명은 이 책 제3장 144~145쪽을 참조. 조문의 한글 번역은 동북아역사재단 편, 2021, 468~477쪽을 바탕으로 일부 수정을 가했다.

청일수호조규에는 명확한 피고주의 원칙이 드러나지 않으며, 영사 업무(영사재판)에 관한 내용만 규정되어 있었다. 때문에 조약의 문면만으로는 일본 재류 청국인이 일본인에게 소를 제기했을 때 관할 문제가 발생할 소지가 있었다고도 볼 수 있다.

그러나 실제로는 청국인 역시 다른 외국인과 동일하게 일본인을 상대로 소를 제기하면 일본 재판소에서 재판이 이뤄졌음을 확인할 수 있다. 청일수호조규의 해당 조항은 영일수호통상조약의 관련 조항을 간략화한 형태였음을 고려하면, 조약 해석상의 근거는 '영일수호통상조약'(1858.8.26)에서 찾을 수 있다. 해당 조약의 관련 조항은 다음과 같다.[7]

제5조
영국 신민에게 악행을 저지른 일본인은 일본 관리가 조사하고, 일본 법도에 따라 벌한다. 일본인 혹은 외국인 신민에게 악행을 저지른 영국 신민은 영사 혹은 기타 관인에게 조사를 받고, 영국 법도에 따라 벌한다. 재판에 쌍방 편파가 있어서는 안 된다.

제6조
영국인이 일본인에 대해 소를 제기할 일이 있다면 영사관에 그 뜻을 고하고, 영사의 조사 후에 실의(實意)로 처치해야 한다. 만일 일본인이 영국인에 대해 영사에 관에서 소송을 할 일이 있어도 또한 영사가 실의(實意)로 처치할 것이다. 만약 영사가 이를 처치하기 어려울 경우 일

---

7   조문의 한글 번역은 동북아역사재단 편, 2021, 182~228쪽을 바탕으로 일부 수정을 가했다.

본 관리에 신청하여 함께 조사하고 당연한 처단을 내릴 것이다.

제7조
영국인이 일본 상인에게 갚아야 할 채무가 있음에도 이를 태만히 하거나, 간책을 쓸 경우에는 영사가 이를 재단하여 엄중히 갚게 할 것이다. <u>일본 상인이 영국 상인에게 갚을 빚이 있어도 일본 관리가 이를 처리하는 것은 위와 같을 것이다.</u>

청일 간 조약에는 영사재판과 섭외 사건의 구분 또한 명확히 규정되어 있지 않은 것에 비해 영일수호통상 조약에는 속인주의에 따른 관할권을 비교적 명확히 규정하고 있음이 확인된다. 다만, 형사사건(제5조)의 명확한 관할 구분과는 달리 민사사건(제6조)은 영사의 재단을 우선시하고, 한편으로는 영사와 일본 관헌의 '합동 재판'을 상정한 듯한 규정으로 되어 있었다. 이 같은 애매한 규정이 앞서 검토한 오일 조약에서는 민·형사 사건 모두 피고주의에 따른 재판으로 명확해진 것이라 할 수 있다. 결과적으로 실제 일본 관할하의 섭외 사건은 청국인을 포함, 일본과 조약을 체결한 외국인들에 대해 모두 유사하게 이뤄진 것으로 보인다.

한편, 이상과 같은 조약상의 규정에 더하여 섭외 사건 처리를 위한 일본 국내의 정비도 함께 추진되었다. 1873년 6월 13일 태정관달(太政官達) 제205호를 통해 '외국인 소송 규칙'이 제정되었다.[8]

일본인에 대해 각 개항장 혹은 개시장 재판소에 출소(出訴)하는 외국

---

8   大審院民刑事分局, 1880~1881, 『民事法例』 第9卷 訴訟部 下, 10~20쪽.

인은 모두 다음의 정칙을 준수해야 한다.

청송 절차
제1장
1. 소송은 모두 서면으로 하며, 원고인 혹은 적법하게 위임을 받은 대리인이 다음의 조항을 따라 명세(明細)하게 기록해 제출할 것. 소장 혹은 다른 서류들도 외국어로 기록된 것은 재판소에서 필요할 때 하나하나 일본어본을 첨부해 낼 것.
  제1 원고인의 본국 및 일본 거류 주소, 성명
  제2 피고인의 주소, 신분, 성명
  제3 요구하는 금액 혹은 배상액
  제4 소송에 의해 발생하는 명세한 정실
  제5 거래 중 피고인으로부터 원고인이 수취한 금품이 있다면
   그 수를 명세히 기재할 것
(하략)

총 15장으로 구성된 이 규칙은 일본인을 상대로 외국인이 소송할 때의 절차를 상세히 규정한 "최초의 체계적인 내외 소송 규칙"으로 평가된다.[9] 그러나 제정 후 1주일이 지나지 않은 같은 해 6월 18일, 사법성달로 이 규칙을 시행하기 위해서는 '각국 공사와의 담판 사정도 있어' 잠시 연기하게 되었다.[10] 결국 본 규칙이 실제 운용되지는 못했으나 일본인을

---

9 長沼秀明, 2000a, 35쪽.
10 大審院民刑事分局, 1880~1881, 앞의 책, 21~22쪽.

상대로 한 외국인의 소송은 엄연히 존재했다. 때문에 이와 같이 구체적인 규정을 외국인에게 강제할 수는 없었어도 일본 관할 아래 일본 재판소에서의 재판이라는 기본적인 틀 속에서 섭외 사건은 처리되었다.

2) 섭외 사건 재판 자료 소개와 개관

(1) 자료 소개

이 글에서 주된 분석 자료로 삼은 『내외인교섭소송재판선고서편책(內外人交涉訴訟裁判言渡書編册)』(이하, 『내외인교섭』, 〈그림 1〉참조)은 1872~1885년(明治 5~18)까지 도쿄의 재판소에서 내려진 내외 소송 판결문(안)을 수집·정리한 부책 자료다.[11] 이 자료는 현재 국제일본문화연구센터 민사판결원문데이터베이스를 통해 인터넷상에서 누구나 열람이 가능하다.[12] 민사판결원문데이터베이스가 공개된 배경은 다음과 같다.[13]

1992년 민사 판결 원본 보존기한을 50년으로 하여 기한이 지난 판결

---

11 부책명에는 '메이지 17년(=1884년)'까지로 표기되어 있으나 재판 선고일을 기준으로 정리하면 1885년도까지 포함된다. 한편 이같은 시기 설정 이유에 대해 瀧川叡一는 메이지 18년 10월 24일 사법성달로 「대심원, 제(諸)재판소 서류 보존 규정」이 제정되어 당시 도쿄 시심재판소에서 보관하고 있던 소송 기록 중 재판선고서를 뽑아 연도별 판결원본철을 작성하였고 그 가운데 섭외사건만을 따로 정리한 것이 본 자료일 것이라 추정하고 있다(瀧川叡一, 1989, 「東京開市場裁判所の設置とその判決例」, 『亜細亜法學』 23-2, 9쪽).

12 https://www.nichibun.ac.jp/ja/db/category/minji/ 다만 본 사이트에서 자료를 검색하기 위해서는 열람신청서를 작성해 아이디와 패스워드를 발급받아야 한다. 관련 분야의 연구자라면 일본인·외국인 구분이나 일본 국내 거주·해외 거주의 구분 없이 대부분 신청이 수리되는 것으로 보인다. 이 책에서 인용하는 화상자료(그림1~그림3)는 모두 위의 웹사이트에서 캡처한 것이다.

13 林屋礼二, 2006, 『明治期民事裁判の近代化』, 東北大學出版會, 6~7쪽.

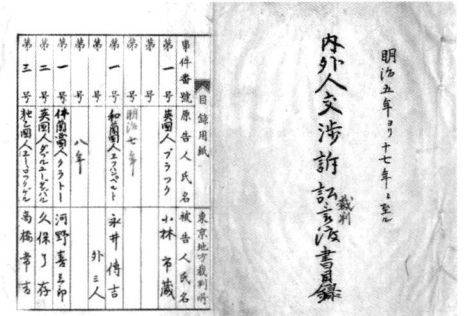

<그림 1> 『내외인교섭소송재판언도서편책(內外人交涉訴訟裁判言渡書編冊)』 표지 및 목차 일부

원본을 폐기하기로 하는 일본 최고재판소의 결정이 내려지자, 민사 판결 원본 보존 운동이 전개되기 시작했다. 이에 따라 50년 기한이 경과한 과거 판결문들은 일차적으로 전국의 국립대로 이관되었으며, 최종적으로 국립 공문서관으로 이관하여 보존하게 되었다. 이 가운데 메이지 초기부터 메이지 23년(구 민법·민사소송법 제정 시기)까지의 55만 건이 국제일본문화연구센터를 통해 원본 화상 및 검색 데이터베이스화가 이뤄진 것이다.

『내외인교섭』에 수록된 재판 관련 기록은 총 141건(부책 내 번호에 따름)에 달하며 페이지 수로는 500매가 넘는 방대한 분량이다. 그런데 이 자료를 이용한 선행 연구는 1980년대 후반 다키카와 에이이치(瀧川叡一)에 의해 초기 판결 사례 5건이 번각·소개되고 있는데 그치고 있다.[14] 이 자료를 이용한 본격적인 후속 연구가 30여 년간 이뤄지지 않았다고 볼 수 있다. 이 글에서는 우선 『내외인교섭』 자료의 개괄적인 분석을 한 후 몇몇 특색이 엿보이는 개별 사례를 살펴보고자 한다. 전체 121건(동일 사본이나

---

14   瀧川叡一, 1989(이후 瀧川叡一, 1991 『日本裁判制度史論考』, 信山社出版에 재수록).

판결문이 아닌 것은 제외) 가운데 소송인을 제기한 외국인 국적에 따라 현황을 정리하면 〈표 1〉과 같다.

〈표 1〉 도쿄 개시장의 섭외 사건 현황

연도\지역	영국	프랑스	미국	독일	네덜란드	스위스	청	포르투갈	기타	합
1872	1									1
1873					1					1
1874										0
1875	2	2		1					1	6
1876	6		1	1	1		1			10
1877	6	1	1		1		1		2	12
1878	11	1			1			1		14
1879	6	3		1		1			1	12
1880	6	3	3		1		1			14
1881	2	4	3	1	3			2	1	16
1882	4	4	1	1	1					11
1883	2		2	2		1	1		1	9
1884	1		2	5		2				10
1885	1		2	1	1					5
합	48		15	13	10	4	4	3	6	121

기타: 스웨덴, 덴마크, 러시아, 오스트리아, 국적 미기재

국적별로 살펴보면 영국이 48건으로 가장 다수를 차지하고 있으며, 그 뒤를 이어 프랑스 18건, 미국 15건, 독일 13건, 네덜란드 10건 등이었다. 이 자료가 개시장 도쿄[15] 의 재판소였음을 상기하면 절대적인 소송 수는

---

15 개시장은 개항장과 달리 말 그대로 항구를 연 것이 아닌 '시장'만을 연 곳이었다. 일본

요코하마, 나가사키, 고베 등 주요 개항장에 비해 적으나 인구비를 고려할 경우 결코 적지 않다(개항·개시장별 섭외 민사사건 〈표 2〉 참고).[16]

〈표 2〉 개항·개시장별 섭외 민사사건

연도 지역	1875	1876	1877	1878	1879	1880
나가사키	65	65	79	68	29	26
고베	불명	54	23	24	13	4
오사카	35	47	20	3	2	6
니가타	불명	1	0	1	0	0
요코하마	192	118	64	54	34	29
도쿄	13	46	40	26	22	26
하코다테	불명	29	28	21	29	26

출처: 長沼秀明, 「寺島宗則外務卿時代における領事裁判權撤廢問題についての硏究」, p.203에 의함.

또한 외국인 가운데 숫자는 적지만 청국인도 포함된 것이 주목된다.[17]

---

16 의 경우 개시장은 불평등조약하에 도쿄가 유일했다. 개시장 도쿄의 특징에 관해서는 조국, 2019, 「메이지 초기 수도 도쿄의 청국인 관리」, 『인천학연구』 31을 참조.
    또한 이 표를 참고하면 본 자료가 도쿄 재판소에서 이뤄진 섭외 사건을 망라하지 않음을 알 수 있다. 나가누마가 정리한 표는 사법성에서 정리한 당시 통계자료에 의한 것인데 가령 1875~1880년 도쿄의 섭외 민사사건과 『내외인교섭』에 정리된 건수가 일치하지 않는 것을 확인할 수 있다.

17 개항장에서 청국인이 차지하는 비율은 전체 외국인의 과반인 경우가 많다. 그러나 영사재판 사례에서 확인되듯, 청국인은 인구수에 비해 영사재판 사례가 적은 경향이 나타난다. 이는 섭외 사건에서도 마찬가지인데 도쿄의 경우 개시장의 특성상 애초 청국인의 인구 비중이 크지 않았다는 점도 고려할 필요가 있다. 참고로 도쿄의 외국인 수(괄호 안은 청국인 수)는 다음과 같다. 1876년 175(91), 1879년 169(32), 1880년 157(34), 1881년 174(31), 1882년 122(22). 이와 관련해, 요코하마의 경우 1878~1903년

전술한 것처럼 청일수호조규 규정 자체에는 내외 교섭에 관한 규정이 마련되어 있지는 않으나 다른 외국인과 마찬가지로 청국인도 일본인에 대한 소를 제기하여 일본 재판소에서 재판이 이뤄진 실사례가 확인된다. 이에 더하여 청국인 4건 가운데 1건은 1877년에 이뤄진 판결로, 청국인이 원고가 아닌 피고였던 사례다[43].[18] 외국인(청국인)이 피고이기에 영사재판의 피고주의 원칙에 따르면 이는 청의 재판 관할에 속하는 사건이다. 다만 청일수호조규가 체결·비준된 이후에도 청 영사가 곧바로 파견되지는 않았기에 해당 시기는 청 영사의 공백·부재기로 재류 청국인에 대한 일본의 사법 관할이 이뤄진 사례라 할 수 있다.

아울러 재판 건수 가운데 항소가 21건에 달하는 점도 주목된다. 항소의 경우, 원고인 외국인이 1심에서 패소하여 항소하는 경우와 반대로 1심 판결에 불복한 일본인(1심 피고)에 의한 항소로 대별된다. 흥미로운 점은 후자의 경우 항소심과 1심의 원피고가 뒤바뀌어 표기되고 있는 부분이다. 이 표기에 따르면 항소심은 피고가 외국인이므로 피고주의 원칙에 따라 영사재판이 이뤄져야 할 것을 일본 관할하의 재판으로 처리한 것이 된다. 그러나 실제로는 소송 절차에서 항소심의 원·피고는 1심과 동일하므로 피고가 외국인으로 바뀌는 것이 아니라 피항소인이 될 뿐이다. 이처럼 판결문에서 원·피고가 '뒤바뀌어 버린' 표현이 등장하는 것은 서구식 근대적 소송 제도가 확립되지 않은 당시 일본의 상황을 보여 주는 사례이다.

섭외 사건 건수의 의미를 알기 위해서는 영사재판 건수와의 비교 또

민사사건 내외 소송 총 2,696건 가운데 청국인이 가장 높은 비율(671건, 28%)을 차지하는 점도 참고할 만하다.

18 '[ ]' 안의 숫자는 『내외인교섭』 부책 내 번호를 뜻한다. 이 글 말미의 '『내외인교섭』 수록 사건번호와 사건명' 부록의 표 참조.

한 필요하다. 정확히 대응되는 자료의 정리·비교를 위해서는 많은 추가 작업이 필요하기에 여기에서는 영사재판 건수에 관한 선행 연구의 자료를 통해 대략적인 경향만을 파악해 두고자 한다. 〈표 3〉은 가토 히데아키(加藤英明)가 정리한 개시·개항장별 영사재판 건수다.

〈표 3〉 개시·개항장별 영사재판 건수(1878~1898)

	요코하마	고베	나가사키	오사카	도쿄	하코다테	니가타	합계
민사 (延 건수)	2,401	810	418	89	57	18	8	3,801
형사(新受)	709	580	419	38	10	4	1	1,761

출처: 加藤英明, 1980, 「領事裁判の研究―日本における(2)」, 『名古屋大學法政論集』 86. 120쪽에 의함.

연도별 개항·개시장 건수가 따로 정리되어 있지는 않지만 특징을 찾자면 민사재판에서 요코하마에서 영사재판 건수가 상대적으로 많다는 점(이는 당시 요코하마가 일본 최대의 개항장이었음을 고려할 필요가 있음)과 도쿄의 영사재판 건수가 상대적으로 적다는 점이다. 특히 영사재판과 섭외 사건의 건수를 비교하면 도쿄의 특징이 두드러지는데, 20여 년간의 영사재판 누적 건수(延)가 1875, 1876년의 섭외 사건 건수를 상회할 만큼 섭외 사건의 비율이 더 높다. 즉 일본인이 외국인을 상대로 소를 제기하는 사례보다 외국인이 일본인을 상대로 소를 제기하는 빈도가 더 높았음을 보여 준다.[19] 이에 대해서는 영사재판의 문제점과 어려움을 원인으로 지적

---

19 요코하마의 경우에도 20년간의 민사재판 건수를 연도별로 단순 계산했을 때, 해마다 평균 22건 정도가 발생한 것에 비해 섭외 사건의 경우 같은 방식으로 1875~1880년의 연평균 건수는 58건에 이른다. 다만 이 역시 섭외 사건의 건수가 해를 거듭할수록

할 수도, 한편으로는 민사 분쟁의 원인 제공에 일본인의 비중이 외국인보다 상대적으로 높기 때문이라는 상반된 평가도 가능하다. 원인 분석을 위해서는 면밀한 검토가 필요하기에 여기에서는 영사재판·섭외 사건의 종합적인 비교·검토의 필요성을 확인했다는 점에 의의를 갖고자 한다.

(2) 『내외인교섭』 자료의 특징

이상과 같이 영사재판을 상회하는 섭외 사건 사례가 존재했음을 염두에 두면서 『내외인교섭』 자료가 갖는 특징을 몇 가지 더 살펴보고자 한다. 우선 '편찬 자료'로서의 특징이 확인된다. 부책명에서 알 수 있듯 본 자료는 원판결 자료를 사후에 '편찬'한 자료에 가깝다. 때문에 자료 정리, 편찬 과정에서 발생한 복수의 사건 번호가 표기되었음을 확인할 수 있다. 또한 동일 내용의 자료(사본)도 존재하며, 편찬 과정에서 추가된 것으로 보이는 첨부 메모 등도 확인된다(〈그림 2〉 참조). 내용은 다음과 같다.

> "본 건 서류 가운데 (일부는) 정돈 시 잘못하여 같은 해 제13호 1건 서류 속에 혼입했을지도 모른다. 또는 13호 사건에 관한 초안(書案)이 본 건에 산입해 있을지도 모른다. 다만 정돈 시에는 주의하여 태만하지 않고 분별했으므로 우선 이것저것 혼입되지 않았다고 판단되지만 혹 13호 1건 서안이 다수이기에, 또한 후일 만일의 경우 편의를 위해 이에 부첨(付籤)한다. 이상의 이유로 만일 본 건 서안이 부족하다면 13호 건 서류를 참고 바람."(괄호 안은 인용자)

급감하기에 영사재판과 섭외 사건의 개별 통계에 대한 보다 자세한 자료를 바탕으로 분석할 필요가 있다. 이는 향후의 과제로 삼고자 한다.

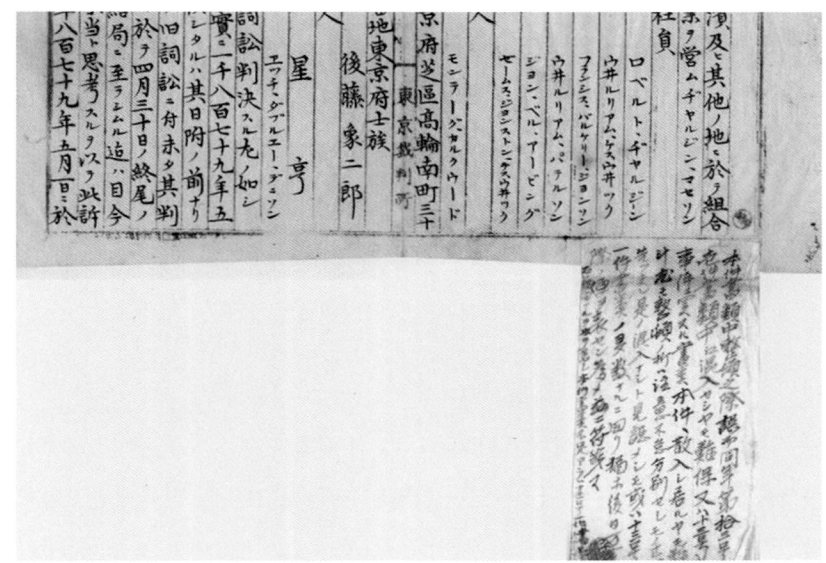

<그림 2> 편찬 과정에서 추가된 것으로 보이는 첨부 메모 [74-1]

또한 다양한 괘지가 사용되어 약 14년간에 걸친 재판소의 변천과 정비 과정을 엿볼 수 있다. 가령 1872년(明治 5)의 초기 자료는 '도쿄 개시장' 재판소 괘지가 사용되다 1875년에 도쿄 재판소로 괘지가 변경된다(〈그림 3〉 참조).

두 자료는 같은 사건, 같은 내용으로 도쿄 개시장 재판소에서 도쿄 재판소로 개칭에 따라 사본 작성이 이뤄진 것을 확인할 수 있다.

도쿄 개시장 재판소는 도쿄 외국인 거류지 외국인의 내외 교섭 소송을 맡기 위해 1872년 2월 3일 설치되었다가 1875년 7월 10일 도쿄 재판소에 병합·폐지된다. 한편, 도쿄 개시장 재판소 설립 1년 전에 사법성이 설치되며 사법과 행정이 분리된, 일본에서의 근대적 사법 체제의 정비가

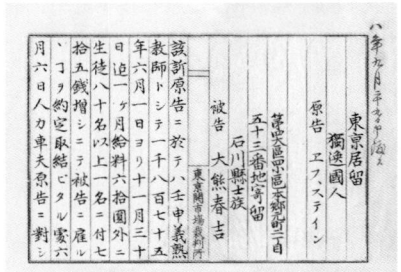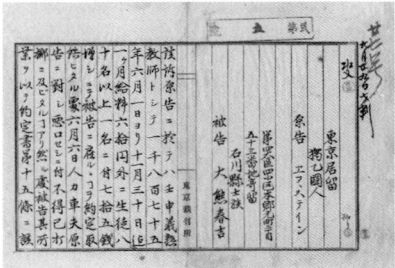

<그림 3> 도쿄 개시장 재판소 괘지에서 도쿄 재판소 괘지로의 변화

본격적으로 실시되기 시작했다.[20] 그리고 1872년 '사법직무정제(司法職務定制)'에 따라 '부·현 재판소(1심) – 사법성 재판소(2심)'의 민사재판 2심제의 기본 구조가 성립된다(도쿄 재판소는 부·현 재판소 가운데 하나). 민사재판의 이 같은 2심제는 이후 1875년 항소·상고에 대한 일련의 법제 정비를 통해 사법성 재판소의 폐지 및 상등 재판소 설치, 최고기관인 대심원 창설로 3심제가 확립된다. '대심원(3심) – 상등 재판소(2심) – 부·현 재판소(1심)'의 재판소 구성이 이뤄진 것이다. 이어 부·현 재판소는 지방재판소로 명칭 변경(태정관 포고 114호)되고, 부·현별로 복수의 지방재판소가 설치된다. 이후 1882년에는 상등 재판소가 항소(控訴) 재판소로, 지방재판소는 시심재판소로 변경되었다.

이상과 같은 재판소 구성 및 제도 변화에 따라 『내외인교섭』에도 도쿄 개시장 재판소, 도쿄 재판소, 도쿄 시심재판소, 도쿄 상등 재판소, 도쿄 항소 재판소 등 다양한 괘지가 사용된 것이 확인된다.

---

20   이하 메이지 시기 민사재판제도 변천 과정은 林屋礼二外 編, 2005, 『統計から見た明治期の民事裁判』, 信山社, 18~20쪽 참조.

한편, 개별 판결문에 초점을 맞춰보면 판결문 제목부터 형식, 내용에 걸쳐 다양한 양식이 드러나고 있다. 우선 판결문 제목의 경우, 재판 언도서(안), 재판 언도, 언도서, 결(決), 무제(無題) 등 다기에 걸쳐 있다. 특히 주목되는 것은 일부 판결문에는 안(案)이라 쓰여 있고, 일부는 그렇지 않다는 점이다. 이는 당시 판결 원본 제도가 없었기에 '재판 언도서'가 현재의 판결안에 해당하는 것으로 여겨지고 있다.[21] 실제로 제목에 안(案)이 붙여진 것과 그렇지 않은 문서 사이에 본문 내용에는 큰 차이가 확인되지 않는다. '안'이라는 표기가 없어도 본문에 각종 수정이 가해진 사례가 빈번히 확인되기도 한다.[22]

판결문 제목뿐 아니라 표현, 양식에서도 통일되지 않은 다양한 형태가 나타나고 있다. 가령 판결문에서 판사가 스스로를 '나(余)'로 지칭한 경우가 대표적이다. 이는 향후 정착되는 일반적인 판결문 양식에서는 나타나지 않는 것으로 이러한 형태는 메이지 초기 근대적 민사재판 제도 성립 과정, 혹은 미비함을 보여 주는 것이다.

---

21 瀧川叙一, 1989, 앞의 책, 10쪽.
22 뒤에 소개할 [38](第00007號 民第00002號 銑鉄引取方違約ノ訴訟)의 경우도 이에 해당한다. 한편, 해당 외국 영사에게 재판 결과를 알리기 위해 별도의 용지에 정서한 사본으로 추정되는 기록도 있다([81]1879年外00016號 民第00008號 売掛残金催促ノ訴訟 身代限).

3. 내외인 소송의 실태 – 『내외인교섭』의 개별 사례들

이 장에서는 『내외인교섭』에 수록된 섭외재판 기록 중 일부를 ① 일본 법률에 의거한 판결, ② 정리(情理)·인정(人情) 상의 판결, ③ 증서·증거에 따른 판결, ④ 서양법·관습 불인정으로 분류하여 살펴보았다.

1) 일본 법률에 의거한 판결

첫 번째 사례는 임신의숙(壬申義塾)[23] 교사로 고용된 독일인 스테인(ヱフ·ステイン)[24] 이 인력거꾼을 폭행해 해고당한 건에 관한 소송이다[10][00027號 民第00005號. 피고는 혼고(本郷) 모토마치(元町)에 거주하고 있던 이시카와현(石川縣) 사족 오쿠마 하루키치(大熊春吉)[25]]. 판결문에 따르면 스테인은 인력거꾼을 폭행해 우선 도쿄경시청에 호출되었고, 결국 영사재판을 받기에 이른 것이 확인된다(10일간 금옥령 처분). 피고 측(오쿠마 하루키치)은 약정서에 따라 스테인의 행위가 교사로서 부적절한 행위이므로 면직 처분을 내렸고, 이에 반발한 스테인이 소송을 제기하였다. 판결은 피고의 행위가 약정서에 따른 정당한 것으로 보고 스테인의 주장을 받아들이지 않았다. 판결문에서 확인되듯 해당 약정서는 문부성이 반포한 '사학 외국

---

23 1872년 도쿄 분쿄구에 설립된 사숙(私塾).

24 외국인 성명은 원어 표기가 확인 가능한 경우에는 이를 병기했으나 대부분 본 사료에 표기된 가타카나만을 참고로 삼아 표기했다.

25 오쿠마 하루키치(大熊春吉 1840~1914) 임신의숙 숙장(塾長). 가가번(加賀藩) 번사 출신으로 난학자(네덜란드 의학)로 활동하다 1871년 상경해 독일어를 배우기 시작했다. 1872년에 임신의숙을 세웠으며 『獨逸熟語集』(1872)을 간행하기도 했다. 信岡資生, 2002, 「日独対訳辞書解題(一)」, 『成城大學經濟研究』 157, 1~2쪽.

인 교사 고용 조례 문안(私學傭入外國教師條約文例)'에 준거하고 있었다. 스테인은 약정서의 내용은 '독일어를 가르치는 방식'에만 한정되어 있었다 주장했고, 피고는 그러한 기재는 없다며 쌍방의 공방이 있었으나 결국 일본 문부성 조례 문안에 근거한 약정서에 따라 판결이 내려졌다. 판결문의 구체적인 내용 중 일부를 소개하면 다음과 같다.

> 원고가 주장한 바 피고의 압인(押印)이 있는 약정서 제15조에는 '가르치는 방식에 관한'이라는 문자가 있기는 하지만 피고가 받은 원고 서명의 약정서에는 그 문자가 없다. 이상은 어느 쪽인가가 문서 기록을 잘못한 것이라 할 수 있다. 그렇다면 위 해당 약정서만으로는 그 오기가 어느 쪽에 있었던가 판단하기 어렵다. 따라서 달리 이를 증명할 것을 찾으니 피고에게는 그 준거로 할 바가 우리 문부성의 문례이다. 또한 일찍이 도쿄부에 제출해 둔 약정서 사본도 있는즉 피고가 주장한 바에 부합한다. 원고는 계약서 이외에 증명할 만한 것이 없다. 이를 통해 나는 피고가 제출한 약정서가 확실한 것이라 본다. 그렇다면 원고는 그 과실에 의해 면직된 것이므로 피고에게 배상금 460엔을 청구하는 주장은 성립하기 어렵다.

두 번째 사례는 나가사카(長坂) 광산 개발을 둘러싼 항소 사건이다[33]. [피고: 도쿄부 거주 사족 가타오카 도시카즈(片岡利和)26・야스오카 기하치(安岡喜八)].

---

26 도시카즈(片岡利和 1836~1908) 막말 메이지 시대의 무사, 화족으로 도사번 출신이다. 유신 후 도쿄 참사(參事) 등을 역임하고, 1884년 시종(侍從)이 되었다. 남작. 『日本人名大辭典』 "かたおかーとしかず【片岡利和】" 항목 참조. JapanKnowledge, https://japanknowledge.com. (2024.5.20 최종 확인).

프랑스인 와메르(ワルメール・シユーン) 외 1명이 가타오카 도시카즈 등을 상대로 한 소송에서 원고·피고 모두 1심에 승복하지 않아 항소가 진행되었다. 나가사카산 광산 개발을 목적으로 원고가 선지급한 금액의 환급 문제가 소송의 주요 쟁점이었다. 항소 재판 결과는 쟁점이 되는 원고·피고 간의 제 계약이 모두 일본 갱법에 위반되므로 원고의 소송 및 항소 모두 성립하지 않는 것으로 보았다. 판결문에서 "재판소의 직무는 그 본국 법률의 효력을 유지하고, 그 위권(權威)을 보호하기 위함"이라 명시하고, 다음과 같이 일본 갱법에 비추어 계약의 효력을 판단한 점이 눈에 띤다.

갑제2호·4호 계약 및 갑제2호증에 따른 갑제7호증의 계약은 **일본 갱법에 비추어 어떠한 효험을 갖느냐**를 보아야 한다.
메이지 5년 3월 27일(1872.5.4) 제100호 태정관 포고 '광산 수칙(鑛山心得書)' 제1조 중 '일본제국에 있는 광물은 모두 일본 정부의 소유'라는 명문이 있다. 제2조는 '제1조에 기술한 바와 같이 광물은 모두 정부의 소유이기에 제 부·현 관할하에서 국민이 개발·채취(採取)한 것은 모두 정부로부터 청부를 받은 것이다. 따라서 청부 광산을 사사로이 담보로 삼는 일은 결코 있을 수 없다'고 되어 있다.
또한 1873년 7월 20일 태정관 제259호 포고 '일본 갱법' 제2조 가운데 '무릇 일본제국에 있는 광물은 오직 일본 정부가 채용한다'라는 명문이 기재되어 있다. 이에 따라 보자면 광산 개발 허가를 받는 것도 장래의 개발품을 담보로 돈을 빌리거나 매매 약정 등을 할 수 없음은 명료하다. 그러므로 갑제2호증 및 4호증의 계약은 일본 갱법에 저촉하여 애초부터 그 효험이 없는 것이다.
또한 갑제7호증 계약은 위 광산수칙 제4조 및 일본 갱법 제4조와 이상의 갱법에 위배하여 결코 이행할 수 없는 것이므로 이 또한 처음부터 그 효험이 없는 것으로 한다.

세 번째 사례는 앞선 두 사례와 달리 상거래 등의 경제적 문제가 아닌 일상에서 벌어지는 행정 규칙에 관련된 사례다.[107](1881年外國第00015號 民第00008號, 畜犬撲殺損害要償ノ訴訟). 프랑스인 다그롱(ジー・ダグロン)이 키우는 개를 도축업자인 피고[고바야시 겐지로(小林健次郎)]가 무단으로 박살(撲殺, 때려죽임)했기에 손해배상 청구를 한 사건이다. 피고는 해당 개가 주인 없는 개로 보였기에 '축견규칙'에 따른 정당한 행위라 주장하였다. 하지만 원고는 당시 개를 돌보던 일본인이 곁에 있었을 뿐만 아니라 피고의 행동이 서양 견에 대한 별도의 규칙('개정축견규칙')에도 위배된다고 주장하였다.

판결은 원고·피고 주장이 서로 엇갈리는 가운데 해당 개가 축견규칙에 따라 응당 있어야 할 표찰이 없었다는 점, 개정축견규칙은 해당 사건이 벌어진 이후에 제정되었기에 소급 적용할 수 없다는 점 등을 이유로 원고의 주장을 받아들이지 않았다. 앞선 사례와 마찬가지로 일본에서 시행되고 있던 법령·규칙에 기반해 재판이 이뤄진 것을 알 수 있다. 특히 원고 측 주장도 비록 채용되지는 않았지만 일본의 행정규칙(개정축견규칙)에 의거해 이뤄진 것도 주목할 필요가 있다. 판결문 내용을 일부 인용하면 다음과 같다.

해당 개가 표찰을 가지고 있지 않았던 것은 원고·피고 및 참고인 모두의 진술이 부합하므로 의심할 여지가 없다. 본래 도쿄부 메이지 6년 곤갑49호달(達) 축견규칙 제1관에 '축견에는 목걸이에 그 주인의 주소·성명을 나무 표찰(木札)로 상세히 기재해 이를 부착해야 한다. 표찰이 없다면 주인이 없는 것으로 간주하고 처분한다'고 하였다. 지금 원고가 주장하는, 서양 견 무표찰의 경우 곧바로 박살하지 않고 우리에 넣어야 한다는 경찰 규칙은 메이지 14년 경시청 갑제26호 포달의 개정축견규칙으로 메이지 14년 7월 1일 이후에 시행된 것이다. 때문에 본 법정에서는 피고의 고용인 온키치(音吉)의 (축견 처분) 행위가 당시 시행되던 규칙을 준수한 것이라 인정하므로 원고에 대한 보상 의무는 없는 것으로 한다. 이 같은 이유로 원고 요구는 성립하지 않는다.

이상은 영사재판이 시행되던 시기, 외국인이 관여한 사건을 일본 법정에서 일본 법률을 적용해 판결한 사례다. 내외인 소송에 대한 선행 연구의 사례 분석에서는 영국의 중재법이나 네덜란드의 위탁판매 계약 등 일본 국내의 관련법이 미비한 경우 서구법을 재판 기준으로 삼은 사례가 지적되고 있다.[27]

그러나 그러한 사례들은 오히려 예외적인 것으로, 내외 소송에서는 원칙상 일본 법률이 적용되었음을 확인할 수 있다. 영사재판을 확대해석해 외국인들이 치외법권적 존재였다라고 하는 인식은 이들 외국인이 피고가 되었을 경우에만 한정적으로 적용된다고도 볼 수 있다.

---

27 藤原明久, 앞의 책, 2003, 327~337쪽.

2) 정리(情理)·인정(人情)에 따른 판결

다음으로 명확한 법률·규칙이 아닌 인정과 정리에 따른 판결 사례를 살펴보자. 네덜란드 상인 본겔(和蘭國サルハシ·タキバル商會 : 오무이―·ボンゲル)이 나가사키현 사족 소에지마 다이치(副島多一)를 상대로 원고 소유의 선철(銑鉄) 매도 계약 이행 문제를 둘러싼 소송을 일으켰다[38](第00007號 民第00002號,銑鉄引取方違約ノ訴訟). 원고가 소유한 선철을 피고가 얼마나 매입하기로 했는가를 둘러싸고 원고·피고 진술이 엇갈리는 가운데 판결은 "그 실제를 추구함에 본래 매매상 저가의 물품에 관한 계약을 견고히 하고, 고가의 물품에 관한 결약을 허술하게 한다는 것은 인정에 있을 수 없는 바이다. 그럼에도 이번 원고는 메이지 9년 12월 16일부 증서로 피고가 수취해야 할 잔철 20톤이라는 취지로 일단 결약하고, 그 후에 과연 고가의 제철 매매로 변환하였다면 어째서 확고한 증서로 이를 약정하지 않았는가. 설령 저가인 20톤의 약정을 공고히 하고, 고가인 제철 약정을 소홀히 했다고 변명할지라도 이는 정리상 신용하기 어렵다"라며 피고의 주장에 손을 들어주었다. 명확한 증거가 확인되지 않는 경우, 인정과 정리를 직접 언급하며 내린 판결로 주목할 만하다.

정리와 조리 문제는 내외국민 교섭 사건에서 중요한 의미가 있다. 동아시아에서 전통적인 민사사건의 경우 민사 법규가 단편적이었고, 대부분은 관습 혹은 정리에 따르고 있었기에 외국인과의 거래에서 발생하는 분쟁들에 대처하기 미흡한 측면이 많았다.[28] 이러한 상황에서 판사는 "일반적인 가치 규범이나 정의 원리, 말하자면 '조리(條理)'에 따라 재판"을

---

28   문준영, 앞의 책, 2010, 186~187쪽.

하게 되며, 내외인 소송의 판결이 결국 서양식 민사법에서 통용되는 제도와 법리에 따르게 되는 가능성이 지적되었다.[29] 다만, 위의 판결에서 사용된 정리나 인정이라는 용례는 반드시 서양식 민사법에 따른 것이라고 할 수 없는 측면을 보여 준다. 비싼 물건일수록 더욱 철저하고 확고한 계약을 통해 거래가 이뤄진다는 보편적인 인식에서 내려진 판결이라 해석할 수 있기 때문이다.

3) 증서·증거에 따른 판결

다음은 증서·증거에 기반한 판결 사례다[4](民第00001號 1873年00035號, 引負金取立訴訟). 이는 앞서 살펴본 인정·정리에 따른 재판과 완벽히 구별되지는 않는다. 원고·피고가 서로 다른 증거를 내세우는 상황에서 재판은 각 증거에 대한 합리적인 판단하에 진위를 구분하고 있기 때문이다. 네덜란드 상인 한펠트(ユフハンペルト)가 나가이 덴키치(永井伝吉) 등을 상대로 한 본 소송에서 원고가 제시한 증거물은 '일부러 매입 금액을 줄여 기재한 수첩'에 불과하다며 채택하지 않았다. 『내외인교섭』에 수록된 상당 건수가 매매 거래와 관련한 계약금·선불금·수수료·미납금을 둘러싼 소송이기에 재판은 원고·피고가 제시하는 서로 다른 증거에 대한 합리적이고 객관적 판단, 혹은 앞선 사례처럼 명확한 증거가 없을 시에는 인정·정리에 따라 판단을 내린 것으로 보이며, 적어도 표면적으로는 일본인·외국인에 따른 유불리가 나타나지는 않았다. 본 재판 판결문의 구체적인 내용은 다음과 같다.

---

29 앞과 같음.

이들 손실금[引負金]³⁰ 징수 소송 재판의 취지를 받아 F. 한펠트로부터 나가이 덴키치 외 3명에게 관계된 소송 조사 결과는 다음과 같다.

원고인은 상사에서 매입금(판매금)의 20%를 받기로 약정하였다고 주장하고, 피고인들은 위 20%의 차감한 금액 가운데 상점의 제 잡비를 뺀 잔금의 20%를 원고인에 건네고, 잔금을 사중 일동의 소득으로 한다는 약정의 취지임을 주장했다.

그런데 원고인의 주장은 증거가 없을 뿐 아니라 이 상사에 차감하는 금액은 곧 매입금의 20%이므로 이를 남기지 않고 원고인에게 건넬 때는 사중 일동의 소득은 전혀 없게 된다. 소득 없이 상업을 운영할 도리는 없다. 또한 매일 취급하는 물품의 첩면(帖面)에도 피고인들이 주장한 대로 계산이 성립한다. 게다가 증인도 있으므로 원고인 주장은 성립하지 않는다.

또한 원고가 스스로 쓴 영수증과 피고인이 취급한 첩면을 쌍방이 조사한 바, 금액의 대부분이 차이가 있고 '본 장부(本帳)'에 의하면 수취 부족 금액은 183원 63전이 되므로 받고자 한다'고 주장했으나 원고의 수첩(手帖)은 원래 원고인의 희망에 따라 피고인들과 내담한 후 외부인이 와서 상사의 이윤을 물을 때 보이기 위해 일부러 매입 금액을 줄여 기재한 수첩이므로 본 장부와 금액의 차이가 있음은 물론이다. (중략) 이에 이 재판은 증거면에 따라 현장 취급 장부로 감정함이 이상과 같다.

---

30 매매 거래를 타인을 대신해 행하고, 그 때문에 발생한 손실을 부담해야 하는 빚이 된 금액.

4) 서양법·관습의 불인정

마지막으로 서양법·관습이 판결문에서 언급되나 이를 적극적으로 채용하지 않은 사례를 살펴보고자 한다[23]. 원고는 개항장 요코하마에서 변호사 업무를 하고 있던 프레드릭 디킨스(Fred. Victor Dickins, フレデリック・ウイクトリヤ・テツキンス)이며, 피고는 디킨스에게 사건을 의뢰했던 도쿄 거주 사족 이토 하치베(伊藤八兵衞)였다.[31] 피고의 소송 사건을 맡은 원고가 의뢰인(피고)의 허위 정보·은폐로 인해 소송에 패소했기에 변호사인 자신의 명예를 훼손했다며 손해배상을 청구한 것이다. 판결문이 방대한 것을 통해 알 수 있듯 이 사건은 매우 복잡하게 전개되었는데, 당시 외국인 변호사의 업무와 일본인-서양인 사이의 계약·거래 문제, 영사재판권의 폐해 등 당시 일본 사회상을 엿볼 수 있는 흥미로운 지점이 다수 확인되는 사례이기도 하다.

사건의 발단은 이토 하치베가 미국 월시홀 상회(Walsh, Hall & Co)에 8만 불 청구 소송을 진행하기 위해 원고에게 변호를 의뢰하면서 시작되었다. 원고의 주장에 따르면 원고는 사건을 수임한 이래 다대한 인적·물적 소요를 필요로 하는 대량의 조사를 수행하는 한편으로 피고, 월시홀

---

31 이토 하치베(伊藤八兵衞1816~1878) 막부 말기부터 활약한 호상(豪商). 이 사건에 관해서는 선행 연구를 통해서도 잘 알려져 있을 만큼 당시 큰 사회경제사적 이슈였다. 여기에서는 사건의 구체적인 정황보다 판결문을 통해 드러나는 당시 시대상 및 판결 논리 등에 초점을 맞추어 살펴보고자 한다. 관련된 선행 연구로는 岡崎哲二, 2001, 『取引制度の経済史』「2章 幕末維新期開港場における內外商の取引關係(ユキ·A·ホンジョー), 東京大學出版局; Allyson Honjo, 2016, *Japan's Early Experience of Contract Management in the Treaty Ports*, Routledge; Kevin C. Murphy, 2013, *The American Merchant Experience in Nineteenth Century Japan*, Routledge 등을 참조.

상회, 미 총영사와 여러 차례 접촉하는 등 재판에 노력을 기울였다. 재판은 총 52차례에 걸쳐 열릴 만큼 원고·피고 간 치열한 공방이 오갔으나 결국 이토는 소송에서 패했다. 이후 항소를 준비하지만 영사재판의 절차상 캘리포니아 재판소에서 진행해야 했기에 결국 포기하고 만다. 원고는 피고가 자신에게 월시홀을 상대로 한 재판에서 관련된 모든 사안을 다 밝히지 않았기에 애초 승소의 여지가 없던 재판에 무의미한 노력을 기울였을 뿐 아니라 변호인으로서 자신의 명예가 훼손됐다고 주장했다. 이에 대해 피고는 자신도 몰랐던 증거를 월시홀이 재판 과정에서 제출했을 뿐이라 반박했다.

결국 재판은 원고가 변호사와 의뢰인 사이에서 이뤄지는 '영미의 습관'에 따라 청구한 제 비용에 대해, 원고·피고 쌍방이 처음 체결한 약정을 폐기하고 원고가 별도로 청구한 것이므로 '부조리'하다며 인정하지 않았다. 이는 물론 서양법이나 관습을 부정한 것은 아니며, 상호 합의하에 체결한 기존 계약을 원고가 일방적으로 폐기한 것을 문제 삼은 측면이 강하다. 그럼에도 영미의 관습이 우선되지 않았다는 점에서는 주목할 만한 사례다. 영사재판과 달리 내외인 소송에서는 관련 일본법의 미비 상황이 반드시 영미의 관습에 의거한 판결로 이어지지는 않았음을 보여 주고 있기 때문이다.

4. 맺음말

이상 『내외인교섭』에 수록된 사례를 중심으로 메이지 초기에 이뤄진 내외인 소송 사건의 한 단면을 살펴보았다. 그 결과 외국인이 일본인을 상대로 한, 일본 관할하에 이뤄진 재판에서는 외국인도 일본의 법률과 행정 규칙의 적용 대상이 되었음을 확인할 수 있었다. 일반적으로 불평등조약하의 외국인의 법적 지위에 대해서는 영사재판권, 혹은 치외법권이라는 용어를 통한 설명이 주로 이루어졌다. 영사재판권과 치외법권이라는 엄밀하게는 구별되는 용어를 혼용해 사용하고 있는 상황은 차치하고라도[32] 당시 외국인이 일본 국내법, 행정규칙의 적용 대상에서 제외된 존재였다라는 인식은 적어도 섭외 사건의 재판 결과에 따르면 일정부분 재고를 필요로 한다.

물론 당시 일본은 근대적 사법제도와 법전 편찬이 완비되지 않은 시기로, 민사재판 판결의 근거를 무엇으로 할 것인가는 내외인 소송 사건 처리 과정에서 중요한 문제였다. 이 글에서 검토한 사례는 일부에 불과하나, 해당 국내법이 부재한 경우 증거에 따른 판단이나 인정·조리에 따른 판결이 이뤄졌음을 판결문 내용을 통해 확인할 수 있었다. 또한 외국법 적용 문제에 관해서도 선행 연구의 지적과는 상이한 사례가 확인된다. 즉 선행 연구에서는 외국법을 존중한 판결이 이뤄졌음을 지적하고 있으나, 이는 반드시 모든 재판에서 관철되거나 우선되지는 않았다. 외국인 원고가 주장하는 영미의 관습과 법률은 이미 마련된 일본의 법률, 행정규칙과 충돌할 경우 인정되지 않기도 한 것이다.

한편으로 이들 사례는 일본이 근대 사법제도를 '형성하는 과정'에 놓

---

32   치외법권과 영사재판권 용어를 둘러싼 국제법 수용 과정과 인식에 관해서는 조국, 2023, 「일본의 국제법 수용 과정에서의 영사재판권·치외법권 인식」, 『아세아연구』 66-3을, 일본에서의 '치외법권' 용어가 막부 말기 외교문서를 통해 확인되고 있음을 밝힌 鄭英淑, 2023, 「近代日本の法律用語「治外法權」の成立過程」, 『杏林大學外國語學部紀要』 35도 참조.

여 있음을 여실히 보여 주고 있다. 전문적으로 훈련된 판사가 배출되기 이전 시기의[33] '미정형화'된 판결문이 다양한 양식과 표현 속에서 나타나고 있다.

다만, 이 글에서 분석한 일부 자료와 사례에 더하여 추가 조사와 심도 있는 분석이 필요함은 물론이다. 피고가 된 일본인 가운데 출신지별 분포 및 사족과 평민의 비중, 대언인(변호인)의 국적별 구성, 원고의 직업 및 거주지 등 다양한 요소를 축으로 치밀한 분석을 한다면 개시장인 도쿄에서 이루어진 재판의 특징을 명확히 알 수 있으며, 내외인 교섭 사건의 특징 또한 더욱 다양한 측면에서 검토가 가능할 것이다. 이 글에서 주요 자료로 활용한 『내외인교섭』 이외의 다른 부책 자료나 개별 자료도 민사 판결 원문 데이터베이스 검색을 통해 확인되는 만큼, 이는 향후의 연구 과제로 삼고자 한다.

---

33 판사·검사 등용 시험은 1894년 처음으로 실시되었다.

[부록 1] 『내외인교섭』 수록 사건 번호와 사건명

본문에서 '[ ]' 안의 숫자는 부책 내 번호다. 공란인 부분은 각 판결문에 사건 번호나 사건명이 기재되지 않은 경우다.

부책 내 번호	표제	사건번호	사건명
1	(簿冊表紙)從明治5年至明治17年 內外人交涉訴訟裁判言渡書編冊 1		
2	明治五年ヨリ十七年ニ至ル 內外人公証訴訟裁判言渡書目錄(目錄)		
3	(判斷文書)	1872年00007號及00009號 民第00001號	
0004-01	(中表紙)明治七年		
0004-02	(判斷文書)	1873年00035號 民第00001號	引負金取立訴訟
0005-01	(中表紙)明治八年		
0005-02	裁判案	00004號 民第00001號	
6	裁許案寫	00021號 民第00002號	償金請求一件
7	申渡		雇入假約條解約之訴
8	(判斷文書)	00023號 民第00003號	償金請求ノ訴
9	(判斷文書)	00025號 民第00004號	家明ケ渡ノ義訴訟
10	(判斷文書)	00027號 民第00005號	
11	(判斷文書)		
12	裁判言渡書	1875年第00028號 民第00006號	預ケ金淹滯ノ訴訟
13	申渡	00033號 民第00007號	貸金淹滯之訴
14	(判斷文書)	00035號 民第00008號	貸金淹滯ノ訴
15	裁決案	00048號 民第00009號	品代金請求ノ訴
16	裁判言渡書案	1875年第00043號 民第00010號	貸金請求ノ訴訟

부책 내 번호	표제	사건번호	사건명
17	裁判言渡書	1875年外國第00043號 第00240號	貸金ノ訴訟 控訴
0018-01	(中表紙)明治九年		
0018-02	裁決案	第00007號 民第00001號	煉化石製造器械引渡ノ訴
19	(判斷文書)	1876年第00010號 民第00002號	貸金催促ノ訴
20	裁判言渡書	第00011號 民第00003號	物品代金催促ノ訴訟 控訴
21	裁許案		売品代金淹滯ノ訴
22	裁判言渡書	第00012號 1877年第00096號 民第00004號	償金謝金及入費請求ノ一件 控訴
23	裁許案		要償ノ訴訟
24	裁判言渡書	第00016號 民第00005號	要償ノ訴訟
25	裁判言渡書	1877年第00071號	要償ノ一件 控訴
26	言渡書	第00020號 民第00006號	引負金請求ノ訴訟
27	裁判言渡	1878年第00007號	引負金請求之詞訟 控訴
28	申渡	第00024號 民第00007號	煉化石製造器械代殘金請求訴訟一件
29	(判斷文書)		償金申渡不服ノ趣
30	償金申渡不当上告ノ判文		煉化石及瓦製造器械代殘金請求訴訟一件
31	裁判言渡書		
32	裁判言渡書	1876年外第00026號 民第00008號	前払金取戾并償金要求ノ訴訟
33	裁判言渡	1880年第02008號 第02014號	前払金取戾ノ詞訟 控訴
34	裁判言渡書	1876年外第00027號 民第00009號	詐欺要償并ニ身代限ノ配当金取戾ノ詞訟
35	裁判言渡	1880年第01445號	詐偽要償并身代限ノ配当金取戾ノ詞訟 控訴
0036-01	(中表紙)明治十年		

부책 내 번호	표제	사건번호	사건명
0036-02	裁判言渡書	1877年外國第00004號 民第00001號	違約ノ訴訟
37	裁判言渡書	1877年第00349號	違約裁判不服ノ訴 控訴
38	裁判言渡書案	第00007號 民第00002號	銑鉄引取方違約ノ訴訟
39	裁判言渡書	第00008號 民第00003號	貸金催促ノ訴訟 身代限
40	裁判言渡書	外國1877年第00012號 民第00004號	約定金催促ノ訴
41	裁判言渡書案	1877年外國00013號 民第00005號	潛水器械引渡ノ訴訟
42	裁判言渡書案	1877年第00014號 民第00006號	石段其外建築方受負違約ノ訴訟
43	執行言渡書案	第00016號 民第00007號	貸金催促ノ訴訟 身代限
44	裁判言渡書	1877年第00017號 1878年00003號 民第00008號	蒸気精米器械代金請求ノ詞訟
45	裁判言渡書	第00446號	蒸気精米器械代金請求ノ一件 控訴
46	裁判言渡書		蒸気精米器械代金請求ノ一件 控訴
0047-01	言渡書案	1877年外00023號 民第00009號	畜犬毒殺ノ訴訟
0047-02	(雜文書)		
0048-01	(中表紙)明治十一年		
0048-02	裁判言渡書	民第00001號	預ケ品取戻并ニ貸金請求ノ一件
49	執行言渡書案	1877年外00022號 民第00002號	物品代価残金…淹滯ノ義 身代限
50	裁判言渡書	1878年第00005號 但外國 民第00003號	器械代金請求ノ詞訟
51	裁判言渡書	第00339號	器械代金督促ノ一件 控訴
52	執行言渡書	1880年番外00003號	器械代金督促ノ訴訟裁判執行事件 身代限

부책 내 번호	표제	사건번호	사건명
53	裁判言渡書	1878年第00008號 民第00004號	貸金催促ノ訴訟
54	裁判言渡書	1878年外國第00009號 民第00005號	売懸品代金淹滯ノ訴訟
55	裁判言渡書	第00959號	売掛代金淹滯ノ一件 控訴
56	裁判言渡書	1878年第00010號 民第00006號	独逸公使舘新築仕様絵圖取戾シ并貸附金物売却代金請求ノ訴訟
57	裁判言渡	1879年第01417號	独逸公使舘新築仕様絵圖取戾シ并貸付金物売却代金請求ノ訴訟 控訴
58	裁判言渡	1880年第00011號	独逸公使舘新築仕様絵圖取戾并貸附金物売却代金請求ノ訴訟 控訴
59	申渡	民第00007號	身代限
60	裁判言渡書	1878年外第00011號	売薬代価及ヒ残薬品請求ノ訴訟
61	裁判言渡書	1878年外國00012號 民第00008號	機械代立替金及電信料催促ノ詞訟
62	裁判言渡書		機械代立替金及電信料催促ノ詞訟
63	裁判言渡書	1879年第01084號	電信料及ヒ器械買入レ代料立替金請求ノ詞訟 控訴
64	執行言渡書	1880年番外01033號	機械代金電信料立替金催促訴訟裁判執行事件 身代限
65	執行言渡書		機械代立替金及電信料催促詞訟ノ執行 身代限リ
66	言渡書	1878年第00013號 民第00009號	
67	言渡書	1878年第00013號	

부책 내 번호	표제	사건번호	사건명
68	言渡書		約定異変ノ訴訟
0069-01	言渡書		
0069-02	言渡書		
0070-01	(中表紙)明治十二年		
0070-02	裁判言渡書	1879年外國第00005號 民第00001號	貸金催促ノ詞訟
71	裁判言渡書		貸金催促ノ詞訟
72	裁判言渡書	1879年外國第00006號 民第00002號	約定履行及償金請求ノ訴訟
73	裁判言渡書	1879年第00006號	約定履行及償金請求ノ訴訟
0074-01	裁判言渡書	民第00003號	
0074-02	(雑文書)		
75	裁判言渡書	1879年外國第00008號 民第00004號	品代金取戻ノ訴訟
76	裁判言渡書		品代金取戻ノ訴訟
77	裁判言渡書	1879年外國第00009號 民第00005號	人力車代金取戻ノ訴訟
78	裁判言渡書	民第00006號	違約償金請求ノ訴訟
79	裁判言渡書	1879年外國第00010號	違約償金請求ノ訴訟
80	言渡書	1879年外第00014號 民第00007號	月掛金淹滯ノ詞訟 身代限
81	裁判言渡書	1879年外00016號 民第00008號	売掛殘金催促ノ訴訟 身代限
82	裁判言渡書		売掛殘金催促ノ訴訟 身代限
0083-01	(中表紙)十三年		
0083-02	裁判言渡書	1880年外第00001號 民第00001號	貸金催促ノ詞訟
84	裁判言渡	1880年第01344號	貸金催促ノ訴訟 控訴
85	裁判言渡書	1880年外國第00003號 民第00002號	船代殘金催促ノ訴訟

부책내번호	표제	사건번호	사건명
86	裁判言渡書	1880年第01892號	船代殘金催促ノ詞訟 控訴
87	裁判言渡書	1880年外國第00007號 民□00003號	貸金催促ノ訴訟
88	裁判言渡書	1880年第01504號	貸金催促ノ訴訟 控訴
89	言渡書	1880年第00010號 民第00004號	
90	言渡書		
91	裁判言渡書		
92	言渡書		
93	裁判言渡書	1880年外第00011號 民第00005號	損害要償ノ詞訟
94	裁判言渡書	1881年第000451號	損害要償ノ一件 控訴
95	弁明 判決		
96	裁判言渡書	1880年外國第00012號 民第00006號	家屋修繕及損害要償ノ訴訟
97	裁判言渡書	1880年外國第00013號 民第00007號	売掛代金并立替金請求ノ訴訟
0098-01	(中表紙)明治十四年		
0098-02	裁判言渡書	1881年外國第00004號 民第1號	違約金請求ノ訴訟
99	裁判言渡書	1881年外國第00006號 民第00002號	貸金催促之詞訟
100	裁判言渡書	1881年第1520號	貸金催促ノ詞訟 控訴
101	裁判言渡書	1881年外國第00008號 民第00003號	売掛代金催促ノ詞訟
102	裁判言渡書	1881年外國第00009號 民第00004號	預ケ金取戾ノ詞訟
103	裁判言渡書	1881年外國第00010號 民第00005號	契約履行ノ詞訟
104	裁判言渡書	1881年外國第00011號 民第00006號	衣服代金及貸金催促ノ詞訟

부책 내 번호	표제	사건번호	사건명
105	裁判言渡書	1881年 外國第00013號 民第00007號	売掛代金淹滯催促ノ訴訟
106	裁判言渡	1882年 第00856號	売掛代金淹滯催促ノ詞訟控訴
107	裁判言渡案	1881年 外國第00015號 民第00008號	畜犬撲殺損害要償ノ訴訟
0108-01	(中表紙)十五年		
0108-02	裁判言渡書	1882年 外國第00002號 民第00002號	売掛代殘金及売買代價差金請求ノ訴訟
109	裁判言渡書	1882年 外國第00003號 民第00003號	売掛代金請求ノ訴訟
110	裁判言渡書	1882年 第01456號	売掛代金請求ノ裁判不服ノ控訴
111	裁判言渡書	1882年 外國第00005號 民第00005號	買馬引取方幷金円請求ノ訴訟
112	裁判言渡書		買馬引取方並金円請求ノ訴訟
113	裁判言渡書		買馬引取方幷金円請求ノ訴訟
114	言渡書	1882年 外國第00006號 民第00006號	
115	裁判言渡書	1882年 外國第00011號 民第00011號	月賦金請求ノ詞訟
116	裁判言渡書	1881年 外國第00012號 民第00006號	損害賠償ノ訴訟
117	裁判言渡書	1881年 外國第00012號	損害賠償ノ訴訟
0118-01	(中表紙)明治十六年		
0118-02	裁判言渡書	1883年 外國第00001號 民第00001號	新聞紙広告取消請求ノ詞訟
0119-01	裁判言渡書	1883年 外國第00002號 民第00002號	貸金ノ訴訟
0119-02	(雜文書)		

부책 내 번호	표제	사건번호	사건명
120	裁判言渡書	1883年外國第00003號 民第00003號	貸金催促ノ詞訟
121	裁判言渡書	1883年外國第00004號 民第00004號	物品売渡代金請求ノ詞訟
122	裁判言渡書	1883年外國第00007號 民第00007號	工作元手金及ヒ立替金請求ノ詞訟
123	裁判言渡書		工作元手金及ヒ立替金請求ノ詞訟
124	裁判言渡書	1883年外國第00008號 民第00008號	貸金ノ詞訟
125	裁判言渡書	1883年外國第00009號 民第00009號	機械代金其他償金請求之詞訟
126	言渡書	1883年外國第00009號	
127	裁判言渡書	1883年外國第00010號 民第00010號	物品代殘金請求ノ詞訟
128	裁判言渡書	1883年外國第00011號 民第00011號	売掛代金請求ノ訴訟
129	裁判言渡書	1883年外國第00012號 民第00012號	荷爲替金精算上ヨリ生スル不足金請求ノ詞訟
130	裁判言渡書	1883年外國第00013號 民第00013號	委托物品差引精算不足金取戻ノ訴訟
131	裁判言渡書	1883年外國第00014號	貸金催促ノ訴訟 抵当品ヲ公売
132	裁判言渡書	1883年外國第00015號 民第00015號	売掛代金請求之詞訟
133	裁判言渡書	1883年外國第00016號 民第00016號	売掛品代金請求ノ訴訟
0134-01	(中表紙)明治十七年		
0134-02	裁判言渡書	1884年外國第00001號 民第00001號	月給請求ノ詞訟
135	裁判言渡書	1884年外國第00003號 民第00003號	損害要償ノ詞訟

부책 내 번호	표제	사건번호	사건명
136	裁判言渡書	1884年外國第00004號 民第00004號	約定履行ノ詞訟
137	裁判言渡書	1884年外國第00007號 民第00007號	損害金請求ノ訴訟
138	裁判言渡書	外國第00009號 民第00009號	預ケ金請求ノ訴
139	裁判言渡書	1884年外國第00011號 民第00011號	商品代價請求ノ詞訟
140	裁判言渡書	1884年外國第00012號 民第00012號	約定履行ノ訴訟
141	裁判言渡書	1884年外國第00014號 民第00014號	損害要償ノ訴訟

[부록 2] 본문에서 인용한 재판 사례 판결문 원문 번역

[10] 00027號 民第00005號(사건명 없음)

원고: 도쿄 거류 독일인 F. 스테인(エフ·ステイン)
피고: 혼고(本鄕) 모토마치(元町) 거류(寄留) 이시카와현사(石川縣士) 오쿠마 하루키치(大熊春吉)

해당 소송에서 원고가 주장한 요지는 다음과 같다.

원고는 임신의숙(壬申義塾) 교사로 1875년 6월 1일부터 11월 30일까지 한 달 급료 60원 및 생도 80명 이상의 경우 한 명당 75전씩 추가 급료를 받기로 하고 피고에게 고용되는 것을 약정·체결하였다.

그런데 6월 6일 인력거꾼이 원고에게 험담하여 부득이 구타하기에 이른 일이 있다. 피고는 원고의 행위(所業)가 약정서 제15조에 해당한다고 보고 원고의 고용을 거절했다. 인력거꾼 구타 건은 원고가 학교에서 학생을 가르치는 중 일어난 소업이 아니고, 오로지 자가에서 일어난 일이므로 약정상 조금도 관여된 바 없다. 그 약정서의 조항은 원고의 가르치는 방식에 과실이 있을 경우에 해당하는 것인바, 원고가 소지한 약정서에 명문이 있다. 피고는 오직 자신이 소지한 약정서에는 가르치는 방식에 관한 언급이 없다고 구두 진술하였지만 이상은 문맥상 가르치는 방식이라는 표현이 없을지라도 그 의미가 바뀌는 것은 아니다. 인력거꾼 구타 일건은 도저히 약정서와 별건의 행위라 말하지 않을 수 없다. 그런데 피고가 이상을 약정서 조항에 해당하는 것이라 보고 원고의 고용을 그만둔 것은 온전히 임의(隨意)로 파약(破約)한 것이다. 그러므로 약정서 제14조대로 배상금(償金) 100엔 및

6개월분 월급 360엔, 합계 460엔을 피고인에게 청구하고자 한다.

이에 피고는 다음과 같이 주장했다.

원고가 6월 6일 인력거꾼을 구타해 상처입혔으므로 다음날 7일 경시청 제4분청에 호출당해 원고와 동행한바, 원고는 그 과실을 후회하고 인력거꾼에게 반달치 급료 및 치료비 등을 지급하겠다 청했다. 그러나 위 분청에서는 이를 허가하지 않았고, 끝내 저들 나라 영사에 조치를 구한 끝에 원고는 7월 17일에 이르러 10일간 금옥령(禁獄令)에 처해졌다. 이상은 실로 교사로서 있을 수 없는 부적절한 행위로 무엇보다 약정서에도 저촉되는 일이므로 이달 9일 원고에게 약정서 제15조를 제시하며 가르친 날까지의 급료를 지급해 면직(免暇) 처리할 것을 알리고, 또한 참작할 취지도 알렸으나 원고는 도리어 부당한 대응을 했다. 그 후 11일 또다시 서한으로 후회하지 않는 이상 약정서대로 면직할 뜻을 통고하였다. 결국 원고가 후회의 모습을 보이지 않았기에 부득이 면직하게 되었다. 그런데 원고는 인력거꾼 일건이 약정서 이외의 일이라 하며 약정서 조항은 가르치는 방법에 관해 과실이 있을 경우에 해당한다고 주장하고 있다. 그러나 약정서에는 그 가르치는 방법에 관한 과실이라 함은 기재되어 있지 않다. 해당 약정서라는 것은 원래 피고가 사사로이 정한 것이 아니라 일찍이 문부성에서 반포한 「사학고용외국인교사조약문례(私學傭入外國教師條約文例)」에 준거한 것인즉, 피고가 소지한 약정서는 해당 문례에도 맞다. 또한 원고 고용 면허를 받은 당시 도쿄부에 제출해둔 공정(公正) 약정서 사본에도 가르치는 방식에 관한 것은 기재되어 있지 않다. 피고는 이같이 공정의 확증 있는 약정서에 의거해 그 고용을 그만둔 것이므로 더더욱 원고가 청구한 바에 책임질 이유는 없다.

이에 도쿄 재판소는 명백히 초심 재판을 다음과 같이 내린다.

원고가 주장한 바 피고의 압인(押印)이 있는 약정서 제15조에는 가르치는 방식에 관한이라는 문자가 있기는 하지만 피고가 받은 원고 서명의 약정서에는 없다. 이상은 어느 쪽인가가 문서 기록을 잘못한 것이라 할 수 있다. 그렇다면 해당 약정서만으로는 그 오기가 어느 쪽에 있었던가 판단하기 어렵다. 따라서 이를 증명할 것을 찾으니 피고에게는 그 준거로 할 바가 우리 문부성의 문례다. 또한 일찍이 도쿄부에 제출해 둔 약정서 사본도 있는즉 피고가 주장한 바와 부합한다. 원고는 계약서 하나 외에 증명할 만한 것이 없다. 이를 통해 나는 피고가 제출한 약정서를 확실한 것이라 본다. 그렇다면 원고는 그 과실로 인해 면직된 것이 되기에 피고로부터 배상금 460엔을 청구하고자 한다는 주장은 성립하기 어렵다. 다만, 원고가 가르친 날까지의 급료는 약정서 제14조에 비추어 피고가 원고에게 지급해야 한다.

도쿄 재판소 소장
메이지 8년 9월 27일 6등판사 마쓰오카 야스타케(松岡康毅)[34]

---

34 마쓰오카 야스타케(松岡康毅 1846~1923) 메이지·다이쇼 시기의 사법관이자 관료, 정치가다. 메이지 2년에 官途에 들어 메이지 4년 사법성이 설치되자 사법성으로 자리를 옮긴 후 메이지 8년 도쿄 재판소 소장이 되었다. 메이지 19년에는 프러시아·오스트리아로 유학을 다녀와 도쿄 항소원 원장 등을 역임, 메이지 24년 6월 검사총장이 되었다. 이해 귀족원 의원으로 칙선되어 1920년까지 재임했다(『國史大辭典』).

[33] 1880年 第02008號 第02014號, 선불급환급소송항소(前払金取戻ノ
詞訟 控訴)

재판 언도

원고: 와메르 쉰(ワルメール・シユーン) 외 1명

원고 대언인: 베르벨트 I. 베라시스(ヘルベルト・アイ・ベラシス)

피고: 도쿄부 교바시구(京橋區) 야마시타초(山下町) 18번지 사족 가타오카 도시카즈(片岡利和)[35], 고치현(高知縣) 평민 야스오카 기하치(安岡喜八)

피고 대언인: 후지마키 쇼타(藤巻正太)

선불금 환급 소송 도쿄 재판소 재판에 불복하여 항소하니 초심 이후 원고·피고 증서, 증언 및 대언인의 변론도 숙고해 다음과 같이 심리·판결한다.

이 안은 원고·피고 모두가 초심 재판에 승복하지 않고 각각 항소장을 제출했지만 원래 한 사건이기에 원고 희망에 따라 병합해 하나로 선고한다. 원고 갑제1호증 금액 6천 불에 관한 갑제2호증(1873년 9월 5일부) 계약은 여하한 목적으로 성립한 것인지를 보아야 한다. 메이지 10년 10월 26일 원고 대언인은 초심 구두 진술에 나가사카 광산을 위해 1만 불을 수취했다 운운하였다. 또한 메이지 13년 3월 22일 원고 대언인은 초심 구두

---

35 가타오카 도시카즈(片岡利和 1836~1908) 막말 메이지 시대의 무사, 화족으로 도사번 출신이다. 유신 후 도쿄 참사(參事) 등을 역임하고, 1884년 시종(侍從)이 되었다. 남작. "かたおかーとしかず【片岡利和】", 日本人名大辞典, JapanKnowledge, https://japanknowledge.com(參照 2023-10-30).

진술에서 기출 및 미출의 양 동(銅)을 인도할 것이라 믿음 운운하였다. 또한 메이지 13년 3월 23일 원고 대언인은 초심 구두 진술에서 동(銅) 인도 계약이 성립했을 때 이미 실제 발굴한 동은 매우 근소하기는 했지만 외국 광산기술자(鑛山師)가 해당 동산을 실검(實檢)해 다량의 동을 보유하고 있음을 발견했다는 보고서 및 앙트앙 씨가 해당 산을 실검하고, 해당 보고서를 확정했기에 다량의 동을 보유하고 있음을 알기에 충분하다. 원고가 선불금을 교부한 것은 피고로 하여금 해당 동을 개발하게 하기 위함이다 운운 등이 있기에 해당 계약은 곧 나가사카산 갱광(坑鑛)을 목적으로 이를 매매했던 것이라 할 수 있다.

또한 원고 갑제3호증 금액 4천 불에 관한 갑제4호증 계약을 보아야 한다. 즉 이는 나가사카산 갱광 매매계약임은 증서를 통독하면 충분히 알 수 있다. 또한 메이지 11년 1월 31일 원고 대언인의 초심 논변서 가운데 "1873년 9월 5일 및 6일 계약을 체결했다. 그리고 원고는 이 계약에 따라 앙트앙 씨의 증언과 같이 피고 등의 면전에서 1만 불 금액을 교부하고 피고가 이를 영수한 일은 당월 13일 '앙트앙' 씨의 증서로 분명하다. 또한 피고는 해당 금액을 수령함에 1873년 12월 31일 전에 원고에 대해 동 3천 히카루(ヒカル)를 송치한다고 운운한 계약을 맺었으나 이를 이행하지 않았다"라고 운운하였다.

또한 원고가 초심 재판소에 제출한 1874년 8월 원서(願書) 가운데 "대여금 명의로 건넨 4천 불 수취서 한 통은 다만 동과 교환하기 위함"이라 운운함을 참조하면 갑제1호증, 3호증의 금액 합계 1만 불은 갑제1호증, 4호증의 계약, 즉 나가사카산 갱광 매매를 위해 수수한 전도금(계약금)임이 명료하다.

또한 원고가 본안 청구 금액 가운데 1만 불 외에 원금 761.19프랑에 관해서는 위 1874년 8월부 원서 중에 그 토지를 가타오카(片岡), 야스오카(安岡) 회사의 대리인인 앙트앙에게 원고의 수중으로 지불하고, 또한 직공이 사용하는 도구 공급 등을 위해 지불한 이런저런 금액은 후일 동을 수취할 것이기에 사전에 지불해 둔다고 하였으므로 이 또한 갑제2호증 및 4호증의 계약에 따라 1만 불을 선불한 것과 같은 목적으로 수수한 금액임을 알 수 있다.

그리고 갑제2호, 4호 계약 및 갑제2호증에 기인한 갑제7호증의 계약은 일본 갱법에 비추어 어떠한 효험을 갖느냐를 보아야 한다. 메이지 5년 3월 27일 제100호 포고(1872년 5월 4일) 태정관 포고 「광산수칙」 제1조 중 일본제국에 있는 광물은 모두 일본 정부의 소유라는 명문이 있다. 제2조는 제1조에 기술한 바와 같이 광물은 모두 정부의 소유이기에 제 부·현 관할하에서 국민이 개발·채취한 것은 모두 정부로부터 도급받지 않은 것이 없다. 따라서 도급 광산을 사사로이 담보로 삼는 일은 결코 있을 수 없다고 되어 있다.

또한 메이지 6년 7월 20일 태정관 제259호 포고 「일본갱법」 제2조 중에 무릇 일본제국에 있는 광물은 오직 일본 정부가 채용한다는 명문이 기재되어 있다. 이에 따라 보자면 광산 개발 허가를 받는 것도 장래 개발품을 담보로 돈을 빌리거나 매매약정 등을 할 수 없는 것도 명료하다. 그러므로 갑제2호증 및 4호증의 계약은 「일본갱법」에 저촉하여 애초부터 그 효험이 없는 것이다.

또한 갑제7호증 계약은 위 「광산수칙」 제4조 및 「일본갱법」 제4조와 위 갱법에 위배하여 결코 이행할 수 없는 것이므로 이 또한 처음부터 효험이 없는 것으로 한다.

본래 원고·피고 쌍방 모두 적법하지 않은 행위가 있는 경우 재판소는 해당 행위에 관해 원고를 보조할 수 없다. 이는 결코 피고를 이롭게 하기 위함이 아니며 단지 재판소의 직무는 그 본국 법률의 효력을 유지하고, 그 위권(權威)을 보호하기 위함이다. 본 안은, 즉 원고·피고가 일본 갱법에 비추어 해서는 안 될 계약을 체결한 것에 따라 일어난 소송이기에 원고는 재판소의 보호를 받을 수 없는 것으로 한다. 다만, 야스오카 기하치는 행방을 알지 못해 항소 심판 중 출두하지 않았으나 가타오카와 연대한 자이기에 이 선고는 기하치에게도 효력이 있는 것으로 한다.

판결
원고 청구는 성립하지 않는다.

도쿄 상등 재판소

메이지 14년 6월 30일
판사 니시카타 이타루(西潟訥)
마쓰다 미치오(松田道夫)
소노 아키라(薗鑑)

[107] 1881年 外國第00015號 民第00008號, 축견박살손해배상소송(畜犬撲殺損害要償ノ訴訟)

원고: 도쿄부(東京府) 관택(官宅) 거주 프랑스인 디 다그롱(ジー・ダグロン)
피고: 고바야시 겐지로(小林健次郎)

축견 박살(撲殺) 손해배상 소송 사건 심리를 한 바 다음과 같다.

원고 주장의 요지는 다음과 같다.
서력 1880년, 즉 메이지 13년 12월 23일 원고가 기르는 개는 원고 고용 마부 다카하시 주타로(高橋重太郎)의 처인 구마야 나호(熊谷ナホ)와 함께 원고의 거주지 문 밖으로 나가 문에서 약 20미터 떨어진 공유 쓰레기장에서 무언가를 먹고 있었다. 피고 겐지로의 고용인 스즈키 온키치(鈴木音吉)라는 자가 와서 나호의 제지를 듣지 않고 이를 박살했다. 나호가 이를 알리자 원고는 온키치로 하여금 곧 해당 개를 원고의 집으로 가지고 들어가게 했다. 본래 이 개는 성질이 순량하고 사람을 해치지 않는 원고의 애견이다. 당시 사람이 곁에 없었고 표찰을 달지 않았지만 순량한 서양 개이므로 일본의 경찰 규칙에 의하면 이를 우리에 넣고 곧바로 박살해서는 안 된다고 믿는다. 이에 피고의 박살은 해당 개가 미려하여 그 가죽을 얻어 이익을 취하려는 것이라 생각되므로 원고가 받은 손해에 관한 보상으로 100불을 요구한다.

피고 대리인 답변의 대요는 다음과 같다.
피고는 관허를 받아 개 도축을 직업으로 하는 자이다. 메이지 13년

12월 23일 피고의 고용인 스즈키 온키치가 원고 문 밖에서 원고의 개를 박살한 일은 틀림 없으나 그때 해당 개는 표찰이 없었다. 또한 동반한 사람도 없이 쓰레기장을 뒤지고 먹고 있었기에 이를 주인 없는 떠돌이 개라 인식해 온키치가 이를 박살했던 것은 곧 도쿄부 메이지 6년 곤제49호 포달에 기반한 것이며, 결코 부당한 행위가 아니므로 원고가 요구하는 배상금을 지불할 의무가 없다.

참고인 다카하시 및 그의 아내 구마야 나호 진술은 다음과 같다.
다카하시는 원고가 고용한 마부이며, 나호는 그의 아내로 함께 원고의 저택에서 주거한다. 본소 축견은 평소 나호가 돌보았으므로 메이지 13년 12월 23일 나호가 외출할 때 해당 개가 함께 나갔는데 문 밖의 쓰레기장에서 스즈키가 이를 때려죽이고 있었다. 이에 그 개는 다그롱 씨의 애견이므로 제지하고자 했으나 온키치는 듣지 않고 마침내 때려죽였으므로 주타로 및 원고에 이를 알렸다.

참고인 스즈키 온키치는 다음과 같이 주장했다.
스즈키 온키치는 피고의 고용인으로 또한 개 도축을 직업으로 하는 자이다. 메이지 13년 12월 23일 원고의 저택 바깥 쓰레기장에 표찰 없는 서양 개가 음식을 먹고 있는 것을 보고 곧 주인 없는 야생 개라 인식해 때려죽였다. 그때 제지한 사람은 없었다. 이미 해당 개를 짐차에 실어 1정(丁) 반(약 160미터)을 갔는데, 주타로가 와서 해당 개는 다그롱 씨의 애견이라 이야기했고, 원고 및 나호도 연이어 와서 해당 개를 원고의 저택 안으로 가져올 것을 요구하였으므로 이를 문 안에 집어넣었다.

이에 시심재판을 내린다. 원고는 본소에서 가축 개를 박살할 때 그 곁에서 이를 제지했다고 하는 나호의 진술을 증거로 주장했으나 온키치는 이를 부정했다. 제지했다는 증명의 책임은 원고에 있고, 다른 증빙이 없는 이상 단순히 나호의 진술을 사실이라 인정할 수는 없다. 해당 개가 표찰이 있지 않은 것은 원고·피고 및 참고인 모두의 진술이 부합함을 의심할 여지가 없다. 본래 도쿄부 메이지 6년 곤갑49호달(達) 「축견규칙」 제1관에 '축견에는 목걸이에 그 주인의 주소·성명을 목찰로 상세히 기재해 부착해야 한다. 다만, 표찰이 없으면 주인이 없는 것으로 간주하고 처분한다'고 하였다. 지금 원고가 주장하는 '서양 개', '무표찰'의 경우 곧바로 박살하지 않고 우리에 넣어야 한다는 경찰 규칙은 메이지 14년 경시청 갑제26호 포달 「개정축견규칙」으로 그 시행은 메이지 14년 7월 1일 이후에 관한 것이다. 때문에 당 법정에서는 피고 고용인 온키치의 행위는 당시 시행되던 규칙을 준수한 것에서 나온 것이라 인정하므로 원고에 대한 보상 의무는 없는 것으로 한다. 이와 같은 이유로 원고 요구는 성립하지 않는다.

메이지 15년 2월 28일 도쿄 시심재판소

[38] 第00007號 民第00002號, 선철거래방식위약소송(銑鉄引取方違約ノ訴訟)

소장(印) 이케다
판사: 야마모토 마사미(山本正己)
판사보: 고다마 다케노리(児玉武寛)

재판 언도 서안
원고: 요코하마 네덜란드 살하시 타이발 상회(サルハシ・タキバル商會: ユムイー・ボンゲル)
피고: 도쿄 제1대구 10소구 쓰키지(築地) 3초메 13번지 나가사키현(長崎縣) 사족 소에지마 다이치(副島多一), 동 평민 미즈마치 규베(水町久兵衛)
대리인: 미즈마치 규베 고용인 스즈키 신스케(鈴木新助)

선철 거래 방식 위약 소송을 심리한바 다음과 같다.

원고는 다음과 같이 주장했다.

서력 1876년 11월 4일부 증서대로 원고가 소지한 제 선철을 1톤에 23불 10센트의 가격으로 피고인에게 매도한다는 약정을 체결해 계약금 100엔을 수취, 해당 선철은 20일간 인도할 것이라 약속했다. 그런데 피고는 그 기한 내에 15톤을 수취했을 뿐으로, 서력 1876년 11월 24일에 이르러 연기를 청하였으므로 또한 계약금 200엔을 수취한즉 20일간 유예를 주었다. 그 후 서력 1876년 12월 14일에 이르러 35톤을 수취하고 남은 철은

제4장 불평등조약하의 치외법권 문제   217

또한 5일간 연기를 청하였고, 서력 1877년 2월 5일에 이르러 또다시 25일간 연기를 청함에 메이지 10년 2월 5일부 약정서로 다시금 유예를 주었다.

그런데 피고는 그 기한 내에 해당 철을 수취하지 않았고, 서력 1877년 3월 1일 오후 5시에 이르러 대리인 나카야마(中山)라는 자를 보내 다음날 선철 수취가 가능하다는 취지를 알렸다. 그러나 약정 기한 내에 수취하러 오지 않았고, 해당 철을 인양할 기계는 이미 요코스카(橫須賀)로 되돌아가 버렸다. 기계가 돌아올 때까지는 선철을 인도하기 어렵다는 취지를 통고했다. 그 후 기계가 요코스카에서 돌아왔기에, 즉 서력 1877년 3월 18일 철을 수취하러 올 것을 통지했으나 피고는 또 오지 않았다. 서력 1877년 3월 28일 약정 선철을 수취하지 않아 계약금 300엔을 폐기해야 한다고 전하였으므로 2일이 지난 3월 31일에 이르러 소에지마 다이치가 와 또다시 연기를 청하였다. 이에 원고가 현재 소지한 제 철을 서력 1877년 4월 1일부터 이어서 모두 수취한다면 계약금 폐기는 재고하겠다고 하였다. 이에 원고가 소지한 제 철은 모두 서력 1877년 4월 1일부터 계속해서 수취할 것이라 약정했기에 원고는 일단 이를 감안해 주었다. 이에 피고가 주장하는 메이지 9년 12월 16일부 약정서는 소멸하였다. 그런데 피고는 서력 1877년 4월 2일에 이르러 그저 대물(大物) 2개를 수취하였을 뿐으로 그다음 날은 또 오지 않았다. 이에 메이지 10년 2월 5일부 약정서에 기반해 계약금 300엔을 폐기하였다. 그리고 피고가 가지고 간 대물 2개의 대금 207불 90센트도 피고의 위약으로 원고가 현재 소비한 150불을 합쳐 이를 피고에게 갚도록 하고자 한다고 하였다.

피고는 다음과 같이 주장했다.

메이지 9년, 즉 서력 1876년 11월 5일 선철 매입 약정을 맺고 계약금

300원을 건네어 메이지 9년 12월 14일까지 약정 선철 가운데 50톤을 수취하기로 한 것은 원고가 말한대로 틀림없다. 메이지 9년 12월 16일부 증서대로 피고가 수취한 선철은 대략 70톤으로 정하여 이미 수취한 50톤을 제외하고 또 피고가 수취할 분은 20톤이 된다. 재차 약정한 이유는 원래 원고와 약정한 것은 50톤인바, 피고는 영어를 이해하지 못함에 따라 서력 1876년 11월 4일부 증서에 모든 철이라 기재한 것을 알지 못하고 이를 받아들였기에 부득이 20톤을 증가해 계약을 한 것이다. 그 후 메이지 10년 2월 5일 날짜 연장 약정서를 제출했을 때, 대물 2개만은 원고 쪽에서 수중(水中)에서 인양해 두어야 할 것이라 약정했기에 피고는 그 약정대로, 즉 메이지 10년 2월 27일 대리인 나카야마 기헤이(中山 儀兵衛)를 원고에 보냈는데 그 대물은 아직 육상에 있지 않고 또 대물을 인양할 기계는 요코스카에 있다고 함에 따라 기계가 돌아올 때까지 기다렸으면 좋겠다고 하여 피고는 이를 연기했다. 메이지 10년 3월 17일에 이르러 원고의 지배인(番頭)으로부터 기계가 돌아왔으므로 선철을 인도하라는 취지의 통지가 있었다. 그렇지만 이때는 간조 시간이라 운반할 형편이 되지 않았기에 그러한 취지로 답하여 두었다. 그런데 메이지 10년 3월 28일에 이르러 선철을 수취하지 않으면 계약금을 폐기할 것이라 했다. 이에 메이지 10년 3월 31일 다이치는 신스케와 함께 원고에게 가 '피고는 2월 27일에 수취인을 보냈지만 원고의 형편으로 일자를 연기했으니 이번에 피고가 운수의 형편상 조금 연기한다고 해서 곧바로 계약금 폐기를 한다는 것은 부조리하다'고 하며, 담판에 이르러 원고는 마침내 이를 이해하게 되었다. 피고로서는 원고가 주장한 것과 같이 원고가 소지한 제 철을 수취하기로 구두로 약속(口約)한 일은 결코 없다. 다만, 원고가 현재 있는 선철 일체를 29톤 반의 대가로 수취하지 않겠는가라고 상담은 해 왔지만 피고는 이를 탐탁치 않게 여겨 25톤의 대가로 줄인다면 수취하겠다는 취지로 답했다. 그렇게는 이야기가 될 수 없다고 했기에 결국 숙의(熟議)에 이르지 못하고 중단되었다. 그런데 메이지 10년 4월 1일 신스케가 원고에게 갔을 때 오늘은 일요일이므로 상회는 휴업하니 다음날인 메이지 10년 4월 2일에 재차 와서 대물 2개를 수취하고 이어서 남은 철을 수취하도록 손을 써 두었는데 원고로부터 잔철은 어찌 되었든 우선 대금을 지불해야 한다고 전해 왔다. 그런데 피고는 이미 계약금 300엔을 건넸고, 원래 위 금액은 선철 70톤의 계약금인바, 그 선철은 이미 50톤까지 수취했는데 이제 대물 대금을 지불할 경우 남은 선철이 아직 11톤이 있으니 도리어 계약금이 남으므로 대물 대가는 계약금 내에서 제외해도 되지 않는가. 그렇지 않다면 대물 가격과 또 수취할 11톤의 가격을 계약금으로 계산해 그 부족한 만큼을 지불하겠다는 취지로 대답했다. 이에 원고는 피고가 또 수취할 선철은 단지 11톤뿐만 아니라 원고가 소지한 분 일체 피고가 수취해야 하는 것이라 하였다. 이에 더하여 피고는 대물을 가지고 도망치려 하는 불법행위를 했다고 폭언을 토로했다. 그렇지만 피고는 이 또한 이해하고 담판을 하고자 하였는데 어찌 이럴 수가, 원고가 소송을 제기한 것이다.

이상과 같이 피고는 약정을 이행하였으므로 계약금 폐기를 말한 일은 전혀 없고, 수취 잔여 선철은 원고가 약정한 대로 인도할 경우 언제라도 이를 수취할 것이며, 대물 대금은 계약금으로 여유가 있다고 주장하는 바이다.

따라서 다음과 같이 판결한다.

제1조
원고는 스스로 소지한 모든 제 철을 피고에게 서력 1877년 4월 1일부터 계속해 수취할 것을 구두 약정했다고 주장하며, 피고는 메이지 10년

4월 1일부터 계속 수취할 것을 구두 약속한 것은 잔철 20톤에 관계된 것이라 답변했다. 도저히 이 구두 외에 재차 증빙할 만한 것이 없다.

    그렇지만 그 실제를 추구함에 본래 매매상 저가의 물품에 관한 계약을 견고히 하고, 고가의 물품에 관한 결약을 허술하게 한다는 것은 인정에 있을 수 없는 바이다. 그럼에도 원고는 메이지 9년 12월 16일부 증서로 피고가 수취해야 할 잔철 20톤이라는 취지로 일단 결약하고, 그 후에 과연 고가의 제 철 매매로 변환하였다면 어째서 확고한 증서로 이를 약정하지 않았는가. 설령 저가인 20톤의 약정을 공고히 하고, 고가인 제철 약정을 소홀히 했다고 변명할지라도 이는 정리상 신용하기 어렵기 때문에 원고의 주장은 성립하지 않는즉, 피고가 수취해야 할 철은 20톤에 한정된다고 인정한다.

제2조

    피고는 잔철 20톤 가운데 이미 수취하고 남은 선철 11톤에 대해 메이지 10년 3월 31일 약정대로 메이지 10년 4월 2일 이래 계속해 그 잔철 11톤을 수취하지 않았으므로 곧 피고의 위약이 된다. 다만 이같이 재차 구두 약정을 한 이상은 메이지 10년 2월 5일부 약정서는 이미 (효력이) 상실한 것으로 간주하지 않을 수 없다. 원고는 피고가 11톤을 수취하지 않아 발생한 손실에 대해 청구할 권리가 있을지라도 재차 제 철을 수취하지 않음을 구실로 효력 상실한 증서에 기반해 계약금 300엔을 폐기하고, 대물 대가 및 기타 보상금을 요구할 이유는 없는 것으로 한다.

제3조

    이상의 이유로 원고 청구는 성립하지 않는다.

[4] 1873年 00035號 民第00001號, 손실금징수소송(引負金取立訴訟)

원고인: 네덜란드인 F. 한펠트(ユフハンペルト)
피고인: 나가이 덴키치(永井伝吉) 외 3명

이들 손실금[引負金]36 징수 소송 재판의 취지를 받아 F. 한펠트로부터 나가이 덴키치 외 3명에게 관계된 소송 조사 결과는 다음과 같다.

원고인은 상사에서 매입금(판매금)의 20%를 받기로 약정하였다고 주장하고, 피고인들은 위 20%의 차감한 금액 가운데 상점의 제 잡비를 뺀 잔금의 20%를 원고인에 건네고, 또한 잔금을 사중 일동의 소득으로 한다는 약정의 취지임을 주장했다.

그런데 원고인의 주장은 증거가 없을 뿐 아니라 이 상사에 차감하는 금액은 곧 매입금의 20%이므로 이를 남기지 않고 원고인에게 건낼 때에는 사중 일동의 소득은 전혀 없게 된다. 소득 없이 상업을 운영할 도리는 없다. 또한 매일 취급하는 물품의 첩면(帖面)에도 피고인들이 주장한 대로 계산이 성립한다. 게다가 증인도 있으므로 원고인 주장은 성립하지 않는다.

또한 원고가 스스로 쓴 영수증과 피고인이 취급한 첩면을 쌍방 조사한바, 금액 대부분이 차이가 있고, '본장부(本帳)에 의하면 수취 부족 금액은 183원 63전이므로 받고자 한다'고 주장했으나 원고의 수첩(手帖)은 원래 원고인의 희망에 따라 피고인들과 내담한 후 외부인이 와서 상사의 이

---

36 타인을 대신해 매매 거래를 행하고, 그 때문에 발생한 손실을 부담해야 하는 빚이 된 금액.

윤을 물을 때 보이기 위해 일부러 매입 금액을 줄여 기재한 수첩이므로 본장부와 금액 차이가 있음은 물론이다.

그런데 이상의 183엔여의 수취 부족이 있다고 하는 취지의 주장에 관해서는 이미 357엔 26전 수취해 둔 바가 있다는 취지에서 주장한 것이라 하더라도 이 금액은 위 숫자를 줄인 첩면의 계산에서 나온즉, 그 20%에 해당하는 금액이라면 이는 건넬 도리가 결코 없고, 피고인들이 108엔 16전 1리 8모를 건넸다는 주장 또한 증거가 있으므로 원고인의 신청은 모두 성립하지 않는다. 이에 이 재판은 증거에 따라 현장 취급 장부로 감정함에 이하와 같다.

금 26,991원 27전 5모 판매가

그 20%

금 539원 82전 5리 4모 제외한 금액

금 54원 52전 6리 입장료(下足料)

위 둘의 합

금 594원 35전 1리 4모

가운데

금 57원 53전 4리 8모 가게 제 잡비 제외한 잔금

금 536원 81전 6리 6모

그 2할

금 107원 36전 3리 3모 한펠트 소득에 해당하는 금액

여기에

금 108원 16전 1리 8모 일찍이 한펠트에 건네어 둔 금액

차액

금 79전 8리 5모 과도하게 건넴

이상과 같은 바 원고인은 수취를 넘은 부분은 피고인에게 반납해야 할 것.

다만, 소송 비용은 원고인으로부터 상각(償却)할 것.

[23] (사건번호 없음) 손해배상소송재허안(要償ノ訴訟裁許案)

소장(所長)
재허안(裁許案)

원고인: 프레드릭 디킨스(Fred. Victor Dickins, フレデリツク・ウイクトリヤ・テツキンス)

피고인: 도쿄부하 제5대구 8소구 아사쿠사(浅草) 하나가와도마치(花川戸町) 2번지 도쿄부 사족 이토 하치베(伊藤八兵衛)

대인(代人): 가나가와현(神奈川縣) 제1대구 1소구 요코하마(橫濱) 벤텐도리(弁天通) 2초메 29번지 평민. 당시 이토 하치베 측에 거류하는 가와무라 게이조(川村敬三)

손해배상 소송에 대해 심리한다.
원고가 제기한 소의 요점은 다음과 같다.

제1조

1874년 피고는 요코하마 재류 미국 월시홀 상회에 대략 8만 불 청구가 있다는 취지로 원고와 상담했는데, 위 청구의 조리는 매우 정로실직(正路實直)한 것이라 했다. 그런데 이 소송에 관련한 계산서 및 서류 등은 극히 방대하여 피고의 소송 사실을 원고가 상세히 이해할 때까지는 수개월이 소요되었다. 마침내 피고의 계산서는 원고의 도움으로 정산 방식에 따라 10만 불 이상을 온전히 월시홀 상회에 청구할 수 있는 금액이 되었다.

제2조

1874년 및 1875년 위 소송의 청송이 열리기 전에 피고 혹은 피고의 지인 등과 해당 송사에 관해 여러 차례 회합·응접을 했다. 뿐만 아니라 월시홀 상회 및 미 총영사도 허다한 응접을 하였다. 이에 이 상회에 관계된 소송 소장을 만들어 미 총영사청에 제출했다. 그런데 월시홀 상회의 계략으로 여러 차례 연기가 되었으므로 이상의 청송은 마침내 1875년 9월 1일에 이르러 시작되었다.

제3조

위 소송의 청송은 총 52차례에 이르렀으며, 원고는 해당 소송 사건에 관해 거의 날마다 피고와 회합·응접해 1875년 한해 대부분을 이 소송을 위해 사용했다. 뿐만 아니라 원고의 서기생 다나카 시게루(田中茂)도 마찬가지로 총시간을 소비해 원고는 그의 근무 이익을 빼앗겼다.

제4조

해당 소송을 원고에게 위탁한 이상 피고는 해당 사건에 관한 것은 사소한 것도 원고에게 숨겨서는 안 됨은 물론이다. 만약 원고에 숨긴 일이 있어서는 소송에 큰 화가 되고, 원고의 품행에도 관계된다는 뜻을 반복해서 이해시켜 두었다. 그런데 어찌 된 일인지 지금까지 원고가 결코 알지 못한 후타미(二見) 앞 서한 및 기타 서한 등을 피고가 월시홀 상회에 보낸 적이 있고, 이상의 서한은 미국 총영사청에서 심문의 끝을 장식해 위 상회가 제출했다.

제5조

이상의 서한이 상회로부터 나온 이상은 피고가 패배할 것이 틀림없다고 생각했다. 이에 원고는 더는 해당 소송의 대언(代言)을 할 수 없다는 취지로 미국 총영사청 및 피고에게도 양해를 구했지만, 지금에 이르러 원고가 빠지면 해당 건에 대해 영사청의 심문이 다시 새롭게 열려야 하므로 모쪼록 이대로 이어서 해 주길 바란다는 영사청의 간절한 의뢰가 있었다. 또한 피고도 지금까지 한 대로 모쪼록 이어서 해 주길 바란다고 간곡히 의뢰했기에 원고는 재차 일을 맡게 되었다.

제6조

그 후 위 소송은 1876년 1월 8일에 이르러 판결(裁決)이 이루어졌다. 피고의 주장(具狀)은 모두 성립하지 않게 되었다. 이는 피고가 일찍이 원고에 상담한 것과 크게 저어되는 구두 진술에 따라 소송의 승리를 얻지 못하게 된 것이므로 놀랄 일은 아니었다. 원래 피고가 월시홀 상회에 대해 청구한 내용은 사위망탄(詐僞妄誕)으로 꾸며낸 것이 되었다. 그 까닭은 피고가 해당 사건에 관해 사이토 가스케(斎藤嘉助)에게 3천 엔, 오카무라 아무개에게 800엔을 몰래 증여한 일 등을 통해 일목요연하다.

제7조

제6조에서 재결이 이루어진 후 재차 피고로부터 홍콩, 상해, 한커우에 맡긴 월시홀 상회가 차압한 약간의 신공채 증서를 되돌리는 일에 관해 여러 차례 상담이 이루어졌다. 그리고 그 후 피고는 원고의 승낙도 거치지 않고 몰래 위 상회와 앞선 소송을 화해(內濟)하기로 했다. 이로써 이 상회에 대해 청구했던 일은 모두 피고의 부정한 정상(情狀)을 표명키에 충분하다. 왜냐하면 이 상회와 관련된 자신의 청구를 물렀을 뿐 아니라 도리어 그 상회가 피고에 대해 청구했던 금액 3만 불여를 상회에 지불했기 때문이다.

제8조

　피고는 처음 그 청구의 가장 정로실직한 것이 있다고 하여 소송을 원고가 간청해 이를 다루게 되었다. 그런데 피고의 위 소송을 (포기하고) 화해(內濟)한 것으로 피고는 원고를 기망하고, 또한 월시홀 상회를 기망하고자 했던 것을 표명했다. 이상의 전말로 피고는 원고 및 원고 서기생 다나카가 거의 2년간 귀중한 시간을 허비하게 했다. 뿐만 아니라 특히 원고의 명성을 더럽혔으며, 이에 더해 피고의 경비를 위해 원고가 이체했던 금액조차 원고에게 반환하지 않고 있다.

제9조

　원고는 피고 소송을 위해 가능한 한 가장 주의를 기울여 피고에게 이익이 되도록 소송을 준비해 변론했다. 뿐만 아니라 피고는 오로지 월시홀 상회에 타격을 주도록 소송에 주의를 기울여 도리어 원고 자신의 사업을 소홀히 했기 때문에 원고는 5천 불 이상의 지대한 손실을 입었다.

제10조

　피고는 원고의 사례금으로 5,350불을 원고에게 빚졌다. 다만, 위 금액 가운데 성규의 사례금으로 이미 원고가 취한 금액은 제외할 것이다.

제11조

　원고는 전 조항의 사례금에 관해 피고와 약정을 체결하였지만 피고는 약정대로 이행하지 않았으므로 그 약정을 폐기하고, 약정을 체결하지 않은 것으로 하여 재차 청구에 이른다.

제12조

원고는 다나카를 서기생으로 고용한 목적이 법률을 조사하기 위한 것인바, 이 사람은 시종 피고를 위해 일하게 되어 원고의 쓰임에는 전혀 이르지 않았다. 이에 1,619불을 청구한다.

제13조

이상의 조목들에서 말한 사정에 따라 원고는 별지 감정서에 게재한 대로 사례금으로 5,350불, 다나카 작업료로 1,619불, 그밖에 원고의 명예를 더럽힌 보상으로 5,000불 합 11,969불의 금액을 피고로부터 보상받고자 한다.

피고가 이에 답한 요령은 다음과 같다.

제1조

피고가 월시홀 상회에 관한 소송 건을 원고에게 위탁한 사정은, 즉 메이지 8년 1월 19일부 약정서대로 원고와 계약을 체결한 후에 곧 원고에게 이를 위탁한 것이다. 그리하여 원고는 정산 방식은 물론 그 사실을 이해하기 위해 여러 날을 소비하고, 피고와 여러 차례 회합·응접한 일은 본래 원고의 당연한 직무상의 일이다. 그런데 1874년 무렵부터 1875년 무렵까지 위 소송의 청송은 총계 52차례에 이르고, 설령 그 시일은 해당 소송을 위해 오로지 소비된 것이라고 해도 그 심판 결과의 지속에 의해 앞의 약정을 개정할 까닭은 없다. 또한 다나카는 본래 원고가 고용한 사람이다. 소송을 위해 오랜 기간 분주히 진력한 것도 고용주를 위해 진력한 것으로, 이 또한 원고가 위임받은 일의 의무다.

제2조

피고는 위임 중 해당 사안에 관해 조금도 원고에게 숨긴 일이 없다. 또한 어찌 피고가 상대방인 상회에 대해 스스로 불리할 일을 고의로 말할 까닭이 있겠는가. 저 후타미 아무개 앞으로의 서한 등은 상회가 제출할 때까지 피고 또한 이를 알지 못했다.

제3조

위 후타미 아무개 앞 서한의 원유는 피고가 전언을 말하는 가운데 생긴 어긋남으로 그 전언을 부탁한 자는 고바야시 모토지로라는 자다. 그리고 그 전언은 후타미 아무개까지 전해졌지만 그가 하시모토 벤조에 들러 벤조의 고용인 오카모토 아무개에게 이상의 전언 취의를 서한으로 보내 달라고 의뢰한 취지인즉, 오카모토가 서한을 써서 보낸 것으로 어긋남이 발생한 것이다.

제4조

위 서한을 피고가 전혀 알지 못한다고 한 것은 이미 원고도 자세히 알고 있는 바이다. 그 까닭은 이 서한이 얽힌즉, 증거인 등에게도 원고는 스스로 지시하여 영사청에서 그 답변을 하게 하였다.

제5조

전 조의 서한은 상회가 제출했을 때 원고는 일단 소송 위임을 사절했다. 그러나 영사 및 피고의 간청에 따라 재차 이를 이어서 하겠다고 하였다. 만약 이것이 부정한 것이었다면 당시 귀중한 법률가인 신분으로는 스스로의 품행에도 관련한 것이기에 당연히 사절해야 할 터이다. 그런데 영사 및 피고의 청에 따라 특별히 약정의 개정도 하지 않고 그대로 이어서 일한 것을 도면 이로써 전 조의 약정을 폐기할 도리는 없다.

제6조

1876년 1월 8일 미국 총영사청에서 피고의 주장(具狀)이 모두 성립하지 않는다는 취지의 재결이 이루어졌다. 그러나 원고와 일찍이 상담한 구두 진술의 저어함은 결코 없다. 이상은 시종 피고가 첫째로 주장한 상회 장부 등은 재차 조사하지 않고 오직 상회의 주장만을 편청한 것이다. 때문에 피고는 해당 재판을 도저히 감복할 수 없었기에 항소를 위해 힘썼다. 그러나 영사 지시에 의하면 미국의 규정에 따라 소송 비용은 영사청에 선납하고, 나아가 상등 법사를 고용해 본국 캘리포니아 재판소에 항소를 해야 한다는 취지였기에 그 이상은 너무나 낭비(冗費)가 소모되기에 실로 예산을 세우기 어렵다고 여겨 매우 유감이지만 부득이 상고를 단념하게 되었다.

제7조

전 조의 사정이므로 피고는 어쩔 수 없이 월시홀 상회와 화해(內濟)하였다. 그런데 원고는 피고가 상회에 몰래 금액을 지불한 것은 원래 피고가 부정하기 때문이라 주장하지만 어찌 이를 몰래 하겠는가. 다만, 피고가 상회에 지불한 액수는 3만 엔 신공채 증서와 별도로 4,250불 증서이지만 이는 결코 부정한 맥락은 없다. 그 증거는 상회에서 공연 재허면의 금액에 이자 및 대언료 등을 합해 계산할 경우 위 액수로는 대략 6천 엔이나 감소한다. 그가 이를 양해한 것은 피고가 부정함이 없기 때문이다. 상회가 소송에 승리한 것은 실로 요행의 일이라 해야 할 것이다.

제8조

또한 원고가 신청한 사이토 기스케에게 3천 엔, 오카무라 아무개에게 800엔을 피고가 증여한 것은 무엇으로 이같이 주장하는가. 이는 본래 뚜렷한 증거도 없는 무고다.

제9조

원고가 이야기하는 이체 금액 등은 피고에게 일찍이 기억이 없고, 도리어 피고는 약정대로 수수료 및 제 비용 등을 모두 건넸다. 도리어 원고는 소송이 혼란하여 심판이 늦어진다는 명목으로 수수료 증가를 의뢰했다. 이는 약정 위배로 매우 불합리하지만 피고는 자애로써 별도로 500엔을 주었다. 따라서 현재 또다시 다른 청구를 받을 이유는 없다.

제10조

원고로부터 피고는 약정 이행을 하지 않았다고 하지만 피고는 전 조와 같이 약정 금액을 사용해 원고도 위 금액을 수납했다. 그런 이상 피고의 약정 이행은 이미 종결된 것이다.

제11조

이상의 이유가 있기에 피고는 더는 원고와 조금도 거래하지 않으니, 배상 요구를 받을 이유가 없다고 주장한다.

이상 원고·피고가 여러 차례 변론을 심리·조사하여 도쿄 재판소에서 초심 재결을 하니 다음과 같다.

제1조

본래 피고로부터 월시홀 상회에 대한 소송을 원고에 위탁한 처음에 그 사례금 및 비용 담당 구분 등을 숙의하여 승낙하고, 각각 약정서에 기명날인했다. 그런데 해당 소송 재결 후에 이르러 원고로부터 증금(增金) 1천 불 수취, 남은 500불 및 1천여 불의 비용 등을 재촉했다. 피고가 이를 승낙하지 않았기에 앞서 체결한 약정을 폐기하고 재차 영미의 관습에 따라, 그리고 '네스' 씨의 월시홀 상회로부터 수령한 금액 등을 비교해 5천여 불의 금액을 청구했다. 그러나 나는 이를 채용하지 않는다. 왜냐면 앞에서 체결한 약정은 쌍방이 승낙한 것일 뿐만 아니라 원고가 이미 그 금액을 수취해서 끝났다. 그런데 멋대로 이를 폐기하고 별도로 청구한다는 것은 부조리한 것이기 때문이다.

제2조

닥터 헤본 씨의 번역료 기타 필사료, 응접 시간 비용 등을 청구했지만 피고는 약정서 제2조 말 항에 따라 이를 거부하고, 또한 미국 영사청으로부터 명받은 필사 수수료 등은 모두 완납해 끝냈다. 따라서 원고의 요구에 응할 의무는 없다고 말하는 것은 타당하다.

제3조

다나카 시게루는 피고의 소송과 관련해 오랫동안 분주하게 진력해 원고인을 위해 일을 할 시일을 소비했다. 따라서 1,690불을 요구한다고 하지만 피고는 이에 답하길 이상의 소송은 원래 원고 본인에 위탁한 것으로 그가 고용한 시게루에 위탁하지 않았다. 또한 고용주를 위해 고용인이 그 사무를 분담하는 것은 당연하므로 피고가 알 바가 아니라 하였다. 이 또한 원고가 청구의 요점을 잃은 것이다.

제4조

"피고인은 원고인에 소송 위탁 시 일찍이 상대 쪽에 보내 둔 서한을 은닉해 원고가 여러 차례 심문을 거쳐도 결코 명시하지 않았다. 또한 사이토 가스케에 3천 엔, 오카무라 아무개에게 800엔을 몰래 주는 등 모두 최초부터 사기망탄의 행위로써 원고에 위탁한 것이다. 때문에 소송에 패배(曲者)하게 되었다. 처음부터 그 진실을 명시했다면 패소하는 것은 재판을 기다리지 않아도 명확하므로 원고는 결코 위탁을 긍정하지 않았을 것이다. 이는 피고의 사기와 진실되지 않음에 원고의 명예를 더럽힌 것으로 5천 엔의 보상을 요하는 이유다."(라고 원고는 주장했다)

피고는 후타미 아무개 앞의 서한 등을 상대방에게 보낸 일은 애초 알지 못했고, 후에 고바야시 겐지로의 전단에서 나온 것을 발견했다. 대저 사기·부실(不實)은 자신을 이롭게 하기 위함인데 피고라 하더라도 서한이 상대방에게 있음을 알았다면 자신이 패소할 것을 알았을 것이다. 그렇다면 무슨 이익되는 바가 있어 소송을 구성했겠는가. 나는 이로써 결코 피고의 사기가 아니며, 그 촉탁을 받은 행위를 알지 못한 부주의의 과실이라 간주한다.

제5조

약정서 제5조에 상대방에게 소송을 승리하여 정금을 수취하는데 이르면 그 5%를 원고에 분여하기로 하였다. 이는 원고가 위탁을 받은 목적의 하나다. 그렇다면 피고의 사기·부실이 아니더라도 부주의의 과실로 원고가 목적을 달성할 수 없었음에 이르렀기에 그 보상을 할 의무를 면할 수 없게 된다.

제6조

전 조의 보상을 면할 수 없다고 하였으나 지금에 이르러서는 이제 해방된 것으로 한다. 왜냐면 서한의 미국 영사청에서 발현한 것은 메이지 8년 9월 1일이다. 이때 원고는 패소할 것을 알고 위탁 사무를 사절하고자 했지만 영사 및 피고의 의뢰로 계속해서 그 직분을 맡았다고 스스로 명언하고 있기 때문이다. 이는 즉 피고의 과실에 의해 자기 목적을 달성할 수 없음을 묵허(默許)한 것이다.

제7조

피고의 과실을 묵허한 흔적은 또 있다. 메이지 8년 9월 1일에 그 과실이 드러났기에 같은 해 20일경에 이르러 예상 밖의 노고와 곤란을 겪었음을 구실로 약정 외에 1천 엔의 증액금을 청구하고, 같은 해 28일에 정금 500엔을 피고로부터 수취했다. 때문에 명예를 더럽혔다고 배상을 요구한 것도 이유가 없는 것으로 한다.

1급 판사보 야마모토 마사미
13등 출사 고시타카 레이지(腰高礼司)

제5장
19세기 후반 동아시아 불평등조약 체제하 외국인 거류 제도의 계보
-일본 모델의 한국 전파 과정을 중심으로

| 박준형 / 서울시립대 국사학과 교수 |

1. 머리말
2. 외국인 거류 제도의 기원과 근대적 재편
3. 일본식 근대 외국인 거류 제도의 성립과 전개
4. 고베에서 인천으로, 모델의 전파와 변용
5. 맺음말

1. 머리말

19세기 중엽부터 중국을 비롯하여 일본이나 한국 등 동아시아 각국에 설치된 조계·거류지란 제 외국과 체결한 이른바 불평등조약에 의거하여 외국인의 거주 및 무역을 위해 설정된 일정 구역을 말한다. 각 조약에 명시되어 있던 영사재판권이 체류 외국인이 현지 어디에 있든 상관없이 본국 영사의 사법 관할하에 있게 되는 속인적 권리라고 한다면, 조계·거류지 내에서 외국인들의 자치기구에 의해 집행하고 있던 행정관리권은 일종의 속지적 권리에 해당한다. 이와 같은 이유로 조계·거류지를 가리켜 흔히 '나라 안의 나라'라고 부른다.

'나라 안의 나라'는 조계·거류지가 한 나라의 주권이 온전하게 미치지 못하는 치외법권의 공간임을, 또 그것이 이른바 '서세동점'이라고 하는 동아시아 각국에 대한 서양의 주권 침탈의 결과임을 상기시킨다. 그리고 동아시아 각국의 역사에서 조계·거류지의 형성 과정은 주권 회복의 역사와 한 쌍을 이루어 조계·거류지를 회수하여 '본래' 상태로 돌아가는 것으로 끝을 맺는다.

그런데 여기에서 주의할 것은 '나라 안의 나라'라고 할 때 전자의 '나라'와 후자의 '나라'는 본질적으로 그 성격을 달리하고 있었다는 점이다. 두 개의 '나라'는 각각 동아시아의 전통적 세계 질서와 유럽의 근대적 세계 질서에 의해 구축되어 있었다. 19세기는 동아시아의 세계 질서가 변용을 겪는 시기였으며, 바로 그 과정의 산물이기도 한 조계·거류지는 비록 동아시아 각국 영토 내에 설치되기는 했으나, 그곳에 거류하는 유럽인들에 의해 서양의 거리와 같은 질서와 풍경을 재현하고 있었다. 다시 말해서 조계·거류지의 경계는 서로 다른 두 개의 질서를 구분 짓는 경계에 불과했다.

이 같은 관점에서 조계·거류지 경계의 기원을 거슬러 올라간다면, 유럽의 세력 확장을 배경으로 그어진 우의선(Amity Line)까지도 거슬러 올라갈 수 있다. 1559년에 스페인과 프랑스 간의 카토 캉브레지 조약의 구두 합의에서 처음 모습을 드러낸 우의선은 통상 서경 18도와 북위 26도, 즉 유럽과 아프리카 북부를 포괄하는 지역을 경계로 하고 있었다. 우의선의 의의는 조약·평화·우의 등의 질서는 경계의 안쪽에서만 적용된다는 원칙에 따라 조약국 간 유럽 내부에서는 국제법 제정 등을 통해 전쟁이 점차 보호·제한되어 갔으나, 그와 반대로 '라인의 저편'은 유럽에서 통용되고 있던 법적·도덕적·정치적 평가가 정지되는 예외적 공간이 되었다. 따라서 '라인의 저편'에서는 자유로운 폭력 사용이 허용되고 강자의 권리만이 인정되었으며, 자유로운 해양·무역·세계 경제라고 할 때의 '자유'란 사실상 자연의 무법 상태와 같았다.[1]

중국 조계 연구의 권위자인 우에다 도시오(植田捷雄)는 "원칙적으로는 지나(支那, 중국: 인용자)의 주권에 복종하지 않고, 예외적으로만 지나의 주권을 인정하는 것이 불평등조약"이라고 말한 바 있다.[2] 이에 따른다면 불평등조약이란 곧 상대를 예외 상태로 만드는 힘이며, 이때의 예외성은 유럽의 법질서가 통용되지 않는 '라인의 저편'과 같은 성격으로부터 증명된다고 할 수 있다. 조계의 경계는 유럽의 질서나 풍경만이 아니라 실은 정상과 예외를 나누는 '라인'의 본질 자체를 재현하고 있던 것이다.

그렇다면 주권 회복의 역사는 재고되어야 할 필요가 있다. 불평등조약

---

1 Carl Schmit(新田邦夫 譯), 2007 『大地のノモス: ヨーロッパ公法という國際法における』, 慈學社, 85~90쪽.

2 植田捷雄, 1934, 『支那租界論』, 嚴松堂書店, 69쪽.

체제하에서 예외성은 조계·거류지에 있는 것이 아니라 '라인의 저편'에 해당하는 내지에 있었다고 해야 하며, 조계의 회수는 본래 상태로의 회복이 아니라 유럽의 법질서 수용을 통한, 다시 말해서 내지의 예외성을 제거함으로써 '라인의 이편'으로 들어서는 과정이었다고 해야 할 것이다. 또 이를 받아들일 수 있다면 결과적으로 '라인'은 결코 사라질 수 없다. '라인의 이편'에 들어서는 행위 자체가 사실은 '라인의 저편'을 끊임없이 재생산하는 기제였기 때문이다. 그 점에서 앞으로 연구의 진전을 위해서는 내적 경계를 소거하여 균질적 지배를 실현하는 국민국가의 영웅 서사가 아니라, 절대 사라지지 않는 '라인'의 계보학이 되어야 한다고 생각한다.

조계·거류지 경계를 설정함으로써 발현되는 구체적 효과이자 애초의 의도는 내외국인 간의 '잡거(雜居)' 방지를 위한 거주의 분리, 곧 '분거(分居)'였다. 서양인들이 세계 각지에 식민도시나 거류지를 건설할 때 일정한 경계 속에 스스로를 격리했던 것은 방위나 공중위생을 위해서였다. 동아시아 각국의 입장에서도 조계의 경계는 국내 질서를 유지하고 서양 문물의 영향을 제한하는 역할이 기대되었다.

그러나 서양인들에게 '라인의 저편'은 탐험과 시장 개척, 그리고 식민 등을 위한 장소에 지나지 않았으며, 그것을 실천해 가는 과정에서 다양한 구실을 통해 혹은 구실조차 없이 '잡거'는 부산물과 같이 따라왔다. 그뿐만 아니라 일본의 조약 개정 과정이 보여 주듯이 조계의 회수를 통해 주권의 회복을 시도하는 국가에게도 '잡거'는 최종 목표이자 목표 달성의 증거였다. 대등한 지위에서 이루어지는 외국인과의 '잡거'는 나의 법질서가 더는 그들과 다르지 않음을, 다시 말해서 자신이 '라인의 이편'으로 진입해 있음을 증명해 주었기 때문이다.

그 점에서 지구상에 '라인'을 그어가며 시작된 근대는 '라인의 저편'과

'라인의 이편'에서 모두 '잡거'가 진전된 역사였다고 할 수 있다. 이 같은 관점에서 이 글은 다음과 같은 접근 방식을 취하고자 한다. 첫 번째로는 조계·거류지와 더불어 잡거지에 주목할 것이다. 기존 연구에서는 주로 조계·거류지와 내지의 이분법적인 틀에서 접근했던 까닭에 상대적으로 잡거지에 대해서는 큰 관심을 두지 않았다.[3] 이러한 분석 틀은 '분거'에 기준점을 둔 것인데, '분거'가 사실은 '잡거'를 전제로 하지 않고서는 그 자체 또한 성립 불가능하다는 사실을 망각하기 쉽다.

두 번째 동아시아 외국인 거류 제도의 계보를 거슬러 올라가 일본의 사례를 검토할 것이다. 일본은 1854년과 1858년에 미국과 화친조약, 수호통상조약을 차례로 체결함으로써 조약 체제에 편입했고, 조선은 그로부터 약 20년 뒤 일본과 조일수호조규를 체결함으로써 같은 길에 들어섰다. 기존 연구들에서와 같이 양자 사이의 시간적 간격을 두고서 국가 능력의 차이를 논하는 것은 수많은 우연의 산물을 필연의 연쇄로 둔갑시킬 가능성이 크다.[4] 그 대신 선후 관계에서 발생하는 전파와 변용의 양상

---

3 예를 들어 李鉉淙의 『韓國開港場硏究』(一潮閣, 1975)이나 金容旭의 『韓國開港史』(瑞文堂, 1976), 그리고 高秉雲의 『近代朝鮮租界史』(雄山閣出版, 1987)는 책 제목이 말해주듯이 개항장의 '조계'로 연구 대상을 한정한 탓에 개시장이나 잡거지에 대한 연구가 이루어질 수 없었다. 손정목은 기존 연구에서 "漢城·龍山·平壤의 開市場을 완전히 빼 버린 것은 잘못이었다고 생각한다"[孫禎睦, 1982, 『韓國開港期 都市變化過程硏究: 開港場·開市場·租界·居留地』, 一志社, 60면 각주 25번]고 지적하면서 개항장은 물론 개시장까지 연구 범위에 포함했으며, 또한 '조계' 외에도 '조계 밖 10리'나 '내지'라는 범주에 대해서도 언급했다. 필자는 손정목의 연구 성과 및 시각을 계승하는 한편, 나아가 1883년 조영수호통상조약 체결로 인해 성립한 조약상의 공간 구조('조계', '조계 밖 10리 이내', '내지'로 구성된 동심원적 구조)를 '조약 체제하 공간 구조'로 개념화하여 잡거지의 확대라는 관점에서 한반도 공간의 식민지적 재편 과정을 재검토하는 일련의 논문을 발표해 왔다.

4 일례로 가토 유조(加藤祐三)는 청국의 '조계'와 일본의 '거류지' 제도 비교를 통해 외

을 계보적으로 접근하면 그 기원으로 거슬러 올라가 새로운 의미를 구할 수 있다. 특히 일본의 개항장 고베는 한국 인천에서 외국인 거류 제도가 수립될 때 직접적인 모델이 되었던 까닭에, 그 계보를 밝히는 데 좋은 소재를 제공해 줄 것이다.

2. 외국인 거류 제도의 기원과 근대적 재편

1) '상숙'과 '상관', 두 개의 계보

원격지 상업에서 유래한 외국인 거류 제도에 대해 일찍이 사이토 다키오(齋藤多喜夫)는 외래 상인과 투숙처의 관계, 그리고 투숙처의 성격에 따라 '상숙(商宿)'과 '상관(商館)'이라는 두 개 개념을 통해 설명한 바 있다.[5] 간단히 말하면, '상숙'은 소재지의 권력자나 유력자에 의해 설립된 것으로, 것으로, 외래 상인은 숙소 주인의 보호를 받고 그 지배에 복종해야 하며 건물에 대한 소유권을 주장할 수도 없다. 이에 반해 '상관'은 본국

국인이 향유하는 치외법권 수준으로부터 양국의 주권행사 한계의 차이를 드러내고, 결국에는 그 원인을 '패전'과 '교섭'이라는 조약교섭 체결 시 상황에서 구하고자 했다(加藤祐三,「二つの居留地: 十九世紀の國際政治, 二系統の條約および居留地の性格をめぐって」,『近代都市形成史比較硏究 橫濱と上海』(橫濱開港資料館, 1995). 이와 같은 비교 연구는 국경을 넘어선 계보를 밝히기보다는 오히려 종래의 일국사적 시점을 강화하는 결과를 초래할 수도 있다.

5 19세기 중반 이전 외국인 거류 제도의 기원 및 계보는 齋藤多喜夫, 1998「世界史のなかの居留地と商館」,『圖說橫濱外國人居留地』, 有隣堂 참고. 사이토의 개념으로서의 '상관'·'상숙'과 일반 명칭으로서의 그것을 구분하기 위해 이하에서는 전자의 경우 작은따옴표를 사용하고 후자에는 사용하지 않았다.

으로부터 파견된 영사(consul)의 관리하에 놓이며, 외래 상인은 토지를 빌리고 건물을 소유할 수 있는 권리 등을 갖는다. '한(khan)'이나 '푼두크(funduq)'라고 불린 전자의 제도는 두 개의 제국, 곧 사산조 페르시아 제국과 비잔틴 제국에서 연원하여 이슬람 사회에서 발전했다. 그리고 후자는 1096년 제1차 십자군 전쟁 때 예루살렘 왕국 건설에 기여한 대가로 왕국 내 항만도시를 부여받은 이탈리아 도시국가들이 그곳에 '푼디쿰(fundicum)'이라는 통상 거점을 세우고 영사를 파견하여 관리하도록 한 것에서 그 기원을 구할 수 있다. 이때 영사는 거점 시설 내 자국민에 대해 행정 및 사법상의 권한을 행사할 수 있었는데, 후에 이는 근대적 영사 제도의 시원을 이루게 된다.

'상관' 제도는 유럽의 세력 팽창과 함께 점차 유럽 밖으로 확산되어 갔다. 16세기에 포르투갈은 남아시아를 거쳐 동남아시아까지 세력을 확대했으나, 17세기에는 후발 주자인 네덜란드가 포르투갈의 요새들을 점령해 갔다. 이 국가들은 동아시아에서도 점차 통상 거점을 확보해 갔으나 강력한 현지 권력과 조우하여 '상관' 제도를 이어갈 수는 없었다. 18세기 중국의 광둥무역 체제하에서 설립된 '이관(夷館)'을 영국인들은 '팩토리', 곧 상관이라고 불렀으나, 위의 두 개 개념을 가지고 말하자면 그것은 '상관'이라기보다는 '상숙'에 가까웠다. 이관은 중국 측 특권상인조합인 공행(公行)의 소유였고, 따라서 유럽 상인들은 임대료를 지불하면서 공행의 주인권에 복종하지 않을 수 없었다. 그렇지만 1842년 난징조약 이후 조약들을 체결해 가는 과정에서 이관의 성격은 '상숙'에서 '상관'으로 바뀌었다. 공행의 주인권은 부정되고 외국인의 차지권과 건물 소유권을 인정하는 조계가 설치되었으며, 그곳에 파견된 영사는 자국민 관계 사건에 대해 재판권(치외법권)을 행사할 수 있게 되었다.

그렇다면 조약 체제 성립 이전 시기 한국이나 일본에는 어떤 형태의 외국인 거류 제도가 존재하고 있었을까.

주지하다시피 조선에는 왜관이 있었다. 조선시대 왜관은 1876년 조일수호조규 체결 이전까지 유일한 외국인 거류 제도였다. 그것은 조선 초기 왜구의 침입 방지와 왜인 통교자에 대한 통제를 대일 외교의 근간으로 삼아 통교자 증가에 따른 치안상의 혼란과 재정적 부담을 줄이기 위해 설치되었다. 고려시대에도 왜관이 없던 것은 아니다. 그러나 경제적 성격이 강했던 그에 비해, 조선시대 왜관은 정치적 목적으로 국가에 의해 설치되었다는 점에서 구분된다.[6] 임진왜란 발발로 완전히 폐쇄되었던 왜관은 전쟁 종결로부터 9년이 지난 1607년에 이르러서야 부산 두모포에 복설하게 되었으나 그 이전의 왜인 상경은 더는 허용되지 않았다. 그리고 1678년에 초량의 10만 평 부지로 이관한 후 부산에 일본 조계가 설치될 때까지 200여 년간 유지되었다.

한편, 일본에는 나가사키에 데지마(出島), 토진야시키(唐人屋敷)와 같은 시설들이 있었다. 데지마는 1634년에 나가사키의 비기독교 유력 쵸닌(町人) 25인이 공동 출자하여 매축한 인공 섬으로, 1636년에 이곳으로 포르투갈인들의 투숙이 제한되었다. 그 이전까지 포르투갈인들은 시중(市中)에서 일본인과 잡거를 하고 있었으나, 기독교 전파에 대한 막부의 우려로 데지마에 격리 수용된 것이었다. 또한 1637년에 일어난 시마바라의 난(島原の亂)을 계기로 1639년부터는 포르투갈선의 내항 자체가 금지되었다. 그에 따라 데지마에는 히라도에 상관을 열었던 네덜란드가 1641년에 막부 명령에 따라 이관해 왔다. 네덜란드 동인도회사가 일괄 임차한

---

6   장순순, 2001 「朝鮮時代 倭館變遷史 硏究」, 전북대학교 사학과 박사학위논문, 13~19쪽.

데지마의 임차료는 선숙(船宿)을 보유한 데지마쵸닌(出島町人)들의 수입원이 되었으며, 그중 일부는 연공으로써 막부에 바쳤다. 데지마의 운영 및 관리는 데지마쵸닌 개개인이 아니라 정정기관(町政機關)에 맡겨졌다. 네덜란드인들이 '국립 감옥'이라 칭했고, 막부에서 파견한 나가사키 부교(長崎奉行)의 감독을 받기는 했으나 데지마는 기본적으로 민간이 운영을 담당했다.[7]

나가사키에 당도한 당인(唐人), 곧 중국인들도 본래는 포르투갈인과 마찬가지로 시중 잡거를 했다. 그러나 데지마 건립 이듬해인 1635년에 당선(唐船)의 입항이 나가사키로 한정되었을 때 새롭게 가족을 동반하거나 영주하는 것 또한 허용되지 않았기 때문에, 교역이 끝난 당인들은 배를 타고 귀국해야만 했다. 더구나 기독교 전파와 밀무역을 단속하기 위해 1689년에 토진야시키가 건설된 이후로는 데지마의 네덜란드인과 마찬가지로 시중 잡거도 불가능해졌다.[8] 초량왜관과 데지마를 비교·검토한 장순순은 다음과 같이 공통점과 차이점을 설명했다. 먼저 공통점 첫 번째로는 두모포 왜관이 17세기 초에 설치되고, 데지마 또한 1634년에 매축된 사실로부터 설립 시기를 들었다. 그리고 그 시기적 특성에 대해서는 동아시아 각국이 "대외 관계를 중앙정권의 직접 지배하에 두고 자국인들의 해외 도항은 물론 외국인의 입국을 원칙적으로 금지하는 해금(海禁) 내지 쇄국정책(鎖國政策)을 실시하기 시작"한 때였다고 설명했다. 두 번째 공통점은 왜관이나 데지마의 설치 목적이 위와 같은 시대적 배경에서 외래 상인들의 통제를 강화하는 데 있었다는 점이다. 세 번째는 거류 제도의 성

---

7   齋藤多喜夫, 1998, 앞의 논문, 99~100쪽.

8   橫山宏章, 2011, 『長崎 唐人屋敷の謎』, 集英社, 17~28쪽.

격이 "그들(외래 상인: 인용자)의 도박처(到泊處)임과 동시에 무역품의 보관 장소 및 무역 공간이라고 할 수 있는 상관(商館)의 기능을 가지고 있었다"는 것이며, 그 외에도 외국인과 자국민 사이의 사적인 접촉을 허용하지 않은 점, 자국 중심의 국제 질서가 외국인 거류 제도를 통해 체현되고 있었다는 점 등을 열거했다.

한편, 가장 큰 차이점으로 지적한 것은 왜관의 경우 '통상(通商)'만이 아니라 '통신(通信)'의 공간이기도 했다는 사실이다. 이로부터 또 다른 차이들이 유발되기도 했는데, 즉 데지마의 '통상' 관계는 앞서 서술한 바와 같이 민간 레벨에 한정되어 국가권력이 직접 개입하지 않았으나, '통신'의 공간이기도 했던 왜관은 경역 내 건물의 건축 및 개수, 거류자에 대한 식량 지급 등에 있어서 조선 정부의 관여도가 매우 높았다.[9] 구체적으로 조선 정부는 도항해 온 왜인들에게 체류 비용을 지급했으며, 초량으로 이관할 때 해당 부지를 무상으로 제공하고, 외교 및 무역업무와 관련된 왜관 내 공적 건물의 축조 비용 및 인력 등을 담당하기도 했다.[10]

여기에서 한 가지 지적해 둘 것은 상관의 성격에 대해서다. 앞서 언급한 것처럼 장순순은 왜관과 데지마의 공통점으로 상관 기능을 들었다. 그러나 사이토가 제시한 '상숙'·'상관' 개념을 기준으로 삼는다면, 왜관과 데지마는 국가든 민간이든 현지 권력 혹은 유력자에 의해 조성되었고, 또 토지를 임차하거나 건물을 소유할 수 있는 권리가 외래 상인에게 주어지지 않았다는 점에서 '상관'이 아니라 '상숙'의 계보상에 있다.

그러나 이후 한일 양국의 '개국' 및 '개항'은 왜관이나 데지마 또한 중

---

9 장순순, 2004, 「近世 東아시아 外國人 居住地의 특징」, 『全北史學』 27, 71~76쪽.
10 위의 논문, 64~68쪽.

국의 광둥상관과 마찬가지로 '상숙'에서 '상관'으로 그 성격이 전환될 것임을 예고했다. 다만 한일 양국이 축적해 온 경험은 장순순이 지적한 위의 차이점들이 말해 주듯이 상이함을 내포한 것이었으며, 그로 인해 전환 과정에서 종래 제도와의 관계 설정도 달라질 수밖에 없었다.

2) '상숙'에서 '상관'으로

1868년 초 왕정복고를 단행한 메이지유신 이후 한일 관계는 쓰시마를 매개로 한 전통적인 교린 관계에서 벗어나 재정립을 요구받았다.[11] 왜관은 어디까지나 조선 정부와 쓰시마 도주 사이의 교섭 사안이기 때문에, 1871년 폐번치현(廢藩置縣)으로 소씨의 가역이 면직된 후의 재협상 또한 당사자인 소씨가 담당해야 했다.

그러나 일본 정부는 쓰시마 도주의 외교권을 박탈하면서도 왜관만은 '국위를 떨칠 필요물'로 간주했고, 또 교섭 동결 상태를 오래도록 방치해 두면 국교 단절로 잃을 수도 있다고 예상했다. 이에 부채 변제를 빌미로 왜관을 점거하고서는 상인들에게 부채가 청산되더라도 철수하지 말라는 지시를 내렸다. 이는 조선에 파견된 외무대승 하나부사 요시모토(花房義質)에 의해 추진되었던 것인데, 조선 정부가 쓰시마인 외에는 교제하지 않는다는 태도를 보이며 부채 수령을 거부함에 따라 결과적으로 그 어떤 성과도 올리지 못한 채 양국 관계의 악화만을 초래했다.

결국 1875년 운요호 사건을 빌미로 이듬해 조일수호조규가 체결되

---

11 메이지유신 이후부터 조일수호조규 체결까지 한일 관계의 재편 과정은 김흥수, 2009 『한일 관계의 근대적 개편 과정』, 서울대학교출판문화원, 제2장 및 제3장 참고.

었다. 동 조규 제4관에서는 "조선국 부산 초량항에는 일본 공관(公館)이 있어 오래도록 이미 양국 인민의 통상지구(通商之區)가 되어 왔"음을 전제로 삼았다. 그리고 이듬해 조계 설정의 세목을 규정한 '부산구조계조약(釜山口租界條約)'에서는 "초량항 일구(一區)는 예로부터 일본국 관민의 거류지(居留地)였다"라고 재규정했다. 고병운은 이에 대해 일본 측이 '왜관'을 '일본 공관'으로 변경시킨 데 이어 '통상지구'를 '거류지'로 재차 날조해낸 것이라고 비판했다.[12] 전술한 바와 같이 왜관은 데지마와 달리 '통상'만이 아니라 '통신'을 위한 공간이기도 했다. 다시 말해서 왜관은 본질적으로 조선 정부가 설립한 객관(客館)의 성격을 띠고 있었다. 그러나 조일수호조규 체결 이후 일본 정부는 과거의 흔적을 지우기 위한 조치를 했다. 지조 지불 약정과 왜관 내 조선 정부 소유 가옥 처분, 수문(守門) 및 설문(設門) 철거 등을 서둘렀다. 이처럼 왜관 체제로부터 탈각하는 일련의 과정이 존재했음에도 불구하고, 일본 정부는 그 사실을 은폐한 채 현재의 결과를 과거에 투영했다.[13] 실제로 일본은 부산의 일본 조계 내에서 장사하던 청국인을 퇴거시킨 '덕흥호(德興號) 사건' 때, 부산의 일본 조계는 조청상민수륙무역장정 제4조에서 청국인의 무역 및 거주 등을 허가한 개항장들 중 하나일 뿐이라는 청국 측 주장에 대해, 그것은 조선 정부가 이미 206년 전에 일본인의 '거류지'로 빌려준 것이라고 반박하기도 했다.[14]

그런데 일본에서는 데지마를 200년 넘게 독점적으로 이용해 온 네덜

12　高秉雲, 1987, 『近代朝鮮租界史の研究』, 雄山閣出版, 52~53쪽.
13　박준형, 2014, 「日本 專管租界 내 잡거 문제와 공간 재편 논의의 전개」, 『도시연구』 12, 12쪽.
14　박준형, 2010, 「청일전쟁 이후 仁川 淸國 租界의 법적 지위와 조계 내 조선인 거주 문제」, 『한국학연구』 22, 294~295쪽.

란드를 대신하여 미국이 일본의 '개국' 및 '개항'을 실현하면서 외국인 거류 제도의 재편이 조선과는 다른 양상으로 전개되었다. 네덜란드가 일본과의 조약 체결에 무심했던 것은 아니다. 미국의 페리(Matthew Calbraith Perry) 제독이 우라가에 나타나 대통령 국서를 일본 측에 전달한 후 떠나간 것이 1853년 7월의 일이었는데, 그보다 꼭 1년 전인 1852년 7월에 데지마의 신임 상관장으로 부임한 돈켈 크루티우스(Jan Hendrik Donker Curtius)는 미국 함대의 일본 원정이 예고된 상황에서 일본과의 조약 교섭을 시도한 바 있었다. 다만 막부와 직접 조약 교섭에 나서지 않고 종래의 일본 관습에 따라 나가사키 부교에게 동인도 총독의 서한을 제출하고 만약 그 요구에 따라 일이 글관이 파견되면 비로소 조약 체결을 제안한다는 매우 신중한 접근을 계획했다.

그러나 일은 뜻대로 진행되지 않았다. 막부가 반응을 보이지 않음에 따라 결과적으로 조약 체결의 선수는 미국에게 내주었으며, 그에 앞서 조약 교섭의 선수를 가져간 것은 러시아였다. 이때 주목할 것은 러시아와의 조약 교섭이 나가사키에서 이루어졌다는 점이다. 러시아 사절 푸차틴(Efimij Vasol'evich Putjatin)은 페리의 첫 번째 일본 원정으로부터 약 1개월이 지난 1853년 8월에 나가사키에 입항했다. 이때 그는 러시아 재상의 친서를 나가사키 부교에게 제출하고 국경 확정과 통상 개시를 요구했다. 그러나 친서에 대한 막부의 회신과 조약 교섭을 위한 고관의 도착을 3개월 이상 기다리다가 유럽에서의 크림전쟁 발발 위기를 배경으로 정보 수집을 위해 일시 상하이로 물러났다. 페리의 두 번째 일본 원정보다 1개월 앞선 1854년 1월에 푸차틴은 나가사키로 돌아왔다. 조약 교섭이 시작되었으나 양국은 국경 문제로 대립하던 끝에 사할린 현지를 합동 조사하기로 하고 교섭을 중단했다. 이 과정에서 일본 측은 곤란한 상황에 직면할 때마다 네덜란드에게 도움을 구했다. 체재 중인 러시아 함대에 물자를 제공하는 문제도 네덜란드가 매개자 역할을 했다. 즉 러시아 함대에서 주문서를 데지마 상관장에게 보내면, 상관장은 나가사키 부교에게 공급 물자의 허가를 요청하고, 또 일본 측은 그를 네덜란드인에게 파는 상품으로 취급하여 러시아 함대로 발송하는 식이었다. 더구나 일본 항내에서는 외국 간 접촉이 금지되어 있었기 때문에, 공급 물자에 대한 대금을 결제하기 위해서는 러시아와 네덜란드가 각각 본국 정부에 보고하여 네덜란드 주재 러시아 대사관이 네덜란드 외무성에 지불하는 형태를 취해야 했다.[15] 이같이 이 시기까지만 하더라도 데지마의 교역 시스템은 서양과의 유일한 통로이자 거류 제도로서 그대로 유지되고 있었다.

그러나 1854년 2월 페리의 2차 원정으로 시작된 미일 간 조약 교섭이 나가사키가 아니라 요코하마에서 이루어졌다는 사실이 상징하듯이, 1854년 3월에 체결된 미일화친조약에서 나가사키의 역사는 전면 부정되었다. 조약 교섭 과정에서 제시된 미국 측 초안은 1844년 미국과 청국 사이에 체결된 왕샤조약을 축약한 것이었다. 영청 간 난징조약 및 추가조약을 계승한 위에 최혜국대우 조항 확립의 실적을 올린 왕샤조약은 영문 제목이 'Treaty of Peace, Amity and Commerce'인 것처럼 평화·우호·통상을 포괄했는데, 일본의 반대로 조약 초안에서 삭제된 것은 통상 관련 조항들이었다. 일본 측 또한 독자적인 초안을 작성하여 대응했다. 7개 조로 이루어진 일본 측 초안 내용을 한마디로 말한다면 구래의 나가사키 방식을 답습하자는 것이었다. 이에 대해 페리는 "네덜란드 수준으로 양보를 해야 한다면 차라리 조약 따위 체결하지 않는 게 낫다"라고 자신의 일기

---

15 西澤美穂子, 2013, 『和親條約と日蘭關係』, 吉川弘文館, 제3장 참고.

에 적을 정도로 네덜란드와 같이 취급되는 것에 부정적이었다.[16] 결과적으로 교섭 끝에 기항지로 개방이 결정된 곳은 미일화친조약 제2조에서 규정하고 있는 것처럼 태평양에 연한 시모다와 하코다테 두 곳이었다. 그리고 제5조 전반부에서는 "합중국의 표류민과 그 밖의 자들이 시모다·하코다테에 당분간 체류 중일 때에는 나가사키의 중국인이나 네덜란드인과 같이 속박, 제한된 취급을 받지 않는다"라고 함으로써 나가사키 선례와의 단절을 분명히 했다.[17]

이와 달리 나가사키에서 조약 교섭에 임한 러시아와 영국은 미국의 뒤를 이은 영일화친조약(1854.10)과 러일화친조약(1855.2)에서 나가사키를 배제하지 않았다. 전자에서는 나가사키의 선례(토진야시키와 데지마)가 최혜국대우 조항의 대상이 아님을 명시하면서도(제5조) 나가사키를 하코다테와 함께 기항지 목록에 올려놓았다(제1조 및 제2조). 후자에서는 미일화친조약을 답습하는 형태로 시모다·하코다테를 기항지로 명시하는

16　加藤祐三, 2012, 『幕末外交と開國』, 講談社, 183~195쪽.
　　일본 측 조약 초안의 내용은 다음과 같다(위의 책, 192쪽에서 인용).
　　① 내년 5월부터 나가사키에서 결핍품(缺乏品)을 전달한다. 5년 뒤에는 별도로 한 개 항구를 열어 귀국 선박이 기항할 수 있게 한다.
　　② 귀국의 표착민은 우리나라 어디에 표착하든지 나가사키로 보낸다.
　　③ 표착민은 해적과 구별하기 어렵기 때문에 멋대로 배회할 수 없다.
　　④ 나가사키에서는 당(唐)·란(蘭) 두 나라가 주재하고 있으며, 항내에 멋대로 상륙할 수 없다.
　　⑤ 개항 후 어떤 물자를 제공할 것인가는 추후에 협의한다.
　　⑥ 유구(琉球)는 먼 곳이므로 지금 여기에서 담판하지 않는다.
　　⑦ 마쓰마에(松前)는 먼 곳인데다가 마쓰마에가의 소령(所領)이기 때문에 지금 담판하지 않고 내년 봄에 나가사키에 오는 네덜란드선에 회신을 전달한다.
17　이하 조약문 내용은 기본적으로 『근대 조약과 동아시아 영토 침탈 관련 자료 선집 Ⅱ』(동북아역사재단, 2021)를 참고했다.

한편 그에 나가사키도 추가했다. 유보지역의 범위 또한 미일화친조약과 동일하게 규정했는데, 나가사키의 경우는 추후에 결정하는 것으로 보류해 두었다(제3조 및 부록 제3조).

일본과 각국 사이에 이미 세 개의 화친조약이 체결된 상황에서, 후발주자인 네덜란드의 조약 체결은 새로운 환경에 맞게 종래의 제도적 환경을 재정비하는 한편, 네덜란드인들이 일본으로부터 굴욕적인 대우를 받고 있다는 대외적 이미지를 불식시키는 것을 목표로 했다. 특히 후자를 위해서는 네덜란드인들이 데지마에 구속되어 있지 않음을 조약상 분명히 하는 동시에, 미국이나 영국의 화친조약보다도 더 나아간 권리를 획득하는 것을 통해 증명하고자 했다.[18] 그러나 그 실현은 용이하지 않았다. 교섭 과정에서 가장 난항을 거듭했던 것이 다름 아닌 나가사키 시중(市中) 유보(遊步)의 자유와 관련한 제1조였다. 네덜란드 측의 강경한 태도로 인해 일본 측은 네덜란드 측이 일본인에게 피해를 주지 않도록 자주적 규제를 행한다는 약속하에 일단 수용했으나, 조약 체결 과정에서 다시금 유보의 자유에 어떤 식으로든 제한을 걸고자 했다. 결국 네덜란드 측이 향후 문제 발생 시 새로운 규정을 만들기로 약속하면서 이 문제는 낙착되었다[19].

요컨대 외국인 거류 제도가 근대적인 조약 체결 이전에 이미 왜관과 데지마의 형태로 존재했다는 점에서는 한일 양국 역사에 큰 차이는 없다. 그러나 조약 체제로 편입하는 과정은 크게 달랐다. 먼저 조선의 경우 교린 관계에 있던 일본이 메이지유신 이후 왜관을 접수하고, 또 조약 체결을 통해 그를 조계로 재편하면서 '전관·전용의 단독 조계'라는 특수한 모

18　西澤美穗子, 2013, 앞의 책, 159쪽.
19　西澤美穗子, 2013, 위의 책, 164~165쪽; 167~168쪽.

델을 만들어 냈다. 그리고 그 결과물은 분명 새로운 것이었음에도 그 기원을 200여 년 전 초량왜관 설치에서 구함에 따라 일본 조계 200년의 역사가 성립하게 되었다. 앞서 제시한 '상숙'과 '상관'의 개념을 빌어 말하자면, 조선에서 외국인 거류 제도의 근대적 재편은 '상관'이 '상숙'을 삼켜버린 형태였다. 이에 반해 일본에서는 교류 대상이 아니던 미국에 의해 조약 체결이 선도되면서 데지마의 200년 역사는 부정되고 말았다. 그에 따라 개항장의 중심도 1858년 미일수호통상조약 체결과 함께 시모다를 대체한 요코하마로 이동하게 된다. 이는 기존 '상숙' 제도와의 단절을 말해주지만, 미일수호통상조약을 통해 확인할 수 있듯이 그 새로움 속에는 '상숙'·'상관' 제도의 절묘한 결합이 있었다. 이에 대해서는 다음 장에서 살펴보도록 하자.

3. 일본식 근대 외국인 거류 제도의 성립과 전개

1) '개시'와 '개항'의 구분

1854년과 1855년에 걸쳐 일본은 미국을 시작으로 러시아, 영국, 네덜란드와 차례로 화친조약을 체결했다. 그러나 크림전쟁으로 영국과 러시아는 교전 상태에 있었고, 미국 또한 먼 거리의 동아시아 일개 국가에 깊이 개입하는 것을 기꺼워하지 않았다. 따라서 1856년 8월 미국 영사로 파견되어 시모다에 도착한 타운젠드 해리스(Townsend Harris)는 통상조약 체결을 최우선 과제로 했지만 사실상 본국 정부의 지원을 기대하기는 어려웠다. 그를 지원해 준 것은 같은 해 애로호 사건을 빌미로 영국과 프랑스가 일으킨 제2차 아편전쟁의 전개 양상이었다. 그해 말 신임 로주(老中) 홋타 마사요시(堀田正睦) 이하 막부 관리들은 통상조약 체결을 피할 수 없다는 결론에 이르렀다. 이제 문제는 조약 체결 시 어디까지 양보할 것인가 뿐이었다.[20]

 1857년 2월 말 해리스와 시모다 부교(下田奉行) 사이에 회견이 열렸고, 화친조약 한계 내에서 개선을 위한 논의가 이루어졌다. 이 자리에서 해리스는 나가사키 추가 개방, 영사재판권, 총영사의 내지 여행권 등을 요구했다. 시모다 부교는 막부 지시에 따라 거부 의사를 밝혔으나, 양측 교섭 결과 위 요구들에 일정한 제한을 가하는 형태로 최종 타협이 이루어졌다. 구체적으로 제1조에서는 "일본국 히젠 나가사키 항구를 미국 배를 위해 개방하고, 그곳에서 배의 파손을 수리하고 땔나무와 식수, 식료 혹은 결핍의 물품을 제공하게 하며, 석탄이 필요하면 그 또한 건넨다"라고 함으로써 이미 영일·러일 화친조약에 명시되어 있던 나가사키 개방을 미국도 균점했다. 또한 총영사의 내지 여행권과 관련해서는 제2조에서 "미국 총영사는 7리 경외로 나갈 수 있는 권리가 있음을 일본 정부도 이해했다. 그러나 난파선 등 긴박의 경우가 아니면 그 권한 사용을 보류할 것을 시모다 부교가 요청했고, 이를 총영사가 승낙했다"라고 규정, 긴급 시 허용이라는 조건부로 허용했다. 그 밖에 영사재판권은 해리스의 요구가 일본 측의 특별한 이견 없이 받아들여졌으며(제4조), 나아가 제6조에서는 미국인이 시모다와 하코다테에서 '재주(在住)'할 수 있는 권리를 인정했다.[21]

---

20 W. G. 비즐리(장인성 옮김), 1999, 『일본 근현대 정치사』, 을유문화사, 48~49쪽.
21 동북아역사재단 편, 2021, 『근대 조약과 동아시아 영토침탈 관련 자료 선집Ⅱ』, 155~160쪽.

이어서 1857년 10월 나가사키에서는 네덜란드 및 러시아와도 추가조약이 체결되었다. 이들 추가조약은 이 시점에서 막부가 용인할 수 있는 최대치를 보여 준다. 난일추가조약 제1조에서는 "나가사키와 하코다테 양 항에서 향후 통상을 허가"했으며, 러일추가조약 제1조에서는 그에 더해 "시모다는 위험한 항구이기 때문에 종전의 조약을 그대로 존치하되 새로운 규칙은 외국 교역을 위해 시모다 혹은 더 안전한 다른 하나의 항구를 열기로 결정했을 때 적용할 것"이라고 시모다를 대신할 다른 항구의 추가 개항을 예정해 두었다.[22] 또한 네덜란드는 추가조약을 통해 무역의 연간 총액에 부과되었던 제약을 제거할 수 있었다. 그러나 연간 총액에 대한 공식적인 감독권을 온존했을 뿐만 아니라, 교역 행위와 교역 종사자들에 대해서도 다수의 규제가 마련되었다. 비즐리의 평가에 따르면 그것은 새로운 출발이 아니라 어디까지나 데지마 체제의 온건한 개방화에 그치는 것이었다.[23]

해리스 총영사는 이후 통상조약 교섭에 앞서 위의 추가조약과 유사한 제의들을 받았으나 모두 거절했다. 1857년 12월 에도에서 쇼군(將軍) 도쿠가와 이에사다(德川家定)를 알현한 그는 제2차 아편전쟁 상황을 위협의 도구로 삼아 막부 관리들을 설득한 끝에 본격적인 교섭을 개시했다. 그리고 결국에는 외교사절 상주, 내지 여행권, 개항장 선정 등의 문제들에서 대체로 원하는 바를 얻어냈다. 7월 29일에 미일 간 수호통상조약이 체결되자, 그 뒤를 이어 8월에는 네덜란드, 러시아, 영국이, 그리고 10월에는 프랑

---

22 조문 내용은 『舊條約彙纂』 제1권 제2부(外務省 條約局, 1934)의 「日本和蘭兩國全權追加條約」 및 「日本國魯西亞追加條約」 참고.

23 W. G. 비즐리, 앞의 책, 49~50쪽.

스가 이를 답습하는 형태로 수호통상조약을 체결해 갔다. 이는 서양 국가들이 청국과 조약을 체결하면서 취했던 패턴의 반복이었다. 1859년부터 작동하기 시작한 조약항 체제는 데지마의 그것과는 전혀 다른 것이었다.[24]

그러나 미일 간의 타협은 위와 같은 격변 속에서도 수호통상조약 내에 구체제의 흔적을 남겼다. 즉 미일수호통상조약 제3조에서는 먼저 시모다·하코다테 외에 가나가와(이후 시모다를 대체), 나가사키, 니가타(혹은 그를 대신할 다른 항구), 효고를 개방하고, 각 항구에서 미국인이 '거류'하는 것을 허용했다. 또한 미국인 거류자는 땅을 빌리거나 건물을 구매할 수 있을 뿐만 아니라 주택이나 창고를 새로 지을 수 있다고 규정했으며, 거류 구역 및 장정은 차후에 각 항구의 일본 관리와 미국 영사가 협의하여 정하는 것으로 했다.

한편, 에도와 오사카에서는 상매 활동 기간에 한하여 미국인의 '두류'를 허용했다. '두류'라는 용어는 전술한 미일화친조약 중에도 사용되었는데 '거류'와 달리 임시적인 체재를 뜻했으며, 이때 미국인은 일본 관리와 미국 영사가 정한 일정 구역 내에서 건물을 임차할 권리만 인정되었다. 전자의 도시들을 '개항장', 후자를 '개시장'으로 구분했는데, 전자에서는 외국인 거류지 설치로 내외국인 사이에 '분거'가, 후자에서는 '잡거'가 이루어졌다.

위와 같이 개항과 개시를 구분하게 된 것은 조약 교섭 당시 일본 측 제의에 따른 것이었다. 에도와 가나가와 모두 바다를 접하고 있다는 점에서 입지상의 차이는 없었으나, 에도는 쇼군의 거소인 만큼 미국인을 개항장인 가나가와에 머물게 하면서 상매를 위한 방문만을 인정하고자 했다. 나

---

24 W. G. 비즐리(장인성 옮김), 1999, 앞의 책, 54쪽.

아가 가족의 대동까지 금지하고자 했으나 이는 미국 측에 의해 거부당했다. 그리고 에도와 가나가와를 각각 '거류의 땅'과 '두류의 땅'으로 구별하고, 오사카와 효고의 관계 설정도 에도와 가나가와의 그것과 동일하게 하겠다는 입장이었는데, 이는 미국 측과 합의를 이루었다.[25] 사이토는 이를 두고 "상관의 제도를 주장하는 미국과 상숙의 제도를 고집하는 일본이 타협한 산물로 개항장과 개시장의 구별이 탄생하게 되었다"라고 평가했다.[26] 다시 말해서 일본에서 개항장은 '상관'의 계보상에, 개시장은 '상숙'의 계보상에 놓이게 되었다.

이상에서 언급된 각각의 공간별 특성을 정리하면 〈표 1〉과 같다.

〈표 1〉 '개항장'과 '개시장'의 특성 비교

	체재 형태	외국인의 권한	내국인과의 관계	거류 제도 구분
개항장	거류	차지권·건물소유권	분거	'상관'
개시장	두류	건물임차권	잡거	'상숙'

2) 계보의 착종과 '차지하는 잡거지'의 탄생

조선에도 개항장과 개시장이 있었지만 일본과 같이 조약상에 규정된 내용은 없었다. 예컨대 1876년의 조일수호조규 제4조에서는 부산의 개항, 제5조에서는 부산 외 다른 두 개 항 추가 개방을 규정하고, 1883년 11월에

---

25 大山梓, 1967, 『舊條約下の開市開港研究』, 鳳書房, 2~3쪽.
26 齋藤多喜夫, 1998, 앞의 논문, 103쪽.

체결된 조영수호통상조약 제4조에서는 인천·원산·부산과 함께 한성 및 양화진을 모두 별다른 구분 없이 '통상지처(通商之處)'로 열거해 두었을 뿐이다. 그럼에도 개항장과 개시장의 구분은 있었다. 전자는 인천·원산·부산과 같이 말 그대로 바다에 면한 항구를, 후자는 내륙의 도시를 지칭했다. 그러나 조약상 명백한 규정이 없었다는 점에서 그러한 구분은 어디까지나 편의적인 것이었다.[27]

이는 개시장이 일본이나 서양 각국과 체결한 '조약'이 아니라 청과의 '장정'에서 기원한 데서 그 이유를 찾을 수 있다. 1882년에 들어 일본에 이어 미국과도 조약을 체결한 조선은 청과의 관계 재정립에 나서게 되는데, 그 결과물이 동년 10월에 체결된 조청상민수륙무역장정이다. 그런데 교섭 과정에서 청 측이 강조한 바와 같이, 이것은 주권국가 간의 대등함을 전제로 한 '조약'이 아니라 종래의 조공책봉 관계에 따른 '장정'이었다. 조청 장정 전문에서는 '속방을 우대하는 뜻'에서 이를 체결하게 되었음을 명시했다. 그리고 편무적이 아닌 상호적인 이익을 또 하나의 원칙으로 내세웠는데, 바로 이러한 두 개 원칙, 곧 '장정'과 '조약'의 구분과 이익의 상호주의로부터 조공무역의 형태로 이루어지던 조선의 베이징교역권(北京交易權)을 계속 인정해 주는 대신, 조선에 대해서도 청국인의 한성개잔권(漢城開棧權, 한성에게 개점할 수 있는 권리)을 요구할 수 있었던 것이다. 조선 측은 '조약' 체결국에 의한 균점의 가능성을 우려했으나, 청 측은 다시금 '장정'과 '조약'의 차이를 들어 그를 일축해 버렸다. 그러나 바로 이듬해 체결된 조영조약에서 한성을 '통상지처' 중 하나로 규정했고, 이후 다른 국가들이

---

27 박준형, 2013, 「개항기 평양의 개시 과정과 개시장의 공간적 성격」, 『한국문화』 64, 77~79쪽.

조영조약을 답습해 감에 따라 한성개잔권은 '조약'이든 '장정'이든 상관없이 체약국 모든 국민에게 적용되었다.[28]

따라서 애당초 '장정'에 의해서만 유효했던 개시장을 '조약'상에서 어떻게 자리매김할 것인가가 사후 과제로 떠올랐다. 조약상의 규정 여부와 상관없이 거류 방식에 있어서 내국인과 잡거가 이루어졌다는 점은 일본의 개시장과 유사하다. 그러나 한성은 에도와 달리 잡거 가능 구역도 따로 설정하지 않았기 때문에 한성 전체가 개방되었다는 사실에 결정적인 차이가 있다. 또한 건물의 임차만이 아니라 매매 또한 가능했다. 이러한 차이의 원인은 다시금 '장정'이라는 그 기원의 성격에서 구할 수밖에 없다.

그런데 흥미로운 것은 일본에서도 미일수호통상조약 체결 이후 점차 개항과 개시의 구분이 사라져 갔다는 것이다. 오야마 아즈사(大山梓)의 연구에 의거하여 그 과정을 간단히 정리하면 다음과 같다.[29] 즉 미일수호통상조약 이후 네덜란드, 러시아, 영국, 프랑스가 차례로 체결한 수호통상조약에서는 미일조약과 동일한 기초에서 개항장 및 개시장에 관한 조항을 규정했다. 이는 2년 뒤 포르투갈과 체결한 조약에서도 마찬가지였다. 그러나 1861년 프로이센과의 조약에서는 당시 이미 개항 상태인 가나가와·나가사키·하코다테만을 개항장으로 지정했다. 에도, 오사카, 효고, 니가타 등은 아직 개시·개항 연기를 교섭 중이라는 이유로 조문에서 제외했던 것이다. 이후의 조약들, 즉 스위스, 벨기에, 이탈리아, 덴마크 등과 체결한 조약들에서도 개항장을 특별히 언급하지 않거나, 가나가와·나가사키·하코다테만을 명시

---

28 박준형, 2012, 「개항기 漢城의 開市와 잡거 문제: 한성개잔 및 철잔 교섭을 중심으로」, 『향토서울』 82, 182~185쪽.
29 大山梓, 1967, 앞의 책, 제1장 제1절 참고.

했다. 다시 말해서 개시장 규정이 조약상에서 사라져가고 있던 것이다.

이러한 경향은 조약만이 아니라 거류지 관련 약정들에서도 마찬가지였다. 1867년 효고와 오사카에서 외국인 거류 규칙을 정할 때, 조약상 오사카는 개시장으로서 일본인과 개별적인 계약을 통해 가옥을 빌려 잡거할 수 있는 권리만 인정되고 있었음에도 다른 개항장의 거류지들과 마찬가지로 토지를 임차하여 건물을 세울 수 있는 외국인 거류 구역을 설정하게 되었다. 심지어 오사카는 각국의 요청에 따라 1868년 9월 1일 태정관(太政官)의 포고로 개시장에서 개항장으로 전환되었다. 조선에서 개항장과 개시장이 항구와 내륙 도시라는 입지 조건으로 구분되고 있던 것과 달리, 일본에서는 항구 도시일지라도 항구를 개방하지 않으면 개시장이라고 하는 것처럼 항구의 개방 여부가 개항과 개시를 갈랐다. 말하자면 개항과 개시는 호환 가능한 제도였던 셈이다.

한편, 오사카와 함께 개시장으로 구분되어 있던 에도의 관련 약정에서도 내외국인의 잡거 구역과 외국인 거류 구역에 대해 모두 규정했다. 에도에 외국 선박이 정박할 수 없다는 원칙을 계속 고수함으로써 개시장의 명목은 지킬 수 있었지만, 외국인 거류지 설치는 조약 규정 외 사안임에 분명했다. 이로써 '개항=거류, 개시=두류'라는 원칙도 무너졌다.

메이지유신 이후 체결된 조약들은 위의 결과들을 수용했다. '불평등조약의 집대성'으로 평가받는 일본과 오스트리아·헝가리제국 간 수호통상조약(1869. 10 조인) 제3조에서는 다음과 같이 규정했다.

제3조
요코하마(가나가와현 내), 효고, 오사카, 나가사키, 니가타(및 사슈 에비스항), 하코다테 시가 및 항구와 도쿄 시가지를 이 조약 시행일로부터 오스트리아·헝가리 인민 및 그 교역을 위해 개방할 것.
앞선 조목의 시가 및 항구에서 오스트리아·헝가리 인민은 영구히 거주할 수 있다. 때문에 지소를 빌리거나 가옥을 구입하고 주택, 창고를 세우는 일을 자유로이 할 수 있다.[30]

위 인용문에서 알 수 있는 것처럼 조문상 개항장과 개시장을 구분하고는 있으나 '거류'와 '두류'를 구별하고 있지는 않으며, 또 개항장과 개시장의 구분 없이 일시가 아니라 영구적으로 재류할 수 있다고 명시했다. 더욱이 차지권, 건물임차권, 그리고 주택이나 창고를 세울 수 있는 권리를 인정함으로써 '두류'의 형식, 다시 말해서 '상숙'의 제도가 조약상에서 사라진 것이 확인된다. 그러나 '상숙'의 제도는 시간의 경과와 함께 그냥 사라진 것이 아니라 '차지(借地)하는 잡거지'라는 특이한 변형태를 만들어 내고 있었다. 사이토는 일본에서 통상조약에 의해 성립한 각지의 거류지나 잡거지에 대해 다음과 같이 분류·정리했다.[31]

〈표〉 일본에서의 외국인 거류 형태 분류

종류	잡거지(雜居地)		일원지(一圓地)
	두류(逗留)=차가(借家)	거류(居留)=차지(借地)	
	차가(借家)하는 잡거지	차지(借地)하는 잡거지	차지(借地) 일원지(一圓地) =협의의 거류지

---

30 미일수호통장조약 원문 및 번역문은 동북아역사재단 편, 2021, 『근대 조약과 동아시아 영토 침탈 관련 자료 선집Ⅱ』 참고.

31 齋藤多喜夫, 2010, 「橫濱における居留地の成立と都市形成」, 『開港都市と日本の近代化 : 第2回外國人居留地研究會全國大會in函館』, 「第2回外國人居留地研究會全國大會」實行委員會 참고.

사례	요코하마 가(假)거주 시대 도쿄 잡거지 오사카 잡거지	하코다테 니가타 **고베야마테 지구**	요코하마 山下·山手 거류지 나가사키 거류지 **고베 거류지** 도쿄 쓰키지 거류지 오사카 가와구치 거류지

즉 조약상 규정되어 있는 공간은 외국인의 거주 및 무역을 위해 체약국 국민에게 차지권 및 건물 소유권을 허용한 '거류지', 그리고 외국인이 일본인으로부터 개별적으로 건물을 임차할 수 있는 '잡거지'뿐이지만, '거류지'에서의 차지권이 허용된 '잡거지'가 변칙적으로 등장한 것이다. 나아가 이러한 '차지하는 잡거지'에 해당하는 경우로, 개항에도 불구하고 '거류지' 설치에 이르지 못했거나 '거류지'가 아닌 시가에서 잡거가 이루어진 니가타나 하코다테, 그리고 '거류지' 밖에서 잡거를 허용한 고베의 야마테(山手) 지구를 들었는데, '상숙'과 '상관'의 제도 사이에서 탄생한 이 유형의 구체적인 성립 경위에 대해서는 다음 장에서 고베 사례를 중심으로 더욱 상세히 살펴보기로 하자.

4. 고베에서 인천으로, 모델의 전파와 변용

1) '신 거류지' 제도의 전파와 정교화

미일수호통상조약에서 효고 개항을 명시한 것에서 연원하는 고베의 외국인 거류지는 고베 개항을 전후해서 관련 규정에 변천이 있었다. 이미 3개 항구[가나가와(요코하마)·하코다테·나가사키]는 1859년에 개항이 실현되었지만, 개항·개시가 연기되었던 2도(都)2항(港)[에도(도쿄), 오사카, 효고(고베), 니가타]은 거의 10년 뒤인 1868년 1월 1일과 1869년 1월 1일에서야 차례로 개방되었다. 그런데 이 시점은 다름 아닌 메이지유신이라는 정치적 대격변의 시기였기 때문에 시대적 상황이 외국인 거류 제도에도 적지 않은 영향을 미쳤다.

스와키 이치로(洲脇一郎)는 1867년 5월 16일에 성립한 Ⓐ「효고항과 오사카에서 외국인 거류지를 정하는 약정(兵庫港幷大坂において外國人居留地を定むる取極)」과 1867년 말의 것으로 추정되는 Ⓑ「효고항과 오사카 외국인 거류지 내외 회동 의정 조칙(兵庫港幷大坂外國人居留地內外會同議定條則)」, 그리고 마지막으로 1868년 8월 7일에 정해져 이후 실제 운영의 근거가 되었던 Ⓒ「오사카 효고 외국인 거류지 약정서(大坂兵庫外國人居留地約定書)」를 비교 검토했다.[32] 이를 참고하여 각각의 내용을 간단히 정리하면, 먼저 Ⓐ는 거류지 경매 원가는 일본 정부가 거류지 조성 비용을 상환하기에 충분한 액수로 정하고, 거류지 주민이 매년 납부해야 하는 지세는 거류지 유지 비용에 일본 정부에 납부할 지세를 더하여 결정한다는 규정들로 이루어졌다. 그리고 Ⓑ는 일본 정부가 지대를 징수하고, 도로, 교량, 하수, 가로등 등의 관리를 할 것, 거류지 경찰은 별도로 비용을 징수할 것과 경찰 관련 규정은 요코하마의 예에 따를 것 등에 대해 규정했다. 참고로 요코하마에서는 1864년 12월에 막부 측과 외국 공사들 사이에「요코하마거류지각서(橫濱居留地覺書)」가 조인되어 외국인 차지인들로 하여금 막부가 제공하는 차지료 중 2% 금액을 가지고 거류지 시설 유지 및 행정

---

32 洲脇一郎, 2005,「居留地の組織と運營」,『神戶と居留地: 多文化共生都市の原像』(神戶外國人居留地研究會編), 神戶新聞總合出版センター, 50~56쪽.

에 책임을 지도록 했으며, 그 처리를 위해 거류지회를 조직할 수 있게 했다. 이 각서는 1866년 12월의 「요코하마거류지 개조 및 경마장 묘지 등 약서(橫濱居留地改造及競馬場墓地等約書)」에 의해 일부 수정을 거치면서 신 거류지 설정을 통한 확대·발전을 예고하고 있었으나, 이후 자치행정을 위한 재원 부족으로 거류지회 스스로 자치의 중단을 선언한 까닭에, 1867년 12월에 정해진 「요코하마외국인거류지취체규칙(橫濱外國人居留地取締規則)」은 일본 지방 관헌의 지휘 아래 외국인거류지취체역(外國人居留地取締役)을 임용하는 제도로 변모해 있었다.[33] 이를 볼 때 막부는 자치제도 폐지 후 요코하마를 모델로 삼아 새롭게 개방하는 개항장에서는 일본 측이 거류지를 직접 관리하고자 했음을 알 수 있다.

그런데 메이지유신 이후 신정부하에서 성립한 ⓒ는 Ⓐ·Ⓑ와는 내용상 큰 차이를 보였다. ⓒ의 약정에서 무엇보다 눈에 띄는 것은 거류지 운영을 위한 재원 관련 조항들이다. 경매 원금에서 지소 1평당 2푼, 경매 원가보다 높게 경매된 수익금 중 절반(제3조), 매년 납부하는 지세에서 1평당 1푼(제5조), 그리고 경찰세로 1평당 3분의 1푼(제8조)을 거류지 적금으로 사용하게 했다. 이와 같은 재원의 다양화와 명시를 통해 재원 부족 끝에 자치를 포기한 요코하마의 전철을 밟지 않으려 한 것으로 보인다. 그리고 이렇게 거류지 적금이 창출됨에 따라 그를 운영하기 위한 주체로서 거류지회를 설립하도록 했다. 거류지회는 일본 관리와 각국 영사, 그리고 거류민들 중 선거를 통해 선발된 대표 3인에 의해 구성되었다(제7조). 이로써 요코하마에서 폐지된 자치제도가 메이지유신 이후 오사카와 효고에

---

33 大山梓, 1967, 앞의 책, 19~20쪽.

서 다시금 개선된 형태로 부활했다.³⁴

위 규정에 따라 고베와 오사카에는 마치 쌍둥이와 같은 동일 형태의 거류지가 설치되었다.³⁵ 그리고 1870년 5월에 조인된 「도쿄에 외국인이 거류하는 규칙 부록(東京に外國人居留する規則附錄)」 제7조에서는 "방금 효고와 오사카에서 시행하는 것과 같은 외국인거류취체규칙을 이후 만들고자 할 때에는 일본 정부가 그 일에 대해 외국 공사 등이 제의해 온 바를 감고(勘考)해야 한다"라고 함으로써 고베·오사카 거류지 모델은 에도의 외국인 거류 제도에서도 기본적인 참조 사항이 되었다.³⁶

그런데 이 모델은 일본 국내만이 아니라 조선의 개항장 중 한 곳인 인천까지 전파되었다. 전술한 바와 같이 1876년에 체결된 조일수호조규에 근거하여 이듬해 설치된 부산의 일본 조계는 왜관의 연속선상에 있었다. '전관·전용의 단독 조계'인 부산일본 조계는 이후 조일 양측 모두가 의거할 수 있는 유일한 전례였기 때문에, 1880년 원산 개항 때에도 그를 모델로 일본 조계가 설립되었다. 그런데 1880년대에 들어 조선 외교가 다각화됨에 따라 1883년에 개항한 인천에서는 기존의 부산·원산 모델을 따를 수 없었다. 인천 일본 조계는 '선래지보(先來之報, 일본 상민들이 먼저 도래한 사실에 대한 보상)'의 권리를 내세워 재차 전관 조계로 설립되었으나, 지소를 배분하는 방식에 있어서는 큰 변화를 보였다. 즉 일본 영사에 의해 수의대부되던 방식에서 벗어나 경매 제도를 도입한 것인데, 그에 따라 택지의 경매 원가 및 활용, 경매 후 절차, 존비금 등에 관한 규정들이 「인천

---

34 이하 거류지 관련 약정 조문은 大山梓, 1967, 앞의 책, 권말부록 참고.
35 洲脇一郎, 2005, 앞의 논문, 56쪽.
36 大山梓, 1967, 앞의 책, 22~23쪽.

구조계조약(仁川口租界條約)」에서 처음 등장했다.[37] 사실 일본에서도 처음 개항한 3개 항구 중 나가사키와 하코다테에서는 수의대부 방식을 취했고, 요코하마의 경우에만 1867년 이후 경쟁 경매 방식을 완전히 취할 수 있었다. 그리고 같은 시기 거류지 약정이 만들어졌던 고베·오사카 거류지에 이르러서야 반드시 경쟁 경매 방식을 취하도록 했는데,[38] 인천 일본 조계는 10여 년 차이를 두고 국제적으로 통용될 수 있는 이 모델을 수용했던 것이다. 그뿐만 아니라 조선 정부와 조계 사이의 경매대금의 배분율이나, 비상천재의 때를 제외하고서는 현지 정부가 조계 운영에 관여하지 않는다고 규정한 점 등도 양쪽이 동일했다.[39]

인천의 일본 전관 조계만이 아니라 각국 공동 조계도 고베의 외국인 거류지 모델의 영향을 받았다. 인천 각국 공동 조계에 관한 선구적인 연구 업적을 남긴 노블(Harold J. Noble)은 다음과 같이 지적했다. 즉 인천 각국 공동 조계의 조계 장정이 미국·영국·청국·일본·조선의 대표자들에 의해 서명되었다고 하더라도 거의 전적으로 애스턴(W. G. Aston) 총영사의 작품이며, 또 그가 주재하던 고베의 외국인 거류지를 모델로 했다는 것이다.[40] 애스턴은 조영수호통상조약 체결 당시 조약 기초자(起草者)인 주청 영국 공사 파크스를 도왔던 인물로서, 그는 조약 체결 이전인 1882년 8월에 개항장에 대한 예비 조사를 위해 부산과 원산을 시찰했고, 이듬해 4월에도 영국 영사관 및 조계의 위치 선정을 위해 부산에 기항한

---

37 박준형, 2014, 앞의 논문 참고.
38 大山梓, 1967, 위의 책, 22~23쪽.
39 洲脇一郞, 2005, 앞의 논문, 67~68쪽.
40 Harold J. Noble, 1929 "The Former Foreign Settlements in Korea", *The American Journal of International Law*, Vol.23, No.4, p.770.

바 있었다. 그리고 조선에 주재할 외교관이나 영사관원의 적당한 주거를 찾기 어렵다고 지적한 그의 보고서에 근거하여, 주일공사로 있던 파크스는 적당한 장소에 대한 우선권 획득을 위해 다시 애스턴을 조선에 파견했다.[41] 이러한 과정을 거쳐 1884년 10월에는 일본 전관 조계, 그리고 그를 거의 모방한 청국 전관 조계에 이어 앞서 언급한 「인천제물포각국 조계장정(Land Regulation for the General Foreign Settlement at Chemulpo)」이 체결되었던 것인데, 스와키는 이것과 고베 거류지와의 차이로 무엇보다도 "자치조직인 조계의 권한이 크게 확대·강화"된 점을 들었다. 인천 각국 조계의 경우 조계 재정과 관련해서 특정 영업의 영업세를 거둘 수 있었고, 재원 부족 시 지소·가옥에 대한 과세권까지 인정했다. 또한 주민 대표의 자격도 고베의 경우 영사관 기록에 있는 자(ⓒ의 제7조)라고만 언급되어 있는 데 반해 유산자로 제한했다. 더구나 자치입법권을 인정하여 여러 단속 규칙의 제정도 가능했다. 스와키는 결론적으로 "고베 외국인 거류지의 자치제도의 불비·결함이 인천에서는 훌륭하게 해결되었다"라고 평가했는데,[42] 이것이 매우 외부자적 시선에 의한 평가이기는 하지만 중국과 일본을 거쳐 조선에서도 외국인 거류 제도가 성립하면서 관련 규정이 보다 '정교화'되어 갔음을 부정할 수는 없을 것이다. 그리고 이와 같은 '정교화'는 잡거지 제도의 전파 과정에서도 확인된다.

---

41 박준형, 2014, 앞의 논문, 68~69쪽.
42 洲脇一郎, 2005, 앞의 논문, 56쪽.

2) '차지하는 잡거지'의 조약 체제 내 편입과 정규화

고베에 잡거지가 설정된 경위에 대해서는 일반적으로 다음과 같이 설명한다.[43] 즉 1868년 1월 1일 예정대로 고베 개항이 이루어졌지만, 메이지유신으로 막부가 붕괴함에 따라 거류지 조성 공사 또한 중단되었다. 따라서 고베에 온 외국인들이 거주지를 정할 수 없는 사태가 발생했고, 이에 영국·프랑스·네덜란드 3개국 공사가 교토(京都)의 천황을 알현하여 외국인의 거류지 밖 거주 허용을 요청했다. 이에 신정부는 어쩔 수 없이 외국인의 잡거 구역 설치를 승인했다. 당시 외국사무국판사로 있던 이토 슌스케(伊藤俊介, 곧 이토 히로부미)가 「효고항에서 외국인에게 지면 가옥을 대도하는 등의 일에 관한 서한(兵庫港にて外國人へ地面家屋を貸渡す等の事に關する書翰)」을 통해 규정의 세목을 정하여 각국 영사에게 통지했다. 이로써 외국인은 거류지 밖 잡거지에서 토지나 가옥을 빌리고, 가옥을 건축할 수도 있게 되었다. 다만 이것은 외국인 또한 일본인과 마찬가지로 지방세를 부담해야 한다는 조건에서였다.[44]

오야마는 개항장의 잡거지, 곧 〈표 2〉의 '차지하는 잡거지'를 더욱 상세하게 다음의 세 가지 유형으로 구분했다. 첫째 약정상의 잡거지, 둘째 약속상의 잡거지, 셋째 관행상의 잡거지가 그것이다. 첫 번째 유형의 사례로는 「요코하마 거류지 각서」 제7조에서 규정한 해안지구를 들었다. 그러나 이것은 예정만 되어 있다가 「요코하마 거류지 개조 및 경마장 묘지 등 약서」 제2조에 의해 폐지되어 그 실현을 보지는 못했다. 또한 「효고항과 오사카

43　田井玲子, 2013, 『外國人居留地と神戶』, 神戶新聞總合出版センター, 50~51쪽 참고.
44　大山梓, 1967, 앞의 책, 22쪽.

에서 외국인 거류지를 정하는 약정」 제2조에서도 거류지 확장이 요구될 때 고베 시가의 일본인이 외국인을 대상으로 지소 및 가옥을 빌려줄 수 있다고 했는데, 거류지가 아직 조성도 되지 않은 상황에서 협약이 아니라 위에서 언급한 이토의 서한을 통해 잡거지 설치를 약속했다(두 번째 유형의 사례). 첫 번째 유형의 유일한 실제 사례는 「니가타 사슈 에비스항 외국인 거류지 약정(新潟佐州夷港外國人居留地取極)」 제7조에 따라 니가타 및 에비스항에 잡거지가 설정된 것뿐이며, 세 번째 유형은 거류지를 설정했음에도 시중 잡거가 이루어진 하코다테가 그에 해당한다.[45] 이처럼 고베의 잡거지 설정은 어디까지나 거류지 조성이 완료될 때까지 한시적인 약속에 지나지 않았다. 그러나 앞서 언급한 「효고항과 오사카에서 외국인 거류지를 정하는 약정」 제2조에서 거류지 내 지소가 부족하면 산협(山脇)까지 확대할 수 있다고 규정해 놓았기 때문에, 향후 거류지 확대 요구가 제기될 것을 우려한 나머지 잡거지를 그대로 유지하게 되었다고 한다.[46]

그런데 고베의 영국 영사관 하급 서기관보(書記官補)였다가 후에 영국 총영사가 되는 캐리 홀(Carey Hall)은 잡거지를 설정할 때 해리 파크스(Harry Parkes)의 의도가 어디에 있었는지를 다음과 같이 설명했다.

고베 거류지의 법 규정의 틀을 만들거나 그를 개정하게 되었을 때, 해리 파크스경은 개인적으로 일찍이 '쓴' 경험을 맛보았던 인종 분리에 대해, 외국인들이 협량한 인종 분리로 경도되기 쉬운 것을 예방하는, 예방은 항상 치료보다 상책이라 할 수 있는데, 그러한 절호의 기회를

---

45 大山梓, 1967, 앞의 책, 23~24쪽.
46 田井玲子, 2013, 앞의 책, 50~51쪽.

손에 넣었던 것이다. 인종 분리에 대해 나는 '쓴'이라는 말을 사용했는데, 그것은 그가 동국인(영국인)의 이익을 위해 태만히 하지 않고 자신의 생애를 바쳐, 그리고 항상 동국인 집단에게 감사와 경의를 표하는 것에 극단적으로 신경을 쓰고 있었는데도, 동국인과 대립하는 입장이 되어버렸던 적이 있기 때문이다. 그의 고베에서의 새로운 계획은 (요코하마의 Bluff 거류지와 같이) '일본인과 외국인이 분리해서 거주하는 거류지'여서는 안 된다는 것이었다. 그리고 일본인과 외국인이 동일한 거류지 행사국의 동일한 세율과 협약에 따라 우호 관계를 증진하고 상호의 친선을 돈독히 하여 함께 산다는 것이었다. 이것이 잡거지 · Mixed Residence Zone이 구획되었을 때의 원래의 생각이었다.[47]

즉 단순히 거류지 미조성으로 인해 거류지 밖에 잡거지를 설정하게 된 것이 아니라, '분거'와 '잡거' 중 후자 쪽이 내외국인 간 우호 증진을 위해 더 바람직하다는 생각을 하고 있었다는 것이다. 그리고 이러한 생각을 하고 있었던 파크스에 의해 1883년 11월 조영수호통상조약이 체결되었다.

조선에서는 조영조약 체결 이래로 한반도 공간 전체를 대상으로 한 체계적인 규정 틀이 처음 만들어졌다. 이 '조약 체제하 공간 구조'는 외국인 거류지인 '조계', 조선인과 외국인의 잡거를 허용한 '조계 밖 10리 이내', 그리고 조선인의 거주지인 '내지'로 구성되는 동심원적 구조를 이루

---

47 岩田隆義, 2011, 「ハリー·パークスと雜居地北野·山本地區の成立」, 『居留地 の街から: 近代神戶の歷史探究』(神戶外國人居留地硏究會編), 神戶新聞總合出版センター, 266~267쪽.

었다.⁴⁸ 그 이전까지만 하더라도 '조계=외국인 거류지/내지=조선인 거주지'라고 하는 이분법적 공간 분할만 기능하고 있었다. 그러나 파크스는 '조계 밖 10리 이내'라는 공간을 창출해 냄으로써 종래의 이분법적 공간을 삼분법적 공간으로 재편했다. '조계 밖 10리 이내'는 일본과 청국에서 차례로 주재한 파크스가 개항장의 경계를 둘러싼 문제들을 미연에 방지하기 위해 '조계'와 '내지' 사이의 일종의 완충지대로 구상한 것이었다.⁴⁹

그런데 그 공간의 성격이 '잡거지'였다는 사실은 위 인용문에서 말한 파크스의 생각에서 '조계 밖 10리 이내' 공간 구상이 비롯된 것은 아닐까 추측해 볼 수 있다. 당시 마찬가지로 불평등조약 체제하에 있던 일본은 물론, 조약 개정을 끝내 실현하지 못한 조선에서 내외국인 간 '우호관계'는 어디까지나 외국인의 권익 증진을 위한 수사에 지나지 않았으나, 조약상에 명시된 유일한 잡거지라고 할 수 있는 '조계 밖 10리 이내' 공간에서는 고베의 잡거지와 마찬가지로 조선의 지방행정에 따라야 한다는 조건과 함께 외국인의 차지권 및 건물 소유권 등이 인정되었다. 일본에서는 '변칙적으로' 등장한 '차지하는 잡거지'가 조선에서는 '조계 밖 10리 이내'라는 형태로 '조약 체제하 공간 구조'를 구성하는 하나의 요소로서 정규화된 것이다. 결과적으로 그것은 이후 '조약 체제하 공간 구조'를 해체하며 진행된 한반도 공간의 식민지적 재편 과정에서 다른 공간을 잠식하며 최종 승리를 거두게 된다.

---

48   박준형, 2014, 앞의 논문, 80~81쪽.
49   孫禎睦, 앞의 책, 64~65쪽.

5. 맺음말

　인류의 원격지 상업 발달과 함께 외래 상인들이 타국에 머물며 상거래를 행할 수 있는 외국인 거류 제도 또한 발달해 갔다. 한국이나 일본에서도 왜관과 데지마 같은 외국인 거류 제도가 일찍부터 존재했다. 그러나 그것의 근대적 전환 과정에는 차이가 있었다. 먼저 조선시대 왜관은 기본적으로 외국 사신을 맞이하는 '객관'의 성격을 띠고 있었으나, 메이지유신 이후 일본의 신정부는 쓰시마를 매개로 한 교제 방식을 부정하면서 왜관 접수에 나섰다. 그리고 1876년 조일수호조규 체결과 함께 왜관을 '일본공관'이 있던 곳이라 했으며, 이듬해 조계를 설정할 때에는 '일본국 관민의 거류지'라고 재규정했다. 동시에 왜관의 흔적들을 지워 결국에는 조계의 역사를 초량왜관이 세워진 200여 년 전으로 소급해 갔다. 이에 반해 일본의 경우 200년 넘게 데지마를 독점해 온 네덜란드가 아니라 태평양을 건너온 미국에 의해 '개국' 및 '개항'이 이루어졌다. 그에 따라 1854년에 조인된 화친조약 제5조에서 미국은 데지마와의 단절을 분명히 했으며, 1858년 미일수호통상조약 체결 이후로는 개항장의 중심도 나가사키에서 요코하마로 이동했다.

　이처럼 한국과 일본에서 외국인 거류 제도의 근대적 전환은 그 양상을 달리했지만, 소재지 권력자나 유력자에 의해 설립되어 외래 상인은 숙소 주인에게 복종해야 하는 '상숙'의 제도에서 본국에서 파견된 관리에 의해 통치될 뿐만 아니라 외래 상인은 토지를 빌리고 건물을 소유할 수도 있는 '상관' 제도로의 이행이라는 큰 흐름에는 차이가 없었다. 그런데 일본에서는 그 과정에서 '상숙'과 '상관' 제도의 절묘한 결합이 이루어졌다. 즉 미일수호통상조약 제3조에서 가나가와, 나가사키, 요코하마, 니가타,

효고 등의 개항장과 에도, 오사카 등의 개시장을 명백하게 구분해 놓았는데, 전자는 '상관', 후자는 '상숙'에 해당하는 것이었다. 이는 '상관'의 제도를 주장한 미국 측과 '상숙'의 제도를 고집한 일본 측 간의 타협의 산물이었다.

조선에도 개항장과 개시장의 구분은 있었다. 그러나 일본의 경우와 달리 조약상에 그 구분이 명시된 적은 없었다. 그런데 시간의 경과와 함께 일본에서도 개항과 개시의 구분이 점차 희미해져 갔다. 개시장인 오사카와 에도에 개항장과 마찬가지로 거류지가 설정되기도 하고, 개항장에서는 거류지를 설정하지 못해 잡거가 이루어지는 경우도 발생했다. 뿐만 아니라 개시장이었던 오사카는 개항장으로 전환되었다. '상숙'과 '상관'의 구분이 사라졌고 결국에는 '상숙'의 제도가 조약상에서 사라지게 되었다고 말할 수 있다. 그러나 '상숙'의 제도는 그냥 사라진 것이 아니라 특이한 변형태를 만들어 냈다. 본래 조약상 차지권은 개항장의 거류지에서만 인정되었고, 개시장의 잡거지에서는 건물 임차만 가능했다. 그런데 차지권이 인정되는 잡거지가 등장했던 것이다. 이러한 '차지하는 잡거지'의 대표적인 장소가 바로 개항장 고베였다.

미일수호통상조약 체결 이후 2도(都)2시(市), 곧 에도(도쿄), 오사카와 효고(고베), 니가타는 1868년과 1869년에 가서야 개방이 되었다. 이 10년 동안 외국인 거류 제도에서도 변화들이 나타났다. 요코하마에서는 거류지회가 막부가 제공하는 차지료 2%의 금액을 가지고 거류지를 운영해 나갔으나, 재원 부족을 이유로 결국 스스로 거류지 자치의 폐지를 선언했다. 이에 따라 일본 지방 관헌의 지휘 아래 외국인거류지취체역을 임용하는 제도로 바뀌어 있었는데, 1867년에 조인된 오사카·효고항에서의 외국인 거류지 관련 약정들에서는 자치제도 폐지 후의 요코하마를 모델로 삼았다. 그러나 메이지유신 이후 신정부와 새롭게 체결한 거류지 약정에서는 재원을 다양화하고 그를 운영할 주체로서 다시금 거류지회를 설립하도록 했다. 그리고 이 모델은 에도의 외국인 거류 제도에서도 기본적인 참조 사항이 되었다.

이 신모델은 조선의 개항장인 인천까지 전파되었다. 부산의 일본 조계는 왜관의 연속선상에 있었기 때문에 '전관·전용의 단독 조계' 형태를 띠었고, 그 뒤에 개항된 원산에서도 그를 모델로 하여 설정되었다. 그러나 1882년 이후로 조선의 외교가 다각화에 들어서게 됨에 따라 조계의 형태도 변화가 요구되었다. 그리고 그 변화는 바로 고베·오사카 거류지의 지소 경매 방식 도입을 통해 실현되었다. 인천의 일본 전관 조계만이 아니라 각국 공동 조계도 신모델의 영향을 받았다. 이는 조계 장정을 만든 사람이 고베 주재 영국 영사 애스턴이었기 때문에 가능했다. 다만 인천의 경우 자치조직인 조계의 권한이 크게 확대된 것을 볼 수 있는데, 이러한 '정교화'는 중국과 일본을 거치는 과정에서 축적된 경험의 산물이라고 말할 수 있을 것이다.

더구나 고베에서 기원을 구할 수 있는 것은 거류지만이 아니었다. 고베의 잡거지는 고베 개항 이후 막부 붕괴로 거류지 조성 공사가 중단됨에 따라 거류지 밖 잡거를 허용해 달라는 외국 대표들의 요청에 의해 설립되었다. 당시 외국사무국판사로 있던 이토 슌스케의 서한에 의해 '약속상의 잡거지'가 된 이곳에서는 일본인과 마찬가지로 지방세를 납부해야 한다는 조건하에서 일본인 소유주로부터 토지나 가옥을 빌리고 가옥을 건축할 수도 있었다. 이는 거류지 조성이 완료될 때까지 한시적인 조치에 지나지 않았으나, 일본 정부가 거류지 확대 요구를 우려한 나머지 거류지 조성 완료 후에도 잡거지를 그대로 유지했다. 그런데 주일 영국 공사로 있던 파크스는 단순히 거류지를 대체하기 위한 임시 조치로써 잡거지를 생각했던 것이 아니라, '분거'와 '잡거' 중 후자 쪽이 내외국인 간 우호 증진을 위해 더 바람직하다는 생각을 하고 있었다. 그리고 이러한 생각을 하고 있던 파크스에 의해 체결된 것이 1883년의 조영수호통상조약이었다.

조선에서는 조영조약에 이르러 비로소 한반도 공간 전체를 대상으로 한 체계적인 규정 틀, 곧 '조약 체제하 공간 구조'가 만들어졌다. 이것은 외국인 거류지인 '조계', 조선인과 외국인의 잡거를 허용한 '조계 밖 10리 이내', 그리고 조선인의 거주지인 '내지'로 구성되었는데, 이 중 '조계 밖 10리 이내'의 잡거지는 파크스의 생각으로부터 구상된 것이라고 추측된다. 일본에서는 '변칙적으로' 등장한 '차지하는 잡거지'가 조선에서는 '조계 밖 10리 이내'라는 '조약 체제하 공간 구조'를 구성하는 하나의 요소로 정규화된 것이었다. 이처럼 조계 모델의 전파 과정에서 각지 혹은 각국의 사정에 따라 선행 모델에 변형이 가해졌으며, 그 반복된 변형의 결과는 대체로 '불평등'의 정교화였다. 청이나 일본에 비해 불평등조약 체결이 늦었던 조선은 그 점에서 동아시아 외국인 거류 제도 전파의 종착지인 동시에 가장 정교화된 외국인 거류 제도의 탄생지라고 말할 수 있다.

제6장
19세기 후반 니가타의 개항과 외국인 거류지

| 김현철 / 동북아역사재단 명예연구위원 |

1. 머리말
2. 근대 일본의 개항과 외국인 거류지 관련 규칙의 제정
3. 개항 이후 니가타항의 변화와 외국인 거류 현황
4. 니가타항내 외국인 거류와 토지·가옥 임차 문제
5. 맺음말

*이 글은 「19세기 후반 니가타의 개항과 외국인 거류지」, 『동북아역사논총』 84호, 2024.6을 수정·보완한 것이다.

1. 머리말

19세기 이후 동아시아의 개항장은 외국인이 이주·거류하여 새로운 조약과 규칙을 교섭·체결하는 과정에서 개항장의 영토와 주권이 침해되고 경제적·사회적으로 불평등한 현상들이 발생하게 되었다. 일본은 미국·영국 등 5개국과의 수호통상조약에 의해 하코다테·요코하마·고베·나가사키·니가타 5개 항구를 개항하였다. 이 5개 개항장 중에서 필자가 니가타(新潟)에 주목하게 된 이유는 다음과 같다.

일본열도 서해안에 위치한 니가타는 일본 동해안에 위치한 요코하마, 오사카, 고베 등에 비해 상대적으로 외국인의 규모나 거류지 관련된 이슈도 적은 편이다. 그렇지만 일본 내 다른 개항지와 마찬가지로 외국인들이 거류하면서 여러 문제가 발생하였으며, 니가타시가 이를 처리하는 과정에서 일본 내 기존의 다른 개항장의 경험과 관련 조약의 처리 과정이 참조되었다. 즉 니가타항은 일본의 5개 개항장 중에서 상대적으로 늦게 개항되고 개발됨으로써 외국인과의 마찰이나 갈등에 대처하거나 외교 협상시 기존의 다른 개항장의 사례와 경험을 참조하여 일본 정부나 해당 현이 적극적으로 대처한 경우로 볼 수 있다. 또한 다른 개항장과 달리, 니가타항 개항 과정에서 주변의 보조항이 같이 개항되었다. 니가타시 주변에 위치한 에비스(夷)항[현재의 사도섬의 료츠(兩津)항]은 니가타항 개항 당시 보조항으로 개항되었으며, 니가타항에 건너온 외국인들이 사도섬에 들어가는 출입항 역할을 하였다. 따라서 니가타의 개항 과정을 되돌이켜 볼 때, 니가타항뿐만 아니라 에비스항 개항도 같이 연계시켜 파악해야 할 것이다. 개항 이후 외국인의 도래와 거류지가 불가피하였다는 점에서 니가타의 경우에도 건너온 외국인들이 어떤 사람들이며, 이들의 거주가 니가타항과 에비스항에 어떠한 변화를 가져왔는가를 살펴볼 필요가 있다.

그동안 니가타의 개항 이후 건너온 외국인에 대한 일본 내 연구에서는 주로 미국, 영국, 프랑스 등 구미 국가들로부터 건너와서 니가타에 거류하는 경우에 중점을 두었다. 또한 학술적으로도 니가타항은 나가사키, 요코하마 등 다른 개항장에 비해 상대적으로 연구가 적은 편이다. 최근 들어 개항장으로서 니가타의 특성과 역사적 운영 과정에 주목하여 니가타 개항과 외국인 거류지 문제 등을 전문적으로 검토하여 관련 사료들을 소개하고, 그 과정을 상세히 설명한 연구들이 있다.[1] 그 외 건축, 도시 공간의 변화라는 측면에서 개항 당시 니가타를 포함하여 개항장의 외국인 거류지의 구체적 입지 현황과 부지 면적 등의 확장에 대해 비교·분석하는 연구도 진행되었다.[2] 개항 이후 니가타의 변화와 역사에 대해서는 개항 150주년을 맞아 니가타시 차원에서 정리되었다.[3] 그리고 20세기 초 러일전쟁 이후 일본 내에서 대륙 진출 및 환동해 지역 진출의 거점 항구로서 니가타의 지리적·경제적 중요성과 가치를 평가하였다.[4] 20세기 초 이후 니가타항의 본격적인 항만 건설 과정과 한반도와 관련지어서 북선 항로 개설 과정이 연구되었다.[5]

---

1 青柳正俊, 2016, 「雜居地新潟に關する一考察-「外國人の居留地外居住問題」をめぐる展開」, 『東北アジア研究』, 20을 참조.

2 이에 대해서는 村田明久, 1990a, 「外國人居留地の建設過程と計劃手法に關する硏究」, 『日本建築學會計劃系論文報告集』第414號, 1990年 8月을 참조.

3 新潟市 編輯·發行, 2018, 『圖說 新潟開港150年史』, 新潟市歷史博物館.

4 배규성, 2018, 「러일전쟁 이후 일본의 환동해 인식 및 접근에 대한 연구: 니가타현의 『블라디보스토크와 가라후토 조사보고서』(1907)를 중심으로」, 『아태연구』 제25권 제1호, 93~118쪽 참조.

5 김윤미, 2019, 「일본 니가타항을 통해 본 '제국'의 환동해 교통망」, 『동북아문화연구』 제60집;이규태, 2015, 「일본의 동해 횡단 항로의 개척과 전개」, 『도서문화』 45집, 목

또한 1945년 이후부터 최근에 이르기까지 니가타 지역의 역사 문제와 한일관계에서 지니는 의미를 검토하였으며,[6] 1945년 이후 니가타항을 포함한 니기타 지역의 발전 전략을 강구해 보는 연구도 진행되었다.[7]

기존 연구들에서는 주로 니가타항을 중심으로 분석하였으며, 상대적으로 사도섬 에비스항과 연계시켜 살펴본 경우는 드문 편이다. 또한 위에서 살펴본 것처럼 한국 내에서 니가타 지역에 대한 일부 연구가 있었으나, 그 시기는 주로 20세기 초 이후여서 19세기 후반 개항 과정에서 외국인의 도래와 거주 및 에비스항의 개항 과정에 대해서는 자세하게 설명하지 못하고 있다. 이에 이 장에서는 19세기 후반 니가타항와 사도섬 에비스항이 개항되기까지의 과정을 서구와 체결한 관련 조약 내용을 통해 살펴보며, 니가타와 사도섬에 외국인들이 건너가게 되는 과정과 니가타항 내 외국인 거류로 인한 토지 임차 문제의 대두와 그 처리 과정을 살펴보고자 한다.

2. 근대 일본의 개항과 외국인 거류지 관련 규칙의 제정

1) 서구와 수호통상조약의 체결과 니가타·사도섬의 개항

1858년 막부가 미국, 영국, 오스트리아·헝가리 등과 체결한 일련의 수호통상조약에 의해 하코다테·요코하마·고베·나가사키 등이 개항되

포대학교 도서문화연구원; 이규태·김백영, 2017, 「만주사변 이후 일본의 동해 군용 정기항로의 설치와 운용」, 『도서문화』 49집, 목포대학교 도서문화연구원 참조.
6 정미애, 2002, 『니가타에서 본 한일관계』, 제이앤씨.
7 양기호, 1994, 「일본 니가타현의 지역 발전 전략」, 『지역발전연구』 제4집.

었다. 1858년(안세이 5) 6월 19일 조인한 미일수호통상조약 제3조에서 개항장으로 시모다, 하코다테 밖, 가나가와, 나가사키, 니가타(또는 일본 서해안의 한 항구), 효고의 개항 기일, 시모다를 폐쇄하는 기일, 개시장(開市場)으로서 에도·오사카를 개시(開市)하는 기일이 정해졌다. 니가타항은 조약 체결 시에는 1860년 1월 1일 개항하기로 결정되었으나, 실제는 다른 항구들보다 늦은 1869년에 개항되었다.[8] 또한 미일수호통상조약 제7조에서 가나가와, 하코다테, 효고, 나가사키, 니가타의 각 유보 규정(遊步規程)이 약정되었다.[9] 일본이 미국, 영국 등 서구 국가와 체결한 개항 관련 조약은 외국인의 거주 범위와 토지 매매에 관한 내용들이 규정되었다. 니가타의 개항 시기와 개항장 내 외국인의 거류지에 대한 구체적 사항은 1858년 일본과 미국 간에 체결된 미일수호통상조약 제3조에서 다음과 같이 규정하였다.

니가타의 경우 개방하는 기한으로 무오년 3월에서 20개월 후부터 (1860.1.1) 개방한다. 만약 니가타를 개항하기 어려울 경우 이를 대신하여 인근에 항구 하나를 별도로 선정한다. (중략) 이 조약에 기재한 각 지역은 미국인에게 거류를 허가한다. 거류자는 일정한 토지에 값을 지불하고 빌리거나, 그곳의 건물을 사도 지장 없다. 또한 주택·창고를 세우는 일도 허락한다. 다만 이들 건물에 기대어 요새를 만들어서는 결코

---

8 이상 미국, 영국 등 5개국과의 수호통상조약['안세이(安政) 5개국 조약'으로도 불림]에 의해 일본 내 개항·개시된 장소와 실제 날짜는 다음과 같다.
　*개항장(開港場): 가나가와[神奈川(橫濱), 1859.7.1), 나가사키(長崎, 1859.7.1), 하코다테[箱館(函館), 1859.7.1], 효고[兵庫(神戶), 1868. 1. 1], 니가타(新潟, 1869.1.1)
　*개시장(開市場): 오사카(大阪, 1868. 1. 1), 에도[江戶(東京), 1869. 1. 1].
　川崎晴朗, 2002, 『築地外國人居留地』, 東京: 雄松堂出版, 9~10쪽.
9 大山梓, 1960, 「安政條約と外國人居留地」, 『國際政治』, 14號, 112쪽.

안 된다. 이 규칙을 견고히 하기 위해 건물을 신축·개조·보수하고자 할 때는 일본 관리가 이를 조사하는 것 또한 당연한 일이다.

미국인이 건물을 빌릴 수 있는 일정 장소 및 항구마다의 정칙(定則)은 각 항 관리와 미국 영사가 정한다. 만약 의론하여 정하기 어려울 경우는 그 사건을 일본 정부와 미 공사에 보여 처치하게 한다. 거류지 주위에 문과 담을 세우지 말고 출입을 자유롭게 한다.[10]

또한 1858년 체결된 '영일수호통상조약 및 무역 장정' 제3조에서 하코다테, 가나가와, 나가사키, 니가타, 효고의 개항을 규정하였다. 그중 니가타 개항에 대한 영일수호통상조약 및 무역 장정 해당 조문의 내용은 다음과 같다.

만약 니가타의 사정이 여의치 않을 경우 대신할 항구를 일본 북해안에서 무오 7월부터 약 16개월 후(1860.1.1) 개방할 것이다.[11]

아울러 영일수호통상조약 및 무역 장정 제3조에서는 개항장 항구에서 영국인들이 거주할 수 있는 범위를 설정하고, 그 해당 지역에서 영국인들이 자유롭게 토지를 매매하거나 임차할 수 있도록 다음과 같이 규정

---

10 동북아역사재단 편, 2021, 『근대 조약과 동아시아 영토 침탈 관련 자료 선집 II』, 동북아역사재단, 173~174쪽. 이 조항들이 포함된 '미일수호통상조약 및 무역 장정'의 체결 배경과 주요 내용, 일본어 원문 및 한글 번역문에 대해서는 동북아역사재단 편, 2021, 위의 책, 161~182쪽을 참조.

11 동북아역사재단 편, 2021, 앞의 책, 197~198쪽. 이상 '영일수호통상조약 및 무역 장정'의 체결 배경과 주요 내용, 일본어, 영어 원문 및 한글 번역문에 대해서는 동북아역사재단 편, 2021, 위의 책, 182~228쪽 참조.

하였다.

"앞서 기재한 각 항 및 시가지에서 영국 신민 거류를 허락한다. 이들은 어느 한 곳의 땅을 임차하고 그곳에 있는 건물을 구매할 수 있다. 또한 주택·창고를 건설할 수 있으나 이를 세움에 있어 요해의 장소를 영위할 수 없다. 이 규칙에 따르기 위해 그 건물을 건축·수선할 때는 일본 관리가 검사하는 것은 당연한 일이다. 영국 신민이 건축을 할 수 있는 한 장소 및 항구별 규정은 각 곳의 일본 관리와 영국 영사가 정할 것이다. 만일 동의하기 어려울 때는 그 사건을 일본 정부와 영국 대사에게 보이고 처치하게 할 것이다. 거류 장소의 주위에는 문과 담장을 세우지 않으며, 출입을 자유롭게 해야 한다."

그리고 일본 개항 장소에서 영국 신민의 유보 규정 중 니가타는 니가타 치정(治定) 후 경계를 정한다고 규정되었다. 영일수호통상조약상의 이러한 내용들은 비슷한 시기에 체결된 미일수호통상조약의 관련 규정과 사실상 동일한 내용이라 하겠다.[12]

이후 서구 각국은 1867년 니가타시 근처 사도섬의 에비스항을 보조항으로 지정한 후 니가타항에 외국인 거류를 결정하였다. 그리하여 1867년(게이오 3) 10월 29일 '니가타사주에비스항외국인거류협정(新潟佐州夷港外國人居留取極)'이 체결되었다.[13] 동 협정 제7조에 니가타 및 에비스

---

12 동북아역사재단 편, 2021, 앞의 책, 198쪽. 이상 개항장에서 영국 신민의 유보 규정은 미일수호통상조약의 제7조 내용과 동일하다. 미일수호통상조약의 제7조 내용은 동북아역사재단 편, 2021, 위의 책, 175쪽 참조.

13 니가타 개항과 관련하여 일본 외무성이 미국, 영국, 독일 등 서구 각국 공사관과 주고받은 서한과 공문들을 모은 문서들로 外務省 外交史料館,「新潟開港一件並附属書類」(明治 元年-九年)가 있음. 여기에는 1870년 8월 11일 자로 파크스 영국 공사가 데라시마(寺島宗則) 대보(大輔)에게 "新潟夷港外國人居留地規則 其外ノ意"라는 내용으로

항에 외국인의 주거 창고 시설 및 토지 임대를 규정하고, "또한 별도로 거류지(居留地)를 정한다"라고 명기되었다.[14] 메이지 신정부하에서 1869년에 체결된 '오(오스트리아-헝가리)·일수호통상항해조약' 제3조에도 위와 유사한 내용이 실려 있다. 구체적으로 니가타와 에비스항에 관련된 조항을 보면, "니가타·하코다테에서는 사방 10리로 한다. 에비스항에서는 사슈섬 전역(佐州全島)으로 한다"라고 되어 있다.[15] 1858년 미일수호통상조약과 영일수호통상조약에서는 니가타를 개항하기 어려울 경우 이를 대신하여 인근의 다른 항구를 개항할 것으로 규정되었다. 이후 약 10년이 지난 1869년 오·일수호통상항해조약에서 니가타항 이외에 사도섬의 에비스항을 구체적으로 명기한 점이 주목된다.

위 3개 조약이 맺어지는 약 10년간 일본 내 개항 시기는 여러 차례 연기되었다. 위에서 살펴본 미일수호통상조약에 의거하여 외국인의 상업 또는 거주 무역을 위해 1862년 1월 1일부터 외국인이 에도(지금의 도쿄)에 체류(逗留)하는 것을 허용하고, 1863년 1월 1일부터 외국인이 오사카에 체류하는 것을 허용하였다. 또한 니가타 또는 이를 대신하는 일본 서해안의 한 항구는 1860년 1월 1일부터 개항해야 했다.

그러나 막부 말기의 정세는 이러한 개시 및 개항을 쉽게 허락하지 않았고, 연기 협상이 이루어졌다. 그리하여 일본과 영국 간에 1862년 6월

보낸 서한도 포함됨. 이 자료들은 2024년 5월 일본아시아역사자료센터(アジア歷史資料センター) 홈페이지(http://www.jacar.go.jp)에서 검색 및 PDF 형태로 다운로드 받음.

14 大山梓, 1960, 앞의 글, 112~117쪽.

15 오(오스트리아-헝가리)·일수호통상항해조약의 일본어본의 한글 번역본은 동북아역사재단 편, 2021, 위의 책, 255~262쪽, 일본어 원문은 동북아역사재단 편, 2021, 위의 책, 242~249쪽 참조.

6일에 체결된 런던각서에 의해 효고·니가타 개항, 오사카·에도의 개시를 5년 연기하기로 결정하였다. 이후 막부 말기에 니가타 및 에비스항의 개항 실시를 1868년 3월 9일까지 연기할 것을 요구하였다. 유신의 전란으로 메이지 정부는 니가타 지방이 지배하에 있지 않았기 때문에 다시 개항 연기를 요구할 수밖에 없었다. 그러나 네덜란드 등 서구 각국은 개항 연기를 받아들이지 않고 니가타항에 외국 상선을 회항시켜 이 지역의 전투에 피해를 입히게 되었다. 결국 메이지 신정부는 서구 각국 공사에게 니가타 및 에비스항은 1868년(明治 원년) 11월 19일(서력 1869년 1월 1일)부터 개항한다고 통보했다.[16] 그 이전 니가타 개항에 임박하여 파크스 주일 영국 공사가 내항하여 에비스항이 적합한지를 검토·분석하였다. 원래는 노토(能登)반도의 나나오(七尾)항을 보조항으로 고려하였다. 그러나 나나오(七尾)는 번령(藩領)이어서 양이의 분위기가 남아 있는 일본 국내 정세에서 외국인이 이곳에 왕래하는 것이 위험하다고 느낀 막부는 직할지(天領) 사도의 에비스항을 보조항으로 선택하였다.[17]

2) 일본 개항장 내 외국인 거류지 현황과 거류지 관련 규칙의 제정

위에서 살펴본 조약들에서 니가타를 포함하여 5개 항구의 무역 활동을 위해 개항장과 외국인 거류지 설정 등이 규정되었다. 이들 조약에 근거하여 가나가와·나가사키·하코다테 세 항구에도 1873년 이후 외국무역이

16　大山梓, 1960, 앞의 글, 122쪽.
17　野口敏樹, 2016, 「七港開港までの夷港のあゆみ-両津開港150年時代を迎えて-」, 野口敏樹, 『佐渡人のくらしをつむぐ』佐渡ジャーナル社, 72~74쪽.

시작되었고, 또 외국인의 거주 무역을 위한 각 거류지(居留地)의 설정이 필요하게 되었다. 각 개항장에는 외국인의 영주(永住)가 인정되어서, 거주 외국인은 하나의 토지를 임차하고, 여기에 건물을 구입할 수 있는 권리를 가지게 되었고 주택·창고를 건설하는 것이 인정되었다. 그러나 주택·창고 건설을 명목으로 요새 또는 군사시설 건설은 허용되지 않았다. 개항장 지역 구획 및 항만 규정은 외국 영사와 지방 관헌의 협의로 결정되며, 협의가 이루어지지 않을 경우 일본 정부와 해당국 외교대표 간의 결정에 따르도록 했다.[18] 또한 개항 당시 일본 내 외국인들은 개항장·거류지로부터 10리(약 40km) 이내의 이동과 여행이 허용되었지만, 그 이상의 여행은 외무성의 허가가 필요했다. 이러한 제한은 불평등조약 개정에 따라 1899년 외국인 거류지가 폐지될 때까지 계속되었다.[19]

개항 당시 처음에는 일본인과의 잡거는 상정되지 않았다. 그 후 하코다테·고베·니가타 세 곳에서 잡거지(雜居地)가 성립되었으나, 그 과정은 3개 도시마다 다른 양상을 띠었다. 개항 이후 일본 내 외국인 거류지를 구분 짓는 용어 중 하나로 '잡거지'는 외국인 거류민의 거주와 상업 활동을 위해 마련된 전용 구역인 '거류지'와 대비되어 그 명칭 그대로 일본인과 외국인이 섞여 사는(混住) 구역이었다. 이들 개항장에서 당시 거류지와 잡거지 현황을 개괄하면 〈표 1〉과 같다.

18　大山梓, 1960, 앞의 글, 112쪽. 이에 따라 나가사키, 요코하마, 하코다테. 오사카 등 개항장의 거류지 규칙 제정 과정에 대해서는 大山梓, 1960, 위의 글, 112~122쪽 참조.

19　山田耕太, 2022,「開港場新潟に來た外國人居留者」,『敬和學園大學人文社會科學研究所年報』, No.20. 57쪽.

<표 1> 일본 개항·개시에서 거류지와 잡거지 현황[20]

(단위: 평)

항구	개항·개시 구분	거류지 유무 여부	거류지 면적 (1885)	잡거지 유무 여부	영구임차토지 면적(1899)
하코다테(函館)	개항	있음	1,730	있음	5,800
요코하마(橫濱)	개항	있음	348,197	없음	326,335
나가사키(長崎)	개항	있음	105,787	없음	105,041
고베(神戶)	개항	있음	49,645	있음	40,167
오사카(大阪)	개시 [나중에 개항]	있음	7,747	있음	10,415
도쿄(東京)	개시	있음	26,162	있음	29,192
니가타(新潟)	개항	없음	0	있음	0

　위와 같이 개항 관련 조약의 규정에 따라 1899년 일본과 외국들 간 개정 조약이 시행되기 이전까지는 외국인의 거주는 원칙적으로 거류지와 잡거지(雜居地) 구역 내로 한정되었다. 다만 이 원칙의 예외로 거류지 외 거주가 인정되었던 외국인들이 있었다. 이들은 외국 공사관 직원 및 고용된 외국인들이었다. 실제로 일본 정부는 일종의 편법으로 고용된 외국인이 자기가 소속된 시설(학교 등) 내 또는 고용주가 소유하는 가옥에 거주하는 것도 인정하였다. 외국인에 대한 토지임차 거래를 관리, 통제하기 위한 세부 지침도 제정되었다. 그 대표적 예로서 1874년 8월 12일 일본 정

20　靑柳正俊, 2016, 앞의 글, 3쪽에 실린 표를 재인용함.

부가 공포한 '태정관(太政官) 포고' 제85호에는 거류지 외 지역에서 거주하는 외국인들에 대해 토지와 가옥을 빌릴(賃家賃地) 때는 이를 빌려주는 일본인이 임차계약서 원문인 약정 초안을 첨가하여 관할 관청에 제출하여 문의하며, 그 허가를 받아서 정식으로 계약해야 한다고 고지되었다.

그리고 1874년 8월 22일 일본 내무성(內務省)은 개항·개시를 관할하는 지방청인 개척사(開拓使), 가나가와현, 나가사키현, 효고현, 오사카부, 도쿄부, 니가타현에 위의 태정관 포고의 취지를 철저하게 반영하여 실제 수속 절차를 지시하는 공문을 통지하였다. 내무성 지시의 주요 내용은 다음과 같다. 즉, 빌리는 사람(借主)이 직무를 떠났을 때는 신속하게 빌린 집에서 퇴거시키며(제1조), 빌린 사람(借主) 이외의 외국인이 동거하여 상업활동을 하는 것을 금지하며(제2조), 빌린 사람(借主)이 부지 내에 부속 건축물을 설치하여 그것을 다른 외국인에게 양도하는 것을 금지할 것(제3조) 등 태정관 포고의 취지가 반영된 계약서를 작성해야 한다는 내용이었다.[21]

위에서 살펴본 '외국인의 거류지 외 문제'에 관한 태정관 포고 제85호와 내무성 지시 공문을 합하여 '1874년(明治 7)의 조치'라고도 불린다. 이러한 조치는 주로 도쿄의 상황에 대처하기 위해 고안된 것이었다. 각국 공사관은 도쿄 지역 외에는 존재하지 않았으나, 태정관 포고 제85호는 도쿄에 국한되지 않고 전국을 대상으로 공포되어 시행되었다.

니가타는 다른 개항장의 외국인 거류지에 비해 외국인 거류자 수가 매우 적었고, 연도별로 보면 매년 약간 명, 많을 때도 20명 정도였다. 이에

---

[21] 태정관 포고 제85호와 내무성 공문의 내용에 대해서는 靑柳正俊, 2016, 앞의 글, 6~7쪽 참조.

비해 요코하마와 고베는 인구가 많은 대도시인 도쿄와 오사카에 인접해 있었기 때문에 도쿄에서는 쓰키지(築地)에, 오사카에서는 가와구치(川口)에 '카이시(開市)'라는 명칭으로 외국인 거류지가 조성되었다.[22] 그리하여 일본 내 7개의 개항·개시 중에서 니가타의 경우는 별도의 외국인 토지가 마련되지 않아 외국인 거류지가 존재하지 않았으며, 그 대신 그 전역이 내외국인이 혼거하는 구역, 즉 잡거지로 여겨졌다.[23]

니가타와 에비스항의 외국인 거류에 관한 규칙으로서 1867년 11월에 체결된 '니가타사주에비스항외국인거류협정'에서 니가타와 에비스항은 별도의 외국인 거류지를 설치하지 않고, 외국인은 지방 관헌인 니가타 봉행소의 관할구역에서 일본인과 잡거(雜居)하는 것으로 규정되었다. 그리하여 니가타와 에비스항 두 곳에서 외국인은 일본인과 상대해서 여인숙, 주거 또는 창고를 빌리거나 매입할 수 있고, 또한 두 곳에서 정당한 용도의 땅을 빌리는 것(借入)이 인정되었으며, 특별히 거류지를 정하지 않았다.[24] 다른 개항장의 경우 별도의 외국인 거류지가 있고, 그 바깥에 있는 잡거지에 대해 운영 규정이 있었으나, 니기타의 경우 잡거지라고 하여도 기존 개항장의 잡거지 규정과 똑같이 운영될 수는 없었다.

22　山田耕太, 2022, 앞의 글, 57~58쪽.
23　靑柳正俊, 2016, 앞의 글, 2쪽.
24　野口敏樹, 2016, 앞의 글, 72, 74쪽; 大山梓, 1960, 앞의 글, 122쪽.

3. 개항 이후 니가타항의 변화와 외국인 거류 현황

1) 개항 이후 니가타항의 확장과 항로 개설

일본 니가타현의 중심인 니가타 시내에서 동해 연안과 시나노강(信濃川) 사이에 있는 니가타시마(新潟島) 지역은 북쪽 지방으로 떠나는 선박의 기항지(寄港地)였다. 에도 막부는 1843년 니가타를 서일본의 해운 거점지로 지정하고 막부의 영지에 편입하였다. 막부는 니가타에 행정기관으로 봉행소(奉行所)를 설치하고, 외국 선박들을 경계하는 군사시설로 해안에 방어 시설물을 구축하였다.[25]

개항 당시 시나노강 하구에 위치한 니가타항은 하천의 경사가 심하고 수심이 낮아 대형 선박이 입항할 수 없는 불리한 입지 조건이었다. 이러한 니가타항에 대해 당시 니가타 주재 영국 외교관들은 다음과 같이 평가하여 보고하였다.

1869년부터 영사 대리로 활동한 제임스 트루프(James Troup)는 무역항으로서의 니가타항의 가능성과 한계를 파크스 공사에게 보내는 보고서에서 니가타항에서 무역이 발전하지 못한 이유로 당시 위조지폐가 유통되고, 일본 정부가 발행하는 지폐의 신뢰성이 낮고, 항만시설이 미비한 점 등을 거론했다. 해로로는 주로 요코하마항에서 니가타항으로 물품이 수입되고, 육로로는 일본 상인들이 운송하는 형태로 구분되어 운영되어 왔다. 또한, 쌀 거래를 정부가 관리하는 점, 일본의 상관습, 그리고 니가타

---

25 고대부터 19세기 후반 개항 이전까지 니가타항의 변천에 대한 개괄적 설명은 新潟市 編輯·發行, 2018, 앞의 책, 7~30쪽 참조.

항을 사용할 수 있는 시기가 5월~11월까지로 1년 중 반년 가까이 눈과 폭풍우로 인해 사용할 수 없는 점 등을 지적하였다.[26]

이후 1872년 5월에 니가타 영국 부영사로 부임한 제임스 엔슬리(James J. Enslie)도 왓슨 참사관에게 보낸 보고서에서 니가타항이 수심이 얕고, 앞 바다에는 대형 선박이 정박할 곳이 없으며, 에비스항과 니가타항의 왕래가 극히 불편하여 보조항 역할을 하지 못한다고 지적했다.[27]

니가타항은 시나노강 하구에 있어서 일본의 전통적인 선박인 기타마에부네(北前船)[28]와 다른 서양식 대형 선박이 드나들기 위해서는 준설이 필요했다. 게다가 니가타에서 1868년에 호쿠에쓰무신전쟁(北越戊辰戰爭)이 발발하여 다른 항구보다 1년 늦은 1869년 1월 1일에 개항했다. 이후 니가타항은 하천 개수와 제방공사를 통해 대형 선박의 정박이 가능하게 항만시설을 확장해가면서 다음 지도의 모습과 같이 근대 항구 도시의 모습을 갖추게 되었다.[29]

---

26 이상의 내용을 포함하여 1870년 1월 25일 자 제임스 트루프 니가타 영국 영사가 파크스 주일공사에게 보낸 보고서(F.O. 262/176, Troup to Parkes, January 25, 1870) 원문(영어)의 자세한 내용은 靑柳正俊, 2021a, 「開港新潟の対外關係と居留外國人」, 新潟大學博士學位論文의 부록 1-10쪽에 수록된 "1869年に關する年次報告"를 참조.

27 山田耕太, 2022, 앞의 글, 59~60쪽.

28 기타마에부네(北前船)은 에도시대부터 메이지시대에 걸쳐 일본의 연안 해역에서 화물을 운반한 선박을 지칭하며 서양식으로 제조된 선박들과 구분됨. 니가타에는 기타마에부네를 포함하여 화물을 운반하는 배를 카이센(回船)이라고 지칭함.

29 개항 이후 니기타항의 변화와 확장 과정에 관한 개괄적 설명과 관련 사진, 지도 등 자료에 대해서는 新潟市 編輯·發行, 2018, 앞의 책, 32~78쪽을 참조.

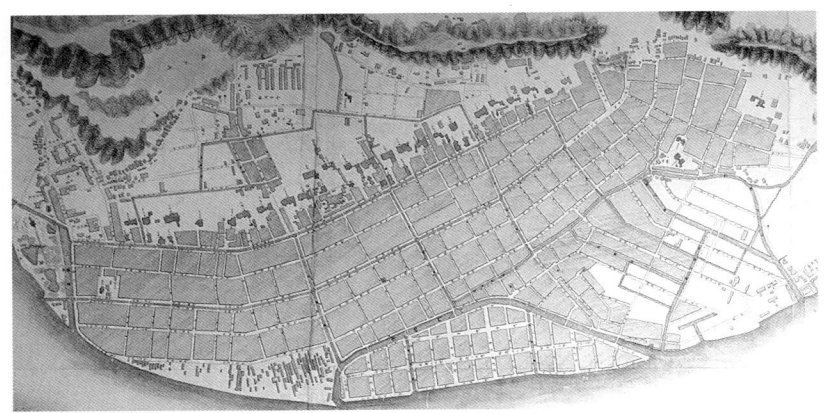

<지도> 니가타항 실측도(1875년 측량)30

 에도시대부터 니가타항은 서해안 지역의 물류 거점이었으며, 이곳에서 수송하는 이출품은 대부분 쌀이었다. 개항 이후 일본이 사할린, 연해주, 캄차카반도 해역으로 나가며 어업으로 연어와 송어 잡이가 번성해지자 북양 어업의 중계항으로 번창하게 되었다.31 실제로 개항 이후 일본 국내 선박뿐만 아니라 외국 선박이 출입하면서 무역항 기능을 수행하였다.
 1869년 개항 첫해에는 연간 40척에 가까운 외국 선박이 드나들었고, 외국인 체류자가 방문하기 시작했다. 그러나 요코하마나 효고(고베) 등 일본 내 다른 항구와의 왕래가 대부분이었다. 이어 1871~1877년까지는 수심이 충분하지 않고, 항구의 정박지가 외해(外海)와 차단되어 있지 않아 대

30　니가타대신궁(新潟大神宮)이 소장하고 있는 「니가타항실측도(新潟港實測圖)」는 "1875(明治 8)年の新潟町と堀"라는 제목하에 니가카시 역사박물관 미나토피아내 전시된 것을 필자가 2022년 11월 촬영한 것임. 이 제도의 제작 과정에 대해서는 細井將右, 2020, 「明治前期ジュルダンらの新潟港圖と永井獨楽造」, 日本地理學會, 『2020年度日本地理學會秋季學術大會 發表要旨集』, 2020.10.10.~11.22를 참조.

31　이규태, 2015, 앞의 글, 101~105쪽.

기할 장소가 없어 외국 선박의 왕래는 연간 10척 이하로 정체되었다. 이후 1878년에 예외적으로 연간 30척 이상의 선박이 드나들었고, 무역액도 그 전까지는 미미한 수준이었지만 이 해에만 당시 금액으로 1천 엔을 넘어서며 처음으로 무역항 역할을 했다. 이는 중국에서 기근이 발생하여 니가타에서 대량의 쌀이 들어온 결과였다. 그 후 1879~1883년까지는 니가타항에 외국 선박의 왕래가 거의 없어 다시 침체했다가 1884년 연간 몇 척의 외국 선박의 왕래를 마지막으로 외국 선박이 끊겼다. 1887년 이후부터는 일본 선박의 왕래가 점차 늘어나면서 거래액이 비약적으로 증가하였다. 요코하마, 고베 등 다른 개항장에서 니가타로 운반된 주요 수입품은 면사를 비롯한 면제품, 모직물, 철 등 금속 제품이었고, 니가타에서 다른 개항장을 경유한 주요 수출품은 쌀, 차, 생사를 비롯한 비단 제품이었다.[32]

개항을 계기로 니가타항에서 일본 국내 및 해외로 나가는 항로가 개설되었다. 1879년에 니가타물산회사(新潟物産會社)가 설립되어 블라디보스토크에 수출을 시도했으나 실패하고 1893년 해산했다. 이것이 블라디보스토크와의 정기항로 개설 운동의 기점이 되어 1896년 정부 보조에 의한 니가타-블라디보스토크-카라프트 정기항로가 개설되었다.

1891년 5월 러시아에서 시베리아철도가 착공되자 블라디보스토크는 유럽과 연결되는 동양 무역의 중심지가 될 것으로 예상되었다. 이에 일본 정부는 1896년 10월 보조금을 지급하여 체신성 특별보호항로로 '니가타-블라디보스토크' 정기항로를 개설했다. 이것이 최초의 동해 횡단 항로였다. 부정기적이었지만 무역은 계속되어 1892년에는 사쓰키마루(五月丸)호가 니가타-블라디보스토크를 여러 차례 왕복했다.[33] 1902년 일본

---

32 山田耕太, 2022, 앞의 글, 58~59쪽.
33 이규태, 2015, 앞의 글, 101~105쪽.

정부는 일본 연안과 한반도 연안을 일주하면서 동해를 대각선으로 횡단하는 항로를 개설했다. 당시 새로 개설된 항로는 시계 방향과 반시계 방향으로 동해를 횡단하는 '갑선(甲線)' 및 '을선(乙線)'으로 구성되었다. 갑선과 을선 항로 모두 모두 쓰루가(敦賀)에서 블라디보스토크와 연결되었으며, 이후 쓰루가-블라디보스토크 항로는 시베리아철도와 연결되면서 유럽과 아시아를 연결하는 교통의 간선이 되었다. 이들 항로에 니가타와 에비스항는 경유지 중 한 곳이었다.[34]

2) 니가타항에 온 외국인의 규모와 특징

개항 당시 일본 내 외국인 거류자 중에는 다양한 직업을 가진 사람들이 건너왔다. 외국 정부에서 파견된 외교관이나 민간인도 있었고, 일본의 국가나 지방 현에서 고용한 '고용 외국인'도 있었다. 고용 외국인 중에는 식산흥업을 위해 일한 기술자도 있었고, 영어 교사나 의학 교사 등 교육자도 있었으며, 무역상도 있었고, 선교사도 있었다.[35] 개항 이후 외국인 거류자 규모를 파악할 수 있는 일본 외무성 기록에 따르면, 1888년 요코하마에는 4,494명, 고베에는 1,110명, 나가사키에는 1,005명, 도쿄의 쓰키지에는 773명, 오사카의 가와구치에는 280명, 하코다테에는 93명이었으나, 니가타에는 20명에 불과했다. 1868~1899년에 걸쳐 개항장 니가타에

---

34 당시 '갑선(甲線)' 및 '을선(乙線)'의 구체적 항로에 대해서는 이규태, 2015, 앞의 글, 107~110쪽 참조.

35 거류지 외국인이라 함은 일반적으로 거류지 또는 잡거지에 일정 기간 거주하면서 일을 하거나 생업을 영위하는 사람을 가리킴. 여기에는 여행이나 방문, 조사 등 일시적인 목적으로 단기간 체류한 외국인 체류자는 외국인 거류자에 포함하지 않음. 山田耕太, 2022, 앞의 글, 58~60쪽.

거주한 외국인 거류자의 총수는 어린이를 제외하고 100명 정도였다.[36] 다른 개항장에 비해 매우 작은 규모이지만 그 특성을 보면 다음과 같다.

1869년 1월 1일 정식으로 개항한 직후에는 15~20명 정도의 외국인이 거류했다. 그 후 1872년 니가타 현령으로 부임한 쿠스모토 마사타카(楠本正隆)에 의해 본격적인 개화 시책이 전개되고, 이듬해 기독교 포교 금지가 해제되는 것을 배경으로 니가타 내 거류 외국인이 등장하였다. 이 무렵 관립학교인 양학교와 의학교에 고용된 외국인이 몇 명 초청되었으며, 기독교 포교를 위해 외국인 선교사들이 이주하고, 몇 명의 외국인 상인이 진출하였다.[37]

니가타 영국 영사가 개항 직후인 1869~1880년 니가타 거주 외국인 수의 추이를 보고하였는데, 그중 사도섬에도 거주한 것으로 보이는 내용은 다음과 같다.

> 1876년 말: 현재 여기(니가타) 영사 구역에는 21명(어린이 제외)의 외국인이 거주하고 있으며, 그중 영국인이 19명임. 니가타에 18명, 사도에 3명임. 니가타에 거주하는 18명 중에서 3명의 독일인이 회사를 만들어 교역에 관여하고 있음.[38]

---

36 山田耕太, 2022, 위의 글, 76쪽. 개항 당시 니가타항의 모습과 외국인 거류지의 분포를 표시한 지도로 1881년 12월에 작성된 「니가타항실측도(新潟港實測圖)」와 「니가타구 전도(新潟區全圖)」로 보는 외국인 거류지(1880~1882)」가 있음. 新潟居留地硏究會, 『新潟開港150周年記念 第13回 外國人居留地硏究會 2020全國大會 新潟大會-居留地のリベラルアーツ教育』 發表資料集, 2020年 9月 21~22日, 23쪽 참조.
37 山田耕太, 2022, 앞의 글, 58~60쪽.
38 靑柳正俊, 2021, 앞의 글, 159쪽에 실린 "표 32- 니가타의 외국인수의 추이" 내용을 재인용함.

니가타에 건너온 외국인들을 직종별·직업별로 살펴보면, 영사·무역상이 17명으로 가장 낮은 비율이었다. 이어서 고용 외국인이 21명으로, 이들은 개항 초창기에 왔다가 대부분 10년 이내에 떠났다. 그것은 니가타항이 여러 면에서 외국무역에 적합하지 않았기 때문이다. 가장 높은 비율은 선교사였다. 개항장 니가타의 외국인 거류자 특징은 고용된 외국인에 의한 관립학교든, 선교사에 의한 사립학교든 영어 교사를 우선으로 하는 사람들이 전체의 약 3분의 1인 점이다.

다음으로 국적별로 살펴보면 미국인이 35명으로 가장 많았다. 이들은 대부분 선교사들이다. 다음으로는 프랑스인이 약 30명으로 파리외방선교회와 샤르트르성바오로수녀회 선교사들이다. 세 번째는 영국으로 영사 관계, 광산 관계, 관립학교 영어 교사, 선교사 등 각 분야에 골고루 분포되어 있다. 영국인은 일본 전체 고용 외국인 중 가장 많으며, 모든 분야에 걸쳐 있는 경향이 있다. 네 번째는 독일과 네덜란드로 상인 7명이다. 그다음은 캐나다로 교사 3명, 마지막으로 이탈리아가 요리사 1명이다. 일본 개항장 내 다른 거류지에서 볼 수 있는 중국인을 비롯한 아시아계 노동자의 기록은 거의 남아 있지 않다. 그래서인지 니가타에서는 차이나타운(中華街)이 형성되지 않았다.[39] 개항 초기 니가타 시내에 거류한 외국인들의 국적과 규모를 시기별로 조사한 〈표 2〉에 의하면 미국인, 영국인 등 서구에서 왔을 뿐만 아니라 중국인도 거류한 것으로 보인다.

---

39 山田耕太, 2022, 앞의 글, 75~76쪽. 당시 니가카에 거류한 외국인의 성명과 국적 분류에 대해서는 山田耕太, 2022, 위의 글, 79~84쪽 참조.

<표 2> 개항 직후 니가타초(新潟町)에 거류한 외국인의 추이[40]

조사연월 국적	1869년 11월	1871년 9월	1872년 3월	1873년 1월	1873년 11월	1874년 1월	1874년 7월	1876년	1878년	1879년
미국	4명							2명		
영국	2명		2명		2명	2명	3명	10명	7명	6명
네덜란드	6명	1명	1명	1명	1명	1명	1명	1명	2명	3명
프랑스	1명	1명	1명	2명	1명	1명	1명	2명	3명	3명
독일	4명	2명	2명	3명	3명	3명	3명	4명	3명	3명
이탈리아								1명	1명	1명
스위스	1명									
중국		1명	2명	1명	1명					
계	18명	5명	8명	7명	8명	8명	8명	21명	16명	16명

개항 초기인 1869년부터 영국, 독일, 네덜란드, 미국은 영사에 해당하는 직책을 두었다. 영국은 외교관인 영사, 부영사 등이 무역에 직접 관여하는 것을 금지했지만, 독일을 비롯해 네덜란드와 미국은 주로 상인 등 민간인에게 영사, 부영사 등의 직무를 위임했다. 니가타 개항과 동시에 가장 먼저 영사를 두고 영사관을 개설한 나라는 영국이었다. 니가타의 첫 번째 영국 영사는 존 F. 로더(John Fredric Lauder)였다. 로더는 1869년 경비관 존 피츠제럴드(John Fitzgerald)와 함께 외국인을 경호하는 별동대 10명과 함께 육로로 니가타에 도착했다. 데라마치(寺町)의 가쓰라쿠지(勝樂寺)에 영국 영사관을 개설하고 일본인 서기 1명, 잡역부 1명, 경비원

---

40 『新潟市史』通史編 3에 수록, 新潟市 編輯·發行, 2018, 앞의 책, 41쪽에 실린 표 재인용.

1명 총 3명을 고용했다. 로더는 니가타의 무역항으로서의 장래성에 대해서 화폐에 대한 신뢰를 높이는 것과 항만시설의 미비점을 개선해야 한다는 점을 파크스 주일 영국 공사에게 보고하고 반년 후인 1869년에 가나가와(요코하마) 영사관으로 돌아갔다. 초대 영사인 로더의 뒤를 이어 제임스 트루프(James Troup)가 1869~1871년 약 2년간 영사대리로 활동했다.[41]

개항 이후 일본 정부는 근대화를 추진하기 위한 수단 중 하나로 유럽과 미국의 학자, 기술자 등을 고용해 일본인에게 지식과 기술을 직접 전수하는 '고용 외국인' 제도를 도입했다. 그중에서도 식산흥업을 위해 공부성(工部省) 관련 고용 외국인이 많았고, 출신 국가는 1900년까지 영국, 프랑스, 독일, 미국 순이었다. 정점은 1874~1875년으로 총수는 연간 600명을 넘었다. 그 후 급속히 감소하다가 두 번째 정점으로 1889년 200명을 넘었지만 다시 감소했다.

개항장 니가타에도 1869~1880년 공부성 관계 9명, 문부성 관계 4명, 현청(縣庁) 관계 9명 총 22명의 고용 외국인이 왔다. 그중 공학(工學) 관계를 보면, 공부성에서 고용한 사도섬의 광산 관계자가 7명으로 많았다. 나머지는 니가타현에서 고용한 선박 관련자 2명이다. 영국인 에라스무스 H. M. 고우어(Erasmus H. M. Gower)는 에도 막부에 고용되어 홋카이도의 가야누마(萱沼) 탄광 개발을 담당했다. 고우어는 1868년에 광산 조사를 위해 사도섬에 한 번 왔지만, 막부가 패망하자 사도를 떠났다. 이후 그는 메이지 정부에 고용되어 1869년에 아이카와(相川) 광산을 조사하고, 1870년 7월에 영국인 제임스 스콧을 데리고 사도로 부임했다. 고우어는 채광에 처음

41　山田耕太, 2022, 앞의 글, 59~60쪽. 개항 당시 니가타에 영국을 비롯하여 독일, 네덜란드, 미국, 이탈리아 등 외국 영사관 설치 과정과 외교관들의 활동에 대해서는 山田耕太, 2022, 위의 글, 59~63쪽 참조.

으로 화약을 사용했고, 인력으로 광석을 운반하는 것이 아니라 궤도를 깔아 기계화했다. 그러나 미국에서 수입한 기계를 정비한 제광소가 실패하여 1873년에 해고되었다. 스콧은 1881년 11월까지 11년간 기계 겸 제광사(機械兼製鉱師)로 일하며 사도 광산의 근대화에 기여했다.[42]

1873년 10월 고우어를 대신하여 프랑스와 독일에서 공부하고 세계 각지의 광산을 돌아다닌 미국인 알렉시스 제닌(Alexis Jenin)이 부임하였다. 제닌은 용광로를 건설하고 개갱사(開坑師) 겸 제광사로 1876년 10월까지 사도에 머물렀다. 1873년 11월에는 독일인 아돌프 레(Adolph Reh)가 개갱사 겸 제광사로 부임하였다. 그때까지 사도 광산에서는 수갱을 파지 않았으나 아돌프 레가 온 이후 1875년부터 3년에 걸쳐 대수갱(大竪坑)을 개삭하고, 갱내를 통합·정리하였다. 아돌프 레는 1878년에 사도를 떠났다. 1873년 3월에는 제임스 데일(James Dale), 존 시몬스(John Simmons), 토마스 트렐러(Thomas Treloar) 3명의 영국인 광부가 고용되었다. 데일은 1874년 11월까지, 시몬스는 1876년까지, 트렐러는 1877년 12월까지 근무했다.[43]

사도 광산 이외의 고용된 외국인으로는 선박 관계자 2명을 들 수 있다. 니가타사주에비스항외국인거류협정 제3조에 따라 폭풍 등으로 니가타항에 입항할 수 없을 때 피난할 수 있는 보조항으로 에비스항을 개항하도록 규정되어 있었다. 그래서 니가타항과 사도섬의 에비스항 사이를 운항하기 위해 증기선을 건조하고 조업할 필요가 있었다. 이를 위해 1871년 영국인 니콜 맥니콜(Nichol McNichol)이 고용되어 사도섬의 가모

---

42 山田耕太, 2022, 앞의 글, 63쪽.
43 山田耕太, 2022, 위의 글, 63~64쪽.

코(加茂)호에서 일본 최초의 증기선인 니가타마루(新潟丸)를 건조했다. 당시 니가타현은 네덜란드 상인 제임스 반덴 보펜 파그(James. v. B. Fagg)에게 1872년부터 1874년까지 증기선의 조종과 일본인의 선박운항 교육을 위임 했다.[44]

선교사 중에는 프랑스 선교사 도르와르 드 레제 신부가 1877년 사도섬 내 적박항(赤迫港)에서 당시 유행하던 눈병을 치료하면서 에비스에서 선교를 시작하였다. 레제 신부의 선교 활동으로 에비스축지(夷築地)에 천주당[나중에 료쓰교회(兩津敎會)]이 건립되어 사도 내 최초의 기독교 선교지가 되었다.[45]

3) 사도섬 에비스항의 개항과 니가타-사도 항로 운행

에비스항에는 1869년에 세관이 설치되었으며, 외국인 거류 규칙이 정해졌다. 외국 선박 우대 조치뿐만 아니라 일본 정부가 니가타항과 에비스항을 오가는 증기선을 건조하도록 규정했다. 1892년 이타가키 다이스케(板垣退助) 내무대신이 사도섬에 와서 가모코호를 군항으로 할 목적으로 기술자를 파견하여 에비스항과 가모코호를 측량하였으나 진전되지는 않았다.[46]

니가타 개항 조건으로 사도 에비스항이 보조항으로 지정된 이후 일본 최초의 철제 증기선 니가타마루가 1871년부터 니가타항과 에비스항 간

44　山田耕太, 2022, 앞의 글, 64쪽. 그 외 개항 당시 니가타항에 건너온 영어 교사 등 교육 관계 종사자와 의사, 선교사들에 대한 분류와 외국인 명단들은 山田耕太, 2022, 위의 글, 64~84쪽 참조.

45　野口敏樹, 2016, 앞의 글, 73쪽.

46　野口敏樹, 2016, 앞의 글, 73쪽.

연락선으로 운행되기 시작했다. 새로 건조한 니가타마루(新潟丸)와 호쿠에쓰마루(北越丸)는 민간에 임대하여 니가타-에비스항로를 운항하게 하였다. 신도리마루(新通丸), 산키치마루(三吉丸) 등은 에비스 항로, 사카타(酒田) 항로, 나오에쓰(直江津) 항로에 취항하였다. 이 선박들은 부정기적이어서 계절에 따라 운항하지 못하는 경우도 있었다.

1885년 사도섬에서 엣사기선(越佐汽船)주식회사를 설립하여 니가타-에비스에 와다츠마루(度津丸)가 취항했다. 와다츠마루(度津丸)는 연간 100회 이상 왕복 운항하여 하루 반나절이면 해협을 건널 수 있어 사도와 니가타 간 왕래가 편해졌다.[47] 에비스항 개항 이후의 당시 기록(「西洋形船舶留記」)에는 니가타-에비스 정기항로에 취항한 선박들의 현황과 항로들이 〈표 3〉과 같이 정리되어 있다.[48]

〈표 3〉 니가타-에비스 정기항로 운항 현황

연도	선박명	취항 기간	비고
1870~ 1874년	新潟丸	1871년 7월	
	新潟丸	1873년 6~9월	
1881년	新通丸	1881년 6~9월	
	新潟丸	1881년 8~12월	
1882년	新通丸	1882년 1~12월	
	北越丸	1882년 3~10월	

47　新潟市歷史博物館 編, 2008, 『海峽を越えて-佐渡と新潟-』, 新潟市歷史博物館, 13~14쪽. 개항 이후부터 20세기 후반에 이르기까지 니가타-사도 간 항로를 운행한 선박 현황과 승객의 증가 추세 등 개괄적 설명과 자료들은 新潟市歷史博物館 編, 2008, 위의 책, 12~19쪽 참조.

48　관련 표는 新潟市歷史博物館 編, 2008, 위의 책, 13쪽에서 재인용함.

연도	선박명	취항 기간	비고
1883년	新潟丸	1883년 1~10월	
	北越丸	1883년 5~12월	
	三吉丸	1883년 6~12월	대부분은 酒田航路
	第貳號三吉丸	1883년 11~10월	대부분은 酒田航路
1884년	第壹號三吉丸	1884년 1~12월	대부분은 酒田航路, 夷港은 1~3월·10~12월
	第貳號三吉丸	1884년 3~10월	대부분은 酒田航路
	新潟丸	1884년 4~12월	대부분은 酒田航路, 夷港은 11월
	北越丸	1884년 5~12월	대부분은 直江津航路
1885년	第壹號三吉丸	1885년 1~12월	夷港은 1~5월, 그 외는 酒田航路
	第貳號三吉丸	1885년 1~12월	夷港은 1~5월, 그 외는 酒田航路
	北越丸	1885년 1~12월	대부분은 直江津航路
	新潟丸	1885년 3~10월	대부분은 直江津航路
	度津丸	1885년 7~12월	
	魁丸	1885년 4~5월	
1886년	度津丸	1886년 1~12월	
	第壹號三吉丸	1886년 1~12월	대부분은 酒田航路, 夷港은 1~3월
	第貳號三吉丸	1886년 1~11월	대부분은 酒田航路, 夷港은 1~3월
	越佐丸	1886년 5~12월	대부분은 直江津航路, 夷港은 10~12월
1887년	度津丸	1887년 1~12월	
	第壹號三吉丸	1887년 1~12월	대부분은 酒田航路, 夷港은 1~3월
	第貳號三吉丸	1887년 2~11월	대부분은 函館航路, 뒤에 내용 확인
	越佐丸	1887년 1~3월	
1888년	一號度津丸	1888년 1~12월	
	壹號三吉丸	1888년 2~11월	대부분은 酒田航路, 夷港은 2~3월·11월
	船名 不明	1888년 7~12월	

연도	선박명	취항 기간	비고
1893년	壹號度津丸	1893년 1~12월	
	三號度津丸	1893년 1~12월	대부분은 直江津航路, 夷港은 1~5월·11월·12월
	五號度津丸	1893년 1~12월	夷港은 1~4월, 9~12월, 그 외는 直江津航路
	六號度津丸	1893년 10~12월	대부분은 直江津航路, 夷港은 11·12월
	七號度津丸	1893년 4~12월	대부분은 直江津航路, 夷港은 4월·10월·11월
	壹號三吉丸	1893년 1~12월	대부분은 酒田航路, 夷港은 1~2월
	三號三吉丸	1893년 1~12월	대부분은 酒田航路, 夷港은 1~3월
	新潟丸	1893년 1~12월	夷港은 1~3월, 9~12월, 그 외는 直江津航路
	魁盆丸	1893년 1~6월	

기록에 의하면 사도섬에 간 최초의 조선인은 1889년 궁내성 어료국이 설치한 사도 광산학교(기술자 양성소) 입학생이었다. 1892년 4월 제1회 졸업생 명단에서 조선인 박창규(朴昌圭), 구연수(具然壽), 박치운(朴致雲)이 등장한다. 이들은 조선 정부의 광산 정책에 따라 입학해 근대 광산학을 배웠다. 미쓰비시광업(주)이 작성한 자료(1902~1929)에서 확인한 조선인 노동자도 21명이다.[49] 19세기 말~20세기 초 사도섬에 간 조선인들은 조선에서 배를 타고 일본으로 건너가 니가타로 이동한 후 니가타항에서 사도섬의 출입 항구인 에비스항으로 위에서 살펴본 운항노선을 따라 취항한 배들을 타고 건너갔을 것이다.

49　정혜경, 2022.1.1, 「미쓰비시(三菱) 사도(佐渡) 광산」, 『동북아역사리포트』, 제7호, 동북아역사재단, 1~4쪽 참조.

4. 니가타항 내 외국인 거류와 토지·가옥 임차 문제

1) 니가타항의 외국인 토지 임차 문제 대두와 니가타현의 입장

앞 절에서 살펴본 니가타의 개항 관련 조약에 의해서 외국인은 니가타 거주에 필요한 토지·가옥을 그 소유자와 계약하여 자유롭게 확보하는 것이 가능하게 되었다. 니가타는 개항장 중에서 외국인 전용(專用) 거류지가 없었으나, 외국인 거류지 규칙에 따라 외국인의 거주와 상업 활동이 전 지역에서 인정되었다.[50]

그럼에도 앞 절에서 살펴본 일본 정부의 '1874년(明治 7)의 조치' 이후 이를 근거로 니가타에서 외국인이 집을 빌리는 것(借家)을 심사하기 시작하였다.[51] 이후 1875년 니가타에서 외국인에게 집을 빌려주는(貸家) 안건 중에서 1874년의 조치를 적용한 사례를 들면 다음과 같다.

1875년 4월 다카자와 신시치로(高澤眞七郎)가 영국인 선교사 테오볼트 팜(Theobald A. Palm)에게 집을 빌려주는 것에 대해 니가타 현청에 신고하였다. 니가타 현청은 1875년 4월 30일 다카자와 신시치로로부터 제출받은 약정서를 첨부하여 내무성에 문의하였다. 쿠스모토 마사타카(楠本正隆) 니가타 현령은 1875년 7월 12일 다음과 같이 자신의 의견을 오쿠보 도시미치(大久保利通) 내무경에게 상신하였다. 즉 "니가타는 원래 잡거가 허용되었던 거류지이며, 다른 개항장에서 거류지 밖에 거주하는 경우와

---

50 개항 초기 니가타 시내의 토지·가옥을 외국인에게 빌려준 현황은 新潟市 編輯·發行, 2018, 앞의 책, 41쪽에 수록된 「표: 1870~1882년 니가타초(新潟町) 민간 소유 토지(民有土地)·가옥(家屋)의 외국인 대부(貸付) 상황(狀況)」을 참조.

51 靑柳正俊, 2016, 앞의 글, 3~4쪽.

는 다르다. 1874년 내무성이 지시한 공문을 따르게 되면[52] 거류지 내에서는 서로 빌려주고 빌리는 행위에 관청이 간섭하게 된다"라고 적었다. 또한 쿠스모토 니가타 현령은 "외국인에게 토지와 가옥을 빌려주고 빌리는 것(地家貸借)에 관해서는 토지 매도는 인정하지 말 것, 가옥 대차는 반환을 주장하는 권리를 잃지 않도록 연한을 정하여 계약하는 것 등의 너그러운 양해만을 통지하고, 그 밖의 세부 항목에 관해서는 모두 관련 당사자들이 상대적으로 결정하는 데 맡겨야 한다"라고 의견을 전하면서, 앞선 내무성의 공문 적용을 재고해줄 것을 요구했다. 이에 대해 오쿠보 내무경은 "내무성의 공문 그 자체가 너그럽다"라고 응답하면서, 니가타현 구호장(區戶長)들에 대한 지도를 철저히 하라"고 지시하였다.

그 후 1875년 8월 난부 노부치카(南部信近) 니가타 현령대리가 니가타현 니가타쵸 내의 지방 5개 소구(小區) 호장들에게 "외국인에게 가옥 임대는 그때마다 반드시 계약서의 문안을 첨부하여 신청하게 하고, 그에 대한 지시를 받고 나서 정식으로 계약을 맺도록 하라"고 공포하고, 관공서에 사전 문의의 취지를 구내에 철저히 하도록 전하였다. 니가타의 외국인 거류지 문제에 대해 조약문에는 "상대방에서 주거를 빌리는 것이 편리해야 한다"라고 규정되었으나, 실제로는 중앙의 내무성공문과 지령에 따라서 니가타 현청으로부터 니가타 지방 구내에 전달·지시되었다.[53]

---

52 위 내무성의 공문은 본문 앞 절에서 언급한 바와 같이 1874년 8월 12일 일본 정부가 공포한 '태정관 포고 제85호'의 취지를 반영하기 위해 이후 8월 내무성이 실제 수속 절차를 지시한 공문을 의미함.

53 靑柳正俊, 2016, 앞의 글, 8~10쪽 참조.

2) 외국인 토지 임대 문제로 인한 갈등과 외교 협상의 전개

이후 니가타 외국인 거류지 주택 임대를 둘러싼 의견 충돌과 대립 양상은 아래와 같이 니가타 현청 대 영국 영사관, 일본 중앙정부 대 주일 영국 공사관으로 확대되었다.[54]

그 사례로는 1877년 4월 7일 영국 선교사 파이슨(Philipp K. Fayson)은 니가타 시내 갓코우쵸(學校町)에 토지 임차(借地)를 희망하여, 영국 부영사 트루프(James Troup)를 통해 니가타 현청에 허가를 신청하였다. 그러자 나가야마 모리테루(永山盛輝) 니가타 현령은 같은 달 4월 10일 자로 트루프 영국 부영사에게 "토지 임차에 대해서는 니가타 읍(邑) 단위의 지방자치단체라고 할 수 있는 마치가이쇼(町會所)가 만들어 놓은 규칙이 있으므로, 토지를 빌려주는 마키오카 데쓰야(牧岡鉄弥)는 이 사항에 대해 해당 지역의 구장(區長)·호장(戶長)을 통해 니가타 마치가이쇼에 신청해야만 한다"라고 회답했다. 사실 나가타 현령이 "니가타 마치가이쇼가 규칙을 만들어놓았다"라고 했지만, 실제로는 니가타 현청에서 약정서 문안을 산하 자치단체에 보내준 것이었다.[55]

위 상황을 알게 된 트루프 부영사가 니가타 현청에 항의하자, 나가야마 현령과의 회담이 1877년 4월 11·12·23일에 이루어졌다. 양자 간 협의

---

54 당시 니가타현, 일본 외무성과 내무성, 니가타 영국 영사관, 도쿄의 주일 영국 공사관 간에 주고받은 서한과 보고서, 공문들의 원본 사료들 중 일부는 外務省 外交史料館, 1872~1884, 「新潟居留外國人ニ對シ地所家屋相對貸借關係規則協議一件」第一卷에 수록됨. 이 사료들은 2024년 5월 일본아시아역사자료센터(アジア歴史資料センター) 홈페이지(http://www.jacar.go.jp)에서 검색 및 PDF 형태로 다운로드 받음.
55 靑柳正俊, 2021a, 앞의 글, 191~192쪽. 1877년 4월 7일 자로 작성된 토지 임대 약정서의 원문 사료 내용은 靑柳正俊, 2021a, 위의 글, 192쪽에 게재됨.

과정에서 니가타 현령은 "장기간의 토지 임차는 인정하지 않는다. 임차 기한은 최장 3년 정도이며, 갱신은 인정하지 않는다"라고 입장을 전하였다. 트루프 부영사는 강하게 반발하였다. 트루프 부영사는 니가타 현청과의 현지 협상에 한계가 있다고 보고, 니기타현령에게 양국 간 규칙 제정을 위한 협상을 도쿄, 즉 일본 정부에 위임할 것을 제안하였으며, 나가야마 현령도 이를 승낙하였다. 당시 트루프 부영사는 1877년 4월 18일 도쿄의 파크스 주일공사에게 파이슨의 토지 임차 승인 신청 건을 계기로 전개된 경과를 보고하였다. 파크스 공사는 일본 정부에 항의하였다. 한편 나가야마 니가타 현령도 4월 13일 자로 내무성과 외무성에 파이슨의 토지 임차 신청 건을 전달하였다. 내무성은 당분간은 외국인의 토지 임차 신청이 있을 때마다 건별로 내무성에 문의하도록 니가타현에 지시하였다.[56]

1877년 9월 5일 외무성과 내무성이 협의하여 작성한 니가타의 외국인 파이슨의 대지 임차 신청 건의 약정서 문안의 주요 내용을 보면, 이미 고베 잡거지에서 외국인 임차 연한을 25년 이내로 정한 선례가 있어 임차 연한을 25년 이내로 정하였고, 도로 폭 준수, 공용 토지 수용, 토지 담보로 돈을 빌리는 행위 금지 등이 포함되었다.[57]

이후 1877년 9월 22일 일본 정부는 이 약정서 문안으로 파크스 주일 영국 공사와 교섭하였다. 1877년 9월 12일 최초 교섭 시 데라시마 무네노리(寺島宗則) 외무경은 이 약정서 문안에는 원래 일본인을 규율하기 위해 위한 국내 규칙이 포함되었지만 파크스 공사와의 양해 사항으로 삼겠다고 설명하였다. 이에 대해 파크스 공사는 임차 기한을 25년으로 정한 것에 대

56　青柳正俊, 2021a, 앞의 글, 193쪽.
57　일본 정부의 약정서 문안 원문 내용은 青柳正俊, 2021a, 위의 글, 194~195쪽 참조.

해 문제 삼으면서 반대하였다. 이어 1877년 9월 24일에 열린 제2차 교섭에서 파크스 공사는 "토지 임차(借地) 연한을 정할 필요가 없다"는 입장을 밝혔다. 이에 대해 데라시마 외무경은 "임대 연한을 정하지 않으면 외국인이 영구히 토지를 빌리는 것이 되지 않는가"라고 반박했다. 그 후 1877년 10월 1일 제3차 교섭 시 파크스 공사는 "영국에서는 외국인도, 영국인도 토지 임차에 연한은 없으며, 일본 내 다른 개항장은 무기한이니 니가타도 무기한으로 해도 문제 없지 않은가"라며 계속 요구하였다. 그럼에도 데라시마 외무경은 "우리나라(일본)는 귀국(영국)과 같을 수는 없다. 이미 약속이 끝난 다른 항구와 니가타는 다른 이야기다"라고 답하였다. 데라시마 외무경과 파크스 공사의 쟁점은 토지 임차 연한 상한이었으나 양국은 타협점을 도출하지 못했다.[58]

그 후 니가타 현청은 위에서 언급한 "일본 정부안으로 니가타 현지에서 토지 임차를 허가해도 좋은가"라고 내무성에 문의하였다. 당시 나가야마 니가타 현령이 보낸 서한에는 독일인·프랑스인의 토지 대여 기한이 만기되거나 초과한 것도 있어서 영국 공사와 합의가 이루어지면, 독일 영사와는 현지에서 합의하고, 그 외는 중앙에서 각국 공사와 합의하여 결정하기를 원한다는 내용이 포함되어 있었다.

니가타 현령의 제안을 받은 오쿠보 내무경은 1878년 4월 8일 이에 동의한다는 점을 추가하여 데라시마 외무경에게 회부했다. 데라시마 외무경도 파크스 공사에게 토지 임차 연한을 50년으로 양보하는 의향을 전했다. 그러나 오쿠보 도시미치 내무경이 암살당한 후 그 후임인 이토 히

---

58 데라시마 외무경과 파크스 주일 공사 간 교섭 내용은 靑柳正俊, 2021a, 앞의 글, 195~196쪽 참조.

로부미(伊藤博文)가 1878년 5월 22일 자로 외무경에게 보낸 서한에는 필요하면 계약을 갱신하면 될 뿐이며, 정부 방침인 임차 연한 25년은 바꿀 필요 없다고 입장을 밝혔다.[59]

결국, 영일 간 외국인 토지 임차 약정 교섭이 중단되자 파이슨은 다른 방식으로 본인이 희망했던 토지를 사실상 구입하였다. 1877년 11월 1일 자로 파이슨과 마키오카 데쓰야의 약정은 가옥의 임차였다. 계약서상에서 가옥을 빌리는 사람(借主)인 파이슨은 마키오카 데쓰야에게 1,200엔을 지급하며, 매년 20엔의 임대료를 지불하게 되어 있다. 임차대금은 계약 만기로 해지할 때나 파이슨이 니가타 집에서 퇴거할 경우 파이슨에게 반환할 의무가 있었다.[60] 1,200엔이라는 당시로서는 큰 액수의 대금 지급은 마키오카가 당초 파이슨이 원했던 니가타 시내 갓코우쵸의 토지를 구입하고, 거기에 가옥을 건축하는 자금으로 소요되는 것으로 추정되었다. 이렇게 해서 파이슨은 약정서상으로는 토지 임차(借地)가 아닌 가옥을 빌리는(借家) 계약을 체결하려고 했다. 당시 '니가타사주에비스항외국인거류협정' 제7조에는 가옥 차입이라면 외국인은 어떠한 유보도 없이 자유롭게 실시할 수 있다고 되어 있었다. 니가타마치가이쇼는 이 임차계약서를 외국인의 토지 임차와는 무관하다고 간주함으로써 니가타 현청에 문의하지 않고 처리하였다.

이상으로 살펴본 바와 같이 외국인에 대한 토지 임차 건에 대해 일본 정부와 주일 영국 공사관 간 협상이 중단됨에 따라 파이슨은 토지를 구입

---

59   당시 니가타 현령과 오쿠보 내무경, 데라시마 외무경 간의 협의 과정에 대해서는 靑柳正俊, 2021a, 앞의 글, 196~198쪽.
60   당시 파이슨과 마키오카 간 약정서 내용과 허가 신청 과정에 대해서는 靑柳正俊, 2021a, 위의 글, 199~200쪽 참조.

하는 형태에서 자신이 실질적으로 건축비용을 지급한 주택을 임대하는 형태로 바꿈으로써 니가타에서 실질적으로 거주 공간을 마련하게 되었다.[61]

5. 맺음말

이상 본문에서 살펴본 바와 같이 니가타항은 막부가 미국, 영국, 오스트리아-헝가리 등과 체결한 수호통상조약에 의해 개항되었으며, 그 특징으로는 다른 개항장과 달리 니가타시 근처 사도섬의 에비스항이 보조항으로 같이 개항한 것이다. 1858년 미일수호통상조약과 영일수호통상조약에서는 니가타가 개항하기 어려울 경우 이를 대신하여 인근의 다른 항구를 개항할 것이 규정되었으나, 약 10년이 지난 1869년 오·일수호통상항해조약에서는 니가타항 이외에 사도섬의 에비스항을 구체적으로 명기하였다. 개항 조약 이후 거류지 내에서 외국인은 토지를 빌려서 주택과 창고를 건축하며, 이를 구입하거나 빌리는 것이 인정되었다. 그러나 1867년 '니가타사주에비스항외국인거류협정'에서 니가타항과 에비스항에서는 별도의 외국인 거류지를 설치하지 않고, 일본인과 잡거하는 것으로 규정되었다.

다른 개항장에 비해 니가타에 온 외국인 거류자들은 매우 적었으며, 주로 선교사, 외교관, 무역상, 영어 교육자들이었다. 또한 일본 정부에서 고용한 광산 기술자와 니가타현에서 고용한 선박 기술자들은 사도섬 광

---

61 青柳正俊, 2021a, 앞의 글, 201~202쪽. 이후 이 문제에 대해 데라시마 외무경 후임으로 부임한 이노우에 가오루(井上馨) 외무경 재임 시기 협의 및 처리 과정에 대해서는 青柳正俊, 2021a, 위의 글, 202~220쪽 참조.

산 개발과 니가타-에비스항 증기선 건조와 운항에 참여하였다.

당시 동해에 면하고 있는 니가타항은 하천의 경사가 심하고 수심이 낮아 대형 선박이 입항할 수 없는 조건이었다. 개항 당시 니가타 주재 영국 외교관들이 에비스항과 니가타항은 왕래가 불편하여 보조항 역할을 하지 못한다고 평가할 정도였다. 이후 니가타항은 하천 개수와 제방 공사를 통해 대형 선박의 정박이 가능하게 항만시설을 확장해가면서 무역항 기능을 수행하였다. 일본 최초의 증기선인 니가타마루가 1871년부터 니가타항과 에비스항 간 연락선으로 운행하기 시작했다. 이후 사도섬 등 민간에서 선박회사가 설립되어 니가타-에비스항에 여러 척의 기선이 취항하면서 1890년대까지 정기항로가 운영되었다.

니가타항은 19세기 개항 이후 일본 내 다른 개항장과 달리 외국인 전용 거류지가 지정되지 않았지만, 토지 임차 등 외국인 거류지 문제가 이슈로 등장하였다. 개항장에서 외국인이 거주하는 토지·가옥은 소유자와 계약하여 자유롭게 확보하는 것이 가능하였다. 그러나 일본 정부의 지시, 즉 태정관 포고 제85호와 1874년(明治 7)의 조치를 근거로 심사가 시작되면서 외국인의 주택 및 토지 임차 허가 과정에서 갈등 및 분쟁이 발생하였다. 니가타 현청은 현지 영사와 상의하여 결정하라는 중앙정부의 지시에 따라 토지 임차 과정을 중재하려고 했으나 실패하면서 독자적인 토지 임차 약정서를 만들어 문제 해결을 시도하였다. 또한 외무성이 주일 영국 공사관과 교섭을 시도하였으나 현격한 입장 차이로 합의를 도출하지 못하였다. 영국 측은 자국의 관례와 일본 내 다른 개항장의 사례를 들어 토지 임대 기한을 정하지 말 것을 주장하였다. 이에 대해 일본 측은 영국과 일본 국내 사정의 차이, 그리고 니가타와 다른 개항장과의 차이를 들어서 수용하지 않았다. 그러자 외국인이 토지 임차 대신 가옥 임대라는 방법을 통해 사실상 거주 공간을 확보하는 형태로 전개되었다.

이상 니가타에서 거류지 문제로 인한 외국인과 갈등 시 일본 정부와 니가타 현청이 다른 개항장의 사례를 참조하여 대처한 과정은 당시 개항장에 관련된 외교 협상의 사례로 참조할 수 있다.

니가타 개항의 역사를 돌이켜 보면 다음과 같은 시사점을 지닌다. 19세기 개항 이후 니가타항의 항만 확장과 선박 건조, 항로 운항의 경험들은 20세기 전반기에 일본에서 한반도를 거쳐 중국 동북부 지역으로 진출하는 기항지가 되고, 대륙 진출의 전초기지의 기반을 구축하는 과정이었다. 또한 니가타항의 보조항으로 사도섬 에비스항이 개항되고, 19세기 후반 니가타–에비스항 정기항로가 운항됨으로써 서구의 광산·선박 기술자들이 사도섬 광산 개발과 해운 교통 발전에 영향을 끼쳤다. 더불어 19세기 말 조선인들이 사도광산학교에 입학했다는 기록으로 니가타의 외국인 거류지와 에비스항 개항은 일본 개항장 내 외국인과 한국인의 이동과 교류 및 거주를 역사적으로 재조명하는 사례가 될 수 있다.

제7장
인천 청국 조계의 설정 과정 연구
- 인천구화상지계장정 체결 과정을 중심으로

| 이정희 / 인천대학교 중국학술원 교수 |

1. 머리말
2. 인천 청국 조계 설정의 배경
3. 인천구화상지계장정 체결 교섭 과정과 장정 내용
4. 맺음말

*이 글은 「인천 청국 조계의 설정 과정 연구 - 인천구화상지계장정 체결 과정을 중심으로 - 」『중국근현대사연구』제102집, 2024.6을 일부 수정·보완한 것이다.

1. 머리말

올해는 인천 차이나타운이 설정된 지 140주년이 되는 해다. 인천 청국 조계 설정의 법적 근거가 된 '인천구화상지계장정(仁川口華商地界章程)'이 조선과 청국 간에 1884년 체결되었기 때문이다.

근대 조선에는 부산, 원산, 인천, 군산, 목포, 진남포, 성진, 마산 8개 개항장에 조계가 개설되어, 외국인이 조계에 거주하면서 사회·경제 활동을 영위했다. 개설된 조계는 일본인과 화인(華人)[1]만이 거주할 수 있는 일본 조계와 청국 조계 같은 전관 조계, 그리고 특정 국가의 외국인만이 아니라 각국의 외국인이 모두 거주할 수 있는 공동 조계 두 종류가 존재했다. 조선에는 이러한 두 종류의 조계가 모두 13곳 존재했다.

반면, 근대 중국에 설정된 전관 조계는 25곳, 공동 조계는 2곳이었다. 특히, 조선에는 타국에 존재하지 않은 청국 조계가 인천, 원산, 부산에 설치되어 있었으며, 3곳의 청국 조계는 청국이 해외에 설치한 유일한 조계이기도 했다.

---

1 우리가 일반적으로 사용하는 '화교(華僑)'라는 용어가 중국에서 처음으로 사용된 시기는 1895년경으로 청국이 1893년 자국민의 해외 이주의 금지령을 해제한 이후다. 따라서 1895년 이전 시기 청국의 공문에 '화교'는 등장하지 않고, 해외 거주 중국인을 '화인(華人)' 특히 상인인 경우는 '화상(華商)'이라는 용어를 사용했다. 이 글이 대상으로 하는 시기는 1883~1884년으로 당시 공문에 나오는 '화인'과 '화상'을 사용하고자 한다(斯波義信, 1995, 『華僑』, 岩波書店, 164~165쪽).

<표 1> 근대 조선에 설치된 조계

도시명	조계의 종류	체결연월일	설정 근거가 된 조약 명칭	면적(m²)
부산	일본 전관 조계	1877.1.30	釜山口租界條約	384,405
부산	청국 전관 조계	1886.7.4	釜山華商地界章程	20,834
원산	일본 전관 조계	1880.5.1	元山津居留地地租約書	235,363
원산	청국 전관 조계	1888.4.10	元山華商地界章程	33,266
인천	일본 전관 조계	1883.9.30	朝鮮國仁川口租界約書	32,595
인천	청국 전관 조계	1884.4.2	仁川口華商地界章程	6,763
인천	각국 공동 조계	1884.10.3	仁川濟物浦各國租界章程	462,812
진남포	각국 공동 조계	1897.10.16	鎭南浦及木浦各國租界章程	480,060
목포	각국 공동 조계	1897.10.16	鎭南浦及木浦各國租界章程	726,024
군산	각국 공동 조계	1899.6.2	群山·馬山浦·城津各國租界章程	336,669
성진	각국 공동 조계	1899.6.2	群山·馬山浦·城津各國租界章程	97,698
마산	각국 공동 조계	1899.6.2	群山·馬山浦·城津各國租界章程	268,935
마산	일본 전관 조계	1902.5.17	馬山浦專管日本居留地協定書	993,832
합계	-	-	-	4,079,256

출처: 高秉雲, 1987, 『近代朝鮮租界史の硏究』, 雄山閣出版, 15~16쪽; 國會圖書館立法調査局, 1965, 『舊韓末條約彙纂(1876~1945, 中卷)』, 東亞出版社.; 國會圖書館立法調査局, 1965, 『舊韓末條約彙纂(1876~1945, 下卷)』, 東亞出版社를 근거로 필자 작성.

    청국 조계는 화인 전용 거주지로 설정되어 청일전쟁 직후 조선과 청국 간의 국교단절로 법적 지위를 일시 상실했지만 사실상 조계로서 1914년 3월 철폐 때까지 존속했다. 3곳의 청국 조계는 철폐된 후 인천부·부산부·원산부의 행정구역으로 각각 편입되었지만, 화인의 영대차지권이 그대로 유지되거나 소유권으로 전환할 수 있었기 때문에 화인의 집단 거주지이자

상업 공간인 차이나타운으로 발전했다.²

조선에 설치된 조계와 관련된 연구는 일본 제국주의의 조선 반식민지화의 상징적인 공간으로서 일본 조계에 초점을 맞춰 이뤄져 왔다.³ 인천, 진남포, 성진, 마산, 목포, 군산, 인천에 설치된 각국 공동 조계는 주로 서양인을 위한 거주지로 개설되었지만, 실제로는 인천의 각국 공동 조계를 제외하고는 거주자 대부분을 일본인이 차지했기 때문에 사실상 일본 전관 조계와 다름 아니었다.

반면, 청국 조계와 관련된 연구는 일본 조계 관련 연구와 비교하면 양적인 측면에서 훨씬 부족한 실정이다. 이현종, 손정목, 고병운(高秉雲)은 조선 근대사의 관점에서 청국 조계가 존재했다는 사실을 간단히 서술하고 있을 뿐이다. 가와시마 신(川島眞)은 중국 근대 외교사의 맥락에서 근대 일본 외교 사료를 활용하여 청국 조계의 설정, 일제의 조선 강제 병합에 따른 청국 조계 철폐 과정을 검토했다.⁴ 박준형(朴俊炯)은 가와시마 신의 청국 조계 설정과 철폐 관련 내용을 더 구체적으로 분석하면서 그곳에 거주하던 화인과 청국 조계의 법적 지위 문제를 검토했다.⁵ 이시카와 료타(石川亮太)는 부산 화상 덕흥호(德興號)로 유발된 사건이 부산과 인천 청국 조계 설정의 계기로 작용한 사실을 밝혀냈으며,⁶ 한동수·박철만은 부

---

2   李正熙, 2020, 「近代朝鮮における淸國專管租界と朝鮮華僑」, 『東アジアにおける租界研究-その成立と展開』, 東方書店, 353~383쪽.
3   이와 관련된 주요한 연구 성과는 다음과 같다. 이현종, 1975, 『한국개항장연구』, 일조각; 손정목, 1986, 『한국 개항기 도시 사회경제사 연구』, 일지사; 高秉雲, 1987, 『近代朝鮮租界史の硏究』, 雄山閣出版.
4   川島眞, 2004, 『中國近代外交の形成』, 名古屋大學出版會, 365~377쪽.
5   朴俊炯, 2012, 「近代韓國における空間構造の再編と植民地雜居空間の成立-淸國人及び淸國租界の法的地位を中心に」, 早稻田大學博士學位論文.
6   石川亮太, 2017, 『近代アジア市場と朝鮮-開港·華商·帝國-』, 名古屋大學出版會,

산 청국 조계의 필지 구조와 특성을 분석했다.[7] 이정희(李正熙)는 조선 화교사의 맥락에서 청국 조계의 설정과 철폐가 화인의 경제 활동에 미친 영향을 분석했다.[8]

위와 같은 청국 조계 관련 선행 연구가 있지만 아직도 밝혀야 할 과제가 많이 남아 있다. 첫째, 덕흥호사건이 청국 조계 개설의 계기가 된 것을 사실로 인정하더라도, 그것을 계기로 조선과 청국 양국 간에 인천·부산·원산의 청국 조계 설정을 위한 교섭이 어떻게 이뤄졌으며, 어떤 형식과 내용으로 조약이 체결되었는지 밝혀야 한다. 조선과 청국 간의 조계 설정을 위한 교섭과 조약 내용은 조선과 일본 및 서양 열강이 체결한 혹은 체결하려는 조계 조약의 내용과 형식에서 다를 수밖에 없었다. 당시 청국 측은 서양 열강 침략의 교두보로 사용된 조계의 최대 피해 당사국인 만큼 조선에 자국민을 위한 전관 조계 설치에 신중하게 접근해야 할 입장이었다. 또한 1882년 10월 체결된 '조청상민수륙무역장정'[9] 체결서 드러난 청국과 조선 간의 전통적 '종번관계(宗藩關係)'를 유지하려는 청국 측의 대조선 정책 기조를 청국 조계의 조약문에 담아 내려 했다. 청국 측은 이러한 입장을 조계 설정을 위한 교섭에서 어떻게 표출하였으며, 조선 측은

46~66쪽.

7   한동수·박철만, 2011, 「부산 淸國 租界地의 필지 구조와 특성에 관한 연구」, 『중국학보』, 제64집, 한국중국학회, 267~293쪽.

8   李正熙, 2020, 앞의 책, 353~383쪽.

9   청국과 조선 간에 체결될 당시의 명칭은 '중국조선상민수륙무역장정(中國朝鮮商民水陸貿易章程)'이었다. 한국의 학계에서는 체결 당사국인 조선을 먼저 넣어 조선중국상민수륙무역장정, 조선청국상민수륙무역장정, 조청상민수륙무역장정으로 각각 표기했다. 이 글은 학계에서 일반적으로 사용하는 '조청상민수륙무역장정'으로 통일해 사용하고자 한다.

어떻게 대응했는지 검토하는 것은 청국 조계의 성격과 당시 조선과 청국 간의 관계를 규명하는 데도 중요한 문제다.

둘째, 청국 조계가 설정된 후 지단(地段)을 어떻게 화인에게 경매를 통해 영대차지 하였는지, 조계의 행정은 어떻게 이뤄졌는지, 그리고 청국 조계의 영사재판권 및 영사 경찰과 같은 치외법권이 어떻게 행사되었는지도 밝혀야 한다.

이 글은 이러한 두 가지 가운데 첫 번째 과제에 집중하고자 하며, 인천구화상지계장정의 체결을 중심으로 검토하고자 한다. 인천구화상지계장정은 '부산화상지계장정(釜山華商地界章程)'과 '원산화상지계장정(元山華商地界章程)'의 모델이 되었을 뿐 아니라, 부산과 원산의 청국 조계 조약이 조선 측의 동래부사, 덕원 감리와 청국 상무위원(영사) 간에 맺어졌지만, 인천의 청국 조계 조약은 양국 중앙 정부 사이에 체결된 특성이 있다. 따라서 첫 번째 과제를 해명하기에 가장 적합하다고 할 수 있다.

위 과제를 검토하기 위해 활용한 사료는 다음과 같다. 주요한 사료는 서울대학교 규장각 한국학연구원이 소장하고 있는 『화안(華案)』과 대만 중앙연구원 근대사연구소가 소장하고 있는 『주한사관보존당안(駐韓使館保存檔案)』이다. 『화안』은 고려대학교 아세아문제연구소가 1970년 편찬한 『구한국외교문서(舊韓國外交文書)』 가운데 『청안(淸案)』의 원본이 된 자료로 필사본이며, 그 가운데 제1책~제3책(第1冊~第3冊)은 인천구화상지계장정 체결의 양국 간 교섭 과정과 동 장정의 형식을 분석하는 기초 사료로 활용했다.[10] 또 다른 주요한 사료는 『주한사관보존당안』 가운데 『인

---

10 統理交涉通商事務衙門(朝鮮) 編, 『第1冊~第3冊』, 『華案』, 서울대학교규장각한국학연구원소장(청구기호 奎18052). 『華案』의 자료 소개는 다음의 연구를 참고 바람. 金奉俊, 2023, 「근대적 전환인가, 전통의 변용인가-문서 형식의 변천을 통해 본 19세기 말 조

천화상지계(仁川華商地界)』로 청국의 서울 주재 총판한성상무공서와 분판 인천상무공서가 조선 정부 통리교섭통상사무아문과 인천구화상지계장정 체결 교섭의 왕복 문서와 그와 관련한 리훙장(李鴻章) 북양대신과 교환한 왕복 문서를 수록하고 있어,『화안』의 빠진 부분을 보완할 수 있다.[11] 이외에 대만 중앙연구원 근대사연구소가 1972년 편찬한『청계중일한관계사료(淸季中日韓關係史料)』, 일본의 아시아역사자료센터(アジア歷史資料センター)가 공개하고 있는 근대 일본의 외교문서, 그리고 최근 인천대학교 인천학연구원이『청안』을 한국어로 번역한 성과[12]도 많이 참고했다.

2. 인천 청국 조계 설정의 배경

앞에서도 언급한 대로, 박준형과 이시카와 료타는 조선과 청국의 외교문서에 근거하여 인천 청국 조계 설정의 계기를 덕흥호사건이라 지적했는데, 필자도 기본적으로 동의한다.[13] 하지만 양자 간의 관련성을 구체적으로 보여 주는 데는 약간 부족한 감이 있어『화안』자료에 근거하여 일자별로 추적해 보려 한다.

일본의 고베 화상인 정익지(鄭翼之)와 정위생(鄭渭生)이 부산항에 도착

청 관계」,『中國學報』제103집, 한국중국학회.

11 『仁川華商地界』,『駐韓使館保存檔案』, 대만중앙연구원근대사연구소 소장(관리번호 01-41-005-04).

12 이연세·남동걸·안정현 번역, 2017,『역주 구한국외교문서「청안(淸案)」·1(1~4책)』, 인천대학교 인천학연구원. 이 글은 기본적으로 이 번역본에 근거하면서도 번역이 매끄럽지 못하거나 오류가 있는 곳은 수정하였다.

13 朴俊炯, 2012, 앞의 논문, 80쪽; 石川亮太, 2017, 앞의 책, 49~53쪽.

하여 잡화상점 덕흥호를 개설하여 영업을 개시한 것은 1883년 11월 6일이었다. 영업한 지 4일째인 9일, 주부산 일본 영사관은 일본 조계 내에서 일본인이 아닌 외국인이 거주하면서 영업 활동을 하는 것은 허용되지 않는다면서 그들에게 폐점을 요구했다. 정익지는 11월 10일 서울의 총판한성상무공서에 일본 영사관의 부당함을 호소하면서 문제 해결을 요구하는 탄원서를 보내, 천슈탕(陳樹棠) 총판상무위원이 접수한 것은 11월 20일이었다. 천슈탕 총판상무위원이 조선 정부 통리교섭통상사무아문의 민영목 독판에게 탄원서 내용과 문제 해결을 요구하는 공문을 보낸 것은 11월 22일이었다.[14] 민영목 독판은 주조선 일본 공사에게 이 문제를 조회하고, 동래 부사에게 이 문제 처리를 지시했다는 공문을 천슈탕 총판상무위원에게 보낸 것은 이튿날인 23일이었다.[15] 일본 정부가 이 문제에 좀체 양보하려 하지 않으려 했기 때문에 이 문제는 해결의 기미가 보이지 않았고 교착상태에 빠졌다. 게다가 12월 1일 주부산 일본 영사관이 정익지와 정위생을 소환하여 폐점을 강요하고, 일본인 집주인에게 그들을 내쫓도록 강요하면서 문제는 더욱 심각해졌다. 천슈탕 총판상무위원은 이 사실을 접수하고, 12월 13일 민영목 독판에게 화상을 보호해 달라고 요청하고, 문제 해결을 재차 요구했다.[16]

천슈탕 총판상무위원이 이처럼 덕흥호사건 해결을 압박하자, 조선 정부는 청국 조계 신설로 대처하려 했다. 민영목 독판은 이튿날인 12월 14일 "화상이 일본 조계 내에 개점하고자 한다면, 마땅히 우리 정부가 먼

---

14 천슈탕 총판상무위원→민영목 독판, 1883.10.23(1883.11.22), 『第1冊』, 『華案』.
15 민영목 독판→천슈탕 총판상무위원, 1883.10.24(1883.11.23), 『第1冊』, 『華案』.
16 천슈탕 총판상무위원→민영목 독판, 1883.11.14(1883.12.13), 『第1冊』, 『華案』.

저 일본 정부와 상의해야 하지만 시일이 오래 걸릴까 걱정스럽습니다. 본 독판은 화상을 위해 별도의 조계를 정해 개점하게 하는 것이 실로 타당하고 편리할 것이라 여겨집니다"라면서 먼저 청국 조계 설치를 제안했다.[17] 이에 대해 천슈탕 총판상무위원은 12월 16일 "귀 독판이 온당한 방법을 마련하여 상인을 보호하겠다는 지극한 뜻을 보고 흠모하지 않을 수 없습니다. … 별도로 조계를 선택하는 일은 타당성 여부를 가늠하기 어렵습니다. 귀 독판께서 귀 국왕께 글을 올려 즉시 대원(大員)을 파견하도록 요청해 주시면, 본 도원과 함께 부산에 가서 해당 상인의 사정을 조사하겠습니다. 아울러 별도로 선택할 조계의 지단(地段)이 어떠한지를 답사하고 나서 다시 상의하도록 하겠습니다"라고 회답했다.[18]

이에 따라 천슈탕 총판상무위원은 조선 정부가 파견한 묄렌도르프 통리교섭통상사무아문 협판(協辦) 겸 해관 총세무사와 함께 12월 22일부터 1884년 1월 4일까지 부산 현지를 답사하고 일본 조계에서 동북쪽의 동래부로 향하는 도로 옆 땅을 조계지로 선정했다. 천슈탕 총판상무위원은 서울에 귀임한 후 리훙장 북양대신에게 일본에서 진출한 화상 다수가 이미 영업 활동을 전개하고 있으므로 이들의 보호를 위해 분판부산상무공서와 청국 조계 개설의 필요성을 역설, 그도 이를 허가했다.[19]

그런데 흥미로운 점은 천슈탕 총판상무위원이 부산 답사를 떠나기 훨씬 이전인 12월 5~8일까지 인천항 제물포를 먼저 답사하여 인천 청국 조

---

17 민영목 독판→천슈탕 총판상무위원, 1883.11.15(1883.12.14), 『第1冊』, 『華案』; 이연세 등, 2017, 앞의 책, 65~66쪽.

18 천슈탕 총판상무위원→민영목 독판, 1883.11.17(1883.12.16), 『第1冊』, 『華案』; 이연세 등, 2017, 위의 책, 67~68쪽.

19 石川亮太, 2017, 앞의 책, 49~50쪽.

계의 후보지를 선정했다는 것이다. 천슈탕 총판상무위원이 1883년 12월 18일 리훙장 북양대신에게 보낸 공문에 "인천항 화상은 일본을 거쳐 오는 자가 이미 50~60인을 밑돌지 않기 때문에 하루속히 토지를 매입하여 가옥을 건조해야 합니다"라고 그 이유를 밝혔다.[20] 즉, 화상 인구의 증가로 그들이 거주하고 장사할 공간이 긴급히 필요하다는 것인데, 그런데 이 문제만 있었던 것은 아니었다. 천슈탕 총판상무위원이 1884년 3월 24일자로 리훙장 북양대신에게 보낸 공문을 보도록 하자.

인천항은 작년 10월(양력 1883년 11월) 이래 펑톈·산둥에서 범선의 왕래가 끊이지 않습니다. 먼저 인천에 몰려 정박하고, 세관 통관 후 마포로 입항합니다. 돌아가는 범선도 반드시 인천에 정박하며, 세관을 거친 후 수일 혹은 십수일이 지나야 비로소 떠나갑니다. 초상국은 지난 겨울(1883.12) 약정[윤선왕래상해조선공도합약장정(輪船往來上海朝鮮公道合約章程)]에 따라 한 척의 윤선[부유호(富有號)]을 파견해 상하이-조선을 왕복하고 있습니다. 상하이 이화양행(怡和洋行)의 남승(南陞)윤선은 10월(양력 11월) 이래 상하이-나가사키-부산-인천을 왕복하고 있으며, 선원은 모두 화인입니다. 일본의 경포환(瓊浦丸), 봉래환(蓬萊丸), 진서환(鎭西丸) 3척의 상업 윤선은 일본-부산-인천을 오가고 있으며, 선상의 기계 기술자 다수도 화인입니다. 선박이 부두에 도착할 때마다 해당 화인은 즉시 배에서 내려 무리를 지어 정처 없이 떠돌아다니며 강제로 음료수를 요구하는 문

---

20 원문. 因仁川口華商由日本來者已不下五六十人, 亟須購地建屋. 천슈탕 총판상무위원→리훙장 북양대신, 1883.11.19(1883.12.18),『仁川華商地界』,『駐韓使館保存檔案』, 대만중앙연구원근대사연구소 소장(관리번호 01-41-005-04). 이 공문은 11월 20일(12.19) 부유윤선(富有輪船)으로 송달되어 톈진의 리훙장 북양대신에게 도착한 것은 12월 9일(1884.1.6)이었다.

제를 일으키고 있습니다. 9월 중(양력 10월 중)에는 상점이 2호, 화인 10여 명에 불과했지만, 연말에는 상점 7호, 화인 60여 명으로 증가했습니다. 그러나 이상의 선원 및 통과하는 사람은 좌고상인(坐賈商人)의 십수 배에 달합니다. 그리고 내왕하면서 상품을 판매하는 화상이 있습니다.[21]

즉, 인천항은 1883년 11월 이래 초상국과 이화양행 운영의 윤선 운행을 개시했고, 산둥성 등지서 입항하는 정크선이 마포와 인천을 왕복하면서 상점과 화인의 인구가 급증, 이로 인해 여러 문제가 발생하여 청국 조계 개설의 필요성이 대두하고 있었다.

앞에서 언급한 대로, 천슈탕 총판상무위원은 인천 청국 조계 개설을 위해 조선 정부와 협의한 후, 12월 5일부터 12월 8일까지 묄렌도르프와 함께 인천항 제물포로 내려가, 인천해관의 세무사인 하아스(Haas, 夏土)와 인천의 화상들을 데리고 청국 조계 후보지와 부두를 답사했다. 그런 후 조계지를 특정하고, 그 위치를 지도로 작성하고, 지계의 표지석도 세웠다. 천슈탕 총판상무위원은 리훙장 북양대신에게 조선 정부에 타당한 지계장정(地界章程) 체결을 건의하고, 해당 지도를 첨부해 보냈다.[22] 이를 접수한 리훙장은 천슈탕 총판상무위원의 건의를 받아들여 지계장정 체결을 지시했다.[23]

위 내용을 종합해 볼 때, 인천 청국 조계의 경우는 부산 청국 조계와 달리 청국 측이 자신들의 필요에 따라 먼저 조선 측에 제안하고 추진한

---

21 中央研究院近代史研究所 編, 1972, 『清季中日韓關係史料』, 臺灣中央研究院近代史研究所, 1355쪽. 이 내용은 문서번호 837번으로 북양대신이 1884년 3월 3일 자(1884.3.29)로 천슈탕 총판상무위원에게 보낸 공문이다.
22 천슈탕 총판상무위원→리훙장 북양대신, 1883.11.19(1883.12.18), 『仁川華商地界』.
23 리훙장 북양대신→천슈탕 총판상무위원, 1884.1.29(1884.2.25), 『仁川華商地界』.

것을 알 수 있다. 그리고 청국 조계 부지 선정의 시기도 부산 청국 조계보다 한 달여 앞섰다. 조선 최초의 인천 청국 조계를 기준으로 본다면 청국 정부가 먼저 조계 개설을 조선 측에 요청한 것이 된다.

한편, 청국 측이 인천항 제물포를 중요시한 것은 1883년 11월 30일 천슈탕 총판상무위원의 수원(隨員)인 리나이룽(李乃榮)을 인천 상무위원으로 파견하여 업무를 시작하게 한 것에서도 알 수 있다. 원래 청국 정부는 1883년 6월 결정한 조선 주재 상무위원과 상무공서의 임기와 월급, 임무를 규정한 '판리조선상무장정(辦理朝鮮商務章程)'에서 인천에 분판상무공서를 설치하지 않고 총판한성상무공서에서 겸무할 예정이었지만, 위와 같은 사정으로 인해 분판인천상무공서를 이른 시기에 설치했다.[24] 게다가 리나이룽 인천상무위원은 10월 16일 천슈탕 총판상무위원과 함께 서울에 도착하기 전, 천슈탕의 지시로 미리 상하이에서 조선에 파견되어 총판한성상무공서의 필요한 모든 설비를 준비하는 업무를 담당했으며, 도착 직후인 10월 31일 천슈탕 총판상무위원의 수원 자격으로 인천에 파견되어 업무를 보기도 했다. 천슈탕과 같은 수원인 천웨이쿤(陳爲焜)이 부산상무위원으로 임명되어 업무를 시작한 것은 1884년 5월 31일이며, 류자총(劉家驄) 원산상무위원은 1884년 9월 1일이었기 때문에 청국 정부가 인천의 상무를 얼마나 중요하게 인식하고 있었는지를 알 수 있다. 이런 경위로 리나이룽 인천상무위원은 자연스럽게 인천 청국 조계 설정의 실무를 담당하게 된다.[25]

---

24 李銀子, 2008, 「淸末 駐韓 商務署 組織과 그 位相」, 『明淸史硏究』, 제30집, 명청사학회, 362·368~369쪽.

25 천슈탕 총판상무위원→민영목 독판, 1883.12.18(1884.1.15), 『第1冊』, 『華案』.

천슈탕 총판상무위원은 인천항 답사 후 한 달이 훨씬 지난 1884년 1월 15일 민영목 독판에게 장정 체결 협의를 제안하는 공문을 보냈다. 이 공문은 묄렌도르프와 같이 인천항 제물포를 답사한 사실과 화상에게 거주할 지계 내 부지를 제공하기로 상의하여 결정한 사실, 그리고 그 위치는 동쪽으로 일본 조계의 도로를 경계로 126m, 남쪽으로 인천해관 경계 도로까지를 경계로 470m, 서쪽은 바다까지를 경계로 105m, 북쪽은 각국 공동 조계 및 산 위까지를 경계로 470m, 거의 직사각형에 가까운 구역이라고 구체적으로 기록했다.26 고바야시 탄이치(小林端一) 주인천 일본 영사가 요시다 기요나리(吉田淸成) 외무대보(外務大輔, 외무차관에 해당)에게 1883년 12월 21일 보낸 공문에 "본월 7일 당(當) 정부 목(穆, 묄렌도르프) 참판 및 지나(支那) 통상총무위원 천슈탕이 함께 포(浦, 제물포)에 내려와 해당 서해안 별지 주획(朱畫)의 장소를 지나거류지(支那居留地)"로 정했다는 것에서도 확인된다.27

그런데 천슈탕 총판상무위원이 민영목 독판에 보낸 위 공문 가운데, "해관의 기사인 백각기(柏閣機)가 똑같은 양식으로 지도 5장을 그렸으며, 부지의 폭과 거리의 단위는 모두 프랑스의 측정 단위인 'm'로 하였고, 지도 안에 상세히 주석을 달았습니다"28라고 한 것에서, 청국 조계 지도가 5장 작성된 것을 알 수 있다. 그런데 백각기가 작성했다는 그 지도는 입수하지 못했지만, 그에 의해 두세 달 뒤에 작성한 지도는 찾아냈다.

---

26 위와 같음.
27 小林端一 주인천 일본 영사→吉田淸成 외무대보, 1883.12.21(仁川府廳 編纂, 1933, 『仁川府史』, 近澤商店印刷部, 129쪽).
28 원문. 由海關匠人柏閣機繪圖一樣五紙, 地基寬橫丈尺均以法尺美突計, 註明圖內. 천슈탕 총판상무위원→민영목 독판, 1883.12.18(1884.1.15), 『第1冊』, 『華案』.

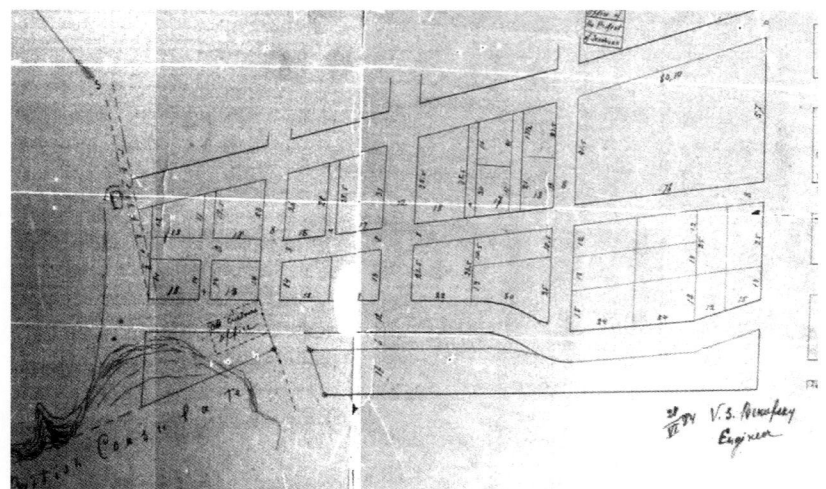

<그림 1> 인천해관 기사 베코프스키가 작성한 청국 조계 지도

출처: Vol. 2 No. 71, His Corean Majesty's Customs, Jenchuan, 1 April, 1884(海關稅務司(朝鮮) 編, 『海關誌』[高宗 21(1884)-光武 2(1898), 국립중앙도서관 소장].29

〈그림 1〉은 국립중앙도서관 소장의 『해관지(海關誌)』 1884년 4월 1일 기록에 들어가 있는 'Porposed Plan of Division into the lot of Chinese Settlement(청국 조계 지단 분할 계획 제안 지도)'로 기재된 지도다.30 이 지도 오른쪽 하단에 자필로 'V. S. Bekofsky Engineer'로 기재되어 있다. V. S. Bekofsky는 인천해관의 러시아인 기사 베코프스키다. 위 공문에 등장하

---

29 이 지도는 국립중앙도서관 소장 인터넷 자료에는 몇 장으로 나뉘어 있어서 박진한·남동걸·김종근·이호상(2016, 39쪽)에서 이 지도를 복사해 올렸음을 명기해 둔다.

30 Vol. 2 No. 71, His Corean Majesty's Customs, Jenchuan, 1 April, 1884(海關稅務司(朝鮮) 編, 『海關誌』[高宗 21(1884)-光武 2(1898), 국립중앙도서관 소장]. 해당 지도는 47~50쪽에 실려 있다.

는 백각기(柏閣機)는 바로 그의 한자명이다. 그는 묄렌도르프 총세무사에 의해 영국인 스트리플링(A. B. Stripling), 독일인 숄츠(Schultz) 등과 함께 임명된 서양인 기사였다.[31] 따라서 베코프스키는 이 지도를 4월 1일 혹은 그 직전에 제작했으며, 인천구화상지계장정 체결 당시 청국 조계의 지단을 분할하여 청국 측에 제안한 지도로 보인다.

3. 인천구화상지계장정 체결 교섭 과정과 장정 내용

1) 인천구화상지계장정 체결 교섭 과정

천슈탕 총판상무위원은 1884년 1월 15일 민영목 독판에게 보낸 공문에서 "화상이 거주하는 지계 내에서 지세를 완납하는 등의 장정은 반드시 각국과 차별을 두어야 체제에 부합할 것 같습니다"라면서 빨리 회동하여 협의하자고 제안했다.[32] 인천구화상지계장정 체결 교섭의 시작을 알리는 공문이었다. 그리고 공문 마지막 부분에 "의논하여 결정한 조목조목 열거한 내용에 근거하여 북양대신에게 품을 올려 심사·결정하도록 하는 것이 실로 공평하고 편리하겠습니다"라면서 양측이 논의하여 결정한 장정을 북양대신이 재가해야 최종 결정된다는 것을 강조했다.[33] 청국 측은 장정

---

31 박진한·남동걸·김종근·이호상, 2016, 앞의 책, 39쪽.
32 원문. 華商住居界內完納地賦等章程, 似須與各國有別, 方合體例理合. 천슈탕 총판상무위원→민영목 독판, 1883.12.18(1884.1.15),『第1冊』,『華案』.
33 원문. 據議條列以便繕槀北洋大臣核奪實爲公便. 천슈탕 총판상무위원→민영목 독판, 1883.12.18(1884.1.15),『第1冊』,『華案』.

의 내용과 형식에서 각국과 차별을 둘 것과 북양대신이 최종 재가한다는 두 가지 전제 조건을 제시한 것인데, 이것은 조선과 타국이 맺은 조계 조약과 분명히 달라야 한다는 것을 보여 준 것으로, '체제에 부합'하다는 것은 바로 양국 간의 전통적 '종번관계'를 가리킨다고 볼 수 있다.

민영목 독판은 1월 19일 천슈탕 총판상무위원에게 다음과 같이 회신했다.

> 지난해 텐진에서 체결한 수륙통상장정 제4조를 살펴보았습니다. 양국의 상인은 피차 이미 개항한 개항장에 가서 토지를 임차하고, 집을 세 내거나 가옥을 건축하는 것을 허가하며, 또한 모두 해관통행장정에 의거해야 합니다. 이번 인천항 화상의 지세 납부도 마땅히 그와 다르지 않아야 합니다.[34]

여기서 수륙통상장정은 바로 1882년 10월 4일 체결된 조청상민수륙무역장정을 가리키며, 제4조는 "양국 상인이 피차 개항한 항구에서 무역을 할 때 법을 제대로 준수한다면 땅을 세내고, 방을 세내어, 집을 지을 수 있게 허가한다. 입항하고 출항하는 화물에 대해 납부해야 할 화물세와 선세를 모두 피차의 해관통행장정에 따라 완납하고"라고 되어 있다.[35] 민영목 독판이 청국 측의 장정에 대한 전통적 '종번관계'에 근거한 두 가지 조건의 수용 여

---

34 원문. 查上年天津所訂立水陸通商章程第四條, 兩國商民前往彼此已開口岸, 准其租地賃房建屋, 又悉照海關通行章程, 此次仁川口之華商租地納賦宜無異同. 민영목 독판→천슈탕 총판상무위원, 1883.12.22(1884.1.19), 『第1冊』, 『華案』.

35 國會圖書館立法調查局, 1965, 『舊韓末條約彙纂(1876~1945, 下卷)』, 東亞出版社, 1965, 394~398쪽; 위키백과(https://ko.wikipedia.org/wiki/조청상민수륙무역장정).

부를 언급조차 하지 않은 채 조청상민수륙무역장정과 '해관통행장정'을 꺼내 기존 체결된 장정에 따라 원칙적으로 처리한다는 태도로 나왔다.

천슈탕 총판상무위원은 민영목 독판의 답신을 접수한 후 곧바로 "인천항 화상 지계의 납부 등의 장정은 지금 만나 상의해야 합니다"라면서 24일(1884.1.21) 오후 1시 통리교섭통상사무아문을 방문할 터이니 상의하자고 요구했다.36 양자는 1월 21일 이 안건 관련 회담을 열고 장정에 대해 공식적으로 논의했다.

그런데 1월 21일 양자 간의 회담에서 어떤 논의가 이뤄졌는지는 『화안』의 『제1책』과 『주한사관보존당안』의 『인천화상지계』 사료에는 나오지 않는다. 다만, 천슈탕 총판상무위원이 3월 4일 김홍집 서리 독판에 보낸 공문에서 그 일단을 추측해 볼 수 있다.

> 작년 12월 24일(1884.1.21)의 기록을 살펴보니, 본 도원이 직접 귀 아문으로 가서 한 회담에서 2월 10일(1884.3.7)까지 화상에게 맡겨 협의해 결정하도록 했습니다. 그렇지 않으면 귀 정부가 정지(整地)할 것인지, 혹은 화상이 스스로 정지할 것인지 선택하여 정한 후 약정하기로 했습니다. 나머지 사항은 모두 일본에 의해 체결된 조약·장정 등에 근거하여 협의한 후, 본 도원이 화상과 회의하여 잘 합의하기로 했습니다.37

---

36 원문. 仁川口華商地界現須會商納賦等章程. 천슈탕 총판상무위원→민영목 독판, 1883.12.22(1884.1.19), 『第1冊』, 『華案』.

37 원문. 查上年十二月二十四日經, 本道親到貴衙門會議訂, 至二月初十日止任由華商議妥, 或由貴政府平地, 或由華商自平, 再行定奪立約, 其餘一切事照日本所訂合約章程等議後, 本道督同華商會籌妥議. 천슈탕 총판상무위원→김홍집 서리 독판, 1884.2.7(1884.3.4), 『第2冊』, 『華案』. 천슈탕 총판상무위원은 2월 15일(1884.3.12) 이 공문을 리훙장 북양대신에게도 첨부하여 전달했다(천슈탕 총판상무위원→리훙장 북

이 공문에서 확인할 수 있는 사실은 1월 21일의 양자 회의에서 천슈탕 총판상무위원이 인천 화상과 상의해 3월 7일까지 장정의 초고를 결정하고, 조계 내 정지 작업을 누가 담당할 것인지도 논의의 테이블에 올려져 있었다는 점이다. 또한 인천구화상지계장정의 모델을 일본 정부와 조선 정부가 체결한 조약, 특히 1883년 9월 30일 조선과 일본 사이에 체결된 「조선국인천구조계약서(朝鮮國仁川口租界約書, 이하 '약서')」로 하기로 합의한 것 같다. 그런데 '약서'에 근거해 장정의 내용을 협의하자고 제안한 것은 민영목 독판이었을 가능성이 높다. 민영목 독판은 '약서' 체결의 조선 측 대표로서 일본 측 대표인 다케조에 신이치로(竹添進一郎) 주조선 일본 공사와 협상하고 조인한 당사자였기 때문이다.

천슈탕 총판상무위원은 위와 같은 절차를 거쳐 청국 측의 입장을 정리한 인천구화상지계장정의 '초고'를 3월 4일 김홍집 서리 독판 앞으로 공문과 함께 첨부하여 보냈다.[38] 청국 측이 제시한 장정의 '초고'는 서문을 포함해 본문 12개 조, 부칙 2개 조로 이뤄져 있었다.

먼저 청국 측이 인천 청국 조계의 장정 명칭을 인천구화상지계장정으로 정해 일방적으로 조선 측에 통보한 것이 눈에 띈다. 1877년 조인된 부산 일본 조계의 조약 명칭은 '부산구조계조약', 1883년 조인된 인천의 일본 조계의 조약 명칭은 '조선국인천구조계약서'로 모두 '조계'의 명칭이 들어가 있지만, 오히려 청국 측은 '조계'라는 명칭을 넣지 않고 '화상지계'를 사용했다. '화상지계'는 화상이 거주하는 지구로 해석될 수 있어 개항장에서 자유로이 통상 거주하며 치외법권을 누릴 수 있는 구역이라 조계

양대신, 1884.2.15(1884.3.12), 『仁川華商地界』.

38 천슈탕 총판상무위원→김홍집 서리 독판, 1884.2.7(1884.3.4), 『第2冊』, 『華案』.

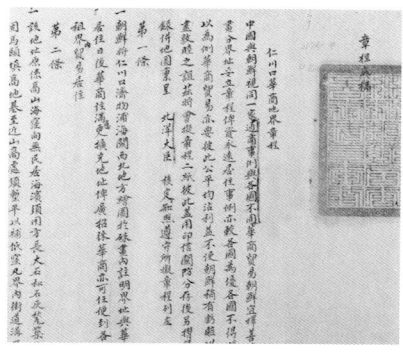
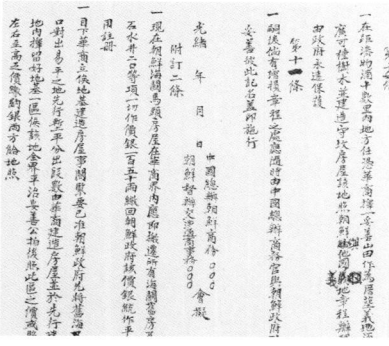

<그림 2> 청국 측이 제시한 인천구화상지계장정의 초고

출처: 천슈탕 총판상무위원→김홍집 서리 독판, 1884.2.7(1884.3.4), 『第2冊』, 『華案』.

의 의미와 다르다. 서구 열강이 당시 청국 각지에 조계를 개설해 청국 반식민지화의 근거지로 활용하고 있던 점을 고려하면, 청국 측이 '조계' 명칭을 사용하지 않은 것은 이러한 사정을 고려한 것으로 보인다. 또한 청국 측이 전통적 '종번관계'에 의거하여 조계 설치 문제도 접근하려 한 것으로 보이는 데 이에 대해서는 더 검토가 필요하다.

그리고 서문의 내용은 다음과 같았다.

"중국과 조선은 한 집안과 같게 보니 통상 사례도 각국과는 같지 않다. 조선이 마땅히 좋은 땅을 선택하여 지계를 구획하고, 장정을 온당하게 체결하여 영원히 거주할 수 있도록 하여 화상의 무역을 돕는다. 사례(事例) 또한 각국과 비교해 우위에 있어야 하고, 각국은 원용하여 예로 삼아서는 안 된다. 화상의 무역도 피차 공평하고 이익을 균점해야 해야 하며, 조선이 조금이라도 손해나는 일이 없도록 독목(敦睦)한 우의(情誼)를 다한다. 이에 장정 2장을 입안하고, 피차의 인신(印信)과 관방(關防)을 찍어 나누어 보관한 후, 별도로 정서하여 기록하고 지도와 함께 접책(摺冊)하여, 북양대신에게 품을 올려 심사하여 결정하고, 준수할 것을 통보한다. 입안한 장정은 좌(左)와 같다."[39]

이 서문은 천슈탕 총판상무위원이 1884년 1월 15일 민영목 독판에게 보낸 공문 가운데 언급했던 상기 장정 체결의 두 가지 조건을 포함하여 구체적으로 서술한 것으로 볼 수 있다. 이러한 서문 내용은 조청상민수륙무역장정과 매우 유사하다.[40] 청국 측이 서문에 이런 내용을 삽입한 것은 청국이 조선에 대한 전통적 '종번관계'에 근거한 상하관계를 근대적인 제도인 조계에도 관철하려는 의도로 풀이된다. 물론 이러한 서문의 내용은 인천 일본 조계의 '약서'에는 없다.

'초고'의 제1조는 청국 조계의 위치와 조계가 가득 차면 확충한다는 내용, 제2조는 조선 정부가 조계 정지 작업과 부두 작업을 담당하고 경비를 마련하며, 중국 상무관과 화상 대표 1명을 배치하여 이를 감독하도록 하는 내용으로 되어 있다. 제3조는 정지 공사를 감독하는 조선 감독과 중국 감독의 급료 지급과 중국 상무관에게 급료 지급은 필요 없다는 내용,

---

39 천슈탕 총판상무위원→김홍집 서리 독판, 1884.2.7(1884.3.4), 『第2冊』, 『華案』; 이연세 등, 2017, 앞의 책, 139~140쪽.

40 중국조선수륙무역장정의 서문은 다음과 같다. "조선은 오랫동안의 제후국으로서 전례(典禮)에 관한 것에 정해진 제도가 있다는 것은 다시 의논할 여지가 없다. 다만 현재 각국(各國)이 수로(水路)를 통하여 통상하고 있어 해금(海禁)을 속히 열어 양국 상인이 일체 상호 무역하여 함께 이익을 보게 해야 한다. 변계(邊界)에서 호시(互市)하는 규례도 시의(時宜)에 맞게 변통해야 한다. 이번에 제정한 수륙무역장정은 중국이 속방을 우대하는 뜻이며, 각국과 일체 같은 이득을 보도록 하는 데 있지 않다. 이에 각 조항을 아래와 같이 정한다."[國會圖書館立法調査局, 1965, 『舊韓末條約彙纂(1876~1945, 下卷)』, 東亞出版社, 394~398쪽; 위키백과(https://ko.wikipedia.org/wiki/조청상민수륙무역장정)].

제4조는 지단을 3등급으로 나눠 화상에게 경매를 통해 영구히 임대하며, 연간 지세의 지급 방법을 기재하고 있다. 제5조는 지단 경매의 방법, 제6조는 경매 가격의 4분의 1을 남겨 적립금으로 하고 이를 어떻게 관리할 것인가 규정하고 있다. 제7조는 지세의 징수 방법과 징수액의 3분의 1을 조선 정부, 3분의 2를 적립금에 귀속시켜 도로, 도랑, 교량, 부두, 가로등의 수리비로 한다는 내용이다. 제8조는 지계(地契)의 양식, 제9조는 천재지변으로 인해 조계에 피해가 발생할 경우 조선 정부가 보수 비용을 부담하는 내용, 제10조는 분판상무공서의 공관과 신동(紳董) 회관을 조계의 하등지에 건립하고 세금을 면제한다는 내용, 제11조는 화상 공동묘지에 관한 내용을 담고 있다. 제12조는 장정을 수정할 때는 청국 총판상무위원과 조선 정부가 상의하여 결정하도록 하는 내용이다. 그리고 부속 2개 조는 다음과 같다.

첫째는 해관 부두의 가옥을 조계 내로 이전하고, 해관 내 우물 두 곳은 청국 측이 대가를 지불하고, 그 비용을 정지 작업 비용에 충당하는 내용이다. 둘째는 해관 입구의 평지 작업이 쉬운 곳을 우선 평평하게 하여 지단을 나눠 화상의 가옥을 건축하도록 하는 내용이다.[41]

〈표 2〉 '약서' · 청국 측 '초고' · 조선 측 '수정고' 비교

조항	'약서'	청국 측 '초고'	조선 측 '수정고'
서문	없음	있음	삭제
제1조	조계 위치와 확충	조계 위치와 확충	'초고'과 동일
제2조	지단의 경매 및 대여	정지 작업 방법 및 공사 감독	'초고'와 동일

---

41 천슈탕 총판상무위원→김홍집 서리 독판, 1884.2.7(1884.3.4), 『第2冊』, 『華案』.

조항	'약서'	청국 측 '초고'	조선 측 '수정고'
제3조	조계 내 기반시설 공사비 부담	공사 감독의 급료	일부 자구 수정
제4조	지세금액과 적립금	지단의 측량 및 경매	일부 자구 수정
제5조	경매가와 경매 방법	지단 경매의 방법과 납부	'초고'와 동일
제6조	천재지변으로 인한 피해 부담	적립금의 관리 방법	'초고'의 7조와 동일
제7조	낙찰금 납부 및 지계 교부	지세금액 및 납부와 예치	'초고'의 8조와 동일
제8조	지계의 양식	지계의 양식	'초고'의 9조와 동일
제9조	지계 교부 수수료	천재지변으로 인한 피해 부담	'초고'의 10조 일부 수정
제10조	조문의 수정 및 그 방법	인천공서신동회관의 세금 면제	'초고'의 11조와 동일
제11조	없음	공동묘지의 설치와 세금 면제	'초고'의 12조와 동일
제12조	없음	조문의 수정 및 그 방법	없음
부칙	없음	2개 조	'초고'의 부칙과 동일

출처: 천슈탕 총판상무위원→김홍집 서리 독판, 1884.2.7(1884.3.4), 『第2冊』, 『華案』; 김홍집 서리 독판→천슈탕 총판상무위원, 1884.2.20(1884.3.17), 『第2冊』, 『華案』; 「朝鮮國仁川港に於て居留地借入約定」, 『外務省外交史料館』(JACAR: B13091010200 第926~第942畫像), 1883.9.30을 근거로 필자 작성.

다음은 '초고'가 조선과 청국이 인천구화상지계장정의 모델로 삼는 데 합의한 '약서'와 비교하면 어떤 특징이 있는지 살펴보자.

〈표 2〉에 '약서'와 '초고'의 차이점을 비교해 정리해 두었다. 먼저 앞에서도 언급했듯이 '초고'에 있던 서문이 '약서'에 없다는 점이 달랐다. 그리고 '약서'의 조인 연월일과 조인 당사자의 기재 방법에도 차이가 있었다. '약서'는 조선문 한문과 일본문의 두 개의 조약문으로 각각 조인되었지만, '초고'는 한문 1개의 조약문으로 되어 있다. '약서'의 조선문 한문의 마지막 부분에는 "大朝鮮國開國四百九十二年八月三十日 全權大臣督辦交涉通商事務閔泳穆 大日本國明治十六年九月三十日 全權大臣辨理公使 竹添

進一郎"로 기재되어 있지만,[42] '초고'에는 "光緖年月日中國總辦朝鮮商務○○○ 督辦交涉通商事務○○○"로 조선의 연호가 기재되어 있지 않다. 이처럼 '초고'는 근대적 조약문의 일반적인 형식을 따르지 않고 있음을 확인할 수 있다.

둘째, '약서'는 10개 조로 이뤄져 있지만, '초고'는 12개 조로 2개 조가 더 많고, 부칙 2개 조도 추가되어 있다. 조문 본문 가운데 추가된 내용은 '초고' 제10조의 인천상무공서와 신동회관을 하등지에 건조하는데, 해당 부지의 지세 납부를 면제한다는 내용, 제11조의 인천 화인의 공동의지(공동묘지)와 관련된 내용이다.

셋째, '초고'는 조선 정부가 정지 작업 비용 부담은 물론이고, 청국 측의 상무관과 화상 대표를 감독관으로 참가시킨다는 내용을 포함하고 있는데, 이러한 내용은 '약서'에 보이지 않는다. 그리고 부칙 2개 조도 정지 작업과 관련된 것이어서 청국 측이 얼마나 화상의 가옥과 점포 건축을 서둘렀는지 보여 주는 대목이다.

넷째, 돌발적인 천재지변으로 인해 조계가 피해를 입었을 경우 '초고'는 조선 정부가 부담한다고 분명히 기재되어 있지만, '약서'는 양측이 협의하여 결정하는 것으로 되어 있다.

전체적으로 볼 때, '초고'는 형식에서 근대적 조약문 체제를 따른 '약서'와 달랐지만, 조약문의 내용은 기본적으로 '약서'에 근거해 있다고 볼 수 있다. 그리고 내용은 '초고'가 '약서'에 비해 조계의 신설과 운영에 이르기까지 더 광범위하면서도 구체적으로 제시하고 있다고 평가할 수 있다.

---

42 「朝鮮國仁川港に於て居留地借入約定」, 『外務省外交史料館』(JACAR: B13091010200 第926~第942畫像), 1883.9.30.

2) 조선 측의 '초고' 수정안과 청국 측의 재수정

다음은 조선 측이 청국 측 제안의 '초고'를 접수하고 어떻게 대응했는지 살펴보도록 하자.

민영목 독판은 천슈탕이 보내온 '초고'를 검토한 후 '수정고'를 3월 17일 천슈탕 총판상무위원에게 보냈다. 민영목 독판은 "본 독판이 상세히 살펴보았는데 실로 공평타당합니다. 다시 일본과 체결한 조계 장정과 비교하여 약간 수정했습니다"라고 수정의 근거가 '약서'에 있다는 것을 분명히 밝혔다.[43] '수정고'는 조선 정부가 청국 조계 신설과 관련해 어떠한 입장을 취하고 있었는지 파악할 수 있는 중요한 자료이기 때문에 어떤 곳을 수정했는지를 중심으로 살펴보도록 하자.

먼저 '수정고'에는 '초고'의 서문이 모두 삭제되어 있었다. 조선 측은 조청상민수륙무역장정 체결 경험에 입각하여 청국 정부가 전통적 '종번 관계'의 체제를 인천구화상지계장정의 조문에 집어넣어 나타내려는 의도를 간파하고 있었다. 그래서 '초고'의 서문을 삭제하고, 양측이 인천구화상지계장정의 모델로 삼은 '약서'에 기반해 서문을 삭제했음을 밝히며 그 정당성을 확보하려 했고, 조선의 자주성을 간접적으로 드러내려 한 것으로 판단할 수 있다. 그리고 '초고'가 총 12개 조로 되어 있었지만 '수정고'는 '초고'의 제6조를 삭제하는 대신, '초고' 제7조에 포함하면서 '수정고' 제6조로 삼았다.

그리고 '초고'의 내용에 약간의 수정을 가한 곳을 발견할 수 있다. '초

---

43 원문. 本督辦詳細査閱實屬公允, 再比較日本所訂租界章程略加厘改. 민영목 독판→천슈탕 총판상무위원, 1884.2.20(1884.3.17), 『仁川華商地界』; 이연세 등, 2017, 앞의 책, 188쪽.

고' 제6조에는 "해당 적립금은 주재 중국 상무관과 조선 감리 상무관이 화상과 함께 감독하여 관리한다. 그리고 조계 내 신동공사가 회의로 방안을 마련하여 관리하고, 확실하고 견실한 상점에 맡겨 보관하게 한다"[44]라고 되어 있었지만, '수정고'에는 "해당 적립금은 조선 감리가 보관하고, 감리와 주재 중국 상무관이 회의를 열어 방안을 마련한다"[45]로 바뀌었다. 즉, 적립금의 보관 주체를 이전의 화상에서 조선의 인천 감리로 바꿈으로써 적립금 관리에서 자주성을 더 확보하려 한 것으로 평가할 수 있다.

둘째, 약간의 자구 수정을 한 조가 발견된다. '초고' 제3조 가운데 "조선 감독과 중국 감독 상동(商董) 1인의 급료는 피차 임시회의를 열어 적당히 지급하고, 그 비용은 평지 작업 비용 가운데 포함하여 장부에 기입하고 자세히 따져 정산한다"[46]로 되어 있던 것이, '수정고'에는 "조선 감독과 중국 감독 상동 1인의 급료는 각자 스스로 부담하니 급료를 논의할 필요가 없다"[47]로 수정됐다. 이것은 조선 정부가 화상 상동 감독 1인의 급료를 부담하지 않음으로써 비용 경감뿐 아니라 화상의 감독 지위를 공식적으로 인정하지 않으려는 태도가 엿보인다.

셋째, '초고' 제10조 가운데 "주인천상무관공서 한 곳 및 화상들이 공

---

44 원문. 該存備金由中國駐理商務官與朝鮮監理商務官督同華商管理, 幷由管理界內之公司紳董會議設法, 存放確實穩固之商家[천슈탕 총판상무위원→김홍집 서리 독판, 1884.2.7(1884.3.4), 『第2冊』, 『華案』].

45 원문. 該存備金存於朝鮮監理由監理與中國駐理商務官會議設法[김홍집 서리 독판→천슈탕 총판상무위원, 1884.2.20(1884.3.17), 『第2冊』, 『華案』].

46 원문. 朝鮮督工之員及中國督工商董一人所需薪水, 彼此臨時會議酌給歸入平地費用內註冊核算[천슈탕 총판상무위원→김홍집 서리 독판, 1884.2.7(1884.3.4), 『第2冊』, 『華案』].

47 원문. 朝鮮督工之員及中國督工商董一人所需薪水, 要各皆自理毋庸議給[김홍집 서리 독판→천슈탕 총판상무위원, 1884.2.20(1884.3.17), 『第2冊』, 『華案』].

동으로 선출하여 조계 내 사무를 관리하는 신동공사의 회관 한 곳은 모두 조계 내 산에서 가까운 하등지에 건조하며, 해당 토지의 연간 세금 납부는 면제하고 토지증서로 할 필요가 없다"[48]라는 것은, '수정고' 제9조에 "주인천상무관공서 한 곳은 조계 내 산에서 가까운 하등지에 건조하며, 해당 토지의 지가의 연간 세금은 톈진의 조선상무공서장정에 근거하여 처리한다"[49]로 수정됐다. 지세 면제의 대상에서 신동공사를 제외한 것인데, 인천상무공서도 무조건 지세를 면제하는 것이 아니라 톈진의 조선상무공서장정에 근거하여 처리한다고 함으로써 상호호혜주의를 적용한 것이다.[50]

전체적으로 볼 때, 조선 측의 '수정고'는 조선 정부가 청국 측 제시의 '초고' 가운데 청국 측이 강조했던 두 가지 전제 조건이 담긴 서문을 '약서'를 끌어들여 삭제하는 자주성을 보였을 뿐 아니라 자구 수정을 통해 제한적인 범위 내에서 조선 측의 자주성과 이익을 확보하려 했다고 평가할 수 있다.

그렇다면 조선 측의 '수정고' 제안을 청국 측은 어떻게 반응하고 대응했을까?

천슈탕 총판상무위원은 조선 측의 '수정고'를 검토한 후 3월 18일 다음과 같이 3개 조에 한해 '재수정고'를 첨부해 보냈다.

---

48 원문. 駐理仁川商務官公署一所及華商公擧管理界內事務公司紳董會館一所, 均擬在界內近山之下等地址建造, 免納該地年稅並不用地照"[천슈탕 총판상무위원→김홍집 서리 독판, 1884.2.7(1884.3.4), 『第2冊』, 『華案』].

49 원문. 駐理仁川商務官公署一所, 即擬在界內近山之下等地址建造, 該地價年稅查照天津之朝鮮商務公署章程辦理[김홍집 서리 독판→천슈탕 총판상무위원, 1884.2.20(1884.3.17), 『第2冊』, 『華案』].

50 민영목 독판→천슈탕 총판상무위원, 1884.2.20(1884.3.17), 『仁川華商地界』.

본 도원이 상세히 살펴보니 실로 공평타당합니다. 각 조항은 귀 독판이 수정한 대로 결정한 것으로 삼을 수 있고 고칠 필요가 없습니다. 다만, 제4조·제6조·제7조 3개 조항은 본 도원이 일본 장정과 다시 비교하면서 마음을 다해 상세히 헤아려 보고, 재사(再四) 숙고하여 자구 사이에 아직도 주도면밀하지 못한 점을 깨달았습니다.[51]

청국 측은 조선 측의 '수정고'에 큰 이의를 제기하지는 않는다는 단서를 달기는 했지만, '약서'에 근거하여 4개 조를 수정했다는 점을 강조했다. 청국 측이 3개 조를 어떻게 수정했는지 조선 측의 '수정고'와 비교해 살펴보자.

제4조의 경우는 '재수정고'에 "해당 지역의 평지 작업이 마무리되면 도로·도랑·교량을 제외한 가옥을 건축할 땅은 피차의 상무관이 회동하여 결정하고, 지단으로 나누어 지도에 표시하고"에서,[52] '수정고'에 '피차의 상무관이 회동하여 결정하고'를 추가했다. 이러한 자구의 추가는 청국 측이 가옥을 건축할 땅과 지단 결정 과정에 개입할 근거를 마련하려는 의도로 풀이된다.

그리고 제6조는 '수정고'에서 "해당 적립금은 조선 감리가 보관하고, 감리와 주재 중국 상무관이 회동하여 방안을 마련한다"를,[53] '재수정고'에

---

51 천슈탕 총판상무위원→민영목 독판, 1884.2.21(1884.3.18), 『第2冊』, 『華案』, 민영목 독판→천슈탕 총판상무위원, 1884.2.21(1884.3.18), 『仁川華商地界』.

52 원문. 該地平治妥善, 除出街道·溝渠·橋梁外, 其建造房屋之地, 由彼此商務官會同酌定, 逐段分繪地圖[민영목 독판→천슈탕 총판상무위원, 1884.2.21(1884.3.18), 『仁川華商地界』].

53 원문. 該存備金存於朝鮮監理, 由監理與中國駐箚商務官會議設法[김홍집 서리 독판→천슈탕 총판상무위원, 1884.2.20(1884.3.17), 『第2冊』, 『華案』].

서는 "어떻게 보관할 것인가는 앞으로 영국·미국·독일 각국이 적립금을 보관하는 최선의 방법을 참고해 온당한 보관 방법을 함께 논의한다"로 바꿨다.[54] 청국 측의 이러한 재수정 요구는 곧 체결될 인천 각국공동 조계장정을 염두에 두고 적립금을 조선 감리 보관에서 청국 측도 개입할 수 있는 방도를 마련하려는 의도로 해석된다. 실제로 청국은 1884년 10월 3일 체결된 '인천제물포각국 조계장정(仁川濟物浦各國租界章程)' 체결에 일본, 미국, 영국과 함께 참가한 당사자였고, 이 장정의 제4조에 적립금 관리는 조선 감리가 아니라 신동공사가 담당하는 것으로 규정되어 있다.[55] 이 규정을 따르게 되면 청국 측이 제안한 '초고'처럼 적립금은 화상으로 구성된 신동회관에 의해 관리되게 되어 있었다.

그리고 제6조의 '수정고' 가운데 "만약 적립금이 부족하면 조선 감리와 중국 상무관이 함께 논의해 정한다"에서,[56] '재수정고'에는 "이 비용의 지출은 먼저 조계 사무를 관리하는 신동 회의를 통해 용처와 금액을 피차의 상무관에게 품을 올려 지출처를 자세히 조사하여 밝힌다. 만약 적립금이 부족하면 피차 상무관의 공의로 차지인에게 납부를 명령한다"로 수정했다.[57] 즉, 청국 조계의 적립금 보관뿐 아니라 그 사용처도 신동회관이 기

---

54 원문. 其如何存儲之法比照將來英美德各國存備金存儲之最妥善者公議存儲, 以期穩妥, 此存備金, 作爲修理[민영목 독판→천슈탕 총판상무위원, 1884.2.21(1884.3.18), 『仁川華商地界』].

55 統監府, 1908, 『韓國條約類纂』, 秀英舍, 666~672쪽.

56 원문. 若該存備金不足, 朝鮮監理同中國商務官商定[김홍집 서리 독판→천슈탕 총판상무위원, 1884.2.20(1884.3.17), 『第2冊』, 『華案』].

57 원문. 至支用此費, 須先由管理租界事務紳董會議, 用處數目, 稟由彼此商務官核明支用, 若該存備金不足, 彼此商務官公議, 飭令租地之人輸納[민영목 독판→천슈탕 총판상무위원, 1884.2.21(1884.3.18), 『仁川華商地界』].

본적으로 결정하려는 의도가 엿보인다. 제7조는 '수정고'의 '지조(地租)'를 '지계(地契)'로 단순 수정한 것뿐이었다.[58]

민영목 독판은 3개 조의 '재수정고'을 검토한 후, 3월 18일 당일 천슈탕 총판상무위원에게 3개 조의 '재수정고'에 대해, "본 독판이 다시 살펴보니 명백하고 타당하여 모두 결정한 것으로 삼을 수 있음을 실로 다행이라 생각합니다. 장정 원고를 수정하신 대로 다시 정서하여 기록하여 살펴볼 수 있도록 올립니다"라고 조선 측이 '재수정고'에 재차 수정하지는 않았다.[59]

그런데 천슈탕 총판상무위원은 3월 20일 민영목 독판에게 공문을 보내, "이제 귀 독판의 융통성에 힘입어 결정하게 되었으니 참으로 다행입니다"라고 하면서도, 조선 측 '수정안'의 제11조 아래에 다음과 같은 내용의 추가를 요구했다. 즉, "'以上章程十一條由中國總辦朝鮮商務官繕錄詳請北洋大臣核覆知照方各施行[이상 장정 11개 조는 중국총판조선상무관이 정서하여 북양대신에게 상청(詳請)하고 다시 조사한 후 회답을 받은 후 각각에 통지하여 시행한다]'는 33개 글자를 첨가하거나, 혹은 제11조에 서로의 이름을 기록하고 날인한 아래에 '由中國總辦朝鮮商務官繕錄詳請北洋大臣核覆知照施行[중국총판조선상무관이 정서하여 북양대신에게 상청(詳請)하고 다시 조사한 후 회답을 받은 후에 통지하여 시행한다]'는 22개 글자를 첨가하는 것도 합당합니다."[60]

---

58 천슈탕 총판상무위원→민영목 독판, 1884.2.21(1884.3.18), 『第2冊』, 『華案』, 민영목 독판→천슈탕 총판상무위원, 1884.2.21(1884.3.18), 『仁川華商地界』.

59 민영목 독판→천슈탕 총판상무위원, 1884.2.21(1884.3.18), 『第2冊』, 『華案』; 민영목 독판→천슈탕 총판상무위원, 1884.2.22.着(1884.3.19), 『仁川華商地界』; 이연세 등, 2017, 앞의 책, 204쪽.

60 천슈탕 총판상무위원→민영목 독판, 1884.2.23(1884.3.20), 『第2冊』, 『華案』; 천슈탕

청국 측은 조선 측이 서문을 삭제한 '수정고'에 대해 별다른 이의를 제기하지 않다가 마지막 단계에서 양국의 전통적 '종번관계' 유지를 서문이 아닌 제11조 조문에 삽입하는 방법을 선택한 것이다. 결국 조선 측은 상기 내용의 추가 요구를 그대로 수용하고, 최종 조문에는 제11조 뒤에 '中國總辦朝鮮商務官繕錄詳請北洋大臣核覆知照施行'을 채택하여 삽입했다. 그리고 천슈탕 총판상무위원은 3월 22일 통리교섭통상사무아문에 가서 장정을 체결하자고 제안했으며, 양자가 조인한 장정 3부 가운데 1부는 북양대신에게 보내고 2부는 각각 보관하자고 했다.[61]

그러나 김홍집 서리 독판은 민영목 독판이 해방(海防) 업무로 외부 출장 중이기에 3월 22일 체결은 어렵다면서 날짜를 다시 설정하자고 제안했다.[62] 천슈탕 총판상무위원은 3월 22일 김홍집 서리 독판에게 제안을 수용한다는 회신을 보냈다.[63] 그리고 민영목 독판은 4월 2일 인천구화상지계장정 3부를 작성하여 이름을 기입하고 날인 후, 2부를 천슈탕 총판상무위원에게 보내, 2부 가운데 1부를 보내달라고 요청하는 공문을 보냈다.[64]

그런데 천슈탕 총판상무위원이 3월 20일 공문에서 언급된 통리교섭통상사무아문에서 공식 조인하자고 제안했는데 왜 그것이 실현되지 못한 것

총판상무위원→민영목 독판, 1884.2.23(1884.3.20), 『仁川華商地界』; 이연세 등, 2017, 앞의 책, 209~210쪽.

61 천슈탕 총판상무위원→민영목 독판, 1884.2.23(1884.3.20), 『第2冊』, 『華案』; 천슈탕 총판상무위원→민영목 독판, 1884.2.23(1884.3.20), 『仁川華商地界』.
62 김홍집 서리 독판→천슈탕 총판상무위원, 1884.2.24(1884.3.21), 『第2冊』, 『華案』; 김홍집 서리 독판→천슈탕 총판상무위원, 1884.2.24(1884.3.21), 『仁川華商地界』.
63 김홍집 서리 독판→천슈탕 총판상무위원, 1884.2.25(1884.3.22), 『仁川華商地界』.
64 민영목 독판→천슈탕 총판상무위원, 1884.3.7(1884.4.2), 『第3冊』, 『華案』.

인지 의문이다. 조청상민수륙무역장정 체결도 양측이 공식 조인하지 않고 각자 서명하여 처리한 사례가 있는데 인천구화상지계장정 체결도 그런 사례를 따른 것으로 보인다. 권혁수(權赫秀)는 조청상민수륙무역장정 체결 방식에 대해, 청국 측이 서로 대등한 주권국가 사이에 체결한 근대적 국제 조약과 구분하고 나아가서 조선과의 관계를 근대적 조약 체제하의 외교 관계와 구분하기 위한 의도적인 조치라고 주장했는데,[65] 인천구화상지계장정 체결도 그러한 청국 측의 의도가 깔려 있다고 볼 수 있다.

리훙장 북양대신은 4월 29일 천슈탕 총판상무위원이 품을 올린 인천구화상지계장정과 지도를 본 후, "이에 따라 처리하고, 이후에 추가하거나 삭제할 곳이 있으면 수시로 협의하여 사실을 보고하십시오"라면서 재가했다.[66] 천슈탕 총판상무위원은 이 공문을 5월 8일 접수하고, 이튿날인 5월 9일 김병시 독판에게 이 사실을 알려, 정식으로 시행하게 되었다.[67]

4. 맺음말

우리는 이상에서 인천 청국 조계 개설의 법적 근거가 된 인천구화상지계장정이 조선과 청국 간에 어떠한 경위와 교섭 과정을 거쳐 체결되었는지 『화안』과 『주한사관보존당안』 사료 등을 활용해 검토했다.

---

65 권혁수(權赫秀), 2010, 「조공 관계 체제 속의 근대적 통상 관계-'중국조선상민수륙무역장정' 연구」, 『동북아역사논총』 28호, 동북아역사재단, 253~289쪽.
66 원문. 照此辦理嗣後如須增損隨時商談報核. 리훙장 북양대신→천슈탕 총판상무위원, 1884.4.13(1884.5.8)着, 『仁川華商地界』.
67 천슈탕 총판상무위원→김병시 독판, 1884.4.14(1884.5.9), 『第3冊』, 『華案』.

조선과 청국 간 청국 조계 개설 교섭은 원래 부산 일본 조계에서 발생한 덕흥호사건을 계기로 시작되었지만, 실제로 청국 조계의 후보지 선택과 조약 체결은 인천 청국 조계 쪽이 부산 청국 조계보다 빨리 진행됐다. 청국 측은 인천이 수도 서울에 가까운 지리적 이점과 인천항 개항에 따른 화상 인구의 증가와 산둥성과 인천항 및 마포를 왕복하는 무역선 증가를 고려해 인천 청국 조계 개설을 먼저 조선 측에 요구하면서 양자 간의 교섭은 시작되었다.

민영목 통리교섭통상사무아문독판과 천슈탕 총판상무위원은 1884년 1월 21일 조약 체결을 위한 첫 회담을 개최하고, 회담 개최 후 40여 일이 지난 3월 4일 천슈탕이 장정의 '초고'를 보내 조선 측의 수정과 청국 측의 재수정 과정을 거쳐 4월 2일 최종적으로 타결됐다.

양측이 장정 체결 과정에서 가장 첨예하게 대립한 것은 청국 측이 처음부터 제시한 두 가지 조건, 즉 장정의 내용과 형식에서 각국과 차별을 둬 청국을 상위에 둘 것과 북양대신이 최종 재가한다는 점이었다. 청국 측은 두 가지 조건을 '초고'의 서문에 포함하면서 조선 측을 압박하고, 조선 측은 '수정본'에서 서문을 삭제하는 것으로 맞섰다. 조선 측은 1883년 9월 30일 일본과 체결한 조선국인천구조계약서에 기반하여 삭제했다고 밝히면서 '약서'와 같은 근대적 조약을 지향하고 있음을 간접적으로 드러냈다. 즉, 청국 측이 근대적 조약에 양국의 전통적 관계인 '종번관계'를 인천구화상지계장정에 담아내려 한 시도에 대해, 일본과의 형평성에 맞춘다는 명분을 내세워 조선의 자주적 지위를 지키려 했다고 평가할 수 있다. 그 외에도 조선 측은 정지 작업 청국 측 감독과 적립금 관리 등에서 자주성을 확보하려고 했다.

하지만, 조선 측의 이러한 시도는 부분적으로밖에 관철하지 못했다.

청국 측은 서문 삭제에 대해 제11조 조문 뒤에 리훙장 북양대신의 재가를 받아야 시행할 수 있다는 문구를 삽입, 양국 간의 전통적 '종번관계'를 담아내려 했다. 조선 측은 이에 대해 더는 이의를 제기하지 않고 청국 측의 요구를 받아들였다.

당시 3천 명의 청국 군대가 서울에 주둔하고 있는 상황에서 청국에게 자주성을 확보하는 것 자체가 애초부터 한계가 있었다. 그럼에도 임오군란 발발 후 체결한 조청상민수륙무역장정의 서문에 조선을 '속방'으로 규정하고 타국과 이익을 균점할 수 없다는 점을 넣은 것과 비교해 보면 약간의 진전이 이뤄졌다고 볼 수 있다. 하지만 인천구화상지계장정의 조인은 조청상민수륙무역장정과 같이 양측 대표가 참가하여 공식 행사로 이뤄지지 않았는데, 이것도 청국 측이 서로 대등한 주권국가 사이에 체결한 근대적 국제조약과 구분하려는 의도적인 조치였다.

제8장
근대 인천의 개항과 일본 조계지의 확대 과정

| 김현철 / 동북아역사재단 명예연구위원 |

1. 머리말
2. 인천의 개항장 지정을 둘러싼 조일 간 대립과 조약 체결
3. 개항 이후 인천 내 일본 조계지 확장과 변화
4. 맺음말

* 이 글은 「근대 인천의 개항과 일본 조계지의 확대과정」, 『한국동양정치사상사연구』 제23권 1호, 2024.3을 일부 수정·보완한 것이다.

1. 머리말

일본이 서구 국가와 조약 체결 시 겪었던 주권 침해와 경제적 불평등 및 이익 침해 사례를 참조하여 조선과 중국 등 동아시아 국가의 영토 및 주권을 침탈하고, 불평등한 내용을 강요한 경우가 많았다. 그중에서도 일본이 조선을 침탈하는 과정에서 어느 항구를 개항시키며, 일본인들이 거주할 지역을 어떻게 설치해 나갔는가의 과정은 한반도로 팽창하는 군사적·경제적·사회적 거점 확보라는 측면에서 당시 일본의 정치, 군사, 외교, 경제 분야의 이해관계를 조선에 반영시키는 과정이었다. 동시에 조선의 입장에서는 각 항구의 지정학적 중요성을 고려하면서 주권과 영토를 지키기 위해 대응해나갔던 과정이었다. 그 과정에서 조선과 일본 간 체결된 조약과 관련 규칙들은 근대 국제법 이론과 외교 관행이 조선에서 변형되어 강제된 현실이라 하겠다.

개항 이전부터 조선에서는 일본을 비롯한 서구 국가와의 수교 및 개항이 초래할 부정적 측면을 우려하여 반대의 목소리가 컸다. 그 예로써 최익현은 일본과 수교를 반대하는 이유로 강화가 성립하여 일본인들이 이 땅에 살게 되면, 백성들의 재산을 약탈하고 부녀자를 겁탈해도 막을 수 없게 된다고 보았다.[1]

---

1   최익현은 '왜양일체'라는 인식 아래, 일본과의 수호는 곧 서양에 대한 개국과 마찬가지라고 규정하고, 금수인 일본과 강화한 후에 근심과 염려가 없기를 바란다는 것은 불가능하다고 경고하였음. 강광식·김현철·신복룡·이상익 지음, 2006, 『한국 정치사상사 문헌 자료 연구 (III)-조선 개항기 편』, 도서출판 조은문화사, 48, 73쪽. 당시 최익현의'왜양일체론', '일본과의 강화가 불가한 5가지 이유' 등 위정척사파의 개항 반대론을 보여 주는 상소문 내용은 같은 책, 104~109쪽 참조. 최익현과 김평묵의 관련 상소문 원문과 한글 번역문 내용은 장인성·김현철·김종학 엮음, 2012, 『근대 한국 국

위정척사파를 비롯한 조선 지식인들과 일부 관료들의 반대에도 불구하고, 조선 정부가 일본을 비롯한 서구 국가들과 수교하고 조선의 항구를 개항함으로써, 일본인을 비롯한 외국인들이 조선에 왕래하고 거주하는 것은 피할 수 없는 현실이 되었다. 결국 조선 정부도 개항 이후 서구 열강과의 통상 개항이 불가피하며, 외국인들이 조선에 상주하게 되더라도 그들의 횡포를 막아 백성들을 잘 보호할 것이라고 대내적으로 설명하였다.[2]

또한 서구의 근대 국제법과 외교 관행이 조선에 수용되어 적용되는 과정을 살펴볼 수 있는 사례로써 개항장을 들 수 있다. 개항장 내에서도 외국인들이 모여 거주하는 지리적 공간인 '조계지'는 한편으로는 조선의 영토주권이 침탈되거나 제한되는 구체적 현장이면서, 다른 한편으로는 외국의 새로운 문명과 기술이 유입되고 외국인과의 통상 교류가 이루어지는 경계선이었다.

19세기 후반 이후 조선에서는 '만국공법'으로 불리는 서구의 근대 국제법 질서 수용과 일본과의 조약 체결 과정에서 항구의 '개항'이 커다란 이슈 중 하나였다. 이와 관련해 조선의 개항을 규정하고 있는 '조일수호조규'('강화도조약'으로도 불림)」는 전통적 사대교린 질서의 개념인 '자주'와 서양 공법(국제법) 질서의 '독립' 개념이 충돌한 현실을 반영하고 있다.[3] 조선의 개항 과정에서 조일수호조규에 대해서는 국내외에서 많은 연구가 진행되었다.[4] 조약의 성격과 협상 과정을 두고 일본이 강요한 불평등조약

제 정치관 자료집 제1권 개항·대한제국기』, 서울대 출판문화원, 28~46쪽 참조.
2   이에 관련된 1882년 8월 5일 고종의 윤음 내용은 강광식·김현철·신복룡·이상익, 앞의 책, 78, 114~116쪽 참조.
3   김용구, 2008,『만국공법』, 도서출판 소화, 93~100쪽.
4   개항과 조일수호조규 전후 시기에 관한 국내외 연구 문헌 해제와 관련 사료들은 김수

인가 아니면 조선의 자주적 개항인가라는 대립적 시각으로 평가되고 있다.[5] 개항의 결과로 19세기 후반 외국인의 거주와 통상을 위해 개방된 항구와 주변 지역들을 구분하여 그 명칭이 조선과 중국(청)에서는 '조계지(租界地)'로, 일본에서는 '거류지(居留地)'로 불려졌다.[6] 그동안 한중일 각국의 조약 체결, 개항과 조계지의 역사에 대해 국내외에서 연구가 진행되었다.[7] 그중 한중일 3국 또는 동아시아 지역 차원에서 비교하거나 해당 정부 간의 조약 체결 과정 등을 분석한 경우는 아직까지 충분하지 않다.[8]

암, 「제3장 강화도조약을 전후한 한·청·일 관계」, 김용구·하영선 공편, 1996, 『한국 외교사 연구-기본 사료 문헌·해제』, 나남출판, 87~117쪽 참조. 서구의 연구 성과로는 Junnan Lai, 2014, "Sovereignty and "Civilization": International Law and East Asia in the Nineteenth Century," *Modern China*, Vol. 40, No. 3, pp.282-314; Park Seo-Hyun, 2013, "Changing Definitions of Sovereignty in Nineteenth-Century East Asia: Japan and Korea Between China and the West," *Journal of East Asian Studies*, Vol. 13, No. 2, Special Issue: International Relations and East Asian History: Impact, Meaning, and Conceptualization, pp.281-307 참조.

5   김종학, 2017, 「곤경에서의 탈출: 조일수호조규의 체결 과정」, 동북아역사재단 한일관계연구소 편, 『조일수호조규: 근대의 의미를 묻다』, 청아출판사, 61~135쪽.

6   조계지의 성격과 명칭을 조계관리국의 단·복수, 조계 통치 방법에 의해 분류하면 전관 조계(專管租界)와 공동 조계(共同租界)로 나누어짐. 요코하마(橫濱), 나가사키(長崎), 고베(神戶), 도쿄(東京), 오사카(大阪) 등 일본의 개항장들은 모두 각국 공동 조계였음. 중국의 경우 전관 조계 안에서 중국인이 외국인과 혼거할 수 있었음. 조계지의 분류 방법과 명칭에 대해서는 박찬승, 2003, 「조계 제도와 인천의 조계」, 인천광역시립박물관, 『인천문화연구』 창간호(제1호), 9~10쪽 참조.

7   개항장·개항시·해관·관세 제도에 대한 국내 연구 현황 소개는 김학준, 2020, 『남북한 문전 제6권: 근대(1) 개항-대한제국 성립』 단국대학교출판부, 303~305쪽 참조. 한중일 3국의 조약 체결 현황과 연구 현황에 대한 소개는 김현철, 2021, 「서론: 근대 동아시아 영토 관련 조약 자료 및 연구 현황과 한중일의 조약 체결 과정」, 『근대 조약과 동아시아 영토 침탈 관련 자료 선집 I』, 동북아역사재단, 14~63쪽 참조.

8   大里浩秋·內田靑蔵·孫安石 編著, 2020, 『東アジアにおける租界研究: その成立と展開』東方書店, , 제5부에서 '朝鮮·仁川의 租界'에 대해 개괄함. 大里浩秋·貴志俊彦·孫安石 編著, 2010, 『中國·朝鮮における租界の歷史と建築遺産』, 御茶の水書房에서는

그리고 조선의 개항장과 조계지에 대한 기존 연구에서는 인천, 목포, 부산 등 주요 항구의 개항 과정을 살펴보았다.[9] 조선의 개항 과정에 대한 전체적 비교가 가능하기 위해서는 우선 부산, 인천, 목포, 원산 등 개항장별로 조계지와 외국인 활동 범위 구획 과정에 대해 상세한 파악이 먼저 필요하다. 그중 관련 조약문에 각 개항장 내 외국인들의 거주 공간과 활동 범위를 지리적으로 정하는 부분들이 시기적으로 어떻게 변화하여 왔는가에 대한 분석들이 축적될 때, 조선 내 개항장의 성격과 기능에 대한 전체적이고 종합적인 이해와 평가가 가능할 것이다.

이에 본 장에서는 19세기 후반 조선의 여러 개항장 중에서 '인천'에 한정하여 살펴보고자 한다. 인천은 조선의 여러 항구 중 수도와 가장 인접하며, 일본이 운요호사건의 함포 외교를 통해 조선을 위협함으로써 당시

톈진(天津), 상하이(上海) 등 중국 내 조계지를 비롯하여 인천의 구 청국 조계지의 역사와 건축에 대해 설명함. 일본 개항장을 분석한 최근 연구로는 박준형, 2023, 「19세기 후반 동아시아 불평등조약 체제하 외국인 거류 제도의 계보-일본 모델의 한국 전파 과정을 중심으로」 서울대학교 규장각 한국학연구원, 『한국문화』 101; 조국, 2022, 「거류 제도」, 『일본역사연구』 59집 참조. 인천 개항을 포함하여 동아시아 항구도시의 역사를 근대적 지역 공간으로 확대시켜 접근한 것으로 인하대학교 한국학연구소 편, 2010, 『동아시아, 개항을 보는 제3의 눈』, 인하대학교 출판부; 인하대학교 한국학연구소·중국 복단대학 역사지리연구중심 편, 2015, 『근대 동아시아의 공간 재편과 사회 변천』 소명출판; 국립해양박물관·한국해양수산개발원, 2020, 『바다를 열다: 개항 그리고 항구도시』, 도서출판 호밀밭 참조.

9 古川昭, 2010, 『朝鮮開國後の開港地における日本人の経済活動』 倉敷: ふるかわ海事務所에서는 조선 개항장에서 일본인의 경제활동을 분석함. 梁尚湖, 1994, 『韓國近代の都市史硏究』, 東京大學博士論文에서는 인천의 일본 전관 조계지를 비롯 인천, 원산, 목포 등 개항장 내 각국 조계지의 상황을 개괄함. 인천 이외 목포를 분석한 사례로 최성환, 2022, 「목포 개항장 각국 조계의 운영 양상과 특징」, 『서강인문논총』 65집; 원산을 분석한 사례로 박한민, 2023, "일본의 동해안 정탐 활동과 원산 개항", 한국근현대사학회, 『한국근현대사연구』 제107집 참조.

정치·외교·군사적으로 중요성이 크게 부각한 지역이었다. 인천 내 일본 조계지 등 외국인 조계지에 관한 기존 연구의 경우, '인천'이라는 지역사 측면에서 개항 이후 인천 시가지 변화와 각국 조계지 설치 과정을 연계시켰다. 또한 개항장으로서 인천시의 행정 구역이 확장되고, 도시 변화를 가져온 요인 중 하나로 일본 조계와 일본인 거류지 변화를 들고 있다.[10] 이들 기존 연구에서는 개항장과 조계지의 유래와 명칭에 대한 구분부터 당시 인천이라는 도시의 변화상 파악에 중점을 두었으며, 상대적으로 관련 조약문의 텍스트 자체에 대한 분석은 충분하지 않은 편이다.

인천 등 주요 항구에 일본을 포함한 외국 상선이 드나들고, 외국인들이 이동·거주하기 시작하면서 이를 관리하고 규정하는 세부 사항에 관한 조약·규칙들이 제정되었다. 인천의 경우, 개항장으로 선정되는 과정과 일본인 조계지 확장 과정에서는 조일수호조규, '조일통상장정', '조일수호조규속약', '인천 일본 조계에 관한 조약 및 인천 일본 거류지 확장에 관한 주한 각국 사신 의정서' 등 일련의 조약들에서 관련 사항들이 규정되었다.[11] 이하 본문에서는 인천의 개항 과정과 일본 조계지 설치에 관련된

---

10 인천 내 일본 및 각국 공동 조계 설치 및 시가지 변화에 대한 개괄적 설명은 이영호, 2017, 『개항 도시 제물포』, 민속원; 김용하, 1993, "인천 개항 초기의 시가지 형성", 새얼문화재단, 『황해문화』 1; 민윤, 2007, "개항기 인천 조계지 사회의 연구-조계지 내 갈등과 범죄의 양상을 중심으로", 인천학연구원, 『인천학연구』 제7호; 박준형, 2014, "일본 전관 조계 내 잡거 문제와 공간 재편 논의의 전개", 도시사학회, 『도시연구』 12호; 박진한, 2014, "개항기 인천의 해안 매립 사업과 시가지 확장", 도시사학회, 『도시연구: 역사·사회·문화』 제12호 참조.

11 동북아역사재단 편, 2020, 『한일 조약 자료집(1876~1910)-근대 외교로 포장된 침략』, 동북아역사재단 (이하 『한일 조약 자료집(1876~1910)』으로 약칭함)의 III장 "조계(거류지)에 관한 조약", 105~287쪽에서 인천을 비롯한 부산, 원산, 목포 등 한일 간 조계지 관련 조약들에 대해 원문과 번역문, 해제를 싣고 있음.

조약들의 체결 과정과 내용을 시기순으로 분석하여 당시 조선, 특히 인천에 대한 일본 정부의 의도와 정책을 구체적으로 살펴보고자 한다.

2. 인천의 개항장 지정을 둘러싼 조일 간 대립과 조약 체결

1) 조선 내 인천 개항 반대와 군사력 강화 시도

경기만 연안에 위치한 인천항 주위에는 강화도, 영종도 등 많은 섬이 있으며, 조수간만의 차이가 매우 크지만 만조 시 선박의 출입이 가능한 입지 조건을 지니고 있다. 개항 이전 인천항 연안에서는 선박을 정박할 수 있는 육지가 제물포와 북쪽의 성창포 밖에 없었다. 염하와 한강을 통한 수로는 거리가 100km에 달한 반면, 제물포에서 수도인 서울(한성)까지의 육로는 46km에 불과했다. 인천항에서 서울로 갈 수 있는 가장 빠른 길은 제물포에 상륙하여 육로를 이용하는 것이었다.[12]

'제물포'는 해로를 통해서 한반도의 남과 북을 연결하며, 경기만으로 유입되는 예성강, 임진강, 한강 등의 수로를 통해서 내륙의 동과 서를 각각 연결할 수 있는 수송 적환지로서 좋은 입지 조건을 지니고 있다. 또한 제물포는 그 전면에 월미도, 소월미도, 사도 등 내항을, 그 주변에는 영종도, 영유도, 자월도, 무의도, 대부도 등이 병풍처럼 둘려 있어서 대형 선박이 풍랑을 피해 정박할 수 있는 외항으로 적합한 지형이었다. 밀물 때 월

---

12 박진한, 2018, "개항 이후 인천의 장소 인식 변화와 일제강점기 새로운 명소의 등장", 도시사학회, 『도시연구: 역사·사회·문화』 제20호, 5쪽; 이영호, 앞의 책 95쪽.

미도와 제물포 사이에 깊은 수로가 형성되어 있어 접안이 용이하였다. 이러한 입지 조건 때문에 제물포가 개항장 지역으로 주목받게 되었다.[13]

인천의 역사를 돌이켜 보면, 인천은 한반도의 운명을 결정하는 중요한 사건들과 같이 변화해왔다. 평화 시에는 교통로, 교류, 운송의 중심이었으며, 전시 또는 위기 시에는 군사기지, 진출 거점, 외국군의 주둔 및 서울로 가는 통로 역할을 담당하였다. 19세기 후반 병인양요, 신미양요, 운요호사건 등 해양으로부터 군사적 위협이 발생하자 인천은 한강의 마지막 보루인 강화도를 방어하기 위한 전략적 요충지로 인식되었다. 이에 조선 정부 내에서 외세의 침입에 대비하기 위해서 인천과 강화도 지역의 군사력을 강화할 구상들이 제시되었다. 조일수호조규 체결 이전인 1871년 5월 25일(음) 고종은 영의정 김병학(金炳學)과 해안 방어의 요충지인 강화도의 중요성에 대해 의논하였다. 이 자리에서 영의정 김병학은 인천 지역의 방어 능력을 강화할 것을 제안하였다.[14]

운요호사건 이후에 조선 정부는 이양선 출몰에 대응하기 위해 인천에 방어영(防禦營)을 설치하는 등 대책을 강구하였다.[15] 조일수호조규 체결 이후 일본이 인천의 개항을 요구하자, 조선 정부는 인천의 군사 전략적 중요성을 고려하여, 이를 강력히 반대하였다. 그 대표적 예로써 1879년 7월 16일(음) 시임 대신과 원임 대신이 연명으로 인천 개항을 반대한다는

---

13 정영희, 2006, 「제물포 시대 인천의 지역 체계와 공간 변동-인천의 지역 정체성 확립과 관련하여」, 『인문학연구』 9, 인천대 인문학연구소, 267~271쪽.

14 『고종실록』, 고종 8년 5월 25일조.

15 운요호사건 등 19세기 후반 인천 지역에 대한 일본을 비롯한 서구 열강의 침입과 조선의 군사적 대응에 대해서는 인천문화재단 인천역사문화센터, 2018, 『19세기 서구 열강의 침입과 강화 해양 관방 체제』, 인천문화재단 인천역사문화센터 참조.

입장을 밝힌 상소를 올렸다.¹⁶ 이튿날인 1879년 7월 17일(음) 판중추부사(判中樞府事) 강로(姜浩)도 인천 개항을 반대하는 상소를 올렸다.¹⁷

그리고 월미도는 유사시 한양에서 강화도로 피난하기 위한 경로에 놓인 요충지였다. 1656년에 국왕 숙소로 행궁이 축조된 월미도 정상에 1879년 포대가 설치되었다. 조선 정부는 인천 지역의 군사력 강화를 위해 화도와 연희 두 곳에 진을 새로 설치하였다. 이를 보여 주는 것으로 1879년 7월 1일 무위소(武衛所)에서 인천(仁川)과 부평(富平)의 포대(砲臺)와 진영(鎭營) 청사(廳舍)를 짓는 공사가 끝났다고 보고하였다. 이에 고종은 다음과 같이 전교, 즉 지시를 내렸다.

"이 두 읍은 수도 가까이의 중요한 지대이며 해문(海門)의 요충지이다. 원래부터 방비를 갖추자는 논의가 한두 번에 그치지 않았지만 아직 미처 겨를이 없어 오히려 변경 방비가 소루하였는데 돈대(墩臺)를 쌓고, 진영(鎭營)을 갖추는 일이 이미 끝났다고 보고하였다. 인천에 신설한 진(鎭)은 화도진(花島鎭)이라 부르고, 부평에 신설한 진은 연희진(延喜鎭)이라고 부를 것이다."¹⁸

이후에도 인천의 군사적 중요성을 인식하여 국방력을 강화하려는 구

---

16 『고종실록』, 고종 16년 7월 16일조.
17 『고종실록』, 고종 16년 7월 17일조.
18 『고종실록』, 고종 16년 7월 1일조. 조선 정부가 월미도를 비롯하여 논현동 등에 포대를, 화도진과 군영을 설치하는 등 군사력 강화 조치에 대해서는 정영희, 2006, 앞의 논문, 270~271쪽 참조. 그중 화도진지와 제물포 포대 설치에 대해서는 이영호, 2017, 앞의 책, 98~102쪽 참조.

상은 계속되어 1880년대에 서구 문물을 수용하려 개화 정책을 실시할 것을 주장하는 관료들 및 지식인층의 상소문에서도 엿보인다. 그 예로써 1882년 9월 22일(음) 고영문(高穎聞)은 '서구의 기술 습득, 상회소, 국립은행 설립' 등 시무책에 관한 상소를 올렸는데, 여기서 "인천항에 해군을 둘 것"을 건의하였다.[19] 1880년대 중반 경기 연해를 총관하는 해방사무(海防事務) 민영목(閔泳穆)은 1884년 4월 21일(음) "해방 아문의 군무를 개정할 것"을 주요 내용으로 하는 상소문을 올려서 다음과 같이 인천 지역의 군사력 강화를 위한 구체적 방안들을 제시하고 정부에서 논의하도록 하였다.

"첫째는, 연안의 경계에 있는 수군은 해방영(海防營)에게 지휘를 받도록 허락하는 일이었습니다. (생략) 연안의 경계에 있는 수군을 모두 통괄하는 것을 허락하도록 분부하소서. (생략)
셋째는, 남양(南陽) 대부도(大阜島)에 대(臺)를 설치하고 포(礮)를 안치하되, 따로 하나의 진영을 만들고 별장(別將)을 두는 일이었습니다. 이 섬은 영흥도(靈興島)와 덕적도(德積島) 사이에 끼어 있어서 실로 해문(海門)의 요충지입니다. (생략) 일곱째는, 인천(仁川), 남양(南陽), 장봉(長峯) 등지의 목장을 옮기거나 없애고, 그곳에 둔전(屯田)을 경영하게 하는 일이었습니다. (생략)"[20]

---

19 『고종실록』, 고종 19년 9월 22일조.
20 『고종실록』, 고종 21년 4월 21일조.

2) 조일수호조규 내 개항장 규정과 일본의 인천 개항 강요

1876년 2월 조일수호조규(朝日修好條規, '강화도조약'으로 불림) 체결 결과로 조선은 부산 등의 항구를 일본에 개방하지 않을 수 없게 되었다. 당시 일본 측의 의도와 요구사항을 보여 주는 것으로 일본 정부의 지침 중 개항과 관련된 내용은 다음과 같다.

"하나, 조선국 정부는 부산에서 피아 인민이 자유롭게 상업을 할 수 있게 할 것. 또 강화부 또는 수도 근방의 운수가 편리한 장소를 골라 일본 신민의 거주 및 무역 지역으로 발전할 것. (중략)

하나. 피아 인민의 분쟁을 막기 위해 무역 지역에 영사관을 설치하여 무역하는 신민을 관리할 것. (중략) [이상 '구로다 기요타카에게 부여된 훈조(訓條)' 중]

하지만 다음 몇 개 조항은 반드시 우리의 처음 의론을 고집해야 한다.

하나, 부산 외에 강화 항구를 무역 지역으로 정할 것.

하나, 조선해 항행의 자유 (중략) [이상 '구로다 기요타카에게 부여된 내유(內諭)' 중][21]

이러한 지침으로 일본 측의 수호조규 초안에 다음과 같은 내용을 포함하여 조선 측에 전달되었다.

---

21   이상 「전변변리대신 구로다 기요타카(黑田淸隆)에게 부여된 훈조(訓條)와 내유(內諭)」의 원문 출처는 『朝鮮交涉始末』 3권; 『岩倉公實記』 하, 310~312쪽; 『日本外交年表竝主要文書』 上 62~64쪽이며, 한글번역문은 김종학, 2017, 앞의 논문, 114~117쪽에서 재인용함.

"제4관: 조선국 부산 초량(草梁)의 일본 공관이 오래전에 이미 양국 인민의 통상 장소가 되었으나, 지금부터는 종전의 관제를 혁제해서 이번에 새로 수립된 조관에 빙준하여 무역 사무를 처리한다. 또 조선국 조정은 제5관에서 지정한 2개 항구를 개항해서 일본국 인민의 왕래와 통상을 허락한다. 해당 장소에서 임차한 토지에 가옥을 짓거나 소재 조선국 인민의 가옥을 임차하는 것 또한 각각 그 편의에 따른다."[22]

위의 일본 측 조규 초안 내용으로 볼 때, 이미 일본은 조선의 항구를 개항한 후에 인천 등 어느 지역이 되더라도 그 안에서 일본인들의 거류지로서 '조계지' 설치를 염두에 두었다. 이러한 일본 측의 조규 초안에 대해 조선 정부가 검토한 아래 내용을 보면 개항장 선정과 통상 허가 후 일본인이 거류할 지역이 생기며, 그 조계지의 경계를 어떻게 설정할 것인가에 대해 우려하였음을 알 수 있다.

"제4관: 이미 통상을 허락했다면 사무가 자연히 이와 같을 것이다. 단, 다른 곳에 관(館)을 설치하더라도 반드시 일정한 경계 제한을 두어 월경해서 나다니지 못하게 해야 한다. 우리 백성과 잡처(雜處)하면 반드시 사단이 생길 것이니, 이는 크게 화호(和好)를 영구히 하는 방법이 아니다. 또 경계를 몇 리로 정할 것인가의 문제는 반드시 지형에 따라 획정하게 될 터이지만, 초량 왜관의 크기보다 조금이라도 커서는 안 된다."[23]

---

22 이상 일본 측 조규의 초안 내용은 김종학, 2017, 앞의 논문, 118~121쪽, 「부록 2, 일본 측 조규 초안」참조.

23 이상 내용을 포함하여 「2월 21일 조선 조정에서 내려보낸 '육칙'과 '조관별 검토 결과 (政府下送六則與打點諸條)'」 내용은 김종학, 2017, 위의 논문, 122~123쪽 참조.

그 외 당시 협상 과정에서 신헌과 미야모토 오카즈(宮本小一)의 회견 시 및 조선 정부의 '조관별 검토 결과'에서는 일본 측이 제시한 초안에서 불평등조약과 관계된 편무적 영사재판권 규정(제10관)이나 무관세 무역 규정(제9관), 조선 연해 자유통항권 및 측량권 규정(제7관) 등에 대해서는 조선 측이 이의를 제기하지 않았다. 다만 최혜국 대우 규정(제12관)에 대해서만 조선 정부가 앞으로 다른 국가와 조약할 일이 없다는 이유로 삭제를 주장했다.[24]

결국 조일 양국 간 협상 결과로 타결된 조일수호조규에서 다음과 같이 조선의 개항을 규정하게 되었다.

"제4관: 조선국 부산의 초량항은 일본 공관이 세워져 있고, 오랫동안 이미 양국 인민이 통상하는 구역이 되었다. 지금 마땅히 종전의 관례 및 세견선 등의 일을 혁제하고, 새로 세운 조관에 준하여 무역 사무를 처리한다. 또 조선국 정부는 제5관에 기재한 두 곳의 항구를 개항해 일본국 인민이 왕래하면서 통상하게 하며, 해당 지역에서 땅을 빌려 집을 짓거나 혹은 인민들이 있는 집에 임시로 살고자 한다면 각각 그 편의를 따라 들어주도록 한다.

제5관: 경기·충청·전라·경상·함경 5도의 연해 중에서 통상이 편리한 항구 두 곳을 선택하여 지명을 지정한다. 항구를 여는 기한은 일본력 메이지 9년 2월, 조선력 병자년 2월부터 기산하여 모두 20개

---

[24] 김종학, 2017, 앞의 논문, 100쪽. 조일수호조규의 협상 과정과 일본 측의 의도와 조선 정부의 대응에 대해서는 김종학, 2017, 위의 논문, 61~135쪽; 김흥수, 2022, 『운요호사건과 강화도조약』, 동북아역사재단 중 「제3장 강화도조약의 체결」, 101~155쪽; 김흥수, 2018, 「제3장 조일수호조규」, 『한국의 대외 관계와 외교사: 근대편』, 동북아역사재단, 97~127쪽 참조.

월로 한다."²⁵

그중 위의 조일수호조규 제4관은 부산항 개항과 관련하여 기존 왜관 무역의 폐단을 고쳐서 새롭게 조관을 맺어 무역한다는 규정으로, 부산의 초량항 및 제5관에 따라 새로 개항할 항구에 일본인의 통상과 토지 임차, 가옥 축조와 임차를 허용하는 조항이다. 조일수호조규 제5관은 부산 외에 두 개 항구를 20개월 후에 개방한다는 내용이다. 원안은 "부산과 영흥, 그리고 다른 한 곳을 개항하라"는 요구였으나, 타협 결과 어느 곳이든 두 개 항구를 개항하는 것으로 규정되었다.²⁶

일본 측은 조일수호조규를 협상할 당시 경기, 충청, 전라, 경상(도) 지역에서 항구 한 곳을 정하기 위해 조선의 연해안을 측량하면서 개항장 후보지를 물색하였다. 인천 개항 이전부터 일본과 서구 열강은 월미도를 비롯하여 인천 인근 해안에서 서울(한성)로 가는 최단 경로를 찾기 위해 인근 해안을 측량하고, 해도를 작성하기 시작했다. 1876년 조일수호조규에 의해서도 조선 연해안에 대한 일본의 수로 측정과 지도 제작이 허용되었다.

일본은 1877년 9월부터 측량에 나서 목포, 옥구, 그리고 남양만에서 인천부 제물포를 거쳐 월미도와 영종도까지 조사하였다.²⁷ 일본의 하나부

---

25   이상 조일수호조규의 번역문은 『한일 조약 자료집(1876~1910)』, 30~31쪽, 원문은 같은 책, 27~29쪽 참조.
26   『한일 조약 자료집(1876~1910)』, 43~44쪽.
27   이영호, 2017, 앞의 책, 90쪽. 운요호사건 이후 일본이 인천 해역을 측량한 과정과 그 결과로 나온 「조선국서안제물포박지약측도」과 「조선국경기도월미도해협약측도」등 지도들에 대해서는 이영호, 2017, 앞의 책, 92~98쪽 참조.

사 요시모토(花房義質) 대리공사는 목포, 남양, 제물포, 강화 모두 개항장으로 마땅치 않다고 평가하였다. 결국 하나부사 대리공사는 인천항 제물포를 개항장으로 만들어야 한다는 입장을 확정하고, 이를 관철하려고 조선과의 협상에서 지속적으로 제기하였다. 그리고 1879년 3월 류큐(琉球) 처분(병합) 이후 일본 정부는 청의 동향을 파악하고 서울과 가까운 곳을 선점하여 조선에 영향력을 강화하기 위한 전략의 일환으로 인천항을 선택했던 것도 하나의 요인으로 작용하였다.

1876년 조일수호조규에 의해 조선의 연해안에는 왜관이 있던 부산(釜山)의 초량항(草梁項)을 즉각 통상 무역항으로 개항하는 것 외에 20개월 이내에 두 개 항구를 추가로 개항하기로 하였다. 그리하여 일본의 인천 개항 요구에 대해 조선 정부는 인천이 서울과 가까운 군사적 요충지임을 들어 반대하고, 경기 교동(喬桐)과 남양(南陽)을 대안으로 제시하였다. 그러나 하나부사 공사는 남양을 양항(良港)이 아니라 판단하고 인천 개항을 염두에 두고 조선과 교섭하였다. 1881년 1월 8일 인천 개항을 둘러싼 교섭에서 김홍집은 조선 정부의 중론과 인심에 따라 결코 인천 개항을 허용할 수 없다는 점을 전하였다. 그러나 하나부사 공사는 조선과의 전쟁도 불사하겠음을 암시하며 강경한 태도를 보였고, 결국 1월 24일 교섭에서 조선 정부는 뜻을 굽혀 인천 개항을 허가하기로 하였다. 조선 정부는 절영도(絶影島) 조차 조항 제외, 인천항에서의 미곡 수출 금지 등을 조건으로 1882년 9월부터 인천을 개항하는 데 합의를 보았다.[28]

---

28 『한일 조약 자료집(1876~1910)』, 170~172쪽 참조. 당시 하나부사 대리공사의 조선 진출 구상과 인천 개항 선정 과정에 대해서는 김홍수, 2022, 앞의 책, 180~200쪽 참조.

3. 개항 이후 인천 내 일본 조계지 확장과 변화

1) 조일통상장정 체결과 개항장 내 일본 선박의 출입 절차 규정

1876년 8월 24일 조선의 강수관(講修官) 조인희(趙寅熙)와 일본의 이사관(理事官) 미야모토 오카즈(宮本小一)는 협상을 거쳐 앞에서 살펴본 조일수호조규 후속으로 조일통상장정(朝日通商章程)을 체결하였다. 조일통상장정은 1876년 2월 '조일수호조규'를 체결할 당시 논의하지 못했던 통상 문제를 교섭하고자 일본 정부에서 이사관(理事官)을 선발하고 조선에 파견하여 1876년 8월에 체결한 조약이다.

조일통상장정 체결 과정을 보면, 조일 양국 대표의 협상은 1876년 8월 5일부터 8월 24일까지 진행되었다. 미야모토가 준비해 온 협상 초안 내용 가운데 첫째, 사신의 수도 상주(제1칙), 둘째, 사신과 수행원, 관리관의 조선 내지 통과(제2칙), 그리고 셋째, 항구에서 일본인이 자유롭게 다닐 수 있는 한행이정(間行里程)의 거리 설정(제5칙)의 3가지 안건이 협상 과정에서 쟁점이었다.

또한 조일 양국 간 입장 차이가 가장 크게 드러난 것은 미곡 수출입과 관련된 내용(제6칙)이었다. 조일통상장정(朝日通商章程)에서는 선박 왕래와 항세 납부, 미곡을 비롯한 수출입품 관리 등 무역과 관련되어 제6칙에 "이후 조선국 항구에 주류하는 일본 인민은 양미 및 잡곡을 수출입 할 수 있다"라는 내용을 구체적으로 규정하였다. 이 조항은 조선의 개항장에 재류 일본인들이 조선 미곡을 수출입 할 수 있다고 규정함으로써 관세를 '수년간' 거두지 않기로 양측이 합의한 서한이 이후 조일 간 무역에서 첨

예한 분쟁과 마찰을 일으키는 계기가 되었다.[29]

조일통상장정은 조선 개항장에 무역하러 온 일본인을 대상으로 하고 있다. 전체적인 내용은 일본 선박이 조선의 개항장을 출입하는 절차를 규정한 것이었다. 여기에서 일본 정부가 관할하는 군함과 통신 관련 선박은 제외하였다.[30] 조일통상장정의 세부 명칭이 한문본에는 '通商章程 於朝鮮國議定諸港日本人民貿易規則'으로, 일본어본에는 '朝鮮國議定諸港ニ於テ日本國人民貿易規則'으로 되어 있다. 적용 대상이 드러나듯이 조선에 무역하러 오는 일본 상선의 입항 절차와 관리 규정을 담고 있으며, 조선 상인이 일본에 배를 몰고 갔을 경우는 상정하지 않았다. 개항하고 나서 얼마 지나지 않은 시점이고, 아직 입항과 출항을 전담할 해관(海關), 즉 세관이 설치되지 않은 상황에서 기본적으로 출입 선박만 관리하는 규정을 정리한 것으로 볼 수 있다.

2) 조일수호조규속약 체결과 개항장 내 일본인의 활동 범위 규정

1882년 8월 30일 체결된 조일수호조규속약(朝日修好條規續約, '강화도조약부속조약'으로 불림)에서는 개항장으로 부산, 원산에 이어 선정된 인천에서 일본인 전관거류지를 명문화하였다. 조일수호조규속약이 체결된 배경은 다음과 같다.[31]

---

29 이상 조일통상장정의 배경과 체결 과정 및 파급효과에 대한 설명은 『한일 조약 자료집(1876~1910)』, 300~304쪽; 김흥수, 2022, 앞의 책, 170~177쪽 참조.
30 이상 조일통상장정 조약문의 원문 및 번역문은 『한일 조약 자료집(1876~1910)』, 294~299쪽 참조.
31 조일수호조규 부속 조약의 체결 과정과 일본 측의 의도에 대해서는 김흥수, 2022, 앞

조일수호조규속약 교섭 시 주요 쟁점 중 하나는 개항장 내 유보 구역을 의미하는 한행이정(閒行里程)과 통상 지역이었다. 일본이 대구, 함흥을 통상 지역으로 요구하자 조선 정부는 강하게 반대하였다. 조선은 한행이정은 현재 조선의 민심을 고려하여 당분간 20~30리로 하고, 양국 인민들의 이해가 증진되면 그때 범위를 확장하자고 제안하였으며, 양화진(楊花鎭)을 개시장(開市場)으로 하는 것도 인심이 진정된 후 다시 의논하자는 입장을 보였다. 이에 대해 일본은 대구, 함흥의 통상 요구는 철회하고, 양화진 개시와 한행이정 확장, 내지 여행에 관한 조항을 관철하였다.

결국 1882년 임오군란 사후 처리를 위해 8월 28일과 29일 양일에 걸친 교섭을 통해 조선과 일본 양측은 8월 30일 조일수호조규속약을 체결하였다. 조일수호조규속약' 내용을 보면 다음과 같이 개항장 유보 범위를 의미하는 한행이정을 10리에서 100리로 늘리는 데 동의하고 공사관원의 내지 여행권을 허가하였다.

"제1관: 원산, 부산, 인천 각 항의 한행이정(閒行里程)을 앞으로 확장하여 사방 50리(里)로 하고 [조선의 이법(里法)] 2년 후를 기하여 (조약 비준일부터 기산하여 만 1년을 1년으로 한다) 다시 100리로 한다. 지금부터 1년 후를 기하여 양화진을 개시장(開市場)으로 한다."[32]

의 책 중 「제4장 강화도조약 부속 조약의 체결」, 157~169쪽, 김홍수, 2018, 「제4장 조일수호조규 부속 조약과 원산·인천의 개항」, 동북아역사재단 한국외교사편찬위원회 편, 앞의 책, 128~165쪽 참조.

32 이상 조일수호조규속약의 조약문의 한글 번역문은 『한일 조약 자료집(1876~1910)』, 76쪽 참조. 이 조약의 원문은 같은 책, 73~74쪽에 수록됨.

3) 인천 일본 조계에 관한 조약 체결과 개항장 내 일본 전관 조계지 설치

일본이 조선 내 전관 조계를 설정한 곳은 인천, 원산, 부산, 마산의 4개 항이었다. 시기순으로 보면, 첫 번째, 부산의 전관 조계는 1877년 '부산 일본 조계에 관한 조약'[한문본 명칭은 '부산구조계조약(釜山口租界條約)'이며, 일본어본 명칭은 '부산항거류지차입약서(釜山港居留地借入約書)'임], 두 번째, 원산항의 전관 조계는 1879년 '원산진개항예약(元山津開港豫約)'과 1881년 '원산진거류지지조약서(元山津居留地地租約書)'에 의해 설정되었다. 세 번째, 인천의 경우 1883년 1월 1일을 기해 인천항이 개항되었으며, 이어 1883년 9월 30일 '인천 일본 조계에 관한 조약'[한문본 명칭은 '조선국인천 구조계약조(朝鮮國仁川口租界約條)'이며, 일본어본 명칭은 '朝鮮國仁川港ニ於テ居留地借入約書']이 맺어져 일본 전관 조계가 개설되었다. 그리고 마산의 경우에는 1899년 개항하였고, 각국 공동 조계가 설정되었다.[33]

일본은 인천의 제물포를 개항지로 선정하고 상륙하여 조사를 감행했다. 1879년 7월 25일 제물포에 상륙한 일본인들은 가건물을 짓고 개항장 개설을 위한 준비조사를 시작하였다. 일본인들은 군함에서 송판과 목재를 양륙하여 건물의 기초를 짓고 10여 칸의 가옥을 조성하기까지 하였다. 1879년 일본 해군이 상륙하여 가건물을 지은 곳이 제물포 남변 포대가 있던 장소였다. 일본은 1882년 4월 곤도 마스키(近藤眞鋤)를 인천 초대 영사에 임명하여 인천 개항을 준비하도록 했다. 1882년 7월 스기무라

---

33 일본의 부산, 원산 및 마산의 전관 조계지 설정에 대해서는 박찬승, 2003, 앞의 논문, 12~16쪽; 전성현, 2018, "'조계'와 '거류지' 사이-개항장 부산의 일본인 거주지를 둘러싼 조선과 일본의 입장 차이와 의미-", 한일관계사학회, 『한일관계사연구』제62집 참조.

후카시(杉村濬) 영사 등 5명이 조계 측정을 위해 인천에 파견되었고, 조선 정부에서는 고영희(高永喜)가 입회했다. 측량은 조선 정부에서 고용한 러시아인 사바틴(Sabatin)이 담당하고, 일본인들은 영사관 부지를 선정하고 거류지 경계를 정했다. 1882년 11월 초에 거류지의 도면이 완성되었다. 일본 조계는 제물포에 연한 응봉산 남쪽 일대에 영사관 부지 약 2,200평을 포함하여 약 7,000평의 부지에 설치되었다.[34]

 1882년 9월로 예정된 인천의 개항은 이해 7월 임오군란이 발생하여 이듬해인 1883년 1월 1일로 연기되었다. 또한 1882년에는 조미·조영·조독 수호통상조약이 차례로 체결되어 서구 열강의 조선 진출이 본격화되자 인천 개항, 조계 설정을 둘러싼 열강과의 이해 조정으로 인천 개항을 둘러싼 조일 간의 조약 성립이 미루어졌다. 1883년 1월 7일, 하나부사의 뒤를 이어 조선공사로 다케조에 신이치로(竹添進 一郞)가 부임하고, 일본 거류지 부지 설정을 위한 조사가 본격적으로 이루어졌다. 양국 관리의 입회하에 거류지 경계를 설정하였고, 조선 측은 조계 내의 분묘 120여 기를 이장하고 전답과 민가 등을 매수하여 일본 측에 제공하기 위한 준비를 마쳤다. 인천 개항 협정이 이루어진 지 30개월 만인 1883년 9월 30일(음력 8월 30일) 양국의 전권대신인 독판교섭통상사무 민영목(閔泳穆)과 판리공사 다케조에 신이치로 사이에 10개 조로 구성된 '인천 일본 조계에 관한 조약'이 체결되었다.[35]

---

34 이상 일본이 전관 조계를 설치하기 위한 준비 과정과 세부 계획에 대한 설명과 관련 지도·그림들에 대해서는 이영호, 2017, 앞의 책, 102~110쪽 참조.

35 '인천 일본 조계에 관한 조약'의 세부 조약문(한글 번역문)의 내용은 『한일 조약 자료집 (1876~1910)』, 166~169쪽을 참조함. 이 조약의 일본어 원문은 같은 책, 164~166쪽에 수록됨.

인천 일본 조계에 관한 조약 제1조에서 인천항에 외국인 조계를 두며, 그 가운데 일정 부분을 특별히 일본인 전관 조계지로 설정하였다. 당시 조선은 미국, 영국, 독일 등 서구 각국과 수호통상조약을 체결한 뒤였기에 인천 조계 전체를 일본 전관 조계지로 설정할 수는 없었다. 일본인 전관 조계지의 설정은 일본이 조선 측과 교섭을 통해 인천을 개항한 특전으로 부여되었다. 또한 설정된 조계지가 협소해질 경우 협상을 통해 조계 확장의 가능성을 열어 두었다. 일본 전관 조계지로 설정된 지역은 기존 개항장인 부산, 원산 부지와 비교하면 10분의 1에도 못 미치는 약 7천여 평에 한정되었다. 이는 광대한 부지에 대한 관리의 어려움에 더하여, 다른 열강을 고려한 부지 설정이라 할 수 있다. 거류지 지조는 일본 정부가 조선 정부에 일괄 선불하는 방식이 아닌 조선 정부가 공개 입찰로 일본 거류민에게 직접 대여하는 방식을 취하였다. 또한 거류지 내의 도로, 도랑, 교량 및 해안 매립, 석벽 등은 조선 정부가 설치하며, 구체적인 방법은 조선 측 감리(監理)와 일본 영사의 상의를 거쳐 추진하도록 규정하였다.[36] 이에 따라 최초로 거류지 경매가 이루어진 것은 1883년 10월 23일이었다. 총 35필지 가운데 24필지 1,613평이 낙찰되었으며, 택지 경매 원가의 일부 택지에 대한 세금을 '조계적금'으로 하여 거류지 운영 비용에 충당하는 방식으로 운영되었다.[37]

---

36 '인천 일본 조계에 관한 조약'의 내용에 대한 설명은 『한일 조약 자료집(1876~1910)』, 172쪽 참조.
37 『한일 조약 자료집(1876~1910)』, 173쪽.

4) 인천 일본 거류지 확장에 관한 주한 각국 사신 의정서 체결과 해안 매립을 통한 일본 조계지 확장

인천에서 일본의 전관거류지가 설치되자 조선을 둘러싼 주도권 다툼을 펼치던 중국(청)도 인천에서의 전관거류지 설치를 서둘렀다. 이에 1884년 4월 2일 '인천구화상지계장정(仁川口華商地界章程)'이 조선과 청 사이에 체결되었다. 이는 일본의 조계 약서에 준거하여 지소의 3등급 구분, 지조액 등이 일본과 유사하지만, 택지 원가, 지계기금(地界基金) 비율, 거류지 운영비 보존과 지출 방법에서 차이가 있었다.[38] 1884년 청국 조계지는 현재 인천 시내 북성동, 송월동 일대의 차이나타운 내 청일조계지경계 계단을 사이에 두고 일본 조계지 서쪽 지역에 설치되었다.[39]

그리하여 인천에는 각국 조계지, 청국 조계지, 일본 조계지가 모두 설치되었다. 인천 제물포 개항장의 외국인 조계지는 일본과 청국의 전관 조계 및 각국 공동 조계가 동시에 설치된 특징을 지닌다. 개항을 주도한 일본이 가장 유리한 지점에 전관 조계지를 설정했다. 이어서 청국 전관 조계지, 각국 공동 조계지가 설정되었다.

위에서 살펴본 인천 일본 조계에 관한 조약의 체결 후 약 7,000평 규모의 일본 전관 조계지가 설치되었다. 이 조약 체결 당시 인천에 거주하는 일본인은 불과 33호 200여 명이었으나, 이후 이주민이 급증하면서 일

---

38 '인천구화상지계장정'의 세부 내용은 『한일 조약 자료집(1876~1910)』, 173~177쪽 참조.

39 일본, 청국 및 각국 조계지의 경계 획정을 그린 「제물포항각국 조계도」 등 관련 지도는 인천광역시립박물관, 2017, 『인천시립박물관 특별전-근대가 찍어낸 인천 풍경』 인천광역시립박물관, 28쪽 참조.

본 측은 조계지 확장을 요구했다. 일본 측은 인천 일본 조계에 관한 조약 제1조에 "만약 후일 조계가 다 찰 경우 조선국 정부는 새로 조계 지역을 확장해야 한다. 각국 사람들이 거류하는 조계에서 어느 곳을 막론하고 일본 상민은 마음대로 거주할 수 있다"는 내용을 그 명분으로 내세웠다. 이에 일본 전관 조계지 동쪽에 3,800여 평의 토지가 추가로 제공되어 인천 일본 조계지는 1만 1,000여 평으로 확장되었다. 그러나 영사관 부지와 제일은행 등 상업 용지를 제외하면 거주 면적은 협소하였으며, 상당수의 일본인은 일본 조계를 벗어나 청국 및 각국 조계에서 가옥과 대지를 빌려 생활하였다. 이 문제를 해결하기 위해 일본 측은 조계지의 추가 확장을 계획하게 되었다.[40]

일본 조계지의 추가 확장은 해안 매립 사업을 통해 이루어졌다. 일본 조계지 인접 지역에 청국의 전관 조계와 각국 공동 조계가 잇달아 설치되었기 때문이다. 해안 매립 사업에 대한 일본 측의 관심을 보여 주는 예로써 하야시 곤스케(林權助) 인천 영사는 매립 도면을 첨부하여 조계지 앞 해안을 매립해 3,900여 평의 토지를 확보할 것을 주장하였다. 매립 비용에 대해서는 일본 거류민이 부담하는 대신, 매립지 지세를 거류지 주거 개량에 사용하고, 일부를 공용지로 사용한다는 의견이었다. 그러나 이러한 계획은 1890년 2월 16일 개최된 인천의 거류지회(신동공사)의 반대에 부딪혔다. 거류지회에서 부결된 매립 사업은 1890년 12월 29일 각국 공사회의에서 다시금 논의되었으나 결국 동의를 얻는 데에는 실패하였다.[41]

---

40 '인천 일본 거류지 확장에 관한 주한 각국 사신 의정서'의 배경에 대해서는 『한일 조약 자료집(1876~1910)』, 214쪽 참조.

41 신동공사(紳董公社)의 구성과 운영 등에 대한 『제물포 각국 조계지 회의록』 내용은 박진빈·이영미 역, 2017~2020, 『제물포 각국 조계지 회의록』 1-2(인천학자료총서 17·

매립 사업의 추진 방식을 놓고 조선과 일본 양국의 입장은 달랐다. 일본 정부는 매립 공사비를 일본 측이 부담하며, 매립지의 등급을 하등지로 정하고, 10년 기한으로 매립지에서 징수하는 지세를 매립지 보수비에 사용하는 방식으로 진행할 것을 조선 정부에 요청했다. 그리고 부지 매매 방식은 조계에 일반적으로 적용하던 공매가 아니라 일본 거류지회에서 일괄 매입한다는 계획을 수립했다. 그러나 조선 정부는 사업자를 직접 선정해서 사업을 추진하고, 매립 비용을 공사원가에 포함시키며, 매립지를 공매에 붙여 매각하여 발생한 수익에서 비용을 제하는 방식을 계획했다. 이같이 일본 정부는 매립 사업 방식에 대해 조선 정부와의 대립 및 각국 공사의 반대에 직면하자 매립 사업의 명분을 조선의 동의를 통해 획득하려고 방침을 선회하였다. 1891년 2월 외아문독판 민종묵(閔種默)과 한성 공사 곤도 마스키(近藤眞鋤)가 합의하고, 인천 감리 및 인천 영사가 실무를 협의함으로써 매립 사업을 진행하기로 하였다. 그러나 매립 사업은 계획대로 신속하게 추진되지 못하였다. 사업을 추진해야 할 조선 정부가 서두르지 않았으며, 각국 공사들이 계속 반대하였다.[42]

이후 청일전쟁이 발발하고 전황이 일본에게 유리하게 전개되면서 인천에서의 일본 조계지 확장 논의가 다시 진행되었다. 1894년 9월 18일 일본 공사 오토리 게이스케(大鳥圭介)는 인천의 청국 조계를 일본 조계로 편입시키는 조계지 확장안을 외무대신에 상신하였다. 이에 17명의 청국 상인(華商)들은 영국 영사에 신변 보호를 요청하며 청국 조계를 빼앗으려

---

25), 보고서 참조.

42 박진한, 2016, 「1900년대 인천 해안 매립 사업의 전개와 의의」, 『도시연구: 역사·사회·문화』 제15호, 도시사학회, 60~67쪽 참조.

는 일본의 시도에 대항하였다. 청국 예정 조계지 일대에 대해 실지 조사를 행한 나가타키 히사키치(永滝久吉)는 청국 조계지 확보가 현실적으로 곤란함을 보고하였다. 그 대신 각국 조계와 인천공원 사이를 잇는 도로 옆 해안가에 있는 조선인 마을의 토지를 매입해 거류지로 삼자는 계획안을 제시하였다. 또 다른 대안으로 각국 조계 북쪽의 만석동 일대 갯벌을 매립하는 안을 제안하여 도시 하층 노동자들의 거주지로 개발하고자 하였다.

그러나 만석동 일대로의 조계지 확장안은 독일 영사 등의 강한 반대에 부딪혀 실현되지 못하였다. 만석동 일대를 특별히 일본 조계지로 삼는 것은 조계 외부로 조선리 10리 이내에 토지 소유 권리를 갖는 외국인의 권리를 침해한다는 것이 그 이유였다. 결국 만석동 일대로의 조계지 확장 계획도 실행되지 못하였다. 이후 명성황후 시해 사건, 아관파천 등으로 조일 양국 간 외교적 갈등이 심화하는 가운데 인천 조계지 확장을 위한 매립 사업은 사실상 중단되었다.

그러나 한편으로 인천항의 발달과 그로 인한 물동량 증가에 따라 상품 보관 및 하역 공간을 위한 매립 사업의 필요성이 제기되었다. 1897년 7월 6일 인천 영사 이시이 기쿠지로(石井菊次郎)는 일본의 매립 사업을 반대해 온 독일 영사와 여러 차례 회견을 통해 매립지 주택 건설을 최소화한다는 내용으로 독일 영사를 설득하는 데 성공하였다. 이에 더하여 이시이 기쿠지로 인천 영사는 미국 영사와도 접촉해 미국 측의 동의도 획득하면서, 1897년 11월 26일 각국 대표들의 동의하에 사업 승인을 얻는 데 성공하였다.[43] 그리하여 일본이 제안한 확장안에 대해 각국 대표들은 다음

---

43 '인천 일본 거류지 확장에 관한 주한 각국 사신 의정서'의 체결 과정에 대해서 『한일

의 조건 아래 승인하기로 하였다.

첫째, 일본 거류지는 향후 매립지를 확장하지 않는다. 둘째, 매립지는 창고, 혹은 공용으로 제공되는 건물 외에 상점, 주택 부지로는 사용하지 않는다. 이에 따라 체결된 의정서 내용은 매립지 규모를 비롯해 크게 4조항으로 구성되었으며, 매립 사업 주체와 관리를 일본 당국이 맡도록 규정하였다. 다만 매립 토지 내의 공공 도로는 사전 협의에 따라 외국 거류지회와 공동 관리하도록 하였다. 이러한 움직임은 청일전쟁 승리 후 다각도로 추진되었으며, 1897년 11월 26일 다음 내용을 담은 인천 일본 거류지 확장에 관한 주한 각국 사신 의정서(仁川 日本居留地 擴張에 關한 駐韓各國使臣 議定書)를 체결함으로써 실현되었다.

"1. 제물포 일본 거류지의 현재 해안으로부터 57m 떨어진 지역까지 매립한다. 매립지는 정면으로는 258m, 옆면으로는 57m이다.

2. 모든 작업은 일본인 거류지 당국이 담당하며, 필요한 경비 역시 (거류지)당국이 담당한다.

3. 새로이 확보되는 토지는 '조선국인천구조계약조(인천 일본 조계에 관한 조약)' 조항에 구속된다.

4. 새로이 확보되는 토지에 건설되는 공공 도로는 전염병이 발생했을 경우 폐쇄해서는 안 되며, 일본인 거류지회와 외국 거류지회의 공동 관리 하에 놓여야 한다."[44]

조약 자료집(1876~1910)』, 216쪽 참조. 일본의 조계지 앞 해안 매립 사업 구상과 세부 방안들에 대해서는 박진한, 2014, 앞의 논문, 55~91쪽 참조.

44 '인천 일본 거류지 확장에 관한 주한 각국 사신 의정서'의 내용에 대해서는 『한일 조약 자료집(1876~1910)』, 216쪽 참조. 이 의정서의 원문과 한글 번역문은 같은 책,

위와 같이 인천 일본 거류지 확장에 관한 주한 각국 사신 의정서가 체결된 후 매립 공사는 1898년 8월에 시작되어 이듬해인 1899년 5월에 완공되었으며, 약 4천 평에 이르는 매립지가 일본 조계지에 편입되었다.[45]

사업자 선정 및 매립지 매각 방식 등을 둘러싸고 조일 양국 간 갈등이 계속되자 일본 정부는 매립 사업을 거류민회에서 추진하는 방향으로 변경하였다. 이같이 조계지가 확장됨으로써 일본 조계지는 남쪽 인천항 주변에, 청국 조계는 일본 조계지 서쪽으로 인천역 일대까지, 그리고 각국 조계는 북서쪽 송월동 일대에 설치되었다.(아래 지도 1 참조)[46]

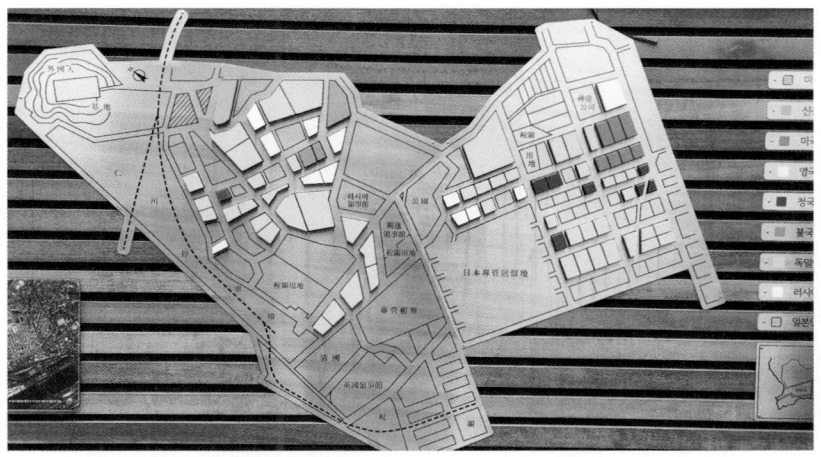

<지도 1> 개항기 인천시 내 각국 조계지를 표시한 안내도

출처: 인천시 차이나타운 내 위치한 인천개항장 근대건축전시관에서 (2022. 9, 필자 촬영).

212~213쪽 참조.
45 『한일 조약 자료집(1876~1910)』, 216쪽.
46 박진한, 2016, 앞의 논문, 66~68쪽; 김남희, 2018, 「포스트식민의 장소 만들기-인천을 중심으로」, 『도시인문학연구』 제10권 1호, 49~52쪽.

4. 맺음말

이상 본문에서는 근대 개항장 중 하나인 인천항 내 일본 조계지가 조일 간 관련 조약의 체결을 통해 지정되고 확대되어 나가는 과정을 살펴보았다. 인천항은 개항 이전부터 수도 서울(한성)로 가는 지리적 입지 조건으로 인해 중요시되었으며, 군사적으로 한강과 강화도를 방어하는 전략적 요충지로 인식되었다. 조선 정부는 인천 지역에 군영을 설치하고 포대를 구축하는 등 군사력을 강화하는 한편, 일본의 개항 요구에 강력히 반대하는 입장을 표명하였다. 일본은 조선의 연해안을 측량하면서 개항장 후보지를 물색하였다. 조선 정부는 인천이 서울과 가까운 군사적 요충지임을 들어 반대하고, 그 대신 경기도의 교동과 남양을 개항장으로 제시하였다. 그러나 하나부사 요시모토 대리공사는 제물포에 주목하여 조선과의 협상에서 강요하고 압박함으로써 인천이 개항장으로 선정되었다.

1876년 조일수호조규(강화도조약)의 체결 과정에서 일본 측은 조선의 항구를 개항한 후 그 안에서 일본인들의 거류지 설치를 염두에 두었다. 조선 정부도 개항장 선정과 통상 허가에 따라 일본인들의 거류지가 생기며, 그 경계를 어떻게 설정할 것인가에 대해 우려하였다. 결국 조일수호조규에 의해 부산 초량항 이외의 두 곳의 항구를 추가로 개항하기로 함에 따라, 이후 인천의 개항이 예상되었다.

1876년 8월 체결된 조일통상장정에서는 개항장 내 일본 상선의 입항 절차와 관리 규정들에 대해 합의하였다. 조일 간 협상 당시 미곡 수출입 문제를 비롯하여 개항장 인천에 오는 일본인의 거류 지역과 활동 범위를 어떻게 정할 것인가가 양국 간 쟁점이었다. 조일통상장정에서는 그 대상에서 일본의 군함이 제외되었으나, 조선의 세관(해관)이 설치되지 않은 상황에서 기본적으로 출입 선박을 관리할 수 있는 규정을 정한 것에 그 의의가 있다.

이후 1882년 8월에 체결된 조일수호조규속약에서 조선은 일본의 추가적인 대구, 함흥의 통상 지역 요구에 반대하고, 개항장 내 일본인의 유보 범위도 조선의 민심을 고려하여 추후 확장할 것을 제안하였다. 그러나 임오군란 사후 처리를 위한 조일 간 교섭 시 일본은 대구와 함흥의 통상 요구를 철회하고 조선 내지 여행에 관한 조항을 강하게 요구하였다. 결국 조선 정부는 임오군란 발발로 인한 일본인 피해에 대한 책임을 져야 하는 상황에서 불가피하게 개항장 유보 범위를 10리에서 100리로 늘리며, 일본 공사관원의 조선 내지 여행권을 허가함으로써 이후 일본인의 활동 범위가 크게 확대되었다.

1883년 1월 1일을 기해 인천항이 개항됨에 따라 일본 정부는 제물포를 개항지로 선정하고 상륙하여 조사를 감행했다. 일본인의 조계 지역을 구체적으로 지정할 필요성이 제기됨에 따라 조일 간 협상을 거쳐 1883년 9월 체결된 인천 일본 조계에 관한 조약에서 인천항에 외국인 조계지를 두며, 그중 일정 부분을 일본인 전관 조계지로 설정하였다. 이상 일련의 조약 체결 과정에서 보듯이 조선 정부가 인천에 대한 개항장 선정과 개항장 내 일본인들의 거주와 통상과 관련된 요구를 받아들이지 않을 수 없었던 배경에는 일본의 압력과 강요가 크게 작용하였다.

인천 내 일본 전관 조계지는 처음에는 약 7,000평으로 한정되었으나, 일본인들의 증가로 거주 면적이 크게 부족함에 따라 해안 매립 사업을 통한 조계지 추가 확장이 진행되었다. 이러한 일본의 조계지 확장 계획과 운영 방식은 해안 매립 방식에 대한 조일 양국 간 입장 차이와 인천 내 각국 공사의 반대로 지연되었다. 그 후 인천 내 조계지를 갖고 있는 각국 간

의견 조정을 통해 1897년 11월 일본 거류지 확장에 관한 주한 각국 사신 의정서가 체결됨으로써 약 4천 평의 해안 매립지가 이후 일본 거류지로 편입되었다. 체결 과정을 보면, 조선 정부의 반대와 관여에 의해 지연되었으며, 청일전쟁 이후 인천 내 조계지를 갖고 있는 각국의 이해관계에 의해 조정되는 양상을 띠게 되었다.

제9장
일본의 동해안 정탐 활동과 원산 개항

| 박한민 / 동북아역사재단 연구위원 |

1. 머리말
2. 1870년대 일본 군함의 함경도 지역 정탐·측량과 조선 현지의 대응
3. 1879년 대리공사의 조선 파견과 원산 개항장 설정
4. 맺음말

* 이 글은 『한국근현대사연구』 107집, 2023.12에 게재한 같은 제목의 원고에 자료를 수정·보완한 것이다.

1. 머리말

함경도 원산은 1876년 조선이 일본과 '조일수호조규'를 체결한 후 부산에 이어 두 번째로 개항한 지역이다. 개항 이전 조선 연안에 빈번하게 출몰하며 통상을 요구하고, 해도(海圖) 작성 정보를 수집하고 있던 러시아와 서구 열강에게는 '라자레프 항(Port Lazareff)'으로 잘 알려진 곳이다.

조일수호조규 제5관에서 조약 체결 후 20개월 이내에 5도 가운데 통상에 편리한 두 곳의 항구를 지정하도록 하였다. 1877년부터 조선에 파견된 대리공사 하나부사 요시모토(花房義質)는 군함을 타고 조선 연안을 오가며 저탄소(貯炭所)와 개항장으로 지정할 지역을 두고 조선의 강수관(講修官)과 협의하였다. 하나부사는 동해안에서 함경도 영흥만 내의 북청(北靑), 문천(文川)이나 송전(松田) 지역 등을 지목하였다. 강수관 홍우창(洪祐昌)은 조선 왕조를 개창한 태조(太祖)의 선조인 목조(穆祖)와 익조(翼祖)의 능묘가 위치한 곳임을 이유로 하나부사가 지목한 지역의 개방을 거부하였다. 1879년까지 2년 동안 조일 양국은 협상을 거듭하였다. 그 결과 1879년 8월 30일 '원산진개항예약(元山津開港豫約)'을 체결하고, 원산진을 이듬해 5월부터 개방하였다. 기본적인 거류지 설정과 '한행이정(閒行里程)'은 부산 사례를 준용하였다. 1881년 8월 4일 '원산진거류지조약서'를 체결함으로써 거류지 지조(地租)와 일본인 묘지 구역에 대한 설정까지 완료하였다.[1]

원산진을 개항장으로 설정하기까지의 교섭 과정, 원산진개항예약 내용은 오쿠다이라 다케히코(奧平武彦)와 다보하시 기요시(田保橋潔)부터 다

---

1 동북아역사재단 편, 2020, 『한일 조약 자료집(1876~1910)』, 동북아역사재단, 121~131쪽.

루기 시작하였다.[2] 이후로는 개항장 내 일본인 거류지의 성격을 어떻게 볼 것인가를 논하는 가운데 원산을 다룬 손정목(孫禎睦)과 고병운(高秉雲)의 연구가 있었다.[3] 다만 오쿠다이라와 다보하시가 활용한 자료를 넘어서서 원산 개항을 재조명한 연구는 찾기 힘들다.

    최근에는 재조 일본인 사회 형성과 관련하여 원산에 진출한 일본인 상회(商會), 원산 주재 일본 영사관에서 근무한 관리의 역할과 활동, 지역사회 동향을 규명하는 연구가 나왔다.[4] 원산항에 이주한 일본인들을 제도적으로 어떠한 단속규칙(取締規則)을 제정·정비해 나갔는지 '한행이정' 운영, 콜레라 유행에 따른 임시 검역 규칙 제정과 운영 양상을 다루는 방향으로도 진행되면서 연구의 외연이 넓어졌다.[5] 개항 후 원산 지역의 사회상을 규명하는 방향으로 연구가 이루어진 것이다. 하지만 다른 개항장과 비교하여 성과가 많이 축적된 편은 아니다. 개항장 선정과 거류지 정비 과정에서 원산 지역에 대한 정보가 어떻게 생산·유통되고 있었는지에 대하여 새로운 자료를 발굴·활용하지 않는다면 식민지 시기에 나온 선행 연구의 서

---

[2] 奧平武彦, 1937, 「朝鮮の條約港と居留地」, 『朝鮮社會法制史研究』, 京城帝國大學法學會(『朝鮮開國交涉始末』, 東京: 刀江書院, 1969); 田保橋潔, 1940, 『近代日鮮關係の硏究』 上, 京城: 朝鮮總督府中樞院(김종학 옮김, 2013, 『근대 일선관계의 연구』 上, 일조각).

[3] 孫禎睦, 1982, 『韓國開港期 都市變化過程硏究: 開港場·開市場·租界·居留地』, 一志社; 高秉雲, 1987, 『近代朝鮮租界史の硏究』, 東京: 雄山閣出版.

[4] 木村健二, 1989, 『在朝日本人の社會史』, 東京: 未來社; 李東勳, 2019, 『在朝日本人社會の形成: 植民地空間の変容と意識構造』, 東京: 明石書店; 이가연, 2020, 「개항장 원산과 일본 상인의 이주」, 『동북아문화연구』 63; 최보영, 2021, 「개항기(1880~1906) 원산 주재 일본 영사의 파견과 거류지 행정」, 『學林』 48; 박한민, 2022, 「함경도 방곡령 실시와 배상을 둘러싼 중앙 정계와 지역사회의 동향(1889~1893)」, 『歷史學硏究』 86.

[5] 박한민, 2014, 「개항장 '間行里程' 운영에 나타난 조일 양국의 인식과 대응」, 『韓國史硏究』 165; 박한민, 2020, 「1886년 조선 내 콜레라 유행과 개항장 검역」, 『醫史學』 29-1.

술 구도를 그대로 답습할 우려가 있다. 외무성, 육군과 해군, 부산 거류 일본인의 각 주체가 원산 개항 과정에 어떻게 관여하였고, 정보 교환과 동행, 청원 등을 통해 자신들의 입지를 다졌는지 당대에 생산된 문서를 토대로 검토할 필요가 있다. 이것은 '한국 병합' 이후 지방지(地方誌) 자료로 간행된 『원산발달사(元山發達史)』의 개항 초 원산 상황의 선별적 취사선택과 기억, 업적의 과장, 부정확성을 넘어서기 위한 작업이기도 하다.

원산 개항에 러시아의 남하를 대비하여 군사적 대응 요충지를 확보한다는 성격이 강하게 들어 있다는 점은 선행 연구에서도 많이 거론하였다. 군사 요충지로서의 위치와 성격을 어떻게 판단하고 있었는가에 대해서는 파견 군인의 정탐 활동에 기초한 측량도 제작, 1878년 조선 연안과 울릉도를 측량한 아마기함(天城艦)의 정탐 활동이 주목을 받았다.[6]

다만, '외방도(外邦圖)'라는 소재에 입각한 지리학적 접근과 생산된 지리 정보의 수집 양상이나 울릉도와 독도 측량에 초점을 맞추고 있기에 활동 전반을 다루었다고 보기 어렵다. 아마기함이 동해 연안을 항행하는 가운데 함경도 일대를 어떻게 파악하였는지, 함경도 관리와 지역민의 반응은 어떠하였는지를 규명하는 작업에서부터 출발해야 한다. 아마기함의 조선 북부 연안 정탐 자료는 일본 외무성 외교사료관과 방위성 방위연구소에 소장되어 있으며, 아시아역사자료센터를 통해 접근할 수 있다.[7]

아마기함 이전에 영흥만까지 올라가 정탐을 한 군함으로 운요함(雲揚

---

6   小林茂·岡田郷子, 2008, 「十九世紀後半における朝鮮半島の地理情報と海津三雄」, 『待兼山論叢』 42; 한철호, 2015, 「일본 수로국 아마기함(天城艦)의 울릉도 최초 측량과 독도인식」, 『東北亞歷史論叢』 50; 小林茂 編, 2017, 『近代日本の海外地理情報收集と初期外邦圖』, 大阪: 大阪大學出版會, 제3장.

7   『帝國軍艦天城號朝鮮國沿海測量一件』(アジア歷史資料センター, JACAR Reference Code: B07090444100). 이하 『天城號朝鮮國沿海測量』으로 줄여서 표기.

艦)과 류조함(龍驤艦)도 있었다. 일본 군함의 조선 북부 연안 항해와 정탐 활동이 개항장 입지 선정에 미친 영향은 파견 함선의 항해일지와 보고서로부터 출발할 필요가 있다.[8] 이들이 수집한 정보는 개항장 교섭을 위해 조선에 파견된 외무성 관리에게 참고 자료로 바로 공유되었다. 이것은 개항장 입지 선정에 활용되었다. 그러한 만큼 측량과 정탐 정보의 전달과 가공 과정, 여기에 관여한 인물들이 누구였고, 어디에서 연결고리를 가지고 있었는지를 추적해야 한다.

1879년 조일 양국이 원산 개항 건으로 주고받았던 공문과 부속 지도는 『명치12년 대리공사 조선사무시말(明治十二年代理公使朝鮮事務始末)』 4권 「원산개항」 편에 실려 있다. 당시 조선에 파견된 일본 군함의 함장과 대리공사 간의 왕복 공문, 함선별 승선자 명단 등의 정보가 남아 있으므로 활용 가치가 높은 자료다.[9]

원산진 일대 측량과 개항장 설정 과정에는 육군 참모본부(參謀本部)의 가이즈 미쓰오(海津三雄) 중위와 해군 수로국(水路局)의 요시다 시게치카(吉田重親) 중위가 관여하였다. 요시다는 다이니테이보함(第二丁卯艦)으로 도한해 1875년 7월 아오키 스미사네(靑木住眞)와 「조선국부산항(朝鮮國釜山港)」을 제작하였다.[10] 가이즈는 조선 북부 지역을 육로로 다니며 정탐을

---

8   『元山發達史』에서는 운요함사건에서부터 시작하여 조선을 개항하고, 1879년 대리공사 일행과 일본 상인들이 다카오마루(高雄丸)를 타고 원산에 건너가 전관거류지 지점을 선정하고, 1880년 5월 23일 원산진을 개항하게 된 과정, 「원산진개항예약」을 소개하는 정도에서 그쳤다. 高尾新右衛門 編, 1916, 『元山發達史』, 大阪: 啓文社, 5~11쪽.
9   전체 18권으로, 원본 책자는 국사편찬위원회 사료관에 소장되어 있으며, 마이크로필름으로 관내 열람할 수 있다. 이하에서 이 자료는 『代理公使事務始末』로 줄여서 표기.
10 해도 번호는 '제60호'이며, 일본 국립공문서관 등에 소장되어 있다. 小林茂 編, 『近代日本の海外地理情報收集と初期外邦圖』, 50~51쪽.

하였고,「원산항거류지지도(元山港居留地之圖)」와 같은 측량도를 제작하였다. 그가 그린 원산진 거류지 입지에 기초하여 진입한 일본 상인들의 명단과 활동상은 당시 발행되는 여러 일본 신문에 잘 나타나 있다.『원산발달사』같은 자료에서 보기 어려운 원산진 진출 초기의 생생한 모습을 포착하는 데 적합하다.

이 글에서는 당대에 간행된 1차 자료를 발굴, 활용하여 원산진 개항과 거류지 정착 과정에 관여한 여러 주체의 활동을 살펴보려 한다.

2. 1870년대 일본 군함의 함경도 지역 정탐·측량과 조선 현지의 대응

1) 운요함의 1차 조선 도항과 영흥부 정탐

「조선국회항잡지(朝鮮國回航雜誌)」는 1875년 7월 해군 소위 다쓰미 겐(立見研), 쓰노다 히데마쓰(角田秀松), 소위보 진구지(神宮司純粹)가 작성한 항해일지다.[11] 1875년 6월 22~23일 기사에 운요함이 함경도 영흥부 지역('라자레프항')에 들러서 상륙, 조사를 실시한 정황이 실려 있다.

운요함은 6월 22일 오전 8시 15분 영흥부에 도착하였다. "이곳 항구는 함경도 영흥부 지역으로, 큰 하천으로부터 동쪽은 영흥으로, 서쪽은 문천읍"이 이어진다. 운요함장은 "우선 제반 사항을 검사하고 탐구(撿究)하

---

11 「朝鮮國回航雜誌」,『明八 孟春雲揚 朝鮮回航記事』(日本 防衛省 防衛研究所 所藏). 이하에서 이 자료를 인용할 때는 「朝鮮國回航雜誌」 페이지 하단마다 기재된 컷 고유번호를 병기한다.

려고 항만 내와 하천 측량, 지리와 토지 풍토, 식용품, 식수 등까지 각각 사관으로 하여금 수색하고 검사"하도록 명하였다. 승선 장교들이 보기에 이곳은 '추요(樞要)한 지역'이지만 병비가 엄중하지 않았고, "항만 내 정면은 광막한 불모지"였다. 조선 측은 이들의 연안 상륙을 거절하였다. 그런데도 상륙하자 지역민들이 몰려와서 일본인들의 의복을 구경하면서 주위가 번잡해졌다. 조선인들은 각종 물품을 달라고 요구하였다. 일본 병사들이 건면 같은 것을 바닥에 던져주자, 조선인들은 이것을 집어 갔다. 이를 보고 "우매하고 비열, 추한 모습에 웃음을 참을 수 없다"면서 조선인들의 행동을 부정적으로 묘사하였다.[12]

한편으로 다쓰미와 쓰노다, 진구지는 주변 산에 올라가 약도를 작성하였다. 이들은 항구와 하천 3리 정도를 돌아다니면서 측량을 계속하였다.

> 이 지역은 지질이 양호하여 평지가 많고, 인심이 유약하다. 또한 군비가 없다. 땔감은 약간 부족하나 소와 말, 닭과 돼지가 많다. 보리와 소금은 병사에게 충분히 지급할 수 있다.[13]

식수는 서쪽 산기슭에 충분히 있고, 우마(牛馬)는 유사시 "식용으로 충당하기에 충분"할 정도라고 판단하였다. 운요함 승선자들은 지역과 거주민에 대한 인상을 불결함과 나태함, '야만의 기풍'이 있다고 기록하였다. 육지에 올라간 이들은 지역에서 생산되는 물산으로 정어리와 굴(蠣) 등을 확인하였다. 이것을 연초와 현물로 교환하였다. 이들이 상륙함에 따라 현

---

12 「朝鮮國回航雜誌」, 1862~1863.
13 「朝鮮國回航雜誌」, 1864.

지의 지방관은 문정하러 운요함을 방문하였다.

> 조선 지방관: 어느 나라의 함선, 어느 나라 인물인가? 어째서 여기에 왔는가?
> 운요함 장교: 대일본제국 군함이다. 외국에 파견한 우리 인민을 보호 하기 위해서 각국에 순항하고 있으니, 조금도 의심하는 생각을 하지 말라.[14]

위와 같은 담화를 하면서 조선 측은 어느 나라 배가 영흥부에 들어왔는지 파악하였다. 이방인들이 접근해 오자 지역민들 가운데 부녀자는 도망가 숨었다. 일부는 집을 비우기도 했다. 운요함 승선자들이 영흥부에 상륙해 있는 동안 지역 내 조선인 가옥에서 화재가 발생하였다. 운요함 승선 병력은 보트를 타고 상륙하여 배에 탑재하고 있던 펌프를 동원하여 화재를 진압하고, 가재도구를 꺼내올 수 있도록 도움을 주었다. 또한 화재로 피해를 입은 조선인 부부에게 "실로 불쌍함을 참을 수 없었기 때문"에 약간의 금전을 일종의 위문금으로 전달했던 것 같다. 이를 통해 "흡사 조선 전국의 환심을 거둘 수 있는 것"처럼 도움을 받은 조선인이 기뻐하는 모습을 일지에 남겼다. 화재로 피해를 당한 조선인은 다음과 같은 감사 서한을 써서 도와준 운요함 장교에게 보냈다.

당가(當家)의 성명은 김성복(金成福). 삼가 조선국 함경도 영흥부 해진(海津)의 천민입니다. 뜻밖의 화재였는데, 일본국 인민이 타국 천민에

---

14 「朝鮮國回航雜誌」, 1865.

게 청동 200전으로 구조하였습니다. 은혜를 갚을 물건이 없기에 면목이 없습니다.[15]

운요함은 송전만에서 6월 25일 오후에 출항하였다. 부산포로 귀항하던 중 경상도 영일현에 잠시 기항하였다. 사관들은 여기에도 상륙해 정탐하였다. 영일만 지역에 대해서도 이들은 "인기와 풍토 등의 일체가 라자레프 등과 다르지 않았다"라고 평가하였다.[16] 1차 조선 도항 활동을 마치고 나가사키로 귀항한 운요함은 같은 해 9월 20일 강화도로 2차 도항을 하여 조선 측을 도발하고 강화도와 영종도 일대를 공격하는 운요함사건을 일으켰다.[17] 그 후에 잘 알려져 있듯이 구로다 기요타카(黑田淸隆)를 전권대신으로 한 사절을 조선에 파견하고, 1876년 2월 조일수호조규를 체결하였다. 이를 통해 부산 외에 두 곳을 개항장으로 추가 선정하기로 합의하였다.

2) 1876년 류조함의 북부 연안 항해와 미야모토의 개항장 입지 판단

조일수호조규 체결 후 통상과 관련된 후속 사항을 논의하기 위해서 이사관(理事官) 미야모토 오카즈(宮本小一)가 조선에 건너왔다. 미야모토는 구로다 전권대신을 수행하여 이미 같은 해 1~2월 조선에 체류하던 중 신헌(申櫶)과 만난 적이 있었다. 그는 구로다처럼 러시아가 남침할 야욕

---

15 「朝鮮國回航雜誌」, 1819.
16 「朝鮮國回航雜誌」, 1870.
17 운요함의 두 차례에 걸친 조선 도항과 활동은 다음 연구를 참고. 박한민, 2023, 「1875년 운요함(雲揚艦)의 조선 연안 정탐 활동과 신문 보도」, 『韓國史硏究』 202.

으로 영흥을 점령할 가능성을 제기하였다.[18] 동시에 「조선전도(朝鮮全圖)」 와 「아시아동부여지도(亞細亞東部輿地圖)」를 조선 측에 전달하였다.[19] 이 때 영흥부 내의 개항을 희망한다는 의향을 밝히면서 '홋카이도(北海道) 운수의 편리함'과도 연결하여 사단을 일으키는 러시아인을 단속할 수도 있다고 발언하였다.[20] 이와 같은 러시아 위협 강조론을 정부 기관지『도쿄니치니치신문(東京日日新聞)』에서도 같은 논조로 보도하였다.[21]

강수관(講修官) 조인희(趙寅熙)는 미야모토와 12차례 회담을 하고, 8월 24일 '조일수호조규부록(朝日修好條規附錄)'과 '무역규칙(貿易規則)'을 체결했다. 미야모토는 조선 정부에 각종 물품을 증정하였다. 여기에는 「아시아도(亞細亞圖)」, 「조선전도」, 「아시아동부도(亞西亞東部圖)」, 「조선동해안도(朝鮮東海岸圖)」와『만국공법(萬國公法)』,『여지지략(輿地誌略)』같은 최신 자료가 들어 있었다.[22] 이것은 8월 2일 차비관 고영희(高永喜)를 통해 예조판서에게 보냈다.[23] 여기에 나오는 「조선전도」는 1875년 11월 육

---

18 조일수호조규 체결 후 주일 영국 공사 파크스와 만난 자리에서 구로다는 이 점을 조선에 분명하게 전했다고 말했다. 石井孝, 1982,『明治初期の日本と東アジア』, 東京: 有隣堂, 370쪽.

19 신헌 지음·김종학 옮김, 2010,『심행일기』, 푸른역사, 295쪽.

20 「朝鮮國ヨリノ答禮使, 通商章程, 露國ノ南下等ニ關スル件」,『日本外交文書』卷9, #30 128쪽. 1876년 2월 27일「조일수호조규」조인식을 마친 후 미야모토, 노무라 야스시(野村靖)가 강화부(江華府)에 남아 신헌과 면담한 기록의 후반부에 담긴 내용이다.

21 石井孝,『明治初期の日本と東アジア』, 375쪽.

22 「贈品目錄」,『宮本大丞朝鮮理事始末』第2卷(Ref. B03030157900: 0232~0233).『여지지략』은 우치다 마사오(內田正雄)가 간행한 세계지리서다. 이 책자에 수록된 내용 가운데 일부는 1883년 일본 게이오기주쿠(慶應義塾)에서 유학을 마치고 귀국한 유길준이 발췌하고, 조선 입장을 서술에 반영하여『世界大勢論』으로 소개하였다. 박한민, 2013,「유길준(1883),『世界大勢論』의 전거(典據)와 저술의 성격」,『韓國史學報』53.

23 「朝鮮理事日記」8월 2일,『宮本大丞朝鮮理事始末』第四卷(Ref. B03030154800).

군 참모국(參謀局)에서 편찬하고 1876년 육군문고(陸軍文庫)로 출판한 지도일 것이다.[24] 「조선동해안도」는 1857년 러시아가 측량한 지도를 번역하여 1876년 일본 해군성 수로료(水路寮)에서 간행한 것으로 보인다. 조약 체결을 마치고 8월 25일 떠나기 전 미야모토는 지구의(地球儀)를 가지고 세계 형세를 논하면서 "북쪽 이웃과 우호의 교제를 하여 흔단을 열지 말아야 함"을 재차 강조하였다.[25]

부산 이외에 개항장을 측량하고 설정하는 건도 논의 안건이었다. 8월 23일 미야모토는 개항장 입지 측량 시 "해로로만 하고 육로를 거절하면 편리하지 않으므로 근방 육로로도 가서 측량하도록 하면 좋겠다"는 입장을 조인희에게 전달하였다.[26]

그는 이해 11월 「조선 두 지역 개항의 설(朝鮮二處開港ノ說)」이라는 문건을 작성하였다. 이 문서는 이듬해부터 대리공사로 조선에 파견된 하나부사에게도 전달되어 참고 자료로 활용되었던 것 같다.[27] 그는 지도를 놓고 볼 때 동해안 북부 지역에서는 영흥부(永興府)가 좋은 항구의 입지를 갖추고 있다고 판단했다. 류조함에 승선해 이 지역을 개략적으로 측량한 구로오카 다테와키(黑岡帶刀) 해군 중위는 "항만 중 문천군(文川郡) 송전(松田)이라 칭하는 지역이 큰 선박의 정박에 가장 편리하다"라고 조언했다.[28]

---

24 奧平武彦, 「朝鮮の條約港と居留地」, 52쪽.

25 「朝鮮理事日記」 8월 25일, 『宮本大丞朝鮮理事始末』 第四卷 (Ref. B03030154800).

26 「明治九年八月二十三日午後六時三十分講修官來リ理事官ト對話」, 『宮本大丞朝鮮理事始末』 第3卷 (Ref. B03030154300: 0194).

27 宮本小一, 「朝鮮二處開港ノ說」, 『花房文書』 丙 (국립중앙도서관 고문헌실 소장); 「朝鮮二處開港ノ說」, 『宮本大丞朝鮮理事始末』 第5卷 (Ref. B03030156000).

28 외무성은 이해 5월 2일 해군성에 류조함의 블라디보스토크 파견에 이어 '조선 연해 측량 건'이 있다면 조선 정부에 조회해야 하는 문제가 있으므로, 이 작업을 하는지 문

류조함은 러시아 블라디보스토크와 포시에트 근방에서 조선 근해로 항해하며 '실지 연구'를 할 목적으로 1876년 4월 13일 요코하마(橫濱)를 출항, 6월 24일 나가사키로 귀항한 함선이었다.[29] 홋카이도 무로란(室蘭)과 하코다테(函館)를 거쳐 블라디보스토크로 건너간 다음 조선 북부 연안을 거쳐 나가사키로 돌아가는 항로였다. 이때 작성된 「조선항해잡지(朝鮮航海襍誌)」와 「조선반도 동해안기(朝鮮半島東海岸記)」는 이듬해 5월 외무대서기관 하나부사가 참고하기 위해 해군성으로부터 대여하였다.[30] 후자는 러시아 주재 전권공사 에노모토 다케아키(榎本武揚)가 1855년 발간된 『러시아 해군일지(露國海軍日誌)』 제15권 제1호 수록 기사를 가와무라 스미요시(川村純義) 해군대보에게 번역해 송부한 것으로, 『수로잡지(水路雜誌)』에 전문이 실려 있다.[31]

의하였다. 이틀 후 해군 비서관은 "러시아령 블라디보스토크에서 조선 근처를 항해하면서 실지 연구로 파견하는 일에 측량은 없다"라고 회신하였다. 해군의 답변과 달리 미야모토가 구로오카의 경험담을 채록한 기록에는 류조함의 '측량'이 있었음을 보여준다. 류조함이 남긴 항해일지와 측량 기록의 발굴과 검토는 추후 과제다. 1876년 5월 2일 外務大少丞→海軍祕書官 및 1876년 5월 4일 海軍祕書官→外務大少丞, 「露國領ポシエット、ウラジオストック辺海路研究ノ爲龍驤艦航行一件」(Ref. B07090378400: 0267~0268).

29 明治九年 七月 六日, 「第一 沿革」(Ref. A07062089300); 龍驤艦實地研究ノ爲メ航海 海軍省屆, 「龍驤艦朝鮮海へ廻航」(Ref. A01000041300).

30 1877년 4월 30일 花房 外務大書記官→海軍大輔 代理 海軍少將 中牟田倉之助, 「外出 223 榎本公使より送付の朝鮮日記其他貸渡の義に付外務省へ回答」(Ref. C09100253200); 1877년 5월 2일 事務課長→外務書記官, 「外務省 朝鮮海岸圖に屬する日記等借用云々回答」(Ref. C06090645400); 1877년 5월 2일 水路局長 柳楢悅→海軍大輔 代理 海軍少將 中牟田倉之助, 「水路局 榎本公使訳朝鮮雜誌の義に付上申」(Ref. C06090676100); 小林茂 編, 『近代日本の海外地理情報收集と初期外邦圖』, 56~57쪽. 구로오카의 류조함 승선 사실은 그의 현 근무처를 문의하면서 외무성과 해군성이 주고받은 문서에서 확인할 수 있다.

31 海軍 水路局, 1876, 「摘譯 露國海軍日誌 第15卷 第1號」, 『水路雜誌』第8號, 1~65쪽.

구로오카와 접촉한 지방관 김창희(金昌熙)는 조선 태조의 묘소가 50리 정도 가까이 있기에 영흥부를 개항할 수 없다며 개방 요구를 거절하였다. 조선 관리들은 대안으로 전라도 흥덕(興德) 서포(西浦), 강원도 통천(通川)을 제시하였다.

새로 제시된 두 곳을 지도상으로 확인해 본 미야모토는 "지명과 위치가 정확하지 않으며" "서양형 선박을 수용하기에 편리한지 여부를 알 수 없다"라고 보았다. 개항장으로 선정하려면 해군의 측량선을 파견하여 "이 지역의 탐색을 충분히 수행한 다음에 좋고 나쁨을 논의"해야 했다. 영흥부에 대해서는 기본적으로 "몰래 지리를 파악하고", 조선인들에게 태조묘(太祖墓)에 접근하지 않는다는 확실한 증거를 보여 주어 신용을 얻게 된다면 영흥부 개방을 들어줄 수도 있다고 전망하였다.

또한 홋카이도 오타루항(小樽港)처럼 이 지역에도 청어잡이로 '천금의 이익'을 얻을 수 있는 풍부한 물산이 있으므로 봄과 여름에 도항하려는 상인들이 있을 수 있다고 보았다. 다만 이 지역은 "북풍과 해상의 파도, 엄혹한 추위를 감당할 수 없는" 계절상의 제약이 있었다. 가라고 명하지 않는다면 여기까지 가기를 "선호하는 자는 희박"할 수 있기에 급히 추진하기란 어려울 수 있다고 전망하였다.

미야모토는 지도, 영흥부 지역을 파악한 군인의 경험담에 기초하여 영흥부를 개항 적합지로 눈여겨보았음을 알 수 있다. 하나부사는 특히 송전만이 "좋은 항구임은 영국과 러시아의 측량도에서도 나타나고, 우리 군함이 일찍이 갔던 일도 있어 의심할 바 없었기에 여기를 개항하기로 신청"하였다고 회고하였다.[32]

32　花房義質, 1890, 「朝鮮開港ノ始末」, 『國家學會雜誌』 第4卷 第37號, 152쪽.

영흥만 일대의 지리를 정교하게 탐색하면서 좋은 입지의 개항장을 찾아야 한다는 판단은 1878년 조선으로 파견된 아마기함(天城艦)의 "전문적 측량 종사"로 이어졌다.³³

3) 아마기함의 함경도 연해 측량과 지역 조선인의 대응

1878년 4월 23일 아마기함에는 요시다 해군 중위 외 장교 3명이 승선하였다.³⁴ 5일 후 가이즈 미쓰오 육군 소위도 합류하였다.³⁵ 육·해군 측량 장교가 모두 탑승한 아마기함은 28일 당일 시나가와(品川)를 출발하였다. 부산에 잠깐 들른 다음 5월 9일 함경도로 향하였고, 다음날 원산진에 도착하였다.³⁶ 동해 연안을 따라 함경도까지 올라가 측량하도록 명령을 받은 아마기함의 파견 목적은 「측량선파출목적(測量船派出目的)」이란 문건에 상세히 나온다.³⁷

---

33 花房義質,「朝鮮開港ノ始末」, 152쪽. 하나부사는 여기서 아마기함을 '반조함(磐城艦)'으로 오기(誤記)하였다. 아마기함은 요코스카(橫須賀)에서 1875년 9월 9일 기공, 1878년 4월 4일 준공한 목재 군함이다. 돛대 3개, 길이 205ft, 너비 30ft, 배수량 926톤, 720마력의 사양이었고, 승선 인원은 164명이었다. 海軍有終會 編, 2018, 『幕末以降帝國軍艦寫眞と史實』, 東京: 吉川弘文館, 26쪽.

34 城4第34號 1878년 4월 23일 松村安種 天城艦長→伊東祐麿 東海鎮守府司令長官「履入734 吉田中尉外9名進退の件東海鎮守府屆」(Ref. C09112941600).

35 城4第43號 1878년 4월 28일 松村安種 天城艦長→伊東祐麿 東海鎮守府司令長官「履入734 吉田中尉外9名進退の件東海鎮守府屆」(Ref. C09112941600).

36 한철호,「일본 수로국 아마기함의 울릉도 최초 측량과 독도 인식」, 22쪽.

37 「測量船派出目的」,『天城號朝鮮國沿海測量』(Ref. B07090444300). 이 자료의 주요 내용은 한철호의 논문 20~21쪽에도 소개되어 있다.

1. 일본해(日本海 - 원문 그대로. 동해를 가리키는 일본 측 표현)의 수비를 굳게 하고, 또한 이 바다의 항해를 안전하게 하며 무역을 흥륭하도록 하는 데는 <u>조선 동안(東岸)에서 안전한 항만으로 출입, 정박할 자유를 얻어두어야만 한다.</u>
1. 블라디보스토크항(浦潮港)과 나가사키(長崎), 하코다테(箱館)를 해마다 다니는 선박 수가 증가하고 있다. <u>통항하는 선박이 점차 융성해짐에 따라 조선 동안의 좋은 항구는 더욱 불가결해진다.</u>
1. 위 조항의 목적에 상응하는 함경도 송전(松田)의 항구(라자레프)는 조선 정부에게 지장이 있어서 개방을 수긍하지 않기 때문에 지금 곧바로 개방하기란 어렵다.
1. 위의 송전을 대신하여 원산진(元山津)을 통해 하는 일은 조선 정부에서 바라고 있기에 <u>이번에 이 지역을 실검(實檢)하고, 개항에 적합한지 아닌지를 정하는 일은 올해 항구 탐사의 첫걸음이다.</u>
1. 「조선전도(朝鮮全圖)」에 따르면, 원산진은 '브로튼만(Broughton Bay)', '라자레프' 외항(外港)의 외부에 있는 것 같다. 과연 그러하다면 큰 선박의 계박(繋泊)에 편리하지 않을 듯하다. 그러할 때는 '라자레프' 외항의 내부 덕원(德源)의 경내에서 좋은 항구를 탐색해야 한다. 이것은 원산으로 한정하지 말고, 덕원 경내로 한다면 조선 정부에서 이의가 없을 터이다.
1. 함경도에서 북청(北青)을 개방하고 싶다는 의사는 원래 조선 정부가 말을 꺼냈다. 그 말에 따르면 번창하는 좋은 항구가 된다고 들었다. <u>과연 그러한지 아닌지는 실검하여 원산진과 비교하는 데 제공하지 않을 수 없다.</u> (밑줄은 인용자)[38]

---

38 「測量船派出目的」, 『天城號朝鮮國沿海測量』.

이 자료에서 잘 드러나듯 일본 정부로서는 아마기함을 통해 원산진 지역을 실지 답사하고 개항 적합 여부를 판단하는 일이 '올해 항구 탐사의 첫걸음'이었다. 조선 정부는 '라자레프항'으로 알려진 함경도 송전보다는 북청이나 원산진을 개방하는 편이 좋다는 입장이었다. 일본 측은 덕원부 곳곳을 측량하고 비교하는 작업을 통해 개항장을 물색하려 했다. 블라디보스토크와 나가사키, 하코다테 사이를 정기적으로 왕복하는 선박의 숫자가 증가하는 가운데, 조선 북부에 새로운 개항장을 설정함으로써 이 지역과 항로를 연결해야 할 필요성이 대두하고 있었다. 동해 연안을 항해하여 러시아까지 가기 위해서는 조선 북부 지역에서 중간 기착지를 확보해야 했다.[39] 따라서 아마기함이 함경도에서 개항장으로 탐색할 곳은 원산진과 북청이었다.

개항장 물색을 위한 측량 외에도 파견지에서 파악해야 할 세부 사항은 항목별로 다양하였다.[40] 이들은 식수와 식량 등 기본적으로 확보할 수 있는 품목부터 주변 지형과 생태, 도로와 교량 등의 기본 인프라, 번화한 지역과 호구 수, 지역민의 직업과 특산물까지 여러 정보를 폭넓게 수집하라는 지시를 받았다. 세부 조사 항목은 다음과 같다.

---

39 1858년(安政 5) 제작, 1862년 2월 일본 요코하마에서 간행된 「萬國航海圖(A map of the World)」(국립중앙도서관 소장)에는 대한해협에서 동해를 가로질러 러시아로 향하는 항로가 그려져 있다. 이 항로를 보면 울릉도 남단을 지나쳐 오키노시마(隱岐島) 부근을 경유한 다음, 노토(能登)곶 부근에서 러시아 방향으로 직진해서 올라가고 있다. 조선 북부 연안으로 항해할 수 없던 시기에 동해상으로 블라디보스토크 지역까지 선박을 어떻게 운항하였는지를 확인할 수 있는 자료로 보인다. 1870년대 상하이-나가사키-블라디보스토크 정기항로의 운항 경로가 어떠하였는지는 좀 더 면밀하게 검토해 볼 필요가 있다.

40 「測量船派出目的」, 『天城號朝鮮國沿海測量』(Ref. B07090444300: 0071~0073).

1. 땔감과 물, 식료 등을 얻기에 쉽고, 또한 어떠한 물질을 어떻게 얻을 수 있는가?
1. 해안 근방의 지질과 지형
1. 초목(草木)의 종류, 대소, 다과
1. 지역민(土人)의 상선과 어선 출입 유무, 다과 및 매매품 및 그 다과
1. 소재 시(市), 부(府), 촌락에 가옥이 들어선 마을 모양과 호수(戶數) 인원
1. 근방에 번화한 지역의 유무와 그 거리, 그리고 도로와 교량 등 거마(車馬)의 감당 여부 등 무릇 운수의 편리 여부
1. 소재한 인민 다수가 어떠한 일에 종사하는지 여부, 특별한 물산의 존재 여부[41]

1878년 7월 4일 스미나가 다쓰요시(住永辰姿)는 원산진과 북청 조사 보고서를 제출하였다. 그는 외무 9등속으로 가이즈와 함께 함경도 일대를 시찰한 자였다.[42]

그가 둘러본 함경도 지역에서는 땔감으로 소나무를 많이 사용하고, 미곡이 적은 편이라 대두와 소두, 보리 등을 주식으로 삼는다고 하였다. 전라도와 경상도에서 싣고 온 미곡과 목면을 원산진에서 함경도 생산물인 소금과 대두, 다시마[昆布], 명태와 거래한다고 했다. 지역민들은 여객과 도매상을 업으로 삼아 상업 활동에 종사하는 자들이 많았다. 원산은 각지에서

---

41 「測量船派出目的」, 『天城號朝鮮國沿海測量』.
42 이 두 명이 전체 153명으로 구성된 아마기함에 승선해 같이 활동했다는 사실은 부산 관리관이 동래부사에게 통보한 문서에 나온다. 1878년 5월 6일 署管理官 副田節一東萊府使 尹致和, 『天城號朝鮮國沿海測量』; 『日本外交文書』 卷11, #144 附屬書1, 291쪽.

모여든 상인들이 많이 거주하는 지역인데, 소와 돼지를 가옥에서 같이 키워 냄새가 많이 난다고 묘사하였다. 덕원부에는 3,600여 호, 문천군은 2,500여 호, 안변에는 8,000여 호가 있었다. 북청의 특산품은 명태였다. 이 지역에서 잡은 명태를 큰 선박 100척 정도에 적재하고 경상도 창원과 사천, 포항으로 내려가 거래하였다. 단천(端川), 삼수(三水), 갑산(甲山) 지역에서 사금(砂金)을 채취하며, 은이 생산되는 지역도 있다고 기록하였다.[43]

스미나가가 파악한 함경도 지역 내 환경과 물자, 상업과 어업 등의 내역은 아마기함장 해군 소좌 마쓰무라 야스타네(松村安種)가 기록한 「원산진지방경황견문기(元山津地方景況見聞記)」에도 나온다.[44] 여기에 스미나가 보고서보다도 원산진에 대한 좀 더 상세한 정보가 담겨 있다.

원산진은 덕원부에서 2리 떨어져 있고, 대략 1,500~1,600호의 인가가 있었다. 거주민의 대부분은 농업과 어업에 종사하며, 상업이나 공업에 종사하는 자는 적었다. 땔감과 주식, 식용 동물, 목재와 조류 등의 소개는 스미나가의 보고와 같다. 상선이나 어선은 평상시 24~25척에서 30척까지 항구에 계박해 있으며, 하루에 상선은 2척 반, 어선은 18척 정도 왕래하였다. 가옥 근처에서 소와 돼지를 사육하며, 시가 안의 도로는 가축의 분뇨가 여기저기 흩어져 있어 '심히 불결'하고 "악취가 코를 찌르고 통행할 수 없다"라고 묘사하였다. 지역민은 관리와 인민 모두 "외국인을 기휘(忌諱)하는" 기색이 있고, 제반 사항에 대하여 말하지 않으려는 습성이

---

43 1878년 7월 4일 住永辰叟 報告書, 『天城號朝鮮國沿海測量』.
44 아마기함장 마쓰무라 야스다네가 해군성 폐지에 정서하고 날인하여 제출한 정본이 존재한다. 외무성에서 이 문건을 필사한 사본이 『天城號朝鮮國沿海測量』에 실려 있다. 「天城艦朝鮮國咸鏡道各湾測量済の義外務省通牒(2)」(Ref. C09101535600: 0509~0518).

있다고 보았다. 다만 100명 가운데 1명 정도는 말을 붙여볼 수 있는 자가 있으므로, 그를 통해서 지역 내 사정을 탐색할 수 있다고 덧붙였다.

마쓰무라 함장은 북청 지방의 신창포(新昌浦)와 신포(新浦) 두 곳까지 둘러보면서 지역별 호구 수, 주요 산물(명태, 소금), 주요 생업, 남도병마절도사(南道兵馬節度使) 주재 등의 현황을 파악하였다. 그는 원산진과 송전, 북청 지역을 비교해 보았을 때 원산진이 "함경도에서 가장 번화한 지역"이자 "여러 지방에서 제반 물품이 폭주"하기에 개항장 입지는 '송전〈신포〈원산진' 순이었다.[45] 원산진이 고베(神戶), 효고(兵庫)처럼 넓은 항구라고는 할 수 없지만, 함경도 내 세 항구 가운데 '번화한 지역'이자 덕원, 안변, 문천과도 가까워 개항지로는 '우등'이라고 평가하였다.[46]

가이즈도 이 근방의 입지 조건을 고베와 비교하였다. 다만 조선이 일본처럼 부강하지 않기 때문에 앞으로 고베항처럼 부강해질지는 장담할 수 없다고 보았다.[47]

1878년 5월 중순과 하순에 걸쳐 아마기함이 영흥만 일대에서 정박하면서 일자별로 측량한 과정과 여기에 관여한 장교들의 활동상은 「조선국해안측량일지(朝鮮國海岸測量日誌)」에 담겨 있다. 수로국(水路局)에서 출장을 나온 사관들과 함께 활동하며 측량 작업을 보조한 아마기함 승선 장교는 해군 대위 야마즈미 나오키요(山澄直淸) 외 소위 3명이었다.[48] 5월

---

45 1878년 6월 海軍少佐 松村安種 「元山津地方景況見聞記」, 『天城號朝鮮國沿海測量』.
46 1878년 6월 海軍少佐 松村安種 「朝鮮國東岸水路誌」, 『天城號朝鮮國沿海測量』.
47 海津三雄, 1880, 「元山津之記」, 『東京地學協會報告』 1-9, 3쪽.
48 城土號外1 1878년 11월 10일 天城艦長 松村安種→東海鎭守府司令長官 伊東祐麿, 「天城艦山澄大尉外 3 名慰勞金下賜の義鎭守府上請」(Ref. C09101489400). 소위 3명 중 시마자키 요시타다(島崎好忠), 우에무라 나가타카(植村永孚)는 향후 장성으로 승진했다.

29일에는 오전 7시 20분부터 장교들이 원산진에 가서 산에도 올라가 시내를 살펴보고, 거리를 촬영하였다.[49] 이러는 와중에 덕원부사(德源府使)와 문천군수(文川郡守)가 함선을 방문하였다.[50] 6월 19일에는 함장 일행이 송전만 내 영산포(嶺山浦)의 하천을 거슬러 올라가 일대를 둘러보았다.[51] 같은 달 25일에는 북청 근처로 이동하여 측량 작업을 계속하였다. 3일 후 북청부사(北靑府使)와 홍원현감(洪原縣監)이 함선을 찾아와 면담하였다. 이날 밤 12시 50분에 "죽도(竹島)의 유무를 확인"하기 위해서 울릉도 방향으로 출항하였다.[52] 여기서 말하는 '죽도'는 아르고노트(Argonaut Island)로 알려진 가상의 섬이다. 필립 프란츠 폰 지볼트(Philipp Franz von Siebold, 1796~1866)가 일본 국외로 그려서 반출해 간 지도에서 전근대 시기에 알려져 있던 울릉도의 명칭 '죽도'가 아르고노트 위치에 기재되고, 울릉도(Dagelet Island)에는 '송도(松島)'란 명칭이 붙여졌다. 아마기함은 '죽도'로 알려진 섬의 위치로 항해하여 이 섬이 실존하지 않는다는 사실을 6월 28일에 확인하였다.[53] 다음 날에는 '송도', 즉 울릉도에 도착하여 주위를 항해하며 섬 안 모습과 조선인이 선박을 만드는 모습을 관찰하였다. 요시다 중위의 작업으로 울릉도 경위도 측량을 마친 아마기함은 6월 30일 부산포에 도착하였다.[54] 이때 얻은 울릉도 경위도는 외무경 이노우에 가

---

49 1878년 5월 29일 「明治十一年六月 朝鮮國海岸測量日誌」, 『天城號朝鮮國沿海測量』.
50 1878년 6월 6일 「明治十一年六月 朝鮮國海岸測量日誌」, 『天城號朝鮮國沿海測量』.
51 1878년 6월 19일 「明治十一年六月 朝鮮國海岸測量日誌」, 『天城號朝鮮國沿海測量』.
52 1878년 6월 28일 「明治十一年六月 朝鮮國海岸測量日誌」, 『天城號朝鮮國沿海測量』.
53 한철호, 「일본 수로국 아마기함의 울릉도 최초 측량과 독도 인식」, 23~24쪽.
54 『朝鮮東岸水路雜誌』, 「外出607 天城艦朝鮮國咸鏡道各湾測量済の義外務省通牒(2)」 (Ref. C09101535600: 0503~0504). 이 수로 기록의 작성 일자는 1878년 7월. 작성자는 야마즈미 대위이다. '松島' 기사에는 실측자가 '吉田 中尉'라고만 적혀 있다.

오루(井上馨)가 예조판서 이회정(李會正)에게 항의하는 조회문을 받은 후, 1883년 3월 1일 자로 일본인들의 울릉도 무단 도항을 금지한다는 고시를 내릴 때 활용되었다.[55]

아마기함이 영흥만 일대를 측량한 결과물은 일본 국립공문서관에 102호 해도 「조선국덕원만(朝鮮國德源灣)」과 「조선국신포묘지(朝鮮國新浦錨地)」로 남아 있다. 이것은 1879년 4월 30일 간행되었다.[56] 이후 일본 수로부에서 「조선동안영흥부(朝鮮東岸永興灣)」란 제목으로 1894년 2월 20일 발행한 해도(海圖)에 실렸다.[57]

1878년 파견 당시에 생산되었던 측량 결과물과 측량일지 등을 아마기함장이 동해진수부 사령장관(東海鎭守府司令長官)에게 제출하였고, 이

---

55 외무성과 내무성, 참사원의 내부 검토를 거쳐 울릉도 도항 금지령을 내리게 되는 과정은 『公文錄』(國立公文書館 소장)에 남아 있다. 문서에 나오는 "북위 37도 30분, 동경 130도 49분"의 경우 "경도는 영국 그리니치(綠威)를 기본으로 삼아 기산하였고, 경위도는 메이지 11년 아마기함 탑승원 요시다 해군 중위의 실측에 따랐다"라고 고다마(兒玉)가 날인한 부전(3월 15일 자 회답 완료)이 乾地甲第94號에 붙어 있다. 이보다 앞에 나오는 「諭達案」내 경위도 수치도 같은데, "본문 경위도는 수로국장(水路局長)의 조사에 따름"이라는 부전이 남아 있다. 정확한 울릉도의 경위도 표기는 수로국장의 확인을 받는 과정을 거쳤음을 알 수 있다. 「朝鮮國所屬蔚陵島へ我國民渡航禁止ノ件」(Ref. A01100245200).

56 小林茂 編, 『近代日本の海外地理情報收集と初期外邦圖』, 51쪽.

57 러시아에서 1854년부터 1889년까지 측량한 해도에 아마기함의 측량 결과를 보완한 것이었다. 북청 신포와 마양도(馬養島) 일대의 측량 결과물은 1886년 러시아가 측량한 해도를 덧붙이고 보완하여 1894년 4월 20일 발행한 162번 해도 「조선동안제묘지(朝鮮東岸諸錨地)」의 상단부에 '신포묘지(新浦錨地)'로 수록하였다. 상세한 측량 거리, 마을별 호수나 가옥 수, 식료품과 땔감, 식수 등의 소재, 생태 환경 등의 정보는 야마즈미가 작성한 「조선국 함경도 덕원, 송전과 북청 신포만 수로지」에 실려 있다. 「天城艦朝鮮國咸鏡道各湾測量濟ノ義外務省ヘ通牒(2)」(Ref. C09101535600: 0489~0504); 「明治十一年六月 朝鮮國咸鏡道德源松田及北青新浦灣水路誌」, 『天城號朝鮮國沿海測量』.

것은 해군경(海軍卿)에게 보고되었다.[58] 아마기함이 함경도 측량을 마치고 나가사키에 일시 귀항했다는 소식을 접한 하나부사는 측량 관련 서류를 일람하고 싶다면서 공람을 요청하였다.[59] 해군의 측량 결과물을 신속하게 입수하여 하나부사는 향후 조선과의 개항장 교섭에 활용하려 하였다. 해군성은 외무성의 요청에 응하여 '도면과 관계 서류'를 회람하였다. 아울러 아마기함이 8월 13일 나가사키를 출항하여 전라도와 충청도 지역으로 향하였다는 소식을 전하였다.[60] 측량 결과물은 수로국에서 보완 작업을 거쳐 해도로 간행하였다.

〈표 1〉 1878년 아마기함 측량도와 1894년 수로부 간행 해도

1878년 아마기함 측량도	1894년 수로부 간행 해도	주기 사항
「德源灣實測圖」 →「朝鮮國 元山津」 (1879년 4월 30일 간행) 「松田灣見取圖」	「朝鮮東岸永興灣」 KOREA EAST COAST YUNG-HING BAY	1894년 2월 20일 간행 해도 No. 102 1854~1889년 러시아 측량도 보완
「北青灣略測圖」 →「朝鮮國 新浦錨地」 (1879년 4월 30일 간행)	'신포묘지(新浦錨地)' 「조선동안제묘지(朝鮮東岸諸錨地)」 SHIN-PO ANCHORAGE	1894년 4월 20일 간행 해도 No. 162 1886년 러시아 측량도 보완

출전: 1878년 9월 7일 海軍卿 代理 海軍少將 赤松則良→外務卿 寺島宗則, 「天城號朝鮮國沿海測量」; 『日本外交文書』 卷11, #147 記, 294쪽; 小林茂 編, 『近代日本の海外地理情報收集と初期外邦圖』, 51쪽 〈표 3-2〉.

---

58 城7第4號 天城艦長 松村安種→東海鎭守府司令長官 伊東祐麿, 1878년 8월 10일 東海鎭守府司令長官 伊東祐麿→海軍卿 川村純義 「天城艦朝鮮咸鏡道各地測量濟の件東海鎭守府届」(Ref. C09113084100: 0940~0942).

59 往第72號 事入第527號 1878년 8월 7일 花房 外務大書記官→小森澤 海軍中秘史, 「天城艦朝鮮咸鏡道各地測量濟の件東海鎭守府届」(Ref. C09113084100: 0944).

60 外出第607號 1878년 9월 7일 海軍卿 代理 赤松 海軍少將→寺島 外務卿, 「天城艦朝鮮咸鏡道各地測量濟の件東海鎭守府届」(Ref. C09113084100: 0946).

그렇다면 아마기함 승선 장교들이 영흥만과 북청 일대를 측량하고, 정탐 활동을 벌이는 동안 이 지역의 조선 관민은 어떻게 대응하였는가?

5월 하순 아마기함장과 지방관들이 주고받은 공문을 통해 측량을 나온 일본 군인들의 활동을 지역에서 어떻게 인식하고 있었는지 확인할 수 있다. 부산 관리관(管理官) 서리 소에다 세츠(副田節)는 아마기함이 5월 9일 부산을 출항, 함경도 원산진과 북청 등지에서 좋은 항구가 있는지 탐색[探討]할 예정이므로, 각 지역에서 지장이 생기지 않게 속히 통보해 달라고 동래부사 윤치화(尹致和)에게 요청하였다.[61] 윤치화는 이 내용을 정부에 속히 전달하고 삼도 연해 각 읍에 신칙하여 장애가 없도록 하겠다고 회신하였다.[62] 한편으로 통사(通事) 김종렬(金宗烈)을 아마기함에 승선, 동행시켜 북청 등지의 측량과 관련된 사항이 담긴 공문을 덕원부사와 문천군수에게 전달하도록 하였다.[63]

아마기함이 영흥만에 도착하여 측량 작업을 시작하면서 지방관에게 측량하는 방식과 목적을 알렸다. 해안과 산서(山嶼)에 올라가 표기(標旗)를 세워야 방위와 넓고 좁음을 파악할 수 있으며, 이를 위해서 함선에서 내려 육지에 올라간다고 하였다. 조선인들은 일본인들을 처음 보기 때문에 일본인들이 가는 길에 운집하면서 길을 막고 북적북적하였다. 이를 두고 "실로 지극히 무례"한 행위라고 보았다. 함장은 측량 목적을 달성하기 위해서 '귀국 인민의 우매함'을 참는다면서 자신들은 '너그러움(寬)'과 '온

---

61 1878년 5월 6일 署管理官 副田節→東萊府使 尹致和, 『天城號朝鮮國沿海測量』; 『日本外交文書』 卷11, #144 附屬書1, 291쪽.

62 戊寅 4月 初6日 東萊府使 尹致和→署管理官 副田節, 『天城號朝鮮國沿海測量』; 『日本外交文書』 卷11, #144 附屬書2, 292쪽.

63 戊寅 4月 18日, 『倭使日記』 卷7.

량하고 공순, 겸손함(溫良恭謙)'으로 친목을 유지하려 한다고 강조하였다. 분란과 소요는 조선인들이 자초한 것이지 자신들 때문은 아니라는 입장이었다.[64] 측량하기 위해서 빈번하게 상륙할 수 있는데, 지역민들이 분란[紛競]을 일으키면 향후 양국에 불행한 일이 생길지도 모른다며 무력 동원 가능성까지 시사하였다.

5월 23일 덕원부사 이교칠(李敎七)과 문천군수 이정필(李正弼)은 흰 바탕에 가운데가 붉은 원으로 된 깃발은 일본 국기(貴國旗號)인데, 측량 작업으로 세우는 표기는 흰색, 붉은색, 보라색, 검은색 등을 다양하게 사용하고 있어 이것이 무슨 의도인지 의심스러우니 상세히 답변해 달라고 요청하였다.[65] 여기서 조선 지방관들이 일본 국기 표식을 인지하고 있었음을 확인할 수 있다. 아울러 동래부사의 공문에서는 일본 함선이 측량하러 북청 등지로 곧바로 간다고 하였는데, 원산 바다에서 여러 날 체류하는 거동은 왕래하는 길에 잠시 측량하고 지나가는 것이 아니기에 "자못 장황한 것 같다"라고 지적했다.[66]

이에 대해 아마기함장은 '일장(日章)'이 일본 국가의 기호(我國之旗號)로, 매일 선상에 게양하며 다른 데 함부로 사용하지 않는다고 하였다. 측

64　1878년 5월 23일 天城艦長 海軍少佐 松村安種一行文川郡守 李正弼「別紙」,『天城號朝鮮國沿海測量』;「天城艦朝鮮國咸鏡道各湾測量濟の義外務省通牒(2)」(Ref. C09101535600: 0529~0530);『日本外交文書』卷11, #149, 300~301쪽.

65　이교칠과 이정필이 5월 25일 함경도관찰사 김세균(金世均)에게 치보한 문서에 '白質紅心一旗'를 언급한 대목이 있다. 조선 관리들은 일본인이 곳곳에서 지형을 그리고 깃발을 각지에 세워둔 것을 확인하면서 측량 깃발을 등사하여 의정부(議政府)와 삼군부(三軍府)에 올려보냈다.『日省錄』高宗 15年 5月 5日, '咸鏡監司金世均, 以日本人問情狀馳啓'

66　戊寅 4月 22日 德源府使·文川郡守,『天城號朝鮮國沿海測量』;「天城艦朝鮮國咸鏡道各湾測量濟の義外務省通牒(2)」(Ref. C09101535600: 0533~0534).

량에서 여러 색상의 깃발을 사용하는 것은 각처를 인식(認視)하는데 편리하기 때문이라고 답하였다. 덕원과 북청 측량은 조선과 일본이 약조하였고, 관리관을 통해 동래부사에게 여기에 체류·정박함을 알렸는데 '장황'하다는 것은 무슨 의미인지 의아하다고 했다.[67] 조선 측은 함흥과 영흥에서 안변 연해가 서로 접해 있고 "소중한 지역이 아닌 데가 없는데", 아마기함이 '여러 날(多日)'에 걸쳐서 측량하고 있기에 이 행위가 '장황'해 보였다고 답하였다.[68] 함장은 일본 정부가 조선 정부와 약조를 했기에 함선을 파견하여 해당 지역 측량을 하게 되었고, 이를 조선 측에서 허락하였다는 점을 거듭 강조했다. 해만(海灣) 측량 작업은 지역의 형세, 바람과 파도, 기상 등으로 인하여 30일, 60일, 100일이 걸릴 수도 있는데, '불과 16일'을 두고 '장황'하다고 표현한 것은 이해할 수 없다고 답하였다.[69] 연해 측량을 허락하면서 어느 정도 걸릴지 소요 일자를 명시하지 않았기 때문에 상황과 여건에 따라 얼마든지 긴 시간 동안 조선 연해에서 정보를 수집하고 돌아가는 방향으로 일본 측이 활용하고 있었음을 보여 주는 대목이다.

　이러한 가운데 지역민들이 도처에서 몰려와 일본인들의 옷을 잡아챈다거나, 이들에게 돌을 던진다거나, 통행하는 길을 막아서고 '희롱'하는 일이 양일리(陽日里)에서 5월 21일과 22일 잇달아 발생했다. 아마기함장

67　1878년 5월 25일 天城艦長, 『天城號朝鮮國沿海測量』; 「天城艦朝鮮國咸鏡道各湾測量濟の義外務省通牒(2)」(Ref. C09101535600: 0537~0538).

68　戊寅 4月 24日 德源府使·文川郡守, 『天城號朝鮮國沿海測量』; 「天城艦朝鮮國咸鏡道各湾測量濟の義外務省通牒(2)」(Ref. C09101535600: 0541).

69　1878년 5월 26일 天城艦長, 『天城號朝鮮國沿海測量』; 「天城艦朝鮮國咸鏡道各湾測量濟の義外務省通牒(2)」(Ref. C09101535600: 0544).

은 지역민들의 이러한 '누습(陋習)'과 '무례'한 행동이 발생하지 않도록 훈유하여 "이웃과 교제하는 두터운 정(隣交之厚誼)"에 감사할 수 있도록 해달라고 요청하였다.[70] 덕원부사와 문천군수는 "모욕과 희롱하는 습속은 법망에 있는 바이기 때문에 매우 놀랐다"면서 이러한 행위를 각별히 엄하게 다스리기 위해서 각지에 전령을 보내 붙잡겠다고 하였다. 앞으로 언제, 어느 지방에서 측량하는지 상세히 알려주면 이에 따라 기찰하겠다고 답하였다.[71] 일본 측이 측량하는 작업 동선을 미리 알려 주면 그에 따라 지역민과 충돌하지 않도록 단속하겠다는 협조 의사를 전달한 것이었다.

3. 1879년 대리공사의 조선 파견과 원산 개항장 설정

1) 조일 간 협상과 원산 개항 결정의 합의

1879년 하나부사 대리공사의 조선 도항과 협상 과정을 날짜별로 정리한 일지는 『명치12년 대리공사 조선사무시말(明治十二年代理公使朝鮮事務始末)』 2권 「일기(日記)」에 실려 있다. 4권 「원산개항」에는 양측이 교섭 중 주고받은 각종 공문이 정서되어 있다. 이 두 가지 기록을 중심으로 원산진 일대 측량과 개항장 설정 과정을 살펴보도록 한다.

---

70   1878년 5월 26일 天城艦長, 『天城號朝鮮國沿海測量』; 「天城艦朝鮮國咸鏡道各湾測量濟の義外務省通牒(2)」(Ref. C09101535600: 0539); 『日本外交文書』卷11, #149, 302쪽.

71   戊寅 4月 24日 德源府使・文川郡守, 『天城號朝鮮國沿海測量』; 「天城艦朝鮮國咸鏡道各湾測量濟の義外務省通牒(2)」(Ref. C09101535600: 0535); 『日本外交文書』卷11, #149, 301~302쪽.

대리공사 일행이 승선용으로 이용한 선박은 호쇼함(鳳翔艦)과 다카오마루(高雄丸) 두 척이었다. 출발에 앞서 하나부사는 해군 수로국에서 조선해안을 측량한 지도 14매를 대여하였다.[72] 수로국장 야나기 나라요시(柳楢悅)는 참고 자료로 「조선국기후조사(朝鮮國季候調)」와 「제함선정박일지(諸艦船碇泊日誌)」도 제공하였다.[73] 작년에 이어 측량 장교 가이즈 미쓰오가 동행하였다. 육군성 통역 아사야마 겐조(淺山顯藏)가 그를 수행하였다.[74]

5월 29일 경기도 화성의 고온포(古溫浦)에 상륙한 대리공사 일행은 육로를 따라 입경하였다. 이들은 청수관(淸水館)에서 체류하면서 강수관 홍우창과 두모진(豆毛鎭) 수세 처리 문제를 비롯한 각종 현안을 다루었다.[75] 하나부사는 홍우창과 6월 18일 원산 개항 건을 논의하였다. 하나부사는 문천 지역 개방을 희망하였지만 조선 정부에서 거절함에 따라 "작년에 다시 측량선을 파견하고 탐색하여 원산진을 얻었다"라고 말하였다.[76] 수행원 곤도 마스키(近藤眞鋤)도 "특별히 측량선을 파견해 귀국의 동북 해안을 탐구"한 결과 "문천과 원산 두 지역을 제외하고 개항에 적합한 곳이 없었다"는 입장을 강수관에게 전하였다.[77] 아마기함의 측량과 판단 결과에 입각하여 함경도에서 원산진을 개항장으로 선정하겠다는 입장을 명확히

---

72 「日誌」, 『代理公使事務始末』 卷2, 1879년 3월 19일.

73 「日誌」, 『代理公使事務始末』 卷2, 1879년 3월 25일.

74 「日誌」, 『代理公使事務始末』 卷2, 1879년 5월 5일.

75 박한민, 2011, 「1878년 두모진 수세를 둘러싼 조일 양국의 인식과 대응」, 『韓日關係史研究』 39, 396~405쪽.

76 다보하시 기요시 지음, 『근대 일선관계의 연구』 上, 649쪽.

77 口號 「6月20日近藤書記官講修官ノ寓ニ至リ遞タセシ覺書」, 『代理公使事務始末』 卷4.

하였다. 이날 협상에서도 하나부사는 '북안 개항 건'은 무역과 조선 방어에 '크게 긴요'하므로 다시 반복할 필요가 없다고 말하였다.

양측은 원산을 개항장으로 정하는 데 합의하였다. 이에 따라 7월 4일 협상에서부터는 홍우창이 가지고 온 「함경도덕원부지도(咸鏡道德源府地圖)」 2장을 가지고 개방 가능 지역 설정을 논하였다.[78] 이 지도에는 "고적(古蹟), 능묘(陵廟), 사원(寺院), 창고 등의 소재와 대로(大路)의 방향이 기록"되어 있었다.[79] 7월 6일에는 일본 측이 '예약의안(豫約擬案)' 7개 조항을 강수관에게 보냈다.[80] 7월 8일과 11일에는 협상, 8월 16~17일과 23일에는 예약의안 각 조관마다 조선 측에서 검토한 후, 양측이 부전으로 의견을 덧대면서 문구를 삭제·수정하였다.[81]

원산진 개항 과정에서 조선 정부는 부산 거류지의 선례에 근거하여 정한다는 원칙을 유지했다. 개항장 바깥으로 일본인들이 자유롭게 다닐 수 있는 '한행(閒行)' 거리도 부산항 사례에 따라 '사방 10리'로 하겠다고 했다. 부산 사례를 원산에 적용하면 거리가 줄어드는 지역도 있다고 하였으나, 강수관은 "개항장 건은 모두 부산 사례에 의거하면 좋겠다"라고 답하였다. 하나부사는 1~2리 정도라도 '한행' 가능 거리를 늘려보거나, '한행'이 금지된 지역이더라도 별도로 갈 수 있는 길을 개설해 줄 수 있어야 한다고 요구하였다. 하지만 강수관은 "이것을 늘린다면 백성이 모두 괴이

---

78 八號「明治十二年七月四日於淸水館花房代理公使與洪講修官應接大意」,『代理公使事務始末』卷4. 이 지도 사본은 문서 뒤에 첨부되어 있는데, 1872년에 간행된 「德源府地圖」(奎10682)와 전체적인 모습이 동일하다.
79 「日誌」,『代理公使事務始末』卷2, 1879년 7월 4일.
80 二號 乙「豫約擬案」,『代理公使事務始末』卷4.
81 奧平武彦,「朝鮮の條約港と居留地」, 54~57쪽. 조관별 수정 의견의 상세 내역은 부록으로 첨부한 [「원산예약의안」에 대한 조일 양국의 검토 의견과 최종안] 표를 참고할 것.

하게 여긴다"며 허용하지 않았다.⁸²

8월 26일 회담에서는 조율을 마친 의정안을 대리공사가 예조판서에게 제출할 것이며, 원산에 위원을 파견하기로 하였다. 약정안의 최종 명칭은 원산진개항예약으로 확정하였다. 예조판서와 주고받은 서한을 약정의 증빙으로 삼았다.⁸³ 홍우창은 1차 수신사(修信使)로 파견되었던 김기수(金綺秀)가 8월 17일 자로 덕원부사에 임명되었고, 9월 1일 무렵이면 현지에 부임할 예정이라고 알렸다. 이것은 일본 측에 "호의가 있는 협조 태도를 보인 것"이었다.⁸⁴ 하나부사는 김기수의 덕원부사 임명이 '환영'할 일로 이 인선에 '만족'하였다.⁸⁵ 김기수가 수신사로 일본에 다녀온 경험이 있으므로 개항에 반발할 수 있는 지역 민심을 달래고, 원산진에 개항장 부지와 시설을 마련하는 논의를 진행하기 수월하리라 본 것이다. 가이즈도 김기수의 수신사행 경험을 꼽으면서 이번 인선을 통해 조선 정부가 외교에 의욕적으로 나서고 있음을 엿볼 수 있다고 평가하였다.⁸⁶ 김기수는 출발 전 청수관에 인사차 들러 본인은 9월 6일에 출발하며, 1주일 후면 부임지에 도착할 예정임을 알렸다.⁸⁷

8월 28일 하나부사는 한문과 일본어로 작성한 원산진개항예약을 예조판서 심순택(沈舜澤)에게 송부하였다. 원산 현지에서 개항장 설정과 관

---

82 ヘ號「明治十二年七月十一日於淸水館花房代理公使ト講修官洪祐昌應接大意」, 『代理公使事務始末』 卷4.
83 リ號「豫約擬案」, 『代理公使事務始末』 卷4.
84 奧平武彦, 「朝鮮の條約港と居留地」, 59쪽.
85 ヌ號「明治十二年八月二十六日花房代理公使ト講修官應接大意」, 『代理公使事務始末』 卷4; 「日誌」 1879년 8월 26일, 『代理公使事務始末』 卷2.
86 海津三雄, 「元山津之記」, 8쪽.
87 「日誌」, 『代理公使事務始末』 卷2, 1879년 8월 31일.

련하여 상의하고 정해야 할 사항은 위원을 파견하여 회동하고 처리하겠다고 하였다.[88] 공문을 접수한 심순택도 정부에서 덕원부로 이 내역을 상세히 알려 처리하겠다고 답하였다.[89] 3일 후 강수관을 통해 원산진개항 예약 정서본을 대리공사에게 송부하였다.[90] 하나부사는 원산으로 개항장을 정한 이후 "다시 근처에 좋은 항구를 발견하는 일도 없었기 때문에 다소 스스로 안심"하며, "우리들의 선택은 정곡을 빗나가지 않았다"라고 자신의 성과에 만족감을 표시했다.[91]

8월 28일로 원산 개항을 확정하였다는 소식은 9월 17일 자 신문을 통해 일본에도 알려졌다.[92] 원산진의 개항장 설정은 부산항 선례를 따르기로 하였던 만큼[93] 조선 정부는 동래부(東萊府)에 관문(關文)을 보내 실지 측량을 하고 보고하라고 명하였다.

> 부산 공관 지기(地基)의 폭원(幅員)은 먼저 측량하고, 실제로 착오가 없음을 확인한 후에 덕원항(德源港)에서 이를 모방하여 시행할 수 있다. 도착하거든 곧바로 별도로 영리한 이교(吏校)를 선정하여 관중(館中)에 통지하고, 주변 걸음걸이 수와 상세 지도를 제출하라. 일건은 지체 없이 정부로 올려보낼 것.[94]

88　ル號 甲 第24號 1879년 8월 28일 代理公使 花房義質→禮曹判書 沈舜澤, 『代理公使事務始末』 卷4. 약정문의 일본어본은 ル號 丙, 한문본은 ル號 丁에 첨부.
89　ヲ號 己卯 7月 13日 禮曹判書 沈舜澤→代理公使 花房義質, 『代理公使事務始末』 卷4.
90　「日誌」, 『代理公使事務始末』 卷2, 1879년 8월 31일.
91　花房義質, 「朝鮮開港ノ始末」, 154~157쪽.
92　『朝日新聞』 1879년 9월 17일 1면 2단.
93　リ號 「豫約擬案」, 『代理公使事務始末』 卷4. 제1관 附箋 "居留地基倣釜山例"
94　カ號 乙 첨부 「發關萊府」, 『代理公使事務始末』 卷4.

9월 2일 예조판서는 대리공사에게 서한을 보냈다.[95] 개항장에서 양국의 교역과 관련하여 관리·감독할 사항이었다. 첫째, 통상 항구 내에서 양국 화폐를 서로 통용할 수 있도록 각지에 관칙(關飭)했음을 알렸다. 둘째, 항구 내 해관(海關)에 고용주가 교역 정보를 문서로 상세히 작성하여 제출하고 준단(准單)을 발급받아야 하며, 폐단이 생기지 않게 해관 관리가 선박을 단속해야 한다는 내용이었다. 셋째, 일본으로 도항하는 조선인에 대한 조사와 신원 보증인 필요, 부랑한 무리의 입국 차단에 대한 사항이었다. 넷째, 양 국민의 장시 출입은 시간이 오래 흘러서 문제가 없다고 하였다. 마지막으로 항구 내 등대와 부표 설치는 편의에 따라 장차 논의하고 설치하겠다고 하였다. 원산 개항을 맞이하여 향후 양 국민의 거류지 출입과 선박 왕래를 통해 교역이 증가하게 된다는 점을 염두에 두면서 개항장에서 조선인의 이동에 관하여 신경 써서 관리해야 할 사항을 정리해서 보냈음을 알 수 있다.

2) 부산 주재 일본 상인들의 원산 시찰과 거류지 진출 준비

원산진이 개항장으로 결정되었다는 소식을 접한 부산 재류 일본 상인들은 현지 시찰 동행을 허가해 달라고 관리관 마에다 겐키치(前田獻吉)에게 요청하였다. 청원서를 제출한 14명의 상인들은 다수가 나가사키 출신이었다. 일찍감치 부산항에 진출한 상업 및 금융기관으로 오쿠라구미(大倉組), 미쓰비시회사(三菱會社), 미쓰이은행(三井銀行)의 명칭도 확인된다.[96]

---

95 力號 丙 己卯 7月 16日 禮曹判書來柬, 『代理公使事務始末』卷4.
96 「後發日誌」, 『代理公使事務始末』卷2, 1879년 9월 29일.

9월 30일 하나부사는 마에다 관리관과 스미나가 외무 9등속 외에 '기타 상업의 무리(其他商業之徒)'를 데리고 다카오마루에 승선한다고 아오키 스미사네 함장에게 통지했다.[97] 곤도 서기관, 스기무라 후카시(杉村濬), 오쿠 기세이(奧義制)가 동행하였다.[98] 기상이 좋지 않아 며칠 출항이 지연된 다카오마루는 10월 1일 오후 4시 부산항을 출발하였다.[99]

<표 2> 원산진 동행 청원서를 제출한 부산 주재 일본 상인 명단

출신 지역	신분	이름	소속	맹약서 서명
나가사키현(長崎縣)	사족(士族)	中村忠太郎	三新商會	○
	평민(平民)	塩津良助		○
		平山房吉		○
		糸瀨利助		○
		佐護武十郞		○
		大場豊次郞		
아이치현(愛知縣)	사족	佐藤峻三		
		宇都宮綱條	미쓰이은행(三井銀行)	○
가고시마현(鹿兒島縣)	사족	藤田種誠		
		土屋甚之助		
니가타현(新潟縣)	사족	上野榮治(上野永次)	오쿠라구미(大倉組)	○
오사카부(大阪府)	평민	十菱常七	이케다구미(池田組)	○
교토부(京都府)	평민	木崎淸三(木崎精造)		○
고치현(高知縣)	사족	川淵正幹	미쓰비시회사(三菱會社)	○

출전: 「後發日誌」, 『代理公使事務始末』 卷2; 1879년 9월 29일 前田 管理官→花房 代理公使, 『代理公使事務始末』 卷14.

---

97 1879년 9월 30일 花房 公使→靑木 艦長, 『代理公使事務始末』 卷14.
98 奧平武彦, 「朝鮮の條約港と居留地」, 59쪽.
99 1879년 10월 1일 靑木住眞→近藤眞鋤, 『代理公使事務始末』 卷14.

10월 3일 오전 10시 50분 원산진에 도착하였다. 개항장으로 설정할 곳을 탐색하려고 곤도와 통역 다케다 구니타로(武田邦太郎)가 먼저 상륙하였다. 이들은 현지 관리와 만나 덕원부사에게 도착을 알리도록 했다.[100] 이들은 도착 당일부터 일본인 거류지로 삼을 만한 곳을 물색하였다. 10월 4일에는 두남리(豆南里)·봉수동(烽燧洞) 근방을 측량하고 약도를 작성하였다.[101] 10월 6일에는 하나부사가 김기수와 장덕산(長德山)에서 만나 거류지 구역 설정, 도로 건설, 부두(波戶場) 축조, 천변 매립 등을 협의하였다. 함선에서는 사관을 파견하여 거류지 측량 작업을 계속하였다. 10월 8일에는 차비관(差備官) 고영희와 함께 현지를 답사하고 관련 사항을 덕원부사에게 전달하였다.[102] 이때 덕원부사에게 보낸 지도는 「원산진거류지와 부두계획조사도(元山津居留地並埠頭目論見下調圖)」였다. 여기에는 해관 위치와 그 앞의 부두(甲), 석축을 쌓아 파도를 막아야 할 곳과 부두(乙), 새로 개통할 도로 등이 기재되었다.[103] 이것은 사전에 가이즈 중위가 측량해 작성한 「원산진거류지 약측과 부두축조 계획도(元山津居留地略測並埠頭道路目論見圖)」에 기초한 지도였다.[104] 이 지도는 1:3,600 축척의 실측도로, 여기에는 측량 구간별 걸음걸이 수와 거리, 수심이 숫자로 적혀 있다.

---

100 「後發日誌」,『代理公使事務始末』卷2, 1879년 10월 3일.

101 「後發日誌」,『代理公使事務始末』卷2, 1879년 10월 4일.

102 한성에 교섭 나온 판찰관(辦察官) 현석운(玄昔運)은 병으로 원산에 못 갔다. 그 대신 조선 정부는 차비관으로 고영희와 이희문(李熙聞)을 덕원부사에게 보내어 통역 등의 실무를 담당하도록 하였다. 「後發日誌」 1879년 10월 3일,『代理公使事務始末』卷2.

103 「元山津居留地並埠頭目論見下調圖」,『代理公使事務始末』卷4.

104 「元山津居留地並埠頭築造見積圖」,『代理公使事務始末』卷4.

가이즈는 한성에 체류 중이던 7월에 이미 원산진 장덕산에서 장덕도까지 연결하는 부두 건설을 상정하고, 여기에 들어갈 소요 경비와 동원 인부의 견적을 뽑았다. 동원할 인력은 대략 23만 5,832명, 경비는 일당을 25센(錢)으로 잡아 5만 8,958엔이 필요했다. 하루에 600명의 인부를 동원하더라도 약 400일 정도 걸린다고 예상하였다. 하나부사는 일본 자본을 투입해서라도 부두를 축조해 볼 생각이 있다는 의사를 조선 측에 전달하였다. 하지만 장덕도까지 연결하는 부두는 여러 가지 현실적인 제약으로 인하여 계획대로 축조되지는 않았던 것 같다.

1880년 2월 28일 도쿄지학협회(東京地學協會) 강연에서 가이즈는 원산 개항 과정, 거류지 현황, 물산 등을 「원산진기록(元山津之記)」이란 제목으로 강연하고, 원고를 『도쿄지학협회보고(東京地學協會報告)』에 실었다.[105] 1883년 6월에는 「원산항거류지지도(元山港居留地之圖)」를 작성했다. 이 지도로 해관과 석탄 창고, 상법회의소, 병원, 혼간지(本願寺), 공원 등의 조성 위치를 확인할 수 있다.[106] 또한 같은 해 10월부터 12월 사이에는 호조(護照)를 발급받아 함경도 일대를 돌아다니면서 각 행정구역, 지세(地勢), 호구 수, 거리 등을 조사하여 「경흥기행(慶興紀行)」을 남겼다.[107]

---

105 海津三雄, 「元山津之記」; 小林茂・岡田鄕子, 「十九世紀後半における朝鮮半島の地理情報と海津三雄」, 19쪽.
106 1:2,000 축척으로 된 이 지도는 현재 미국 의회도서관(Library of Congress)에 소장되어 있으며, 온라인으로 이미지를 열람할 수 있다. 참고로 조계지에 들어선 건물별 모양과 미터 규격, 사용처, 영문 명칭 등을 표기한 지도로 「元山港日本租界米突繪圖」(奎 25331)가 있다. 이 지도는 제작 시기를 '기축년(1889) 9월'로 기재하고 있는데, 1883년 가이즈가 작성한 원산진 지도와 비교하여 거류지가 정비된 모습을 확인할 수 있다. 두 지도에는 원산진의 해관 앞으로 실제로 축조된 부두 모습이 그려져 있다.
107 海津三雄, 1883, 「慶興紀行」, 『東京地學協會報告』 3, 11~29쪽.

그가 남긴 원산도와 부두 설계도, 강연 원고는 원산 개항 초의 측량과 인프라 구축, 인접 지역의 정보 수집에 깊숙이 관여하였음을 잘 보여 준다.

10월 9일 덕원부 연무청(練武廳)에서 김기수는 하나부사와 거류지 설정을 논의하였다. 일본 상인들도 하나부사를 따라갔다. 이들은 원산진에서 덕원부까지 '1리 반' 정도를 가면서 "가도(街道)가 평탄하고, 자못 청결하기 때문에 흡사 우리 도카이도(東海道)와 비슷하다"는 인상을 받았다.[108] 하나부사는 일단 원산진을 개항하는 내년에 관리관이 새로 부임하기 전에 화물을 싣고 내릴 수 있는 부두만이라도 먼저 축조하면 좋겠다고 제안하였다.[109] 봉수동에서 거류지 구역 설정을 위한 측량 작업은 10일까지 진행되었다. 원산진은 부산항의 선례를 따르되 행정과 경찰권을 일본 관리가 전담하는 '전관거류지(Concession)'로 설정되었다.[110] 거류지 설정을 마친 하나부사 일행은 11일 오전에 송전만 일대를 잠깐 둘러본 후 부산으로 향하였다.

> 오전 8시 35분, 원산항을 출발. 9시 20분 송전만에 닻을 내렸다. 편선을 내려서 상륙. 지형을 일람하였다. 만의 남쪽 항구를 받은 원산과 비교하자면, 약간 협소하다고는 하나, 바람과 파도를 피하기에는 오히려 원산보다 나았다. 그렇더라도 해안에 산이 연속해 있으니 생각건대 육지 운반은 불편하지 않겠는가?[111]

---

108 「朝鮮元山津紀行 昨日の續き」, 『東京日日新聞』 1879년 10월 30일 3면 1단.
109 「後發日誌」, 『代理公使事務始末』 卷2, 1879년 10월 9일.
110 孫禎睦, 1982, 앞의 책, 119쪽.
111 「後發日誌」, 『代理公使事務始末』 卷2, 1879년 10월 11일.

원산과 비교해서 송전 지역이 풍랑을 피해 정박하기에는 입지가 좋으나, 육로를 통한 화물 운송에는 불편하므로 원산이 더 낫다는 결론이었다. 현지 시찰을 마치고 부산으로 돌아가는 다카오마루 선상에서 상인들은 향후 원산에 부지를 임차할 방법을 협의하고 '맹약서(盟約書)'를 작성하였다.

1. 메이지 13년(1880) 5월(즉, 개항 당초)에 착수하지 않은 자는 임차 효력이 없는 것으로 한다. 본 항구 거류 현재인의 협의를 통해 별지의 순서에 구애되지 않고 먼저 착수한 자의 소유로 귀속시켜야 한다.
1. 건축 이전에 사고가 있어서 타인에게 양도하려 할 때는 우선 맹약한 자들과 협의해야 한다. 만약 맹약한 사람들에게 필요할 때는 그 지소(地所) 교환을 할 수 있다. 단, 교환할 지소에 갑을(甲乙)의 차이가 있더라도 동등하다고 간주하며, 결코 출금 등의 일이 없을 것.
1. 동맹 중에 협의하지 않도록 하여 동맹 이외의 사람에게 양도하는 일을 엄금한다.[112]

먼저 부지 임차를 받고 맹약에 참여하지 않은 자들에게 협의 없이 양도를 금지하기로 약정한 상인은 13명이었다. 여기에는 향후 함경도 방곡령 발동 때 원산에서 손해배상 청원 운동을 전개한 협동상회(協同商會)의 가지야마 신스케(梶山新助)도 있었다.[113] 이들은 부산 도착 후 맹약서를 마

---

112 「盟約書 寫」, 『代理公使事務始末』 卷17; 『東京日日新聞』 1879년 11월 4일 3면 1단, 「朝鮮元山津記行(前號の續き)」.
113 박한민, 「함경도 방곡령 실시와 배상을 둘러싼 중앙 정계와 지역사회의 동향(1889~

에다 부산 관리관에게 제출하였고, 임시로 지소 구획을 나눈 도면을 첨부하였다.[114] 여기에 '원산진거류지상고맹약(元山津居留地商賈盟約)'도 있었는데 가옥 건축 3조, 의복 2조, 상업상 유의 사항 6조, 상품 매각 제한 품목, 물품 매입 제한 품목 등의 내용이 상세히 담겼다. 1구역 1,200평을 4등분하고 저택 경계에는 담장을 설치할 것, 가옥을 도색하고 청결히 관리할 것, 복장은 서양식으로 제한, 외출 시 모자와 구두 착용, 물품은 일본 화폐로 거래, 일요일 휴업 등의 규정이었다. 다만, 마에다는 아직 원산진 거류지에 들어가 상점을 개설하지 않았으므로 이들의 청원대로 곧바로 결정하기 어렵다고 회답하였다.[115] 대신에 그는 상인들과 향후 원산 개방 이후 인프라 구축으로 추진할 사항을 논의하였다. 거류지 내 조선인 퇴거와 가옥 양도, 거류지 내 수목의 벌채 금지, 도로의 너비와 하수도 및 선창(船艙)의 신속한 설치, 창고와 화물 인양을 위한 해관 앞 해안 매립과 평지 조성이 그 내용이었다.[116] 상인들이 관리관에게 제출한 도면은 가이즈가 제작한 원산진 측량도를 입수하여 참고 자료로 활용하였을 가능성이 있다.

10월 13일 하나부사 일행은 부산에 도착하여 3일간 체류한 후, 16일 오후 호쇼함을 타고 출발하였다. 바칸(馬關)과 고베(神戶), 오사카, 교토(京都)를 거쳐 육로로 이동한다는 동정은 원산 개항 소식과 함께 보도되었다.[117] 하나부사는 11월 2일 가나가와(神奈川)에 도착하였다. 다음날 외

1893)」, 109쪽.

114 「朝鮮元山津記行(前號の續き)」, 『東京日日新聞』 1879년 11월 4일 3면 1단.

115 「朝鮮元山津記行(前號の續き)」, 『東京日日新聞』 1879년 11월 4일 3면 1단; 「朝鮮元山津記行(前號の續き)」, 『東京日日新聞』 1879년 11월 5일 3면 3단.

116 「朝鮮元山津記行(前號の續き)」, 『東京日日新聞』 1879년 11월 5일 3면 3단.

117 『東京日日新聞』 1879년 10월 29일 2면 2단.

무성에 복명한 다음, 조선 정세 전반은 알현을 통해 보고하였다. 이해 대리공사의 파견 업무가 끝나자 호쇼함장은 대리공사에게 대여한 자료의 반환을 요청하였다. 영국인 제임스가 작성한 『수로일지(水路日誌)』와 「원산진측량도(元山津測量圖)」 두 가지였다.[118] 다음날 하나부사는 이미 일지를 한성에서, 원산 지도는 승선 시 요시다 중위에게 반납하도록 맡겨 두었다고 회신하였다.[119] 여기에 나오는 요시다는 다카오마루에 '정원 외 승선'을 한 요시다 시게치카였다. 그는 앞서 나왔듯 전년 아마기함에 승선해 측량을 했고, 이번에는 수로국 소속으로 "개항장 측량을 위해" 파견된 자였다.[120] 대리공사가 이용한 함선에서 수로 일지와 원산 측량도를 작성하였고, 이것을 대리공사가 자료로 활용한 후 측량 장교를 통해 해군성에 반납한 것이다. 개항장 선정을 위해 외무성과 해군성이 정보 교환을 계속하고 있었음을 잘 보여 주는 대목이다.

3) 원산 개항 결정 고시와 일본인들의 도항 개시

1880년 1월 28일로 일본 정부는 원산 개항이 결정되었고, 이해 5월 1일부터 시행하겠다는 내용을 고시하였다.[121] 2월 21일 새 개항장에 부임

---

118 1879년 11월 13일 鳳翔艦→花房 代理公使 隨行員, 『代理公使事務始末』 卷17.

119 1879년 11월 14일 代理公使 隨員→鳳翔艦, 『代理公使事務始末』 卷17.

120 1879년 3월 25일 柳楢悦 水路局長→川村純義 海軍卿 「秘出77 高雄丸朝鮮え回船に付乘組士官 4名人撰の件水路局え達」(Ref. C09113205600: 0773). 요시다 외 해군 소위보(少尉補) 3명에 대한 정원 외 승선 허가는 다음 날 나왔다. 요시다는 1880년대 들어서 마야함(摩耶艦)과 모슌함(孟春艦) 함장을 역임했고, 해군 소좌로 승진했다. 1892년에는 수로부장(水路部長) 대리직을 수행하였으며, 수로부 측량과장까지 지냈다.

121 「官令」, 『読売新聞』 1880년 1월 29일 1면 1단.

하여 업무를 시작할 관리로는 마에다 겐키치를 선발하였고, 그를 총영사(總領事)에 임명하였다.¹²² 5월 19일 새벽 마에다는 미쓰비시 기선(三菱汽船) 아키쓰시마마루(秋津洲丸)를 타고 부산에서 출발하였다.¹²³ 마에다의 수행원은 전년 원산에 다녀온 오쿠와 다케다 등이었다. 여기에 부산 재류 상인으로 오쿠라구미에서 다카히라 헤이가쿠(高橋平格)와 우에노 에이지(上野永次) 외 두 명, 제일국립은행(第一國立銀行)의 마스다 주세키(增田充積)가 동행하였다. 다카히라와 마스다는 부산상법회의소(釜山商法會議所) 임원으로, 1878년과 1879년 두 차례에 걸쳐 조선 내 상권 확장과 신규 개항장 설치 청원서를 제출하였다.¹²⁴ 미쓰비시상회는 사카키 시게오(榊茂夫)를 보냈다. 작년에 원산 일대를 둘러보고 온 경험에 기초하여 오쿠라구미, 미쓰이물산, 미쓰비시회사 등은 출점하기로 결정한 만큼 실무자를 현지에 파견하였다. 협동사(協同社) 다카스 마사스케(高洲正輔), 이케다구미(池田組) 주비시 쓰네시치(十菱常七) 등은 마에다보다 먼저 출항한 아마기함에 승선, 원산으로 향하였다.¹²⁵ 앞서 나왔듯이 우에노와 주비시는 작년에 이미 원산을 시찰하고 돌아온 경험이 있었다.¹²⁶

마에다 일행은 30시간을 항해하여 5월 20일 원산진에 도착하였다. 판

---

122 「外務省五等出仕前田獻吉總領事元山津在勤任命ノ件」,『各國駐在帝國領事任免雜件 / 元山之部』(Ref. B16080070900: 0289).

123 奧平武彦,「朝鮮の條約港と居留地」, 60쪽.

124 박한민, 2021,「개항 초기 조일 간 교역 양상과 구포 사건」,『韓日關係史硏究』72, 194~197쪽.

125 「五月二十八日朝鮮國咸鏡道元山津發」,『東京日日新聞』1880년 6월 12일 3면 4단.

126 이케다구미는 원산 개항 초에 들어간 고베(神戶) 상인 조직이지만, 항내 상업 상황이 쇠락하면서 1883년 4월에 전원 철수하였다.「元山通信(四月卅日發)」,『朝日新聞』1883년 5월 10일 1면 3단.

찰관(辦察官) 이희문과 별차(別差) 고영희가 이들을 맞이하였다. 이희문과 고영희는 작년에 원산으로 파견되어 일본인들을 상대한 자들이었다. 상인들과 함께 원산에 상륙한 히가시혼간지(東本願寺) 승려 오쿠무라 엔신(奧村圓心)이 있었다. 덕원부는 새로 도착한 일본인 관리와 수행원, 상인들과 인부들이 거처할 수 있도록 지역민들을 퇴거시킨 가옥 34동을 제공하였다. 조선 측의 준비와 대우는 '충분히 정중'하였다. 다만 지역에 새로 도착한 일본인들은 조선 측이 제공한 가옥에 대해 일본 어느 지역보다 '누추'하고 '불결'하며, 냄새가 코를 찌른다고 부정적 인상을 남겼다.[127] 일본인들이 상륙하여 임시 숙소를 오가며 물자를 하역하자 이를 구경하러 조선인들이 근처를 배회하였다. 덕원부에서는 내비장(內裨將)과 군관을 파견하여 지역민을 통제하였다.

5월 26일부터 28일까지는 부두를 축조하기 위해서 현장 일대를 답사하면서 측량하기로 덕원부 관리들과 협의하였다.[128] 해관 설치 방면에 부두를 새로 건설하는 작업에 필요한 목재와 석재를 배에서 내리고, 운반하는 작업에는 오쿠라구미가 데려간 인부들과 조선인 인부, 선박 여러 척을 동원하였다. 이들 인부의 하루 일당은 오전 6시부터 오후 6시까지 60문(일본 화폐 16센 2린), 선박은 크기에 따라 200문, 150문, 100문을 지급하기로 덕원부사와 총영사가 협의하였다.[129] 일본 영사관에서는 식수부터 확보하기 위해 우물 시공부터 했다. 완공한 부두는 길이 30간(間), 폭

---

127 「朝鮮國咸鏡道元山津よりの信書 前號の續き」, 『東京日日新聞』 1880년 6월 14일 3면 4단.
128 「朝鮮國咸鏡道元山津よりの來書 前號の續き」, 『東京日日新聞』 1880년 6월 15일 3면 4단.
129 「朝鮮國咸鏡道元山津よりの信書 前號の續き」, 『東京日日新聞』 1880년 6월 14일 3면 4단~4면 1단.

20간이었고, 공사 경비로는 6,365엔 58센 5린이 들어갔다.[130]

　항만 시설 구축과 거류지 정비 작업이 완료되자 신문에는 원산 진출 상인들의 근황 보도, 정기 우편선의 원산 왕복 광고가 빈번하게 실렸다. 오사카부의 호상(豪商) 스미토모 기치에몬(住友吉右衛門)의 원산진 지점 개설, 교토부 출신 상인들을 중심으로 아사히상회(旭商會) 설립과 원산 지점장 마쓰오카 후미하시(松岡文橋)의 파견 보도가 대표적이다.[131] 게이타 구미(慶田組) 등도 원산에 진출하기 시작하였다. 이들은 상인 자치기구로 상법회의소를 결성하였다.[132] 원산에 진출하여 거주하기 시작한 일본인 대부분은 남성이었다. 이들은 상업 확장을 위해서 1882년 3월 31일에는 '한행이정'을 넘어서는 거리에 있던 안변(安邊)까지 들어갔다가 조선인들과 충돌하면서 살상사건이 발생하였다. 오쿠라구미·미쓰비시회사·히가시혼간지 관계자는 '한행이정' 위반자이면서 살상 피해자로 사건에 깊이 얽혀 있었다.[133] 이 사건의 발생 경과와 피해 정도, 관련자 처분 등에 대해서는 부산 상법회의소 기관지 『조선신보(朝鮮新報)』를 비롯해 일본 국내

---

130 「元山津景況」, 『朝日新聞』 1881년 9월 25일 3면 3단.

131 『朝日新聞』 1880년 10월 7일 1면 2단; 『朝日新聞』 1880년 12월 8일 2면 1단; 『朝日新聞』 1881년 1월 13일 2면 1단; 『朝日新聞』 1882년 3월 17일 1면 3단.

132 항회의(港會議)로 출범한 1880년 7월 당시 다카하시, 주비시, 사카키, 우쓰노미야 쓰나에다(宇都宮綱條) 등 전체 10명의 회원 명단을 확인할 수 있다. 이가연, 「개항장 원산과 일본 상인의 이주」, 143쪽.

133 히가시혼간지 유학생으로 원산에 건너갔다가 사망한 하스모토 겐세이(蓮元憲誠)의 동생 하스모토 야스마루(蓮元康丸)는 통역으로 30년 이상 한국에서 활동하였다. 원산에서는 공립병원, 소학교 등에서 근무하였고, 방곡령 사건 당시 함경도 일대를 시찰하였다. 을미사변 당시 통역으로 군인들과 경복궁에 들어갔다가 일본으로 퇴거 처분을 받기도 하였다. '하스모토 야스마루', 고려대학교 글로벌일본연구원 재조일본인정보사전편찬위원회 편, 2018, 『개화기·일제강점기(1876~1945) 재조일본인정보사전』, 보고사, 566쪽.

주요 일간지에서 집중 보도하였다.[134] 신문에 따라 조선 정부에 대한 강경론과 신중론으로 입장이 나뉘어 대응책을 쏟아냈다.[135] 1882년 상반기 동안 보도가 쏟아지는 가운데 원산에 일본 국내의 이목이 쏠리고, 자국민 보호를 위한 대응 방향 등이 언론에서 활발히 논의되었다.

4. 맺음말

1876년 조일수호조규 체결 이후, 부산에 이어 두 번째로 개항한 곳이 함경도 원산진이었다. 1875년 6월 운요함은 1차 도한 당시 동해안 북부 지역에서 정탐 활동을 벌이는 가운데 영흥부 지역민과 접촉하였다. 운요함이 남긴 항해일지에는 영흥만 일대의 입지에 대한 평가, 지역민에 대하여 갖고 있던 문명론에 기초한 편견, 화재 사건을 통한 접촉 양상이 잘 드러나 있다. 조선 측이 북청 일대를 제시한 것과 달리 1876년 두 차례 조선에 건너온 미야모토 오카즈도 원산진 일대를 개항장으로 삼아야 한다고 판단하였다. 그는 류조함 승선 장교 구로오카 다테와키의 정탐, 통역에게 전해들은 이야기 등을 참고하였다. 미야모토 자신도 접견대관 신헌이나 강수관 조인희 등에게 「조선전도」와 각종 지도, 『여지지략』 같은 최신 간행 서적을 제공하며 러시아의 남진 위험을 강조하고, 원산의 개방 필요성을 역설하였다.

---

134 『朝鮮新報』第10號 1882년 4월 25일; 『朝鮮新報』第11號 1882년 5월 5일.
135 박한민, 2014, 「개항장 '間行里程' 운영에 나타난 조일 양국의 인식과 대응」, 『韓國史研究』 165, 150~161쪽.

1877년부터 조선 대리공사로 도한한 하나부사 요시모토는 군함을 타고 조선 연안을 왕래하면서 저탄소와 개항장이 필요한 지역을 조선 측과 교섭하였다. 하나부사는 동해 연안에서 함경도 영흥만 내에 위치한 북청, 문천이나 송전 등을 지목하여 개방을 요구하였다. 이 지역 일대의 정밀 측량은 1878년 조선에 파견된 아마기함을 통해 이루어졌다. 그 과정에서 조선 지방민과 관리가 어떻게 인식, 대응하였는지는 아마기함과 덕원부사·문천군수가 주고받은 문서에 잘 드러나 있다. 이 글에서는 기존 연구가 아마기함의 울릉도·독도 측량에 집중한 것과 달리 영흥만 일대에서 조선 관민과 접촉하면서 대응한 양상을 관련 1차 문서에 근거하여 복원해 냈다는 점에서 차별성을 갖는다. 아마기함의 연안 측량과 지도 제작이 원산 개항과 연결되는 지점을 좀 더 부각하여 검토한 것이다.

　조일 양국은 1879년 8월 30일 원산진개항예약을 체결하였고, 이듬해 5월 1일부터 원산진을 개항하였다. 거류지와 '한행이정' 설정은 부산항 사례를 준용하였다. 『명치12년 대리공사 조선사무시말(明治十二年代理公使朝鮮事務始末)』에는 대리공사와 강수관이 원산 개항을 논의하는 과정에서 주고받은 각종 공문을 통해 조문을 다듬어 간 과정이 잘 담겨 있다. 또한 육군 중위 가이즈 미쓰오가 원산 일대를 측량하고 부두 등의 인프라 구축을 위한 설계도, 거류지 지도 등을 제작하면서 깊숙이 개입한 상황도 확인할 수 있었다. 해군에서는 요시다 시게치카 중위가 아마기함, 다카오 마루에 승선하여 조선 연안 측량과 개항장 측량에 종사하였다. 그리고 당대 일본 신문에 보도된 원산 관련 기사를 통해 개항 직후 원산으로 진출하여 인프라를 구축하려 한 일본인들의 면면과 맹약서 체결, 상업 현황 등도 살펴볼 수 있었다.

　원산 개항과 기본 인프라 구축에는 해군성이 파견한 군함(운요함, 류조함, 아마기함 등)의 연안 측량과 참모본부 파견 측량 장교의 정탐 활동 성과가 반영되었다. 해마다 갱신한 동해안 북부 지역에 대한 정교한 측량 결과를 참고해 가면서 대리공사는 강수관과 교섭하고 원산진을 개항장으로 확정하였다. 1879년 부산 주재 일본 상인들은 관리관에게 청원하여 원산진 현지 시찰에 동행하였다. 이들은 자신들이 임차할 지역을 먼저 정하고, 거류지 운영방침을 주도적으로 설정하려는 모습을 보여 주었다. 요컨대 군함의 조선 북부 연안 측량과 파견 육·해군 장교의 정탐 활동이 개항장 선정에 미친 영향, 조선 지방민과 정부의 대응, 부산 주재 일본 상인들의 현지 시찰과 대응 양상 등을 새로운 자료에 근거하여 다각적으로 검토하면서 원산 개항 과정을 다룬 것이 이 연구의 성과다.

[부록] 「원산예약의안」에 대한 조일 양국의 검토 의견과 최종안

조관	원산예약의안 원안	조선 측 부전 (8월 16일)	일본 측 부전 (8월 17일)	원산진개항예약 최종안
제1관	조선 정부(일본력 메이지 13년 5월, 조선력)는 이후에 마땅히 일본 인민의 무역을 위해서 함경도 원산진을 개방한다. 그 『거류지 기반은 무릇 방형으로 8정(조선 2리)』, 장덕산과 그 서쪽 면 해안으로 이를 정한다.	거류지 기반은 부산의 사례를 따른다.	조선 정부[일본력 메이지 13년 5월, 조선력 경진(庚辰) 3월]는 이후에 마땅히 일본 인민의 무역을 위해서 함경도 원산진을 개방한다. 그 『거류지 기반은 무릇 방형으로 8정(조선 2리)』, 장덕산과 그 서쪽 면 해안으로 이를 정한다. 지기의 폭원은 초량관(草梁館)의 실측에 의거한다. 지도(圖) [8월 20일 조선 정부 부전 '도(圖)'자 제거]	조선 정부[일본력 메이지 13년 5월, 조선력 경진(庚辰) 3월]는 이후로 마땅히 일본 인민이 무역하기 위해서 함경도 원산진을 개방한다. 그 거류지는 장덕산과 그 서해에 접하는 곳에서 이것을 정하며, 지기(地基)의 폭은 초량관 실측에 의거한다.
제4관	거류지 근방은 '일 구역을 획정하여 일본의 기지로 삼아', 조세액은 그 지역의 종전 납입하는 바에 따른다.	지장이 없는 지역은 일본인 묘지로 삼는다.	거류지 근방으로 지장이 없는 지역은 일본인의 묘지로 삼으며, 지조액은 그 지역의 종전에 납입하던 것에 비추어서 한다.	거류지 근방의 지장이 없는 지역으로 일본인의 묘지로 삼는다. 조세액은 그 지기로 종전에 들어가는 비용에 비추어 이것을 납부한다.
제5관	조선 정부가 부두를 축성하는 일은 장덕산과 서해안에서 기산하여 장덕도에 이른다. 뜻을 추가하여 화물의 하역과 적재 및 선박 계박에 편하도록 한다. 조선의 각종 상선 역시 이 안에 와서 계박할 수 있다. 또한 그 국내의 각 포구와 더불어 왕래 운수 및 일본 선박에 탑승하여 개항한 각 항구에 왕래하는 일 역시 무방하다.		부두가 장덕도에 이르는 일은 추후에 지형을 살피고 사세를 헤아려서 수의로 의정한다. 조선의 각종 선박 역시 해관에 단자를 바치고 이 안에서 계박할 수 있다. 본국 각 지방에서 곧바로 왕래 운수를 하는 일은 애초에 금지하고 저해할 것이 없다. 조선인이 일본 선박에 탑승하여 조선 개항 각 항구를 왕래할 때, 그 거주 성명, 소지 화물을 해관에 갖추어 보고한다. 해관에서 준단을 발급하여 간사한 폐단을 두절한다.	조선 정부는 부두를 축성하고, 장덕산과 서해안에서 기산하여 장덕도에 이른다. 뜻을 추가하여 때로 수리함으로써 화물을 탑재하고 하선하며, 아울러 선박의 계박에 편하게 한다. 조선의 각종 선박도 역시 해관에 단자를 제출한다. 선박 조세를 납부한다. 이 안에 계박하는 것을 할 수 있다. 본국 각 지방에 곧바로 왕래, 운수를 할 수 있다. 애초부터 금지하고 저해할 것이 없다. 조선인이 일본 선박에 탑승하여 개항 각 항구에 왕래할 때, 그 거주 성명, 소지 화물을 해관에 갖추어 보고하면, 해관에서 준단(准單)을 발급해야 한다.

조관	원산예약의안 원안	조선 측 부전 (8월 16일)	일본 측 부전 (8월 17일)	원산진개항예약 최종안
제5관			〈8월 23일 추가 부전〉 조선 정부가 부두를 축성하는 일은 장덕산과 서해안에서 기산하여 장덕도에 이른다. 뜻을 추가하여 화물의 하역과 적재 및 선박 계박에 편하게 한다. 조선의 각종 상선 역시 해관에 단자를 바치고 이 안에 와서 [계박할 수 있다]. 본국 각 지방에서 곧바로 왕래 운수를 하는 일은 애초에 금지하고 저애할 것이 없다. 조선인이 일본 선박에 탑승하여 조선 개항 각 항구를 왕래할 때, 그 거주 성명, 소지 화물을 해관에 갖추어 보고하며, 주로 간이하게 함에 힘써야 하며, 미야모토(宮本) 이사관의 메이지 9년(1876) 8월 29일 서한의 취지에 어긋남이 없도록 하는 일이 필요하다. 부두가 장덕도에 이르는 일은 추후에 지형을 살피고 사세를 헤아려서 수의로 의정한다.	단, 제출한 단자를 구보하더라도 힘써서 간이하게 함을 주로 한다. 미야모토 이사관이 메이지 9년 8월 29일 서한의 취지에 어긋남이 없도록 함이 필요하다. 부두의 장덕도에 이르는 일은 추후 지형을 살피고 사세를 헤아려 잘 따르며, 이것을 의정한다.
제7관	일본인이 용주리와 명석원 등 표식을 세워서 한행을 금지하는 지역 외에 덕원부 관내에 임으로 한행(間行)하지 못할 것은 없다. 다만 윤허가 있지 않다면, 곧 관아와 인가에 들어갈 수 없는 것은 물론이다.	한행이정(閑行里程)은 마땅히 부산항의 사례에 의거하여 정하기 때문에 사방 10리로 한다. 오직 덕원부 한 곳은 동래부 사례에 의거하여 왕래한다. 그러나 중요한 지역이므로 그 원근을 살펴서 10리 미만이라면 곧 비록 3~5리 안이라도 역시 마땅히 표식을 세운다.	일본인의 한행이정은 마땅히 부산항 사례에 의거하여 4방 10리로 정한다. 만약 가는 것을 금지하는 지역으로 용주리와 명석원이 10리 내에 있다면 곧 마땅히 무방한 지역으로 이를 보충해야 한다. 덕원부에 이르러 동래부 사례처럼 한다. 다만 원산진과 갈마포의 도로는 한행을 금지하는 곳이 있으므로, 마땅히 별도로 하나의 길을 개설하여 통행에 편하게 해야 한다.	일본인의 한행이정(間行里程)은 마땅히 부산항의 사례에 의거하여 정하는데, 사방 10리로 해야 한다. 만약 한행을 금지하는 지역이 용주리, 명석원 10리 내에 있을 때는 마땅히 무방한 지역으로 이것을 보충해야 한다. 덕원부에 갈 때는 동래부의 사례와 같다. 단, 원산진과 갈마포와의 도로, 혹은 이정 내에 있어서 한행을 금지하는 곳이 있다면 별도로 하나의 도로를 개설함으로써 통행에 편하게 해야 한다.

출처: リ號「豫約擬案」및 ル號 丙「元山津開港豫約」,『代理公使事務始末』卷4 元山開港.

제10장
목포 개항장 각국 조계의 운영 양상과 특징

| 최성환 / 국립목포대학교 사학과·도서문화연구원 교수 |

1. 머리말
2. 「잠정합동조관」 체결과 목포 개항 과정
3. 목포 각국 조계의 설치와 일본 전관 조계화 양상
4. 일본의 목포 각국 조계 장악 과정과 특징
5. 맺음말

1. 머리말

목포는 1897년 10월 1일 국내 네 번째 국제무역항이 되었다. 목포 개항 시기는 대한제국의 설립(선포일 1897.10.12) 시기와 맞물려 있다. 개항 목적이나 활용에 대한 정부의 인식이 많은 부분 달라진 상태에서 개항이 진행되었다. 개항장 업무의 중심 관청인 감리서나 해관을 미리 설치하여 개항을 준비하였고, '전관 조계'가 없이 '각국 조계' 하나만 설치되었다는 점이 특징이다.[1]

개항장에서 외국인이 거주하는 것이 허용된 공간을 조선 정부에서는 '조계(租界)'라 칭했고, 일본은 '거류지(居留地)'라 하였다. 도시계획 연구자인 손정목은 '거류지'는 대일본 용어였고, '조계'는 대중국 용어인 동시에 영국과 미국 등 서구 국가를 상대할 때 사용한 용어로 보았다.[2] 반면 전성현은 '조계'와 '거류지'의 용어 사용은 단순한 번역 차이가 아니라 성격 차이를 내포한 것으로 분석했다. 조선이 concession 방식의 '조계' 설정을 주장한 것은 일본의 settlement 방식의 '거류지'가 추구한 자유로운 거주와 통상을 반대하고, 이를 제한 및 방어하려는 조치라는 것이다. 이에 비해 일본이 사용하는 '거류지'라는 용어에는 왜관의 연속선상에서 '거류지'를 설정하고, 이를 자유로운 거주 통상지로 확대하려는 의도가 담겨있는 것으로 파악했다.[3]

---

1 목포 개항 과정에서 나타나는 조선 정부의 역할과 특징에 대해서는 본 연구자의 다음과 같은 선행 연구에서 다룬 바가 있다. 최성환, 2011, 「목포의 해항성과 개항장 형성 과정의 특징」, 『한국민족문화』 39, 부산대학교 한국민족문화연구소.
2 손정목, 1982, 『韓國開港期 都市變化過程硏究』, 일지사, 71쪽.
3 전성현, 2018, 「'租界'와 '居留地' 사이=개항장 부산의 일본인 거주지를 둘러싼 조선

목포의 경우 1897년 10월 16일 각국 대표와 조인한 장정(章程)의 공식 명칭인 '진남포급목포각국 조계장정(鎭南浦及木浦各國租界章程)'에 '조계'라는 용어가 사용되었다. 당시 진남포와 동시에 개항되었기에 장정 명칭에 진남포가 포함되어 있다. 이외에 목포항에 세워진 경계 표석에도 '목포각국 조계(木浦各國租界)'라 표기되었다. 한편, 목포항 업무를 전담하는 무안 감리서와 중앙정부 사이에 오간 공문서인 『무안보첩(務安報牒)』의 기록에는 '조계'와 '거류지'라는 용어가 같이 사용되고 있다. 개항 초기에는 주로 '조계'라 칭했다가 나중에 '거류지'라는 용어가 혼용되는 상황이다. 반면 일본인들의 기록에는 줄곧 '거류지'로 표현되었다. 목포 각국 조계의 행정을 위해 설치한 자치기구의 명칭도 진남포급목포각국 조계장정에는 '조계사무공사(租界事務公司)'로 명시되어 있는데, 일본은 이를 '각국거류지회'로 칭하였다. 대한제국 정부는 '신동공사(紳董公司)'로 칭했다.[4]

이 글에서는 진남포급목포각국 조계장정은 약칭하여 목포각국 조계장정이라 칭하고, 대한제국에서 공식 사용한 '각국 조계'와 '조계사무공사'라는 용어로 통일해서 사용하였다. 국가의 명칭은 목포 개항 전에는 '조선', 1987년 10월 개항 이후에는 '대한제국'으로 서술하였다.

그동안 목포 개항과 관련된 연구는 꾸준히 지속되었다. 목포항의 '각국 조계'에 대해서도 몇 편의 논문이 발표된 바 있다.[5] 그러나 이 연구들은 개

    과 일본의 입장 차이와 의미」, 『한일관계사연구』 62, 한일관계사학회.

4 1883년에 체결된 「朝英修好條約」 제4관 3조에 '管理租界事務 紳董公司'라는 명칭이 사용된 이후 조계의 자치기구를 '신동공사'로 칭한 것으로 추정된다.

5 배종무, 1994, 『木浦開港史 硏究』, 느티나무; 양상호, 1995, 「목포각국공동거류지의 도시공간의 형성과정에 관한 고찰」, 『건축역사연구』 4-1, 한국건축역사학회; 최성환, 각주 1의 논문.

항 과정과 공간(시가지)에 대한 문제를 주로 다루었고, '각국 조계'의 행정에 대한 부분은 상세하게 다루지 않았다. 본 연구자 역시 선행 연구에서는 목포 개항 과정의 특징에 주목하여, 조선 정부의 인식 변화와 역할에 초점을 맞추었다. 목포 개항은 각국 조계의 설치와 감리서를 통한 조선 정부의 역할 등에서 기존 개항장과는 차별성이 있다.[6] 그러나 이러한 특징과 상반되게 목포 각국 조계에서 일본이 개항장 업무의 실권을 장악했음은 부인할 수 없는 사실이다. 따라서 목포 각국 조계에서 어떤 과정을 통해 일본이 주도권을 잡게 되었는지에 대해 주목하는 연구가 필요한 실정이다.

    이 글의 목적은 목포 개항장 각국 조계의 운영 양상과 특징을 살피는 것이다. 목포의 경우는 최초로 각국 조계 하나만 설치된 개항장이었다. 때문에 각국 조계의 행정 운영 상황과 관련 규정을 살피는 것은 매우 중요하다. 이는 개항장에서 조계 장정이 지니는 의미와 영향력을 목포 사례를 토대로 살펴보는 과정이기도 하다. 연구 목적을 달성하기 위한 연구 방향은 크게 세 가지로 설정하였다. 첫째, '잠정합동조관(暫定合同條款)' 체결과 목포 개항 과정에 대한 분석이다. 전라도에 개항장을 설치하는 배경이 된 잠정합동조관 체결 과정과 내용을 분석하고, 이와 연관하여 목포 개항 과정을 살피는 것이다. 둘째, 목포 각국 조계의 설치와 일본의 전관 조계화 양상이다. 목포항에 설치된 각국 조계에 대한 인식 차이와 목포각국 조계 장정 내용을 토대로 조계사무공사의 운영 양상을 세부적으로 살피는 것이다. 셋째, 목포 각국 조계를 일본이 장악하는 과정과 그 과정에서 나타나는 특징에 대한 부분이다. 일본이 어떻게 목포 각국 조계를 장악했는지와 영향 관계, 특히 조계사무공사의 실권자인 일본 영사의 활동 등을 분

---

6   최성환, 각주 1의 논문에서 그러한 특징을 분석한 바 있다.

석하여 일본 제국주의의 침탈성을 밝히는 것이다.

연구의 시기적 범위는 1897년 목포 개항부터 1905년까지 상황에 초점을 맞추었다. 주요 분석 자료는 동북아역사재단에서 발간한 『근대 조약과 동아시아 영토 침탈 관련 자료 선집(Ⅰ~Ⅱ)』과 『한일 조약 자료집(1876~1910)』을 기초 자료로 중심에 놓고, 목포 개항기 공문서 자료인 『무안보첩』[7]과 『주한일본공사관기록』 등을 분석하였다. 목포 개항의 배경이 된 잠정합동조관과 목포각국 조계장정 내용을 분석하여, 그 규정안이 개항 후 각국 조계 운영과 어떤 연관 관계를 나타내는지 살피는 방식으로 연구를 진행하였다. 또한, 『목포지(木浦誌)』(1914)·『목포부사(木浦府史)』(1930)·『재한인사명감(在韓人士名鑑)』(1909)·목포 관련 근대 지도 등 일제강점기 발간된 각종 문헌 자료와 이 시기 발간된 근대 신문 자료의 기사도 비교하였다.

2. 「잠정합동조관」 체결과 목포 개항 과정

목포 개항은 국내에서는 네 번째이고, 전라도에서는 최초였다. 목포 개항의 직접적인 계기가 된 것은 1894년 잠정합동조관의 체결이었다. 잠정합동조관은 1894년 8월 청일전쟁을 일으킨 후에 일본이 효과적인 전쟁 수행과 열강의 간섭을 배제하기 위해 조선 정부를 강요하여 체결한 것이다.[8] 문서의 첫머리에는 '대조선국 대일본국 정부욕장(大朝鮮國 大日本國

---

7   대한제국 시기 무안 감리서와 외부 간에 오고 간 공문서를 엮은 자료다.
8   동북아역사재단, 2020, 『한일 조약 자료집(1876~1910)』, 동북아역사재단, 629쪽. 이하 『한일 조약 자료집(1876~1910)』으로 약칭함.

政府欲將)'이라고 적혀 있다. 제목 다음에 아래와 같이 취지문이 들어 있다.

> 양국 병사가 한성에서 우연히 충돌한 사건을 타당하게 처리함과 아울러 조선의 자주독립의 큰 터전을 더욱 공고히 할 것을 기약하며, 또한 양국의 통상 무역을 장려하여 두 나라의 우의를 더욱 돈독하고 친밀하게 할 것을 도모한다.[9]

취지문에 일본군의 경복궁 점령 사건을 우연히 충돌한 사건으로 전제한 후 그 처리와 양국 관계의 개선을 위해 이 조관을 체결한 것으로 포장하고 있다. 잠정합동조관은 총 7개 조항으로 구성되어 있다. 세부 내용을 제시하면 다음과 같다.[10]

> 하나, 이번에 일본 정부는 조선 정부가 내치를 바로 잡을 것을 절실히 바랐고, 조선 정부 또한 그것이 진실로 급하고 중요한 일이라는 것을 인식하고서 권고에 따라 힘써 시행하게 되었다. 각 조항을 분명히 지키고 성실하게 시행한다.
> 하나, 내치를 바로잡을 조항 중 경성 – 부산, 경성 – 인천 사이에 철도를 건설하는 것은 조선 정부 재정이 넉넉하지 못함을 고려하여 본래 일본 정부 또는 일본 회사와 합동할 것을 약속하고 적절한 시기에 공사를 시작하려고 하였으나, 조선 정부의 현재 복잡한

---

9 『한일 조약 자료집(1876~1910)』, 626쪽.
10 『한일 조약 자료집(1876~1910)』, 626~627쪽.

사정으로 처리하기 어렵다. 다만 좋은 방법을 계획하여 될수록 빨리 기약한 바를 성취한다.
하나, 경성 – 부산, 경성 – 인천 사이에 일본 정부는 이미 군용 전신선을 설치하였다. 지금의 형편을 참조하여 조항을 협의·결정하고 그대로 유지할 수 있도록 한다.
하나, 앞으로 두 나라 사이의 관계를 더욱 화목하게 하고, 통상 업무를 장려할 것을 고려하여 조선 정부는 전라도 연해 지방에 통상 항구 한 곳을 열 것을 승인한다.
하나, 올해 7월 23일 대궐 부근에서 양국 군사가 우연히 충돌한 일에 대해 피차 추궁할 필요가 없음을 명확히 한다.
하나, 일본 정부는 평소 조선이 독립 자주의 업을 성취하게 할 것을 희망하고 도왔다. 그러므로 앞으로 조선의 자주독립을 견고히 하는 문제와 관련된 일은 마땅히 따로 두 나라 정부에서 관리를 파견하고 협의하여 정하도록 한다.
하나, 이상에 열거한 잠정 조항에 조인하고, 적당한 시기에 대궐을 호위하는 일본 군사를 모두 철수한다.

잠정합동조관에는 조선의 자주독립을 위한 조약임이 강조되어 있다. 조일 양국 사이에 만들어진 관계 조약에서 조선의 자주독립이라는 표현은 여기에 처음 등장하였다. 이는 청국과의 관계 단절과 열강의 개입에 대한 대응 전략으로 판단된다.[11] 잠정합동조관의 내용에는 일본이 조선의 독립과 내정 개혁을 위해 청일전쟁을 일으켰다는 명분 쌓기와 철도·전신·개

---

11 『한일 조약 자료집(1876~1910)』, 633쪽.

항장과 같은 경제적 이권을 획득하려는 목적이 깔려 있다.

위 조항 중 제4조에 해당하는 '전라도 연해 지방에 통상 항구 한 곳을 열 것을 승인한다'는 내용이 목포가 개항되는 직접 배경이다. 물론 '목포'라는 구체적인 장소가 지정되어 있지는 않다. 이후 전라도 주요 항구에 대한 현지 조사를 통해 목포가 최종 개항지로 결정되었다. 일본이 전라도 연안에 대한 현지 조사를 한 후 조선 정부에 목포를 개항장 후보지로 추천했고, 조선 정부도 해관을 중심으로 목포 현지를 조사하여 개항을 준비하는 흐름이다.

잠정합동조관체결 이후 목포항에 대한 첫 조사는 1894년 말에 이루어졌다. 일본의 전권공사 이노우에 카오루(井上馨)가 경성 주재 일본 영사 우치다 사다쓰치(內田定槌)에게 전라도 연안에서 개항장으로 적당한 지점을 검토하라고 지시하면서 시작되었다. 우치다 사다쓰치는 시찰 후 1895년 1월 31일에「고부만 및 목포 시찰 복명서」를 제출하였다. 그 내용을 요약하면 다음과 같다.

시찰을 위한 첫 출항에서는 날씨가 좋지 못해 제대로 조사를 하지 못했다. 이듬해 1895년 1월 4일에 독일 기선 조주부호(潮州府號, Chow Chow foo)를 타고 인천에서 다시 출발했다. 이 배는 일본우선회사의 고용선이었다. 인천항에서 화물과 여객을 탑재하고 일본으로 항해하는 것이었는데, 조사를 위해 특별히 고부만과 목포 등에 기항하게 되었다.

우치다 사다쓰치의 시찰단은 약 보름 동안 전라·경상·서남해안을 조사했다. 목포가 개항장으로 주목된 것은 목포의 지리적 장점과 통상항으로서의 발전 가능성 때문이었다. 목포항은 부산과 인천의 중간 위치이며, 항내에 물이 깊어 큰 배가 자유롭게 출입할 수 있었다. 주변이 섬으로 둘러싸여 있어 풍파로 인한 재난을 입는 일이 없을 것으로 보았다. 또한 목

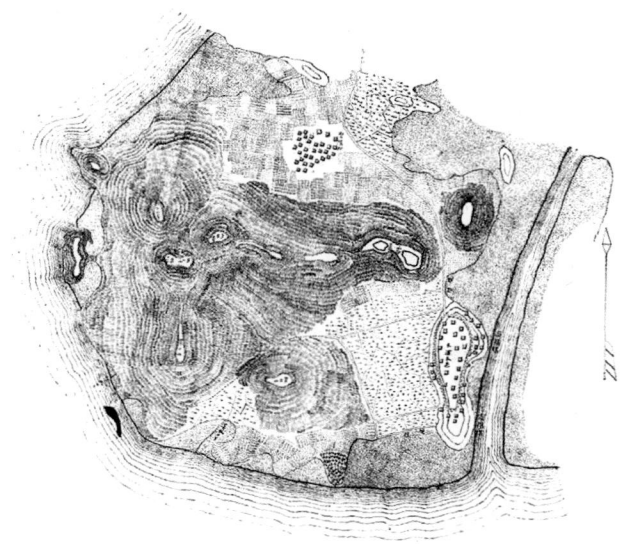

<그림 1> 1895월 1월 시찰복명서에 첨부된 목포 전도

포는 내지로 통하는 영산강이 있고, 나주와 무안까지 배로 통하는 것이 가능했다. 무엇보다 그 육상에는 장래 거류지로서 신시가지를 건설하는 데 적당한 땅이 있다는 점에 주목했다. 〈그림 1〉[12]은 우치다 사다쓰치의 시찰복명서에 첨부된「목포 전도(木浦全圖)」다.

이 지도는 개항되기 전에 조계 설치 후보지인 목포진(木浦鎭) 주변을 그린 최초 지도다. 우측 하단에 목포진 주변의 성터 모양과 건축물이 표기되어 있고, 주변의 자연 지형에 대한 정보가 담겨 있다. 목포 지형은 광대하지는 않지만, 필요시에 이 일대를 확장할 수 있는 장점이 있다고 되

---

12 아시아역사자료센터(https://www.jacar.go.jp),「古阜灣及木浦港視察復命書」에 첨부된 지도.

어 있다. 그 근방에는 사람이 살기에 필요한 우물이 있어 용수 부족이 없고, 여러 가지 면에서 다른 지역보다 우수하다고 평가했다. 또한 독일 기선의 선장과 목포항을 출입하는 승무원들의 의견에 따라 목포 항내에서 장래 거류지를 설치하는 데 가장 적당한 곳은 목포진 주변이라고 분석하였다.[13] 일본의 첫 시찰단은 오랫동안 목포항에 머물지는 못했다. 다만 탑승했던 조주부호의 선장(F. Meyer)이 9년 동안 이 일대를 항해한 경력이 있어서 그를 통해 관련 정보를 많이 얻었다. 또한 지방민과 목포항을 출입하고 있는 축후천환(筑後川丸)의 승선원, 부산 거류 일본인들 등에게 얻은 정보를 바탕으로 각 항구의 장단점을 비교했다.

보고서의 마지막에는 고부만 웅포(熊浦)와 영산강 하구 목포를 비교한 내용이 수록되어 있다. 선박 정박처로서의 편리성은 웅포가 더 좋다고 평가했다. 그러나 웅포의 경우는 내지로 통하는 데 육로 의존도가 높고, 신시가지를 건설하는 데 제방 축조와 매립공사에 들어가는 비용이 매우 클 것으로 전망했다. 반면, 목포는 영산강을 통해서 배후 도시인 무안과 나주로 연결된다는 점을 주목했다. 무엇보다 목포진지가 있어 최소한의 땅과 우물이 있다는 점을 장점으로 보았고, 목포가 확장성이 잠재된 지리적 특징이 있다는 점을 강조했다. 이후 이노우에 카오루 공사가 이 보고서를 토대로 조선 정부에 건의하니 쉽게 응한 것으로 기록되어 있다.[14]

조선 정부가 목포를 개항장으로 지정하자는 일본의 의견에 쉽게 동의한 것은 위치 선정에 별다른 의견이 없었기 때문이다. 목포를 선택하는 과정과 관련된 구체적인 논의 과정은 확인되지 않는다. 다만 조선 정부가

---

13 국사편찬위원회, 1994, 『주한일본공사관 기록』 11권, 시사문화사, 110~118쪽.
14 김정섭 옮김, 1991, 『목포지(木浦誌)』, 향토문화사, 32쪽. 이하 『국역 목포지』로 약칭함.

이미 목포의 개항장으로서 가치를 파악하고 있었다는 사실이 주목된다. 조선 정부에서 개항을 염두에 두고 목포를 현지 조사한 것은 1885년이 처음이었다. 당시 인천해관에 근무하던 독일인 슐츠(F. W. Schulze)는 1885년 3월 5일에는 관용선인 '황국환(皇國丸)'을 타고 남서해안에 위치한 세 곳의 미개항지를 조사했다. 군산·법성포·목포가 그 대상이었다. 서해안을 따라 후보지가 될만한 곳을 살펴본 것이다. 이 보고서에는 "목포는 무역항으로 개방된다면 곧 중요하고 번영하는 개항장으로 발전할 가능성이 매우 높다"라는 내용이 담겨 있다.[15] 즉, 조선 정부는 목포항의 가능성에 대한 정보를 어느 정도 파악하고 있었고, 이에 따라 일본의 건의를 받아들이는 상황이었다.

이후 조선 정부는 개항을 준비하기 위해 1896년 10월 30일에 목포항 현지 조사를 실시했다. 인천항의 해관장(서리 세무사) 오스본을 대표로 하여 목포에 현지 조사단을 파견했다. 당시 목포 시찰에 사용된 배는 '현익호(顯益號)'였다. 현익호는 1892년 말 전운국에 설립했던 해운회사 이운사(利運社)의 기선이었다. 당시 나가사키(長崎)에 가 있던 것을 목포 시찰을 위해 불러들였다.[16] 인천 해관장 일행은 10월 31일 목포에 도착했다. 다음날인 11월 1일부터 조계에 선을 긋고 측량표주(測量標柱)를 세우기 시작하여 5일 해관 용지에 표목(標木)을 심었다. 약 5일 동안 측량을 한 후 7일에 측량 표주를 철거하고 조계표목(租界標木)으로 바꿔 세웠다. 이와 동시에 구 목포진 관아를 측량하였다. 관청으로 사용하기 위해 진아(鎭衙)

---

15 나병인 등, 2007, 『1885 despatches from Chemulpo : 1st january @ 30th september 1885』, 서울본부세관, 76쪽과 80쪽.

16 한국사데이터베이스, '木浦視察次 顯益號 呼出 件', 『주한일본공사관기록』 10.

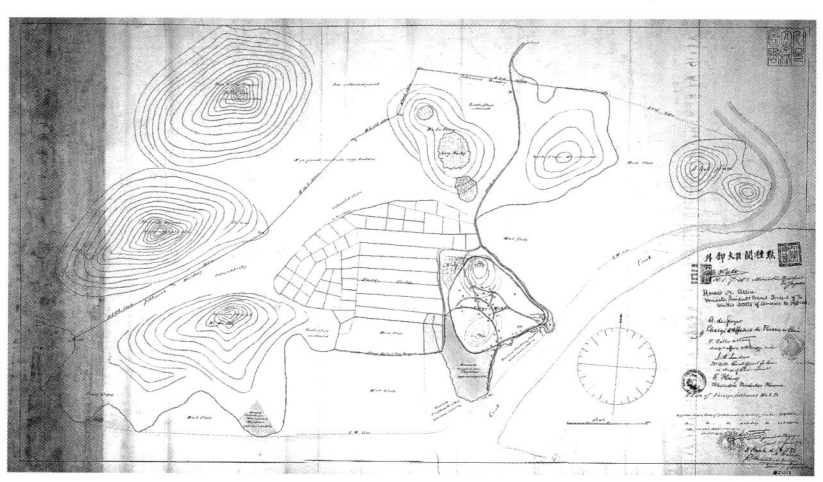

<그림 2> 1896년 작성 무안항조계도

동쪽의 주민 가옥 두 집을 빌리기로 약속하고, 9일 목포항을 출발하여 귀로에 올랐다. 목포항 측량과 조사 과정에 지방관이 입회한 적도 없이 해관 시찰단 일행에 의해 업무가 처리되었다.[17] 이렇듯 조선 정부는 해관을 중심으로 새로운 개항장을 준비하였다.

이 조사 과정에서 목포항 조계의 당시 모습을 담은 지도가 작성되었다. 이 지도는 규장각에 「무안항조계도(務安港租界圖)」라는 명칭으로 보존되어 있다. 지도를 제시하면 〈그림 2〉[18]와 같다.

지도의 우측 하단에 'Plan of Foreign Settlement Mokpo'라고 적혀 있다. 그 아래에 1896년 11월에 작성한 지도를 바탕으로 1897년 2월에 만든 것이라고 명시되어 있다. 목포항 외국인 조계지에 대한 계획을 위해

---

17 국사편찬위원회, 1994, 앞의 책, 108쪽.
18 규장각 한국학연구원(http://e-kyujanggak.snu.ac.kr), 「무안항조계도」.

작성한 것임을 알 수 있다. 지도에는 목포 해관 청사와 부속 건물들이 들어설 위치와 목포 조계의 대략 범위, 주변 지형의 특징이 기록되어 있다. 지도에 색으로 표시된 곳은 해관의 청사와 창고·관사 등 부속 건물을 짓기 위해 예정한 장소이다. 그 외에 조계지 주변의 논·밭 등 경작지와 농장 건물, 해안의 갯벌 지역, 주변 도로와 건물들이 그려져 있다. 글씨 부분 맨 위에 외부대신 민종묵(閔種黙)의 이름과 도장이 찍혀있고, 그 아래 일본·미국·러시아·프랑스·영국·독일 공사(혹은 총영사) 서명이 있다. 목포 개항에 여러 나라가 관심이 있었음을 보여 준다. 민종묵의 재임 기간이 1897년 7월 30일부터 11월 2일이었기에 이 지도의 서명은 그 무렵에 작성된 것으로 볼 수 있다.[19]

한편 인천 해관장 시찰단의 목포 조사에는 인천 일본 영사관 서기(書記) 마에마 쿄사쿠(前間恭作) 일행도 동행하였다. 조선 정부에서 목포항을 조사한다는 소식을 듣고 조사단을 함께 보낸 것이다. 마에마 쿄사쿠도 목포항을 시찰한 후 보고서를 제출하였다.[20] 이 보고서에는 목포가 개항장 조계가 될 경우를 감안하여 목포항 주변의 지형적 특징을 상세히 설명하였다. 〈그림 3〉[21]은 1896년 11월에 작성된 마에마 쿄사쿠의 「목포시찰보고지건(木浦視察報告之件)」에 첨부된 지도다.

마에마 쿄사쿠 일행이 남긴 지도 역시 인천 해관 조사팀이 작성한 것과 비슷한 형태다. 간석지를 위한 제방, 구릉의 밭, 선착장 시설, 한국인 가옥 등이 일부 있다. 당시 목포진 주변은 시가지로 사용할 만한 택지가 부

---

19 고석규, 2001, 『근대 도시 목포의 역사 공간 문화』, 서울대학교출판부, 57쪽.
20 국사편찬위원회, 1994, 「출장원 前間恭作의 복명서」, 앞의 책, 149~152쪽.
21 아시아역사자료센터(https://www.jacar.go.jp), 「在仁川書記生前間恭作木浦視察報告之件」에 수록된 지도.

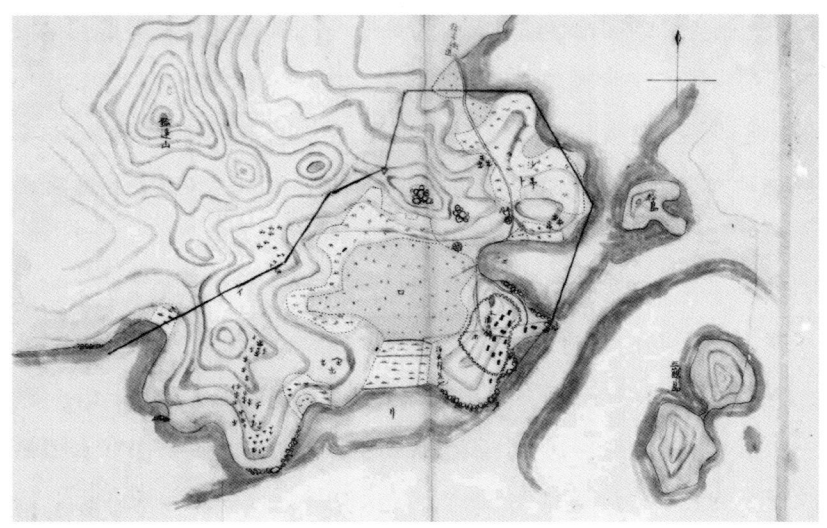

<그림 3> 「목포시찰조사보고지건」에 첨부된 목포 지도

족한 상황이었다. 보고서에는 그런 취약한 환경에도 불구하고 사람이 모여 살 수 있을 만한 최소한의 거주 공간이 확보되어 있었다는 점이 강조되었다. 이 지도의 목포진지 하단에도 '해관예정지(海關豫定地)'라 표기되어 있다. 1896년 11월 목포 시찰의 주목적 중 하나가 해관 설치 장소를 확정하기 위함이었음을 보여 준다. 목포 개항을 위한 준비 과정이 해관을 중심으로 이루어졌다는 점도 시사하는 바가 크다. 이전 개항 때와는 달리 개항장에서 해관의 관세 업무가 그만큼 중요하다는 인식이 향상되었음을 의미한다.

이상과 같은 현지 조사와 준비 과정을 거친 후 목포의 개항이 최종 결정되었다. 목포의 개항일은 1897년 10월 1일이었다. 목포항에 설치할 조계의 형태와 관련한 조율 과정 등으로 인해 개항 시기가 지연되었다. 일본도 어느 시기에 개항할 것인지에 대해 궁금해하는 상황이 반복되었다.

1896년 10월 22일 일본 공사관 문서에는 '조선 정부에서 금년 내에 개항할지도 모른다'는 내용이 남아 있다.[22] 목포 개항일은 해를 넘겨 1897년 7월 3일 조선 정부의 자체 회의를 통해 결정되었다. 의정부에서 의견서를 제출하고, 이를 고종이 승인하는 형태로 처리되었다. 『고종실록』에는 당시 개항을 결정한 내용이 다음과 같이 남아 있다.

> 우리 의정부에서도 이것이 통상 교섭을 발전시키는 데 도움이 되고, 우리나라에도 유리할 수 있다고 확신하였기에 금년 10월 1일로 택하여 개항할 것이며, 일체 준비해야 할 일들과 관세 등 여러 가지 실무 문제를 모두다 이미 개항한 다른 항구의 규정에 따라 처리할 것입니다.[23]

고종은 의정부의 이러한 건의를 수용했다. 당시 정부가 목포의 개항이 자국에게도 유리하다고 확신했던 요인은 관세에 대한 인식 때문이었다. 무관세로 시작했던 부산 개항 시기와는 매우 달라진 양상이었다. 관세를 차관 도입의 담보로 삼고, 재정수입을 늘려 상업의 진흥을 도모하는 것이 목포 개항의 목적이었다.[24] 이러한 인식의 변화가 있었기에 개항 준비 과정을 해관이 주도했고, 1897년 10월 1일 개항과 동시에 목포 해관 업무도 시작되었다.

고종의 승인 후 다음 날 7월 4일 조선 정부는 경성에 주재하는 각국의 공사에게 개항 소식을 알렸다. 조선 정부는 구체적인 목포 개항 시기를

---

22 한국사데이터베이스, '木浦·鎭南浦 開港 豫想에 따른 措置', 『駐韓日本公使館記錄』 10권, .
23 『고종실록』 35권, 1897년 7월 3일, '外部大臣署理 閔種黙請議'.
24 목포백년회, 1997, 『木浦開港 百年史』, 목포신문사, 130쪽.

일본과 협의하지 않았고, 결정 사항을 각국에 통보하는 형식을 취했다. 개항 문제는 통상조약이 맺어져 있는 외국 모두를 상대로 한 것이기 때문에 일본만을 상대한 교섭은 옳지 않다고 판단하고 있었다.[25] 다만, 7월 3일에 열린 회의의 1안에 '목포·진남포 개항과 평양 개시 건은 오래도록 일본과 교섭을 시도하던 바로 일본 공사 역시 종종 이의 실행을 요청하였음' 이라는 내용이 들어 있다.[26] 이는 조약 개항이 아니라 칙령 개항 형식을 취했기에 목포 개항이 최초 일본의 요구로 인해서 시작된 것임을 명시하여 일본의 외교적 반발을 무마하려는 조치로 판단된다.

조선 정부에서는 칙령 내용을 각 공사에 발송함과 동시에 신문을 통해 목포 개항에 관한 내용을 알렸다. 『독립신문』 영자지 1897년 7월 5일자에 조선 해관 총세무사 이름으로 목포 개항 계획을 고시하였다. 이러한 과정을 거쳐 목포 개항이 공식 확정되고 널리 알려졌다.[27]

3. 목포 각국 조계의 설치와 일본 전관 조계화 양상

목포에는 개항과 함께 각국 조계가 설치되었다. 개항 후 설치되는 조계(거류지) 종류에 대해 1930년에 발간된 『목포부사』에는 다음과 같이 서술되어 있다.

---

25 목포백년회, 1997, 앞의 책, 126~127쪽.
26 『국역 목포지』, 35쪽.
27 『독립신문』 영자지, 1897년 7월 5일 고시 내용.

개방지에 조약 국민의 거주지를 특정한 곳을 거류지라 하고, 이 거류지를 어느 한 나라에 한해서 지정하면 전관거류지(專管居留地)가 되고, 각국을 따로 정하지 않으면 공동거류지가 되고, 개방지에서 내외의 거주 구획을 설정하지 않는 곳을 잡거지(雜居地)라 한다.[28]

목포 개항 이전부터 일본은 일본인을 위한 전관 조계를 설정할 것을 줄기차게 요구했다. 일본은 목포 개항 자체가 잠정합동조관에 근거한 결과물이라고 생각했다. 따라서 목포 개항은 일본을 위한 것으로 인식했다. 그러나 일본인만의 '전관 조계'는 설치되지 않았고, 오직 '각국 조계'만 설치되었다.

조선 정부가 일본의 요구를 수용하지 않은 표면적인 이유는 각국 공사가 목포항이 일본만의 개항지가 되는 것을 반대했기 때문이다. 1883년 맺어진 '조영통상조약' 제4조 제2항에 "외국인의 무역에 개방된 조선의 다양한 항구와 지역에서 외국인 거류 지역을 선정, 제한, 배치, 그리고 토지의 매매를 위한 모든 조정은 적절한 외국 당사자와 함께 조선 당국자에 의해서 처리된다"라고 규정되어 있었다.[29] 때문에 각국의 요구는 정당한 것이었다. 또한 조선 정부 역시 개항장의 외국인 조계에 대한 인식이 과거보다 개선된 상태였다. 1895년 4월 21일 미국·영국·독일 공사와 영사들이 외부대신 김윤식(金允植)에게 다음과 같이 요청하였다.

---

28 김정섭 역, 2011, 『완역 목포부사』, 목포문화원, 144쪽. 이하 『완역 목포부사』로 약칭함.
29 동북아역사재단, 2021, 『근대 조약과 동아시아 영토 침탈 관련 자료 선집 Ⅱ』, 동북아역사재단, 358~359쪽.

양처(兩處)를 새로 개항하는 것에 찬성을 표하고, 양처의 조계를 일국(一國)에게만 허락하는 것은 불가하며, 각국상민(各國商民)에게도 조계를 분배하여 이익을 균점하게 할 것을 요구.[30]

목포 개항에는 찬성하지만 일본만을 위한 조계가 설치되는 것에 반대하고, 조계의 분배를 요구한 것이다. 이 소식이 알려지자 일본 공사는 곧바로 반발했다. 외부대신 김윤식에게 목포 신설항에 일본 조계를 특설하여 줄 것을 요청했다. 그러나 김윤식은 각국 공사·영사가 조회(照會)하여 신개항의 조계를 일국에게만 특허하는 것은 불공평하며, 각국에게 고루 분배할 것을 요구한 점을 들어 일본의 요구를 받아들일 수 없음을 통고하였다.[31]

이러한 상황은 일본을 당혹스럽게 만들었다. 일본이 전관 조계를 주장했으나, 조선 정부에서 이를 수용하지 않는 상황은 다음 기록을 통해 확인이 가능하다. 1895년 9월 18일 일본의 외부대신이 조선특명전권대사에게 보낸 문서 내용이다.

> 본건 개항의 일은 지난해(1894) 7월 20일 조선과 체결한 「잠정합동조관」 중에 전라도 연안에 1개 통상항을 개장한다고 되어 있음에 기인하는 것이며, (중략) 조선 정부에서 이들을 무시하고 우리 정부와의 담판을 마무리 짓지 않고 각국에 대하여 이것을 열어 우리로 하여금 이

---

30 한국사데이타베이스, 『고종시대사』 3집, 1895년 4월 21일 '앞서 日·淸兩國의 勸告에 依하여'.
31 한국사데이터베이스, 각주 30의 책, 1895년 5월 6일 '日本公使 井上馨이 外部大臣 金允植에게 照會하여'.

에 의한 균점을 받는 처지에 서게 함은 본말(本末)을 그르치고 있는 것입니다. (중략) 그 개항장에 우리나라 사람을 위한 특별 거류지를 설정하려고 하자 각국에서도 역시 거류지를 설치하려 하므로 이에 따라 토지가 협소함을 느끼게 되었고, 조선 정부가 이를 처리하는 데 곤욕을 치르고 있다는 데 있습니다. 애당초 각국 사신들은 각기 따로 거류지를 설정할 생각인지 또는 우리나라 사람을 제외하고 공동으로 하나의 거류지를 설치하기를 바라는 것인지 그 속셈을 정확히 알 수는 없사오나 어쨌든 우리나라 사람이 타국인과 공동으로 거류지를 설정하는 것은 극히 득책(得策)이라고 할 수 없습니다.[32]

일본은 목포 개항이 잠정합동조관에 기인한 것으로 주장하며 일본 정부와의 담판을 요구하고 있는데, 조선 정부가 이를 회피하고 있다는 내용이다. 조계 형태와 관련하여 협상이 이루어지지 않고 개항이 지연되자, 일본 내부에서도 의견 차이가 발생했다. 외무대신 무쓰 무네미쓰(陸奧宗光)는 조선 정부에서 일본 전관 조계를 제공하도록 해야 한다는 원칙이었다. 반면 이노우에 카오루 공사는 그 형식에 연연하지 말고 일본인이 실권을 장악하면 된다고 주장했다.[33]

일본인의 전관 조계를 주장하는 입장에서는 크게 세 가지 문제점을 지적했다. 첫째, 군대를 체재시켜야 할 상황에서 불편함. 둘째, 거류지 제도 운영에 각국 사신의 영향력이 클 것. 셋째, 공동거류지의 경우 타인 명

---

32 한국사데이터베이스,「木浦와 鎭南浦에 特別居留地 設定의 件」,『駐韓日本公使館記錄』5권, 1895년 9월 18일.
33 『국역 목포지』, 32쪽.

의를 빌려 암매와 전매가 성행하여 재력 있는 몇몇 외국인이 많은 토지와 가옥을 겸병하게 될 것이라는 점이었다.[34] 반면 이노우에 카오루 공사는 저마다 전관 조계를 설정하여 목포항에서 일본이 차지하는 면적이 좁아지는 것보다는, 어차피 일본이 실권을 장악할 것이니 각국 조계가 결국 더 유리하다고 판단했다. 현재 남아 있는 주한 일본 공사관 기록에는 이노우에 카오루 공사가 일본의 외부대신에게 이러한 의견을 보낸 문서가 다수 포함되어 있다. 대표 사례는 다음과 같다. 1895년 5월 21일 특명전권대사 자격으로 외부대신 무쓰 무네미쓰에게 보낸 문서 내용이다.

> 지금 조선 무역에 종사하는 자는 우리나라 사람이 그 다수를 차지하고 있는 만큼, 위 신개항장에는 특별히 일본인 거류지를 설정하지 않더라도 그 통상자의 80~90%는 어떻든 간에 우리나라 사람이 차지하게 될 것이므로, 설령 토지 같은 것을 경매에 붙인다고 하더라도 역시 우리 상인의 차지가 될 것으로 믿습니다. 그러므로 일반적인 외국 거류지로 한다고 해도 별로 큰 지장이 없을 것으로 생각합니다.[35]

이노우에 카오루는 당시 조선 정부가 일본 전관 조계를 설치를 허락하는 것이 어려울 것이라고 분석했다. 오히려 각국 조계가 목포항에서 일본의 이익을 극대화하는 데 더 유리하다고 전망했다.

이전 개항장에서는 각국 조계 외에 일본과 청의 전관 조계가 별도로

---

34 각주 32와 같음.
35 한국사데이터베이스, 각주 32의 책, 1985년 5월 21일 '大同江과 木浦에 日本人의 居留地特設에 대한 각국 使臣의 연합 반대의 件'.

설치되었다. 목포항에 각국 조계 하나만 개설된 것은 각국 공사의 요구가 직접적인 방패막이 되었지만, 이외에 조선 정부의 인식 변화도 중요하게 작용했다. 이전 경우는 다른 나라들과 조약을 맺기 전에 개항한 것이지만, 목포는 이미 다른 나라들과 조약을 맺은 이후의 일이므로 전례와 같을 수 없다고 판단했다. 일본 전관 조계를 허용하게 되면 다른 나라들도 저마다 단독 조계를 요구할 것이고, 결국 목포 각국 조계의 땅이 모자라게 될 것으로 전망했다.[36]

이러한 흐름을 거쳐 최종적으로 목포 개항장에는 각국 조계가 설치되었다. 목포 각국 조계의 총면적은 726,024m^2(약 22만 평)였다. 동시에 개항된 진남포의 480,060m^2(약 14만 5천 평)보다 넓은 면적이었다.[37] 표면상 나타나는 목포 각국 조계의 범위는 개항 당시에 동으로 송도, 남으로 목포진, 서쪽으로 현 온금동, 북쪽으로 현 측후동으로 이어지는 구역이다.[38] 목포 각국 조계의 토지는 갑·을·병 3등급으로 구분되었다. '갑'은 평지, '을'은 고지(산), '병'은 간석지였다. 조계 내의 택지는 모두 경매법에 따라 매각되었다. 매수 희망자는 먼저 지구의 명칭, 번호 및 면적을 적어 자국 영사관에 신청한다. 그다음 영사는 목포를 감리하는 조선 지방관에게 이첩한다. 담당 지방관은 30일 이상의 기간을 두고 공매 기일과 요건을 경성 주재 각국 공사·목포 주재 각국 영사·목포 조계사무공사(각국 거류지회)에 예고하여 각각 공고주지 하는 방식이었다.[39]

목포항에는 각국 조계만 설치되었기 때문에 조계 내의 행정은 일본인

---

36 국사편찬위원회, 1991, 『주한일본공사관기록』 6, 시사문화사, 232~233쪽.
37 손정목, 1982, 앞의 책, 284쪽.
38 목포부사편찬위원회, 1930, 『木浦府史』, 목포부, 168쪽.
39 『완역 목포부사』, 145~146쪽.

만의 전결로 되는 것이 아니었다. 각국 관민의 대표자들에 의해 처리되는 형식을 취해야 했다. 각국 조계의 행정은 영토국과 재류 각국 영사의 공동 관리하에 영토국 관헌이 이를 집행하는 것이 원칙이었다. 그러나 실제는 행정권을 거류민 자치단체에 위임하여 영토국과 각 외국은 단지 이를 감독만 하는 방식이었다. 이는 1897년 10월 16일에 작성된 목포각국 조계장정에 근거한 것이다.[40] 이 장정에는 대한제국 외무대신 민종묵을 비롯하여 일본·미국·러시아·프랑스·영국·독일 대표 총 7명이 조인하였다.

조계의 경영은 이에 관한 당사국 간의 조약 또는 협정으로 이루어졌다. 그 협정에는 통례로 다음과 같은 7가지 사항에 관한 내용이 포함됐다. 조계 지역, 조계 내의 행정권, 차지권(借地權)의 성질과 차지료(借地料) 및 지세(地稅), 지권(地券) 발급 개서, 영토국 국민의 조계 내에서의 단속 및 소송 관할, 설정 전의 외국인 차용지, 조계의 최혜국대우(最惠國待遇) 등에 관한 내용이다.[41]

목포각국 조계장정은 총 18조의 조항으로 구성되어 있다. 조계 구역, 방조제 및 부두, 지구의 등분, 지구의 경계 및 면적, 지구의 매각 방법, 구매금 지불, 최저 지가, 지가 분배, 연세, 지세 미납자 처분, 연세 분배, 한국인 가옥 철거, 수목, 관유(官有) 지구, 조차지주(租借地主)가 될 수 있는 요건, 조차지주의 지권 이전 절차, 토지 분할, 조차지의 건축물 및 토지의 변형, 조계사무공사 설치, 조계사무공사의 직권 및 직무, 지권 양식, 조차지주 또는 양수인(讓受人)의 서약, 장정 개약에 관한 규정을 명시하고 있다.

목포각국 조계장정에는 각국 조계의 행정을 위해 '조계사무공사'를 설

---

40 『완역 목포부사』, 144쪽.
41 위와 같음.

치하도록 했다. 일본은 이를 '각국 거류지회'로 칭했다. 조계사무공사의 직권에 대해서는 제16조에 다음과 같은 15가지가 명시되어 있다.[42]

① 임원을 선임하며, 공사(公司)의 사무 규칙을 제정한다.
② 사무 요원을 선임하여 직무를 담당케 하며, 해고하는 권한을 가진다.
③ 조계 구역 내에 도로를 만들고 도랑·교량·제방 및 기타 공공사업을 집행하며 수리한다. 단, 조차지주가 필요에 따라 이미 설치한 도로나 제방을 개축할 때의 경비는 각 지주가 부담한다.
④ 노선을 변경하거나 이미 설치한 도로를 증·감수할 때는 공정도면(公定圖面)에 있고 없고를 불문하고 모든 행위는 2개월 이내에 고시한 후 한국 관원과 회동하여 이를 시행해야 한다.
⑤ 경찰관서를 설치하여 공안을 유지한다.
⑥ 조계 구역 내에서 모든 불법행위를 하는 사건이 일어나면 이를 체포·구금할 수 있으며, 이를 관원에게 처벌하도록 요구하는 수속을 한다.
⑦ 공공 도로에는 가로등을 설치하고, 청소 및 장애물 제거에 힘쓴다.
⑧ 공공의 우물 및 수도 시설을 한다.
⑨ 조계 내에 주점, 극장, 이발소 등 모든 유락 시설을 만들 경우에는 조례를 제정하여 합법적이고 안전하게 해야 하며, 필요하다면 단속 요원에게 패(牌)를 발급하고, 필요에 의한 비용을 거둘 수 있다.
⑩ 조계 구역 내에서의 공공 위생 및 풍기를 유지하고, 도박장 및 취업

---

42 「木浦·甑南浦 各國租界章程」, 『駐韓日本公使館記錄』 11권, 한국사데이터베이스.

을 방해하거나 부정 영업 등으로 발생하는 모든 해악을 예방·금지하고, 또 아편 흡연장은 허락하지 않는다.
⑪ 조계 내 위험한 건물 또는 가연성 물질이나 질병을 유발하기 쉬운 곳이 있으면 금지 철거시켜야 하고, 또 화재를 위해 소방부를 설치한다.
⑫ 조계사무공사가 꼭 필요하다고 인정되면 언제나 이에 필요한 건물을 지을 수 있다.
⑬ 필요하다고 인정되면 한국 외부대신과 협의하고, 각국 사신의 동의를 얻어 각국 조계가 보증하는 공채(公債)를 발행할 수 있다.
⑭ 특별히 공무상 필요한 일이 있을 때는 등록 지주의 특별 회의를 개최할 수 있다. 단, 이 경우 14일 이전에 예고해야 하며 회의 사항을 통지서에 게재해야 한다.
⑮ 지세는 한국 정부를 대신하여 징수하며, 지세 대장에 의거한 액수에 유효한 영수증을 발급하고, 수납된 지세는 한국 정부에 입금한다.

조계사무공사의 직권은 매우 광범위하다. 각국 조계 내의 대부분 업무와 연관되어 있다. 조계사무공사의 운영에 필요한 운영비 및 각종 사업비는 조계기금(비축금)에서 지출하도록 하였다. 또한 기금이 부족할 때는 조계사무공사에서 각국 조계 내의 땅과 가옥에 대해 당시의 시가를 기준으로 하여 수시로 세를 부과·징수하여 이를 충당하도록 하였다.[43] 실질적으로 조계사무공사에 의해 각국 조계의 행정이 이루어지는 것이나 다름없을 정도로 방대한 직권이 주어졌다.

---

43 『국역 목포지』, 40쪽.

목포 각국 조계의 조계사무공사는 1898년 4월 11일에 설치되었다.[44] 주목되는 점은 임원 구성에 대한 부분이다. 다음은 조계사무공사의 조직에 관한 목포각국 조계장정의 제14조 규정이다.

① 조계사무관리자로 1인은 조선 정부에서 파견한 관원으로서 이 직능에 적합한 자를 둔다.
② 1인은 각국의 주한 영사로 한다.
③ 조계 내 등록된 지주 중에서 3인을 선출하여 한국 관원과 협력하게 한다.

즉, 목포 조계사무공사의 조직은 대한제국 정부의 파견 관원과 목포에 영사관을 개설한 주재 영사 그리고 조계 내에 등록된 지주 중 3명으로 구성되도록 정해져 있다. 첫 번째, 조선 정부의 파견 관원은 목포 개항장 업무를 전담하기 위해 설치한 무안 감리서의 감리가 담당한다. 두 번째, 개항 초기에는 일본과 영국이 대상이었다. 일본은 개항 이후 줄곧 목포에 영사를 파견했고, 영국은 초대 목포 해관장 임무를 수행한 아머(W. Armour)에게 영국 영사를 겸하도록 하였다. 아머가 목포 해관장과 영국 영사를 겸직한 시기는 1897년 10월 1일부터 1899년 4월 15일까지다. 따라서 이 시기 이후에는 일본 영사 한 사람만이 조계사무공사의 조직에 포함되는 상황이다. 세 번째, 선출직의 경우가 다소 모호하다. 이를 위한 별도의 부칙이 있었다. 선출 의원은 같은 국적자가 2명일 수 없고, 피선거인이 될 수 있는 사람을 등록 지주로 제한했다. 또 지주라 할지라도 지세와 기타 제세를 완

---

44 『국역 목포지』, 38~39쪽.

납하지 못한 사람은 피선거인이 될 수 없었다. 실질적으로 이러한 조건을 갖춘 민간의 등록 지주는 일본인 외에는 대상자를 찾기 어려웠다. 결국, 조계사무공사의 조직에 관한 규정은 목포 각국 조계 행정이 일본인 중심으로 진행되는 법적 토대가 되었다. 구성상 목포항 조계사무공사의 대표(회두)는 일본인의 몫이 되었다. 영사관이 유지되었던 시기의 역대 조계사무공사(각국 거류지회)의 대표 명단을 제시하면 〈표 1〉[45] 과 같다.

〈표 1〉 역대 각국 거류지회 회두

직위	이름	재직 기간	비고
회두	히사미즈 사부로(久水三郞)	1898년 4월~1899년 6월	일본 영사
회두대리	사카타 시게지로(坂田重次郞)	1899년 6월~1899년 9월	일본 영사대리
회두	모리카와 기시로(森川季四郞)	1899년 9월~1902년 7월	일본 영사
회두	와카마치 토사부로(若松兎三郞)	1902년 7월~1907년 6월	일본 영사

이처럼 목포 각국 조계의 행정 업무를 관장하기 위해 조직되었던 조계사무공사의 실권은 일본인이 장악했다. 형태상 '각국 조계'였지만 실제 거주인의 대다수를 일본인이 차지하였고, 많은 토지를 점유하고 있었기에 조계사무공사의 실권은 일본인의 손에 넘어갔다. 특히 다른 나라는 영사관을 개설하지 않아 조계사무공사의 대표는 일본 영사가 독차지했다. 명칭은 각국 조계였지만, 실제는 일본 전관 조계와 같은 양상으로 흘러갔다.[46] 목포 개항 과정에서 조계 형태를 두고 논란이 있었지만, 결국 개항

---

45 『완역 목포부사』, 73~74쪽의 표를 토대로 비고란을 추가함.
46 『국역 목포지』, 72쪽.

후 체결된 목포각국 조계장정의 조계사무공사 조직과 직권에 관한 규정은 목포가 일본 전관 조계화 되는 근거로 작용하였다.

대표를 줄곧 일본 영사가 맡으면서 조계사무공사를 통해 추진되는 사업들도 실질적으로 일본 영사의 권한이 되었다. 사무실도 일본 영사관 내에 있었다. 1906년 이후 이사청 시기에는 이사청에 있었고, 강제 병합 후에는 목포부청 내에 있었다.[47] 1900년에 지은 일본 영사관 건물이 후에 이사청과 부청으로 계속 사용되었으니, 줄곧 조계사무공사의 사무실은 같은 건물 내에서 운영된 것이다.

일본 영사는 목포 각국 조계의 실권을 장악하기 위해 가장 먼저 조계사무공사에서 사용하는 용어와 공문서 기록을 모두 일본어로 할 것을 의결했다. 또한 1899년 목포 각국 조계의 시가지 건설을 위한 최소한의 매축이 이루어지자 곧바로 이곳에 일본식 명칭을 붙여 사용하였다. 구역 명칭은 다음과 같은 7개로 정해졌다.[48]

영사관통(領事館通), 본정통(本町通), 산수통(山手通), 무안통(務安通), 남해안통(南海岸通), 동해안통(東海岸通), 목포대(木浦臺)

이러한 명칭은 깊이 있게 연구된 것이 아니라, 주요 구역에 선점하듯이 일본식 명칭을 붙인 것이었다. 개항기 '각국 조계'에 일본식 이름이 지어진 것은 국내의 '각국 조계' 중 목포가 처음이었다. 인천의 각국 조계는 국권피탈 후인 1911년에 이르러서야 일본식 동명이 사용되었다. 이전에

---

47 각주 46과 같음.
48 목포부사편찬위원회, 1930, 앞의 책, 866~868쪽 참조.

는 동명이 없어 거류민의 주소를 표시할 때 일일이 택지 번호를 사용하는 방식이었다.[49] 이는 목포 각국 조계를 일본 전관 조계화 시키기 위한 일본인들의 발 빠른 수단이었다.

조계사무공사는 목포각국 조계장정에 규정된 직권에 따라 식수 마련, 해벽 공사, 도로 개설 등의 업무에 관여하였다. 먼저 식수와 관련된 부분을 살펴보겠다. 조계사무공사 직권 8항에 '공공 우물과 수도를 놓는 일'이 명시되어 있다. 목포는 갯벌을 막아 신시가지를 조성하는 양상이었고, 배후를 이루는 유달산이 돌산이라 계곡이 없어 식수 마련이 매우 시급했다. 이에 우물을 파거나 유달산 기슭에 둑을 쌓는 등 식수를 마련에 여러 방법을 시도했다. 각국 조계에서 멀리 떨어진 용당동 부근에서 천연으로 솟아나는 물이 발견되자, 그곳에 저수지를 만들고 조계지까지 운송하는 일을 추진했다. 급수사업은 조계사무공사와 일본거류민회에서 협력하여 공공사업으로 하는 방식으로 추진되었다.[50]

한편, 조계사무공사는 조계 내에 수질이 좋은 땅을 선정한 후 "음용수지로 공유할 수 있도록 경매하지 말고 거류지회에 매각하고 세금을 면제" 해 주기를 요청하기도 했다.[51]

다음은 각국 조계의 신시가지 조성을 위한 해벽 공사에 대한 내용이다. 개항 당시 각국 조계의 공간 대부분은 바위 아니면 늪이나 갯벌이었다. 따라서 바닷물이 시가지로 유입되는 것을 막기 위한 해안선 정비가 먼저 이루어져야 하는 상황이었다. 목포각국 조계장정에는 해안의 암벽과 부두는

---

49 목포부사편찬위원회, 1930, 앞의 책, 866~868쪽 참조.
50 『국역 목포지』, 189쪽.
51 고석규·박찬승 공역, 1997, 『무안보첩』, 목포문화원, 35쪽 '보고 제50호'. 이하 『국역 무안보첩』이라 약칭함.

필요 시에 대한제국 정부가 건설하도록 규정되어 있다.[52] 하지만 대한제국 정부는 목포조계사무공사와 협의하여 해벽 공사 사무 권한을 위임하였다. 조계사무공사는 일본 영사가 실권을 가지고 있었으므로 결국 대한제국 정부에서 일본 영사에게 해벽 공사 용역을 맡기는 형식이 되었다.

물론 대한제국 정부도 목포항이 발전하기 위해서는 해벽 공사가 시급하다고 인식하였다. 그러나 재정 형편이나 공사의 규모로 봐서 조계사무공사에게 맡겨 관리토록 하는 것이 간편하다고 판단했다. 대한제국 정부는 해벽 공사를 위탁한 후 계속해서 공사 진행 상황을 관리·감독하는 방식을 취했다. 조계사무공사의 대표는 해벽 공사 추진 과정에서 변경된 내용이 있을 경우 무안 감리에게 조회하여 승인을 받으면서 추진하였다.[53]

이는 개항장 기반 시설 조성의 첫 출발에 해당하는 가장 중요한 업무가 대한제국의 주도로 이루어지지 못했다는 점에서 당시 역량의 한계를 보여 주는 사례다. 관련 인식은 발전했으나 실무를 담당하지는 못했다.

개항장의 도로 설치에도 조계사무공사가 관여했다. 「목포각국 조계장정」의 조계사무공사 직권 3항에 도로 부설과 관련된 권한이 명시되어 있다. 도로 부설 관련 자원은 지주가 납부하는 지세와 토지 공매의 차액을 활용하여 충당하였다.[54] 개항 초기에는 확보된 예산이 부족하여 해안 도로 공사를 위해 조계사무공사에서 '거류지채(居留地債)'를 제일은행에서 발행하여 공사비를 충당했다.[55]

한편 조계 내의 도로 부설은 조계사무공사의 직권이었으나, 조계

---

52 『한일 조약 자료집(1876~1910)』, 「진남포목포각국 조계장정」 제1조, 242쪽.
53 「보고 제53호」, 『국역 무안보첩』, 111쪽.
54 『국역 목포지』, 221쪽.
55 『국역 목포지』, 215쪽.

10리 이내의 공공 도로는 대한제국 정부가 마련해야 하는 일이었다. 그런데 공사에 소용되는 비용이 커서 손을 대지 못했다. 이에 일본 상인들이 불편하다는 이유로 일본 영사가 주도하여 조계 밖으로 연결되는 공공 도로 공사까지도 추진하는 상황이었다.[56]

그 외 조계사무공사는 택지의 경매를 요청하거나, 경매된 택지에 대해 연세(年稅)를 제대로 납부하지 않는 경우 관에서 몰수하도록 조치하는 일도 맡아서 했다. 실제『무안보첩』기록에는 토지세를 납부하지 않은 지구에 대해 몰수를 요구하는 내용의 문서가 많이 남아 있다.

이상에서 살핀 것처럼 목포 각국 조계의 기반 시설과 신시가지 설치 과정에 필요한 주요한 업무를 조계사무공사가 주도해갔다. 분명 목포 개항 과정은 기존 개항장과는 상당히 달라진 측면을 보였지만, 개항 후 주요 업무를 주도할 수 있는 역량에서는 여전히 한계가 많았다. 조계사무공사의 대표를 일본 영사가 줄곧 맡으면서 목포항은 점차 일본인의 전관 조계화 양상으로 변해갔다.

4. 일본의 목포 각국 조계 장악 과정과 특징

개항 후 목포 각국 조계가 일본의 전관 조계처럼 변해간 중요한 법적 근거는 목포각국 조계장정이었다. 이 장정 안에 규정된 내용이 일본인에게 유리한 방향으로 흘러가도록 도왔다. 각국 조계 설치를 반대했던 일본인들도 당시 목포항의 상황을『목포부사』(1930)에 다음과 같이 언급하고 있다.

---

56 「보고 제69호」,『국역 무안보첩』, 47쪽.

목포 각국 거류지는 그 명칭에 상관없이 거기 주민의 국가별로 보나 각국 인이 취득한 비율로 보나 완전 일본 전관거류지였다.[57]

결국 각국 조계로 개항되더라도 일본이 실권을 장악하고, 그 이익을 극대화할 수 있으니 개항 형태에 연연하지 말고 빨리 개항하는 것이 좋겠다고 주장한 일본 공사 이노우에 카오루의 예상이 적중한 셈이다. 이제부터는 일본이 목포 각국 조계의 실권을 장악하는 주요 과정과 그 안에서 나타나는 특징(식민성과 침략성)을 살펴보겠다.

목포 개항 후 일본 입장에서 주도권을 잡기 위한 첫 번째 과제는 각국 조계 내에 더 많은 택지를 확보하는 것이었다. 개항 이후 각국 조계의 실거주 외국인 중 일본인이 절대다수를 이루면서 많은 토지를 점유하기 위한 유리한 조건이 되었다. 다음 〈표 2〉[58]는 개항 이후 목포항의 인구 누적표이다.

〈표 2〉 개항 이후 목포 인구 누계 연표

구분	조선인	일본인	만주국인 및 중화민국인	구미인	합계
1897	-	206			206
1898	-	907	14	3	924
1899	-	872	42	6	920
1900	-	894	39	6	939
1901	-	940	53	9	1,002

---

57 『완역 목포부사』, 146쪽.
58 木浦商業會議所, 1935, 『昭和十年四年 統計年報』, 1쪽.

구분	조선인	일본인	만주국인 및 중화민국인	구미인	합계
1902	-	1,045	45	10	1,100
1903	-	1,417	50	11	1,478
1904	-	1,442	47	10	1,499
1905	-	2,020	67	12	2,099
1906	-	2,364	92	6	2,466
1907	3,532	2,851	77	6	6,466
1908	5,252	2,863	69	9	8,193
1909	5,675	3,097	71	10	8,853
1910	7,076	3,494	75	10	10,655

1897년 12월 말 기준으로 목포항에 거주하는 일본인 수는 206명이었다. 이후 일본인 거주자 수는 계속 증가한다. 〈표 2〉에는 1897년도 청국(중국)인과 구미인의 숫자가 명시되어 있지 않다. 당시 소수 인원이 목포에 거주하고 있었으나, 통계에는 포함되지 못했다. 일본인 인구가 늘어난 것에 비해 일본 이외의 외국인의 숫자는 큰 변화가 없었다. 목포 각국 조계 내의 외국인 구성면에서 일본인이 절대다수를 차지했다.

일본은 목포 개항 후 택지 확보에 매우 적극성을 보였다. 이전 인천 각국 조계에서는 소수의 외국인에 의해 주요 지역이 매점되었기에 목포항에서의 택지 확보에 더욱 민감했다. 목포각국 조계장정에는 기존 개항장보다 조차지의 건축물과 토지의 변형에 대한 세부 조건이 추가되어 있었다. 다음은 조차지의 건축물 및 토지의 변형에 관한 규정을 명시한 13조의 내용이다.

전체 토지 혹은 분할한 토지의 지계가 성립한 날짜로부터 2년 이내에 최소한 250달러 이상의 건물을 짓거나 혹은 정지 작업을 하여야 한다. (중략) 만일 2년 이내에 건물을 짓지 않거나 혹은 정지 작업을 하지 않고, 혹은 건축하고 정지한 비용이 위에 정한 가격에 미치지 못할 경우에 관리 조계사무공사는 본 장정 제7조에 기재된 바와 같이 해당 임차인에게 해당 관할 관원이 소송을 제기할 수 있다.[59]

목포 각국 조계 내의 택지를 확보한 사람은 2년 이내에 반드시 뭔가 개량을 해야 하는 상황이었다. 때문에 개항장에서 유리한 위치를 차지하기 위해 맹목적으로 타국의 외국인이 택지를 매수하는 것이 쉽지 않았다.『목포부사』에는 이러한 규정이 소수 외국인의 매점을 막는 효과가 있었다고 밝히고 있다.[60] 규정을 준수하는지를 감시하고 신고하는 권한이 조계사무공사(일본 영사)에 있었기에 이는 절대적으로 일본에게 유리하게 작용했다. 실제 1898년부터 시작된 택지 공매 결과 대부분의 지역을 일본인이 차지했다. 개항 후 실제 사용된 목포각국 조계의 총면적은 710,141m²였다. 이 중 일본인이 점유한 차지(借地) 면적은 644,290m², 러시아는 40,016m², 영국은 12,475m²로 일본이 압도적으로 많았다.[61]

목포 각국 조계 내 중요 공간의 점유 면에서도 일본이 유리한 위치를 장악했다. 대표 사례는 일본 영사관 용지 확보와 대규모 영사관 신축 과정이다. 각국 영사관 용지의 경우는 목포각국 조계장정 제10조에 "조약

---

59 「진남포목포각국 조계장정」 제13조, 『한일 조약 자료집(1876~1910)』, 247쪽.
60 『완역 목포부사』, 146쪽.
61 배종무, 1994, 『木浦開港史 硏究』, 느티나무, 65쪽.

국 정부는 원가만을 납부하고, 그 영사관 용지로 적당한 지구를 수득(收得) 또는 소유할 수 있다"라고 명시되었다. 때문에 공매를 통하지 않고 넓은 용지를 확보하려는 각국 간의 경쟁은 치열했다. 하지만 이는 대한제국 정부의 승인을 받아야 하는 사안이므로 무안 감리서의 중재에 따라 영사관 용지의 범위와 위치가 결정되었다. 일본은 러시아를 견제하였다. 러시아도 개항 초기 목포항에 넓은 용지를 확보하려고 했다. 1898년 목포 일본 영사가 외부대신에게 보낸 문서에는 러시아가 목포에서 넓은 영사관 용지를 확보하기 위해 협박도 불사하고 있다는 내용이 담겨있다. 러시아의 요구에 대한제국 정부가 굴복하여 받아들이게 되면 일·한 무역에 심상치 않은 장애를 초래할 것으로 전망했다.[62] 개항 초기 일본 영사의 문서에는 이러한 러시아의 동향과 관련된 보고가 자주 등장했다.

최종적으로 결정된 각국 영사관 용지는 일본 31,351m²(약 9,400평), 러시아 19,311m²(약 5,852평), 영국 12,475m²(약 3,780평)이었다.[63] 일본은 영사관 용지 확보에 많은 신경을 썼다. 목포항이 일본 전관 조계가 아니라 각국 조계였기에 영사관의 중요성은 어느 개항장보다 컸다. 당초 요청했던 면적보다는 줄었지만, 각국 조계의 핵심 지역에 영사관 용지를 확보했다. 일본은 1900년에 대규모 영사관을 신축했다. 일본 영사관 건물은 목포 각국 조계의 실권을 장악하는 데 가장 중요한 기반이 되었다.

일본은 1897년 9월 16일 자로 히사미즈 사부로(久水三郎)를 목포 주재 일본 영사로 임명했다. 히사미즈 영사는 1897년 10월 24일 목포항에 부

---

62 「鎭南浦와 木浦에서 豫定하고 있는 露國領事館 敷地에 관한 件」, 『駐韓日本公使館記錄』12권, 1898년 2월 3일, 한국사데이터베이스.
63 『국역 목포지』, 67쪽.

<그림 4> 목포 일본 영사관 건물의 현재 모습

임하여 10월 26일에 처음 일본 영사관을 개청하였다. 당시 관공서로 사용할 만한 건물이 마땅치 않아 초창기 일본 영사관은 임시청사로 여러 번 옮겨 다녀야만 했다. 1900년에 이르러 확보한 영사관 용지에 정식으로 대규모 영사관을 신축했다. 총공사비 14만여 원을 들여 1900년 1월에 착공하여 12월에 완공했다. 이 건물은 현재도 남아 있다. 건물의 규모는 높이 13.65m, 연면적 597.68m^{2}였다. 당시 목포에서 가장 높고 규모가 컸다. <그림 4>는 1900년에 건축한 목포 일본 영사관의 현재 모습이다.

목포와 동시에 개항된 진남포의 경우 처음에는 영사대리가 파견되었고, 오랫동안 임시청사에서 지냈다. 목포에는 처음부터 일등영사를 주재시켰고, 개항 후 몇 년 내에 이런 대규모 건물을 지은 것을 보면 당시 목포항이 차지하고 있는 비중이 컸음을 의미한다. 건물의 외형은 서양식이지만, 전면 출입구의 상단에 국화 문양을 배치하고, 외벽 중앙부에 태양 문

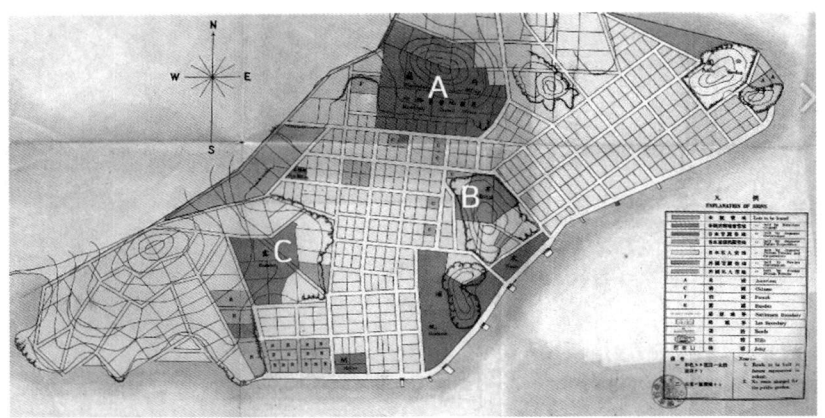

<그림 5> 목포조계평면도 내 각국 영사관 부지 위치

양을 장식하여 일본을 상징하도록 만들었다.

일본 영사관의 위치도 매우 중요했다. 일본 영사관은 목포 각국 조계 전체 풍광을 한눈에 내려다볼 수 있는 약간 높은 언덕에 있었다. 〈그림 5〉[64] 는 목포조계평면도에 각국 영사관 용지를 표시한 것이다.

〈그림 5〉의 A는 일본 영사관 용지와 영사관 건물의 위치, B는 영국 영사관, C는 러시아 영사관 용지다. 목포 각국 조계의 가장 중앙 상층을 일본이 차지했다. 영사관 위치에서는 목포항의 출입 선박 모습까지 한눈에 살필 수 있다. 반대로 시가지 쪽에서 바라보면 영사관 건물이 우뚝 솟아 있어 매우 위압적이다. 다른 나라 영사관의 용지는 항만시설을 중심으로 볼 때 서쪽(현 서산동 언덕, 러시아 영사관 용지)과 동쪽(만호동 구 목포진터, 영국 영사관 용지)으로 치우쳐 있다. 일본 영사관 건물을 중심으로 주변에 일

---

64 원지도의 우측에 '木浦各國居留地平面圖(PLAN OF THE GENERAL FOREIGN SETTLEMENT AT MOKPO)'라 적혀 있다.

본인들을 위한 관공서 건물들이 집중되었다. 경찰서·우편국이 영사관 바로 앞 도로(대화정)에 들어섰다.

일본 영사관이나 주변 공공시설의 위치는 이미 1896년 11월 마에마 교사쿠의 목포시찰조사보고서에 중요하게 언급되었다. 개항 전부터 영사관과 공공시설의 입지 조건을 면밀하게 검토했음을 알 수 있다. 이와 관련한 내용이 다음과 같이 언급되었다.

> 영사관 용지의 경우 이상과 같은 지세로 보아 사곶(沙串)과 구릉의 서반부, 즉 가장 높은 위치에 1~2만 평을 잡는 것이 가장 적당한 느낌이다. 그 구역에 부속하여 우편국·경찰 또 공공적인 건물 용지를 차지해야 더할 나위가 없을 것이다.[65]

실제 개항 후 일본 영사관 부지 아래 도로에 우편국과 경찰서가 자리잡았다. 한편, 일본을 제외하고 다른 나라는 부지만 확보했지, 영사관 건물을 짓지는 않았다.

영사관 다음으로 일본이 목포 각국 조계의 실권을 장악하는 과정에서 가장 중요한 시설은 경찰서였다. 개항 후 목포항의 경찰기관은 3곳에 존재했다. 일본 영사 소속 경찰서, 목포 각국 조계 경찰서, 무안 경무서가 공존했다. 목포 각국 조계 내의 경찰 부분은 목포각국 조계장정의 조계사무공사 직권 5항에 '적정한 수의 경찰을 설치하고, 이를 유지하는 일'이 관련 업무로 명시되어 있다. 그러나 각국 조계의 경찰은 독립된 청사나 별도의 경찰 업무를 하지 않았다. 1898년 6월 조계사무공사 회의에서 경찰

---

65 국사편찬위원회, 1994, 앞의 책, 149~152쪽.

권을 일본 영사관 소속 경찰에게 위임하였다. 따라서 목포 각국 조계 내에서 일본 영사관 소속 경찰이 모든 권한을 행사했다.[66]

일본 경찰서는 1897년 10월 26일 목포 일본 영사관이 개청하자 동시에 부속 경찰서로 개설되었다. 일본 외에 실제 영사관을 설치한 다른 나라가 없었고, 자국민의 거주 숫자도 많지 않았기 때문에 일본 외에 경찰서를 별도로 설치한 나라는 존재하지 않았다. 일본 경찰서는 처음에는 임시 영사관의 일부를 사용하다가, 1900년 일본 영사관 청사 신축 때 만든 부속 건물 중 하나를 사용했다.[67] 목포 각국 조계 내의 경찰 업무까지 일본인이 전담하게 되면서 행정적인 실권은 모두 일본인이 장악하게 되었다.

공공기관 외에도 일본은 목포 각국 조계에서 실권을 장악하기 위해 민간단체를 적극 활용했다. 개항되기 전부터 '계림장업단(鷄林獎業團)'을 활용했고, 개항 후에는 일본거류민회를 발족해 조계 내의 각종 사업을 일본인 단체가 맡아서 진행하게 했다. 일본은 조계사무공사가 설립되기 전부터 일본 상인들을 보호하기 위한 사적 알선조직인 계림장업단을 활용했다. 계림장업단은 청일전쟁 후 일본 상권의 확장을 도모하려는 계책으로 일본인의 조선 내지 행상의 활성화를 위하여 만든 것이다. 일본인들은 스스로 이 계림장업단이 목포 개항 당시 내왕하는 일본 신민의 편의와 보호를 잘하여 섭섭함을 없애는 일을 했다고 기록했다.[68] 계림장업단은 인천에 본부를 두고 각 도를 대구(大區)와 소구(小區)로 나누었는데, 목포는

---

66 『국역 목포지』, 74쪽.
67 위와 같음.
68 『완역 목포부사』, 147쪽.

제4대구에 속했다. 목포가 정식 개항되기 전인 1897년 6월에 미리 목포에 사무소를 열고 직원을 파견했다. 내지 행상의 명의로 일본인을 위한 제반 편의를 도모하고, 또 부근의 경제 사정을 조사하는 역할을 했다.

일본 영사관이 신축되기 전에는 계림장업단 사무실이 영사의 업무 장소로 활용되었다. 개항 직후에는 관공서로 사용할 만한 건물이 마땅치 않아 초창기 일본 영사관은 임시청사로 여러 번 옮겨 다녀야만 했다. 맨 처음에는 목포진의 옛 관아를 활용하여 1897년 10월 26일부터 약 3주간 영사 업무를 보았다. 그 이후 유달산 자락에 계림장업단이 사용하던 사무실에서 1897년 11월 18일부터 3개월 동안 영사 업무를 보았다.[69] 그만큼 계림장업단이 일본 정부와 밀접하게 연관되어 있었음을 알 수 있다.

사적알선자(私的斡旋者) 개념이 강했던 계림장업단의 역할은 1898년 2월 17일 '세화괘(世話掛)'라는 공공기관 설치로 이어졌다. 이후 1898년 9월부터는 일본거류민회 제도가 실시되었다. 목포 각국 조계 내의 일본거류민회는 1898년 8월 8일에 영사의 인가를 얻어 9월 1일부터 활동하였다. 의원 15명 중 10명을 민간에서 선발하고, 5명은 일본 영사가 지명하였다. 규정상 각국 조계 내의 행정 업무는 조계사무공사를 통해서 추진하게 되어 있었다. 앞서 살핀 것처럼 일본 영사가 조계사무공사의 실권자였기에 각종 업무가 일본거류민회에 맡겨지는 구조였다. 조계사무공사에서는 일본거류민회에 보조금을 지급하는 방법으로 각국 조계의 사업을 추진하였다.[70] 일본거류민회는 1906년 7월 통감부령에 의해 '거류민단시행규칙'이 발표되면서 거류민단으로 변모하였다.

---

69 『국역 목포지』, 64~68쪽.
70 『국역 목포지』, 72쪽.

이처럼 목포 각국 조계의 거주 외국인의 절대다수를 일본인이 차지했고, 영사관과 경찰서 설치, 민간단체 활용 등을 통해 일본이 목포항에서의 주도권을 잡았다. 각국 조계로 개항되었지만 실질적인 전관 조계화가 되면서 여러 가지 문제점이 발생했다.

이어서 개항 이후 일본 영사관이 존속했던 시기 목포 각국 조계 운영 양상에서 나타나는 특징을 식민성과 침략성이라는 관점에서 살펴보겠다.

목포 개항장의 도시화 과정에서 가장 문제가 되는 점은 목포 각국 조계 내에 한국인 가옥이 설치되지 못한 것이다. 심지어 기존에 있던 한국인 가옥도 2년 이내에 모두 철거해야 했다. 목포각국 조계장정 제9조에 이러한 내용이 규정되면서 이미 공정한 경쟁이 불가능한 상태가 되었다.[71] 개항장이 외국인의 거주가 가능한 조계이기는 하지만 분명 대한제국의 영토다. 그러나 해관 시설 외에는 한국인이 사용할 수 없게 되어 있었다. 이 규정으로 인해 한국인은 무역 활동의 중심인 항만 시설로부터 멀어지게 되었다. 목포항의 무역 발달 과정에서 한국인은 소외될 수밖에 없는 구조가 규정으로 이미 명시된 것이다. 한국인에게는 대단히 불리한 요건이었다.

목포 각국 조계의 택지를 확보하는 과정에서 일본의 침략성이 드러났다. 상업 활동을 목적으로 개항된 지역의 택지 확보 과정에 일본 정부가 개입했고, 그 안에 군사적 목적이 담겨 있었다. 가장 중요한 근거는 육군성 참모본부가 개입하여 목포 각국 조계 내에 일본 육군성 용지를 비밀리에 매입한 사실이다. 일본은 목포 각국 조계 내의 택지가 공매되는 과정에서 시가지 용지 외에 육군성 용지라는 명목으로 비밀리에 일부 토지를 매입하였다. 이러한 사실은 현재 전해지는 일본 육군성 기밀문서를 통

---

71 「한인 가옥의 철거」, 『한일 조약 자료집(1876~1910)』, 245쪽.

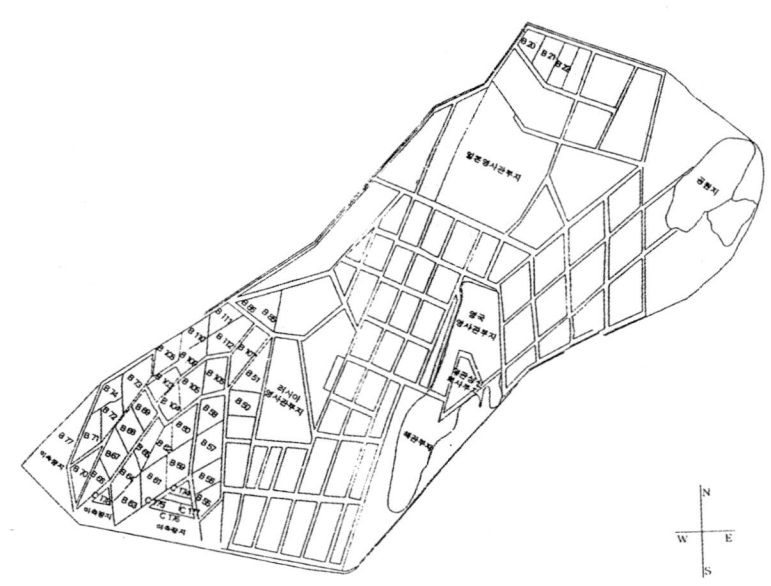

<그림 6> 목포 각국 조계 내 일본육군성 용지 표시도

해 확인된다. 당시 목포 각국 조계 내에 육군성 용지의 매입 과정과 보존 관리에 관한 사항들을 살필 수 있다.[72] 매입한 일본 육군성 용지는 1899년 2월 27일 자로 공매된 것이었다.[73] 목포 각국 조계 내 욱정(旭町, 현 서산동) 과 하정(霞町, 현 측후동) 일대다. 〈그림 6〉[74]은 확보한 육군성 용지의 위치

72　이와 관련된 내용은 일본 陸軍省 기밀문서인 日本陸軍省, 『明治３２年 以來 韓國木浦 地所編冊』에 남아 있다. 원문 영인본이 아시아자료센터와 국립중앙도서관에 등록되어 있다.

73　日本陸軍省, 「1899년 일본 육군성 기밀문서 제73호」, 『明治32年 以來 韓國木浦 地所 編冊』.

74　日本陸軍省, 위의 책, 1899년 12월 편에 첨부된 그림. 낱장으로 되어 있는 것을 붙여 서 전체 윤곽을 표시하였다.

와 종별 표시가 나타나 있는 지도다.

〈그림 6〉에서 확인되는 것처럼 목포 각국 조계의 서쪽 끝과 동북쪽 끝이다. 택지의 지구는 갑·을·병 3등급으로 나누고, 영문으로 A·B·C로 표기했다. 'A'는 평지, B는 산(고지), C는 간석지다. 당시 일본 외무대신은 이 용지가 다른 국가에 넘어가지 않도록 일본 영사에게 특별지시를 내렸다. 일본 외무대신은 목포 각국 조계 내의 지소 매입을 위한 자금의 개산액 8,400원을 경매 전날까지 목포 영사관에 지급·송부하여 줄 것을 참모총장에게 청하였다. 이에 따라 육군성에서는 경매시일 전까지 반드시 목포 영사관에 도달하도록 조치하였다는 내용이 확인된다.[75] 목포 각국 조계 내 일본 육군성 용지를 매입하는 절차는 목포 일본 영사관이 외무대신에게 내용을 보고하고, 외무대신은 육군성 참모본부에 필요한 경비를 영사관에 지급해달라고 신청하는 과정을 거쳤다.

이 일본 육군성 용지 매입 과정에서 특이한 사항은 용지 매입 명의를 시부야 타쓰오(澁谷龍郞)로 한 점이다.[76] 시부야 타쓰오는 표면상으로 일본 상인이었으나, 실제로는 한국 내 토지를 침탈하기 위한 일본 정부의 공작원이었다. 그는 개항 2년 전인 1895년에 목포진의 옛 관리 김득추(金得秋)로부터 삼학도를 암매하여 물의를 일으켰다. 또한 개항 후 목포항 앞의 고하도를 차지하기 위해 러시아와 경쟁하는 과정에서도 그의 이름이 등장한다. 1899년에 러시아가 고하도의 토지를 노리자 이를 저지하려고 한국의 관리 이윤용에게 고하도의 토지를 매입하게 하고, 그것을 다시 시부야 다쓰오가 30년간 차용하는 형식으로 고하도를 일본이 점유하게 만들었다.

---

75 日本陸軍省, 1899년 일본 육군성 기밀문서 제105호, 각주 73의 책.
76 위와 같음.

한편, 각국 조계 내에 택지를 구입하기 위한 공매 신청자 명의에도 그의 이름이 남아 있다. 대한제국의 무안 감리와 중앙정부 사이에 오고 간 공문서를 모은 『무안보첩』에 시부야 타쓰오의 이름이 11군데에 거론되어 있다. 주로 삼학도 암매, 고하도 토지 침탈, 조계 내 택지 경매 등과 관련된 내용이다.

〈표 3〉 『무안보첩』에 등장하는 시부야 타쓰오 관련 문서 현황

일시	문서명	관련 내용
1897.11.22	보고서 제11호	1895년 삼학도 암매
1897.12.15	보고서 제15호	거류지 내 지단 매입 신청
1897.12.26	훈령 17호	삼학도 토지 반환 조치 지시
1898.11.10	보고 제77호	삼학도 암매 관련
1899.11.4	보고 제60호	고하도 토지 30년 차용 건
1899.10.28	감(監) 제26호	일본 영사 고하도 소유권 항의
1899.11.2	조복(照覆) 33호	고하도 토지 차용은 무효라는 답변
1900.4.7	보고 23호	고하도 토지 차용 건
1900.6.8	보고 32호	고하도 토지 처리 방법 문의
1891.3.28	훈령 26호	고하도 토지 차용 인준 건
1903.1.6	보고 제1호	삼학도 지권 관련 조사

개인이 막대한 자본이 필요한 이러한 대규모 토지 매입 활동을 했다고 보기는 어렵다. 당시 일본 영사는 자국민의 이권을 보호한다는 측면 아래 시부야 타쯔요의 불법적인 토지 매입 활동을 옹호했다.[77] 일본 육군

---

77 「1899년 3월 28일 監26호」, 『국역 무안보첩』, 119쪽.

성 용지가 그의 명의로 매입된 것으로 보아 일본 정부와 밀접한 관련이 있음을 짐작할 수 있다. 이는 개인을 대리인으로 내세워 목포 개항장 내 택지 확보에 일본 정부가 적극적으로 개입했다는 증거다. 목포 개항 논의 과정에서 일본 외부대신은 각국 조계가 설치될 경우 자본력이 있는 서양의 몇 사람에 의해 주요 택지가 겸병 될 가능이 있다는 점을 지적하며 일본 전관 조계로의 개항을 주장한 바 있다.[78] 그런데 정작 일본 정부가 목포 개항장에서 그러한 암매 방식을 통해 택지 확보에 앞장섰다.

1900년 2월 22일 자 일본 육군성 기밀 제3호 문서에는 목포 각국 조계 내 육군성 용지 보존과 관련된 내용이 언급되어 있다. 매입된 지소(地所)의 관리를 목포 일본 영사관에서 대신해왔다는 사실이 확인된다. 다만 지소를 관리하는 비용은 육군성에서 지급하였다. 매입 후 특별한 시설물이 설치되지는 않았다. 이에 한국인들이 소유자가 없는 땅으로 생각하고, 빈 땅에 경작을 하거나 무덤을 만드는 경우가 발생하기도 했다. 목포 일본 영사는 일본 육군성 용지에 감시소를 설치할 것을 요구하고, 그에 따른 비용을 청구하기도 했다.[79] 일본 영사가 조계 내의 자국민을 보호하는 외교 업무만 한 것이 아니라 일본 제국주의의 첨병 역할까지 수행한 것이다.

〈그림 6〉과 함께 첨부된 1899년 12월 육군성 기밀문서에는 해당 지역의 지구별 해당 면적에 따른 지조의 액수가 표기되어 있다. 지조율을 살펴보면 일본 육군성 용지의 1년 총 지조액은 2,992원 80전이었다. 1900년을

---

78 「木浦와 鎭南浦에 特別居留地 設定의 件」, 『駐韓日本公使館記錄』 5권, 1895년 9월 18일, 한국사데이터베이스.

79 日本陸軍省, 「1900년 2월 22일 일본 육군성 기밀 제3호 문서」, 『明治32年 以來 韓國木浦 地所編冊』.

예로 들면, 목포 각국 조계 내 육군성 용지를 보존·관리하는 데 드는 비용은 총 3,201원 80전이었다. 그 납부 내역은 〈표 4〉[80] 와 같다.

〈표 4〉 1900년 목포 각국 조계 내 일본 육군성 용지비 납부 내역

금액 (총 3,201원 80전)	내역
79원	육군성 용지 산지기 감시소 1동 건축비
130원	산지기(감시인) 1명 임금. 1개월당 금 10원 1900년 3월부터 1901년 3월까지 13개월분 임금
2,992원 80전	1901년도분 지조(地租)

목포 각국 조계 내 일본 육군성 용지는 그대로 유지되다가 1908년에 이르러서야 개인소유로 전환되었다. 욱정(旭町) 일대의 토지는 다른 용지와 교환한 후에 개인소유가 되었다. 고지대는 카다 킨자부로(賀田金三郞)에 귀속되었으며, 해안 저지대는 몇 사람이 공동소유하게 되었다. 하정(霞町)의 육군성 소유지도 개인소유가 되었다.[81]

일본은 약 10년 동안 목포 조계 내 육군성 용지를 유지했다. 〈표 4〉에 나타나는 것처럼 매년 많은 유지비용을 부담하면서도 이 용지를 존속시킨 것이다. 목포 각국 조계 내 육군성 용지를 어떤 용도로 사용하려고 했는지 구체적인 계획은 확인되지 않지만 두 가지 이유 때문으로 추정할 수 있다. 첫째는 육군성(陸軍省)이라는 이름에서 알 수 있듯이 일종의 군사용 용지 확보 차원이다. 군사적인 부분은 목포 개항 전 일본 외무대신 사이

---

80 日本陸軍省, 『明治32年 以來 韓國木浦 地所編冊』, 1901년 4월 첨부 문서에서 편집.
81 日本陸軍省, 『韓國關係 明治32年, 韓國地所買收資金編冊』, 1899년 5월 31일 자 한국 내군용지소매수조사일람표 참조.

온지 긴모치(西園寺公望)가 각국 조계 설치를 가장 반대했던 이유였다. 그는 다음과 같은 주장을 했다.

> 만약 이후 조선에 사변이 일어나 부득이 많은 군대를 이 나라에 체재시켜야 할 필요가 생긴다고 가정할 경우 우리나라 사람이 각국 공동거류지에 거주하고 있으면 그들의 가옥을 사용하거나 혹은 음료수를 우물에서 퍼 올리는 등의 일을 시킬 수가 없습니다. 이에 대해서는 작년 인천 각국 공동거류지에서 지장을 받은 예가 있습니다.[82]

이러한 흐름을 볼 때 육군성 용지는 목포에 일본 전관 조계가 확보되지 못한 것에 대한 대비책이었다. 러일전쟁 이전 목포 개항 초기만 해도 한반도에서 일본의 입지가 그렇게 안정적이지는 못했다. 또한 목포항이 각국 조계였으므로 유사시 군대 주둔의 필요성에 대비하여 관련 용지를 비밀리에 확보한 것이다.

육군성 용지의 위치는 목포 각국 조계 서쪽 해안의 경계 지역과 일본 영사관 용지와 한국인 마을이 접해있는 북쪽의 경계 지역이다. 이곳은 군사적으로 볼 때 전략 요충지에 해당한다. 즉, 해안을 통해 목포항으로 들어오는 외곽을 경계하고, 내륙에서는 목포 각국 조계로 들어오는 진입 지역을 쉽게 차단할 수 있는 위치다. 상업 활동을 목적으로 한 개항장에서 육군성의 기밀비를 이용하여 비밀리에 용지 매입을 시도한 행위는 일본의 침략성을 명백히 보여 주는 근거다.

---

82 「木浦와 鎭南浦에 特別居留地 設定의 件」,『駐韓日本公使館記錄』5권, 1895년 9월 18일, 한국사데이터베이스.

군사적 목적 외에도 각국 조계에서 더 많은 택지를 일본이 점유하기 위함이고, 다른 나라가 매입하는 것을 막기 위한 목적도 있었을 것이다. 1899년 11월 15일 목포 영사와 외무대신 사이에 오간 기밀 제35호 문서는 이러한 정황을 뒷받침한다. 매입한 지소를 일반인에게 대여하여 그 수입으로 보존비를 충당하라고 지시했다. 이는 매입 직후 특별한 계획이 없었다는 의미다. 정부에서 필요할 때 언제든지 사용에 지장이 없도록 대여하라는 요건이 붙어있는 것으로 보아, 유사시 필요에 따라 군사기지로 활용할 가능성도 있었다. 당장 어떤 목적으로 사용하지 않더라도 각국 조계 내에서 이 용지를 다른 국가가 점유하는 것을 막고, 일본의 점유 면적을 최대한 확보하기 위한 매입이기도 했다.

다음은 일본 영사의 활동에 나타난 식민성에 대한 부분이다. 목포 개항과 함께 조선 정부는 무안 감리서를 설치하였고, 일본은 일본 영사관을 설치하였다. 무안 감리서와 일본 영사관의 대치 구조에서 목포항에는 상인들이 민간 기구를 만들어 자신들의 이권을 보호하려 하였다. 일본 상인들은 일본 영사의 비호 아래 침탈성을 드러냈다.

개항 이후 무안 감리서와 일본 영사관, 일본인 상업회의소와 객주 단체가 대립된 상태에서 개항기 목포 부두노동운동이 전개되었다. 목포 개항기 노동운동과 관련해서는 1914년 일본인들이 발간한 『목포지』와 대한제국의 기록인 『무안보첩』, 그리고 당시 보도된 신문 자료 등에 상세히 기록되어 있다. 『목포지』에는 '제16편 한국인의 통상 방해 사건'이라는 제목으로 기록되어 있을 정도로 비중 있게 다뤄졌다. 한국인들의 노동운동을 일본인들은 통상을 방해하는 사건으로 인식하였다. 개항 이후 목포 각국 조계에서는 총 8차례의 부두 노동운동이 일어났다. 처음에는 임금 문제에서 시작되었다가 이후에는 노동권 쟁취와 관련된 성격으로 발전해

갔다는 점이 특징이다.[83]

한국인들의 노동운동에 대한 일본 영사의 태도에는 그들의 침략성과 본성이 담겨있다. 노동운동을 억제하고 진압하기 위해 군함까지 동원했다. 1898년 2월 처음 노동운동이 발생했을 때는 군함을 목포항에 들어오게 해서 위압적인 분위기를 조성했다. 1903년 12월에는 실제 군함의 도움을 받아 노동운동을 진압했다. 이와 관련하여『목포지』에는 1903년 12월 14일에는 일본 군함 1척이 자국민을 보호한다는 명목으로 목포항에 입항하여 무력시위를 전개하자 이에 고무된 일본인 모군들은 무장하고 한국인 노동자들의 집회 장소를 습격했다고 서술되어 있다. 당시 목포 천주교 성당의 초대 신부를 지낸 알베르 빅토 데예(Albert - Victor Deshayes, 1871~1909, 한국명 조유도)가 남긴 기록에 관련 상황에 대한 부분이 있어 주목된다. 1903년 사건과 관련해서는 다음과 같이 기록하였다.

> 정박지에 닻을 내린 포함에서 상륙한 일개 소대의 지원을 받은 일본 경찰은 동맹파업을 한 인부들을 싸움판으로 몰아넣어 34명의 한국인 인부들이 심한 상처를 입게 했다.[84]

데예 신부의 기록에 의하면 단순히 군함을 동원하여 위협만 가한 것이 아니라, 실제로 병력을 일본 경찰에 지원하여 한국인 노동자들을 탄압했음을 알 수 있다.

---

83 목포시사편찬위원회, 2017,『목포시사 1 항도 목포』, 이문, 377쪽.
84 Didier t'Serstevens, 2007,「1903~1904 성사 집행 보고」,『Lettresdu Mokhpo: Albert Deshayes: Lettresde 1896 à 1908』, 한국교회연구소, 161쪽, .

이외 1903년에 발생한 두 가지 사건은 일본 제국주의와 조계사무공사의 대표였던 일본 영사의 침략성과 야만성을 보여 준다. 노동자 김인배의 사망 사건과 일본 낭인들의 무안 감리서 습격 사건을 통해 그 면모를 살펴보겠다. 김인배는 목포 부두에서 지게꾼으로 날품팔이를 하면 생활하던 인물이었다. 1903년 9월 15일 배고픔을 못 이겨 조선인의 양곡장에서 쌀 몇 주먹을 훔쳐먹다가 일본인에게 폭행을 당해 사망하는 사건이 발생했다.『무안보첩』에는 이와 관련된 기록이 매우 상세하게 남아 있다. 사건의 대략 경위는 다음과 같다.

> 배고픔을 이기지 못하여 본국 상민이 쌓아놓은 곡물 중에서 몇 움큼의 쌀을 훔쳐서 허리춤에 두고 먹는 것을 일본인 후지가와(藤川治三郞)가 우연히 보고 정미소 창고 개조장에서 쓸 송판 조각으로 등과 뒤쪽 양 옆구리를 때리고는 다시 결박하였다고 하옵기에 참혹상을 볼 수 없어 즉시 결박을 풀게 한 후 호송하였는데 얼마 지나지 않아 일본 순사가 나를 오라고 하므로 그곳에 가서 본즉, 호송하였던 그 모군이 해관 창고의 동편에서 죽어 있었습니다.[85]

김인배가 배고픔을 못 이겨 훔쳐 먹은 몇 움큼의 쌀은 일본인의 소유가 아니었다. 그럼에도 본인 후지카와는 김인배를 잔인하게 구타하여 사망하게 했다. 현장에서 한국인 노동자와 객주 등 여러 사람이 당시 상황을 목격했다. 그러나 일본 영사와 일본인 경부는 자국의 의사를 동원하여 사인이 폭행에 있지 않다고 부정했다. 다음과 같은 기록이 남아 있다.

---

85 「보고서 제55호」,『국역 무안보첩』, 325쪽.

일본 의원이 말하기를 "이 사람이 죽은 것은 원래부터 지병이 있는 탓이고, 이번에 조금 얻어맞은 것이 치명적이었다"라고 한즉, 일본 경부의 우메사키 타츠 후토로오(梅崎辰太郎)가 감언이설로 "병이 들어 있는 가운데 맞아 죽은 것으로 담론을 파한다"라고 하였습니다. 일본 경부가 혹여 자기 백성을 보호할 뜻이 있다 하더라도 이미 드러난 상처와 뭇사람들이 본 것을 숨길 수가 없을진대, 관인으로서 법을 생각하지 않고 단지 의사의 말만 듣고 말하니 어찌 이를 받아들일 수가 있겠습니까. 비록 그 말처럼, 병중에 맞아 죽었다고 하더라도 우리의 법이 있는데 교묘한 사설을 지어내어 사건을 바르게 처리하지 못하게 하는 것은 법을 흐리게 하려는 것입니다.[86]

엄연한 살인사건이 발생했는데도 일본은 죄를 감추고 일본인을 보호하는 데 앞장섰다. 이후 또 다른 문서에도 "귀국 의사의 진단은 다만 영양이 부족하고, 갑작스런 현기증 등 말이 안 되는 진단"을 했다는 내용이 남아 있다.[87]

일본의 침략성을 보여 주는 다른 사례는 1903년 11월 21일 밤에 발생한 감리서 습격 사건이다. 감리서는 개항장 업무의 전반을 관장하고자 설치한 관청이다. 일본 영사의 비호하에 일본 상인 다니카키 가이치(谷垣嘉市)[88] ·

---

86 「보고서 제55호」, 『국역 무안보첩』, 329쪽~330쪽.
87 「보고 제68호」, 『국역 무안보첩』, 341쪽.
88 초기 5년간 일본인 상업회의소 書記長을 맡은 인물로 『목포신보』의 창간과 운영에 관여하는 등 언론 부분에서 많은 영향력을 행사했다. 특히 1914년 발간된 『木浦誌』 편집위원을 맡았다.

후지모리 리헤이(藤森利兵衛)[89] 등 5인은 일본 모군(募軍) 100여 명을 목봉과 장검 등으로 무장시켜 목포항 감리서를 습격하게 했다. 당시 감리 김성규를 새벽까지 감금·협박하였고, 감리서 주사와 한국인 모군 등을 구타하였다. 또한 경무서에 갇혀 있던 자신들의 수하 이명서를 빼돌리기도 했고, 한국인 모군들을 붙잡아가 일본 상인의 창고에 감금하기도 했다.[90] 김성규의 강렬한 요구로 새벽이 되어서야 일본 상인들과 모군들은 물러났다. 이 사건의 배경에는 일본 상업회의소와 이를 비호하는 일본 영사관이 존재했다.

이 시기 목포 일본 영사는 와카마쓰 도사부로(若松兎三郎)였다. 1902년 7월부터 1906년 1월까지 목포 일본 영사로 근무했다. 그는 목포 영사 시절 육지면 시험 재배와 천일염전 개발을 시도한 바 있다. 특히 육지면은 1904년에 목포 앞바다 고하도에서 시험 재배에 성공한 것이 계기가 되어 전라도 전체가 재래면에서 육지면 재배지로 변모하게 되었다. 이 때문에 와카마쓰 도사부로를 제2의 문익점으로 묘사하는 기사도 등장했다.[91] 그러나 김인배 사망 사건과 감리서 습격 사건에서 나타나듯이 그는 일본 제국주의에 충실한 관료였다. 옳고 그름을 판단하는 것이 아니라 오직 일본인의 이권을 보호하는 일이 더 중요했다.

---

89 후지모리 리헤이(藤森利兵衛)는 해운업을 하면서 잡화를 취급했던 인물이다.
90 「보고 제74호」, 『국역 무안보첩』, 351쪽.
91 「제2의 문익점 일본인 '와카마스 도사브로'」(검색일: 2022년 11월 10일), 『아카이브뉴스』, 2019.5.10.

5. 맺음말

이 연구에서는 잠정합동조관과 목포각국 조계장정을 토대로 목포 개항 과정, 각국 조계의 운영 양상, 일본인이 목포 각국 조계의 실권을 장악하는 과정, 그 안에 담긴 일본 제국주의의 침탈성을 함께 검토하였다.

연구 성과는 크게 세 가지로 요약된다. 첫 번째는 개항 과정과 관련된 내용이다. 청일전쟁 발생 이후 작성된 잠정합동조관의 내용과 이후 목포 개항 과정을 살폈다. 처음 시작은 1895년 일본의 조사 결과에 따른 것이었다. 일본은 목포항의 입지와 확장 가능성을 높이 평가하여 개항장으로 추천하였다. 이미 1885년에 목포항을 조사한 바 있어 가능성을 파악하고 있었던 조선 정부는 일본의 추천을 수용하였다. 이듬해인 1896년 인천 해관장을 중심으로 목포 현지 조사단을 파견했다. 독자적으로 목포 개항을 준비하고, 해관 청사의 위치와 목포 지형을 파악하는 활동을 했다. 개항 날짜도 1897년 7월 3일에 조선 정부가 회의를 거쳐 확정하고, 고종이 칙령으로 선포하는 방식을 취했다. 잠정합동조관이 목포 개항의 배경이 되기는 했으나, 조선 정부도 개항의 필요성을 인식하고 있었다. 영자지 『독립신문』을 통해 목포의 개항 소식을 외국에 알리기도 하였다.

두 번째는 각국 조계의 설치 과정과 일본 전관 조계화 양상을 분석한 것이다. 일본은 목포의 개항을 잠정합동조관의 결과물이라고 인식했다. 따라서 목포항은 일본의 특별 거류지로 개항되어야 함을 주장했다. 그러나 각국 공사의 요구와 조선 정부의 개항장에 대한 인식 개선으로 그 요구는 수용되지 않았다. 반면, 일본공사인 이노우에 카오루는 오히려 목포항에 각국 조계가 설치되는 것이 장기적으로 일본에 이득이라고 확신했고, 결과적으로 그 예상은 적중했다. 1897년 10월 16일에 작성된 목포각국 조계장정 규정은 목포항이 일본 전관 조계화 양상으로 변해가는 배경으로 작용했다. 각국 조계의 행정을 담당하는 '조계사무공사'에 막강한 권한이 주어졌고, 그 실권을 일본 영사가 장악하면서 개항장의 주요 사업들이 일본인의 주도로 추진되었다. 개항 이후부터 조계사무공사의 모든 대표는 일본 영사의 몫이었다. 조계사무공사는 목포각국 조계장정에 규정된 직권에 따라 식수 마련, 해벽 공사, 도로 개설 등의 업무에 관여하였다.

세 번째는 일본의 목포 각국 조계 장악 과정과 그 안에서 나타나는 특징을 침탈성이라는 관점에서 살핀 것이다. 개항 후 목포 각국 조계 내 거주 외국인은 일본인이 절대다수였다. 이를 기반으로 가장 많은 택지 확보·유리한 위치에 영사관 건물 신축·경찰서 업무 독점을 통해 목포 각국 조계 내의 주도권을 일본이 장악해 갔다. 일본은 개항되기 전부터 계림장업단을 통해 일본인의 이권 보호하는 조치를 했고, 일본 거류민회를 통해 각국 조계 내의 사업을 진행했다.

목포 각국 조계의 운영 양상을 통해 일본 제국주의의 침탈성도 확인했다. 크게 세 가지 사례를 살펴봤다. 첫째, 상업 지구인 목포 각국 조계 내에 비밀리에 일본 육군성 용지를 매입하여 관리해온 점이다. 이는 유사시 군대 주둔이 목적이었고, 개항 후 10년 동안이나 해당 용지를 유지했다. 또한 서양의 특정인이 다수의 택지를 겸병할 수 있다는 이유로 각국 조계로의 개항을 반대했던 일본이 정작 대리인을 내세워 다수의 택지를 일본이 확보하기 위해 공작 활동을 했다는 사실도 밝혔다. 둘째, 개항 후 발생한 목포 부두 노동운동을 진압하는 과정에서 일본 군함까지 동원한 점이다. 셋째, 1903년에 발생한 한국인 노동자 김인배 사건과 무안 감리서 습격 사건에서 자국의 이익만을 옹호하는 일본 영사의 태도다. 조계사무공사의 대표를 맡은 일본 영사는 이러한 일련의 사건에서 일본인의 이익만을 추구하는 제국주의 관료 역할에 충실했다.

　기존과는 다른 준비 과정을 거쳐 목포가 개항되었으나, 대한제국 정부는 개항장의 중요 업무를 주도적으로 처리할 수 있는 역량이 부족했다. 무엇보다 각국 조계의 운영과 관련된 목포각국 조계장정의 불합리함을 막지 못했다. 애초에 한국인은 각국 조계 내에 거주할 수 없는 구조로 출발했고, 일본은 조계사무공사를 장악하여 그들이 원하는 방향으로 끌고 갔다. 일본은 이러한 상황을 예상했지만, 대한제국 정부는 이에 대한 적절한 대응책을 마련하지 못한 것이 한계였다.

　이 글은 목포 각국 조계의 의미를 살피고, 각국 조계였음에도 불구하고 일본의 전관 조계화 되는 양상을 구체적으로 분석하였다는 점에서 연구사적 의미가 있다. 반면, 이전과 이후 개항장과의 비교·분석을 더욱 면밀하게 하지 못한 점은 아쉬움으로 남았다. 향후 그러한 부분은 지속적인 연구를 통해 보완해가고자 한다.

제11장
러시아의 조선 정책과 1888년 '조러육로통상장정'
-조용한 침투의 초석

| 이재훈 / 조선대학교 학술연구교수 |

1. 머리말
2. 러시아의 동아시아 대외 환경과 육로장정 체결 이전의 조선 정책
   – 관망을 통한 현상 유지
3. 1885년 외무성 훈령 – 세력균형을 통한 현상 유지
4. 외무성 훈령 속의 육로통상장정 – 조용한 침투의 초석
5. 맺음말

1. 머리말

"우리의 궁극적인 목표는 조선에서 타 열강이 누리는 것과 동등한 지위를 확보하는 데 있지 않고, 우리의 지배적인 영향력을 공고히 하는 것이다."[1] 러시아 외무성이 러시아 황제의 재가를 받아 1885년 6월 7일 초대 조선 주재 러시아 대리공사 겸 총영사 베베르에게 하달한 훈령 속의 한 구절이다. 조선에서 러시아의 이익을 수호하고 영향력을 강화하기 위한 복안들로 채워진 이 훈령은 1884년 조러수호통상조약의 비준서 교환, 조선과의 긴밀한 관계 수립과 함께 이 글에서 다루는 양국 간 육로통상장정 체결을 베베르에게 지시하고 있다.

"우리의 주요 목표가 조선에서 배타적 지위 확보임을 염두에 두고 우리가 실제로 영유할 수 있는 이익과 특권을 받아내야 한다."[2] '조러육로통상장정'(이하, 육로장정) 교섭과 관련하여 동 훈령에서 제시한 러시아의 지향점이다. 이 구절을 통해 애초에 러시아가 육로장정 체결 등을 통해 경제뿐 아니라 정치적인 영향력을 행사하는 배타적인 세력권을 크게는 조선 전역에, 작게는 조선 북부에 구축하려는 의지를 가졌던 것이 아닌지 의심하지 않을 수 없다.

1888년 최종 체결된 육로장정의 조항만으로 조선에 대한 러시아의 진의를 온전히 파악하기는 수월하지 않다. 육로장정은 러시아가 애초에 가졌던 진의가 조선 측과의 길고도 지루한 교섭 과정을 거치면서 희석되어 나타난 결과물이기 때문이다. 그러므로 당시 조선의 상황에 발을 들여

---

1   АВПРИ, ф.150, оп.493, д.214, лл.27-52об
2   АВПРИ, ф.150, оп.493, д.214, лл.27-52об

놓으면서 러시아가 가졌던 진정한 의도와 목표를 파악하려면 교섭의 결과물과는 상관없이 전술한 외무성 훈령과 이 훈령을 바탕으로 조선과 교섭하면서 베베르가 작성했던 협상안에 대한 분석과 규명이 이루어져야 한다.

이와 관련하여 당시 러시아의 조선 정책에 대해 박 보리스나 박 벨라, 씸비르쩨바 따찌아나와 같은 러시아 학자들은 러시아가 제국주의적 팽창 의지를 가지고 있지 않았고, 조선의 독립 유지를 지지했으며, 러시아의 대응 덕에 한반도에서 지배 계획을 확립하고자 하는 일본의 의도가 연기되지 않을 수 없었다고 하면서 러시아의 정책을 일본과 같은 제국주의 정책으로 보아서는 안 된다고 주장하고 있다.[3] 국내 학자 중에도 박노벽 등은 유사한 시각을 가지고 이 시기의 조러 관계를 다루고 있다.[4] 외무성 훈령에 명시된 '지배적 영향력 공고화'와 '배타적 지위 확보'의 본의가 무엇인지를 새삼 고민하게 만드는 관점이다.

한편 기존의 육로장정 연구는 조선이 서구 제국과 근대적 조약 체결을 통해 근대국가로 전환을 모색하는 과정에서 청의 조선 속방화 정책을 견제하기 위해 고종이 취한 이이제이 정책의 일환으로 평가하는 것이 주류였다.[5] 이와 더불어 다수의 연구 성과는 육로장정 체결을 통한 양국의

---

3 Б. Д. Пак, Россия и Кoeря, M., 2004, Moscow, 2004; Б. Б. Пак, Российская Дипломатия и Корея, M., 2004; 씸비르쩨바 따찌아나, 「19세기 후반 조러 간 국교 수립 과정과 그 성격 – 러시아의 조선 침략론에 대한 비판적 고찰」, 1997, 서울대학교 국사학과 석사학위 논문.

4 박노벽, 1994, 『한러 경제 관계 20년(1884~1903)』, 한울.

5 崔文衡, 1979, 『列强의 동아시아 정책』, 일조각; Synn Seung-kwon, 1981, 『The Russo-Japanese Rivaly Over Korea, 1876~1904』, Seoul: Yuk Phub Sa; 韓國史研究協議會 編, 1984, 『韓露關係100年史』, 韓國史研究協議會; 최문형, 1990, 『제국주의 시대

경제 활동에 주목하고 있다.[6] 이 연구들은 육로장정 체결을 조러밀약과 연결해서 파악하거나, 양국 간 육로 교역 양상과 규모를 분석하여 육로장정의 경제적 의미를 규명한 것으로, 정작 육로장정 체결의 일방인 러시아의 시각과 입장, 체결 목표를 조명하는 성과는 거의 없었다고 해도 과언이 아니다.

하지만 근래 국내 학자들과 러시아 내 고려인 학자들이 이 연구 분야에 적극 참여하고 러시아 자료가 국내로 본격적으로 유입됨에 따라 러시아의 시각에서 사안을 바라보거나 러시아의 제반 행위를 더 구체적으로 해명하는 성과가 다수 생산되었다. 고려인 학자들의 연구 중에는 앞서 언급한 박 보리스나 박 벨라의 연구가 널리 알려졌지만, 당시 러시아의 진의를 러시아적 주관성에 입각하여 다루고 있어서 일정한 아쉬움을 불러일으킨다.

한편 육로장정 체결과 관련하여 러시아 황제의 훈령과 베베르의 협상안을 본격적으로 다룬 국내 학자들의 대표적인 성과로 한동훈의 「조러육로통상장정(1888) 체결을 둘러싼 조·청·러 삼국의 협상 과정 연구」,[7] 「조

의 열강과 한국』, 민음사; 신승권, 1989, 「구한말 한로 관계의 조망-협상 과정을 중심으로-」 국사관논총 4 등.

6 박노벽, 1994, 『한러 경제 관계 20년 1884~1903』, 한울; 씸비르쩨바 따찌아나, 1997, 「19세기 후반 조·러 간 국교 수립 과정과 그 성격-러시아의 조선 침략론에 대한 비판적 고찰-」, 서울대학교 국사학과 석사학위논문; 高丞嬉, 2004, 「19세기 후반 함경도 변경 지역과 연해주의 교역 활동」, 『朝鮮時代史學報 28』; 이재훈, 2008, 「근대 조선과 러시아의 경제 관계」, 『수교와 교섭의 시기 한러관계』, 선인; 박 보리스 드미트리예비치 지음·민경현 옮김, 2010, 『러시아와 한국』, 동북아역사재단 등.

7 한동훈, 2012, 「조러육로통상장정(1888) 체결을 둘러싼 조·청·러 삼국의 협상 과정 연구」, 『역사와 현실』 제85호.

러육로통상장정(1888) 체결 과정 연구」[8]와 김종헌·우준모의 「조선 주재 러시아 공사 베베르의 부임에 관한 외교문서 분석」[9] 등을 들 수 있다. 한동훈의 논문은 육로장정의 교섭 과정을 통해 육로장정 체결에 대한 조·청·러 삼국의 인식과 이해관계가 무엇이었으며, 이러한 인식이 이후 육로장정의 교섭에 어떻게 반영되어 조약이 체결되었는지를 규명하고 있고, 김종헌·우준모의 논문은 베베르가 러시아 황제의 훈령을 실행한 궤적을 추적하고 있다. 하지만 아쉽게도 두 논문은 양국의 교섭 과정에 중점을 두고 있어서 이 글에서 주목하는 러시아의 진정한 의도와 목표를 이해하기에는 일정한 한계가 있다.

이 글에서는 1885년 외무성이 베베르에게 하달한 훈령과 육로통상 교섭 시 베베르의 협상안에 내재된 러시아의 의도와 방침을 분석·고찰함으로써 러시아가 표방했던 조선에 대한 '지배적 영향력 공고화', '배타적 지위 확보'의 본의를 규명하고자 한다.

2. 러시아의 동아시아 대외 환경과 육로장정 체결 이전의 조선 정책 – 관망을 통한 현상 유지

러시아가 동아시아에 관심을 높이기 시작한 것은 19세기 중엽부터였다. 19세기 중엽까지 러시아 대외정책의 관심과 노력은 발칸과 근동을

---

8 한동훈, 2010, 「조러육로통상장정(1888) 체결 과정 연구」, 고려대학교 한국사학과 석사학위 논문.
9 김종헌·우준모, 2017, 「조선 주재 러시아 공사 베베르의 부임에 관한 외교문서 분석」, 『국제지역연구』 제20권 제5호.

포함한 유럽에 집중되었던 반면 러시아의 중심에서 멀리 떨어진 동아시아는 대체로 부차적으로 취급되었다. 하지만 이 글에서 다루는 19세기 후반은 동아시아가 이러한 러시아의 시선에 새롭게 들어서는 시기였다. 물론 러시아의 동아시아 진출은 이미 16세기부터 시작되었다. 서구의 다른 제국들이 해양으로 진출하여 식민지를 개척한 것과 달리 유럽 제국들로 인해 대서양 진출을 제한 받은 러시아는 고립된 지정학적 위치를 탈피하고자 대륙의 동쪽으로 확장해 나갔던 것이다. 그럼에도 러시아의 동아시아 팽창정책은 일관되게 추진된 것은 아니었으며, 러시아의 시선은 언제나 유럽을 향하고 있었다.

1856년 크림전쟁 패배는 흑해를 통해 해양으로 진출하려 했던 러시아의 의지를 결정적으로 좌절시킨 사건이었다. 이 전쟁에서 서구 제국들, 특히 영국의 러시아 저지 정책에 맞서 대양으로의 활로를 구하고자 했던 러시아의 희망은 패전으로 좌절되었고, 러시아는 이전까지 부차적으로 취급했던 동아시아에 더 많은 관심을 기울이는 대외 정책상의 변화를 도모하였다. 하지만 러시아가 동아시아의 제국으로 등장할 무렵 이 지역에는 영국과 프랑스 등이 이미 무력과 강제를 수반한 적극적인 침투와 팽창을 주도하고 있었고, 비록 이들에 비해 열세였지만 러시아는 동아시아 국가들과 인접해 있다는 지리적 이점을 이용하여 이 대열에 합류할 수 있었다. 당시 동아시아 지역에 확고한 군사적 기반이 없었던 러시아는 다른 제국들과는 달리 해당 지역에서 자신의 이해관계를 보호하기 위해 주로 외교적인 방책에 의존하지 않을 수 없었고, 이는 소극적인 현상 유지 정책으로 구현되었다.

이러한 러시아의 동아시아 정책 기조는 해당 시기 조선 정책에도 그대로 반영되었다. 몇 가지 예를 살펴보자. 러시아가 조선과 접경하기 이전인 1854년 중국에서 태평천국운동이 한창이던 때 동시베리아 총독 무라비요프-아무르스키(Муравьев-Амурский)는 '러시아의 동부지역 변방 국경선 획정에 관해 청국 정부와 직접 협상할 수 있는'[10] 전권을 부여받았다. 당시 무라비요프가 참여하여 작성한 훈령에는 청국이 멸망하는 경우 러시아의 적대국들이 몽골, 만주, 조선에서 영향력을 행사하도록 방치해서는 안 된다는 내용이 명시되어 있었다. 특히 이 훈령에는 기존에 조선이 가지고 있던 지위를 유지하도록 하려는 러시아 정부의 공식 입장이 다음과 같이 천명되어 있었다.

> 청국 정부가 위기에 처하는 경우 총독은 베이징 주재 러시아 공관의 안전보장 조치를 취하고, 청국 황제가 만주로 피신하는 경우 조선에 대한 외부의 여하한 영향력도 허용해서는 안 되며, 청국이 (조선에 대해) 가지고 있던 영향력을 그대로 유지하도록 청국 황제를 설득해야 한다.[11]

기존과 같이 청국이 조선에 대한 종주권을 계속 유지해야만 조선이 다른 제국의 손에 넘어가지 않을 것으로 생각한 것이다. 러시아의 이러한 기조는 전술한 외무성 훈령에서도 확인할 수 있다. 훈령에는 다음과 같이 명시되어 있다.

---

10 Иван Барсуков, 1891, Граф Н.Н. Муравьев-Амурский по его письмам, официальным документам, рассказам современников и печатным источникам (материалы для биографии), М., с.345.

11 АВПРИ, ф."СПБ. Гравный авхив, 1~9", 1854 г., д.7, л.9. Записка Н.Н. Муравьева от 22 января 1854 г., "Обязанности и средства, представленные генерал-губернатору Восточной Сибири для новых отношений с Китаем, руководствуясь видами правительства"

'최근까지 우리는 극히 허약해서 외부의 침탈에 자체적으로 맞서지 못하고 타인의 도움만을 바라야 하는 조선의 독립과 불가침성에 대한 외부의 침탈을 방지하는 가장 믿음직한 보장이 번속 관계 상황이라고 간주하면서, 중국에 대한 조선의 번속 관계에 큰 의미를 부여하였다. 이러한 관점의 근거는 경험을 통해 여러 차례 증명된 바와 같이, 중국과의 충돌이 큰 난관을 수반하였고 대부분 긍정적인 결과를 가져오지 않았기에 제 열강도 중국과의 관계에서 항상 일정한 신중성을 지침으로 삼았다는 것이었다.'

이러한 현상 유지의 희망은 1859년 7월 제2차 아편전쟁 시기의 관련 문건들에서도 확인된다. 당시 영국과 프랑스가 청국에 대한 새로운 간섭을 준비하자 무라비요프-아무르스키는 러시아 외무성 아시아국장 코발렙스키(Ковалевский)에게 다음과 같은 급전을 발송하였다.

해안을 따라 만주와 조선이 접경한 두만강까지 러시아 국경을 확장해야 한다. 만일 우리가 그곳을 차지하지 않고 우리의 국경에 포함시키지 않는다면 영국이 포시에트만을 차지하게 될 것이다. … 언론에서는 프랑스가 조선을 차지하려 한다고 보도하고 있다. … 조선은 자주국이다. 너무 허약한 나라라서 청국과 일본에 사신을 보내기는 하지만 이들의 속국이 아니라 독자적인 정부를 보유한 나라다. 그러므로 그 누구도 청국이나 일본과 싸운다고 해서 조선을 건드릴 권리를 가질 수 없다. … 필요한 경우 (러시아가) 조선의 독립을 주장한다면 러시아는 유리한 입장에 설 수 있을 것이다. 우리는 서구 열강 중 그 누구도 조선에 항구를 건설하지 못하게 해야 한다. 이를 허용한다면 동해의 지배권을 그 나라에 넘겨주는 꼴이 될 것이다. 두만강에 국경을 설정함으로써 러시아는 이웃 나라의 독립을 주장할 수 있는 완전한 권리를 향유하게 될 것이다. 러시아가 표트르대제만(Залив Петра Великого)을 차지하게 된다면 조선이 먼저 우리에게 보호를 청할 날이 올 것이다.[12]

서구 제국들로부터 조선을 보호하여 독립성을 유지하도록 해야 하며, 이를 위해서는 연해주 지역을 러시아의 영토로 만들어 조선과 접경해야 한다는 것이다. 현상 유지 정책의 전형적인 모습이다. 하지만 이와 더불어 이 시기 러시아가 이러한 현상 유지 정책을 장래 자국이 획득하려는 동해의 지배권과 조선에 대한 영향력 확보 등과 같은 장래의 팽창을 위한 방도로 인식하고 있었음도 알 수 있다.

1860년 '베이징조약'으로 연해주의 남쪽 경계선이 두만강까지로 결정되면서 러시아는 조선과 접경하게 되었다. 이렇듯 양국 간 국경이 설정되자 두만강 하류 지역을 중심으로 함경도와 연해주 사이에 자연발생적으로 교류가 시작되었다. 이러한 교류는 곧 동시베리아 지역 러시아 당국의 관심을 끌었다. 새롭게 확장한 시베리아와 극동 지역의 장악과 통제에 필요한 군대와 주민들의 식량과 생필품 공급에 곤란을 겪고 있던 러시아에게 조선은 이를 제공할 수 있는 공급처 중 하나로 인식되었던 것이다.

이에 1865년 러시아 외무성은 조선과의 공식적 교역 관계 수립을 염두에 두고 베이징 주재 공사 블란갈리(Блангали)에게 '조선과 교역 관계를 수립할 경우 러시아의 이해득실과 교역 수단' 그리고 '조선과 직접적

---

12 Иван Барсуков, 1891, Граф Н.Н. Муравьев-Амурский по его письмам, официальным документам, рассказам современников и печатным источникам (материалы для биографии), М., с.272-273.

인 관계를 수립하려는 서구 제국의 의향 및 조러 관계 수립을 바라보는 청국 정부의 입장'을 파악해서 보고하라고 지시하였다.[13]

하지만 조선과의 접경과 양국 간의 비교적 활발한 비공식 교역 관계, 그리고 시베리아와 극동 지역 러시아의 식량 및 생필품 부족 현상 등이 러시아의 현상 유지 정책을 변화시키지는 못하였다. 요컨대 블란갈리는 조러 정부 간 교섭은 청국의 불만을 살 뿐 아니라 서구 제국들로부터도 견제를 받게 되므로 향후 조선에서 누릴 수 있는 러시아의 통상 이익에 해가 될 것이라고 하면서 조선과의 '제한된 국경 교역' 유지가 바람직하다는 보고서를 제출하였으며, 러시아 정부 역시 블란갈리의 의견을 받아들여 조선과 정부 간 협상을 자제하고 대신에 국경 교역과 관련하여 지방 권력인 동시베리아 총독 코르사코프(Корсаков)에게 조선 전역이 아닌 조선 국경 지역과 (소박한) 교역 관계를 수립하라는 지시를 내렸을 뿐이었다.[14]

이 같은 러시아의 현상 유지 정책은 조선과 교섭뿐 아니라 조선과 관련된 서구 제국과의 관계에서도 그대로 고수되었다. 1866년 10월 병인양요 직후 서구 제국들과 러시아의 동향을 비교하면 이러한 사실을 명확히 이해할 수 있다. 당시 러시아는 병인양요에서 프랑스가 실패했다고 평가하면서 조만간 프랑스가 조선에 대한 새로운 군사행동을 취할 것으로 판단하였으며,[15] 전쟁이 재개될 경우 프랑스의 조선 단독 점령을 용인하지 않는 다른 서구 제국이 프랑스와 함께 이 전쟁에 참여할 수 있다고 우려

13　Б.Б. Пак, 1993, Борьба западных держав за открытие корейских портов и похиция России(1866~1871) // Россия и народы стран востока, Иркутск, с.124.

14　Б.Д. Пак, 2004, Россия и Корея, ИВ РАН, с.72.

15　Б.Б. Пак, 1993, Борьба западных держав за открытие корейских портов и похиция России(1866~1871) // Россия и народы стран востока, Иркутск, с.129.

하였다. 이는 당연한 우려였다. 당시 상트페테르부르크로 보낸 블란갈리 공사의 보고서를 보자.

> 러더포드 앨콕 경(청국 주재 영국 공사)은 나에게 영국 정부는 이미 프랑스 측에 조선과 관련한 프랑스의 의향을 문의했지만, 아직 아무런 답변도 받지 못했다고 말하였다. 여하튼 앨콕 경은 만약 프랑스 함대가 조선에 새로운 군대를 파견한다면, 영국 함대도 프랑스가 조선을 점령할 수 없도록 공동 행동에 임하라는 명령을 받게 될 것으로 예상하고 있다. …
> 미국 공사도 나에게 다음과 같이 말하였다.
> "미국은 영국과 프랑스가 태평양에서 이권을 획득하는 것을 허용할 수 없다. 왜냐면 조선과 관련된 문제는 미국의 이해관계가 걸려있기 때문이다. 러시아도 그러하지 않은가? 그러므로 우리(미국과 러시아)는 함께 행동해야 하고, 영국과 프랑스의 군사행동에 반드시 개입해야 한다."[16]

이 보고서를 통해 영국과 프랑스가 조선에 대한 군사행동에 착수할 가능성이 매우 높고, 그 경우 미국이 각자의 이해관계를 수호하기 위해 러시아에 공동으로 군사행동에 나설 것을 제안하고 있음을 알 수 있다. 이에 대한 러시아 측의 입장은 1868년 봄으로 예상되는 프랑스와 영국의 조선에 대한 새로운 군사행동과 관련하여 연해주 주지사가 디야첸코(Дьяченко) 중령에게 발송한 훈령에 명확히 나와 있다. 훈령의 요지는 러시아가 조선과의 (소박한) 교역 관계에 만족하며, 프랑스와 영국 등이 군

16　Б.Б. Пак, 1993, Борьба западных держав за открытие корейских портов и похиция России(1866~1871) // Россия и народы стран востока, Иркутск, с.129.

사행동을 고려할지라도 기존의 현상 유지 입장을 고수한다는 것이었다. 훈령의 관련 부분은 다음과 같다.

> 봄이 되면 프랑스와 영국이 조선 정부의 천주교 선교사 살해를 보복하고자 조선으로 군대를 파견할 것으로 예상된다.
> 조선과 우호 관계를 유지하고 있는 우리 정부는 기존의 정책을 변경할 생각이 없다. 우리 정부는 조선과 대치하는 여타 강대국들의 무력 행동에 불개입하고, 우리 선교사들의 조선 불파견을 인정하며, 조선과 평화적인 교역 관계를 통해 우호 관계를 계속 유지해서 두 이웃 나라 간 안녕의 증거인 상호 신뢰를 굳건히 하게 될 것임을 분명히 해야 할 것이다.[17]

한편 1860년대 말부터 상트페테르부르크에 이른바 정한론(征韓論)에 대한 정보가 들어오기 시작하였다. "1870년에 조선과 일본 양국 간에 심각한 충돌이 예견된다"[18]는 사실이 알려졌고, 미국을 비롯한 서구 제국들이 일본의 조선 침략 계획을 지지하는 데 대한 우려가 표명되었다.[19]

이에 러시아 외무성은 조일 관계의 악화를 대비하여 조선 국경에서 러시아가 준수해야 할 행동 지침을 마련하였다. 지침의 관련 내용은 다음과 같았다.

---

17 ГАИО, ф.24, оп.11/3, д.43, л.120. Отношение Приморского Областного правления начальнику Новгородского поста, Николаевск, 28 ноября 1867 г.

18 М. Венюков, Обозрение японского архипелага в современном его состоянии, СПб, 1871, с.36.

19 АВПРИ, ф."СПб. Главный архив, 1-9", ор.8, 1871 г., д.8, л.14. Донесение имп., поверенного в делах в Японии Е. Бюцова государственному канцлеру А.М. Горчакову, Йокогама, 11/23 декабря 1873 г.

우리가 그(연해주) 지역을 소유하면서부터 조선과 맞닿아 있는 국경에서 심각한 문제가 발생하지 않았다. 남우수리와 연아무르 지역 상황이 불안하므로, 조선 정부와 아무런 관계도 맺지 않는 것이 유리할 수 있다. 우리와 조선 정부의 관계 수립은 유럽 나라들이 오랫동안 고대해 온 선교사의 파견과 개항을 가능하게 할 수 있다. … 통상과 관련하여 조용히 진행하고, 초기 단계에서 외국의 통상과 충돌하지 않는다면 육로통상이 가능할 수 있다.

조선에서 현 상황이 일정 기간 그대로 유지되는 것이 우리에게 유리하다. 우리는 일본의 침략 정책에 의해 일본의 영향력이 한반도에 미치는 것과, 그럼으로써 유럽이나 미국의 간접적인 영향력이 한반도까지 확산하는 것에 동의할 수 없다. 외무성은 우리의 참전 가능성을 고려하지 않으며, 참전이 우리에게 유리할 것이 없다고 생각한다.[20]

1860~1870년대 러시아의 조선 정책에 있어 매우 중요한 위 지침에는 조선 문제의 모든 분야, 즉 일본의 침략 행위에 대응한 참전 거부, 서구 열강의 조선 항구 개항 반대, 조선의 현상 유지 등과 같은 러시아 정부의 입장이 선명하게 표출되어 있었다.

1876년 조선의 개항 역시 시종일관 관망하면서 조선의 현상 유지만을 희망하던 러시아에 그다지 큰 충격을 주지는 않았던 것으로 보인다. 1876년 5월 31일 자 러시아 외무성의 조선에 대한 기록을 보자.

---

20   Б.Б. Пак, 1996, Документы: Русская дипломатия и японо-корейский Канхваский договор 1876 г. с.233-234.

지금까지 외무성의 조선 정책을 변경할 만한 명분은 없었다. 왜냐면 조선으로 침투하려는 모든 시도가 실패했기 때문이다. 현 일본의 조약은 외무성이 생각하기에 여하한 새로운 대책도 강구할 필요성을 불러일으키지 못한다고 여겨진다. … 기존의 정책을 유지하는 것으로 결정하였다. 만약 다른 강대국들이 일본의 선례를 따르거나 조선 침투를 재개하려 한다면, 러시아는 (조선의) 이웃 나라로서 조선에서 일어나는 변화에 참여하지 않는 방관자로 남아 있지는 않을 것이다. 조선이 강대국들과 조약을 체결하면 러시아도 조선과의 국경무역과 장래의 통상적 이해관계를 보호하기 위해 조선과 유사한 조약을 체결해야 할 것이다.[21]

요컨대 위 문건의 요지는 '조선이 일본과 조약을 체결했음에도 러시아는 기존의 현상 유지 정책을 변경하지 않으며, 다만 다른 강대국들이 조선에 접근하는 경우에만 조선과 새로운 관계를 정립하기 위해 적극적으로 나선다'는 것이었다.

한편 이 문건은 조선과의 육로 교역에 관한 러시아의 방침에 변화가 생길 수 있음을 밝혔다는 점에서도 중요한 의미가 있는 것으로 여겨진다. 요컨대 타 제국이 조선과 통상조약을 체결하는 경우 조선의 지방 권력과 연계한 소박한 국경 교역 차원을 벗어나 교역의 지리적 범위와 내용을 대폭 확장하고, 교섭 상대를 중앙 권력으로 하는 육상에서의 통상장정 체결을 추진한다는 의지를 표명하고 있는 것이다.

21　АВПРИ, ф."СПб. Главный архив, 1-1", оп.1876 г., д.186, л.44-45. Записка Министерства иностранных дел о Корее от 1(13) мая 1876 г.

강화도조약 체결 이후 상당 기간 지속되었던 러시아의 조선에 대한 현상 유지 정책 기조는 서구 제국이 조선과 공식 관계 수립에 나서면서 서서히 변화하게 된다. 조선에서 러시아에 적대적인 국가들의 영향력이 강화되는 것을 우려해 왔던 러시아로서는 조선과 서구 제국의 조약체결이 현실화한 상황에서 기존의 정책을 견지할 수는 없었던 것이다. 하지만 관망을 통한 현상 유지 정책이 완전히 폐기되지는 않았다. 다만 이전에는 '불개입을 동반한 관망'이었던데 반해, 이제는 이른바 '기다림을 통한 관망'이었고, 그러한 관망의 궁극적인 목적이 '개입을 통한 세력균형 추구'라는 차이가 있었다. 이러한 관망의 기조는 조러수호통상조약 교섭의 전권을 위임받은 베베르가 서울로 출발하던 당시 외무성이 황제에게 올려 승인받은 보고서의 내용을 통해 확인할 수 있다. 보고서의 관련 내용은 다음과 같다.

> 영국과 독일 모두 자신의 통상 이익에 더 유리한 새로운 조약을 체결하고자 조선 정부와 교섭을 개시할 것이다. … 외무성은 이 문제에 대해 지금까지 우리가 견지해 왔고 향후 우리에게 완전한 행동의 자유를 부여하게 될 관망의 행동 양식을 변경할 필요가 없다는 견해가 있다. 만약 영국과 독일의 시도가 성공한다면, 우리는 어려움 없이 조선이 다른 나라들에 제공하는 이익을 확보할 수 있게 될 것이다. 만약 실패한다 해도 우리는 관망 행위 덕분에 제삼자로 남게 될 것이며, 조미조약과 동일한 내용의 조약을 체결할 수 있게 될 것이다.[22]

22　АВПРИ, ф."Китайский стол", оп.151, 1883 г., д.1, л.104-106.

러시아가 조선과 수교한 이후에도 전자의 신중하고 조심스러운 입장은 한동안 변화가 없었다. 하지만 갑신정변 이후 고종이 추진한 인아거청책과 영국의 거문도 점령은 이러한 러시아의 소극적 개입 기조에 변화를 초래하였다. 갑신정변의 사후 처리를 둘러싸고 진행된 동아시아와 조선 내부의 정세 변화, 그리고 당시 러시아 세계전략의 주요 경쟁자인 영국의 거문도 점령이 기존에 비해 비교적 적극적인 개입의 방향으로 러시아를 움직이게 했던 것이다. 1885년 10월 6일 베베르의 조선 도착은 바로 이러한 적극적 개입의 필요성과 연결되어 있었으며, 같은 해 6월 7일 러시아 황제가 승인하고 외무성이 베베르에게 하달한 훈령(이하, 1885년 외무성 훈령)[23]은 바로 이러한 (신중하고 조심스러우면서도) 상대적으로 적극적인 개입을 지시하는 지침서였다.

3. 1885년 외무성 훈령 – 세력균형을 통한 현상 유지

1885년 6월 7일 러시아 외무성이 베베르에게 하달한 훈령은 조선의 상황에 개입과 조선에서의 자국 영향력 강화 의지를 천명하면서도, 그 의지를 실현하는 방법에 있어서는 신중하고 조심스러운 행동을 요구하고 있었다.

훈령에 따르면, 베베르가 수행해야 할 첫 번째 임무는 1884년 조선과 체결한 조약의 비준 교환이었다. '열강 중 일부가 자기의 탐욕적 음모를

---

23   АВПРИ, ф.150, оп.493, д.214, лл.27-52об. Копия с Высочайще утвержденной в 25 день Апреля 1885 г. секр. Инструкции Статскому Советнику Веберу

조선으로 확장'하고 있는데, '조선은 러시아의 능력이 아직 적절한 수준에 결코 도달하지 못한 태평양의 우리 영토와 접경해 있고, 블라디보스토크에 비해 우월한 항구를 보유하고 있으며, 남우수리 변강 주민들이 생필품, 식량, 가축을 공급받을 수 있는 유일한 시장'이기 때문에, 이러한 '음모의 실현이 러시아의 이해관계에 극도로 유해'하므로 '조선에서 독일, 영국 등 여타 열강들과 동등한 수준의 기반을 확보'하고, '조선이 분규에 휘말리고 타국의 이해관계 영역에 흡수되는 경우 국외자로 남지 않고자 조약을 체결하여 최소한 다른 열강과 대등하게, 서둘러 조선에 자리 잡을 필요성이 인정'되어 체결한 조약의 비준서를 교환하라는 것이었다. 이는 조약의 법적 효력을 확정하여 서울에 러시아의 상설 대표부를 개설함으로써 조선에 접근하는 기타 열강들과 어깨를 나란히 하면서 러시아의 이익에 가장 부합하는 방향으로 조선과 관계를 정립해 나가는 기회를 합법적으로 얻고자 하는 것이었으며, 궁극적으로는 관망에서 벗어나 개입을 통한 세력 균형을 추구하겠다는 러시아의 의지 표명이었다.

한편 훈령에서는 당시까지 러시아의 조선 정책 수립에 있어 '조선의 자주와 불가침성에 대한 외부의 침탈을 방지하는 가장 믿음직한 보장' 요인으로 보았던 조청 간 번속 관계의 동요와 이에 수반하여 '조선이 처한 세기적 폐쇄성에 종말을 고하고 변혁의 길'로 나아가기로 하면서 '조선의 보장되지 않은 상황이 변혁의 장애라고 여기면서 러시아, 영국, 중국, 일본의 집단적 보장이 조선의 자주와 불가침성을 보호하는 최선의 방안'이라고 간주하는 조선(국왕)의 내부적 변화에 대응하여 조선에 대한 러시아 단독의 보호 관계 수립 가능성을 조심스럽게 타진하도록 지시하고 있다.

외무성 훈령은 이 문제에 상당한 지면을 할애하고 있다. 당시 러시아가 이를 매우 난해하고 민감하면서도 가장 공을 들여 해결해야 하는 것으로 여겨졌기 때문일 것이다. 그래서인지 훈령에는 1884년에 있었던 묄렌도르프와 크로운(Кроун) 육군 소장 및 베이징 주재 무관 슈네우르(Шнеур) 대령과 조선에 대한 보장 방안 논의를 시작으로, 갑신정변 이후 조선에 슈페이에르(Шпейер) 파견을 통한 갑신정변 상황 파악과 묄렌도르프와 조선 보호 문제 논의, 고종의 연해주 밀사 파견으로 확인된 조선 측의 러시아에 의한 조선 단독 보호 의향과 러시아의 향후 대응 양상, 조선에 대한 청일 간의 지배권 투쟁과 관련하여 청국, 영국, 프랑스 등이 곤란한 상황에 빠져 있는 정치적 혼란과 분규의 기회를 활용하여 대외적 분규에 처하지 않으면서 러시아의 영향력 아래 조선의 독립을 공고히 하자는 연아무르주 총독 코르프(Корф) 남작의 견해, 영국과의 각축 속에서 러시아가 처한 대외 상황과 거문도 문제 등을 구체적이고 종합적으로 설명하고 있으며, 막 시작되는 조선과의 관계에서 '러시아가 추구하는 궁극적인 목적이 조선에서 타 열강이 누리는 것과 동등한 지위를 확보하는 데 있지 않고, 러시아의 압도적인 영향력을 공고화'하는 데 있음을 강조하면서 조선에 대한 러시아의 영향력 공고화를 저지하려는 외부의 책동들에 성공적으로 대응하기 위해 우선 조선 정부의 완전한 신뢰를 얻도록 노력할 것을 요구하고 있다.

다음으로 훈령에서는 당시까지 미해결 상태로 있던 '조러 간 육상 국경 교류의 지체 없는 체결'을 지시하면서 연아무르주 총독 코르프 남작의 장정 체결 시 고수해야 할 원칙과 이를 바탕으로 한 러시아 외무성의 견해를 설명하고 있다. 훈령에 따르면, 코르프 남작이 조선과 육로통상 교섭에서 고수해야 할 대원칙은 '만주에 지극히 필요한 조선을 거치는 통과무역을 중국이 성사하지 못하도록 무슨 수를 써서라도 저지'하고 '통과무역은 반드시 훈춘에서 우리(러시아) 영토를 거쳐 엑스페디찌야(Экспедиция)

만[24] 으로 가도록 해야 한다'라는 것이었다. 코르프 남작에 따르면, 그렇게 해야만 러시아가 다음과 같은 부분에서 성과를 얻을 수 있을 것으로 보았다.

- 우리(러시아) 상품을 만주에 판매하는 경로로 이용할 수 있는 송화강을 우리(러시아)에게 개방하도록 중국에 강요하는 기회 확보
- 조선에서 우리(러시아)의 매력을 공고히 하기 위해 가능한 한 조선 내부 깊숙이까지 우리(러시아)가 침투
- (외국 및 중국 선박의) 두만강 자유 항행 금지
- (러시아) 국경에서 최소한 100베르스타에 걸쳐 중국과 일본 상품의 운송, 그들 군대 및 관헌의 주재 불허
- (양국) 국경 양측으로 50베르스타 범위에서 자유로운 교역
- 상품 통행 시 더 낮은 관세율
- 주정, 아편, 무기, 탄약 교역 금지[25]

이러한 코르프 남작의 견해를 참작하여 러시아 외무성은 육로장정 체결로 '조선에서 배타적인 지위를 보장받는 것이 러시아의 주요 목표'임을 천명하면서 베베르에게 다음과 같은 세부적이고 부가적인 원칙을 제시하였다.

---

24 연해주 포시에트만의 북서쪽에 위치한 작은 만이다.
25 코르프 남작이 육로 통상 교섭에서 견지해야 할 대원칙으로 제시한 통과무역의 경로 문제는 송화강을 러시아에게 개방하도록 중국에 압력을 가하는 수단으로만 활용되는 것으로 이해함이 타당해 보인다. 하지만 러시아 원문의 문장 구조에 따르면, 대원칙이 그 외의 여러 가지 성과를 얻는 수단으로도 활용되는 것으로 되어 있기에 본문에 여타의 기대되는 성과들을 송화강 개방 압력과 함께 병렬적으로 제시하였다.

- 조러 육상 국경에서의 자유 교역 허용이 타 열강에게 일련의 요구를 하게 하는 빌미로 작용해서는 안 된다.
- 국경에서 50베르스타 지역 또는 남우수리 변강과 접경한 조선의 함경도에서 우리(러시아) 신민들에게 무관세 교역을 허용해 줄 것을 조선 정부에 요구해야 한다.
- 러시아 신민에게 조선의 국경 도시 중 한 곳에서 교역을 목적으로 한 상주권과 … 함경도 영역과 같이 가능한 한 광활한 지역의 자유 통행권을 제공하는 데 동의하도록 조선 정부에 요청해야 한다.
- 러시아인이 상기 지역에서 현지 주민과의 합작회사의 형태일지라도 … 광산업 등과 같은 생업에 종사하는 것을 조선 정부가 허용하도록 해야 한다.
- 주정, 아편, 무기, 탄약의 교역은 무조건 금지되어야 한다.
- 중국과 일본 상품이 우리 영토를 통해서만 이동할 수 있도록 (해야 하기에)조선을 거치는 (동 상품의) 통과무역이 개설되어서는 안 된다.
- 외국 선박과 (중국이 우리에게 송화강을 개방하지 않고 있음을 고려하여) 중국 선박의 두만강 통행 가능성이 배제되어야 한다.
- 양국 정부 간에 새로운 협약이 있기 전에는 조약 규정이 효력을 유지하도록 하면서 … 5년 정도의 가능한 한 제한된 기간으로 (조약을) 체결하기 바란다.

이외에도 훈령에서는 육로 통상 교섭을 통해 다음의 사안을 해결하도록 지시하고 있다.

- (조러수호통상)조약 체결 이전에 우리(러시아) 영역으로 이주한 조선

인 모두에게 1884년 7월 25일 자 (조러수호통상)조약에 따라 러시아 신민에게 보장된 모든 권리를 부여하면서 (그들을) 러시아 신민으로 인정한다. 연아무르주 총독은 조선인들의 향후 계속된 이주가 의심의 여지 없이 남우수리 변강에 해가 된다는 데 동의하고 있다.

- 만약 우리(러시아)가 연아무르주에 조선 영사관 설립을 허용할 수 없음으로 인해 조선 북부에 우리(러시아) 영사관을 설립하겠다고 요청하는 것이 곤란하다면, 조선 북부에 거주하는 러시아 신민들의 보호, 러시아 신민 간 또는 러시아 신민과 원주민 간에 발생하는 분쟁 심의 및 지방정권과의 협상을 위해 남우수리 변강 국경위원이 조선 북부를 방문할 수 있는 권리를 확보해야 한다.
- 연아무르주 총독이 서울 주재 우리(러시아) 대표에게 보내는 관헌들을 위한 조선 서울까지의 육로 통행권.
- 조선으로 가는 러시아 신민과 러시아로 넘어오는 조선 신민의 여권 소지 의무. 이에 있어 조선 정부에 러시아 신민이 여권을 신고할 때 1루블 이하의 수수료를 징수하는 권리를 부여할 수 있다. 단, 러시아가 조선 신민의 여권에 대해 해당 수수료를 부과하기 이전에는 조선 정부가 (이를) 징수할 수 없다.

마지막으로 훈령에서는 베베르에게 '서울과 연아무르주 간 역마 우편 연락 개설'과 '서울과 블라디보스토크 간 전신선 부설', 그리고 '정교도인 러시아 신민들을 위한 자유로운 미사 수행의 권리'에 대해 조선 측과 교섭할 것을 지시하고 있다.

4. 외무성 훈령 속의 육로통상장정-조용한 침투의 초석

외무성 훈령에 "지금까지 미해결 상태인 조러 간 육상 국경 교류는 지체 없는 체결이 요구된다"라고 서술되어 있지만, 동 훈령에 거론된 다른 사안들과 비교한다면 애초에 육로장정 체결은 다른 사안들에 비해 급박성이나 신속성을 요하는 것은 아니었다. 이 훈령의 초안이 작성된 1885년 4월은 청의 조선 속방화 정책, 고종의 인아거청책(조러밀약), 영국의 거문도 점령 등이 거의 동시적으로 급박하게 진행되면서 조선의 현상유지를 추구하던 러시아가 어떠한 수준과 형식으로건 조선이 처한 상황에 시급히 개입하지 않을 수 없는 상황이 조성되었기 때문이다. 그렇기에 전술한 바와 같이 훈령의 많은 부분이 이러한 조선을 둘러싼 현상의 변화에 대한 설명과 해결 방안의 모색에 집중되어 있었던 것이다.

하지만 베베르가 부임을 위해 조선으로 향하던 도중인 동년 7월 9일 러시아 외무성은 베베르에게 "조선이 예전에 러시아에 제안했던 보호 관계 및 군사교관 문제와 관련하여 조선 정부와 어떠한 협상도 주도적으로 개시해서는 안 된다"[26]라는 내용의 긴급 전문을 발송하였다. '조선에 대한 러시아의 음모'를 우려한 청의 조선에 대한 압박이 급격하게 강화되는 새로운 현상의 변화가 인지되었으며, 러시아로서는 청과의 관계 악화로 이어질 수 있는 극동의 분규에 대처할 준비가 부족했기 때문이었다.

이와 함께 러시아 정부(외무성)는 지속적으로 축적한 조선 관련 정보를 토대로 1886년 1월 15일 베베르에게 1885년의 훈령을 수정한 새로운

---

26 Нарочничкий А.Л., 1956, Колониальная политика капиталистичеких держав на Дальнем Востоке. 1860-1895, М., c.385.

훈령을 하달하였다. 외무성은 이 훈령을 통해 베베르에게 "러시아의 조선 정책은 조선에서 러시아의 영향력 강화"를 목적으로 한다는 점을 재차 주지시키면서 "(1885년) 외무성 훈령에 포함된 조선과 관련된 애초의 구상을 드러내는 것은 시기상조"이고, "단지 미래에야 실현이 가능한 것"이므로 "러시아 접경지역에서 요구되는 생필품 충족을 위한 조선과의 우호 관계 수립에 전념해야 한다"[27]라고 지시하였다. 따라서 베베르가 1885년 외무성 훈령이 자신에게 부과한 임무 중 적극적이고 실질적으로 추진할 수 있는 것은 육로장정 교섭이었다.

전술한 바와 같이 당시 러시아의 조선 정책 (장기) 목표가 조선에서 '지배적 영향력 공고화'와 '배타적 지위 확보'였기에, 1885년 외무성 훈령에 기초하여 1886년 4월에 베베르가 최초로 작성한 육로장정 조약문 초안의 각 조문에도 그러한 의도가 곳곳에 배어있었다. 1885년 외무성 훈령과 베베르 초안 속에 서술된 그러한 조문으로 특히 '100리 자유무역 지대 설정과 부령 개방', '외국 선박의 두만강 자유 항행 금지', '서울과 연아무르주 간 역마 우편 연락 개설'과 '서울과 블라디보스토크 간 전신선 부설', '정교도인 러시아 신민들을 위한 자유로운 미사 수행의 권리'에 주목할 필요가 있는 것으로 생각된다.[28]

---

[27] АВПРИ, ф.Японский стол, оп.493, д.1, лл.63-67. Копия с секретной депеши статс-секретаря Горса Поверенному в делах и Генеральному консулу в Корее от 16 января 1886 г.

[28] 베베르의 초안은 "자유무역 지역 설정, 부령(富寧) 개방 및 영사관 설치 · 활동, 조계지 설정 및 내지 통상, 수출입 품목의 반입 절차, 불법행위에 대한 처벌, 면세 · 금지 품목 및 5% 관세율, 영사재판권 및 월경민의 러시아 국적 인정, 두만강 자유항행권 등 총 9관으로 구성되어 있다. 한동훈, 2012, 「조러육로통상장정(1888) 체결을 둘러싼 조 · 청 · 러 삼국의 협상 과정 연구」, 『역사와 현실』 제85호, 362쪽.

우선 '100리 자유무역 지대 설정과 부령 개방'을 보자. 이는 1885년 외무성 훈령의 '국경에서 50베르스타(약 50km)까지의 지역 또는 남우수리 변강과 접경한 조선의 함경도에서 우리 신민들에게 무관세 교역을 허용해 줄 것을 조선 정부에 요구'하라는 지시가 반영된 것이었다. 함경북도의 중심부에 위치한 부령이 개방된다면 사실상 함경북도 전역을 러시아에 개방하는 것이었다. 당시 베베르의 초안에 대한 조선과 청의 논의에서 위안스카이가 "부령(富甯)은 변경에서 200여 리 떨어져 있습니다. 만약 통상이 있으면, 다시 100여 리가 더해져 안으로 들어와 마음대로 무역하게 됩니다. 모두 더하면 300여 리 깊숙이 들어오게 되니 실로 편안하지 않습니다. 단호하게 거절해야 합니다"[29]라고 한 것 역시 함경북도 전 지역의 개방에 대한 우려로 볼 수 있다. 따라서 이러한 베베르의 제안은 함경북도 전 지역에 대한 지배적이고 배타적인 교역권을 러시아에 부여하고자 하는 의도에서 나왔다고 보는 것이 타당하다.

다만 이때까지의 러시아 문건들에 지속적으로 거론되었던 경흥이 아닌 부령을 개방하라는 요구를 어떻게 받아들여야 할지는 고민이 필요하다. 베베르 자신도 1882년에 조선과의 수호통상조약 교섭 책임자로 선정되고 나서 협상 의제 중 하나인 국경 문제를 파악하고자 극동 지역을 답사한 후 제출한 비밀보고서를 통해 "조러 국경 지역에 경흥과 같은 특정 도시를 개방하는 것이 남우수리 지역에 필요한 생필품을 공급하는 해법이다"[30]라고 주장했음에도 막상 협상안에는 부령을 제시하였다. 그 이

---

29 한동훈, 2012, 「조러육로통상장정(1888) 체결을 둘러싼 조·청·러 삼국의 협상 과정 연구」, 『역사와 현실』 제85호, 363쪽.

30 АВПРИ, ф.Чиновник по дипломатической части при Приамурской генерал-губернаторе, оп.379, 1880-1884 гг., д.311, лл.193-204. Копия с секретного

유는 무엇일까?

이는 아마도 다음의 두 가지 중 하나에 기인한 것으로 보인다. 첫째, 교섭의 기술적 측면이다. 교섭을 준비하는 데 있어 일반적으로 최대 목표와 최소 목표가 설정되며, 흔히 이 두 목표 사이에 어느 한 지점에서 결과가 도출된다. 따라서 부령 개방 요구는 주도권을 가지고 육로장정의 전체 조문을 교섭하기 위한 기술적 방책이었을 수 있다. 둘째, 베베르는 위의 비밀보고서에서 "육로통상을 위해서는 조선의 북부지방 개방이 필수적이다"[31]라고도 주장하였다. 요컨대 육로통상을 목적으로 한 조선 북부지방 개방을 위해서는 최소한 함경북도의 중심부인 부령 정도의 도시가 개방의 대상이 되어야 한다고 판단했을 수 있으며, 부령 개방 요구는 '남우수리 변강과 접경한 조선의 함경도에서 우리 신민들에게 무관세 교역을 허용해 줄 것을 조선 정부에 요구'하라는 외무성의 훈령에도 부합하는 것이다.

다음으로 '외국 선박의 두만강 자유항행 금지'[32]를 보자. 이는 러시아 외무성이 조선과의 육로통상조약 체결 방침을 수립하는 데 참고한 코르프 남작의 견해에 따른 것이었지만, 사실은 베베르 자신의 견해이기도 하였다. 전술한 베베르의 비밀보고서에서 베베르는 "외국 선박의 두만강 자유항행은 국경선 보호를 곤란하게 하고, 군사적 측면에서도 러시아에 불

донесения консула в Тяньцзине от 14 августа 1882 г.

31 АВПРИ, ф.Чиновник по дипломатической части при Приамурской генерал-губернаторе, оп.379, 1880-1884 гг., д.311, лл.193-204. Копия с секретного донесения консула в Тяньцзине от 14 августа 1882 г.

32 최종 타결된 육로장정에는 "러시아와 조선의 연안 운행 선박은 두만강을 자유롭게 운항하게 될 것이다"라고 규정되어 있다. 동북아역사재단 편, 『근대 조약과 동아시아 영토 침탈 관련 자료 선집』II, 동북아역사재단, 2021, 457쪽.

리하므로 인정해서는 안 된다"³³라는 의견을 제시하였다.

　보고서에 기술된 베베르의 견해를 보자면, 러시아의 육로장정 교섭 건 중 하나인 외국 선박의 두만강 자유항행 금지는 경제적 측면만이 아니라 정치·군사적 측면까지 고려한 것임을 알 수 있다. 요컨대 동 교섭 건은 외무성 훈령에서 제기한 바와 같이 '우리(러시아) 상품을 만주에 판매하는 경로로 이용할 수 있는 송화강을 우리에게 개방하도록 중국에 강요'하고, 외국 선박에 의한 외국 상품의 자유로운 이동을 통제한다는 경제적 의도뿐 아니라, 외부의 도발로부터 국경의 안전을 도모하고 외국의 군사력 이동을 효과적으로 차단한다는 군사·정치적 의도까지 가지고 있는 것으로, 해당 지역에 대한 지배적이고 배타적인 지위 확보를 추구하는 러시아로서는 육로장정 교섭 건에 이를 포함시키는 것이 당연했을 것이다.

　1885년 외무성 훈령의 '서울과 연아무르주 간 역마 우편 연락 개설'과 '서울과 블라디보스토크 간 전신선 부설'³⁴도 교역의 측면보다는 조선에서 러시아의 군사·정치적 지위를 전면적으로 공고화하는 초석을 마련하기 위한 고려로 보는 것이 타당하다. 제국의 진출과 전신선 부설의 관계에 대해서는 거론할 필요가 없을 것으로 생각된다. '역마 우편 연락'을 보자면, 최종 타결된 육로장정에는 "러시아 관리들은 우편물 수·발신을 위해 조선에 현존하는 정부 우편 기관을 이용"³⁵한다고 규정되어 있지만, 애

33　АВПРИ, ф.Чиновник по дипломатической части при Приамурской генерал-губернаторе, оп.379, 1880-1884 гг., д.311, лл.193-204. Копия с секретного донесения консула в Тяньцзине от 14 августа 1882 г.

34　조선 측과의 교섭 당시 베베르가 서울과 블라디보스토크 간의 전신설 부설 문제를 제기했음을 확인할 수 있는 문서는 현재까지 발견되지 않고 있다.

35　동북아역사재단 편, 2021, 『근대 조약과 동아시아 영토 침탈 관련 자료 선집』II, 동북아역사재단, 453쪽.

초에 베베르는 조선과 교섭에 임하면서 "(러시아 측이) 역참(驛站)을 자유롭게 설치하고 사용하는 권리를 부여해달라고 요구"[36]했던 것으로 파악된다. 물론 외무성 훈령에는 '처음에는 편지·신문 배달 용도의 가장 단순한 형태일지라도'라는 구절이 있어서 역참이 가지는 본래 의미가 희석되어 있지만, 정보와 사람, 물자를 원활하게 이동시키는 공적인 교통 통신 시설이라는 역참의 본래 의미를 생각한다면, 베베르의 역참 설치 및 사용권 요구는 곧 러시아가 운영하는 역참을 통해 러시아가 발휘할 수 있는 유·무형의 영향력을 조선 내부로 신속하게 이동시키고, 조선의 정보를 러시아로 적시에 전파할 수 있도록 하겠다는 의미로 보아야 할 것이다.

더불어 베베르의 역참 설치 및 사용 요구와 관련하여 당시 조선 측 교섭자들과 위안스카이 사이에 있었던 논의 내용에 대한 한동훈의 다음과 같은 해석도 러시아의 진의를 추정하는 데 도움이 될 듯하다.

"위안스카이는 러시아가 부령을 육로 통상처로 개방하는 것은 조선의 북부 내륙지방으로 진출하고자 하는 것이며, 병참을 설치함으로써 이를 군사적으로 점령하려 할지도 모른다는 우려감을 가졌다. 즉 위안스카이는 러시아의 역참 설치 및 사용 요구를 러시아의 한반도 북부지역 진출 의도로 파악하였던 것이다."[37]

마지막으로 '정교도인 러시아 신민들을 위한 자유로운 미사 수행의 권리' 부여가 있다. 최종 타결된 육로장정에 "경흥의 러시아 신민에게 …

---

36 한동훈, 2012, 「조러육로통상장정(1888) 체결을 둘러싼 조·청·러 삼국의 협상 과정 연구」, 『역사와 현실』 제85호, 364쪽 참조.
37 한동훈, 2010, 「조러육로통상장정(1888) 체결 과정 연구」, 고려대학교 한국사학과 석사학위 논문, 42쪽.

자유롭게 예배할 권리를 부여한다"[38]라고 간략하게 기술되어 있기에 자 칫 간과할 수 있지만, 1885년 외무성 훈령은 이 미사 수행 권리 확보를 조 금은 다른 시각에서 보았던 듯하다. 훈령의 관련 구절은 다음과 같다.

> 묄렌도르프는 무관 슈네우르 대령과 논의하는 자리에서, 유럽 열강이 이교도 국가에 절대로 응당한 가치를 부여하지 않는다는 사실을 이해 하는 조선 국왕이 기독교 중 한 교단을 조선의 지배적 종교로 공표하 는 것을 고려 중이라고 하였다. 묄렌도르프는 조선이 중국과의 번속 관계에서 해방되기 전에는 이러한 방안의 실현이 불가능하다고 평가 하였으므로, (귀하는) 이 문제를 서둘러 언급하지 말고, 당분간은 조선 에 거주하는 정교도인 러시아 신민들을 위한 자유로운 미사 수행의 권리를 이야기하기 바란다. 시간이 지나면 이러한 상황은 조선 주민 들 사이에 정교를 확산시키는 방편이 될 수 있을 것이다.

위 구절을 통해 최종 타결된 육로장정의 간결한 구문의 이면에 러시 아 정부의 다른 의도가 숨어있음을 어렵지 않게 간파할 수 있다. 과거 제 국주의 열강들은 제국 통합을 위한 이데올로기로서 그리고 식민지 지배 의 이데올로기로서 문명(근대성)과 종교를 활용하였다. 이 두 요소가 상호 보완적으로 기능하면서 식민 지배를 합리화하는 기제로 작동했다는 역사 적 사실을 차치한다 해도, 최소한 1885년 외무성 훈령에 언급된 관련 구 절은 조선이 중국과의 번속 관계에서 해방되는 훗날 취할 개방적 종교정 책에서 지배적 종교로서의 위치를 확보하기 위한 기회를 엿보고, 조선에

---

[38] 동북아역사재단 편, 2021, 앞의 책, 동북아역사재단, 453쪽.

러시아 정신의 문화적 요소인 러시아정교를 확산시킴으로써 러시아의 영향력을 극대화하는 수단으로 활용하겠다는 의도를 보여 주는 것이었으며, 최종 육로장정에 기술된 '자유로운 미사 수행의 권리'는 이를 달성하기 위한 토대였다.

5. 맺음말

한국 주재 러시아 대사관에서 근무한 외교관이 2003년에 국내의 한 저널에 러시아는 "한국이 러시아를 비롯한 다른 주변국들에 대해 평화적인 태도를 지닌 단일국가가 되기를 희망"하고 있다는 글을 게재하였다. 외교관이 언급한 것이므로 일정한 공신력을 갖는다고 보아도 무방할 듯하다. 이와 함께 이 글에는 "한반도의 제반 문제에 대한 외교적 조정을 달성", "남북한 상호 간 화해의 과정에 있어서 독립성을 보장. 즉, 외부 압력의 부재"[39] 등과 같은 언급도 있었다. '평화를 지향하는 자주적 단일국가', 남북 화해 과정에서 '독립성 보장', 분쟁과 갈등이 아닌 '외교를 통한 조정'… 참으로 듣기 좋은 말들이다.

하지만 외교적 언사에는 그 전제 조건이 있기 마련이다. 설혹 없다고 할지라도 그것이 있는지 의심하고 파헤쳐 보는 것이 연구자의 본분이다. 흥미롭게도 위의 언급들은 낯이 익다. 조선을 앞에 놓고 제국주의 열강들이 맺었던 수많은 조약과 협정에서 우리는 '선린관계', '독립(자주성) 보

---

39 알렉산드르 미나예프, 2003, 「한반도 평화 구축을 위한 러시아의 역할」, 『평화연구』 11(3), 고려대학교 평화와민주주의연구소, 125쪽.

장', '외교적 조정'을 볼 수 있다. 하지만 이러한 언사로 조선의 독립이 유지되지도, 그리고 오랜 뒤에 있었던 해방 후 역사 과정에서 한국의 평화와 통일이 성사되지도 못한 것이 엄연한 사실이다.

왜 그럴까? 그 이유는 이러한 외교적 언사의 이면에 전제 조건이 깔려 있기 때문이다. 예를 들어 이런 것이다. 한반도에 대한 자국의 이익을 확대하고 유지하는 데 적합한 '선린 관계', 자국의 안보를 위한 실제적이고 믿을만한 보장으로서의 '우호 관계', 타국의 일방적인 한반도 지배를 저지하기 위한 한반도의 '독립 보장', 한반도가 자국을 향한 공격기지로 변질되지 않도록 하기 위한 '(한반도의) 자주성 유지', 자국이 반드시 참여하는 가운데서의 '외교적 조정' 등등. 이러한 전제 조건이 충족되지 않았기에 외교적 언사들은 현실에 반영되지 않는 허황한 미사여구에 그치고 말았던 것이다.

19세기 러시아의 조선 정책은 시간이 흐르면서 이러한 전제 조건이 더욱 명확해지고 강화되는 과정을 거쳤으며, 조선을 둘러싼 환경이 변화함에 따라 러시아의 움직임은 소극적 관망에서 적극적 개입의 방향으로 점진적으로 변화해 갔다. 이러한 측면에서 1885년 외무성 훈령의 육로통상 부분과 1886년 베베르의 육로장정 협상안은 변화된 환경에서 조선에 대한 러시아의 '지배적 영향력 공고화'와 '배타적 지위 확보'라는 개입의 전제 조건을 충족시키고자 하는 의지의 표명이었다.

아울러 육로장정은 '양국 국경에서의 평화적이고 우호적인 통상 발전'을 위해 체결한다는 조약상의 문구에도 불구하고, 양 당사국 중 일방의 진의가 타방에 대한 지배적 영향력 공고화와 배타적 지위 확보에 있는 한, 최종 타결된 육로장정에 양국 간 비대칭적 관계를 보여 주는 제 조항들이 있는 한, 그리고 당시가 이러한 팽창적 진의의 구현을 당연시하도록 하는 제국주의의 시대였던 한, 해당 시기 러시아의 조선 정책을 '일본과 동일한 제국주의 정책으로 보아서는 안 된다'라는 관점은 허황한 것으로 보일 수밖에 없다. 러시아의 조선에 대한 제국주의적 팽창 의지를 부정하는 것은 러시아의 감춰진 의도 밖에 있는 소극성 내지 온건성과 적극적으로 개입하기에 불충분한 정치·군사적 역량으로 포장된 외형으로 인한 착시일 것이다.

[부록 1] 1885년 4월 25일 폐하의 재가를 받고 5등관 베베르에게 하달한 비밀 훈령 사본

(Копия с Высочайше утвержденной в 25 день Апреля 1885 г. секр. Инструкции Статскому Советнику Веберу)

고결한 황제 폐하는 지금까지 우리의 대표가 없었던 조선에 귀하를 대리공사 겸 총영사로 임명하였다. 폐하는 동 직책에 귀하를 임명하는 데 있어 귀하가 장기간 중국에서 근무하였고, 극동에서 러시아의 이해관계를 그곳에서 직접 접하는 기회를 가졌다는 점에 주목하였다.

귀하가 부임 후 맡을 첫 번째 임무는 지난해 6월 25일 귀하가 조선 정부 전권과 체결한 조약, 즉 조선이 독일과 영국에 제공한 것과 동등한 조약상의 권리와 특전을 러시아에 보장하는 조약 비준서 교환이다.

귀하는 초기에 우리를 동 조약으로 한정 짓고, 조선과 정치 및 무역에 관한 전반적인 문제의 해결을 일정 기간 연기하도록 한 이유를 알고 있을 것이다. 그것은 이 나라에 대한 우리의 지식이 극히 부족했고, 청불전쟁의 결과가 청의 속국인 조선과도 연관될 수 있었고, 열강 중 일부가 탐욕적인 음모를 조선으로 확장하고 있기 때문이다. 조선은 우리의 능력이 아직 적절한 수준에 도달하지 못한 태평양의 우리 영토와 접경해 있고, 블라디보스토크에 비해 우월한 항구를 보유하고 있으며, 남우수리 변강 주민들이 생필품, 식량, 가축을 공급받을 수 있는 유일한 시장이기 때문에, 이러한 음모가 실현되면 우리의 이해관계에 극도로 유해할 것이다. 그렇기에 조선이 분규에 휘말려 타국의 이해관계 영역에 흡수될 경우 국외자로 남지 않고자 조약을 체결하여 최소한 다른 열강과 대등하게 조선에 자리 잡을 필요성을 인정한 것이다. 서울에 우리 상설 대표부를 개설하면

조선과의 관계에서 러시아의 이익에 가장 부합하는 방향을 제공 받을 가능성이 열린다. 그러므로 황제 정부는 귀하가 모든 노력을 경주하여 이 목적을 달성해 주기를 희망한다.

최근까지 우리는 극도로 허약하여 외부의 침탈에 자체적으로 맞서지 못하고 타인의 도움만을 바라는 조선의 독립과 불가침성에 대한 외부의 침탈을 방지하는 가장 믿음직한 보장이 번속 관계 상황이라고 여기면서, 중국에 대한 조선의 번속 관계에 큰 의미를 부여하였다. 이러한 관점의 근거는 경험을 통해 여러 차례 증명된 바와 같이 중국과의 충돌이 큰 난관을 수반하였고, 거의 긍정적인 결과를 가져오지 않았기 때문에 제 열강도 중국과의 관계에서 항상 일정한 신중함을 지침으로 삼았던 것이었다.

현재 전술한 우리의 관점이 완전히 바뀌지는 않았지만, 조선에서 복무 중인 독일인 폰 묄렌도르프에 거의 의존하여 조선의 내부 정세에 좀 더 가깝게 접근하게 됨에 따라 현저하게 동요하게 되었다. 지난해 묄렌도르프가 처음에는 크로운(Кроун) 육군 소장에게, 그리고 그 후 베이징 주재 무관 슈네우르(Шнеур) 대령에게 한 설명에 따르면, 조선이 처한 세기적 폐쇄성에 종말을 고하고 변혁의 길로 나서기로 한 젊은 국왕은 자기 나라의 보장되지 않은 상황이 변혁의 장애라고 여기면서 러시아, 영국, 중국, 일본의 집단적 보장이 조선의 자주와 불가침성을 보호하는 최선의 방안이라고 생각하는 것 같다. 우리 무관이 이러한 방안의 어색함과 러시아 단독 보호의 우월성을 이야기하자, 묄렌도르프는 이 의견에 동의하면서 자기가 이미 이에 대해 조선 국왕과 논의했고, 아직도 일부의 의문이 남아 있기는 하지만 대부분의 의문이 사라졌다고 하였으며, 국왕이 자신의 조언에 따라 러시아의 단독 보호를 모색하기로 했음을 보증한다고 덧붙여 말하였다.

중국과 일본의 지배권 투쟁에 기인하여 지난해 12월 서울에서 발생한 소동은 조선 정부가 전술한 취지로 새롭게 이야기하게 된 동기가 되었다. 사태의 경과를 확인하고자 도쿄 주재 러시아 공사관 서기관 슈페이에르 (Шпейер)를 전함 편으로 조선의 제물포항으로 파견하면서 가능하면 서울로 가라고 지시하였다. 그의 임무는 우선 묄렌도르프를 통하여 조선 정부의 진의를 규명하고, 러시아의 보호가 어떤 조건에서 이루어지는지에 대한 묄렌도르프의 견해, 그리고 우리가 보호에 동의하는 대가로 조선 정부는 우리에게 무엇을 제공할 수 있는가 등을 밝혀내는 것이었다.

슈페이에르의 단기 체류는 조선의 상황을 해명하는 데 매우 유익하였다. 그가 수집한 정보를 통해 다음이 판명되었다. 서울의 지난번 소요 사태는 일본인들과 일본 대표 다케조에의 야심 찬 음모로 발생하였고, 다케조에는 일본에서 교육받은 소수의 친일파 조선인에 의존하여 조선 국왕을 폐위시키고, 그 대신 방계의 어린 아들을 권좌에 앉힌 후 그의 이름으로 친일파가 나라를 경영할 목적으로 모의하였으며, 이 계획은 궁궐에 들어온 중국 주둔군이 적절한 순간에 개입하여 모반자들을 몰아냄으로써 실패로 돌아갔다.

슈페이에르의 상기 보고에 따르면, 일본인들은 조선에서 버릇 없고 오만한 행실로 인해 이미 오래전부터 지역 주민들에게 증오를 샀지만, 중국에게는 전혀 다른 태도를 보인다고 하였다. 중국 주둔군이 서울에 체류하고 있음에도 지역 주민들은 조선 내정에 간섭을 자제하고, 독자적 통치권을 제공하면서, 어려운 순간에는 언제나 도움과 지지를 보내는 데 한정한 중국 황제 정부로부터의 자주성에 긍지를 가지고 있었다.

소요 사태 직후임에도 러시아 관헌의 서울 방문은 가장 호의적인 인상을 심어주었다. 국왕은 물론 그의 대신들 역시 러시아 황제 정부가 보여 준 관심과 배려의 뚜렷한 징표를 간파하고는 슈페이에르에게 뜨거운 감사를 표명하였다. 심지어 서울 주민들도 그에게 명백한 공감을 표하였다.

조선 방문이 공식적 성격이 아니었기에 조선 대신들을 상대로 러시아의 조선 보호 문제를 협상하기 곤란했던 슈페이에르는 이 사안을 묄렌도르프에게만 설명하는 수준에서 자제하였다. 묄렌도르프는 이전에 슈네우르 대령에게 제안한 바와 같은 내용을 슈페이에르에게 반복하였다. 즉 러시아가 조선을 피보호국으로 받아들이고, 러시아와의 관계에서 불가리아 공국과 동등한 지위를 조선에 부여하거나, 만약 그것이 불가능하면 조선을 중립화하여 아시아의 벨기에로 만드는 국제조약을 체결하는 경우에만 조선은 자신의 장래를 안심할 수 있는데, 조선 정부는 이 두 가지 구상에 대한 선택권을 전적으로 러시아에 일임할 준비가 되어 있다.

묄렌도르프는 첫 번째 대안의 조건을 자세하게 설명하지 않고 러시아 황제 정부가 이 문제를 기꺼이 논의할 경우 그것의 진전에 대해 말하면서, 러시아가 감당해야 할 불리한 측면과 관련하여 조선 정부는 이에 대한 보상으로 자국 항구 중 한 곳을 러시아가 선택하여 항만 시설을 설치하는 데 동의할 것이며, 필요하다면 비밀 조약을 통해 러시아 병력이 아무런 제재 없이 그 항구에 출입할 수 있는 권리를 제공할 것이라고 부언하였다. 묄렌도르프의 견해에 따르면 북위 36도 5분 45초에 위치한 완벽한 부동항이자, 북위 3도만큼 더 북쪽에 있는 라자례프보다 월등한 운콥스키만이 그 항구가 될 것이라고 하였다. 그는 항구 제공과 관련하여 복잡한 상황을 피할 수 있도록, 러시아 정부가 모종의 무역회사, 예를 들면 중국 소재 '스타르체프 & Co.'에게 조선 정부로부터 항구 주변의 모든 토지를 미리 임대하게 만든 후 협상에 임하도록 할 수 있을 것이라고 하였다.

슈페이에르의 보고가 상트페테르부르크에 도착하기 전에 외무성은 연아무르주 총독이 발송한 2월 3일 자 전문을 수신하였다. 전문에 따르면 조선 국왕이 보낸 것으로 보이는 수 명의 조선 관헌으로 구성된 사절단이 우리 국경위원을 방문하여, 조선 국왕이 한편으로는 일본의 야심 찬 의도와 다른 한편으로는 중국군에 도움을 청할 경우 중국에 완전히 예속될 것을 우려하면서, 러시아에 조력을 청하여 일본이 자신의 계략을 포기하도록 만들고, 정변 실패 후 해외로 도주한 조선인 관리 5명을 일본이 조선 측에 인도하도록 하는 데 러시아의 협조를 구할 필요가 있음을 인정했다고 말하였다. 그러면서 사절단은 조러 간에 체결된 조약을 가능한 한 조속한 시일 내에 비준하고, 그 후 육로 통상에 관한 추가조약 체결에 나서기를 희망한다는 의사를 표명하였다.

황제 폐하의 명령에 따르면, 육군 소장 코르프(Корф) 남작은 사절단에게 최근의 소요 사태에 관한 첫 번째 소식의 도착이 확인되는 대로 러시아 황제가 조선의 상황에 적극적으로 참여할 것이라고 답변하라는 지시를 받았다. 러시아 정부는 조선의 불행한 결과를 예방하기 위하여 사태의 정황을 직접 파악하고자, 군함과 일본 주재 러시아 공사관 소속 슈페이에르 서기관의 제물포 파견을 서둘렀다. 그의 보고를 기다리면서 우리의 공식 대표를 조속한 시일 내에 조선으로 파견하는 조치를 취할 것이다. 파견될 우리 대표에게는 체결된 조약의 비준을 교환하고, 육로 통상 문제를 해결하며, 조선 정부와 함께 외부의 가해로부터 조선을 적절하게 보호해 줄 수 있는 조건을 검토하는 임무가 부여될 것이다. 그리고 태평양의 해군 사령관에게는 조선의 해안을 감시하라는 지시가 내려질 것이다. 그와 동시에 연아무르주 총독이 지역 상황을 인지하고 있음을 고려하여, 외무성은 총독에게 심각한 대외적 분규에 처하지 않고서 조선에 대한 우리의 영향력을 보장할 방안을 통보해달라고 요청할 필요성을 인정하였다.

지난 2월 3일과 9일 자 비밀 전문에 언급된 육군 소장 코르프 남작 견해의 본질은 다음과 같다.

청일 간의 조선에 대한 지배권 투쟁에 진지한 관심을 가져야 한다. 만약 중국이 승리한다면, 만주는 항구를 확보하고 번성하면서 우수리 변강을 압박할 것이다. 만약 일본이 승리한다면, 일본은 특히 어떤 유럽 열강과 동맹하면서 무섭게 강력해지고, 막 생겨나고 있는 우리의 상선단을 소멸시키는 위험한 이웃이 될 것이다. 이를 고려할 때, 우리의 영향력 아래 조선의 독립을 공고화하는 것이 우리에게는 최선의 해결책이다.

시종무관장 코르프 남작의 견해에 따르면, 중국과의 전쟁은 지극히 많은 대가를 치러야 하며, 기간도 길다. 더욱이 우리는 극동 변강에 군대가 거의 없고, 현지의 조건상 군사력 증강도 불가능하지만 일본과의 무력 충돌은 위태롭지 않고 가능하지도 않을 것이다. 그러므로 유리한 정치적 상황, 즉 프랑스와의 전쟁으로 인해 중국이 극도로 곤란한 상황에 처해 있고, 영국과 프랑스가 곤경에 빠져 있음을 활용하여 조선에 대한 결정적인 조치를 취해야 한다.

그러나 코르프 남작은 이러한 조치의 성격을 결정하기에 앞서, 조선 정부에 파견될 우리 대표가 중국군 또는 일본군의 서울 주둔에 항의를 표명해야 하며, 만약 이러한 항의를 고려하지 않는다면 아무런 어려움 없이, 그리고 비용도 거의 안 들고 조선으로 파견할 수 있을 것으로 보이는 러시아 부대로 조선을 차지해야 한다고 보았다. 그와 동시에 우리 함대가 조선의 항만, 그중에서도 특히 라자레프항을 차지하도록 해야 한다고 보았다. 코르프 남작 자신도 이러한 조치가 극단적이고 바람직하지 않다고 인정했지만, 중국이나 일본이 조선을 점령하는 것보다 덜 위험하다고 보왔다. 우리가 서울에 있으면 적이 하나 줄어들고, 전진기지가 하나 더 생길 것이다.

우리의 능력이 극도로 취약하므로 전술한 구상을 실현하는 데는 일시적인 정치적 혼란에 의존할 수밖에 없지만, 그 타산이 전적으로 옳다고 판명되려면 분규가 계속되어야 하고, 조선에 대한 외부의 어떠한 적대적 기도도 우리의 지위가 보장될 때까지 정치적 경쟁자들의 행동의 자유가 재차 확보되지 못해야 함을 사전에 확인할 필요가 있었다. 생각건대 이를 확인하는 데는 오랜 시간이 필요하였다. 그러는 중에 상황이 빠르게 변하였다.

일본 정부는 분규에 휘말릴 수 있다는 우려로 잠시 동요한 후에 지난 소요 사태 당시 서울에 있던 일본 대표에게 가해진 모욕에 대한 배상을 의제로 조선 및 중국과 극히 온건한 대화에 나서기로 하였다. 이와 관련하여 서울에 파견된 일본 외무대신 이노우에 백작이 자기의 확신을 명백하게 증명하는 협정을 조선 정부와 체결하였다. 하지만 여기에서 이노우에 백작은 중국 전권과 서울에 주둔 중인 중국과 일본 주둔군의 상호 지위 문제에 합의하지 못하였다. 이에 뒤를 이어 일이 글관 이토가 베이징으로 파견되었다. 중국 주재 우리 공사가 전한 바에 따르면, 이토는 중국 황제 정부와 서울로부터 양국 주둔군의 동시 철병에 합의하였다.

다른 한편으로, 당시까지 청불전쟁이 자기의 이해관계에 해를 끼칠 수 없을 것이라고 생각한 영국 정부는 러시아-아프간 국경선 획정 문제에 직면한 난관으로 인해 상호 적대적인 양측을 중재하는 데 서둘렀고, 1884년 5월 11일 톈진에서 청불 양국 전권이 체결한 예비 협정을 토대로 화해할 것을 권유하였다. 영국 정부가 이 협상에 참여한 것은 중국에게 행동의 자유를 주고, 아프간 문제에 대한 교섭이 우리와 영국의 무력 충돌로 귀결되는 경우 아마도 중국을 우리에 대적시키려는 희망에 의한 것으로 추정되었다.

또한 영국은 직접적인 이익도 확보하였다. 왜냐면 청불 간 화해의 뒤를 이어 일본해에서 중국으로 가는 항로상에 위치한 좋은 항구인 해밀턴항에 영국 국기가 게양되었고, 이 지점에 후일 강력한 해군기지로 변할 수 있는 저탄소가 건설되었다. 일본 대신들이 도쿄 주재 우리 공사에게 전한 정보에 따르면, 비록 이 정보의 진실성을 아직 확인할 수 없었지만 해밀턴항 점령은 중국 정부의 동의하에 이루어졌다. 4등관 다비도프(Давыдов)는 영국인들이 조선 정부의 동의를 얻어야 한다고 생각하지 않았으며, 이에 따라 조선 정부가 현장 상황을 파악하도록 관료를 파견했다고 전하였다.

이것이 조선과의 지속적인 관계를 시작하는 데 있어 우리가 직면해 있는 상황이다. 이러한 상황은 철저한 형안과 극도의 용의주도함을 요구한다. 왜냐하면 우리의 노력이 추구하는 궁극적인 목적이 조선에서 타 열강이 누리는 것과 동등한 지위를 확보하는 데 있지 않고, 우리의 압도적인 영향력을 공고화하는 데 있기 때문이다. 이러한 결과의 달성은 우리 태평양 변강 지역의 발전에 반드시 유익한 영향을 미치게 될 것인 반면, 조선이 어떤 다른 열강의 영향을 받게 된다면 조선은 극동에서 우리에게 위험하지는 않을지라도 어떤 경우이건 정치적 혼란기에 신경을 써야만 하는 이웃이 될 수 있다.

의심의 여지 없이 우리의 영향력 공고화를 허용하지 않는 쪽으로 벌어지게 될 책동들에 성공적으로 대응하기 위해서는 무엇보다도 조선 정부의 완전한 신뢰를 획득하기 위해 노력하고, 조선 정부의 모든 이해관계와 구상을 우리에게 알리도록 해야 하는 것이 지당하다. 이를 고려하여 귀하는 부임 초부터 조선 국왕과 대신들에게 황제 폐하 정부가 조선의 운명에 가장 적극적으로 개입할 것이고, 만약 조선의 독립과 통일성을 위협하는 상황이 도래한다면 항상 정신적·물질적으로 실질적인 협력을 제공할 준비가 되어 있을 것이라는 점을 확신시켜야 한다. 만약 협력이 어떤 형태로 구현될 것인지 귀하에게 문의한다면, 귀하는 협력의 형태가 전적으로 상황에 달려있게 될 것이라서 그것을 예견하기가 매우 어려우며, 협력의 형태를 더욱 확정적으로 말하기에 앞서 지금까지는 불완전한 정보만을 가지고 있는 황제 폐하 정부가 조선 자체의 방안을 더욱 가까이서 접해야 할 것이라고 답변해야 한다.

조선과 열강 간에 필연적으로 성립될 관계를 조선 정부에 설명해 주는 것이 우리에 대한 조선 정부의 신뢰를 공고화하는 매우 실질적인 방안이 될 수 있을 것으로 본다. 중국이 지금까지 조선의 자주적 존립을 침탈하지 않았는데, 이는 중국 정부의 온건성 때문이 아니라 현재 청조의 고향인 중국 만주 지방이 조선과 국경을 접한 상황에 기인한 것이다. 중국에 대한 자기의 권력을 공고화한 청조의 통치자들은 만주족을 위해 만주를 보존하고, 흥망성쇠에 대비하여 언제나 믿음직한 발판을 만주에 가지기 위해 만주를 모든 외부의 영향으로부터 보호하기로 결정했으며, 이에 따라 만주족보다 더 능력 있고 발전한, 만주에서 지배적인 구성 인자가 될 수밖에 없는 중국 주민들의 유입을 열을 다해 막으며 만주를 보호하였다.

그러나 이러한 형태로 추진된 방안들은 상황의 힘에 저항할 수 없었다. 중국에 과도하게 남아돌던 주민들이 광활하게 비어있는 공간과 아직 손이 닿지 않은 자연 자원을 보유한 만주로 걷잡을 수 없이 유입되었으며, 중국인들의 이주에 대응할 수 없음을 확인한 중국 정부는 마침내 이를 법제화하기로 하고 관청을 설치하여 이주민들을 관리하였다. 그 결과 만주에 중국계 주민 수가 급증하였다. 인구의 급격한 증가와 복리가 증진됨에 따라 정착지를 확장하고, 만주가 보유하지 못한 태평양의 항구를 확보하라는 요구가 나오는 시점이 도래하리라고 예견할 수밖에 없다. 그 경우 중국인들의 첫 번째 노획물이 조선이 되리라는 것은 불문가지다.

조선에서 멀리 있는 열강 중 어느 나라도 중국인들의 쇄도에 조금이라도 대응할 수 있는 상황이 아니며, 직접적인 이웃인 러시아 하나만이 자기의 이익을 수호하기 위해 조선을 보호 아래 둘 수 있는 능력과 필요성을 가지고 있다.

이러한 상황에서 묄렌도르프의 말에 의하면, 조선 국왕이 생각하는 제 열강의 집단적 보장은 가장 위협적인 위험으로부터 그의 나라를 보호하는 데 무의미하며, 그러므로 아시아의 벨기에 지위는 조선에 적용될 수 없고, 조선의 안전을 위한 유일한 담보는 조선의 방어 수단 발전에 자기가 할 수 있는 모든 협조를 제공할 준비가 되어 있는 러시아와의 긴밀한 관계 수립이라는 조선 정부의 관심을 외면할 수 없다고 했다. 조선군 교육을 위해 러시아 장교와 하사관을 파견하는 것이 그것을 위한 방안 중 하나가 될 것이며, 묄렌도르프가 도쿄 주재 우리 공사에게 전달한 비망록을 통해 언급한 청일 간에 체결된 양국군의 서울 동시 철병에 대한 협약이 특히 도움이 된다. 조선 정부는 군사력을 발전시키는 데 있어 중국 정부가 독일 장교들의 도움을 받아 군대를 근본적으로 개편하는 지극히 실질적인 조치를 취했다. 베이징 주재 우리 무관의 견해에 따르면, 독일 장교들에 의해 이 분야에서 이미 지극히 의미심장한 결과가 도출되었다는 사실에 마땅히 더많은 관심을 가져야 한다고 한다. 가능하면 이 사안과 관련하여 귀하는 시간을 허비하지 말고 세심함을 발휘하면서 조선 정부와 논의하기 바란다.

묄렌도르프가 러시아의 공식 인사들과 논의했던 더욱미묘한 문제들, 즉 조선에 대한 러시아의 보호 관계 설정 및 조선 내 항구 한 곳의 러시아 양도와 관련해서는 그것들을 발전시키기 위해서는 특히 유리한 상황이 요구되며, 평화가 유지되는 조건에서만 가능하다는 사실을 간과해서는 안 된다. 그렇지 않다면 태평양 변강 방어에 배치한 수단이 충분하지 않은 상태에서 우리에게 과도한 긴장이 요구될 수 있을 것이다.

묄렌도르프와 그가 대변하는 조선 국왕 스스로가 처음에 귀하를 통해 상기 두 가지 문제에 대한 황제 폐하 정부의 의향을 알고자 할 것으로 예상할 충분한 근거가 있다. 귀하와 국왕 또는 그의 대신들과의 담화에서 이에 대한 추상적인 논의에서 벗어나지 않으면서, 그리고 상기 구상들에 황제 폐하 정부가 전적인 관심을 표명하고 있다는 사실을 그들에게 숨기지 않으면서, 귀하는 무엇보다도 그들 스스로가 이 구상에 어떤 수준에서 공감하는지 밝히는 데 노력해야 하며, 귀하가 그들의 진정성을 완벽하게 확인한 경우에만 묄렌도르프가 우리에게 한 제안이 실현될 수 있는 조건들에 대한 세밀한 검토와 연구의 착수가 귀하에게 허용된다.

이에 있어 슈페이에르에게 발각된 이 외국인의 부주의함을 염두에 두면서, 귀하는 귀하의 대화들이 비밀이 유지될 수 있도록 모든 필요한 주의를 기울여야 한다. 이의 누설은 외국 열강, 특히 중국과 일본에 때 이른 의심을 불러일으키면서 대화의 결과뿐 아니라 조선에서 우리의 전반적 지위까지 지극히 부정적으로 반영될 수 있다. 대화는 조선을 어떠한 외부적 분규로부터도 믿음직하게 보장하기 위해 우리에게 요구되는 희생이 얼마나 큰지, 그리고 그 희생이 우리의 우월적 지위와 항구의 확보로 얻는 이익으로 충분히 보상될 수 있는 것인지 밝혀내는 목적을 가져야 한다.

이 사안들과 그에 따른 모든 세부 사항을 밝혀내기 위해 귀하는 당연히 연아무르주 총독과 태평양함대장에게 협조와 지시를 의뢰해야 한다. 그것들은 이 사안에 따른 지시서로 제공될 것이며, 그에 따라 귀하는 귀하가 수집한 모든 정보와 귀하의 판단을 비밀리에 보고해야 한다. 우리에게 항구를 제공하는 문제를 해결하려면 사전에 조선 해안을 면밀하게 조사하고 기록하는 작업이 요구된다. 이에 있어 영국의 해밀턴항 점령 당시 상황에 대한 정확한 설명이 일차적인 의미를 갖는다. 각고의 노력으로 이 점령이 조선 정부의 동의하에 이루어졌는지, 그 경우 어떤 조건으로 이루어졌는지, 그리고 조선 정부가 향후 자신의 행동 자유를 속박하는 무엇인가 특별한 의무로 스스로를 구속하지 않았는지 조사해야 한다. 만약 조선 정부가 관여하지 않았다는 확신이 든다면, 귀하는 조선이 영국에 어떠한 양보도 하지 않도록 해야 하며, 해밀턴항을 모든 열강의 깃발이 허용되는 개방 항구로 선포하도록 열과 성을 다해 조선 정부를 추동해야 한다. 그렇게 되면 해밀턴항은 영국의 배타적 항구로서의 성격을 상실하게 될 것이다. 일본 정부가 런던으로부터 입수한 정보를 통해 명백하게 확인된 바와 같이, 영국은 영국 제독이 이 항구에 대한 타 열강의 점령을 예방할 목적으로 그곳을 점령했고, 이 항구에 저탄소를 건설하는 것 이상의 의도가 없다고 말하고 있다. 이를 통해 볼 때, 점령은 우리와 영국 사이에 발생한 난국과 일정하게 연결되어 있으며, 그 난국이 해소될 경우 영국 정부 역시 국제법적으로 합의된 관점에서 해결하는 것을 반대하지 않을 것이다. 어떠한 경우에도 황제 정부는 이 사안과 관련하여 자신이 할 수 있는 것을 제시할 것이다.

귀하는 조선의 현지 사정을 가까이에서 확인할 수 있는 만큼 조선 정부 및 조선 국왕과의 개인적 관계를 형성하기 위한 최선의 방법을 알게 될 것이다. 지금까지 우리 대표들은 오직 묄렌도르프하고만 관계하였다. 이 외국인은 우리의 이익을 위해 봉사할 준비가 완벽히 갖춰졌음이 판명되었고, 귀하가 직접 확인한 바와 같이, 조약 체결 당시 우리에게 실로 유익하였으며, 특히 황제 폐하가 그에게 수여한 훈장을 고려하면 이후에도 확실히 우리에게 협력할 것임을 부정할 수 없다.

하지만 슈페이에르가 확인한 바와 같이 묄렌도르프는 부주의, 무절제, 금전욕 등과 같은 심대한 단점을 지니고 있다. 따라서 그를 멀리하지 않으면서 조선의 대신 및 국왕과 공고한 관계를 맺고, 국왕이 어떠한 배타적인 영향력하에 놓이는 것을 방지하기 위해 러시아 대표와 습관적으로 직접 의논할 수 있도록 만들기 바란다.

지금까지 정리되지 않은 상태로 남아 있는 조러 간 육상 국경 교류는 지체 없는 정비가 요구된다. 이 문제의 해결과 관련하여 외무성에 보관 중이거나 전임 동시베리아 총독이 제공한 정보들이 불충분할 뿐 아니라 자세하지도 않은 것으로 판명되었기 때문에, 금년 2월 외무성은 연아무르주 총독에게 자기의 견해를 보내라고 요청하였다. 시종무관장 코르프 남작이 보낸 정보를 통해 다음을 확인할 수 있다.

우리에게 없어서는 안 될 가축과 식량을 조선이 비축하고 있기에 우리와 조선의 육로 교역이 중요하다. 우리 태평양 변강의 미약한 산업으로 인해 우리 상품의 조선 수출은 많지 않을 수밖에 없다. 모든 육로 통상은 조선의 국경 지역 주민들이나 우리 영토에 거주하는 조선인들의 손에 배타적으로 장악되어 있다.

이러한 정보를 토대로 육군 소장 코르프 남작은 육로통상조약 체결 시 다음의 원칙에 입각하는 것이 유익하다고 보았다.

만주에 지극히 필요한 조선을 통한 통과무역이 성사되지 못하도록 무슨 수를 써서라도 저지해야 한다. 통과무역은 반드시 훈춘에서 우리 영토를 통해 엑스페디찌야(Экспедиция)만으로 가도록 해야 하는데, 이는 우리 상품을 만주에 판매하는 경로로 이용할 수 있는 송화강을 우리에게 개방하도록 중국에 강요할 수 있는 기회를 제공하게 되고, 조선에서 우리의 매력을 공고화하기 위해 가능한 한 조선 내부 깊숙이 우리가 침투할 수 있도록 하고, 두만강에서의 자유항행을 금지하게 하고, 우리 국경으로부터 최소한 100베르스타에 걸쳐 중국과 일본 상품의 운송, 그들 군대의 주둔 및 관헌의 주재를 불허하게 하고, 우리가 중국과 체결한 조약에 의해 확정된 예에 따라 실제로 이미 존재하는 국경으로부터 양측으로 50베르스타의 범위에서 자유로운 교역을 하도록 하고, 상품 통행 시 더 낮은 관세율을 주장하게 하고, 주정, 아편, 무기, 탄약의 교역을 금하게 할 것이다.

상기 구상에 대한 논의를 통해 외무성은 다음과 같은 결론을 내렸다.

조선에서 배타적인 지위를 보장받는 것이 우리의 주요 목표임을 염두에 두고 실제로 향유할 수 있는 이익과 특권을 받아내야 한다. 하지만 우리에게 실질적인 의미가 없으면서도 타 열강들에게 최혜국 원칙에 따라 동등한 또는 동일한 의미의 특권을 강요하는 구실을 줄 수 있는 양보를 조선 정부에 요구하는 것은 우리의 고유한 이익에 부합하지 않는다. 아마도 조선은 자기의 허약성으로 인해 그러한 요구를 거절하는 것이 곤란할 것이며, 다른 나라에 그러한 특권을 제공하는 것은 조선에서 외국의 영향력과 외국의 이익을 공고히 할 뿐이다.

외무성이 생각하는 바와 같이, 조러 육상 국경에서 자유 교역 허용이 타 열강에게 일련의 요구를 하게 하는 빌미로 작용해서는 안 된다. 왜냐면 외무성이 알고 있는 대로 조선과 접경하는 유일한 나라인 중국이 자유 교역의 권한을 보유하고 있고, 상품의 육로 운송이 해로 운송에 비해 큰 불편과 비용을 수반하기 때문이다. 귀하와의 논의에서 조선 대신들이 우리 국경에서 자유 교역이나 관세율 인하 문제에 대해 긍정적인 답변을 회피하고, 귀하의 제안에 동의하는 것이 자기들에게 불이익이라고 생각할지라도, 우리의 교역이 중국에 허용된 것보다 덜 이익이 되는 조건에 놓이는 것을 최혜국 원칙은 허용하지 않으며, 우리도 동의할 수 없다. 만약 그런 상황이 된다면 모든 교역이 중국인들에게 집중되면서 우리의 이익이 침해당하게 될 것이다. 조중 번속 관계가 이러한 불평등을 정당화할 수 없다. 왜냐면 중국 황제와 조선 국왕의 선언들을 통해 번속 관계가 무역 정책 문제에서 결코 조선의 자주성을 구속하지 않으며, 조선 국왕이 이러한 관계를 끝장낼 유리한 상황만 기다리고 있기 때문이다.

귀하는 이 모든 점을 고려하여 국경에서 50베르스타 지역 또는 남우수리 변강과 접경한 조선의 함경도에서 우리 신민들에게 무관세 교역을 허용해 줄 것을 조선 정부에 요구해야 한다. 이에 조선 정부가 우리의 요구에 더 쉽게 응하게 하기 위해 귀하는 우리(양국)의 교역이 제한적인 상태에서 그것에 관세를 부과하는 것이 조선 정부에 극히 적은 이익만을 가져다 주지만, 조선에 대한 중국 영향력의 공고화를 초래하게 될 것이라는 점을 주지시킬 수 있다. 중국이 교역에서 세율의 효력에 귀속되는 경우에만 우리도 이와 관련하여 일정하게 양보하는 데 동의할 수 있다.

이외에 귀하는 러시아 신민들에게 조선의 국경 도시 중 한 곳에서 교역을 목적으로 한 상주권과 예를 들어 함경도 영역과 같이 가능한 한 광활한 지역의 자유 통행권을 제공하는 데 동의하도록 조선 정부에 요청해야 한다. 만약 가능하다면 러시아인이 상기 지역에서 현지 주민과 합작회사 형태, 예를 들어 광산업 등과 같은 생업에 종사하는 것을 조선 정부가 허용하도록 해야 한다.

연아무르주 총독의 견해와 같이 주정, 아편, 무기, 탄약의 교역은 무조건 금지되어야 한다.

중국과 일본 상품이 우리 영토를 통해서만 이동할 수 있도록 조선을 거친 통과무역이 개설되어서는 안 된다는 육군 소장 코르프 남작의 희망과 관련하여, 외무성은 이 목표의 달성이 전적으로 요구됨을 인정하면서 귀하에게 현지에서 연아무르주 총독의 구상을 실현하는 방안을 논의하는 권리를 부여한다. 여하한 경우에도 이 사안은 조약의 비밀 조항 대상이 될 것이다.

외무성의 견해에 따르면, 두만강 항행의 현재 상황과 관련하여 귀하가 수집에 성공한 정보에 따라 두만강 항행 금지 문제도 동일하게 제기되어야 할 것이다. 외무성의 견해에 따르면, 이 사안에 대한 조선 정부와의 협약을 통해 외국 선박과 (중국이 우리에게 송화강을 개방하지 않고 있음을 고려하여) 중국 선박의 두만강 통행 가능성이 배제되어야 한다.

조선과의 무역 관계가 발전함에 따라 새로운 요구가 제기될 수 있으므로, 첫 번째 육로통상조약은 양국 정부 간에 새로운 협약이 있기 전에는 이 규정이 효력을 유지하도록 하면서 예를 들어 5년 정도의 한정된 기간으로 체결하기 바란다.

상기 사안 외에 육로통상조약에서는 다음과 같은 사안들이 해결되어야 한다.

1. (조러수호통상)조약 체결 이전에 우리 영역으로 이주한 조선인 모두에게 1884년 7월 25일 자 조약에 따라 러시아 신민에게 보장된 모든 권리를 부여하면서 러시아 신민으로 인정한다. 연아무르주 총독은 조선인들의 향후 계속된 이주가 의심의 여지 없이 남우수리 변

강에 유해하다고 인정한다.
2. 만약 우리(러시아)가 연아무르주에 조선 영사관 설립을 허용할 수 없음으로 인해 조선 북부에 우리(러시아) 영사관 설립 요청이 곤란하다면, 조선 북부에 거주하는 러시아 신민들의 보호, 러시아 신민 간 또는 러시아 신민과 원주민 간에 발생하는 분쟁 심의 및 지방정권과의 협상을 위해 남우수리 변강 국경위원이 조선 북부를 방문할 수 있는 권리를 확보해야 한다.
3. 연아무르주 총독이 서울 주재 우리 대표에게 파견하는 관헌들을 위한 조선 서울까지의 육로 통행권.
4. 조선으로 가는 러시아 신민과 러시아로 넘어오는 조선 신민의 여권 소지 의무. 이에 있어 조선 정부에 러시아 신민이 여권을 신고할 때 1루블 이하의 수수료를 징수하는 권리를 부여할 수 있다. 단, 러시아가 조선 신민의 여권에 대해 해당 수수료를 부과하기 이전에는 조선 정부가 (이를) 징수할 수 없다.

이 모든 사안이 해결되면 조약 체결을 지체해서는 안 된다.

상기 사안 이외에 처음에는 편지와 신문을 배달하는 용도의 가장 단순한 형태일지라도 서울과 연아무르주 사이에 역마 우편 연락을 개설하고, 블라디보스토크에서 서울까지 전신선을 가설하는 데 대해 조선 정부의 동의를 얻기 바란다. 전신선 가설 시 러시아 정부 측에서 조선 정부에 도움을 제공할 수 있는데, 이에 대해서는 시기적절하게 귀하에게 통지하게 될 것이다.

묄렌도르프는 무관 슈네우르 대령과 논의하는 자리에서, 유럽 열강이 이교도 국가에 절대로 응당한 가치를 부여하지 않는다는 사실을 이해하는 조선 국왕이 기독교 중 한 교단을 조선의 지배적 종교로 공표하는 것을 고려 중이라고 하였다. 묄렌도르프는 중국과의 번속 관계에서 조선이 해방되기 이전에는 이러한 방안의 실현이 불가능하다고 평가하였으므로, (귀하는) 이 문제를 서둘러 언급하지 말고, 당분간은 조선에 거주하는 정교도인 러시아 신민들을 위한 자유로운 미사 수행의 권리를 이야기하기 바란다. 시간이 지나면 이러한 상황은 조선 주민들 사이에 정교를 확산하는 방편이 될 수 있을 것이다. 우리 영토로 이주하는 조선인들이 자진해서 정교를 받아들이고 있는데, 이는 조선에서 (정교)보급이 성공할 수 있다는 유력한 증거가 될 것이다.

[서명]

АВПРИ, ф.Японский стол, оп.493. год 1884 - 97, д.214, лл.27 - 52об.

[부록 2] 1888년 8월 8일 서울에서 체결된 조러육로통상장정

러시아와 조선의 우호 증진과 양국이 접한 국경에서 통상 발전을 위해 대러시아 대리공사 5등관 카를 베베르와 조선 정2품 자헌대부, 교섭통상사무아문 독판 조병식과 국왕의 중추원 부대표 겸 외교 고문 오웬 N. 데니 등은 상호 합의하여 아래와 같은 장정을 체결하였다.

제1조

① 러시아인의 통상을 위해 개방된 제물포, 원산, 부산의 항구와 도시인 서울(한양)과 양화진(혹은 그 인근의 다른 장소) 외에 경흥에서도 통상이 이루어질 수 있다.
  주석: 서울의 대외 통상이 폐쇄될 경우, 동 지점에서 러시아 신민들이 통상할 권리도 동시에 폐지될 것이다.
② 러시아 정부는 경흥에 영사관 또는 부영사관을 설치할 권리를 가진다.
  해당 영사 등 관리는 조선 국왕 또는 조선 정부가 그 직위를 인정한 후에야 자신의 직무를 수행할 수 있다.
  상기 영사 관리가 직무를 수행하기 전에는 남우수리 변강 국경위원 또는 그 대리자로서 적절한 다른 관리가 조선 정부의 승인을 얻어 그 역할을 잠정적으로 수행할 수 있다.
③ 경흥의 러시아 영사 등 관리는 지방 관리와 만나거나 문서를 주고받을 때 통상을 위해 개방된 다른 지역들의 영사들에게 부여된 권리와 특권을 예외 없이 향유한다.
④ 외교관과 영사, 그리고 국경 당국자는 조선의 모든 지역을 자유롭

고 장애 없이 여행할 수 있다. 지방 당국은 그들에게 모든 협조를 제공하고, 증명서를 발급해 주며, 필요한 경우 그들을 보호하는 호위대를 제공한다.

위 러시아 관리들은 우편물 수·발신을 위해 조선의 기존 정부 우편 기관을 이용할 수 있다. 각별히 중요한 경우 상기 자들이 보내는 서류는 러시아 또는 다른 나라 급사를 통해 발송될 수 있는데, 이 급사에게는 특별 증명서를 발급하며, 도중에 지체되지 않도록 한다.

제2조

① 경흥의 러시아 신민에게 토지 또는 주택을 임대하거나 구매하고, 주택이나 영업소, 작업장을 건조할 수 있도록 허용한다. 또한 그들에게 자유롭게 예배할 권리를 부여한다. 러시아 주민을 위한 부지 선정, 경계선 획정 및 배치, 토지 판매 및 연간 토지 세액과 관련한 모든 처리는 조선 측이 관할 러시아 당국과 함께 행하여야 한다. 향후 지방자치 기구를 설치할 수 있다. 이 모든 면에서 그리고 공동묘지 부지 배정에서도 교역을 위한 다른 개방 장소들의 외국인 부지에 적용되는 법규에 의거한다. 그 외에 관할 조선 당국은 경흥에서 조선리로 5리 이내의 경흥 인근에 러시아 신민이 소유한 운수용 및 식용 가축용 목초지가 조선리로 1리 이내인 공지를 배정한다. 지방 당국은 해당 지역 선정, 목초지 사용 관련 규칙 감시에 대하여 추후 관할 러시아 당국과 조정한다. 거래용 가축의 경우 반입 및 반출 시에 세금이 징수되지만, 러시아 신민이 사적으로 또는 상품 운송을 위해 사용하는 운수용 가축은 세금이 징수되지 않는다.

러시아 신민은 자기 주거지에서 조선리로 10리 이내에서 토지 매입과 임대, 건물 임차 또는 매입이 허용되지만, 그 경우 토지세 징수는 조선 정부의 판정에 따라 결정된다.

② 러시아 신민은 경흥에서 조선리로 100리 내에서 또는 추후 양국의 관할 당국 간의 상호 합의에 의해 설정된 한도 내에서 증명서를 소지하지 않고 원하는 대로 여행할 수 있다. 증명서를 발급받은 러시아 신민은 유람이나 상업적 목적으로 조선 전역을 여행하고, 지역 상품을 구매하고, 조선 정부가 승인하지 않은 서적과 출판물을 제외한 모든 종류의 상품을 반입 및 판매하는 권리를 가진다. 상기 증명서는 러시아 당국이 교부하고, 조선의 지방 당국의 인장이나 수표를 받아야 하며, 여행자가 통행하는 지역에서 요구가 있으면 제시해야 한다. 증명서에 문제가 없는 경우 지방 당국은 당사자를 지체 없이 통과시켜야 하며, 그 후 당사자는 여행을 계속하고 필요한 운송 수단을 구하는 권리를 가진다.

러시아 신민이 해당할 경우, 그를 체포하여 처벌을 위해 가장 근접한 러시아 당국에 인계해야 한다. 증명서를 소지하지 않고 설정된 경계를 넘은 자는 1개월 이내의 금고형과 함께 또는 금고형 없이 멕시코 달러로 100달러의 벌금이 부과된다.

③ 조선 신민도 상업적 목적이나 유람을 위해 러시아에 자유롭게 입국하여 러시아로 반입이 금지되지 않은 모든 종류의 상품을 운송 및 판매하고, 지역 생산물도 동일하게 구입할 수 있다. 이 경우 그들은 자국 세관에 신분을 증명하는 증명서를 발급받아야 하며, 러시아 경계로 들어오면 증명을 위해 러시아 관청에 제시하고, 이동 중에는 지방 당국에 제시해야 한다. 증명서에 문제가 없으면 지방 당국은 지체 없이 당사자를 통과시켜야 한다. 그들은 여행이나 상

품 운송을 위해 자기 재량으로 인력, 짐마차, 선박 및 기타 운송 수단을 임차할 수 있다.

④ 조선 신민이 증명서를 소지하지 않은 채 월경하고자 할 경우 러시아 당국은 사안을 심리한 후 더 이상의 여행을 불허하며, 당사자를 억류한 후 국경을 통해 귀환시킨다. 증명서를 소지하지 않고 월경을 시도하는 러시아 신민에 대하여 조선 당국도 동일하게 처리한다.

⑤ 조선 내 러시아 신민과 러시아 내 조선 신민은 자기의 희망에 따라 본국으로 귀환할 권리를 가지며, 관할 당국은 장애가 없는 한 증명서를 발급해야 한다.

제3조

① 경흥에서 러시아 신민은 현행 장정으로 금지하지 않은 모든 상품을 거래하는 완전한 자유를 누리며, 조선 당국의 구속을 전혀 받지 않은 채 러시아, 조선 또는 외국의 생산물을 경흥으로 반입 또는 반출하고, 현금이나 물물교환을 통해 동 상품을 매매할 수 있다. 또한 러시아 신민은 그곳에서 아무런 장애 없이 모든 생업에 종사할 수 있다.

② 러시아 신민은 상품이 국경 세관에 도착하면 이를 세관 당국에 신고하고 보증서를 제출해야 한다. 보증서에는 보증서 제출자의 성명, 표식 또는 기호가 수록된 상품 교역장 수, 상품 수량, 종류 및 가격이 기록되어 있어야 한다.

③ 이렇게 신고된 모든 상품은 특별히 지정된 장소에서 세관 관리가 검사할 수 있다. 고의적인 지연이나 상품의 훼손 없이 시행되어야 하는 검사가 종료되면, 세관 당국은 이를 재포장하여 가능한 한 세관에서 개봉하기 전의 상태로 복구한다.

④ 상품이 세관에 도착한 후 5일 이내에 세율에 따라 세금이 납부되면 세관은 상품의 국내 반·출입을 허가하는 허가증을 교부한다.

⑤ 러시아 신민이 조선에 반입하여 이미 관세를 납부한 모든 상품은 (조선) 국내로 세금 없이 반입할 수 있으며, 이 경우 어떠한 추가적인 세금이나 간접세, 또는 통행세도 납부하지 않는다. 이와 마찬가지로 수출용 상품의 경우에도 생산지에서나 운송 시에 수출세 이외에 어떠한 세금, 간접세 또는 통행세를 부과해서는 안 된다.

⑥ 판매용으로 경흥에 반입되어 관세를 납부한 러시아 또는 외국 상품의 소유자나 수령자는 반입일로부터 13개월 내에 재반출할 경우 납부한 세금을 상환받을 권리를 증명하는 증서를 교부받을 권리를 가지지만, 이는 최초의 상품 포장이 온전한 상태일 경우에 한한다. 조선 세관은 요구가 있을 시 상기 증서에 따라 변제하거나, 또는 상인이 희망할 경우 무역을 위해 개방된 조선의 모든 장소에서 관세 대납용으로 접수해야 한다.

⑦ 무역을 위해 개방된 장소 중 한 곳이나 국내에서 육로를 통해 러시아 경내로 반출하기 위해 구입하여 관세를 납부한 조선 상품을 조선에서 재판매하거나, 반출하지 않거나, 또는 운송 중에 분실한 경우, 의심의 여지 없는 증서를 제시하면 관할 세관은 관세를 반환해야 한다.

제4조

① 조선 당국은 밀수품에 대해 필요하다고 인정되는 조치를 취할 권리를 가진다.

② 러시아 신민이 최근접 경로로 세관을 거치지 않고 세관을 피해 우회로로 상품을 밀수로 반입했거나 반입을 시도하는 경우 상품 가

액의 2배에 해당하는 벌금이 부과된다. 조선 당국은 해당 상품을 몰수하고, 밀수 혹은 밀수 기도에 개입한 모든 러시아 신민을 체포할 수 있다. 조선 당국은 이렇게 체포된 자들을 재판을 위해 즉각 가장 가까운 러시아 당국에 인도해야 하며, 상품은 최종 선고일까지 압류할 수 있다.
③ 러시아 신민은 조선 신민에게 속한 상품을 자기 것이라고 하면서 무역을 위해 개방된 지역에 반입할 권리를 가지지 않는다. 이 법규를 어긴 자는 본 장정의 밀수 규정에 따라 처벌된다.
④ 러시아 또는 외국 상품을 러시아 영내로 반출하겠다는 핑계로 해당 상품에 대해 납부한 관세를 반환해 달라고 요구한 러시아 상인이 본 장정 제3조에 따라 해당 관세 증명서를 발급받은 뒤 동 상품 또는 상품의 일부를 조선에서 은밀하게 판매하는 경우, 밀수로 규정되어 그 해당인에게 판매한 상품의 양에 상응하는 벌금이 부과된다.
⑤ 상인에게는 조선 당국과의 합의로 수행된 평가에 따라 규정된 상품 가액에 상응하는 액수를 지불하여 몰수된 상품을 반환받을 권리가 제공된다.

제5조
① 다음 품목은 육로를 통한 조선으로의 무관세 반·출입이 허용된다. 행장. 닭, 오리, 거위 같은 각종 동물. 농기구. 정제한 금과 은(사금은 이 장정에 포함되지 않음). 각종 금화와 은화. 화학, 수학, 기상학, 외과의 및 그 부속물 같은 과학 장비. 서적, 도감, 지도. 인쇄 활자. 각종 주형. 적은 수의 견본. 채소. 과일. 각종 식물과 나무, 관목. 어류. 소방 호스. 자루, 멍석, 끈 같은 포장재료.

② 다음 품목은 반입이 금지되며, 이 규정을 어길 시 몰수에 처해진다. 아편. 위조한 유화(油化)제품과 약품. 중포, 야포, 포탄, 작렬탄, 각종 총기, 화약통, 탄약통, 도검, 창, 작살 같은 무기와 포탄류. 초석, 일반 화약과 목화씨 화약, 다이너마이트 등의 폭발물.

상기 품목 외에 곡물 주정의 러시아 반입과 조선에서의 홍삼 반출을 금지한다.

주석: 조선을 여행하는 러시아 신민은 호신을 위해 각기 1정의 엽총이나 권총을 소지할 수 있는데, 소지한 증명서에 이를 기재해야 한다.

③ 관세 부과 대상이 아니거나 운송이 금지된 상기 품목을 제외하고, 육로를 통해 조선에 반입되거나 조선에서 반출되는 여타 모든 상품에는 해당 상품 가격의 5%를 관세로 징수한다. 러시아 상인이 해로를 통해 개항장으로 운송하는 상품은 해상무역 관세율에 따라 관세를 지불하며, 육로로 반출입하는 상품에 부과하는 관세 징수에 관한 본 규칙을 여기에 적용할 수 없다.

④ 세율에 따른 관세를 징수하고자 육로 반입 상품의 가격을 결정하는 경우 블라디보스토크의 해당 상품 시장 가격 및 운송비, 보험료 등을 채택한다. 조선에서 반출하는 토산품 가격은 조선의 해당 상품 시장 가격에 의해 결정된다. 소유주가 관세 부과 대상 상품 가격이 잘못 산정되었다고 주장하는 경우 이견 해소를 위해 외국 해상무역 일반 규칙을 따른다. 경흥으로 운송하는 도중에 훼손된 모든 상품은 그 훼손의 정도에 따른 관세의 인하를 허용한다.

⑤ 관세는 은화 또는 희망할 경우, 시가에 따라 조선 동전으로 납부해야 한다.

⑥ 백분율 관세(процентная пошлина)는 양국 관할 당국의 합의에 따라 그리고 바람직하다고 인정되는 경우 향후 고정 관세로 변경할 수 있다.
⑦ 러시아 상인이 경흥 세관에 제출하는 모든 증서와 서류, 신고서는 러시아어로만 작성하거나 조선어 역본을 첨부할 수 있다.

제6조

① 조선 내 러시아 신민과 그 재산에 대한 사법권은 러시아 영사대리 또는 그에 상당한 전권을 가진 다른 관리에게 귀속시켜 관리하며, 해당인은 러시아 신민 간 또는 외국인이 러시아인에게 제기한 모든 송사를 조선 당국의 어떠한 개입도 받지 않고 심리, 해결한다.
② 조선 내 러시아 신민에 대한 조선 당국과 조선 신민의 고소와 고발 일체는 러시아 법정이 러시아 법률에 따라 심리하고 해결한다.
③ 조선 내 조선 신민에 대한 러시아 당국과 러시아 신민의 고소와 고발 일체는 조선 당국이 조선 법률에 따라 심리하고 해결한다.
④ 조선에서 과실 또는 범죄를 저지른 러시아 신민은 러시아 당국이 러시아 법률에 따라 재판하고 처벌한다.
⑤ 조선에서 러시아 신민을 상대로 과실 또는 범죄를 저지른 조선 신민은 조선 당국이 조선 법률에 따라 재판하고 처벌한다.
⑥ 이전에 체결한 조약 혹은 현행 장정, 또는 향후 양국 정부 간 합의로 이루어질 규약의 위반으로 러시아 신민에 대해 제기되는 벌금형 또는 몰수형의 모든 제소는 러시아 영사가 검토하고 결정해야 하며, 그가 부과한 벌금 또는 그가 몰수한 재산은 조선 정부의 수입이 된다.

⑦ 조선 당국이 경흥에서 압류한 러시아 상품은 봉인하거나 러시아 영사관원에게 통지해야 하며, 이후 러시아 당국의 결정이 날 때까지 영사관원이 보관한다. 그 결정이 상품 소유주에게 유리한 경우 상품은 즉시 영사의 처분에 맡겨져야 한다. 하지만 상품 소유주가 상품 가격을 조선 당국에 납부하는 경우 소유주는 결정이 나기 전일지라도 상품을 수령할 권리를 가진다.
⑧ 조선 내 러시아인 또는 조선인의 재판에서 심의하는 민형사상의 모든 문제에서 원고 측 당국은 재판에 배석할 관리를 임명할 수 있다. 이를 위해 파견된 관리는 그 지위에 맞는 대우를 받으며, 원한다면 증인을 소환·심문을 할 수 있고, 대질심문을 할 수 있으며, 소송 절차 또는 법원의 결정에 이의를 제기할 수 있다.
⑨ 자국법을 위반한 혐의가 있는 조선 신민이 러시아 신민의 가옥이나 창고, 또는 러시아 상선에 은신하는 경우 러시아 영사는 지방 당국으로부터 이러한 보고를 받으면 그를 체포하여 재판을 위해 지역 당국에 인도하는 조처를 한다. 하지만 영사관의 허가 없이는 여하한 조선 관리도 러시아인의 허가 없이 그 가옥에 들어가거나, 선장이나 그 지위를 대신하는 사람의 동의 없이 러시아 선박에 승선할 수 없다.
⑩ 해당 러시아 당국의 요구가 있으면 조선 당국은 형사범 피의자인 모든 러시아 신민, 그리고 러시아 군함 또는 상선에서 도주한 자를 체포하여 인도해야 한다. 이 경우 전항의 규정에 따른다.

제7조
러시아와 조선의 연안 운행 선박은 두만강을 자유롭게 운항한다. 양안 사이의 교통과 강의 운항을 조정하기 위해 추후 양국 관할 당국이 항행과 하천 경찰에 관한 특별 법규를 만든다.

제8조

① 본 통상 장정은 러시아어와 한문으로 작성되었고, 양 원문이 완전히 일치하지만, 모든 조항의 의미를 해석할 때 러시아어 원문을 토대로 하기로 결정한다.
② 러시아 당국이 조선 당국에 보내는 모든 공문은 러시아어로 작성되지만, 초기에는 중국어 또는 조선어 번역문을 동봉한다.

제9조

본 장정은 서명 일로부터 유효하며 5년간 유지된다.
체약 쌍방 중 일방이 개정을 원하면 기간 종료 6개월 전에 이를 타방에 통보해야 한다.
하지만 어느 일방도 그러한 의사를 표명하지 않으면 본 장정은 추후 5년 동안 계속 효력을 유지한다.
서울에서 서기 1888년 8월 8일, 대조선국 개국 497년 음력 7월 13일에 체결하여 서명하였다.
(서명) K. 베베르 (서명) 조병식
(직인) (직인)
(서명) 오웬 N. 데니
(직인)

참고문헌

제1장

1930,『舊條約彙纂』제1권 제1부, 外務省條約局.

1957,『中外舊約章彙編』, 三聯書店.

1999,『淸朝條約全集』제1권, 黑龍江人民出版社.

동북아역사재단 편, 2021,『근대 조약과 동아시아 영토 침탈 관련 자료 선집』I, 동북아역사재단.

김현수, 2011,『대영제국의 동아시아 외교 주역 해리 S. 파크스』, 단국대학교출판부.

이동욱, 2019,「조약 체제 속에서 '천조'의 '속국' 지키기:『南京條約』체제에서『天津條約』체제로」,『동양사학회 학술대회 발표 논문집』2019년 4호.

모테기 도시오 지음·박준형 옮김, 2018,『중화세계 붕괴사』, 와이즈플랜.

박준형, 2014,「日本專管租界 내 잡거 문제와 공간 재편 논의의 전개」,『도시연구』12.

_____, 2023,「19세기 후반 동아시아 불평등조약 체제하 외국인 거류 제도의 계보: 일본 모델의 한국 전파 과정을 중심으로」,『한국문화』101.

한승훈, 2010,「조선의 불평등조약 체제 편입에 관여한 영국 외교관의 활동과 그 의의 (1882~1884)」,『한국근대사연구』2010년 봄호 제52집.

岡本隆司, 2012,『ラザフォード·オルコック』, ウェッジ.

楠家重敏, 2005,『W. G. アストン: 日本と朝鮮を結ぶ學者外交官』, 雄松堂出版.

飯島涉, 1993,「「裁釐加稅」問題と淸末中國財政: 1920年中英マッケイ條約交涉の歷史的地位」,『史學雜誌』102(11).

費成康, 1991,『中國租界史』, 上海社會科學院出版社.

山本庫太郎, 1904,『朝鮮移住案內』, 民友社.

植田捷雄, 1934, 『支那租界論』, 嚴松堂書店.

植田捷雄, 1941, 『支那に於ける租界の研究』, 嚴松堂書店.

植田捷雄, 1969, 『東洋外交史』, 東京大學出版會.

坂野正高, 1973, 『近代中國政治外交史』, 東京大學出版會.

橫濱開港資料館編, 2021, 『圖說 日英關係史 1600~1868』, 原書房.

F.V.ディキンズ, 2007, 『パークス傳: 日本駐在の日々』, 平凡社.

ロバート・ホーム 著/布野修司・安藤正雄 監譯, アジア都市建築研究會 譯, 2001, 『植えつけられた都市: 英國植民都市の形成』, 京都大學學術出版會.

Robert Nield, 2015, *China's Foreign Places: The Foreign Presence in China in the Treaty Port Era, 1840-1943*, Honkong University Press.

Stanley Lane-Poole, 1901, *Sir Harry Parkes in China*, METHUEN & CO.

제2장

동북아역사재단 편, 2021, 『근대 조약과 동아시아 영토 침탈 관련 자료 선집』 I, 동북아역사재단.

岡田朝太郎 等 口述, 1905, 『法政速成科講義錄』, 法政大學.

甘厚慈 輯, 羅澍偉 點校, 2013, 『北洋公牘類纂正續編』, 天津古籍出版社.

丁賢俊, 喻作鳳, 1993, 『伍廷芳集』, 中華書局.

駱寶善 主編, 2013, 『袁世凱全集』, 河南大學出版社.

顧廷龍, 戴逸, 2008, 『李鴻章全集』, 安徽教育出版社.

上海商務印書館編譯所 編, 2011, 『大淸新法令』, 商務印書館

王鐵崖 編, 1957, 『中外舊約章彙編』, 三聯書店.

李立樸 等編州, 2013, 『陳夔龍全集』, 貴州民族出版社.

章伯鋒 主編, 1990, 『北洋軍閥(1912~1928)』 武漢出版社

天津市檔案館 等編, 1998, 『天津商會檔案匯編(1903~1911)』, 天津人民出版社.

天津檔案館, 南開大學分校檔案系 編, 1979, 『天津租界檔案選編』, 天津人民出版社.

中國駐屯軍司令部 編, 1909, 『天津誌』, 博文館.

天津市地方誌編修委員會 編, 1996, 『天津通誌 附志 租界』, 天津社會科學院出版社.
崑岡 等, 2002, 『欽定(光緒)大淸會典事例』, 『續修四庫全書』史部 政書類. 798-814, 上海古籍出版社.
漢口租界志編纂委員會 編, 2003, 『漢口租界志』, 武漢出版社.
海關總署中外舊約章大全編纂委員會 編, 2004, 『中外舊約章大全』, 中國海關出版社.

「情報付録第3號の進達通知(2)」(明36.3.2/1903.3.2)(陸軍騎兵中尉池上八十二, 參謀本部-雜-M36-8-111(アジア歷史資料センダー)
「御署名原本·明治三十二年·法律第七十號·領事官ノ職務ニ關スル件制定淸國竝朝鮮國駐在領事裁判規則廃止」(明32.3.18/1899.3.18), 國立公文書館 御03700100(アジア歷史資料センダー)
「面交天津中外仲裁會公所草章」(1912.10.4), 臺灣中央研究院近代史研究所 所藏檔案, 03-34-001-01-002
「修改會議天津中外仲裁會兩項辦法」(1912.10.8), 臺灣中央研究院近代史研究所 所藏檔案, 03-34-001-01-004
「天津華洋商務調處會草案」(1912.11.1), 臺灣中央研究院近代史研究所 所藏檔案, 03-34-001-01-005
「天津華洋商務調處會事辦理情形陳請察奪」(1912.11.22), 臺灣中央研究院近代史研究所 所藏檔案03-34-001-01-007
「修改天津華洋商務調處會草案送請核辦見復」(1912.12.13), 臺灣中央研究院近代史研究所 所藏檔案, 03-34-001-01-008

티모시 브룩 외 지음·박소현 옮김, 2010, 『능지처참 – 중국의 잔혹성과 서구의 시선』, 너머북스.
譚春玲, 2018, 『晩淸津海關道硏究』, 中國社會科學出版社.
來新夏 主編, 2004, 『天津的九國租界』, 天津古籍出版社.
雷穆森(O. D. Rasmussen), 2009, 『天津租界史』, 天津人民出版社.
費成康, 1991, 『中國租界史』, 上海社會科學院出版社.
安國勝, 2012, 『西風落日-領事裁判權在近代中國的確立』, 法律出版社.
楊湘勻, 2006, 『帝國之鞭與 寡頭之鏈-上海會審公廨權力關係變遷硏究』, 北京大學出版社.

王立民, 2016,『中國租界法制初探』, 法律出版社.

張晉藩, 1999,『中國法制通史』, 中華書局.

鄒依仁, 1980『舊上海人口變遷的研究』, 上海人民出版社.

洪佳期, 2018,『上海會審公廨審判研究』, 上海人民出版社.

今井嘉幸, 1916,『支那國際法論 第1卷 外國裁判權と外國行政地域』, 丸善.

滋賀秀三, 2009,『續淸代中國の法と裁判』, 創文社.

植田捷雄, 1939,『增補支那租界論』, 巖松堂書店.

天津地域史研究會, 1999,『天津史-再生する都市のトポロジー』, 東方書店.

Anatol. M. Kotenev, 1925, Shanghai: Its Mixed Court and Council, North-China Daily News & Herald, Limited.

Par Kristoffer Cassel, 2012, Grounds of Judgment: Extraterritoriality and Imperial Power in Nineteenth-Century China and Japan, Oxford University Press.

Thomas B. Stephens, 1992, Order and Discipline in China-The Shanghai Mixed Court 1911~1927, University of Washington Press.

Turan Kayaolu, 2010, Legal Imperialism Sovereignty and Extraterritoriality in Japan, the Ottoman Empire, and China, Cambridge University Press.

XiaoQun Xu, 2008, Trial of Modernity : Judicial Reform in Early Twentieth-Century China, 1901~1937, Stanford University Press.

이화승, 2006,「19세기 上海 會審公廨의 탄생과 中西 상업 분쟁」,『中國史硏究』44.

조국, 2021,「19세기 말~20세기 초 한중일 간 영사재판권 행사 문제-내외국인 혼합 사건에서의 觀審·聽審 시행을 중심으로」,『일본역사연구』55.

조병식, 2021a,「淸末 新政期 天津審判廳의 설립과 운영-사법 '근대화'의 실험」,『東洋史學硏究』155.

_____, 2021b,「天津都統衙門(1900~1902)의 사법권과 재판」,『中國學報』95.

_____, 2022,「關東州 중국인의 사법권을 둘러싼 중·일의 각축-개평사건(1907~1908)을 중심으로」,『東洋史學硏究』161.

康大壽, 2000-2,「近代外人在華"治外法權"釋義」,『社會科學研究』.

董叢林, 2015,「淸末直隷"雙省會制"及其對天津保定的影響」,『河北師範大學學報』38-1.

徐小松, 1990-4,「會審公廨的收回及其歷史意義」,『民國檔案』.

劉海岩, 2009,「天津的開埠與英租界的形成」,『天津史志』, 1995-1,『天津史研究論文選輯(下)』, 天津古籍出版社.

劉海岩, 2007-4,「近代天津城市邊緣區的形成及其結構特征」,『天津師範大學學報(社會科學版)』.

_____, 2006-3,「租界, 社會變革與近代天津城市空間的演變」,『天津師範大學學報(社會科學版)』.

李洋, 2013-6,「治外法權, 還是領事裁判權?-從民國以來學者論爭的焦点切入」,『歷史教學問題』.

李嚴成·趙睿, 2018,「捍衛司法主權的鬪爭: 上海律師公會與領事觀審制度的廢除」,『湖北大學學報(哲學社會科學版)』45-4.

章育良, 許峯, 2007-1,「厦門鼓浪嶼公共租界會審公堂論要」,『求索』.

陳同, 2017-6,「上海公共租界會審章程的制定及其實際作用-基於英國國家檔案館檔案的研究」,『士林』.

許克明, 2022-2,「從"會訊"到"觀審": 英國在華治外法權的再擴張—以中英《天津條約》的兩次修約爲視角」,『英國研究』.

胡震, 2006-4「淸末民初上海公共租界會審公廨法權之變遷(1911~1912)」,『史學月刊』.

侯慶斌, 2017,「晚淸上海法租界會審公廨硏究」, 華東師範大學 博士學位論文.

_____, 2017,「晚淸中外會審制度中華洋法官的法律素養與審判風格」,『學術月刊』49.

郭まいか, 2013,「民國期の上海會審公廨における手續と慣例について-民事訴訟事件を例に」,『東洋史研究』73-2.

出川英里, 2022,「エジプト混合裁判所の制度的特質-裁判所設立にむける國際交涉(1867~75)における議論に着目して」,『人文公共學研究論集』34.

劉一辰, 2015.「中國天津における租界の開發に關する研究:英租界を中心に」, 筑波大學 博士學位論文.

Eiichi Motono, 2018, "Reorganization of the mixed court system in Shanghai, 1906~1913", A. J. H. Latham, Heita Kawakatsu eds., Asia and the History of the International Economy, Taylor & Francis Group.

Liu Haiyan, 2011, "Water supply and the reconstruction of urban space in early twentieth-century Tianjin", Urban History 38-3.

Maurizio Marinelli, 2009, "Making conncessions in Tianjin: heterotopia and Italian colonialism in mainland China", Urban History 36-3.

Richard S. Horowitz, 2019, "Protege problems : Qing officials, extraterritoriality, and global integration in nineteenth-century China", Daniel S. Margolies, Umut Özsu, Maïa Pal, and Ntina Tzouvala, eds., The Extraterritoriality of Law-History, Theory, Politics, Routledge.

Robert T. Bryant, Jr., 1926, "Extraterritoriality and the Mixed Court in China", Virginia Law Review 13-1.

Zhang Chang and Liu Yue, 2013, "International Concessions and the Modernization of Tianjin", Laura Victoir eds., Harbin to Hanoi: The colonial built environment in Asia, 1840 to 1940, Hongkong University Press.

제3장

『橫濱居留淸國人趙子康ヨリ同國人林頴斉ニ係ル橫濱裁判所判定ニ対シ被告不服大審院ヘ上告一件』(외무성 기록 4-1-3-111)

『神奈川縣平民山口富造ヨリ淸國人鮑昭ニ係ル賃金支払方請求訴訟同國領事裁判不当ニ付取消方同國公使ニ照會一件』(외무성 기록 4-1-3-121)

메이지기 민사판결원본 데이터베이스 (국제일본문화연구센터 소장 자료)

『人事興信錄』제4판(1915)

동북아역사재단 편, 2021, 『근대 조약과 동아시아 영토 침탈 관련 자료 선집 Ⅱ』, 동북아역사재단.

박광서·송백현·최종원, 2021, 『민사기록의 이해』, 박영사.

大庭裕介, 2020, 『司法省と近代國家の形成』, 同成社.
藤村道生, 1995, 『日淸戰爭前後のアジア政策』, 岩波書店.
森田朋子, 2005, 『開國と治外法權』, 吉川弘文館.
我妻栄 編, 1968, 『日本政治裁判史録明治·前』, 第一法規.
伊藤泉美, 2018, 『橫濱華僑社會の形成と發展』, 山川出版社.
五百旗頭薫, 2010, 『條約改正史』, 有斐閣..
村田明久, 1995, 『開港7都市の都市計劃に關する硏究(早稻田大學博士論文)』.
靑山治世, 2014, 『近代中國の在外領事とアジア』, 名古屋大學出版會.
橫濱市編, 1977, 『橫濱市史 資料編』 17권, 橫濱市.

조국, 2019a, 「근대 일본의 개항장 나가사키에서 청국의 영사재판권 행사 문제 – 아시아 간 개항 실태에 대한 사례 연구」, 『한일관계사연구』 63.
____, 2019b, 「메이지 초기 수도 도쿄의 청국인 관리」, 『인천학연구연구』 31.
____, 2021, 「19세기 말~20세기 초 한중일 간 영사재판권 행사 문제 - 내외국인 혼합 사건에서의 관심·청심 시행을 중심으로」, 『일본역사연구』 55.
하야시 마키코, 2012, 「근대법 시스템 계수기 일본의 재판소에서의 분쟁 해결 실천」, 『법사학연구』 46.
加藤英明, 1980a, 「領事裁判の研究ー日本における(1)」, 『名古屋大學法政論集』 84.
_____, 1980b, 「領事裁判の研究ー日本における(2)」, 『名古屋大學法政論集』 86.
利谷信義, 1976, 「近代法体系の成立」 (『岩波講座 日本歷史 16 近代 3』), 岩波書店.
森田吉彦, 2009, 「日淸關係の転換と日淸修好條規」 (岡本隆司·川島真編, 『中國近代外交の胎動』), 東京大學出版會.
森田朋子, 2012, 「明治期における外國人關係裁判(一) - 統計分析を中心に」, 『人文學部研究論集』 27.
長沼秀明, 2000a, 「內外訴訟からみた日本の裁判權問題」, 『歷史評論』 604.
_____, 2000b, 「寺島宗則外務卿時代における領事裁判權撤廃問題についての研究」, 『明治大學人文科學研究所紀要』 47.

佐伯仁志, 2004, 「通貨偽造罪の研究」, 『金融研究』 8.

川口ひとみ, 2019, 「日淸修好條規と領事裁判: 逆訴, 控訴, 上告の仕組み」, 『社會學雜誌』 35/36.

제4장

『內外人交涉訴訟裁判言渡書編冊』

(국제일본문화연구센터 민사판결원문데이터베이스 https://www.nichibun.ac.jp/ja/db/category/minji/)

구범진, 2006, 「'한청통상조약' 일부 조문의 해석을 둘러싼 한-청의 외교 분쟁」, 『대구사학』 83.

권선홍, 1994·1995·1996, 「동아시아 개항기 불평등조약의 한 내용 (1)·(2)·(3): 영사재판권」, 『국제문제논총』 6·7·8.

동북아역사재단 편, 2021, 『근대 조약과 동아시아 영토 침탈 관련 자료 선집 II』, 동북아역사재단.

문준영, 2010, 『법원과 검찰의 탄생-사법의 역사로 읽는 대한민국』, 역사비평사.

이영록, 2005, 「개항기 한국에 있어 영사재판권」, 『법사학연구』 32.

_____, 2006, 「근대 한국에서의 일본 영사재판권에 관한 연구」, 『한국동북아논총』 39.

_____, 2011, 「한말 외국인 대상 민사재판의 구조와 실태: 한성(부) 재판소의 민사판결을 중심으로」, 『법과 사회』 41.

이은자, 2010, 「19世紀 末 在朝鮮 未開口岸의 淸商 密貿易 관련 領事裁判案件 硏究」, 『동양사학연구』 111.

_____, 2009, 「청일전쟁 이전과 이후 재한 한중간 '소송' 안건 비교 분석」, 『아시아문화연구』 17.

정구선, 2006, 「개항 후(1876~1894) 일본의 치외법권 행사와 한국의 대응」, 『한국근현대사연구』 39.

정태섭·한성민, 2008, 「乙未條約 이후 韓·淸 간 治外法權 연구(1906~1910)」, 『한국근현

대사연구』 46.

_____, 2007, 「開港 후(1882~1894) 淸國의 治外法權 행사와 朝鮮의 대응」, 『한국근현대사연구』 43.

조국, 2019, 「메이지 초기 수도 도쿄의 청국인 관리」, 『인천학연구』 31.

____, 2022, 「거류 제도」, 『일본역사연구』 59.

____, 2023, 「일본의 국제법 수용 과정에서의 영사재판권·치외법권 인식」, 『아세아연구』 66-3.

조병식, 2022, 「關東州 중국인의 사법권을 둘러싼 중·일의 각축 – 개평사건(1907~1908)을 중심으로-」, 『동양사학연구』 161.

____, 2023, 「20세기 초 天津의 '治外法權'-混合裁判所 설립을 둘러싼 중외의 논쟁을 중심으로-」, 『동양사학연구』 165.

한철호, 2005, 「개항기 일본의 치외법권 적용 논리와 한국의 대응」, 『한국사학보』 21.

加藤英明, 1980, 「領事裁判の研究ー日本における(2)」, 『名古屋大學法政論集』 86.

岡崎哲二, 2001, 『取引制度の経済史』 「2章 幕末維新期開港場における内外商の取引關係(ユキ·A·ホンジョー), 東京大學出版局.

大審院民刑事分局, 1880~1881, 『民事法例』 第9卷 訴訟部 下.

藤原明久, 2003, 「明治初年の渉外裁判三例」(林屋礼二編, 『明治前期の法と裁判』), 信山社出版.

瀧川叡一, 1989, 「東京開市場裁判所の設置とその判決例」, 『亜細亜法學』 23-2.

林屋礼二, 2006, 『明治期民事裁判の近代化』, 東北大學出版會.

林屋礼二外 編, 2005, 『統計から見た明治期の民事裁判』, 信山社.

森田朋子, 2012, 「明治期における外國人關係裁判(一) - 統計分析を中心に」, 『人文學部研究論集』 27.

信岡資生, 2002, 「日独対訳辞書解題(一)」, 『成城大學經濟研究』 157.

長沼秀明, 2000a, 「内外訴訟からみた日本の裁判權問題」, 『歷史評論』 604.

_____, 2000b, 「寺島宗則外務卿時代における領事裁判權撤廢問題についての研究」, 『明治大學人文科學研究所紀要』 47.

鄭英淑, 2023, 「近代日本の法律用語'治外法權'の成立過程」, 『杏林大學外國語學部紀要』 35.

Allyson Honjo, 2016, Japan's Early Experience of Contract Management in the Treaty Ports, Routledge.

Kevin C. Murphy, 2013, The American Merchant Experience in Nineteenth Century Japan, Routledge.

제5장

1934, 『舊條約彙纂』 제1권 제2부, 外務省 條約局.

동북아역사재단 편, 2021, 『근대 조약과 동아시아 영토 침탈 관련 자료 선집』Ⅱ, 동북아역사재단

김흥수, 2009, 『한일관계의 근대적 개편 과정』, 서울대학교출판문화원.

박준형, 2010, 「청일전쟁 이후 仁川 淸國 租界의 법적 지위와 조계 내 조선인 거주 문제」, 『한국학연구』 22.

＿＿＿, 2012, 「개항기 漢城의 開市와 잡거 문제: 한성개잔 및 철잔 교섭을 중심으로」, 『향토서울』 82.

＿＿＿, 2013, 「개항기 평양의 개시 과정과 개시장의 공간적 성격」, 『한국문화』 64.

＿＿＿, 2014, 「日本 專管租界 내 잡거 문제와 공간 재편 논의의 전개」, 『도시연구』 12.

장순순, 2001, 「朝鮮時代 倭館變遷史 硏究」, 전북대학교 사학과 박사학위논문.

＿＿＿, 2004, 「近世 東아시아 外國人 居住地의 특징」 『全北史學』 27.

加藤祐三, 1995, 「二つの居留地: 十九世紀の國際政治, 二系統の條約および居留地の性格をめぐって」 『近代都市形成史比較硏究 橫濱と上海』, 橫濱開港資料館.

＿＿＿, 2012, 『幕末外交と開國』, 講談社.

高秉雲, 1987, 『近代朝鮮租界史の硏究』, 雄山閣出版.

大山梓, 1967, 『舊條約下の開市開港硏究』, 鳳書房.

西澤美穗子, 2013, 『和親條約と日蘭關係』, 吉川弘文館.

孫禎睦, 1982, 『韓國開港期 都市變化過程硏究: 開港場・開市場・租界・居留地』, 一志社.

岩田隆義, 2011, 「ハリー・パークスと雜居地北野・山本地區の成立」『居留地 の街から: 近代 神戸の歷史探究』(神戸外國人居留地硏究會 編), 神戸新聞總合出版センター.

植田捷雄, 1934, 『支那租界論』, 嚴松堂書店.

齋藤多喜夫, 1998, 「世界史のなかの居留地と商館」『圖說橫濱外國人居留地』, 有隣堂.

_____, 2010, 「橫浜における居留地の成立と都市形成」『開港都市と日本の近代化: 第2回外國人居留地硏究會全國大會in函館』, 「第2回外國人居留地硏究會全國大會」實行委員會.

田井玲子, 2013, 『外國人居留地と神戸』, 神戸新聞總合出版センター.

洲脇一郞, 2005, 「居留地の組織と運營」『神戸と居留地: 多文化共生都市の原像』(神戸外國人居留地硏究會編), 神戸新聞總合出版センター.

橫山宏章, 2011, 『長崎 唐人屋敷の謎』, 集英社.

Carl Schmit(新田邦夫 譯), 2007, 『大地のノモス: ヨーロッパ公法という國際法における』, 慈學社.

Harold J. Noble, 1929, "The Former Foreign Settlements in Korea", *The American Journal of International Law*, Vol.23, No.4.

W. G. 비즐리(장인성 옮김), 1999, 『일본 근현대 정치사』, 을유문화사.

제6장

동북아역사재단 편, 2021, 『근대 조약과 동아시아 영토 침탈 관련 자료 선집 Ⅱ』, 동북아역사재단.

정미애, 2022, 『니가타에서 본 한일관계』, 제이앤씨.

정재정, 2022, 『일제의 조선 교통망 지배 – 해운·철도·소운송·도로·항공-』, 동북아역사재단.

明治期外交資料硏究會, 1996, 『明治期外交調書集成 條約改正關係調書集 第5卷 – 條約改正係 條約調查報告集 (2)』, 東京: クレス出版.

山本修之助, 1972, 『佐渡の百年』, 佐渡の百年刊行會.

新潟居留地硏究會, 2020, 『新潟開港150周年記念 第13回 外國人居留地硏究會 2020全國

大會 新潟大會 - 居留地のリベラルア-ツ敎育』發表資料集, 2020年 9月 21 - 22日.

新潟市歷史博物館 編, 2008,『海峽を越えて - 佐渡と新潟 - 』, 新潟市歷史博物館.

新潟市 編輯·發行, 2018,『圖説 新潟開港150年史』, 新潟市歷史博物館.

両津市中央公民館 編, 1969,『両津町史』, 両津市中央公民館.

田中圭一 外著, 2004,『新潟縣の歷史』, 山川出版社.

川崎晴朗, 2002,『築地外國人居留地』, 東京: 雄松堂出版.

김윤미, 2019, 「일본 니가타항을 통해 본 '제국'의 환동해 교통망」, 『동북아문화연구』 제60집.

____, 2022, 「러시아 연해주의 해양 경계와 중일전쟁」, 『슬라브연구』 제38권 1호.

김재준·김병철, 2009, 「19세기 중반 미국 언론의 일본 개항 관련 보도에 관한 연구」, 『일본연구』 26집.

김현수, 2007, 「주일 영국 공사 파크스의 외교 활동, 1865~1868」, 『영국연구』 제17호.

미타니 히로시, 2010, 「막다른 골목으로부터의 탈출: 적극적 개국을 향한 전환」, 인하대학교 한국학연구소 편, 『동아시아, 개항을 보는 제3의 눈』, 인하대학교 출판부.

박광현, 2016, 「귀국 사업과 '니가타' - 재일 조선인의 문학 지리」, 『동학어문학』 제67집.

배규성, 2018, 「러일전쟁 이후 일본의 환동해 인식 및 접근에 대한 연구: 니가타현의『블라디보스토크와 가라후토 조사보고서』(1907)를 중심으로」, 『아태연구』 제25권 제1호.

양기호, 1994, 「일본 니가타현의 지역 발전 전략」, 『지역발전연구』 제4집.

정혜경, 2022, 「미쓰비시(三菱) 사도(佐渡)광산: 완전한 역사와 보편적 인권 의식을 공유하기 위한 현장」, 『동북아역사리포트』, 제7호, 2022년 1월 1일, 동북아역사재단.

이규태, 2015, 「일본의 동해 횡단 항로의 개척과 전개」, 『도서문화』 45집, 목포대학교 도서문화연구원.

이규태·김백영, 2017, 「만주사변 이후 일본의 동해 군용 정기항로의 설치와 운용」, 『도서문화』 49집, 목포대학교 도서문화연구원.

葛西大和, 1997, 「近代日本における外國貿易港の配置と貿易額の地域的構成」, 『季刊地理學』, Vol. 49, No. 2.

權田益美, 2019, 「幕末から明治初期の新潟開港場の変遷: 開港延期問題を通して (震災からの復

興と港湾: 國際バルク戰略と親水型港湾の共生)」, 『港湾経済研究』, 58, 日本港湾経済學會.

_____, 2020, 「明治初期の新潟開港場の史的様相: 運上所設立と外國人商人のビジネス」, 『港湾経済研究』, 59, 日本港湾経済學會.

大山梓, 1960, 「安政條約と外國人居留地」, 『國際政治』, 1960年 14號.

_____, 1961, 「日本における外國人居留地」, 『アジア研究』, 7卷 3號, アジア政経學會.

_____, 1962, 「安政條約と開市開港」, 『外交史及び國際政治の諸問題: 英修道博士還暦記念論文集』, 慶応通信.

山田耕太, 2022, 「開港場新潟に來た外國人居留者」, 『敬和學園大學人文社會科學研究所年報』, No. 20.

松沢裕作, 2022, 「開港場と直轄縣: 新潟津留問題を中心に」, 『年報政治學』, 2022(2), 日本政治學會.

野口敏樹, 2016, 「七港開港までの夷港のあゆみ - 両津開港150年時代を迎えて - 」, 野口敏樹, 『佐渡人のくらしをつむぐ』, 佐渡ジャーナル社.

靑柳正俊, 2016, 「雜居地新潟に關する一考察 - 「外國人の居留地外居住問題」をめぐる展開」, 『東北アジア研究』 20, 東北大學東北アジア研究センター.

_____, 2021a, 「開港新潟の対外關係と居留外國人」, 新潟大學博士學位論文, 2021.3.15.

_____, 2021b, 「居留地なき開港場新潟の成立と顛末」, 全國居留地研究會 2020新潟大會.

村田明久, 1990a, 「外國人居留地の建設過程と計劃手法に關する研究」, 『日本建築學會計劃系論文報告集』, 第414號, 1990年 8月.

_____, 1990b, 「外國人居留地の都市空間要素と構成比の比較考察」, 『1990年度 第25回 日本都市計畫學會學術研究論文集』.

제7장

海關稅務司(朝鮮) 編, 1898, 『海關誌』[高宗 21(1884) - 光武 2(1898)], 국립중앙도서관소장.

統理交涉通商事務衙門(朝鮮) 編, 『華案』 1 - 41冊, 1883 - 1905, 서울대규장각한국학연구원 소장(청구기호 奎18052).

中央硏究院近代史硏究所 編, 1972, 『淸季中日韓關係史料』, 臺灣中央硏究院近代史硏究所.

「朝鮮國仁川港に於て居留地借入約定」,『外務省外交史料館』(JACAR: B13091010200 第926~第942畫像), 1883.9.30.
「在仁川釜山元山淸國專管居留地ニ關スル日淸交涉一件」,『外務省外交史料館』(JACAR: B12082572400 第308~第398畫像), 1908.
統監府, 1908,『韓國條約類纂』, 秀英舍.

國會圖書館立法調査局, 1965,『舊韓末條約彙纂(1876~1945, 中卷)』, 東亞出版社.
＿＿＿＿＿＿＿＿＿＿＿＿＿, 1965,『舊韓末條約彙纂(1876~1945, 下卷)』, 東亞出版社.
박진빈 역, 2017,『제물포 각국 조계지 회의록 1』, 보고사.
박진한·남동걸·김종근·이호상, 2016,『지도로 만나는 개항장 인천』, 인천학연구원.
박진한·이호상·손승호·문순희·윤현위, 2017,『지도로 만나는 근대 도시 인천』, 인천대학교 인천학연구원.
손정목, 1986,『한국 개항기 도시 사회경제사 연구』, 일지사.
이영미 역, 2020,『제물포 각국 조계지 회의록 2』, 보고사.
이연세·남동걸·안정현 번역, 2017,『역주 구한국외교문서「청안(淸案)」·1(1~4책)』, 인천대학교 인천학연구원.
이현종, 1975,『한국개항장연구』, 일조각.
石川亮太, 2017,『近代アジア市場と朝鮮-開港·華商·帝國-』, 名古屋大學出版會.
川島眞, 2004,『中國近代外交の形成』, 名古屋大學出版會.
高秉雲, 1987,『近代朝鮮租界史 研究』, 雄山閣出版.
斯波義信, 1995,『華僑』, 岩波書店.
仁川府廳 編纂, 1933,『仁川府史』, 近澤商店印刷部.

권혁수(權赫秀), 2010,「조공 관계 체제 속의 근대적 통상 관계-'중국조선상민수륙무역장정' 연구」,『동북아역사논총』28, 동북아역사재단.
金奉俊, 2023,「근대적 전환인가, 전통의 변용인가-문서 형식의 변천을 통해 본 19세기 말 조청 관계」,『中國學報』제103집, 한국중국학회.
李銀子, 2008,「淸末 駐韓 商務署 組織과 그 位相」,『明淸史硏究』제30집, 명청사학회.
＿＿＿, 2012,「仁川 三里寨 中國租界 韓民 가옥 철거 안건 연구」,『동양사학연구』제

118집, 동양사학회.

이정희, 2020,「근대 조선 화상 화취공의 경영 활동-『조업사적책』을 근거로-」,『동양사학연구』제152집, 동양사학회.

한동수, 2009,「인천 청국 조계지 내 공화춘의 역사 변천에 관한 연구」,『중국학보』60, 한국중국학회.

한동수·박철만, 2011,「부산 淸國 租界地의 필지 구조와 특성에 관한 연구」,『중국학보』제64집, 한국중국학회.

朴俊炯, 2012,「近代韓國における空間構造の再編と植民地雜居空間の成立-淸國人及び淸國租界の法的地位を中心に」, 早稻田大學博士學位論文.

李正熙, 2020,「近代朝鮮における淸國專管租界と朝鮮華僑」,『東アジアにおける租界研究-その成立と展開』, 東方書店.

제8장

『고종실록』

강광식·김현철·신복룡·이상익 지음, 2006,『한국 정치사상사 문헌 자료 연구(III)-조선개항기편』, 도서출판 조은문화사.

국립해양박물관·한국해양수산개발원, 2020,『바다를 열다: 개항 그리고 항구도시』, 도서출판 호밀밭.

김남희, 2018,「포스트식민의 장소 만들기-인천을 중심으로」,『도시인문학연구』제10권 1호.

김수암, 1996,「제3장 강화도조약을 전후한 한·청·일 관계」, 김용구·하영선 공편, 1996,『한국 외교사 연구-기본 사료 문헌·해제』, 나남출판.

김용구, 2008,『만국공법』, 도서출판 소화.

김용하, 1993,「인천 개항 초기의 시가지 형성」, 새얼문화재단,『황해문화』1.

김종학, 2017,「곤경에서의 탈출: 조일수호조규의 체결 과정」, 동북아역사재단 한일관계연구소 편,『조일수호조규: 근대의 의미를 묻다』, 청아출판사.

김학준, 2020,『남북한 문전 제6권: 근대(1) 개항-대한제국 성립』, 단국대학교출판부.

김현철, 2021, 「I. 서론: 근대 동아시아 영토 관련 조약 자료 및 연구 현황과 한중일의 조약 체결 과정」, 동북아역사재단 편, 『근대 조약과 동아시아 영토 침탈 관련 자료 선집 I』, 동북아역사재단.

김흥수, 2022, 『운요호사건과 강화도조약』, 동북아역사재단.

_____, 2018, 「제4장 조일수호조규 부속 조약과 원산·인천의 개항」, 동북아역사재단 한국외교사편찬위원회 편, 『한국의 대외 관계와 외교사: 근대편』, 동북아역사재단.

동북아역사재단 편, 2020, 『한일 조약 자료집(1876~1910)-근대 외교로 포장된 침략』, 동북아역사재단.

동북아역사재단 한일관계연구소 편, 2017, 『조일수호조규: 근대의 의미를 묻다』, 청아출판사.

민윤, 2007, 「개항기 인천 조계지 사회의 연구-조계지 내 갈등과 범죄의 양상을 중심으로」, 인천학연구원, 『인천학연구』 제7호.

박한민, 2023, 「일본의 동해안 정탐 활동과 원산 개항」, 한국근현대사학회, 『한국근현대사연구』 제107집.

박준형, 2023, 「19세기 후반 동아시아 불평등조약 체제하 외국인 거류 제도의 계보-일본 모델의 한국 전파 과정을 중심으로-」, 서울대학교 규장각 한국학연구원, 『한국문화』 101.

_____, 2014, 「일본 전관 조계 내 잡거 문제와 공간 재편 논의의 전개」, 도시사학회, 『도시연구』 12호.

_____, 2014, 「재한 일본 '거류지'·'거류민' 규칙의 계보와 「거류민단법」의 제정」, 한국법사학회, 『법사학연구』 50.

박진한, 2014, 「개항기 인천의 해안 매립 사업과 시가지 확장」, 도시사학회, 『도시연구: 역사·사회·문화』 제12호.

_____, 2016, 「1900년대 인천 해안 매립 사업의 전개와 의의」, 도시사학회, 『도시연구: 역사·사회·문화』 제15호.

_____, 2018, 「개항 이후 인천의 장소 인식 변화와 일제강점기 새로운 명소의 등장」, 도시사학회, 『도시연구: 역사·사회·문화』 제20호.

박찬승, 2003, 「조계 제도와 인천의 조계」, 인천광역시립박물관, 『인천문화연구』 제1호.

서광덕, 2014, 「동아시아 해항 도시의 문화 교류와 인적 네트워크: 동아시아 개항장의 서양 상인들의 궤적을 중심으로」, 한국해양대학교 국제해양문제연구소, 『해항도시문화

교섭학』 10집.

오미일·배윤기, 2009, 「한국 개항장 도시의 기념 사업과 기억의 정치-인천의 집단 기억과 장소성을 중심으로」, 한국사회사학회, 『사회와 역사』 제83집.

이영호, 2017, 『개항 도시 제물포』, 민속원.

인천대학교 인천학연구원, 2017~2020. 박진빈·이영미 역, 『제물포 각국 조계지 회의록』 1-2, 보고사.

인천문화재단 인천역사문화센터, 2018, 『19세기 서구 열강의 침입과 강화 해양 관방 체제』, 인천문화재단 인천역사문화센터.

인천광역시립박물관, 2017, 『인천시립박물관 특별전-근대가 찍어내 인천 풍경』, 인천광역시립박물관.

장인성·김현철·김종학 엮음, 2012, 『근대 한국 국제정치관 자료집 제1권 개항·대한제국기』, 서울대 출판문화원.

전성현, 2018, 「'조계'와 '거류지' 사이-개항장 부산의 일본인 거주지를 둘러싼 조선과 일본의 입장 차이와 의미-」, 한일관계사학회, 『한일관계사연구』 제62집.

정영희. 2006. 「제물포 시대 인천의 지역 체계와 공간 변동-인천의 지역 정체성 확립과 관련하여」, 인천대 인문학연구소, 『인문학연구』 9.

조국, 2022, 「거류 제도」, 『일본역사연구』 59집.

최성환, 2022, 「목포 개항장 각국 조계의 운영 양상과 특징」, 『서강인문논총』 65집.

인하대학교 한국학연구소 편, 2010, 『동아시아, 개항을 보는 제3의 눈』, 인하대학교 출판부.

인하대학교 한국학연구소·중국 복단대학 역사지리연구중심 편, 2015, 『근대 동아시아의 공간 재편과 사회 변천』, 소명출판.

仁川府廳 編纂, 1919, 『仁川府史』, 仁川府, 『仁川府史』 3책, 1989, 한국지리풍속지총서 39-41. 경인문화사.

古川昭, 2010, 『朝鮮開國後の開港地における日本人の経済活動』, 倉敷: ふるかわ海事事務所.

梁尚湖, 1994, 『韓國近代の都市史研究』, 東京大學 博士論文.

大里浩秋·內田靑蔵·孫安石 編著, 2020, 『東アジアにおける租界研究: その成立と展開』, 東方書店.

大里浩秋·貴志俊彦·孫安石 編著, 2010, 『中國·朝鮮における租界の歴史と建築遺産』, 御茶の水書房.

Park Seo-Hyun, 2013, "Changing Definitions of Sovereignty in Nineteenth-Century East Asia: Japan and Korea Between China and the West," Journal of East Asian Studies, Vol. 13. No. 2, Special Issue: International Relations and East Asian History: Impact, Meaning, and Conceptualization.

Junnan Lai, 2014, "Sovereignty and "Civilization": International Law and East Asia in the Nineteenth Century," Modern China, Vol. 40. No. 3 .

제9장

『日省錄』・『倭使日記』

『심행일기』(신헌 지음・김종학 옮김, 2010, 푸른역사)

「德源府地圖」(奎10682), 「元山港日本租界米突繪圖」(奎25331)

『各國駐在帝國領事任免雜件 / 元山之部』(JACAR Ref. B16080070900)

『明八 孟春雲揚 朝鮮回航記事』(日本 防衛省 防衛研究所 所藏)

『帝國軍艦天城號朝鮮國沿海測量一件』(JACAR Ref. B07090444200)

「天城艦朝鮮國咸鏡道各湾測量濟の義外務省通牒(2)」(JACAR Ref. C09101535600)

『明治十二年代理公使朝鮮事務始末』卷2・4・14・17(國史編纂委員會 所藏)

『日本外交文書』卷11(日本 外務省 編, 日本國際連合協會, 1949)

「朝鮮開港ノ始末」, 『國家學會雜誌』第4卷 第37號(花房義質, 1890)

「元山津之記」, 『東京地學協會報告』1-9(海津三雄, 1880)

「慶興紀行」, 『東京地學協會報告』3(海津三雄, 1883)

「摘譯 露國海軍日誌 第15卷 第1號」, 『水路雜誌』第8號(海軍 水路局 編, 1876)

『元山發達史』(高尾新右衛門 編, 大阪: 啓文社, 1916)

『東京日日新聞』, 『朝日新聞』, 『読売新聞』, 『朝鮮新報』

고려대학교 글로벌일본연구원 재조일본인정보사전편찬위원회 편, 2018, 『개화기・일제강점기(1876~1945) 재조일본인정보사전』, 보고사.

高秉雲, 1987, 『近代朝鮮租界史の硏究』, 東京: 雄山閣.

동북아역사재단 편, 2020, 『한일 조약 자료집(1876~1910): 근대 외교로 포장된 침략』, 동북아역사재단.

木村健二, 1989, 『在朝日本人の社會史』, 東京: 未來社.

石井孝, 1982, 『明治初期の日本と東アジア』, 東京: 有隣堂.

小林茂 編, 2017, 『近代日本の海外地理情報收集と初期外邦圖』, 大阪: 大阪大學出版會.

孫禎睦, 1982, 『韓國開港期 都市變化過程硏究: 開港場·開市場·租界·居留地』, 一志社.

李東勳, 2019, 『在朝日本人社會の形成: 植民地空間の変容と意識構造』, 東京: 明石書店.

田保橋潔, 1940, 『近代日鮮關係の硏究』 上, 朝鮮總督府中樞院(다보하시 기요시 지음·김종학 옮김, 2013, 『근대 일선 관계의 연구』 上, 일조각).

海軍有終會 編, 2018, 『幕末以降帝國軍艦寫眞と史實』, 東京: 吉川弘文館.

박한민, 2011, 「1878년 두모진 수세를 둘러싼 조일 양국의 인식과 대응」, 『韓日關係史硏究』 39.

_____, 2013, 「조일수호조규 관철을 위한 일본의 정찰 활동과 조선의 대응」, 『歷史學報』 217.

_____, 2014, 「개항장 '間行里程' 운영에 나타난 조일 양국의 인식과 대응」, 『韓國史硏究』 165.

_____, 2022, 「함경도 방곡령 실시와 배상을 둘러싼 중앙 정계와 지역사회의 동향(1889~1893)」, 『歷史學硏究』 86.

_____, 2023, 「1875년 운요함(雲揚艦)의 조선 연안 정탐 활동과 신문 보도」, 『韓國史硏究』 202.

奧平武彦, 1937, 「朝鮮の條約港と居留地」, 『朝鮮社會法制史硏究』, 京城帝國大學法學會(1969, 『朝鮮開國交涉始末』, 東京: 刀江書院).

이가연, 2020, 「개항장 원산과 일본 상인의 이주」, 『동북아문화연구』 63.

최보영, 2021, 「개항기(1880~1906) 원산 주재 일본 영사의 파견과 거류지 행정」, 『學林』 48.

한철호, 2015, 「일본 수로국 아마기함(天城艦)의 울릉도 최초 측량과 독도 인식」, 『東北亞歷史論叢』 50.

제10장

國史編纂委員會, 1994, 『駐韓日本公使館記錄(1~28)』.
목포부사편찬위원회, 1930, 『木浦府史』.
木浦商業會議所, 1935, 『昭和十年四年 統計年報』.
日本陸軍省, 『明治32年 以來 韓國木浦 地所編冊』.
日本陸軍省, 『韓國關係 明治32年, 韓國地所買收資金編冊』.
Didier t'Serstevens, 2007, 『Lettres du Mokhpo: Albert Deshayes: Lettres de 1896 à 1908』, 한국교회연구소.

고석규, 2001, 『근대 도시 목포의 역사 공간 문화』, 서울대학교출판부.
고석규·박찬승 공역, 1997, 『무안보첩』, 목포문화원.
김정섭 역, 2011, 『완역 목포부사』, 목포문화원.
김정섭 옮김, 1991, 『木浦誌』, 향토문화사.
동북아역사재단 편, 2021, 『근대 조약과 동아시아 영토 침탈 관련 자료 선집』 Ⅰ~Ⅱ, 동북아역사재단.
_____, 2020, 『한일 조약 자료집(1876~1910)』, 청아출판사.
목포백년회, 1997, 『木浦開港 百年史』, 목포신문사.
목포시사편찬위원회, 2017, 『다섯 마당 목포시사 1권 항도 목포』, 이문.
배종무, 1994, 『木浦開港史 硏究』, 느티나무.
손정목, 1982, 『韓國開港期 都市變化過程硏究』, 일지사.

김성수, 2017, 「세관의 눈으로 바라본 목포항, 목포 해관」, 『목포대학교 도서문화연구원 인문아카데미 강연자료집』.
양상호, 1995, 「목포 각국 공동거류지의 도시 공간의 형성 과정에 관한 고찰」, 『건축역사연구』 4-1, 한국건축역사학회.
전성현, 2018, 「'租界'와 '居留地' 사이=개항장 부산의 일본인 거주지를 둘러싼 조선과 일본의 입장 차이와 의미」, 『한일관계사연구』 62, 한일관계사학회.
최성환, 2011, 「목포의 해항성과 개항장 형성 과정의 특징」, 『한국민족문화』 39, 부산대학교 한국민족문화연구소.

아시아역사자료센터(https://www.jacar.go.jp)
규장각 한국학연구원(http://e-kyujanggak.snu.ac.kr)

제11장

A. 말로제모프 저·석화정 역, 2002, 『러시아의 동아시아 정책』, 지식산업사.
고승희, 2004, 「19세기 후반 함경도 변경 지역과 연해주의 교역 활동」, 『조선시대사학보』 28.
김종헌·우준모, 2017, 「조선 주재 러시아 공사 베베르의 부임에 관한 외교문서 분석」, 『국제지역연구』 제20권 제5호.
동북아역사재단 편, 『근대 조약과 동아시아 영토 침탈 관련 자료 선집』 II, 동북아역사재단, 2021
민경현, 2008, 「19세기 후반 러시아의 대조선 정책」, 『대동문화연구』 제61집.
박 보리스 드미트리예비치 지음·민경현 옮김, 2010, 『러시아와 한국』, 동북아역사재단.
박노벽, 1994, 『한러 경제 관계 20년 1884~1903』 한울.
벨라 보리소브나 박 지음·최덕규·김종헌 옮김, 2020, 『러시아 외교관 베베르와 조선』, 동북아역사재단.
송금영, 2004, 『러시아의 동북아 진출과 한반도 정책(1860~1905)』, 국학자료원.
신승권, 1989, 「구한말 한로 관계의 조망-협상 과정을 중심으로」, 『국사관논총』 4.
씸비르쩨바 따찌아나, 1997, 「19세기 후반 조·러 간 국교 수립 과정과 그 성격-러시아의 조선 침략론에 대한 비판적 고찰」, 서울대학교 국사학과 석사학위논문.
연갑수, 1993, 「개항기 권력 집단의 정세 인식과 정책」, 『1894년 농민전쟁 연구』 3, 역사비평사.
이재훈, 2008, 「근대 조선과 러시아의 경제 관계」, 『수교와 교섭의 시기 한러 관계』, 선인.
임계순, 1984, 「한러밀약과 그 후의 한러 관계(1984~1894)」, 『한러 관계 100년사』, 한국사연구협의회.

최문형, 1984, 「한러 수교의 배경과 경위」, 『한러 관계 100년사』, 한국사연구협의회.

_____, 1990, 『제국주의 시대의 열강과 한국』, 민음사.

_____, 2007, 『한국을 둘러싼 제국주의 열강의 각축』, 지식산업사.

崔文衡, 1979, 『列强의 동아시아 정책』, 일조각.

韓國史硏究協議會 編, 1984, 『韓露關係100年史』, 韓國史硏究協議會.

『國譯 韓國誌』, 1984, 韓國精神文化硏究院.

한동훈, 2010, 「조러육로통상장정(1888) 체결 과정 연구」, 고려대학교 한국사학과 석사학위 논문.

_____, 2012, 「조러육로통상장정(1888) 체결을 둘러싼 조·청·러 삼국의 협상 과정 연구」, 『역사와 현실』 제85호.

홍웅호 외, 2008, 『수교와 교섭의 시기 한러 관계』, 선인.

Synn Seung-kwon, 1981, 『The Russo-Japanese Rivaly Over Korea, 1876~1904』, Seoul: Yuk Phub Sa.

Б.Б. Пак, Борьба западных держав за открытие корейских портов и похиция России(1866~1871) // Россия и народы стран востока, Иркутск, 1993

Б.Б. Пак, Документы: Русская дипломатия и японо-корейский Канхваский договор 1876 г. 1996.

Иван Барсуков, Граф Н.Н. Муравьев-Амурский по его письмам, официальным документам, рассказам современников и печатным источникам (материалы для биографии), М., 1891.

К. А. Скальковский, Российская торговля в Тихом Океане (СПб, 1883).

Ким Ч.Х. Русско-корейские дипломатические отношения в 1884~1904, Дисс.К.И.Н., 2000.

М. Венюков, Обозрение японского архипелага в современном его состоянии, СПб, 1871.

Нарочничкий А.Л., Колониальная политика капиталистических держав на Дальнем Востоке 1860~1895, Москва, 1956.

Пак Белла Б. Российская дипломатия и Корея, Москва, 2004.

Пак Борис, Россия и Корея, Москва, 2004.

АВПРИ, ф."Китайский стол", оп.151, 1883 г., д.1, л.104-106.

АВПРИ, ф."СПб. Главный архив, 1-1", ор.1876 г., д.186, л.44-45. Записка Министерства иностранных дел о Корее от 1(13) мая 1876 г.

АВПРИ, ф."СПб. Главный архив, 1-9", ор.8, 1871 г., д.8, л.14. Донесение имп., поверенного в делах в Японии Е. Бюцова государственному канцлеру А.М. Горчакову, Йокогама, 11/23 декабря 1873 г.

АВПРИ, ф."СПБ. Гравный авхив, 1-9", 1854 г., д.7, л.9. Записка Н.Н. Муравьева от 22 января 1854 г., "Обязанности и средства, представленные генерал-губернатору Восточной Сибири для новых отношений с Китаем, руководствуясь видами правительства".

АВПРИ, ф.150, оп.493, д.113, л.13. Разбор шифрованной телеграммы из Хабаровки от Приамурского Ге-нерал-губернатора 6-го сего Апреля месяца 1885 года, за № 367, на имя Генерал-адъютанта Рихтера.

АВПРИ, ф.150, оп.493, д.113, л.76. Секретная телеграмма Коллежского Асессора Шпейера.

АВПРИ, ф.150, оп.493, д.113, лл.102-102об. Секретная телеграмма Действительного Статского Советника Попова.

АВПРИ, ф.150, оп.493, д.113, лл.104-104об. Копия с рапорта Военного Агента в Китае от 5-го Ноября 1885 года за № 35, Управляющему Делами Военно-ученого Комитета Главного Штаба.

АВПРИ, ф.150, оп.493, д.113, лл.113-114об. Копия с депеши Посланника в Пекине от 25 Ноября 1886 года, № 37.

АВПРИ, ф.150, оп.493, д.113, лл.126-126об.

АВПРИ, ф.150, оп.493, д.113, лл.129-129об. Копия с донесения Посланника в Токио от 12/24 января 1887 года, за № 6.

АВПРИ, ф.150, оп.493, д.113, лл.130-131об.

АВПРИ, ф.150, оп.493, д.113, лл.132-133об.

АВПРИ, ф.150, оп.493, д.2, лл.129-130об. Донесение о Конвенции о пограничных сношениях с Корею.

АВПРИ, ф.150, оп.493, д.2, лл.1311-134об. Объяснения относительно некоторых пунктов Конвенции о пограничных сношениях с Корею.

АВПРИ, ф.150, оп.493, д.214, лл.27-52об. Копия с Высочайше утвержденной в 25 день Апреля 1885 г. секр. Инструкции Статскому Советнику Веберу.

АВПРИ, ф.150, оп.493, д.214, лл.58-69об. Правила для сухопутной торговли с Корей, заключенные в Сеуле 8 августа 1888 года.

АВПРИ, ф.150, оп.493, д.214, лл.6-14об. РУССКО-КОРЕЙСКИЙ ДОГОВОР О ДРУЖБЕ И ТОРГОВЛЕ.

АВПРИ, ф.150, оп.493, д.49, лл. 5-30. Копия с Высочайше утвержденной в 25 день Апреля 1885 г. секретной инструкции Статскому Советнику Веберу.

АВПРИ, ф.150, оп.493, д.49, лл.39-39об. Проект письма Министра Иностранных Дел Коерйскому Министру Иностранных Дел.

АВПРИ, ф.Чиновник по дипломатической части при Приамурской генерал-губернаторе, оп.379, 1880-1884 гг., д.311, лл.193-204. Копия с секретного донесения консула в Тяньцзине от 14 августа 1882 г.

АВПРИ, ф.Японский стол, оп.493, д.1, лл.63-67. Копия с секретной депеши статс-секретаря Горса Поверенному в делах и Генеральному консулу в Корее от 16 января 1886 г.

ГАИО, ф.24, оп.11/3, д.43, л.120. Отношение Приморского Областного правления начальнику Новгородского поста, Николаевск, 28 ноября 1867 г.

찾아보기

1874년(明治 7)의 조치 288, 304, 311
1885년 외무성 훈령 492, 499, 500, 502, 504, 506
Concession 33, 51, 53, 66, 411, 424
Settlement 53, 54, 56, 58, 59, 127, 267, 326, 424, 434

ㄱ

가나가와 126~128, 139, 152, 256, 257, 259, 260, 262, 272, 281, 282, 285, 298, 413
각국 조계 424~427, 438, 439, 442~444, 446~450, 452~456, 458~469, 474~476
감리서 17, 424~426, 447, 459, 469, 471~475
갑신정변 492, 494
개시장 11, 26, 138, 174, 178, 179, 181, 183, 184, 197, 256~561, 273, 281, 364
개입 18, 71, 73, 82, 87, 95, 135, 140, 146, 246, 253, 339, 340, 419, 429, 466, 487, 491~493, 498, 506, 513, 516, 531, 533
개항장 4, 5, 8, 11, 12, 15, 17, 19, 20, 26, 28, 72, 83, 84, 109, 122~125, 127~129, 136, 138, 174, 194, 242, 255~257, 265, 273, 278, 281, 282, 285, 286, 294, 296, 298, 304, 312, 349, 351, 353, 354, 357, 358, 360, 362~365, 374, 375, 379, 381, 385, 387, 392, 395, 398, 402, 404~406, 414, 415, 419, 420, 424, 426, 430, 435, 447, 451, 466, 172

객관(客官) 248, 272
거류지(居留地) 5, 11, 12, 15, 16, 18, 26, 27, 106, 125, 127~129, 137, 139~142, 183, 238~240, 248, 256, 260~266, 268~270, 272~274, 278~280, 282, 284~288, 304~306, 310~312, 350, 352, 366~369, 372~374, 376, 378, 379, 382, 407, 409~411, 413, 417, 419~421, 424, 425, 438, 441, 465
거문도 492, 494, 498
경흥 410, 500, 503, 526~530, 532~534
계림장업단(鷄林奬業團) 460, 461, 475
계보학 240
고베 11, 18, 26, 128, 130, 138, 179, 181, 242, 262, 263, 265~271, 273, 274, 278, 280, 286, 287, 289, 292~294, 307, 319, 395, 413
고부만 및 목포 시찰 복명서 430
곤도 마스키(近藤眞鋤) 365, 370, 403
공동사명(公同査明) 76, 77
공동 조계(共同租界) 51, 56, 58, 60, 266, 274, 314~316, 325, 365, 368, 369
공행(公行) 43, 243
관망 18, 481, 489, 491, 493, 506
관습 10, 50, 186, 191, 194~196, 233, 249, 290
관심(觀審) 75, 83~88, 92, 94~96, 98~101, 103, 104, 108, 111~113, 117~119
광둥(廣東, Canton) 43, 45, 47, 49, 141

광둥입성문제(廣東入城問題) 44, 47, 49
광시(廣西) 44
광저우 6, 30, 35, 36, 43~49, 57, 59, 60
교역 43, 79, 245, 250, 255, 261, 695, 407, 480, 485~488, 490, 495, 496, 500~502, 520~522, 527, 529
국조(國租) 151
궁무주(宮慕久) 50
그랜드 모델 30
기미(羈縻) 44
김윤식(金允植) 439
김홍집(金弘集) 329, 330, 334, 342, 361

ㄴ

나가사키 43, 98~100, 119, 129, 130, 138, 139, 179, 181, 244, 245, 249~252, 254~256, 259, 260, 262, 266, 272, 278~282, 285, 287, 294, 322, 385, 388, 391, 392, 398, 407, 408, 433
나가야마 모리테루(永山盛輝) 306
난일추가조약 255
난징조약 29~31, 34, 35, 37, 43, 44, 49, 50, 57, 58, 62, 243, 250
내무성 288, 304, 305, 307, 308
내외인교섭 177, 182, 184, 186, 192, 195, 197, 198
내외인교섭소송재판언도서편책(內外人交涉訴訟裁判言渡書編冊) 176
내지 6, 26, 29, 30, 33~39, 42, 58~61, 80, 83, 84, 86, 103, 136, 144, 145, 240, 241, 245, 254, 255, 270, 271, 275, 362, 364, 375, 431, 432, 160, 461, 507
네덜란드 11, 109, 128, 131, 133, 134, 137, 142, 178, 190~192, 217, 222, 243~245, 249~253, 255, 259, 268, 272, 285, 296, 297, 300

노블(Harold J. Noble) 266
뉴좡 36
니가타(新潟) 12, 13, 138, 179, 181, 256, 259, 260, 262, 263, 269, 272, 273, 278~301, 303~312, 408
니가타시 278, 279, 283, 310
니가타사주에비스항외국인거류협정(新潟佐州夷港外國人居留取極) 283, 289, 299, 309, 310
니가타항 13, 14, 278~281, 283~285, 290~294, 296, 299, 300, 303, 304, 310~312
닝보 30, 45, 49

ㄷ

다케조에 신이치로(竹添進 一郞) 330, 366
덕흥호(德興號) 316, 320
덕흥호사건 13, 248, 317, 319, 320, 344
덩저우 36
데니(Denny) 41, 526, 535
데라시마 무네노리(寺島宗則) 307
데지마(出島) 11, 43, 244~246, 248~253, 255, 256, 272
도쿄에 외국인이 거류하는 규칙 부록(東京에 外國人居留하는 規則附錄) 265
도쿠가와 이에사다(德川家定) 255
돈켈 크루티우스(Jan Hendrik Donker Curtius) 249
동인도회사 244
두만강 484, 485, 495, 496, 499, 501, 502, 521, 523, 534
두모포 244

ㄹ

러더포드 알콕(Rutherford Alcock) 146
러일화친조약 133, 251

런던각서 285
류자충(劉家驄) 324
류조함(龍驤艦) 16, 381, 385, 387, 418
리나이롱(李乃榮) 324
리훙장(李鴻章) 14, 38, 40, 319, 321~323, 343, 345

ㅁ

마에마 교사쿠(前間恭作) 435, 459
메이지유신 11, 27, 247, 252, 260, 263, 264, 268, 272, 274
목포 개항일 437
목포 일본 영사관 457, 460, 464, 466
목포 조계사무공사 443, 447
목포각국 조계장정 425~427, 444, 447, 449~452, 454, 455, 459, 462, 474~476
목포시찰보고지건(木浦視察報告之件) 435
묄렌도르프 321, 323, 325, 327, 494, 504, 509~511, 517~520, 524
무라비요프-아무르스키(Муравьев-Амурский) 483, 484
무쓰 무네미쓰(陸奧宗光) 442, 461
무안보첩(務安報牒) 425, 427, 452, 465, 469, 471
무안항조계도(務安港租界圖) 434
미야모토 오카즈(宮本小一) 16, 359, 362, 385, 418
미일수호통상조약 11, 126, 134, 253, 256, 259, 262, 272, 273, 281, 283, 284, 310
미일화친조약 126, 131, 132, 170, 250~252, 256
민영목(閔泳穆) 13, 320, 325, 327~330, 332, 336, 341, 342, 344, 356, 366
민조(民租) 51
민종묵(閔種默) 41, 370, 435, 444

ㅂ

바이구이(柏貴) 47
반소(反訴) 154, 155, 166
배타적 지위 확보 478, 479, 481, 499, 506
베베르 17, 18, 478~481, 491, 492, 495, 497~503, 506, 508, 526, 536
베이징교역권(北京交易權) 258
베이징조약 73, 88, 485
베코프스키(Bekofsky) 326, 327
병인양요 354, 486
보호 관계 493, 498, 518
부령(富寧) 499~501, 503
부산구조계조약(釜山口租界條約) 248, 330, 365
부산일본 조계 265
부산화상지계장정(釜山華商地界章程) 318
분거(分居) 49, 57, 240, 241, 256, 257, 270, 275
불평등조약 9, 10, 19, 34, 58, 68, 122~125, 131, 135, 146, 164, 166, 168~171, 196, 238, 239, 260, 271, 275, 286, 349, 359
블란갈리(Бlangали) 485~487
비밀 훈령 508

ㅅ

사도섬(佐渡島) 12, 278, 280, 283, 284, 295, 298~301, 303, 310~312
사법 근대화 8, 9, 122, 123, 125
상관(商館) 43, 45, 47, 242~244, 246, 247, 253, 257, 262, 272, 273
상숙(商宿) 242, 243, 246, 247, 253, 257, 261, 262, 272, 273
상하이 7, 8, 30, 49, 50, 54, 56, 57, 60, 73, 76, 77, 80~82, 103, 105, 107, 108, 111, 118, 322
상하이 회심공해 8, 71~73, 75, 78, 82, 86,

88, 102, 106~108, 110, 117
상하이식 회심 8, 75, 78, 82, 83, 86~88, 92, 101, 102, 104~106, 108, 112, 117, 118
상하이화민주거조계내조례(上海華民住居租界內條例) 56
샤먼(廈門) 72, 82
서승조(徐承祖) 155, 161
섭외 사건 166, 168, 170, 174, 176, 178, 180~182, 196
세력균형 18, 491~493
세창양행 38, 39, 41
소도회(小刀會) 7, 54, 57, 59, 76~78
속국 6, 34, 37, 38, 40~42, 484
손정목(孫禎睦) 26, 27, 32, 51, 316, 424
쇄국정책(鎖國政策) 245
쉐니케(Schönicke) 41
슈페이에르(Шпейер) 494, 510~512, 518, 520
슐츠(F. W. Schulze) 433
스탠리 랜-풀(Stanley Lane-Poole) 45
스티븐스(Durham White Stevens) 154, 155, 162
시마바라의 난(島原の亂) 244
시모다(下田) 126, 133, 251, 253~256, 281
시부야 타쓰오(澁谷龍郎) 464, 465
시심재판소(始審裁判所) 153, 154, 156, 157, 159, 162, 184, 213
신헌(申櫶) 359, 385, 418
십자군 전쟁 243
쓰루하라 사다키치(鶴原定吉) 39
쓰시마 247, 272

ㅇ

아마기함(天城艦) 16, 380, 390, 392, 384~401, 403, 414, 415, 419, 420
아모이 30, 45, 49
아오키 슈조(靑木周藏) 140
아편전쟁 30, 59, 254, 255, 484
알베르 빅토 데예(Albert-Victor Deshayes) 470
애로호사건 46
애스턴(W. G. Aston) 11, 266, 267, 274
양징빈(洋涇濱) 52
양화진(楊花鎭) 258, 364, 526
에비스항(夷港) 12, 260, 269, 278~280, 283~285, 289, 291, 294, 299~301, 303, 310~312
역마 우편 연락 497, 499, 502, 524
역소(逆訴) 154~156, 159~162
역참(驛站) 126, 503
연해주 292, 485, 487, 489, 494
영사재판(領事裁判) 9, 10, 69~71, 84, 90, 98, 104, 123, 125, 126, 131, 133~138, 146, 147, 149, 151, 155, 157, 159, 162~166, 168~174, 180~182, 186, 180, 195
영사재판권 5, 8~10, 82, 86, 122, 126, 131~133, 135, 136, 138, 143, 145, 146, 148, 151, 159, 161, 162, 164, 165, 168, 170, 194, 196, 238, 254, 318, 359
영일수호통상조약 134, 173, 283, 284, 310
영일수호통상조약 및 무역 장정 282
영일화친조약 251
영흥만 378, 380, 390, 395, 397, 399, 418, 419
영흥부(永興府) 382, 384, 386, 387, 389, 418
예루살렘 243
예밍천(葉名琛) 47
엔타이조약 8, 75, 83, 85, 88, 94, 96, 98, 100, 101, 117, 118
오(오스트리아-헝가리)일수호통상항해조약 135, 146, 171, 260, 284

찾아보기 563

오구통상장정: 해관세칙(五口通商章程: 海關細則) 76
오사카 138, 179, 181, 256, 257, 259, 260, 262~266, 273, 274, 278, 281, 284, 285, 287~289, 294, 408, 413, 417
오사카 효고 외국인 거류지 약정서(大坂兵庫外國人居留地約定書) 263
오시마 게이스케(大島圭介) 40
오야마 아즈사(大山梓) 259
와카마쓰 도사부로(若松兎三郎) 473
왕샤조약 31, 35, 64, 250
왜관 244, 246~248, 252, 253, 265, 272, 274, 358, 360, 361, 424
외국인 거류자 288, 294~296, 310
외국인 거류지 5, 12, 18, 124, 125, 127, 128, 139, 141, 142, 183, 256, 260, 262, 263, 266, 267, 269, 270, 273, 275, 279, 280, 285, 286, 288, 289, 304~306, 310~312
외무성 17, 18, 142, 143, 147~151, 154, 250, 286, 294, 307, 311, 380, 381, 398, 414, 478, 479, 481, 483~485, 488~492, 494, 495, 498, 499, 501, 511, 512, 520~523
외무성 훈령 479, 483, 492, 493, 498~500, 502~504, 506
요코하마 거류지 각서 129, 268
요코하마 외국인 거류지 단속 규칙 139
요코하마 11, 123, 127, 130, 138~140, 147, 151, 153, 154, 156, 157, 159, 162, 179, 181, 217, 225, 260, 262, 272, 278~280, 287, 293, 298, 388
요코하마거류지 개조 및 경마장 묘지 등 약서 264
요코하마거류지각서(橫濱居留地覺書) 263
요코하마외국인거류지취체규칙(橫濱外國人居留地取締規則) 264
우라가(浦賀) 126, 249

우에다 도시오(植田捷雄) 27, 30, 50, 53, 54, 239
우의선(Amity Line) 239
우치다 사다쓰치(內田定槌) 430, 431
운요함(雲揚艦) 16, 380, 382~385, 418, 419
울릉도 380, 396, 397, 419
원산 16, 258, 265, 314, 315, 351, 364, 365, 367, 379~381, 400, 402, 403, 405~407, 410, 411, 413~415, 417, 419, 420, 526
원산진개항예약(元山津開港豫約) 365, 378, 405, 419, 421, 422
원산화상지계장정(元山華商地界章程) 318
월미도 353, 355, 360
위안스카이(袁世凱) 40, 41, 95, 97, 99, 100, 104, 107, 108, 110, 118, 500, 503
위조지폐(贋札) 140~142, 290
육군성(陸軍省) 17, 403, 462~464, 466~468, 475
육로장정 478~481, 495, 498, 499, 501~506
육로통상조약 501, 520, 523
윤선왕래상해조선공도합약장정(輪船往來上海朝鮮公道合約章程) 322
이관(夷館) 243
이금면제구역(釐金免除區域) 32, 33, 42
이사벨라 버드(Isabella Bird) 48
이토 슌스케(伊等俊介) 268, 274
인아거청책 492, 498
인정(人情) 10, 186, 191, 192, 196
인천 13, 15, 18, 19, 258, 266, 267, 314~317, 319, 321, 323, 324, 330, 332, 335, 337, 340, 343, 344, 351~358, 360~362, 356, 366~376, 428, 429, 433, 435, 454, 468, 474
인천 일본 거류지 확장에 관한 주한 각국 사신 의정서(仁川 日本居留地 擴張에 關한 駐韓 各國使臣 議定書) 352, 368, 372, 373

564 근대 동아시아 조약과 개항장

인천 일본 조계에 관한 조약 352, 365~369, 372, 375
인천 청국 조계 13, 314, 316, 319, 323, 324, 330, 343, 344
인천구화상지계장정(仁川口華商地界章程) 13, 314, 319, 327, 330, 334, 336, 342~345, 368
인천 일본 조계 265, 266
인천제물포각국 조계장정(仁川濟物浦各國租界章程) 267, 340
인천항 13, 321~325, 328, 329, 344, 353, 356, 361, 365, 367, 371, 373~375, 430, 433
일본 영사 17, 39, 40, 95~98, 265, 325, 367, 426, 430, 447~449, 451, 452, 455, 464, 465, 466, 469~473, 475
일본 영사관 320, 379, 416, 435, 449, 457~462, 469, 473
일본 전관 조계지 368
일본인 전관 조계지 367, 375

ㅈ

자구반세(子口半稅) 38
잠정합동조관(暫定合同條款) 426~430, 439~441, 474
잡거(雜居) 7, 12, 27, 49, 50, 56~60, 133, 136, 240, 244~257, 259, 260, 262, 268~270, 273, 286, 289, 304, 310
잡거지(雜居地) 11, 26, 57, 58, 60, 125, 128, 241, 257, 261, 262, 267~271, 274, 275, 286, 287, 289, 307, 439
적패규칙 146
전관 조계 17, 51, 53, 56, 59, 265~267, 274, 314~317, 365, 368, 369, 424, 439, 440~443, 448, 452, 456, 466, 468
전신선 429, 497, 499, 502, 524

정리(情理) 186, 191
정한론(征韓論) 488
제1차 토지장정 50~53, 55, 57, 59
제2차 토지장정 54~57, 60
제물포 15, 321, 323~325, 353, 354, 360, 361, 365, 366, 368, 372, 374, 375, 510, 512, 526
제임스 엔슬리(James J. Enslie) 291
제임스 트루프(James Troup) 290, 298
조계 밖 10리 이내 11, 26, 27, 58, 60, 270, 271, 275
조계사무공사(租界事務公司) 17, 425, 426, 443, 444, 446~452, 455, 459~461, 471, 475, 476
조계지(租界地) 5, 14, 15, 18, 19, 321, 323, 349~352, 358, 362, 365, 367~371, 373~379, 434, 435, 450
조러밀약 480, 498
조러수호통상조약 478, 491
조러육로통상장정 17, 478, 480
조선과 그 이웃 나라들(Korean and Her Neighbours) 48
조선국인천구조계약서(朝鮮國仁川口租界約書) 14, 330, 344
조선이주안내 60
조약 개정 5, 122, 125, 136, 165, 168, 240, 271
조약항 6, 30~37, 42, 43, 45, 49, 58, 59, 256
조영조약 11, 26, 258, 259, 270, 275
조인희(趙寅熙) 362, 386, 387, 418
조일수호조규(朝日修好條規, 강화도조약) 15, 16, 18, 57, 241, 244, 247, 248, 257, 265, 272, 349, 352, 354, 357, 359~364, 374, 375, 385, 418, 491
조일수호조규속약(朝日修好條規續約) 15, 352, 363, 364, 375

조일통상장정(朝日通商章程) 15, 352, 362, 363, 374
조청상민수륙무역장정 14, 41, 248, 258, 317, 328, 329, 332, 336, 343, 345
존 F. 로더(John Fredric Lauder) 297
종번관계(宗藩關係) 14, 317, 328, 331, 332, 336, 342, 344, 345
종주권 34, 37, 42, 483
중미속증조약(中美續增條約) 75, 84, 100, 111, 112
중영톈진조약(中英天津條約) 77, 111
즈리 총독(直隷總督) 8, 73, 95, 99~101, 103, 107, 108, 110, 111, 113, 118, 119
즈리성(直隷省) 7, 8, 73~75, 101, 106, 106, 110~112, 114, 117~119
즈푸조약 32, 33, 42, 66
지배적 영향력 공고화 18, 479, 481, 499, 506
지소 규칙 128, 129
진남포급목포각국 조계장정(鎭南浦及木浦各國租界章程) 425
진해관도(天津海關道) 38, 90, 92, 94, 95, 99~101, 103, 106, 107, 109~111, 119

ㅊ

차오저우 36
차지(借地)하는 잡거지 58, 261
천수탕(陳樹棠) 13, 320~325, 327~334, 336, 338, 341~344
천웨이쿤(陳爲焜) 324
청국 조계 13, 314~31, 330, 332, 336, 340, 343, 344, 368, 370, 371, 373
청국인 6~9, 19, 38, 41, 50, 53, 54, 56, 59, 60, 122~125, 129, 130, 136~143, 146~149, 151, 152, 158, 165, 166, 173, 174, 179, 180, 248, 258
청일수호조규 37, 122, 123, 135, 139, 143, 146, 172, 173, 180
첸쿠이룽(陳夔龍) 111~113, 118
초량 244, 246, 248, 358~361, 374, 421
초량왜관 43, 245, 253, 272
총리각국사무아문(總理各國事務衙門) 38
총서 38
충저우 36
치외법권 5, 7, 9, 10, 19, 20, 68, 70, 71, 73, 75, 119, 131, 132, 142, 146, 164, 168, 169, 196, 238, 243, 318, 330
침투 17, 18, 482, 490, 495, 498, 521

ㅋ

카토 캉브레지 조약 239
캐리 홀(Carey Hall) 269
캘커타 47
코르프(Корф) 494, 495, 501, 512, 513, 520, 523
콘스탄티노플 46
쿠스모토 마사타카(楠本正隆) 295, 304
크림전쟁 46, 249, 253, 482

ㅌ

타운젠드 해리스(Townsend Harris) 253
타이완 36
태정관(太政官)포고 제85호 288, 311
톈진 심판청(天津審判廳) 90~92, 94, 95, 101, 111~114, 116
톈진 조계 73, 74, 88, 90, 102, 103, 105, 106, 116, 117
톈진조약 29, 34, 36, 37, 42, 59, 65, 117
톈진해관도(天津海關道) 38
토머스 웨이드 32
토지 임대 284, 306, 311
토지 임차 13, 12, 280, 304, 306~309, 311, 360,

토진야시키(唐人屋敷) 244, 245, 251
통리교섭통상사무아문(統理交涉通商事務衙
　門) 13, 41, 319~321, 329, 344
통상구안(通商口岸) 28

ㅍ

파머스톤(H. Palmerston) 46
파크스 평전 45, 49
판리조선상무장정(辦理朝鮮商務章程) 324
팩토리 243
팽창 18, 243, 348, 479, 482, 485, 506, 507
페리(Matthew Calbraith Perry) 126, 249, 250
평양 26, 438
폐번치현(廢藩置縣) 247
푸저우(福州) 30, 45, 49, 85
푸차틴(Efimij Vasol'evich Putjatin) 249
푼두크(funduq) 243
푼디쿰(fundicum) 243
프랑크족 46

ㅎ

하나부사 요시모토(花房義質) 16, 247, 360,
　374, 378, 419
하여장(何如璋) 163
하코다테(函館) 126, 129, 133, 138, 142,
　147, 179, 181, 251, 254~256, 269, 278,
　280~282, 284~287, 294, 388, 391, 392
한성 26, 258, 259, 353, 360, 374
한성개잔권(漢城開棧權) 258, 259
한행이정(間行里程) 362, 364, 378, 379,
　417, 419, 422
함경도 16, 378, 380, 382, 390~395, 398,
　399, 403, 410, 412, 418, 419, 421, 485,
　496, 500, 501, 522
해도(海圖) 360, 378, 397, 398
해리 파크스(Harry Parkes) 26, 44, 269

해벽 공사 17, 450, 451, 475
현상 유지 정책 18, 482, 485, 486, 490, 491
혼합재판소(混合裁判所) 7, 8, 72~75, 78, 86,
　88, 102~107, 109~119
홋타 마사요시(堀田正睦) 254
화상지계 330
화양분거 54, 57
화양잡거(華洋雜居) 7, 50, 54, 57, 59
황푸조약 31, 35, 36, 64, 65
회동심판(會同審判) 70, 117
회심(會審) 70~73, 75, 79, 81, 86, 88, 92,
　93, 107, 114, 115, 117, 145, 146
회심공해(會審公廨) 8, 71~73, 75, 77, 78,
　80~82, 86~88, 102, 106, 107, 110, 117
효고(兵庫) 256, 257, 259, 260, 262~264,
　273, 281, 282, 292, 395
효고항과 오사카 외국인 거류지 내외 회동 의
　정 조칙(兵庫港幷大坂外國人居留地內外會
　同議定條則) 263, 269
효고항과 오사카에서 외국인 거류지를 정하
　는 약정(兵庫港幷大坂において外國人居留
　地を定むる取極) 263
효고항에서 외국인에게 지면 가옥을 대도하
　는 등의 일에 관한 서한(兵庫港にて外國人
　へ地面家屋を貸渡す等の事に關する書翰)
　268
후먼조약, 31, 32, 34~36, 58, 62, 63
히라도 244
히사미즈 사부로(久水三郎) 448, 456

동북아역사재단 연구총서 146

근대 동아시아 조약과 개항장

초판 1쇄 발행 2024년 12월 10일

지은이 김현철, 박준형, 박한민, 이재훈, 이정희, 조국, 조병식, 최성환
펴낸이 박지향
펴낸곳 동북아역사재단

등 록 제312-2004-050호(2004년 10월 18일)
주 소 서울시 서대문구 통일로 81 NH농협생명빌딩
전 화 02-2012-6065
홈페이지 www.nahf.or.kr
제작·인쇄 니케북스

ISBN 979-11-7161-143-0 93910

- 이 책은 저작권법에 의해 보호를 받는 저작물이므로 어떤 형태나 어떤 방법으로도 무단전재와 무단복제를 금합니다.
- 책값은 뒤표지에 있습니다. 잘못된 책은 바꾸어 드립니다.